2021 年度

全国监理工程师职业资格考试类图书

资　　讯

一、官方考试教材

序号	书　名	书　号	定　价	对应考试科目
1	交通运输工程目标控制(基础知识篇)	17138	140.00	工程目标控制
2	交通运输工程目标控制(公路工程专业知识篇)	17139	120.00	
3	交通运输工程目标控制(水运工程专业知识篇)	17140	70.00	
4	交通运输工程监理案例分析(公路工程专业篇)	17141	70.00	工程监理案例分析
5	交通运输工程监理相关法规文件汇编(公路工程专业篇)	17142	120.00	工程目标控制 工程监理案例分析

二、考试辅导用书

职业资格考试辅导用书(监理工程师)系列:

序号	书　名	书　号	定　价	对应考试科目
1	建设工程监理基本理论和相关法规复习与习题	17175	68.00	建设工程监理 **基础科目**
2	建设工程合同管理复习与习题	17176	65.00	
3	交通运输工程目标控制(公路篇)复习与习题	17177	90.00	交通运输工程监理 **专业科目**
4	交通运输工程监理案例分析(公路篇)复习与习题	17178	60.00	

人民交通出版社天猫旗舰店二维码

2021 年全国监理工程师(交通运输工程专业)职业资格考试用书

Jiaotong Yushu Gongcheng Mubiao Kongzhi

交通运输工程目标控制

(Jichu Zhishi Pian)

(基础知识篇)

交通运输部职业资格中心 组织编写

人民交通出版社股份有限公司

北 京

内 容 提 要

《交通运输工程目标控制(基础知识篇)》为2021年全国监理工程师(交通运输工程专业)职业资格考试用书之一。本书全面阐释了交通运输工程目标控制科目考试大纲的基础知识内容,涵盖了公路工程专业、水运工程专业监理的通用知识,重点介绍了公路工程和水运工程监理目标控制的基本原理、质量控制的基础知识以及工程进度控制目标、费用控制目标、安全生产管理目标、环境保护管理目标的基础知识与监理工作。

本书可供公路工程专业、水运工程专业的考生共同复习备考,也可作为公路水运工程建设单位、施工单位、监理(咨询)单位和大中专院校师生的学习参考书。

图书在版编目(CIP)数据

交通运输工程目标控制. 基础知识篇 / 交通运输部职业资格中心组织编写. — 北京 : 人民交通出版社股份有限公司, 2021.3

2021年全国监理工程师(交通运输工程专业)职业资格考试用书

ISBN 978-7-114-17138-3

Ⅰ. ①交… Ⅱ. ①交… Ⅲ. ①交通运输—运输工程—目标管理—资格考试—自学参考资料 Ⅳ. ①U

中国版本图书馆CIP数据核字(2021)第043297号

2021年全国监理工程师(交通运输工程专业)职业资格考试用书

书　　名: **交通运输工程目标控制**(基础知识篇)

著 作 者: 交通运输部职业资格中心

责任编辑: 刘永超　周佳楠

责任校对: 席少楠　魏佳宁

责任印制: 张　凯

出版发行: 人民交通出版社股份有限公司

地　　址: (100011)北京市朝阳区安定门外外馆斜街3号

网　　址: http://www.ccpcl.com.cn

销售电话: (010)59757973

总 经 销: 人民交通出版社股份有限公司发行部

经　　销: 各地新华书店

印　　刷: 北京市密东印刷有限公司

开　　本: 787×1092　1/16

印　　张: 35

字　　数: 834千

版　　次: 2021年3月　第1版

印　　次: 2021年3月　第1次印刷

书　　号: ISBN 978-7-114-17138-3

定　　价: 140.00元

2021年全国监理工程师(交通运输工程专业)职业资格考试用书

编 写 人 员

主　编　章剑青

副主编　杨玉胜　单煜辉　秦仁杰　文　韬
周　河　苑芳圻　顾新民

成　员　秦志斌　黄汉昌　罗　娜　张友利
娄忠应　陈海燕　张瑞坤　何　琦
赵超超

审 定 人 员

主　审　黄　勇

成　员　黄　波　习明星　张　毅　邢　波
孔　军　邵昌浩　徐建军　周继辉

前 言

根据住房和城乡建设部、交通运输部、水利部、人力资源社会保障部2020年2月联合印发的《监理工程师职业资格制度规定》和《监理工程师职业资格考试实施办法》，为适应交通运输工程专业的监理从业人员备考全国监理工程师职业资格考试，交通运输部职业资格中心组织业内资深专家，依据《全国监理工程师职业资格考试大纲》(交通运输工程专业科目)，新编了2021年版全国监理工程师(交通运输工程专业)考试用书。全套用书包括《交通运输工程目标控制(基础知识篇)》《交通运输工程目标控制(公路工程专业知识篇)》《交通运输工程目标控制(水运工程专业知识篇)》《交通运输工程监理案例分析(公路工程专业篇)》《交通运输工程监理相关法规文件汇编(公路工程专业篇)》五本，由章剑青(江苏华宁工程咨询有限公司)任主编、黄勇(原交通运输部安全与质量监督管理司)任主审。

全套用书贯彻落实国家关于建设监理改革要求，结合近期颁布的新法规、新规范和新标准进行了修订。主要有四个特点：一是吸收了最新颁布的《中华人民共和国民法典》(合同编)、建设工程法律法规、部门规章、规范性文件等内容，积极适应新时代交通运输工程监理(全过程工程咨询)发展需求，旨在引导监理从业人员强化履职尽责、尽职免责的意识，提高现场监理工作能力、规范监理工作行为；二是突出了交通运输工程监理工程师考试的专业技术特色，基础知识篇强化公路工程、水运工程考生的适用性、通用性，专业知识篇强化公路工程、水运工程考生的针对性、专业性；三是删除了2020年版考试用书中的一般概念介绍、基本原理说明和复杂公式推演计算内容，删除了与造价工程师等职业资格考试用书相重合的内容；四是补充了新实施的《公路路基施工技术规范》《水运工程工程量清单计价规范》等内容。

本书由杨玉胜、文韬、罗娜主编。其中，第一章由周河、章剑青编写；第二章由张友利、苑芳圻编写；第三、四章由杨玉胜、文韬、罗娜编写；第五、六章由苑芳圻、陈海燕、杨玉胜编写；第七、八章由秦志斌、章剑青编写；第九、十章由黄汉昌、周河编写。

全书审定时，黄勇、习明星、邵昌浩等专家学者提出了宝贵意见和建议，在此表示感谢！

由于编写时间仓促，书中许有纰漏，敬请批评指正。

交通运输部职业资格中心

2021年3月

目　录

第一章　工程目标控制概述

第一节　工程项目概述

一、工程项目的概念

工程项目是以工程建设为载体的项目,是作为被管理对象的一次性工程建设任务。它以建筑物或构筑物为目标产出物,需要支付一定的费用、按照一定的程序、在一定的时间内完成,并应符合质量要求。按照运输方式的不同,交通工程项目一般分为4大类,分别为公路工程、水运工程、铁路工程和航空工程。

二、工程项目的特点

1.一次性

工程项目具有一次性,区别于周而复始的重复性活动。一个工程项目完成后,不会再安排实施与之具有完全相同开发目的、条件和最终成果的项目。工程项目作为一次性事业,不同于现代工业化的大批量生产,其成果具有明显的单件性。工程项目实施过程的一次性和成果的单件性,都会给项目管理带来较大的风险,因此,为了避免失误,就要靠科学的管理手段和方法,以保证工程项目一次性成功。

2.目标性

任何一个工程项目都必须有明确的特定目标。工程项目目标包括两个方面:一是工程项目工作本身的目标,是工程项目实施的过程;二是工程项目产出物的目标,是工程项目实施的结果。例如,对一项水运工程建设项目而言,工程项目工作的目标包括项目工期、造价、质量、安全等各方面工作的目标;工程项目产出物的目标包括建筑物或构筑物的功能、特性、使用寿命、安全性等指标。一般而言,工程项目的目标性是最重要且最需要项目管理者注意的特性。

3.制约性

工程项目的制约性是指每个工程项目都在一定程度上受到内在和外在条件的制约。工程项目只有在满足约束条件下获得成功才有意义。内在条件的制约主要是对项目质量、寿命和功能的约束;外在条件的制约主要是对项目资源的约束,包括人力资源、财力资源、物力资源、时间资源、技术资源、信息资源等方面。工程项目的制约性是决定一个项目成功与失败的关键特性。

4.时限性(生命周期)

工程项目实施过程的一次性和成果的单件性决定了每个工程项目都具有自己的生命周

期,任何工程项目都有其产生时间、发展时间和结束时间,在不同时期都有特定的任务、程序和工作内容。了解掌握工程项目的生命周期,就可以有效地对项目实施科学的管理和控制。如水运工程建设项目的生命周期包括项目决策评估阶段、设计阶段、招投标阶段、施工阶段、竣工保修阶段。成功的工程项目管理是对项目全过程的管理和控制,是对整个工程项目生命周期的管理。

5. 独特性

工程项目的独特性是指工程项目所生成的产品或服务,与其他产品或服务相比所具有的特殊性。通常一个工程项目的产出物或实施过程,即工程项目所生成的产品至少在一些关键特性上与其他的产品是不同的。每个工程项目都有一些以前没有做过的、独特的内容。例如,我国已经建设了数万个不同规模的码头,400 多万公里不同等级的公路,但没有两个完全相同的码头,也没有完全相同的两条公路。这些码头或公路在某个或某些方面都有一定的独特性,包括不同的自然条件(气象、水文、地质、地理条件等)、不同的设计、不同的项目法人、不同的承包人、不同的施工方法和施工时间等。当然许多工程项目会有一些共性的东西,但是它们并不影响整个工程项目的独特性。

6. 不确定性

工程项目的不确定性主要是由工程项目的独特性造成的。首先,对于一个工程项目的独特之处,多数需要进行不同程度的创新,而创新就包括各种不确定性;其次,工程项目的非重复性也是造成工程项目不确定性的原因,因为项目活动的非重复性使得人们没有改进工作的机会,所以使项目的不确定性增加;最后,工程项目的环境多数是开放的,而且相对变动较大,这也是造成工程项目不确定性的主要原因之一。

第二节 工程项目管理目标体系、基本原理和管理模式

一、工程项目管理目标体系

(一)工程项目管理目标体系的内容

工程项目管理目标体系是由成果性目标和约束性目标构成的目标系统。其中成果性目标指被分解为项目具体的功能性要求,是主导目标,由一系列技术指标来定义;约束性目标指限制性条件,为项目实施过程中管理的主要目标。

工程项目管理目标即要在一定的时间、费用的限制条件下完成满足一定质量要求的工程产品。构成工程项目管理的三大绩效目标为进度、质量、成本。此外,安全和环境也被纳入工程项目管理目标体系,构成一个多目标系统。实施工程项目管理应对这个有机的多目标系统进行整体的控制,寻求目标系统的整体最优化。

(二)工程项目管理目标体系的特征

1. 多元性

至少由项目的投资(费用)、工期(进度)、质量(技术性能)三个基本目标构成一个目标

系统。

2. 相关性

各基本目标之间并非彼此独立，而是相互联系、相互制约，是一个既对立又统一的有机整体。

3. 均衡性

工程项目管理目标体系是一个稳定的、均衡的目标体系。在进行项目目标设计时，应特别注意工程项目管理多目标之间的平衡，如结果关系之间的均衡性、合理性。

4. 层次性

项目各参与方管理的任务不同。项目业主应争取获得政府和社会对项目顺利进行的广泛支持，选择合适的咨询、施工等单位，并保持他们之间的协同工作。项目其他参与方应根据业主的要求，组织好项目管理团队，建立科学、规范的管理规章制度，做好协调，力争实现各项管理目标。

5. 动态性

工程项目管理目标是一个完整的目标体系，并随着外部环境的不断变化或不可预见事件的发生而不断调整、优化和完善，使其适应不断变化的外部环境，更符合客观实际。

二、工程项目管理的基本原理

工程项目管理的基本原理主要包括系统管理原理和过程管理原理。

（一）工程项目的系统管理原理

系统是由若干个相互作用和相互依赖的要素组合而成，且有特定功能的整体。任何一个工程项目都是一个系统，具有鲜明的系统特征，是由技术、物质、组织、行为和信息等要素组成的复杂系统。从系统视角来看，工程项目管理是以项目为对象，运用系统管理方法，通过一个临时性的专门的柔性组织，对项目进行高效率的计划、组织、指导和控制，以实现项目全过程的动态管理和项目目标综合协调与优化的组织管理活动。

系统思想和方法是项目管理理论形成与发展的重要基础，其科学基础是系统论，哲学基础是事物的整体观。系统管理理论是运用系统论、信息论、控制论原理，把管理视为一个系统，以实现管理优化的理论。后来发展为“三因素论”，即管理系统由人、物、环境三因素构成，要进行全面系统分析，建立开放的管理系统。系统管理理论的核心是用系统方法分析管理系统。

（二）工程项目的过程管理原理

过程管理是指使用一组实践方法、技术和工具来策划、控制和改进过程的效果、效率和适应性，包括过程策划（P）、过程实施（D）、过程监测（检查）（C）和过程改进（处置）（A）四个部分，即 PDCA 循环四阶段。

1. 过程策划（P）

从过程类别出发，识别组织的价值创造过程和支持过程，从中确定主要价值创造过程和关键支持过程，并明确过程输出的对象，即过程的顾客和其他相关方。

确定过程顾客和其他相关方的要求,建立可测量的过程绩效目标(即过程质量要求)。

基于过程要求,融合新技术和所获得的信息,进行过程设计或重新设计。

2. 过程实施(D)

过程人员要熟悉过程设计,并严格遵循设计要求实施。

根据内外部环境、因素的变化和来自顾客、供方等的信息,在过程设计的柔性范围内对过程进行及时调整。

根据过程监测所得到的信息对过程进行控制,例如应用SPC(统计过程控制)控制过程输出(即产品)的关键特性,使过程稳定受控。

根据过程改进的成果,实施改进后的过程。

3. 过程监测(C)

过程监测包括过程实施中和实施后的监测,旨在检查过程实施是否遵循过程设计,达成过程绩效目标。

过程监测可包括产品设计过程中的评审、验证和确认,生产过程中的过程检验和试验,过程质量审核,为实施SPC和质量改进而进行的过程因素、过程输出抽样测量等。

4. 过程改进(A)

过程改进分为突破性改进和渐进性改进两大类。突破性改进是对现有过程的重大变更或用全新的过程来取代现有过程,即创新;而渐进性改进是对现有过程进行持续性的改进,是集腋成裘式的改进。

三、工程项目管理模式

项目管理公司受项目发包人委托,根据合同约定,代表发包人对工程项目的组织实施进行全过程或若干阶段的管理和服务,项目管理公司作为发包人的代表,帮助发包人做项目前期的策划、可行性研究、项目计划以及工程实施的设计、采购、施工等工作。

根据项目管理公司的服务内容、合同中约定的权限和承担的责任不同,项目管理模式一般分为下列两种类型。

1. 项目管理承包型(PMC)

在该类型中,项目管理公司与项目发包人签订项目管理承包合同,代表发包人管理项目,将项目所有的设计、施工任务发包出去,承包人与项目管理公司签订承包合同。但在一些项目上,项目管理公司也可能承担一些外界及公用设施的设计、采购、施工工作。在这种管理模式中,项目管理公司要承担费用超支的风险,但若管理得好,利润回报也高。

2. 项目管理咨询型(PM)

在该类型中,项目管理公司按照合同约定,在工程项目决策阶段,为发包人编制可行性研究报告,进行可行性分析和项目策划;在工程项目实施阶段,为发包人提供招标代理、设计管理、采购管理、施工管理和试运行(竣工验收)等服务,代表发包人对工程质量、进度、费用、安全等进行管理。这种项目管理模式风险较低,项目管理公司根据合同承担相应的管理责任,并得到相对固定的服务费。

第三节　工程项目的建设程序

一、交通工程项目建设程序

根据《公路建设监督管理办法》(交通部令2006年第6号)、《港口工程建设管理规定》(交通运输部令2019年第32号)、《航道工程建设管理规定》(交通运输部令2018年第44号)等要求,交通工程建设项目应当按照国家规定的建设程序进行。除国家另有规定外,不得擅自简化基本建设程序。

政府投资交通建设项目实行审批制,企业投资交通建设项目实行核准制。县级以上人民政府交通运输主管部门按职责权限审批或核准交通建设项目,不得越权审批、核准项目或擅自简化建设程序。

1. 政府投资交通工程建设项目通用建设程序

(1)根据规划,开展预可行性研究,编制项目建议书;

(2)根据批准的项目建议书,进行工程可行性研究,编制可行性研究报告;

(3)根据批准的可行性研究报告,编制初步设计文件;

(4)根据批准的初步设计文件,编制施工图设计文件;

(5)根据批准的设计文件,组织项目监理、施工招标;

(6)根据国家有关规定,进行施工前准备工作,并向交通运输主管部门办理开工备案;

(7)开工备案后组织工程实施;

(8)工程完工后,编制竣工资料,办理工程竣工前的各项工作;

(9)交通运输主管部门组织竣工验收,办理固定资产移交手续。

2. 企业投资港口、航道工程建设项目建设程序

(1)根据规划,编制项目申请书或者填写备案信息,履行核准或者备案手续;

(2)根据核准的项目申请书或者备案信息,编制初步设计文件;

(3)根据批准的初步设计文件,编制施工图设计文件;

(4)办理施工图设计审批手续;

(5)根据国家有关规定,依法办理开工前相关手续,具备条件后开工建设;

(6)组织工程实施;

(7)工程完工后,编制竣工材料,进行工程竣工验收的各项准备工作;

(8)组织竣工验收。

3. 企业投资公路建设项目建设程序

(1)根据规划,编制工程可行性研究报告;

(2)组织投资人招标工作,依法确定投资人;

(3)投资人编制项目申请报告,按规定报项目审批部门核准;

(4)根据核准的项目申请报告,编制初步设计文件,其中涉及公共利益、公众安全、工程建

设强制性标准的内容应当按项目隶属关系报交通运输主管部门审查;

(5)根据初步设计文件编制施工图设计文件;

(6)根据批准的施工图设计文件组织项目招标;

(7)根据国家有关规定,进行征地拆迁等施工前准备工作,并向交通运输主管部门申报施工许可;

(8)根据批准的项目施工许可,组织项目实施;

(9)项目完工后,编制竣工图表、工程决算和竣工财务决算,办理项目交、竣工验收;

(10)竣工验收合格后,组织项目后评价。

4.其他

公路、港口、航道等交通建设项目在建设程序的个别环节上也有一些差异,具体参见《公路建设监督管理办法》(交通部令2006年第6号)、《港口工程建设管理规定》(交通运输部令2019年第32号)、《航道工程建设管理规定》(交通运输部令2018年第44号)。储存、装卸危险货物的港口工程建设项目,项目单位除应执行上述规定外,还应按《中华人民共和国安全生产法》《危险化学品安全管理条例》《港口危险货物安全管理规定》等要求,办理安全条件审查、安全设施设计审查手续,组织安全设施验收。

二、项目建议书主要内容

项目建议书(又称立项申请)是项目建设单位或项目法人,根据国民经济的发展、国家和地方中长期规划、产业政策、生产力布局、国内外市场、项目所在地的内外部条件,提出的某一具体项目的建议文件,是对拟建项目提出的框架性的总体设想。项目建议书是项目发展周期的初始阶段,是选择项目的依据,也是开展可行性研究的依据。项目建议书的主要内容有:

(1)建设的必要性和依据;

(2)建设条件;

(3)技术标准;

(4)建设方案;

(5)投资估算及资金筹措;

(6)实施计划;

(7)经济评价;

(8)环境影响分析;

(9)结论;

(10)附件。

三、工程可行性研究报告的主要内容

(1)概述;

(2)经济社会和交通运输发展现状及规划;

(3)交通(运输)量分析及预测;

(4)建设的必要性;

(5)建设条件、技术标准及建设方案;
(6)投资估算及资金筹措;
(7)经济评价;
(8)节能评价;
(9)社会评价;
(10)风险分析;
(11)问题与建议。

四、初步设计审查内容要求

(1)审查初步设计是否符合政府主管部门审批或核准文件。

(2)审查初步设计的内容和深度是否符合国家、行业标准规范,建设规模(产能)和标准是否符合政府部门审批或核准的要求。

(3)审查重大工艺方案、设备选型有无进行多方案比选,是否符合安全、可靠、经济、适用的原则。

(4)审查项目规划、征地、融资、环保、节能、劳动保护、安全生产及水、电、气等配套工程设计是否符合国家有关部门和项目建设的要求,项目建设条件是否落实。

(5)审查初步设计概算编制依据是否合规、编制方法是否正确、编制内容是否齐全、编制深度是否符合要求,费率取值是否恰当、有无重复或漏项、计算数据是否正确、是否执行了国家的有关技术经济政策等。对设备信息、当地主材价格应事先做好充分调研,在初步设计概算中尽可能以市场价格计列设备、材料投资。

(6)审查初步设计总体配套是否齐全、有无漏项;工艺流程、设备布置是否符合设计标准、关键设备选型是否符合预定要求;总平面布置是否顺畅,方便生产、运输,同时满足环保、安全生产、防火、防灾要求。

五、施工图设计文件主要内容

施工图设计文件由设计说明书、设计图纸、工程预算书等内容组成。

施工图设计报批应包括以下材料:

(1)施工图设计审批请示文件;

(2)施工图设计全套文件(报批稿)(含设计说明书、对初步设计执行情况的描述、设计图纸、工程数量、材料设备表);

(3)预算文件;

(4)工程勘察成果报告(详勘);

(5)设计审查咨询单位出具的设计咨询审查报告。

第四节 目标控制的基本原理

工程监理的中心工作是进行项目目标控制,监理工程师必须掌握有关目标控制的基本原理和方法。

1. 控制的概念、基本环节及任务

所谓控制就是按照计划目标和组织系统,对系统各个部分进行跟踪检查,以保证协调地实现总体目标。控制是项目管理的基本职能之一,要实现工程项目的各项目标,就必须对工程项目实施有效的控制。项目控制是控制论与工程项目管理实践相结合的产物,具有很强的实用性。项目目标控制是一项系统工程。

控制的主要任务,是把计划执行情况与计划目标进行比较,找出差异,对比较的结果进行分析,排除和预防产生差异的原因,使总体目标得以实现。控制的流程如图 1-1 所示。

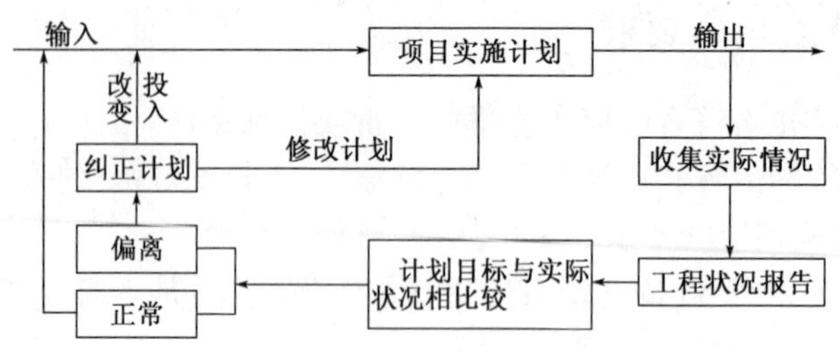

图 1-1　控制流程图

项目的目标控制是一个有限的循环过程,它可以划分为投入、转换、反馈、对比、纠正 5 个基本环节。对于每一个控制循环来说,如果缺少某一个环节或某一个环节出现问题,就会导致循环障碍,就会降低控制的有效性,就不能发挥循环控制的整体作用。

为了进行有效的目标控制,还必须做好两项重要的前提工作:一是目标规划和计划。若没有目标,就无所谓控制;若没有计划,就无法实施控制。二是目标控制的组织。目标控制的活动和计划的实施都是由控制人员来实现的,而合理、有效的组织是目标控制的有效保障。

2. 控制的类型

由于控制的方式和方法不同,控制可分为多种类型。按照控制措施作用于控制对象的时间,控制可分为事前控制、事中控制和事后控制;按照纠正措施或控制信息的来源,控制可分为前馈控制和反馈控制;按照控制过程是否形成闭合回路,控制可分为开环控制和闭环控制;按照控制措施制定的出发点,控制可分为主动控制和被动控制。

下面介绍几种常见的控制方法。

1)前馈控制与反馈控制

按照纠正措施或控制信息的来源,项目控制可分为前馈控制与反馈控制两种形式。前馈控制是一种开环控制;反馈控制是一种闭环控制。两种控制形式的主要区别是有无信息反馈,如图 1-2 所示。

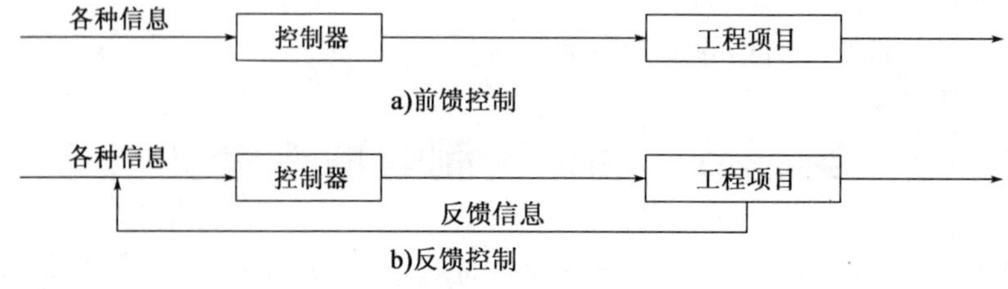

图 1-2　前馈控制与反馈控制示意图

就工程项目而言，控制器是指工程项目的管理者。前馈控制对控制器的要求非常严格，即前馈控制系统中的人必须具有开发的意识；而反馈控制可以利用信息流的闭合，调整控制强度，因而对控制器的要求相对较低。

对于一个工程项目而言，理论上讲，从公路工程项目的一次性特征考虑，在项目控制中均应采用前馈控制形式。但是，由于项目受本身的复杂性和人们预测能力局限性等因素的影响，反馈控制形式在监理工程师的控制活动中显得同样重要和可行。

公路工程项目实施中的反馈信息，由于受各种因素影响，将出现不稳定现象，即信息振荡现象，项目控制论中称负反馈现象。从工程项目控制理解，所谓负反馈就是反馈信息失真，管理者按此决策将影响工程质量、施工安全、环境保护、进度、费用等各项目标的实现。因此，在公路工程施工过程中，监理人员必须对反馈信息进行分析处理，去伪存真，避免负反馈现象的发生。

2）动态控制

动态控制是监理工程师对工程项目目标控制采用的基本方法，它贯穿于工程项目监理的全过程。工程项目的动态控制分为主动控制和被动控制两种类型，如图1-3所示。

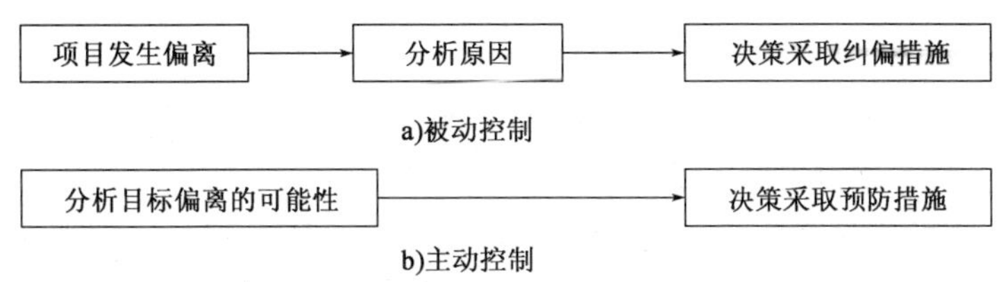

图1-3 工程项目主动、被动控制示意图

主动控制，是在预先分析各种风险因素及其导致目标偏离的可能性和强度的基础上，拟定并采取各种有针对性的预防措施进行控制，从而减少乃至避免目标偏离，保证计划目标得以实现的控制方式。

主动控制是一种面向未来的控制，是事前控制、前馈控制和开环控制。它可以解决传统控制过程中存在的时滞影响，尽可能避免偏差成为现实的被动局面，最大可能降低偏差发生概率及其严重程度，从而使目标得到有效控制。

被动控制，是从计划的实际执行中发现目标产生偏差，通过对产生偏差的原因进行分析，研究制定纠偏措施，及时纠正偏差的控制方式。

被动控制是一种面对现实的控制，是事中控制和事后控制，是反馈控制和闭环控制。虽然目标偏离已成为客观事实，但是通过被动控制措施，仍然可能使工程实施恢复到计划状态，至少可以减少偏差的严重程度，可见被动控制仍然是一种十分有效的、有意义的控制方式。

在工程项目实施过程中，如果仅仅采用被动控制方式，出现偏差是不可避免的，且偏差的累积效应会使偏差越来越大，从而难以实现项目预定的目标；如果仅仅采用主动控制方式，又是不现实的，或者说是不可能的。因此，根据工程实际，在工程监理实施过程中，主动控制与被动控制对于监理工程师而言缺一不可，它们都是实现项目目标所必须采用的控制方式。

工程项目的一次性特点,要求监理工程师具有较强的主动控制能力,而且工程合同和施工规范都给监理工程师实施主动控制提供了条件,在工程监理过程中应提倡和加强主动控制。但是公路工程项目是极为复杂的,涉及的因素多,跨越的范围广,很多情况是不可预见的,也是监理工程师无法防范的。此时,采用被动控制方式就是必需的,甚至是最佳的选择。有效的控制应当是将主动控制与被动控制紧密结合起来,力求加大主动控制在控制过程中的比例,在重点做好主动控制的同时,进行定期、连续的被动控制。主动控制与被动控制的合理使用,是监理工程师做好工作的保证之一,只有如此,方能完成项目目标控制的任务。

主动控制与被动控制的关系如图 1-4 所示。

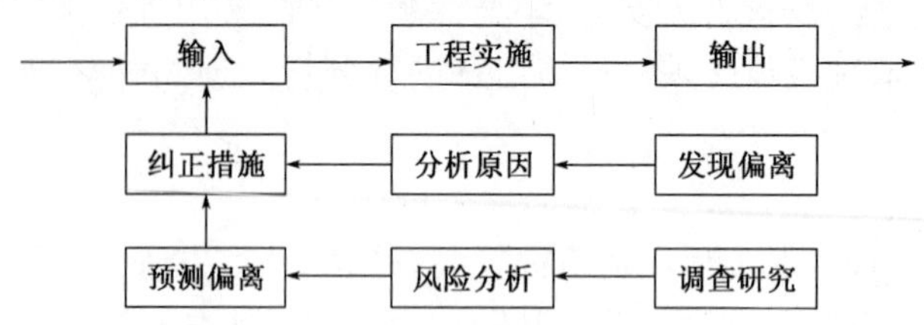

图 1-4 主动、被动控制关系示意图

目标的动态控制是一个有限的循环过程,应贯穿于工程项目实施阶段的全过程。动态控制的过程可分为三个基本步骤:确定目标、检查成效、纠正偏差。

动态控制应在监理计划指导下进行,其要点如下:

(1)控制是一定的主体为实现一定的目标而采取的一种行为。要实现最优化控制,必须首先满足两个条件:一是要有一个合格的控制主体;二是要有明确合理的系统目标。

(2)控制是按事先拟定的计划目标值进行的,没有计划目标就无法实施控制。控制活动就是检查实际发生的情况与计划目标值是否存在偏差,偏差是否在允许范围之内,是否应采取控制措施及采取何种措施以纠正偏差。

(3)控制的方法是检查、分析、监督、引导和纠正。

(4)控制是针对被控系统而言的,既要对被控系统进行全过程控制,又要对其所有要素进行全面控制。

(5)控制是动态的。动态控制原理如图 1-5 所示。

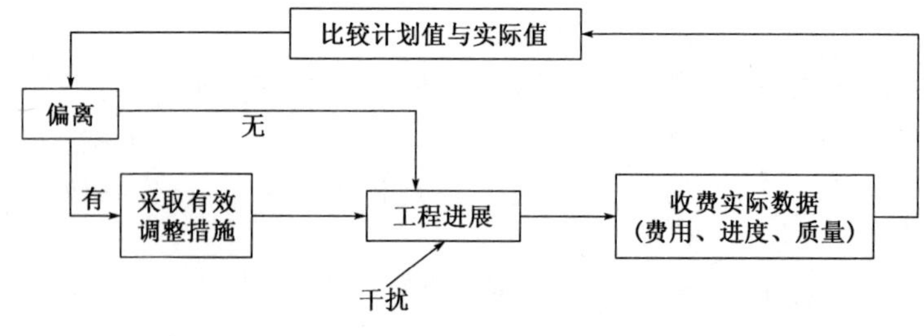

图 1-5 动态控制原理

(6)提倡主动控制为主,辅之以被动控制的方法。

(7)对工程项目的控制应强调目的性、及时性、有效性。

（8）控制是一个大系统，控制系统包括组织、程序、手段、措施、目标和信息六个分系统，其中信息分系统贯穿于项目实施的全过程，如图1-6所示。

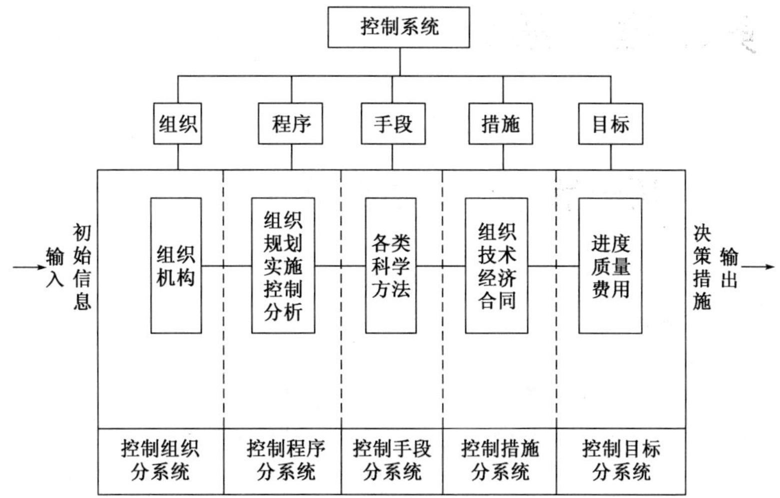

图1-6　项目控制的系统模式

第二章 质量目标控制基础知识

第一节 全面质量管理(TQM)

一、工程质量的概念

1. 质量

质量的定义是“反映产品或服务满足明确或隐含需要能力的特征和特性的总和”。定义中“产品或服务”是质量的主体。简单地说,所谓质量,一是必须符合规定要求,二是要满足用户期望。

2. 公路水运工程质量

根据《公路水运工程质量监督管理规定》(交通运输部令 2017 年第 28 号),公路水运工程质量,是指有关公路水运工程建设的法律、法规、规章、技术标准、经批准的设计文件以及工程合同对建设公路水运工程的安全、适用、经济、美观等特性的综合要求。

3. 工作质量

工作质量是指参与工程的建设者,为了保证工程的质量所从事工作的水平和完善程度。

工作质量包括社会工作质量、生产过程工作质量等。工程质量的好坏是建设工程形成过程中各方面各环节工作质量的综合反映,而不是单纯靠质量检验检查出来的,要保证工程质量就要求有关部门和人员精心工作,对决定和影响工程质量的所有因素严加控制,即通过工作质量来保证和提高工程质量。多年的施工技术经验表明,要保证公路水运工程处于较高的工作质量水平,必须从人(Man)、机械设备(Machine)、材料(Material)、方法(Method)和环境(Environment)这五大要素着手,简称“4M1E”。

二、全面质量管理(TQM)的定义

全面质量管理(TQM,Total Quality Management),是 20 世纪中期开始在欧美和日本广泛应用的质量管理理念和方法。我国从 20 世纪 80 年代开始引进和推广全面质量管理,其基本原理就是强调在企业或组织最高管理者的质量方针指引下,实行全面、全过程和全员参与的质量管理(即“三全”管理)。

1. 全面质量管理的基本理论

全面质量管理的主要特点是以顾客满意为宗旨;领导参与质量方针和目标的制订;提倡预防为主、科学管理、用数据说话等。在世界标准化组织颁布的 ISO 9000 质量管理体系标准中,

处处都体现了这些特点和思想。建设工程项目的质量管理,同样应贯彻“三全”管理的思想和方法。

1)全面质量管理

全面质量管理,是指项目参与各方所进行的工程项目质量管理的总称,其中包括工程(产品)质量和工作质量的全面管理。工作质量是产品质量的保证,工作质量直接影响产品质量的形成。建设单位、监理单位、勘察单位、设计单位、施工总承包单位、施工分包单位、材料设备供应商等任何一方,建设中任何环节的怠慢疏忽或质量责任不实都会对建设工程质量造成不利影响。

2)全过程质量管理

全过程质量管理,是指根据工程质量的形成规律,从源头抓起,全过程推进。我国质量管理体系标准强调质量管理的“过程方法”原则,要求应用“过程方法”进行全过程质量控制。要控制的主要过程有:项目策划与决策过程;勘察设计过程;设备材料采购过程;施工组织与实施过程;检测设施控制与计量过程;施工生产的检验试验过程;工程质量的评定过程;工程竣工验收与交付过程;工程回访维修服务过程等。

3)全员参与质量管理

按照全面质量管理的思想,组织内部的每个部门和工作岗位都承担着相应的质量管理职能,组织的最高管理者确定了质量方针和目标,就应组织和动员全体员工参与到实施质量方针的系统活动中去,发挥自己的角色作用。开展全员参与质量管理的重要手段就是运用目标管理方法,将组织的质量总目标逐级进行分解,使之形成自上而下的质量目标分解体系和自下而上的质量目标保证体系,发挥组织系统内部每个工作岗位、部门或团队在实现质量总目标过程中的作用。

2.全面质量管理的 PDCA 循环

在长期的生产实践和理论研究中形成的 PDCA 循环,是建立质量管理体系和进行质量管理的基本方法。从某种意义上说,管理就是确定任务目标,并通过 PDCA 循环来实现预期目标。每一循环都围绕着实现预期的目标进行计划(P)、实施(D)、检查(C)和处置(A)活动,随着对存在问题的解决和改进,在一次一次滚动循环中逐步增强质量管理能力,不断提高质量水平。每一个循环的四大职能活动相互联系,共同构成了质量管理的系统过程。

1)计划 P(Plan)

建设工程项目的质量计划,是由项目参与各方根据其在项目实施中所承担的任务、责任范围和质量目标,分别制订质量计划而形成的质量计划体系。其中,建设单位的工程项目质量计划,包括确定和论证项目总体的质量目标,制订项目质量管理的组织、制度、工作程序、方法和要求。项目其他各参与方,则根据国家法律法规和工程合同约定的质量责任和义务,在明确各自质量目标的基础上,制订实施相应范围质量管理的行动方案,包括技术方法、业务流程、资源配置、检验试验要求、质量记录方式、不合格处理及相应管理措施等具体内容和做法的质量管理文件,同时也需要对其实现预期目标的可行性、有效性、经济合理性进行分析论证,并按照规定的程序与权限,经过审批后执行。

2)实施 D(Do)

实施职能在于将质量的目标值,通过生产要素的投入、作业技术活动和产出过程转化为质量的实际值。为保证工程质量的产出或形成过程能够达到预期的结果,在各项质量活动实施前,要根据质量管理计划进行行动方案的部署和交底。交底的目的在于使具体的作业者和管理者明确计划的意图和要求,掌握质量标准及其实现的程序与方法。在质量活动的实施过程中,则要求严格执行计划的行动方案,规范行为,把质量管理计划的各项规定和安排落实到具体的资源配置和作业技术活动中去。

3)检查 C(Check)

检查指对计划实施过程进行各种检查,包括作业者的自检、互检和专职管理者专检。各类检查都包含两大方面:一是检查是否严格执行了计划的行动方案,实际条件是否发生了变化,不执行计划的原因;二是检查计划执行的结果,即产出的质量是否达到标准的要求,对此进行确认和评价。

4)处置 A(Action)

对于质量检查所发现的质量问题或质量不合格的结果,及时进行原因分析,采取必要的措施,予以纠正,保持工程质量形成过程的受控状态。处置分纠偏和预防改进两个方面:前者是采取有效措施,解决当前的质量偏差、问题或事故;后者是将目前质量状况信息反馈到管理部门,反思问题症结或计划时的不周,确定改进目标和措施,为今后类似质量问题的预防提供借鉴。

第二节 ISO 质量管理体系的建立和运行

一、建立质量体系的原则性工作

建设工程项目的实施,涉及建设单位方、勘察方、设计方、施工方、监理方、供应方等多方质量责任主体的活动,各方主体各自承担不同的质量责任和义务。为了有效地进行系统、全面的质量控制,必须由项目实施的总负责单位负责建设工程项目质量控制体系的建立和运行,实施质量目标的控制。

企业建立质量体系包括几项基本的原则性工作,主要为:确定质量环;明确和完善质量体系结构;质量体系文件化;定期质量体系审核;质量体系评审和评价。

1.确定质量环

质量环是从产品立项到产品使用全过程各个阶段中影响质量相互作用的活动的概念模式,这些阶段如市场调研、设计、采购、售后服务等,构成了产品形成与使用的全过程。每个阶段中包括若干直接质量职能和间接质量职能活动。满足要求的产品质量是质量环各个阶段质量职能活动的综合效果。

通用的典型质量环把产品质量分为 11 个阶段,即:

(1)营销和市场调研;

(2)设计/规范的编制和产品开发;

(3)采购;

(4)工艺策划和开发;

(5)生产制造;

(6)检验、试验和检查;

(7)包装和储存;

(8)销售和分发;

(9)安装和运行;

(10)技术服务和维修;

(11)用后处置。

在上述的相互作用的活动中,应强调营销和设计的重要性,特别是:

(1)确定顾客的需要和期望,并规定对产品或服务的要求;

(2)提出运用现行规范以最佳成本生产产品或提供服务的设想(包括依据)。

施工企业的特定产品对象是工程,无论其工程复杂程度、结构形式怎样变化,其建造和使用的过程、程序和环节基本是一致的。在参照有关国家标准的基础上,对照施工程序,对施工企业质量环建议由以下8个阶段组成:

(1)工程调研和任务承接;

(2)施工准备;

(3)材料采购;

(4)施工生产;

(5)试验与检验;

(6)结构物功能试验;

(7)竣工交验;

(8)回访与保修。

2. 明确和完善质量体系结构

企业决策层领导及有关管理人员要负责质量体系的建立、完善、实施和保持各项工作的开展,使企业质量体系达到预期目标。质量体系的有效运行要依靠相应的组织机构网络。这个机构要严密完整,充分体现各项质量职能的有效控制。一般来讲,一个企业只有一个质量体系,其下属基层单位的质量管理和质量保证活动以及质量机构和质量职能只是企业质量体系的组成部分,是企业质量体系在该特定范围的体现。对不同产品对象的基层单位,如混凝土构件厂、试验室、搅拌站等,则应根据其生产对象和生产环境特点补充或调整体系要素,使其更易达到产品质量保证的最佳效果。

3. 质量体系文件化

质量体系文件化是很重要的工作特征。质量体系结构、采用的各项质量要素、要求和规定等各项工作必须有系统、有条理地制订为质量体系文件,要保证这些文件在该体系范围内使有关人员、有关部门理解一致,得到有效的贯彻与实施。

质量体系文件主要分为质量手册、质量计划、工作程序文件与质量记录等几项分类文件。

4. 定期质量体系审核

质量体系能够发挥作用,并不断改进和提高工作质量,主要是在建立体系后应坚持体系审核和评审(评价)活动。

为了查明质量体系的实施效果是否达到了规定的目标要求,企业管理者应制订内部审核计划,定期进行质量体系审核。

质量体系审核由企业内胜任的管理人员对体系各项活动进行客观评价,这些人员应独立于被审核的部门和活动范围。质量体系审核范围如下:

(1)组织机构;

(2)管理和工作程序;

(3)人员、装备和器材;

(4)工作区域、作业和过程;

(5)制品符合规范和标准的程度;

(6)文件、报告和记录。

质量体系审核一般以质量体系运行中各项工作文件的实施程度及产品质量水平为主要工作对象,一般为符合性评价。

5. 质量体系评审和评价

质量体系的评审和评价是由上级领导亲自组织的,对质量体系、质量方针、质量目标等工作所开展的适合性评价。也就是说,质量体系审核时的主要精力放在是否将计划工作落实,效果如何;而质量体系评审和评价重点为该体系的计划、结构是否合理有效,尤其是结合市场及社会环境、企业情况进行全面的分析与评价,一旦发现这方面的不足,就应对其体系结构、质量目标、质量政策提出改进意见,以使企业管理者采取必要的措施。

质量体系的评审和评价也包括各项质量体系审核范围的工作。

与质量体系审核不同的是,质量体系评审更侧重于质量体系的适合性,而且,一般评审与评价活动要由企业领导直接组织。

二、建立和完善质量体系的程序

按照国家标准《质量管理体系　基础和术语》(GB/T 19000—2016)和国际标准《质量管理体系　基础和术语》(ISO 9000:2015)建立一个新的质量体系或更新、完善现行的质量体系,一般都经历以下步骤。

1. 企业领导决策

企业领导要下决心走质量效益型的发展道路,有建立质量体系的迫切需要。建立质量体系是涉及企业内部很多部门的一项全面性工作,如果没有企业主要领导亲自领导、亲自实践和统筹安排,是很难做好这项工作的。因此,领导大力推动建立质量体系,是建立、健全质量体系的首要条件。

2. 编制工作计划

工作计划包括培训教育、体系分析、职能分配、配备仪器仪表设备等内容。

3. 分层次教育培训

组织学习相关标准,结合本企业的特点,了解建立质量体系的目的和作用,详细研究与本职工作有直接联系的要素,提出控制要素的办法。

4. 分析企业特点

结合企业的特点和具体情况,确定采用哪些要素和采用程度。要素要对控制过程实体质量起主要作用,能保证过程的适用性、符合性。

5. 落实各项要素

企业在选好合适的质量体系要素后,要进行二级要素展开,制订实施二级要素所必需的质量活动计划,并把各项质量活动落实到具体部门或个人。

一般在企业领导的亲自主持下,合理地分配各级要素与活动,使企业各项职能部门都明确各自在质量体系中应担负的责任、应开展的活动和各项活动的衔接办法。分配各级要素与活动的一个重要原则就是责任部门只能是一个,但允许有若干个配合部门。

在各级要素和活动分配落实后,为了便于实施、检查和考核,还要把工作程序文件化,即把企业的各级管理标准、工作标准、质量责任制、岗位责任制编制成与各级要素和活动相对应的有效运行文件。

6. 编制质量体系文件

质量体系文件按其作用可分为法规性文件和见证性文件两类。质量体系法规性文件是用以规定质量管理工作的原则,阐述质量体系的构成,明确有关部门和人员的质量职能,规定各项活动的目的、要求、内容和程序的文件。在合同环境下,这些文件是供方向需方证实质量体系适用性的证据。质量体系的见证性文件是用以表明质量体系的运行情况和证实其有效性的文件。这些文件记载了各质量要素的实施情况和工程实体质量的状态,是质量体系运行的见证。

三、质量体系的运行

保持质量体系的正常运行和持续实用、有效,是企业质量管理的一项重要任务,是质量体系发挥实际效能、实现质量目标的主要阶段。

质量体系运行是执行质量体系文件、实现质量目标、保持质量体系持续有效和不断优化的过程。

质量体系的有效运行是依靠体系的组织机构进行组织协调、实施质量监督、开展信息反馈、进行质量体系审核和复审实现的。

1. 组织协调

质量体系是借助于质量体系组织结构的组织和协调来运行的。组织和协调工作是维护质量体系运行的动力。质量体系的运行涉及企业众多部门的活动。计划部门、施工部门、技术部门、试验部门、测量部门、检查部门等都必须在目标、分工、时间和联系方面协调一致,责任范围不能出现空当,以保持体系的有序性。这些都需要通过组织和协调工作来实现。实现这种协调工作的人,应是企业的主要领导。只有主要领导主持、质量管理部门负责,通过组织协调才能保持体系的正常运行。

2. 质量监督

质量体系在运行过程中,各项活动及其结果不可避免地都会存在发生偏离标准的可能。

为此,必须实施质量监督。

质量监督有企业内部监督和外部监督两种,需方或第三方对企业进行的监督是外部质量监督。需方的监督权是在合同环境下进行的,就施工企业来说,叫作甲方的质量监督。按照合同约定,甲方对隐蔽工程进行检查签证。第三方的监督,是对单位工程和重要分部工程进行质量核定,并在工程开工前检查企业的质量体系,在施工过程中,监督企业质量体系的运行是否正常。

质量监督是符合性监督。质量监督的任务是对工程实体进行连续性的监视和验证。发现偏离管理标准和技术标准的情况时及时反馈,要求企业采取纠正措施,严重者责令停工整顿,从而促使企业的质量活动和工程实体质量均符合标准所规定的要求。

实施质量监督是保证质量体系正常运行的手段。外部质量监督应与企业本身的质量监督考核工作相结合,杜绝重大质量事故的发生,促使企业各部门认真贯彻各项规定。

3. 质量信息管理

企业的组织机构是企业质量体系的骨架,而企业的质量信息系统则是质量体系的神经系统,是保证质量体系正常运行的重要系统。在质量体系的运行中,通过质量信息反馈系统对异常信息的反馈和处理,进行动态控制,从而使各项质量活动和工程实体质量保持受控状态。

质量信息管理和质量监督、组织协调工作是密切联系在一起的,异常信息一般来自质量监督,异常信息的处理要依靠组织协调工作,三者的有机结合是质量体系有效运行的保证。

4. 质量体系审核与评审

企业要定期进行质量体系审核与评审:一是对体系要素进行审核、评价,确定其有效性;二是对运行中出现的问题采取纠正措施,对体系的运行进行管理,保持体系的有效性;三是评价质量体系对环境的适应性,对体系结构中不适应的要素采取改进措施。开展质量体系审核与评审是保持质量体系持续有效运行的主要手段。

第三节　工程质量责任体系和参建各方质量责任及义务

一、工程质量责任体系

工程项目质量控制包括项目的建设、勘察、设计、施工、监理各方的质量控制活动。

建设工程项目质量控制的目标,就是实现由项目决策所决定的项目质量目标,使项目的适用性、安全性、耐久性、可靠性、经济性及与环境的协调性等方面满足建设单位需要并符合国家法律、行政法规和技术标准、规范的要求。项目的质量涵盖设计质量、材料质量、设备质量、施工质量和影响项目运行或运营的环境质量等,各项质量均应符合相关的技术规范和标准的规定,满足建设单位方的质量要求。

工程项目质量控制的任务就是对项目的建设、勘察、设计、施工、监理单位的工程质量行为,以及涉及项目工程实体质量的设计质量、材料质量、设备质量、施工安装质量进行控制。

由于项目的质量目标最终是由项目工程实体的质量来体现,而项目工程实体的质量最终是通过施工作业过程直接形成的,设计质量、材料质量、设备质量往往也要在施工过程中进行检验,因此,施工质量控制是项目质量控制的重点。

二、参建各方质量责任和义务

《中华人民共和国建筑法》和《建设工程质量管理条例》规定,建设工程项目的建设单位、勘察单位、设计单位、施工单位、工程监理单位都要依法对建设工程质量负责。

1. 建设单位的质量责任和义务

(1)建设单位应当将工程发包给具有相应资质等级的单位,并不得将建设工程肢解发包。

(2)建设单位应当依法对工程建设项目的勘察、设计、施工、监理以及与工程建设有关的重要设备、材料等的采购进行招标。

(3)建设单位必须向有关的勘察、设计、施工、工程监理等单位提供与建设工程有关的原始资料。原始资料必须真实、准确、齐全。

(4)建设工程发包单位不得迫使施工单位以低于成本的价格竞标,不得任意压缩合理工期;不得明示或者暗示设计单位或者施工单位违反工程建设强制性标准,降低建设工程质量。

(5)建设单位应当将施工图设计文件上报县级以上人民政府建设行政主管部门或者其他有关部门审查。施工图设计文件未经审查批准的,不得使用。

(6)实行监理的建设工程,建设单位应当委托具有相应资质等级的工程监理单位进行监理。

(7)建设单位在领取施工许可证或者开工报告前,应当按照国家有关规定办理工程质量监督手续。

(8)按照合同约定,由建设单位采购建筑材料、建筑构配件和设备的,建设单位应当保证建筑材料、建筑构配件和设备符合设计文件和合同要求。建设单位不得明示或者暗示施工单位使用不合格的建筑材料、建筑构配件和设备。

(9)涉及建筑主体和承重结构变动的装修工程,建设单位应当在施工前委托原设计单位或者具有相应资质等级的设计单位提出设计方案;没有设计方案的,不得施工。房屋建筑使用者在装修过程中,不得擅自变动房屋建筑主体和承重结构。

(10)建设单位收到建设工程竣工报告后,应当组织设计、施工、工程监理等有关单位进行竣工验收。建设工程经验收合格的,方可交付使用。

(11)建设单位应当严格按照国家有关档案管理的规定,及时收集、整理建设项目各环节的文件资料,建立健全建设项目档案,并在建设工程竣工验收后,及时向建设行政主管部门或者其他有关部门移交建设项目档案。

2. 勘察、设计单位的质量责任和义务

(1)从事建设工程勘察、设计的单位应当依法取得相应等级的资质证书,在其资质等级许可的范围内承揽工程,并不得转包或者违法分包所承揽的工程。

(2)勘察、设计单位必须按照工程建设强制性标准进行勘察、设计,并对其勘察、设计的质量负责。注册建筑师、注册结构工程师等注册执业人员应当在设计文件上签字,对设计文件负责。

(3)勘察单位提供的地质、测量、水文等勘察成果必须真实、准确。

(4)设计单位应当根据勘察成果文件进行建设工程设计。设计文件应当符合国家规定的设计深度要求,注明工程合理使用年限。

(5)设计单位在设计文件中选用的建筑材料、建筑构配件和设备,应当注明规格、型号、性能等技术指标,其质量要求必须符合国家规定的标准。除有特殊要求的建筑材料、专用设备、工艺生产线等外,设计单位不得指定生产、供应商。

(6)设计单位应当就审查合格的施工图设计文件向施工单位作出详细说明。

(7)设计单位应当参与建设工程质量事故分析,并对因设计造成的质量事故,提出相应的技术处理方案。

3. 施工单位的质量责任和义务

(1)施工单位应当依法取得相应等级的资质证书,在其资质等级许可的范围内承揽工程,并不得转包或者违法分包工程。

(2)施工单位对建设工程的施工质量负责。施工单位应当建立质量责任制,确定工程项目的项目经理、技术负责人和施工管理负责人。建设工程实行总承包的,总承包单位应当对全部建设工程质量负责;建设工程勘察、设计、施工、设备采购的一项或者多项实行总承包的,总承包单位应当对其承包的建设工程或者采购的设备的质量负责。

(3)总承包单位依法将建设工程分包给其他单位的,分包单位应当按照分包合同的约定对其分包工程的质量向总承包单位负责,总承包单位与分包单位对分包工程的质量承担连带责任。

(4)施工单位必须按照工程设计图纸和施工技术标准施工,不得擅自修改工程设计,不得偷工减料。施工单位在施工过程中发现设计文件和图纸有差错的,应当及时提出意见和建议。

(5)施工单位必须按照工程设计要求、施工技术标准和合同约定,对建筑材料、建筑构配件、设备和商品混凝土进行检验,检验应当有书面记录和专人签字;未经检验或者检验不合格的,不得使用。

(6)施工单位必须建立、健全施工质量的检验制度,严格工序管理,做好隐蔽工程的质量检查和记录。隐蔽工程在隐蔽施工前,施工单位应当通知建设单位和建设工程质量监督机构。

(7)施工人员对涉及结构安全的试块、试件以及有关材料,应当在建设单位或者工程监理单位监督下现场取样,并送具有相应资质等级的质量检测单位进行检测。

(8)施工单位对施工中出现质量问题的建设工程或者竣工验收不合格的建设工程,应当负责返修。

(9)施工单位应当建立健全教育培训制度,加强对职工的教育培训;未经教育培训或者考核不合格的人员,不得上岗作业。

4. 工程监理单位的质量责任和义务

(1)工程监理单位应当依法取得相应等级的资质证书,在其资质等级许可的范围内承担工程监理业务,并不得转让工程监理业务。

(2)工程监理单位与被监理工程的施工承包单位以及建筑材料、建筑构配件和设备供应单位有隶属关系或者其他利害关系的,不得承担该项建设工程的监理业务。

(3)工程监理单位应当依照法律、法规以及有关技术标准、设计文件和建设工程承包合同,代表建设单位对施工质量实施监理,并对施工质量承担监理责任。

(4)工程监理单位应当选派具备相应资格的总监理工程师和监理工程师进驻施工现场。未经监理工程师签字,建筑材料、建筑构配件和设备不得在工程上使用或者安装,施工单位不得进行下一道工序的施工。未经总监理工程师签字,建设单位不得拨付工程款,不得进行竣工验收。

(5)监理工程师应当按照工程监理规范的要求,采取旁站、巡视和平行检验等形式,对建设工程实施监理。

第四节　工程质量缺陷及处理、质量事故等级划分及处理

一、工程质量缺陷的处理

质量缺陷是指工程中出现的质量问题,它不仅包括工程施工中存在的一般性质量缺陷,而且包括需要部分或全部返工的重大质量事故。

根据交通运输部《公路水运工程质量监督管理规定》(交办安发〔2016〕146号)中建立的"公路水运建设工程质量事故等级划分和报告制度"和"质量事故的调查处理实行统一领导、分级负责的原则",一般及以上工程质量事故均应报告。事故报告责任单位应在应急预案或有关制度中明确事故报告责任人。事故报告应及时、准确,任何单位和个人不得迟报、漏报、谎报或瞒报。

事故发生后,现场有关人员应立即向事故报告责任单位负责人报告。事故报告责任单位应在接报2小时内,核实、汇总并向负责项目监管的交通运输主管部门及其工程质量监督机构报告。接收事故报告的单位和人员及其联系电话应在应急预案或有关制度中予以明确。

重大及以上质量事故,省级交通运输主管部门应在接报2小时内进一步核实,并按工程质量事故快报统一报交通运输部应急办转部工程质量监督管理部门;出现新的经济损失、工程损毁扩大等情况的应及时续报。省级交通运输主管部门应在事故情况稳定后的10日内汇总、核查事故数据,形成质量事故情况报告,报交通运输部工程质量监督管理部门。对特别重大质量事故,交通运输部将按《交通运输部突发事件应急工作暂行规范》,由交通运输部应急办会同部工程质量监督管理部门及时向国务院应急办报告。工程质量事故发生后,事故发生单位和相关单位应按照应急预案规定及时响应,采取有效措施防止事故扩大。同时,应妥善保护事故现场及相关证据,任何单位和个人不得破坏事故现场。因抢救人员、防止事故扩大及疏导交通等原因需要移动事故现场物件的,应做出标志,保留影像资料。监理工程师应区别不同级别的质量事故而主持或配合调查处理工作。

在任何工程施工中,由于种种主观客观的原因,出现一种质量缺陷甚至质量事故是在所难免的。而在质量问题发生后,进行及时有效的处理则是监理工程师的重要责任之一。

1)质量缺陷的处理原则

(1)监理工程师具有质量否决权。

(2)质量缺陷处理须事先进行调查,分清责任,以明确处理费用的归属。

(3)施工中,前道工序有缺陷,在未经监理工程师认可之前不准进行下一道工序。例如,土方施工中局部压实度不足,必须进行补充压实并达到设计标准的要求,否则不准进行下层土方的施工。

(4)施工单位必须执行监理工程师对质量缺陷的处理意见。

(5)施工单位对质量缺陷的处理方案和措施必须经过监理工程师批准方可实施。

(6)施工单位对质量缺陷的处理完成后必须接受监理工程师的检查、验收。

2)质量缺陷的现场处理

在各项工程的施工过程中或完工以后,现场监理人员如发现工程项目存在技术规范所不允许的质量缺陷,应根据质量缺陷的性质和严重程度,按如下方式处理:

(1)当因施工而引起的质量缺陷处在萌芽状态时,应及时制止,并要求施工单位立即更换不合格的材料、设备或不称职的施工人员;或要求立即改变不正确的施工方法及操作工艺。

(2)当因施工而引起的质量缺陷已出现时,应立即向施工单位发出暂停施工的指令(先口头后书面),待施工单位采取了能足以保证施工质量的有效措施,并对质量缺陷进行了正确的补救处理后,再书面通知恢复施工。

(3)当质量缺陷发生在某道工序或单项工程完工以后,而且质量缺陷的存在将对下道工序或分项工程产生质量影响时,监理工程师应在对质量缺陷产生的原因及责任做出了判定并确定了补救方案后,再进行质量缺陷的处理或下道工序或分项工程的施工。

(4)在交工使用后的缺陷责任期内发现施工质量缺陷时,监理工程师应及时指令施工单位进行修补、加固或返工处理。

(5)对于一些复杂的工程缺陷,在作出决定前,可采取下述的方法做进一步的研究。

试验验证:监理工程师根据试验的数据,进行详细的分析,然后再作出决策。

定期观测:对于某些存在缺陷的工程,由于损坏的程度尚未稳定,在短时间内可能对工程的影响并不十分明显,需要进行较长时间的观测。在这种情况下,监理工程师应当与建设单位和施工单位协商,如果他们同意,则可以修改合同,采取延长缺陷责任期的办法进行处理。

专家论证:一些工程缺陷可能涉及的技术领域较广,甚至有时往往根据合同及规范也难以决策。在这种情况下,可邀请有关专家进行论证,监理工程师根据专家的分析结论和合同条件,作出最后的决定。

二、质量缺陷的修补与加固

(1)对因施工原因而产生的质量缺陷的修补和加固,应先由施工单位提出修补方案及方法,经监理工程师批准后方可进行;对因设计原因而产生的质量缺陷,应通过建设单位提出处理方案及方法,由施工单位进行修补。

(2)修补措施及方法应不降低质量控制指标和验收标准,并应是技术规范允许的或是行业公认的良好工程技术。

(3)当已完工程的缺陷并不构成对工程安全的危害,并且满足设计和使用要求时,经征得建设单位同意,可不进行加固或变更处理。如工程缺陷属于施工单位的责任,应由建设单位与施工单位协商,降低对此项工程的支付费用。

三、质量事故等级的划分

根据《公路水运建设工程质量事故等级划分和报告制度》(交办安监〔2016〕146 号),公路水运建设工程质量事故根据直接经济损失或工程结构损毁情况(自然灾害所致除外)分为特别重大质量事故、重大质量事故、较大质量事故和一般质量事故四个等级。直接经济损失在一般质量事故以下的为质量问题。

1. 特别重大质量事故

指造成直接经济损失 1 亿元以上的事故。

2. 重大质量事故

指造成直接经济损失 5000 万元以上 1 亿元以下,或者特大桥主体结构垮塌、特长隧道结构坍塌,或者大型水运工程主体结构垮塌、报废的事故。

3. 较大质量事故

指造成直接经济损失 1000 万元以上 5000 万元以下,或者高速公路项目中桥或大桥主体结构垮塌、中隧道或长隧道结构坍塌、路基(行车道宽度)整体滑移,或者中型水运工程主体结构垮塌、报废的事故。

4. 一般质量事故

指造成直接经济损失 100 万元以上 1000 万元以下,或者除高速公路以外的公路项目中桥或大桥主体结构垮塌、中隧道或长隧道结构坍塌,或者小型水运工程主体结构垮塌、报废的事故。

上述内容所称的“以上”包括本数,“以下”不包括本数。

公路水运工程的大、中、小型分类参照《公路水运工程监理企业资质管理规定》(交通运输部令 2019 年第 37 号)执行。

四、质量事故的处理

当某项工程在施工期间(包括缺陷责任期间)出现了技术规范所不允许的断层、裂缝、倾斜、倒塌、沉降、强度不足等情况时,应视为质量事故。可按如下程序处理:

(1)监理工程师应立即指令施工单位暂停该项工程的施工,并采取有效的安全措施。

(2)监理工程师应督促施工单位尽快提出质量事故报告并报告建设单位。质量事故报告应翔实地反映该项工程名称、部位、事故原因、应急措施、处理方案以及损失的费用等。

(3)监理工程师应组织有关人员在对质量事故现场进行审查、分析、诊断、测试或验算的基础上,对施工单位提出的处理方案予以审查、修正、批准,并指令恢复该项工程施工。

(4)监理工程师应对施工单位提出的有争议的质量事故责任予以判定。判定时应全面审查有关施工记录、设计资料及水文地质现状,必要时还要实际检验测试。在分清技术责任时,应明确事故处理的费用数额、承担比例及支付方式。

应当注意的是,无论是质量缺陷的补救或质量事故的处理,不应以降低质量标准或使用要求为前提,还要考虑对造型及美观的影响。当别无选择且不影响使用要求的情况下降低标准时,应特别注意征得建设单位的同意,并应在竣工报告及竣工资料中特别提出。

第五节　工程质量统计分析方法

一、数理统计基础

1. 总体、个体与样本

在工程质量检验中,对无限总体中的个体,如果采用全部逐个检查的方法考察其某个质量特性,不但费时费工不合算,而且是不可能的;即使对有限总体,其个体数量虽不大,但质量检验方法通常具有破坏性,采用全数考查的方法同样不可取。因此,除特殊项目外,在工程质量检验中通常采用抽样检查的方法(有关工程质量抽样检验方法将在第三节中讨论),即通过抽取总体中的一小部分个体加以考察,以便了解和分析总体质量状况。

总体又称母体,是统计分析中所要研究对象的全体。总体中的每个单元称为个体。

总体分为有限总体和无限总体,如果是一批产品,由于其数量有限,所以称其为有限总体;如果是一道工序,由于工序总在源源不断地生产出产品,有时是一个连续的整体,所以这样的总体称为无限总体。

从总体中抽取一部分个体就是样本(又称子样)。例如,从每一桶沥青中取两个试样,一批沥青有100桶,抽查了200个试样做试验,则这200个试样就是样本。而组成样本的每一个个体,即为样品。例如,上述200个试样中的某一个,就是该样本中的一个样品。

样本容量(有时也称样本数)是样本中所含样品的数量,通常用 n 表示。上例中样本容量 $n=200$。样本容量的大小,直接关系到判断结果的可靠性,一般来说,样本容量越大,可靠性越好,但检测所耗费的工作量亦愈大,成本也就愈高。样本容量与总体中所含个体的量相等时,是一种极限情况。

2. 质量数据

反映某产品的某项质量特性指标的原始数据,称为质量特性数据,简称为质量数据。如一批沥青的针入度数据、含蜡量数据、延度数据等,都可以被称为质量数据。质量数据是质量信息的重要组成部分,工程质量控制、评价是以数据为依据,质量控制中常说的“一切用数据说话”,就是要求用数据来反映工序质量状况及判断质量效果。只有通过对质量数据的收集、处理、分析,才可以达到对生产施工过程的了解、掌握以至控制和管理。没有质量数据,就不可能有现代化的科学的质量控制和管理。因此,质量数据的作用是十分重要的。

质量数据的来源主要是工程建设过程中的各种检验,即材料检验、工序检验、竣工验收检验,当然也包括使用过程中的必要检验。可以说质量检验为质量控制提供了全面的、大量的质量数据,依据它才能正常开展质量控制及质量管理活动。

1)质量数据的分类

质量数据就其本身的特性来说,可以分为计量值数据和计数值数据。

(1)计量值数据。

计量值数据是可以连续取值的数据,表现形式是连续性的。如长度、厚度、直径、强度、化学成分等质量特征,一般都是可以用检测工具或仪器等测量(或试验),类似这些质量特征的测量数据，一般都带有小数，如长度为1.15m、1.18m等。在工程质量检验中得出的原始检验数据大部分是计量值数据。

(2)计数值数据。

计数值数据是指不能连续取值，只能计算个数的数值。如不合格品数、不合格的构件数、缺陷的点数等，都是计数值，它们的每一次取值只可能是零或自然数。计数值的特点是非连续性，并只能出现0、1、2等非负的整数，在任何两个计数值之间不可能插入无穷多个数位，不可能有小数，否则将出现不能表达原意义的数值。如非计划停工次数1(次)与4(次)之间，最多只能插入2(次)和3(次)两个数值，再想插入任何不同于2和3的数值如2.5，则不能表达停工次数的含义，因为停工次数不可能为2.5次。一般来说，以判定方法得出的数据和以感觉性检验方法得出的数据大多属于计数值数据。

计数值数据有两种表示方法：一种是直接用计数出来的次数、点数来表示(称P_n数据)；一种是把P_n数据与总检查次数或点数相比，用百分数表示(称P数据)。P数据在工程检验中是经常使用的，如某分项工程的质量合格率为90%，即是表示经检查为合格的点或次数与总检查点或次数的比值为90%。但也应注意，不是所有的百分数表示的数据都是计数值数据，因为当分子为计量值数据时，则计算出来的百分数也应是计量值数据。可以这样说，在用百分数表示数据时，当分子、分母为计量值数据时，分数值为计量值数据；当分子、分母为计数值数据时，分数值为计数值数据。

2)质量数据的特性

表现工程质量的统计数据有两个基本特性：一是统计数据的差异性；二是统计数据的规律性。

(1)差异性。

实践证明，任何一个生产施工过程，不论客观条件多么稳定，设备多么精确，操作水平多么高，其生产施工出来的工程都不会完全相同，也就是工程质量不可能绝对一样，或多或少总会有差异，这就是所谓的工程质量波动性。因此，反映工程质量的统计数据的重要特性就是它的差异性。

(2)规律性。

虽然通过质量检验获取的质量数据千变万化、各不相同，但并非杂乱无章，总是存在一定的规律性，即变化有一定范围或局限，其中多数向某一数值集中，同时又分散在这个数值的两旁。因此，质量数据既分散又集中、既有差异性又有规律性。

质量控制，就是要应用数理统计方法从反映工程质量的数据的差异性中寻找其规律性，从而预测和控制工程质量。

3)质量数据的修约

质量数据获得后，还涉及数据的定位问题，也就是出现了规定精确程度范围之外的数字，如何进行取舍的问题，即数值修约。在统计中一般常用的数值修约规则如下：

(1)拟舍去的数字中，其最左面的第一位数字小于5时，则舍去，留下的数字不变。

(2)拟舍去的数字中，其最左面的第一位数字大于5时，则进1，即所留下的末位数字加1。

(3)拟舍去的数字中，其最左面的第一位数字等于5，而后面的数字并非全部为0时，则进

1,即所留下的末位数字加1。

(4)拟舍去的数字中,其最左面的第一位数字等于5,而后面无数字或全部为0时,所保留的数字末位数为奇数(1、3、5、7、9)则进1,如为偶数(0、2、4、6、8)则舍去。

如下列的数据修约到小数点后的第一位:

18.2432→18.2(拟舍去的数字中最左面的第一位数字是4,故舍去);

26.4843→26.5(拟舍去的数字中最左面的第一位数字是8,故应进1);

1.0501→1.1(拟舍去的数字中最左面的第一位数字是5,5后面的数字还有01,故应进1);

0.05→0.0(拟舍去的数字中最左面的第一位数字是5,5后面无数字,因所留末位数为“0”是偶数,故舍去);

0.15→0.2(拟舍去的数字中最左面的第一位数字是5,5后面无数字,因所留末位数为“1”是奇数,故进1);

0.25→0.2(拟舍去的数字中最左面的第一位数字是5,5后面无数字,因所留末位数为“2”是偶数,故舍去);

实行数据修约时,应在确定修约位数后一次完成,即对于拟舍去的数字并非单独的一个数字时,不得对该数值连续进行修约,应按拟舍去的数字中最左面的第一位数字的大小,按照上述各条一次修约完成。例如,将15.4546修约成整数时,不应按15.4546→15.455→15.46→15.5→16进行,而应按15.4546→15进行修约。

上述数值修约规则(有时称为“奇升偶舍法”)与以往惯用的“四舍五入法”区别在于,用“四舍五入”法对数值进行修约,从很多修约后的数值中得到的均值偏大。用上述修约规则,进舍的状况具有平衡性,进舍误差也具有平衡性,若干数值经过这种修约后,修约值之和变大的可能性与变小的可能性是一样的。

3.数据的统计特征量

用来表示统计数据分布及其某些特性的特征量分为两类:一类表示数据的集中位置,例如算术平均值、中位数等;一类表示数据的离散程度,主要有极差、标准离差、变异系数等。

1)算术平均值

算术平均值是表示一组数据集中位置最有用的统计特征量,经常用样本的算术平均值来代表总体的平均水平。总体的算术平均值用μ表示,样本的算术平均值则用$\bar{x}$表示。如果n个样本数据为x_1、x_2、…、x_n,那么,样本的算术平均值为:

$$\bar{x} = \frac{1}{n}(x_1 + x_x + \cdots + x_n) = \frac{1}{n}\sum_{i=1}^{n} x_i \tag{2-1}$$

2)中位数

在一组数据x_1、x_2、…、x_n中,按其大小次序排序,以排在正中间的一个数表示总体的平均水平,称之为中位数,或称中值,用$\tilde{x}$表示。n为奇数时,正中间的数只有一个;n为偶数时,正中间的数有两个,取这两个数的平均值作为中位数,即:

$$\tilde{x} = \begin{cases} x_{\frac{n+1}{2}} & n\text{ 为奇数} \\ \frac{1}{2}\left(x_{\frac{n}{2}} + x_{\frac{n}{2}+1}\right) & n\text{ 为偶数} \end{cases} \tag{2-2}$$

3）极差

在一组数据中最大值 x_{max} 和最小值 x_{min} 之差，称为极差，记作 R：

$$R = x_{max} - x_{min} \tag{2-3}$$

极差没有充分利用数据的信息，但计算十分简单，仅适用于样本容量较小（$n < 10$）的情况。

4）标准偏差

标准偏差有时也称标准离差、标准差或称均方差，是衡量样本数据波动性（离散程度）的指标。在质量检验中，总体的标准偏差 σ 一般不易求得。样本的标准偏差 S 按式（2-4）计算：

$$S = \sqrt{\frac{(x_1 - \bar{x})^2 + (x_2 - \bar{x})^2 + \cdots + (x_n - \bar{x})^2}{n-1}} = \sqrt{\frac{\sum_{i=1}^{n}(x_i - \bar{x})^2}{n-1}} \tag{2-4}$$

5）变异系数

标准偏差用于反映样本数据的绝对波动状况，当测量较大的量值时，绝对误差一般较大；测量较小的量值时，绝对误差一般较小。因此，用相对波动的大小，即变异系数更能反映样本数据的波动性。变异系数用 C_v 表示，是标准偏差 S 与算术平均值 $\bar{x}$ 的比值，即：

$$C_v = \frac{S}{\bar{x}} \times 100\% \tag{2-5}$$

【例 2-1】 某路段沥青混凝土面层抗滑性能检测，摩擦系数的检测值（共 10 个测点）分别：58、56、60、53、48、54、50、61、57、55（摆值）。求摩擦系数的算术平均值、中位数、极差和标准偏差。

解：由式（2-1）可得摩擦系数的算术平均值为：

$$\bar{f}_B = \frac{1}{10} \times (58 + 56 + 60 + 53 + 48 + 54 + 50 + 61 + 57 + 55)$$
$$= 55.2\text{（摆值）}$$

检测值按大小次序排列为：61、60、58、57、56、55、54、53、50、48（摆值），则由式（2-2）可得中位数为：

$$\tilde{f} = \frac{1}{2} \times [f_{B(5)} + f_{B(6)}] = \frac{1}{2} \times (55 + 56) = 55.5\text{（摆值）}$$

由式（2-3）可得极差为：

$$R = f_{Bmax} - f_{Bmin} = 61 - 48 = 13\text{（摆值）}$$

由式（2-4）可得标准偏差为：

$$S = \left\{\frac{1}{10-1}[(58-55.2)^2 + (56-55.2)^2 + (60-55.2)^2 + (53-52.2)^2 + (48-55.2)^2 + (54-55.2)^2 + (50-55.2)^2 + (61-55.2)^2 + (57-55.2)^2 + (55-55.2)^2]\right\}^{\frac{1}{2}}$$
$$= 4.13\text{（摆值）}$$

【例 2-2】 若甲路段沥青混凝土面层的摩擦系数算术平均值为 55.2（摆值），标准偏差为 4.13（摆值）；乙路段的摩擦系数算术平均值为 60.8（摆值），标准偏差为 4.27（摆值）。则两路段的变异系数分别为：

$$\text{甲路段}\quad C_v = \frac{S}{\bar{x}} \times 100\% = \frac{4.13}{55.2} = 7.48\%$$

$$\text{甲路段}\quad C_v = \frac{S}{\bar{x}} \times 100\% = \frac{4.27}{60.8} = 7.02\%$$

从标准偏差看，$S_{甲} < S_{乙}$。但从变异系数分析，$C_{v甲} > C_{v乙}$，说明甲路段的摩擦系数相对波动比乙路段的大，面层抗滑稳定性较差。

4. 数据的分布特征

质量数据具有一定的规律性，这种规律性一般用概率分布来描述。概率分布的形式很多，在公路工程质量控制和评价中，常用到正态分布和 t 分布。

1)正态分布

正态分布是应用最多、最广泛的一种概率分布，而且是其他概率分布的基础。正态分布的概率密度函数为：

$$f(x) = \frac{1}{\sqrt{2\pi}\sigma} e^{-\frac{(x-\mu)^2}{2\sigma^2}} \qquad (-\infty < x < +\infty) \tag{2-6}$$

式中：x——随机变量；

μ——正态分布的平均值；

σ——正态分布的标准偏差。

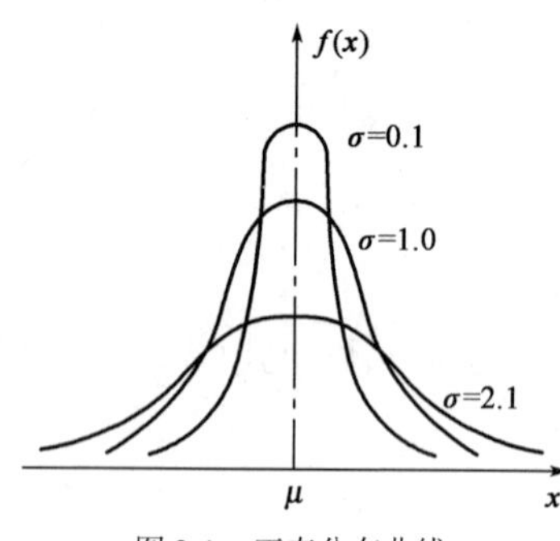

图 2-1 正态分布曲线

平均值 μ 是 $f(x)$ 曲线的位置参数，决定曲线最高点的横坐标。标准偏差 σ 是 $f(x)$ 曲线的形状参数，它的大小反映了曲线的宽窄程度。σ 越大，曲线低而宽，随机变量在平均值 μ 附近出现的密度越小；σ 越小，曲线高而窄，随机变量在平均值 μ 附近出现的密度越大(图 2-1)。

正态分布具有以下特点：

(1)正态分布曲线对称于 $x=\mu$，即以平均值为中心。

(2)当 $x=\mu$ 时，曲线处于最高点，当 x 向左右偏离时，曲线不断地降低，整个曲线呈中间高、两边低的形状。

(3)曲线与横坐标轴所围成的面积等于 1，即：

$$\int_{-\infty}^{\infty} \frac{1}{\sqrt{2\pi} \cdot \sigma} e^{-\frac{(x-\mu)^2}{2\sigma^2}} dx = 1$$

一般地，随机变量 x 服从参数 μ 与 σ 的正态分布，可记作 $x \sim N(\mu,\sigma)$。特别地，当 $\mu=0$、$\sigma=1$ 时的正态分布，称之为标准正态分布，用 $N(0,1)$ 表示。它的概率密度函数为：

$$f(x) = \frac{1}{\sqrt{2\pi}\sigma} e^{-\frac{x^2}{2}} \tag{2-7}$$

对于正态分布 $N(\mu,\sigma)$，它的测量值落入区间 (a,b) 的概率，用 $P(a<x<b)$ 表示：

$$P(a < x < b) = \Phi\left(\frac{b-\mu}{\sigma}\right) - \Phi\left(\frac{a-\mu}{\sigma}\right) \tag{2-8}$$

式中：

$$\Phi(a)=\int_{-\infty}^{a}\frac{1}{\sqrt{2\pi}}e^{-\frac{x^2}{2}}dx$$

$$\Phi(b)=\int_{-\infty}^{b}\frac{1}{\sqrt{2\pi}}e^{-\frac{x^2}{2}}dx \tag{2-9}$$

利用式(2-8),可以求得双边置信区间的几个重要数据(图2-2):

$P\{\mu-\sigma<x\leqslant\mu+\sigma\}=0.6826$

$P\{\mu-1.96\sigma<x\leqslant\mu+1.96\sigma\}=0.9500$

$P\{\mu-2\sigma<x\leqslant\mu+2\sigma\}=0.9544$

$P\{\mu-3\sigma<x\leqslant\mu+3\sigma\}=0.9973$

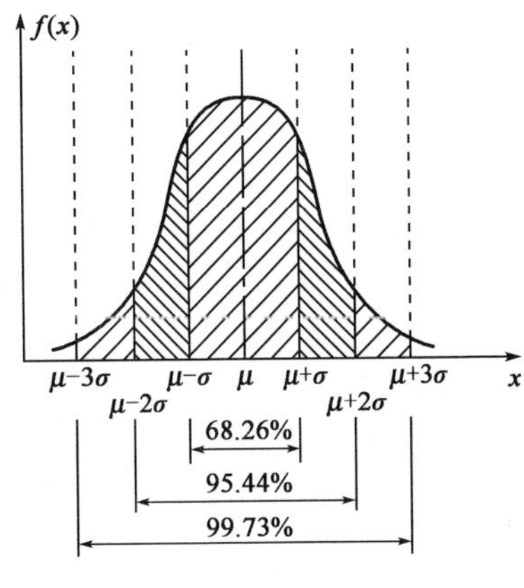

图2-2　正态分布与置信区间

双边置信区间可统一写成:

$$\mu-u_{(1-\beta)/2}\cdot\sigma<x\leqslant\mu+u_{(1-\beta)/2}\cdot\sigma \tag{2-10}$$

式中:　　β——显著性水平;

$1-\beta$——置信水平;

$u_{(1-\beta)/2}$——双边置信区间的正态分布临界值;

$\mu-u_{(1-\beta)/2}\cdot\sigma$——置信下限;

$\mu+u_{(1-\beta)/2}\cdot\sigma$——置信上限。

同理可得,单边置信区间的几个重要数据:

$P\{x\leqslant\mu+\sigma\}=P\{x\geqslant\mu-\sigma\}=0.8413$

$P\{x\leqslant\mu+2\sigma\}=P\{x\geqslant\mu-2\sigma\}=0.9772$

$P\{x\leqslant\mu+3\sigma\}=P\{x\geqslant\mu-3\sigma\}=0.9987$

$P\{x\leqslant\mu+1.645\sigma\}=P\{x\geqslant\mu-1.645\sigma\}=0.9500$

其置信区间可表示为:

$$x\leqslant\mu+u_{(1-\beta)}\cdot\sigma\ 或\quad x\geqslant\mu-u_{(1-\beta)}\cdot\sigma \tag{2-11}$$

式中:$\mu-u_{(1-\beta)}\cdot\sigma$——单边置信下限;

$\mu+u_{(1-\beta)}\cdot\sigma$——单边置信上限。

在公路工程质量检验与评价中,常把式(2-10)、式(2-11)中 u 称为保证率系数(常用 Z_a 表示),其取值与公路等级有关,而且常常用样本平均值 $\bar{x}$ 与标准偏差 S 分别代替上述公式中的 μ 与 σ。

2)t 分布

t 分布的概率密度函数为:

$$t(x,n)=\frac{\Gamma\left(\frac{n+1}{2}\right)}{\Gamma\left(\frac{n}{2}\right)\sqrt{n\pi}}\left(1+\frac{x^2}{n}\right)^{-\frac{n+1}{2}} \tag{2-12}$$

式中:x——随机变量;

n——样本容量,在数理统计学中称自由度。

当随机变量 x 服从自由度为 n 的 t 分布时,记作 $x\sim t(n)$,其分布图形如图2-3所示。

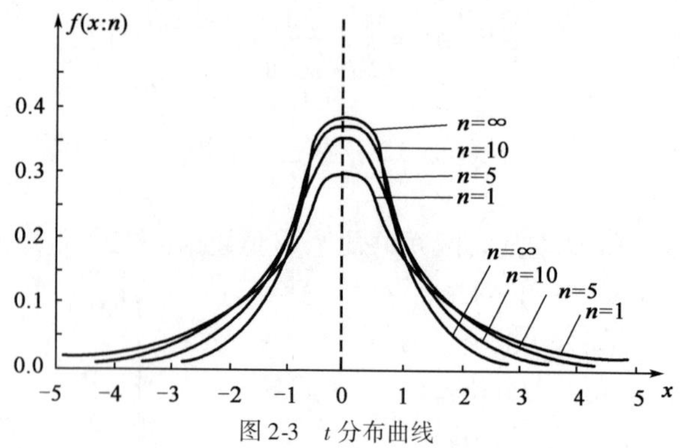

图 2-3 t 分布曲线

可以证明:当 $n\to\infty$ 时,t 分布趋于正态分布,一般来说,当 $n>30$ 时,t 分布与正态分布 $N(0,1)$ 就非常接近了。但对较小的 n 值,t 分布与正态分布之间有较大的差异,且:

$$P\{|T|\geqslant t_0\}\geqslant P\{|x|\geqslant t_0\} \tag{2-13}$$

其中 $x\sim N(0,1)$,即在 t 分布的尾部比在标准正态分布的尾部有着更大的概率。

在施工质量评价中,常需要解决总体标准偏差 σ 未知时,如何估计平均值置信区间的问题。为解决这一问题,一个很自然的想法就是利用样本标准偏差 S 代替总体标准偏差 σ。

设$(x_1,\cdots,x_n)$来自正态分布总体,根据抽样分布定理可知:

$$T=\frac{\bar{x}-\mu}{\frac{S}{\sqrt{n}}}\sim t(n-1) \tag{2-14}$$

因此,根据给定的 β 和自由度 $n-1$,由《t 分布概率系数表》查得 $t_{(1-\beta)/2}(n-1)$之值,由此得平均值 μ 的双边置信区间:

$$\left[\bar{x}-S\cdot\frac{t_{(1-\beta)/2}(n-1)}{\sqrt{n}}\quad,\quad\bar{x}+S\cdot\frac{t_{(1-\beta)/2}(n-1)}{\sqrt{n}}\right] \tag{2-15}$$

同理可得 μ 单边置信的区间:

$$\mu<\bar{x}+S\cdot\frac{t_{(1-\beta)/2}(n-1)}{\sqrt{n}}\quad 或\quad \mu>\bar{x}-S\cdot\frac{t_{(1-\beta)/2}(n-1)}{\sqrt{n}} \tag{2-16}$$

5. 可疑数据的取舍方法

在一组条件完全相同的重复试验中,个别的测量值可能会出现异常,如测量值过大或过小,这些过大或过小的测量数据是不正常的,或称为可疑的。对于这些可疑数据应该用数理统计的方法判别其真伪,并决定取舍。常用的方法有拉依达(PaИTa)法、肖维纳特(Chavenet)法、格拉布斯(Grubbs)法等。

1)拉依达法

在产品质量控制和材料试验研究中,遇到的总体绝大部分都服从正态分布,而由正态分布的 3σ 原则可知,对于每个测量值落在区间$(\bar{x}-3S,\bar{x}+3S)$的概率为 99.73%,而落在这个区间之外的概率仅为 0.27%,也就是在近 400 次试验中才能遇到 1 次,在有限次的测量中发生这种情况的可能性是很小的,因而一旦有这样的数据出现,就认为该测量数据是不可靠的,应予以剔除。拉依达法正是基于这一原则提出的,故也称 3S 准则。即当试验次数较多时,可简单地用 3 倍标准偏差($3S$)作为确定可疑数据取舍的标准(简称 $3S$ 法)。当某一测量数据(x_i)与其测量结果的算术平均值($\bar{x}$)之差大于 3 倍标准偏差时,用公式表示为:

$$|x_i - \bar{x}| > 3S \tag{2-17}$$

则该测量数据应舍弃。

另外,当测量值与平均值之差大于 2 倍标准偏差(即 $|x_i - \bar{x}| > 2S$)时,则该测量值应保留,但需存疑。如发现生产(施工)、试验过程中,有可疑的变异时,该测量值则应予舍弃。

拉依达法简单方便,不需查表,但要求较宽,当试验检测次数较多($n > 50$)或要求不高时可以应用,当试验检测次数较少(如 $n < 10$)时,在一组测量值中即使混有异常值,也无法舍弃。

2)肖维纳特法

进行 n 次试验,其测量值服从正态分布,以概率 $1/(2n)$ 设定一判别范围($-k_n \cdot S, k_n \cdot S$),当离差(测量值 x_i 与其算术平均值 $\bar{x}$ 之差)超出该范围时,就意味着该测量值 x_i 是可疑的,应予舍弃。判别范围由式(2-18)确定:

$$\frac{1}{2n} = 1 - \int_{-k_n}^{k_n} \frac{1}{\sqrt{2\pi}} e^{-\frac{t^2}{2}} dt \tag{2-18}$$

式中:k_n——肖维纳特系数,与试验次数 n 有关,可由正态分布系数表得,如表 2-1 所示。

肖维纳特系数 k_n　　表 2-1

n	k_n	n	k_n	n	k_n	n	k_n	n	k_n	n	k_n
3	1.38	8	1.86	13	2.07	18	2.20	23	2.30	50	2.58
4	1.53	9	1.92	14	2.10	19	2.22	24	2.31	75	2.71
5	1.65	10	1.96	15	2.13	20	2.24	25	2.33	100	2.81
6	1.73	11	2.00	16	2.15	21	2.26	30	2.39	200	3.02
7	1.80	12	2.03	17	2.17	22	2.28	40	2.49	500	3.20

因此,肖维纳特法可疑数据舍弃的标准为:

$$\frac{|x_i - \bar{x}|}{S} \geqslant k_n \tag{2-19}$$

肖维纳特法改善了拉依达法,但从理论上分析,当 $n \to \infty$,$k_n \to \infty$,此时所有异常值都无法舍弃。此外,肖维纳特系数与置信水平之间无明确联系,已逐渐被格拉布斯法所代替。

3)格拉布斯法

格拉布斯法假定测量结果服从正态分布,根据顺序统计量来确定可疑数据的取舍。作 n 次重复试验,测得结果为 x_1、x_2、…、x_i、…、x_n,而且 x_i 服从正态分布。

为了检验 $x_i(i=1,2,\cdots,n)$ 中是否有可疑值,可将 x_i 按其值由小到大顺序重新排列,得:

$$x_1 \leqslant x_2 \leqslant \cdots \leqslant x_n \tag{2-20}$$

根据顺序统计原则,给出标准化顺序统计量 g:

当最小值 x_1 可疑时,则　　$g = \dfrac{\bar{x} - x_1}{S}$

当最大值 x_n 可疑时,则　　$g = \dfrac{x_n - \bar{x}}{S}$　　(2-21)

根据格拉布斯统计量的分布,在指定的显著性水平 α(一般 $\alpha = 0.05$)下,求得判别可疑值

的临界值 $g_0(\alpha、n)$,格拉布斯法的判别标准为:

$$g \geqslant g_0(\alpha、n) \tag{2-22}$$

则可疑值 $x_{(i)}$ 是异常的,应予舍去。其中 $g_0(\alpha、n)$ 值列于表 2-2。

格拉布斯系数 $g_0(\alpha、n)$ 表 2-2

n	α		n	α		n	α	
	0.01	0.05		0.01	0.05		0.01	0.05
3	1.15	1.15	13	2.61	2.33	23	2.96	2.62
4	1.49	1.46	14	2.66	2.37	24	2.99	2.64
5	1.75	1.67	15	2.70	2.41	25	3.01	2.66
6	1.94	1.83	16	2.74	2.44	30	3.10	2.74
7	2.10	1.94	17	2.78	2.47	35	3.18	2.81
8	2.22	2.03	18	2.82	2.50	40	3.24	2.87
9	2.32	2.11	19	2.85	2.53	50	3.34	2.96
10	2.41	2.18	20	2.88	2.56	100	3.59	3.17
11	2.48	2.24	21	2.91	2.58			
12	2.55	2.29	22	2.94	2.60			

利用格拉布斯法每次只能舍弃一个可疑值。若有两个以上的可疑数据,应该一个一个地舍弃,舍弃第一个数据后,检测次数由 n 变为 $n-1$,以此为基础再判别第二个可疑数据是否应舍去。

【例 2-3】 试验室进行同配合比的混凝土强度试验,其试验结果为($n=10$):23.0MPa、24.5MPa、26.0MPa、25.0MPa、24.8MPa、27.0MPa、25.5MPa、31.0MPa、25.4MPa、25.8MPa,分别试用 3S 法、肖维纳特法和格拉布斯法判别其取舍。

解:分析上述 10 个测量数据,$x_{min}=23.0$MPa 和 $x_{max}=31.0$MPa 最可疑。故应首先判别 x_{min} 和 x_{max}。经计算:$\bar{x}=25.8$MPa,$S=2.1$MPa。

(1)3S 法。

因:

$|x_{max}-\bar{x}|=|31.0-25.8|=5.2\text{MPa}<3S=6.3\text{MPa}$

$|x_{min}-\bar{x}|=|23.0-25.8|=2.8\text{MPa}<3S=6.3\text{MPa}$

故上述测量数据均不能舍弃。

(2)肖维纳特法。

查表 2-1,当 $n=10$ 时,$k_n=1.96$。对于测量值 31.0,则有:

$$\frac{|x_i-\bar{x}|}{S}=\frac{|31.0-25.8|}{2.1}=2.48 \geqslant k_n=1.96$$

说明测量数据 31.0 是异常的,应予舍弃。这一结论与拉依达法的结果是不一致的。

(3)格拉布斯法。

测量数据按小到大次序排列如下:23.0、24.5、24.8、25.0、25.4、25.5、25.8、26.0、27.0、31.0。

$$g(1)=\frac{\bar{x}-x_1}{S}=\frac{25.8-23.0}{S}=1.33$$

$$g(10)=\frac{x_{10}-\bar{x}}{S}=\frac{31.0-25.8}{S}=2.48$$

由于 $g(1) < g(10)$，首先判断 x_{10}。取 $\alpha = 0.05$，并根据 $\alpha = 0.05$ 和 $n = 10$，由表 2-2 查得 $g_0(0.05,10) = 2.18$。由于 $g(10) = 2.48 > g_0(0.05,10) = 2.18$，所以 $x_{10} = 31.0$ 为异常值，应予舍弃。这一结论与肖维纳特法结论是一致的。

仿照上述方法继续对余下的 9 个数据进行判别，经计算没有异常值。

二、常用的数理统计方法与工具

工程质量控制与评价是以数理统计方法作为基本手段。所谓数理统计方法，就是运用统计性规律，收集、整理、分析、利用数据，并以这些数据作为判断、决策和解决质量问题的依据。

质量控制中，比较常用而有效的统计方法有直方图法、排列图法、因果分析图法、控制图法、分层法、相关图法和统计调查分析法等。限于篇幅，本节主要介绍直方图、控制图和相关图等方法。

1. 频数直方图法

频数直方图即质量分布图，简称直方图，是把收集到的质量数据，按顺序分成若干间隔相等的组，以组距为横坐标，以落入各组的数据频数为纵坐标，按比例构成的若干矩形条排列的图。直方图适用于对大量计量值数据进行整理加工、找出其统计规律，即分析数据分布的形态，以便对其总体分布特征进行推断的方法。

1）直方图的绘制

频数是指在重复试验中，随机事件出现的次数。频数的统计方法有两种：一是以单个数值进行统计，即某个数据重复出现的次数就是它的频数；二是按区间数值进行统计，即是在已收集的数据中按照一定划分范围把整个数值分成若干区间，按每个区间内数值重复出现的次数作为这个区间的频数。在质量控制中，一般多采用第二种方法，也就是按区间进行频数统计。

下面结合实例说明绘制频数分布直方图的方法与步骤。

【例 2-4】 某沥青混凝土拌和过程中，油石比的抽检结果列于表 2-3 中。请绘制其频数分布直方图。

油石比检测数据 表 2-3

顺序	数据										最大	最小	极差
1	6.12	6.35	5.84	5.90	5.95	6.14	6.05	6.03	5.81	5.86	6.35	5.81	0.54
2	5.78	5.25	5.94	5.80	5.90	5.86	5.99	6.16	6.18	5.79	6.25	5.78	0.44
3	5.67	5.64	5.88	5.71	5.82	5.94	5.91	5.84	5.68	5.91	5.94	5.64	0.30
4	6.03	6.00	5.95	5.96	5.88	5.74	6.06	5.81	5.76	5.82	6.06	5.74	0.32
5	5.89	5.88	5.64	6.00	6.12	6.07	6.25	5.74	6.16	5.66	6.25	5.64	0.61
6	5.58	5.73	5.81	5.57	5.93	5.96	6.04	6.09	6.01	6.04	6.09	5.57	0.52
7	6.11	5.82	6.26	5.54	6.26	6.01	5.98	5.85	6.06	6.01	6.26	5.54	0.72
8	5.86	5.88	5.97	5.99	5.84	6.03	5.91	5.95	5.82	5.88	5.99	5.82	0.17
9	5.85	6.43	5.92	5.89	5.90	5.94	6.00	6.20	6.14	6.07	6.43	5.85	0.58
10	6.08	5.86	5.96	5.53	6.24	6.19	6.21	6.32	6.05	5.97	6.32	5.53	0.79

解：（1）收集数据。

一般应不少于 50 ~ 100 个数据。理论上讲数据越多越好,但因收集数据需要耗费时间和人力、费用,所以收集的数据有限。本例为 100 个数据。

(2)数据分析与整理。

从收集的数据中找出最大值与最小值,并计算其极差。

本例中最大值:

$$x_{max} = 6.43$$

最小值:

$$x_{min} = 5.53$$

极差值:

$$R = x_{max} - x_{min} = 6.43 - 5.53 = 0.9$$

(3)确定组数与组距。

通常先定组数,后定组距。组数用 B 表示,应根据收集数据总数而定。当数据为 50 以下时,$B = 5 \sim 7$ 组;总数为 50 ~ 100 时,$B = 6 \sim 10$ 组;总数为 100 ~ 250 时,$B = 7 \sim 12$ 组;总数为 250 以上时,$B = 10 \sim 20$ 组。

组距用 h 表示,其计算公式为:

$$h = \frac{R}{B} \tag{2-23}$$

本例中取组数 $B = 10$,则组距 $h = 0.9/10 = 0.09$。

(4)确定组界值。

确定组界值时,应使数据的全体落在第一组的下界值与最后一组(第 k 组)的上界值所组成的开区间之内;同时,为避免数据恰好落在组界上,组界值要比原数据的精度高一位。组界值具体确定方法如下:

$$第一组的下界值 = x_{min} - h/2$$
$$第一组的上界值 = x_{min} + h/2$$

第一组的上界值就是第二组的下界值,第二组的下界值加上组距 h 即为第二组的上界值,以此类推。

本例中第一组界值为:

$$(5.53 - 0.09/2) \sim (5.53 + 0.09/2) = 5.485 \sim 5.575$$

(5)统计频数。

组界值确定后按组号,统计频数、频率(相对频数),作频数分布统计表。

本例的统计结果列于表 2-4。

频数分布统计表 表 2-4

序号	分组区间	频数	相对频数	序号	分组区间	频数	相对频数
1	5.485 ~ 5.575	3	0.03	7	6.025 ~ 6.115	14	0.14
2	5.575 ~ 5.665	4	0.04	8	6.115 ~ 6.205	9	0.09
3	5.665 ~ 5.755	6	0.06	9	6.205 ~ 6.295	6	0.06
4	5.755 ~ 5.845	14	0.14	10	6.295 ~ 6.385	2	0.02
5	5.845 ~ 5.935	21	0.21	11	6.385 ~ 6.475	1	0.01
6	5.935 ~ 6.025	20	0.20	合计		100	1.0

(6)绘制直方图。

以横坐标为质量特性,纵坐标为频数(或频率)作直方图,如图 2-4 所示。

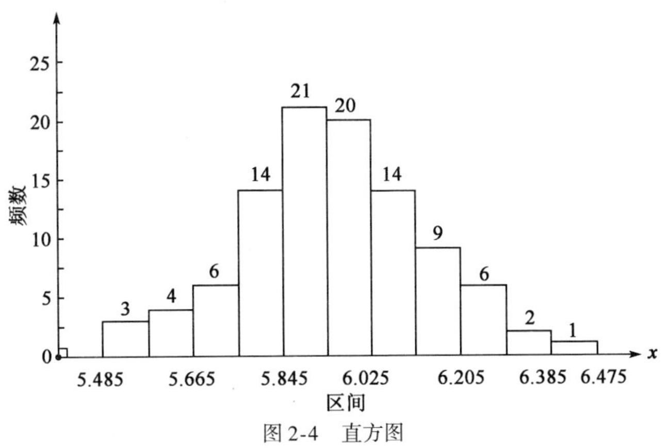

图 2-4　直方图

由图 2-4 可知,如果收集的检测数据数越来越多,分组越来越细,直方图就转化为一条光滑的曲线。这条曲线就称为概率分布曲线。

2)直方图的应用

通过直方图形状,可以观察与判断产品质量特性分布状况(质量是否稳定,质量分布状态是否正常),判断生产过程是否正常、工序是否稳定,找出产生异常的原因,以决定是否采取相应处理措施;计算工序能力,估算生产过程不合格品率。

(1)估算可能出现的不合格率。

质量评定标准一般都有上下两个标准界限值,上限为 T_u,下限为 T_l,故不合格率有超上限不合格率 P_u 和超下限不合格率 P_l,则总的不合格率为:

$$P = P_u + P_l \tag{2-24}$$

为了计算 P_u 与 P_l,引入相应的系数:

$$\left.\begin{aligned} K_u &= \frac{|T_u - \bar{x}|}{S} \\ K_l &= \frac{|T_l - \bar{x}|}{S} \end{aligned}\right\} \tag{2-25}$$

根据 K_u、K_l 查《正态分布概率系数表》,即可确定相应的超上限不合格率 P_u 和超下限不合格率 P_l。

【例 2-5】　在例 2-4 中,已知油石比的质量标准为 $T_u = 6.50\%$、$T_l = 5.50\%$,试计算可能出现的不合格率 P。

解:经计算 $\bar{x} = 5.946\%$、$S = 0.181\%$,则:

$$K_u = \frac{|T_u - \bar{x}|}{S} = \frac{|6.50 - 5.946|}{0.181} = 3.06$$

$$K_l = \frac{|T_l - \bar{x}|}{S} = \frac{|5.50 - 5.946|}{0.181} = 2.46$$

查《正态分布概率系数表》,得:

$K_u = 3.06$ 时，$P_u = 0.0011$

$K_l = 2.46$ 时，$P_l = 0.00695$

故，可能出现的不合格率为 $P = P_u + P_l = 0.00805 = 0.805\%$

(2)考察工序能力。

工序能力是指工序处于稳定状态下的实际生产合格产品的能力，通常用工序能力指数 C_P 表示。工序能力指数就是质量标准范围 T 与该工序生产精度的比值，其计算方法如下：

①当质量标准中心与质量分布中心重合时：

$$C_P = \frac{T}{6 \cdot S} = \frac{T_u - T_l}{6 \cdot S} \tag{2-26}$$

②当质量标准中心与质量分布中心不重合时：

$$C_{PK} = \frac{T}{6 \cdot S} = \frac{T_u - T_l}{6 \cdot S}(1 - K) \tag{2-27}$$

式中：K——相对偏移量。

$$K = \frac{\left| \frac{T_u + T_l}{2} - \bar{x} \right|}{\frac{T_u - T_l}{2}} \tag{2-28}$$

③当质量标准只有下限或上限时：

$$\left.\begin{aligned} &\text{下限控制} \quad C_P = \frac{\bar{x} - T_l}{3 \cdot S} \\ &\text{上限控制} \quad C_P = \frac{T_u - \bar{x}}{3 \cdot S} \end{aligned}\right\} \tag{2-29}$$

若$\bar{x} < T_l$ 或$\bar{x} > T_u$，则认为 $C_P = 0$，即完全没有工序能力。

从上式可以看出，C_P 值是工序所生产的产品质量分布范围能满足质量标准的程度。工序能力判断主要用 C_P 值来衡量，其判断标准见表 2-5。

工序能力判断标准 表 2-5

C_P 值	工序能力判断
$C_P > 1.33$	工序能力充分满足要求，但 C_P 值大于 1.33 越多说明工序能力越有潜力，应考虑标准是否定得过宽、工序是否经济
$C_P = 1.33$	理想状态
$1 \leq C_P < 1.33$	较理想状态，但 C_P 值接近或等于 1 时，则有发生不合格品的可能，应加强质量控制
$0.67 \leq C_P < 1$	工序能力不足，应采取措施改进工艺条件
$C_P < 0.67$	工序能力非常不足

【例 2-6】 试计算例 2-4 的工序能力指数，并做出判断。

解：

$$C_P = \frac{T_u - T_l}{6 \cdot S} = \frac{6.50 - 5.50}{6 \times 0.181} = 0.92$$

$$K = \frac{\left| \frac{6.50 + 5.50}{2} - 5.946 \right|}{\frac{6.50 - 5.50}{2}} = 0.108$$

$$C_{PK}=C_P(1-K)=0.92\times(1-0.108)=0.82$$

按判断标准说明本例工序能力不够，需要从人、机器、材料和工艺方法四个方面去查找影响工序能力的因素，进行改进，对 C_P 值做必要的修正。

(3)判断质量分布状态。

当生产条件正常时，直方图应该是中间高、两侧低、左右接近对称的正常型图形，如图 2-5a)所示。当出现非正常型图形时，就要进一步分析原因，并采取措施加以纠正。常见的非正常型图形有图 2-5b)～图 2-5f)5 种类型。

①折齿形。图形出现凹凸状，见图 2-5b)，这多数是由于分组不当或组距确定不当所致。

②孤岛形。出现孤立的小直方图，见图 2-5c)，这是由于少量材料不合格，或短时间内工人操作不熟练所造成的。

③双峰形。图形出现了两个峰顶，见图 2-5d)，一般是由于两组生产条件不同的数据混淆在一起所造成的。

④缓坡形。图形向左或向右呈缓坡状，即平均值 $\bar{x}$ 过于偏左或偏右，见图 2-5e)，这是由于工序施工过程中的上控制界限或下控制界限控制太严所造成的。

⑤绝壁形。直方图的分布中心偏向一侧，见图 2-5f)，常是由操作者的主观因素所造成的，即一般多是因数据收集不正常(如剔除了不合格品的数据)，或是在工序检验中出现了人为的干扰现象。这时应重新进行数据统计或重新按规定检验。

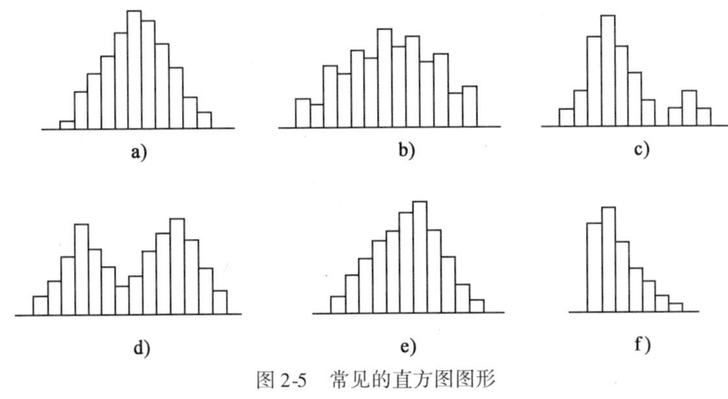

图 2-5　常见的直方图图形

(4)判断施工能力。

将正常型直方图与质量标准进行比较，即可判断实际生产施工能力。如图 2-6 所示，T 表示质量标准要求的界限，B 代表实际质量特性值分布范围。比较结果一般有以下情况：

①B 在 T 中间，两边各有一定余地，这是理想的控制状态，见图 2-6a)。

②B 虽在 T 之内，但偏向一侧，有可能出现超上限或超下限不合格品，需要采取纠偏措施，如图 2-6b)所示。

③B 与 T 相重合，实际分布太宽，极易产生超上限与超下限的不合格品，需要采取措施提高工序能力，见图 2-6c)。

④B 过分小于 T，说明工序能力过大、不经济，如图 2-6d)所示。

⑤B 过分偏离 T 的中心，已经产生超上限或超下限的不合格品，需要调整，如图 2-6e)所示。

⑥B 大于 T,已经产生大量超上限与超下限的不合格品,说明工序能力不能满足技术要求,如图 2-6f)所示。

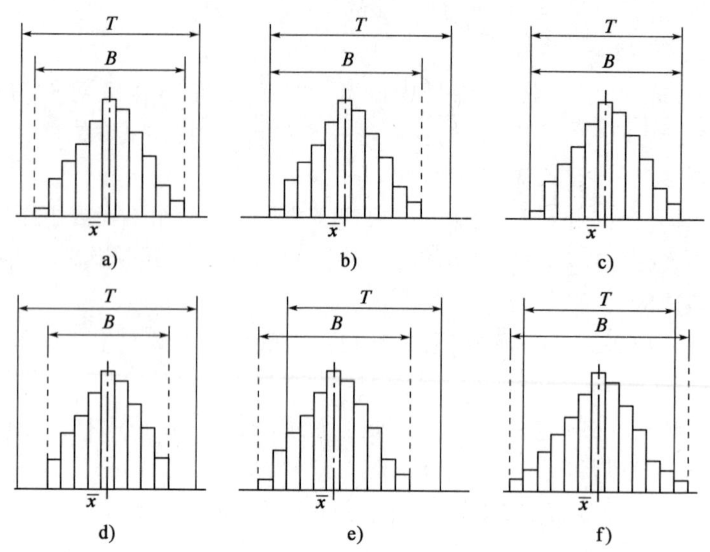

图 2-6 实际质量分布与质量标准的关系

2. 控制图法

控制图法又称管理图法,是典型的动态质量管理方法,由美国贝尔研究所的休哈特博士于1924 年首先提出,目前已成为质量控制常用的统计分析工具。动态质量管理是过程控制的重要手段,旨在对生产过程进行实时监控,科学地区分出生产过程中产品质量的随机波动与异常波动,从而对生产过程的异常趋势及时提出预警,以便生产管理人员及时采取措施,消除异常,提高或恢复施工过程的质量稳定性,从而达到提高和控制质量的目的。

与直方图相比,控制图最大的特点是引入了时间序列或样本序列,通过观察样本点相关统计值是否在控制限内以判断过程是否受控,通过观察样本点排列是否随机从而及时发现异常。换句话说,控制图较直方图在质量预防和过程控制能力方面大为改进。

1)控制图的基本原理

(1)质量的波动性。

在工程施工过程中,工程质量的波动是不可避免的,它是由人(Man)、设备(Machine)、材料(Material)、方法(Method)和环境(Enviroment)等因素(简称"4M1E")的波动影响所致。波动分为两种:正常波动和异常波动。

正常波动是偶然性原因(偶因)造成的,其出现带有随机性质的特点,如原材料成分和性能发生微小变化、工人操作的微小变化、周围环境的微小变化等。这些因素在生产施工中大量存在,但就其个别因素来说,对产品质量影响程度很小,而且不容易识别和消除,甚至消除这些因素在经济上也不合算,所以又称这类因素为不可避免的原因。由这类原因造成的质量波动是正常的波动,不需加以控制,即认为生产过程处于稳定状态。在此状态下,当有大量的质量特性值时,其分布服从正态分布的规律。

异常波动是由系统原因(异因)造成的,它对产品质量影响很大,如原材料质量规格的显著变化、工人不遵守操作规程、机械设备的调整不当、检测仪器的使用不合理、周围环境的显著变化等。但这类原因一般比较容易识别,能够采取措施避免和消除,并且一经消除,其作用和影响就不复存在。一般情况下,异常波动在生产过程中不允许存在,一旦出现,必须立即查明原因,消除异常波动。

质量控制的目的就是要防止、发现、排除这些异常波动,保证生产过程在正常波动状态(即稳态)下进行。

(2)控制图的原理。

当随机变量 x 服从正态分布 $N(\mu,\sigma)$,则事件 $\mu-3\sigma<x<\mu+3\sigma$ 发生的概率是0.9973。这一结论告诉我们,不论 μ 和 σ 是何数值,产品质量计量值在界限 $(\mu-3\sigma,\mu+3\sigma)$ 之间出现的可能性大小(即概率)为99.73%,在 $\mu\pm3\sigma$ 界限之外出现的概率为100% − 99.73% = 0.27%(图2-7)。也可从另一角度来理解,如果测量1000个产品的质量特性值,则可能有997个左右产品的质量特性值落在 $(\mu-3\sigma,\mu+3\upsilon)$ 的界限内,这几乎是肯定的事。

我们将图2-7a)旋转90°成为图2-7b),以平均值 μ 为中心,在 $\mu\pm3\sigma$ 处各画两条控制界限(Control Limit),就成为控制图。控制图由三条水平线构成(图2-8),中间的一条线(μ 线)叫中心线(Central Line),记为CL;上面的一条线($\mu+3\sigma$ 线)为控制上限(Upper Control Limit),记为UCL;下面的一条线($\mu-3\sigma$)叫控制下限(Lower Control Limit),记为LCL。

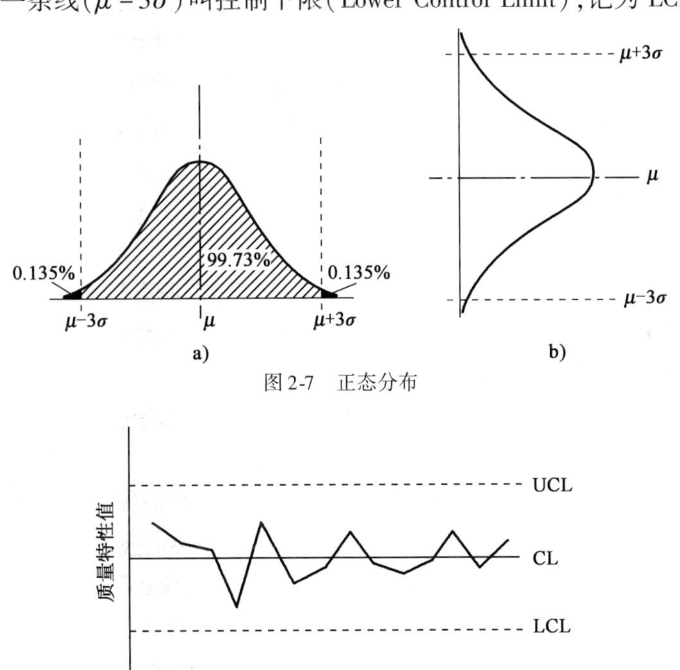

图2-7　正态分布

图2-8　控制图基本形式

中心线、控制上限和控制下限的一般计算式为:

$$\left.\begin{aligned}CL&=\bar{x}\\UCL&=\bar{x}+3S\\LCL&=\bar{x}+3S\end{aligned}\right\}\qquad(2\text{-}30)$$

在制作控制图时,怎样计算控制上限、中心线、控制下限,在以后介绍各种类型控制图时予以简单介绍。

(3)控制图预防原则的贯彻。

控制图是如何贯彻预防原则的呢?这可以由以下几点看出:

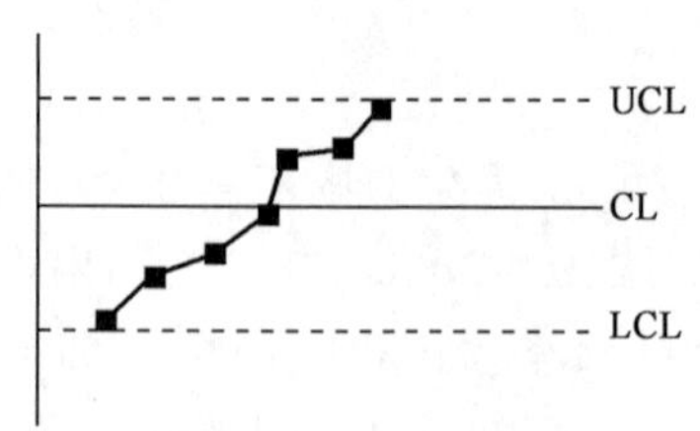

图 2-9 控制图中点形成倾向

一是应用控制图对生产过程不断监控,当异常波动刚一冒出苗头,甚至在未造成不合格品之前就能及时被发现。例如,在图 2-9 中点有逐渐上升的趋势,故可以在这种趋势造成不合格品之前就采取措施加以消除,这样就起到了预防的作用。

二是在现场,更多的情况是控制图显示异常,这时一定要贯彻下列二十个字,即"查出异因,采取措施,保证消除,不再出现,纳入标准"。如果不贯彻这二十个字,控制图就形同虚设,不如不设。根据上述分析,可见控制图的作用是能够及时告警(当然这点是十分重要的);而真正起预防作用的则是上述二十个字。由此也可见,推行过程控制需要第一线的工艺技术人员把它作为日常生产工作来做,因为执行这二十个字只有他们才能做到。

每贯彻一次这二十个字(即经过一次这样的循环)就消除一个异因,使它不再出现,从而起到了预防的作用。由于异因只有有限多个,故经过有限次循环后,最终可以达到这样一种状态:在过程中只存在偶因而不存在异因,由于这时分布的统计参数稳定不变,故这种状态称为统计控制状态或稳定状态,简称稳态。

稳态是生产过程追求的目标,因为在稳态下生产,对产品质量有完全的把握,质量特性值有 99.73% 落在上下控制界限之间的范围内(一般上下控制界限总在规定界限之内,故合格品率还要高于 99.73%);其次,稳态下不合格品最少,因而生产也是最经济的。

一道工序处于稳态称为稳定工序。道道工序都处于稳态称为全稳生产线。过程控制就是通过全稳生产线达到全过程预防的。虽然质量变异不能完全消灭,但控制图与上述二十个字是使质量变异成为最小的有效工具。

由此可见,控制图法就是利用生产过程处于稳定状态下的产品质量特性值分布服从正态分布这一统计规律,来识别生产过程的异常因素,控制生产过程由于系统性原因造成的质量波动,保证工序处于控制状态。

(4)控制图的种类及控制界限的计算。

根据质量数据种类,控制图分为两大类,控制图名称、特点及用途见表 2-6。

控制图的种类 表 2-6

种类	名称	表示符号	主要用途及特点
计量值控制图	平均值-极差控制图	$\bar{x}-R$	属于双值控制图,它所提供的情报系统完整,适于产品批量大,加工过程稳定的情况
	中位数-极差控制图	$\tilde{x}-R$	管理图的特性同上。用 $\tilde{x}$ 代替 $\bar{x}$,处理简单,检出过程不稳定能力比 $\bar{x}$ 差

续上表

种　　类	名　　称	表示符号	主要用途及特点
计量值控制图	单值移动-极差控制图	$x-R_s$	用于产品批量小，单件加工时间长，无法抽取多个样品，不需一次测取多个数据的情况
	平均值-标准差控制图	$\bar{x}-\sqrt{S}$	同 $\bar{x}$-R 图，理论根据充分，对生产过程不稳定检出能力强
计数值控制图	不合格品数控制图	P_n	控制对象是不合格品的件数，每组样本大小相同，适用于大批量生产
	不合格品率控制图	P	控制产品的不合格品率，每组样本抽取大小不能一致
	缺陷数控制图	C	服从泊松分布，控制对象为产品缺陷数量，每个样本大小一定
	单位缺陷数控制图	U	样本大小不固定，测定单位数量（如单位长度、单位面积）的缺陷数来控制产品的质量

各类控制图的控制界限计算公式及公式中采用的系数分别见表2-7和表2-8。

控制界限计算公式　　表2-7

数　　据	控制图种类	控制界限	中心线	备　　注
计量值	平均值 $\bar{x}$	$\bar{x}\pm A_2\bar{R}$	$\bar{\bar{x}}=\sum_{i-1}^{K}\bar{x}_i/K$	$A_2\bar{R}=3S$
	极差 R	D_4R,D_3R	$\bar{R}=\sum_{i=1}^{K}R_i/K$	$D_4R=\bar{R}+3S$ $D_3R=\bar{R}-3S$
	中位数 $\tilde{x}$	$\tilde{x}\pm m_3A_2\bar{R}$	$\bar{\tilde{x}}=\sum_{i=1}^{K}x_i/K$	$m_3A_2\bar{R}=3S$
	单值 x	$x\pm E_2\bar{R}$	$\bar{x}=\sum_{i=1}^{K}x_i/K$	$E_2\bar{R}=3S$
计数值	不合格品数 P_n	$P_n\pm3\sqrt{n\bar{P}(1-\bar{P})}$	$\bar{P}_n=\sum_{i=1}^{K}P_{ni}/K$	$\sqrt{n\bar{P}(1-\bar{P})}=S$
	不合格品率 P	$P_n\pm3\sqrt{\frac{\bar{P}(1-\bar{P})}{n}}$	$\bar{P}=\sum_{i=1}^{K}P_i/K$	$\frac{\sqrt{\bar{P}(1-\bar{P})}}{n}=S$
	缺陷数 C	$\bar{C}\pm3\sqrt{C}$	$\bar{C}=\sum_{i=1}^{K}C_i/K$	$\sqrt{\bar{C}}=S$
	单位缺陷数 U	$\bar{U}\pm3\sqrt{U}$	$\bar{U}=\sum_{i=1}^{K}U_i/K$	$\sqrt{\bar{U}}=S$

注：表中 K 为样本组数。

控制图用系数表

表 2-8

样本数 n	$\bar{x}$ 控制图	R 控制图		$\tilde{x}$ 控制图	x 控制图
	A_2	D_4	D_3	m_3A_2	E_2
2	1.880	3.267	—	1.88	2.66
3	1.023	2.575	—	1.19	1.77
4	0.729	2.282	—	0.80	1.46
5	0.577	2.115	—	0.69	1.29
6	0.483	2.004	—	0.55	1.18
7	0.419	1.924	0.076	0.51	1.11
8	0.373	1.864	0.136	0.43	1.05
9	0.337	1.816	0.184	0.41	1.01
10	0.308	1.777	0.223	0.36	0.98

注:表中"—"表示不考虑下控制界限。

2)$\bar{x}$-R 控制图的绘制

$\bar{x}$-R 控制图采用两种控制图联用,通常将 $\bar{x}$ 图放在上方,用于监控工序平均值的变化,R 图放在下方,用来监控工序散差的变化。$\bar{x}$-R 控制图的理论根据比较充分,检测生产过程不稳定的能力也强,因此是施工质量控制中最常用的一组控制图。同时,限于篇幅,仅以 $\bar{x}$-R 为例简单介绍控制图的绘制。

【例 2-7】 表 2-9 是路面基层厚度检测结果。试绘制该路面基层厚度的 $\bar{x}$-R 控制图。

基层厚度检测结果与计算表

表 2-9

日期	组号	实测偏差(cm)					Σx_1	平均值 x_1	极差 R_1
		x_1	x_2	x_3	x_4	x_5			
5/3	1	2	-0.5	-1	-0.5	0.8	0.8	0.16	3.0
6/3	2	0	1.7	-1	1	-1	0.7	0.14	2.7
7/3	3	-1	1	1	-0.5	1	1.5	0.30	2.0
8/3	4	1	-1	0	0	0	0	0	2.0
9/3	5	1	1	0.5	1.5	-1	3.0	0.60	2.5
10/3	6	1	2	-1	0.5	2	4.5	0.90	3.0
11/3	7	2	0.5	2	1	0	5.5	1.10	2.0
12/3	8	2	2.5	0.5	1	1	7	1.40	2.0
13/3	9	2	-1	1.5	1	1.5	5	1.00	3.0
14/3	10	0	0.5	0	0	1.5	1	0.20	2.0
合计							29	5.8	24.2

解:(1)收集数据并整理。原则上要求收集 50 ~ 100 个以上数据。本例收集实测数据 50 个。

(2)把数据按时间和分批的顺序排列、分组。本例中 $n=5$、$K=10$。

(3)计算各组平均值 $\bar{x}_i$、极差 R_i,并列入表 2-9 中。

(4)计算各组平均值的平均值、极差的平均值。

$$\bar{\bar{x}}=\frac{\bar{x}_1+\bar{x}_2+\cdots+\bar{x}_K}{K}=\frac{5.8}{10}=0.58$$

$$\bar{R}=\frac{R_1+R_2+\cdots+R_K}{K}=\frac{24.2}{10}=2.42$$

(5)计算控制界限。

从表 2-8 中查得 $n=5$ 时,$A_2=0.577$,$D_4=2.11$,$D_3=0$。

$\bar{x}$ 控制图:

$$\mathrm{CL}=\bar{\bar{x}}=0.58$$

$$\mathrm{UCL}=\bar{\bar{x}}+A_2\bar{R}=0.58+0.577\times2.42=1.98$$

$$\mathrm{LCL}=\bar{\bar{x}}-A_2\bar{R}=0.58-0.577\times2.42=-0.82$$

R 控制图:

$$\mathrm{CL}=\bar{R}=2.42$$

$$\mathrm{UCL}=D_4R=2.115\times2.42=5.12$$

$$\mathrm{LCL}=D_3R=0$$

(6)建立坐标,画出控制图。

中心线用实线表示,控制界限用虚线表示,并将样本数据按抽样顺序描在图上。$\bar{x}$ 控制图用“·”表示,R 控制图用“×”表示,出界限的点用“⊙”和“⊗”表示,见图 2-10。

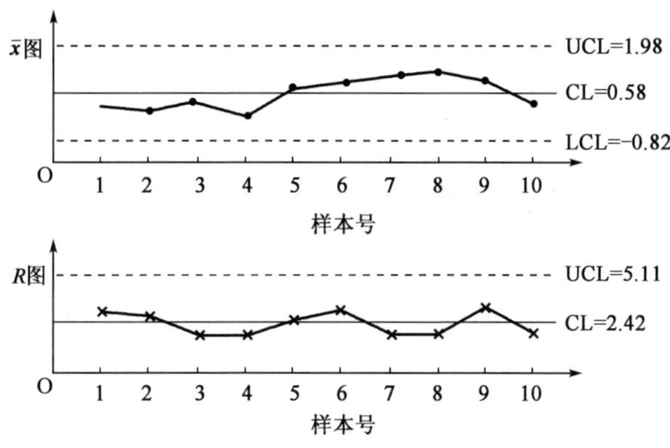

图 2-10　动态质量管理图 $\bar{x}$-R 控制图

3)控制图的应用

通过上述 $\bar{x}$-R 控制图的绘制过程及分析可知,应用控制图的主要目的是分析判断生产过程是否稳定;及时发现生产中异常情况,预防不合格品产生;检查生产设备和工艺装备的精度是否满足生产要求;对产品进行质量评定。

怎样用控制图来分析判断生产过程是正常还是异常呢?当控制图的点满足以下两个条件:一是点没有跳出控制界限;二是点随机排列没有缺陷,就认为生产过程基本上处于控制状态,即生产正常。否则,就认为生产过程发生了异常变化,必须把引起这种变化的原因找出来,排除掉。图 2-11 给出了一组用于解释常规控制图的 8 个模式检验示意图。

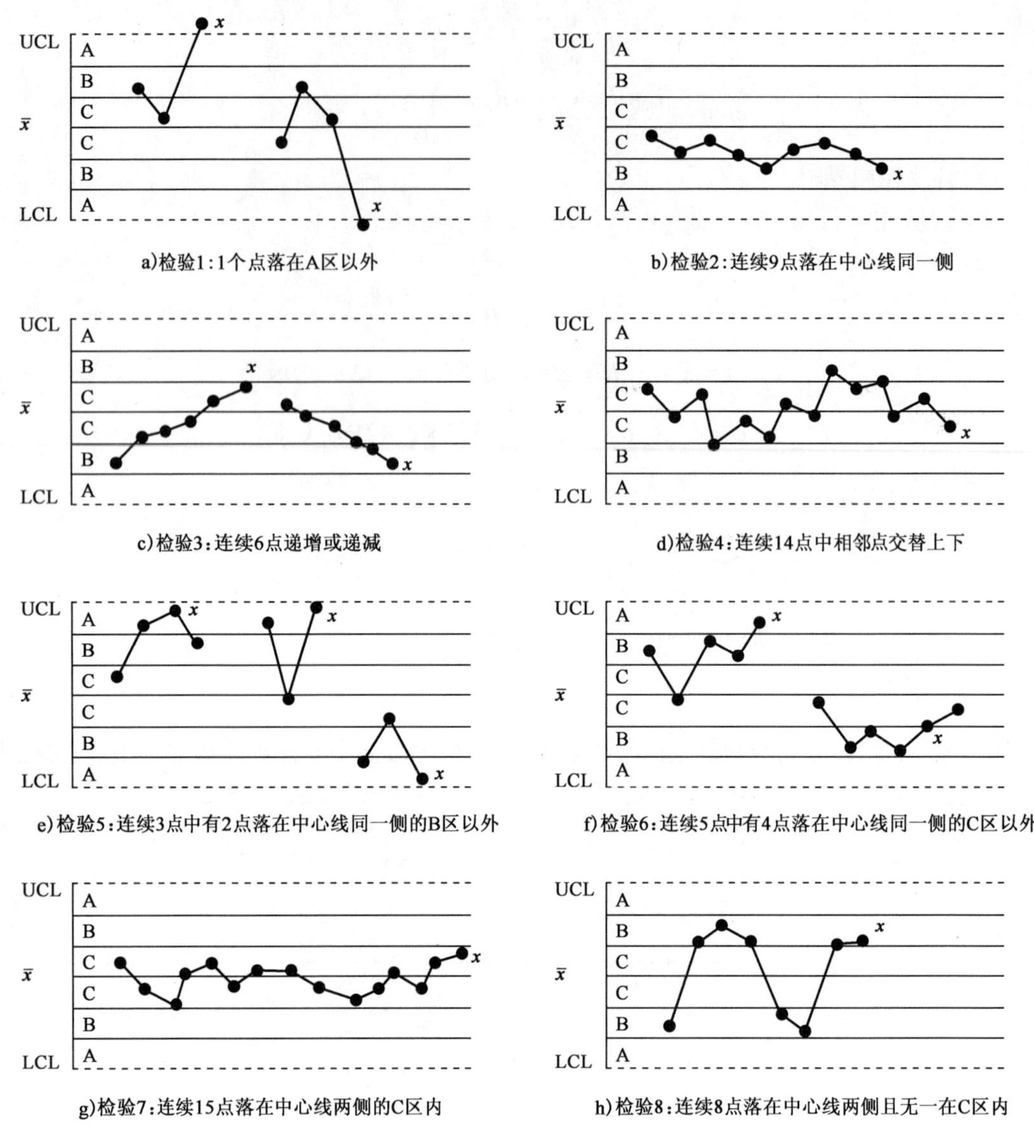

图 2-11 控制图的异常现象

虽然图 2-11 模式检验可以作为一组基本的检验,但是分析者还应留意任何可能表明过程受到特殊原因影响的独特模式。因此,每当出现可查明原因的征兆时,这些检验就应该仅仅看作是采取行动的实用规则。这些检验中所规定的任何情形的发生都表明已出现变差的可查明原因,必须加以诊断和纠正。

上下控制限分别位于中心线之上与之下的 3σ 距离处。为了应用上述检验,将控制图等分为 6 个区,每个区宽 1σ。这 6 个区的标号分别为 A、B、C、C、B、A,两个 A 区、B 区及 C 区都关于中心线对称。这些检验适用于平均值 $\bar{x}$ 图和单值 x 图。这里假定质量特性 x 的观测值服从正态分布。

3. 相关图法

在质量控制中,常会接触到各个质量因素之间的关系。这些变量之间的关系往往不能进行解析描述，不能由一个(或几个)变量的数值精确地求出另一个变量的值，我们称之为非确定性关系。相关图又称散布图，就是将两个非确定性关系变量的数据对应列出，标记在坐标图上，从点的散布情况来分析研究两种数据之间关系的图。在质量控制中借助相关图进行相关分析，可研究质量结果和原因之间的关系，进一步弄清影响质量特性的主要因素。

1)相关图的绘制

(1)数据收集。成对地收集两种特性的数据作成数据表，数据应在30组以上。

(2)设计坐标。在坐标纸上以要因作 x 轴，结果(特性)作 y 轴。找出 x、y 的最大值和最小值，以最大值与最小值的差定坐标长度，并定出适当的坐标刻度。

(3)数据打点入座。将集中整理后的数据依次相应用"·"标出纵横坐标交点，当两个同样数据的交点重合时用⊙表示。

(4)注说明。在图中适当位置写明数据个数、收集时间、工程部位名称、制图人和制图日期等。

2)相关图的应用

(1)确定两变量(因素)之间的相关性。

两变量之间的散布图大致可分为如图2-12所示的六种情形。

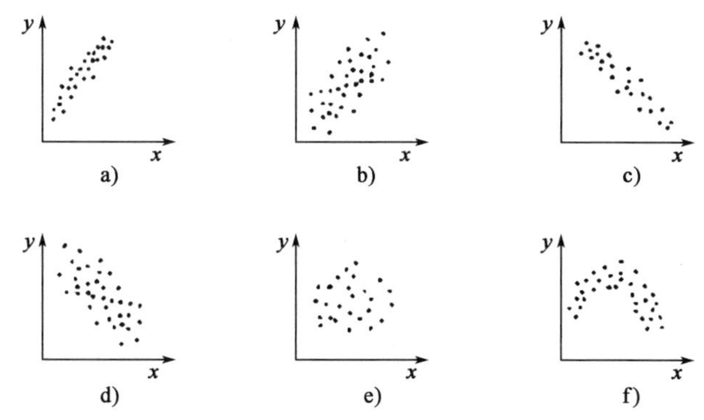

图2-12　相关图的基本类型

在该图中，分别表示以下关系：

①强正相关，如图2-12a)所示，x 增大，y 也随之线性增大。x 与 y 之间可用直线 $y=a+bx$ (b 为正数)表示。此时，只要控制住 x，y 也随之被控制住了。

②弱正相关，如图2-12b)所示，点分布在一条直线附近，且 x 增大，y 基本上随之线性增大，此时除了因素 x 外，可能还有其他因素影响 y。

③强负相关。如图2-12c)所示，x 与 y 之间可用直线 $y=a+bx$(b 为负数)表示。y 随 x 的增大而减小。此时，可以通过控制 x 而控制 y 的变化。

④弱负相关。如图2-12d)所示，x 增加，y 基本上随之线性减小，但点的分布不像强负相关那样呈直线状，此时除 x 之外，可能还有其他因素影响 y。

⑤不相关。如图2-12e)所示，x 增减对 y 无影响，即 x 与 y 没有关系。

⑥非线性相关。如2-12f)所示，点的分布呈曲线状，x、y 之间可用曲线方程进行拟合，根据两变量之间的曲线关系，可以利用 x 的控制调整实现对 y 的控制。

(2)变量控制。

通过分析各变量之间的相互关系,确定出各变量之间的关联类型及其强弱。当两变量之间的关联性很强时,可以通过对容易控制(操作简单、成本低)的变量的控制达到对难控制(操作复杂、成本高)的变量的间接控制。

(3)可以把质量问题作为因变量,确定各种因素对产品质量的影响程度。

当同时分析各种因素对某一质量指标的作用关系时,或某一质量现状的引发因素包含多种因素时,应尽可能将质量数据按照各种可能因素类型进行分层,如按操作人员分层、按使用设备分层、按工作时间分层、按使用原材料分层、按工艺方法分层或按工作环境分层等。将因素分层之后使原来无关的数据得以进一步细分,从而提示出更准确的内在联系。

3)回归分析

作出相关图后,即可根据回归分析揭示两个变量(因素)之间的相关关系,并可确定它们之间的定量表达式-回归方程。因此,回归分析是研究各变量相关关系的一种数学工具。

在实际问题中,有时两个变量之间的关系是线性,而有时两个变量之间则存在非线性关系。因此,一般情况下,试验结果的数学表示包括三个方面的工作:

(1)确定回归方程的类型。

(2)确定回归方程中的回归系数。

(3)回归方程相关关系的判断。

由于篇幅限制,下面仅讨论线性回归分析,对于非线性问题,往往可以通过变量变换转化为线性回归问题进行处理。

一元线性回归是工程中经常遇到的配直线的问题。通过试验,可以得到若干组的对应数据,根据这些数据画出相关图,当点大致分布在一条直线附近时,说明两变量之间存在线性关系,即可以用一条适当的直线来表示这两变量的关系。此直线方程为:

$$Y = a + bx \tag{2-31}$$

式中:x——自变量;

Y——因变量;

a、b——回归系数。

平面上的直线很多,而 a、b 值构成的最优直线必须使 $Y = a + bx$ 方程的函数值 Y_i 与实际观察值 y_i 之差为最小。为此,根据最小二乘法原理,当所有数据偏差的平方和最小时,所配的直线最优。根据这个条件可以求得:

$$b = \frac{L_{xy}}{L_{xx}} \tag{2-32}$$

$$a = \bar{y} - b\bar{x} \tag{2-33}$$

式中:

$$L_{xy} = \sum_{i=1}^{n}(x_i - \bar{x})(y_i - \bar{y}) = \sum_{i=1}^{n}x_i y_i - n\,\overline{xy} \tag{2-34}$$

$$L_{xx} = \sum_{i=1}^{n}(x_i - \bar{x})^2 = \sum_{i=1}^{n}x_i^2 - n\,\bar{x}^2 \tag{3-35}$$

任何两个变量 x、y 的若干组试验数据，都可以按上述方法回归出一条直线，假如两变量 x、y 之间根本不存在线性关系，那么所建立的回归方程就毫无实际意义。因此，需要引入一个数量指标来衡量其相关程度，这个指标就是相关系数，用 r 表示：

$$r = \frac{L_{xy}}{\sqrt{L_{xx}L_{yy}}} \tag{2-36}$$

式中：

$$L_{yy} = \sum_{i=1}^{n}(y_i - \bar{y})^2 = \sum_{i=1}^{n}y_i^2 - n\bar{y}^2 \tag{2-37}$$

相关系数 r 是描述回归方程线性相关的密切程度的指标；其取值范围为 $-1 \leqslant r \leqslant 1$，$r$ 的绝对值越接近于1，x 和 y 之间的线性关系越好。当 $r = \pm 1$ 时，x 与 y 之间符合直线函数关系，称 x 与 y 完全相关，这时所有数据点均在一条直线上。如果 r 趋近于0，则 x 与 y 之间没有线性关系，这时 x 与 y 可能不相关，也可能是曲线相关。

对于一个具体问题，只有当相关系数 r 的绝对值大于临界值 r_α 时，才可用直线近似表示 x 与 y 之间的关系，也就是 x 与 y 之间存在线性相关关系，其中临界值 r_α 与测量数据的个数 n 和显著性水平 α 有关，可通过查表得到。

【例2-8】 不同灰水比（C/W）的混凝土28d强度（R_{28}）试验结果见表2-10，试确定 $C/W \sim R_{28}$ 之间的回归方程及其相关系数 r（取显著性水平 $\alpha = 0.05$）。

解：为计算方便，列表进行，有关计算及部分结果列于表2-10中。

$C/W \sim R_{28}$ 试验结果及回归计算　　表2-10

序　号	$x(C/W)$	$y(R_{28})$(MPa)	x^2	y^2	xy
1	1.25	14.3	1.5625	204.49	17.875
2	1.50	18.0	2.25	324	27
3	1.75	22.8	3.0625	519.84	39.9
4	2.00	26.7	4	712.89	53.4
5	2.25	30.3	5.0625	918.09	68.175
6	2.50	34.1	6.25	1162.81	85.25
Σ	11.25	146.2	22.1875	3842.12	291.6
$\bar{x} = 1.875$；$\bar{y} = 124.4$； $(\sum x)^2 = 126.5625$；$(\sum y)^2 = 21374.44$；$(\sum x)(\sum y) = 1644.75$； $L_{xx} = 1.09375$；$L_{yy} = 279.7133$；$L_{xy} = 17.475$					

根据式（2-32）和式（2-33），求得：

$$b = \frac{L_{xy}}{L_{xx}} = 15.98,\ a = \bar{y} - b\bar{x} = -5.56$$

则回归方程为：

$$Y = 15.98x - 5.56$$

或

$$R_{28} = 15.98(C/W) - 5.56$$

相关系数为：

$$r = \frac{L_{xy}}{\sqrt{L_{xx}L_{yy}}} = \frac{17.475}{\sqrt{1.09375 \times 279.7133}} = 0.9991$$

由试验次数 $n=6$,显著性水平 $\alpha=0.05$,查表得相关系数临界值 $r_{0.05}=0.811$。故 $r>r_{0.05}$,说明混凝土 28d 的抗压强度 R_{28} 与灰水比(C/W)是线性相关的,所确定的直线回归方程是有意义的。

第六节　工程质量主要试验检测方法

公路水运工程试验检测,是指根据国家有关法律、法规的规定,依据工程建设技术标准、规范、规程,对公路水运工程所用材料、构件、工程制品、工程实体的质量和技术指标等进行的试验检测活动。公路水运工程试验检测活动应当遵循科学、客观、严谨、公正的原则。

一、监理试验检测的任务与工作内容

1. 监理试验检测的任务

监理单位作为质量控制的主体,应当通过对施工单位工地试验室试验检测工作进行全面监督、检查和管理,并对工程原材料、商品构件(成品或半成品)、设备和工程实体等独立进行平行、见证试验及抽检等手段,为监理工作提供数据支持,以便监理工程师准确把握原材料质量、施工控制参数、现场施工过程质量和工程实体质量等关键环节,实现对工程质量的有效控制,确保各项工程质量符合设计文件、施工规范及质量验收标准的要求。

试验是监理工作的重要手段之一。监理试验可只包括土工、水泥及水泥混凝土、钢筋原材及焊接、沥青及沥青混凝土、路面基层材料等常规试验项目。对于钢绞线、锚具、防水、伸缩缝、支座等一些特殊材料,可单独委托有资质的第三方试验。

2. 监理试验的工作内容

监理基本试验工作包括验证试验、标准试验、工艺试验、抽样试验、验收试验与见证取样等。

(1)验证试验。

验证试验是对材料或商品构件进行预先鉴定,以决定是否可以用于工程。验证试验应按以下要求进行:

①在材料或商品构件订货之前,应要求施工单位提供生产厂家的产品合格证书及试验报告。必要时监理人员还应对生产厂家生产设备、工艺及产品的合格率进行现场调查了解,或由施工单位提供样品进行试验,以决定同意采购与否。

②材料或商品构件运入现场后,应按规定的批量和频率进行抽样试验,不合格的材料或商品构件不准用于工程,并应由施工单位运出场外。

③在施工进行中,应随机对用于工程的材料或商品构件进行符合性的抽样试验检查。

④随时监督检查各种材料的储存、堆放、保管及防护措施。

(2)标准试验。

标准试验也是现场质量控制的重要手段。标准试验是对各项工程的内在品质进行施工前

的数据采集，它是控制和指导施工的科学依据，包括各种标准击实试验、集料的级配试验、混合料的配合比试验、结构的强度试验等，应按以下要求进行：

①在各项工程开工前，在合同约定或合理的时间内，应由施工单位先完成标准试验，并将试验报告及试验材料提交监理试验室审查批准。试验监理工程师应派出试验监理人员参加施工单位试验的全过程，并进行有效的现场监督检查。

②监理试验室应在施工单位进行标准试验的同时或之后平行进行复核（对比）试验，以肯定、否定或调整施工单位标准试验的参数或指标。

（3）工艺试验。

工艺试验也是监理试验室的一项工作内容。工艺试验是依据技术规范的规定，在动工之前对路基、路面及其他需要通过预先试验方能正式施工的分项工程预先进行工艺试验，然后依其试验结果全面指导施工。工艺试验应按下列要求进行：

①监理工程师应要求施工单位提出工艺试验的施工方案和实施细则并予以审查批准。

②工艺试验的机械组合、人员配额、材料、施工程序、预埋观测以及操作方法等应有两组以上方案，以便通过试验做出选定。

③监理工程师应对施工单位的工艺试验进行全过程的旁站监理，并应做出详细记录。

④试验结束后由施工单位提出试验报告，并经监理工程师审查批准。

（4）抽样试验。

抽样试验是监理试验室实现质量监控的一个关键环节。抽样试验是对各项工程实施中的实际内在品质进行符合性的检查，内容包括各种材料的物理性能、土方及其他填筑施工的密实度、混凝土及沥青混凝土强度等的测定和试验。抽样试验应按以下要求进行：

①监理工程师应随时派出试验监理人员，对施工单位的各种抽样频率、取样方法及试验过程进行检查。

②在施工单位的工地试验室（流动试验室），按技术规范的规定进行全频率抽样试验的基础上，监理试验室应按10%～20%的频率独立进行抽样试验，以鉴定施工单位的抽样试验结果是否真实可靠。

③当施工现场的旁站监理人员对施工质量或材料产生疑问并提出要求时，监理试验室应随时进行抽样试验，必要时还应要求施工单位增加抽样频率。

（5）验收试验。

验收试验是对各项已完工程的实际内在品质做出评定，应按以下要求进行：

①监理工程师应派出试验监理人员，对施工单位进行的钻芯抽样试验的频率、抽样方法和试验过程进行有效监督。

②监理工程师应对施工单位按技术规范要求进行的加载试验或其他检测试验项目的试验方案、设备及方法进行审查批准；对试验的实施进行现场检查监督；对试验结果进行评定。

（6）见证取样。

见证取样是对项目现场工地试验室不能试验检测的工程材料，在监理人员的见证下，由施工单位现场试验人员进行取样，送样至有检测资质的单位进行检测的监督行为。

二、常规试验的检测方法及相关要求

(一)混凝土原材料

1. 水泥

水泥进场时,应对其品种、级别、包装或散装仓号、出厂日期等进行检查,并应对其强度、安定性及其他必要的性能指标进行复验,检验结果必须符合有关标准的规定。

水泥进场后主要检验以下内容:检查产品合格证、出厂检验报告和进场复验报告。

1)水泥出厂合格证书

出厂水泥应保证强度等级,其余品质(主要技术性能指标)应符合相应标准要求。出厂的水泥袋上应清楚标明生产厂家名称,生产许可证编号,品种名称,代号,强度等级,包装年、月、日和编号。散装时,应提交与袋装标志内容相同的卡片。

水泥出厂应有水泥生产厂家的出厂合格证书,内容包括生产厂家、品种、出厂日期、出厂编号和必要的试验数据,其中包括相应水泥指标规定的各项技术要求及试验结果。

2)水泥进场复验

(1)水泥进场时,应对其品种、等级、包装或散装仓号、出厂日期等进行检查,并应对其强度、安定性及其他必要的性能指标进行复验,其质量必须符合现行《通用硅酸盐水泥》(GB 175)的相关规定。

当在使用中对水泥质量有怀疑或水泥出厂超过三个月(快硬硅酸盐水泥超过一个月)时,应进行复验,并按复验结果使用。

根据标准规定,水泥生产厂家在水泥出厂时提供标准规定的有关技术要求的试验结果。水泥进场复验通常只做安定性、凝结时间和胶砂强度三项。

检验数量:按同一生产厂家、同一等级、同一品种、同一批号且连续进场的水泥,袋装不超过200t为一批,散装不超过500t为一批,每批抽样不少于一次。

不同品种的水泥,不得混合使用。

(2)水泥的废品与不合格品要求。

①凡水泥的氧化镁含量、三氧化硫含量、初凝时间、安定性中的任一项不符合相应产品标准规定时,均为废品。

②凡水泥的细度、终凝时间、不溶物和烧失量中的任一项不符合相应产品标准规定或混合材料掺加量超过最高限量或强度低于商品强度等级时,为不合格品。

③水泥包装标志中水泥品种、强度等级、生产厂家名称和出厂编号不全的,属于不合格品。

④强度低于标准相应强度等级规定指标时为不合格品。对于强度低于相应标准的不合格品水泥,可按实际复验结果降级使用。

2. 粗集料

配制混凝土应采用质地坚硬的碎石、卵石或碎石与卵石的混合物作为粗集料,其强度可用岩石立方体抗压强度或压碎值指标进行检验。常用的石料质量控制可用压碎指标进行检验。

公路工程桥梁使用的粗集料应满足以下要求:最大粒径宜按混凝土结构情况及施工方法

选取，但最大粒径不得超过结构最小边尺寸的1/4和钢筋最小净距的3/4；在两层或多层密布钢筋结构中，最大粒径不得超过钢筋最小净距的1/2，同时不得超过75.0mm。混凝土实心板的粗集料最大粒径不宜超过板厚的1/3且不得超过37.5mm。泵送混凝土时的粗集料最大粒径除应符合上述规定外，对碎石不宜超过输送管径的1/3，对卵石不宜超过输送管径的1/2.5。

水运工程混凝土使用的粗集料应满足以下要求：不大于80mm；不大于构件截面最小尺寸的1/4；不大于钢筋最小净距的3/4；不大于混凝土保护层厚度的4/5，在南方地区浪溅区不大于混凝土保护层厚度的2/3；厚度为100mm和小于100mm混凝土板允许采用最大粒径不大于1/2板厚的集料。

粗集料主要检测项目：颗粒级配、针片状颗粒含量、含泥量、泥块含量、有害物质含量、压碎指标、坚固性、碱活性等指标。

检验数量：粗集料进场检验应以同一产地、同一规格、每400m^3或600t为一批，不足400m^3或600t也按一批计；当质量比较稳定进料数量较大时，可定期检验。

3. 细集料

拌制混凝土应采用质地坚固、粒径在5mm以下的砂作为细集料，海水环境工程中严禁采用碱活性细集料。淡水环境工程中所用细集料具有碱活性时，应采用碱含量小于0.6%的水泥并采取其他措施，经试验验证合格后方可使用。

细集料主要检测项目：筛析、细度模数、堆积密度、含泥量、泥块含量、机制砂的石粉含量、氯离子含量、有害物质含量、坚固性、碱活性。

细集料进场检验应以同一产地、同一规格、每400m^3或600t为一批，不足400m^3或600t也按一批计；当质量比较稳定进料数量较大时，可定期检验。

4. 拌和用水

混凝土拌和用水不得影响水泥正常凝结、硬化或促使钢筋锈蚀，钢筋混凝土和预应力混凝土，均不得采用海水拌和。在缺乏淡水的地区，需采用海水拌和。素混凝土有抗冻要求时水灰比应降低0.05。混凝土不得采用沼泽水、工业废水或含有害杂质的水拌和。符合国家标准的饮用水可直接作为混凝土的拌制和养护用水；使用非生活饮用水时，开工前应检验其质量。水源有改变或对水质有怀疑时，应及时检验。

拌和用水主要检测项目：pH值、氯离子含量、硫酸盐、不溶物、硫化物含量、碱含量可溶物。

5. 掺合料

矿物掺合料是指在混凝土制备过程中掺入的，与硅酸盐水泥共同组成胶凝材料，以硅、铝、钙等一种或多种氧化物为主要成分，是具有规定细度和凝结性能、能改善混凝土拌合物工作性能和混凝土强度的活性粉体材料，如下列情况：

(1)掺入粉煤灰、硅灰、矿渣粉改善混凝土的工作性，包括流动性、黏聚性、坍落度损失。

(2)掺入粉煤灰、矿渣粉改善混凝土的稳定性，包括水化热、收缩变形、抗裂性能。

(3)掺入硅粉、矿渣粉改善混凝土的耐久性，包括抗渗性、抗冻性、抗氯离子渗透性。

(4)掺入粉煤灰、矿渣粉、硅灰改善混凝土的抗蚀性，包括化学侵蚀等。

常见的矿物掺合料包括粉煤灰、矿渣粉、钢渣粉、磷渣粉、硅灰、沸石粉等。

(1)粉煤灰：从煤粉炉烟道气体中收集的粉末，分为F类和C类。

(2)矿渣粉:从炼铁高炉中排出的,以硅酸盐和铝硅酸盐为主要成分的熔融物,经淬冷成粒后粉磨所得的粉体材料。

(3)粉煤灰和矿渣粉的主要性能指标为细度和活性指数,应分别按现行《用于水泥和混凝土中的粉煤灰》(GB/T 1596)和《用于水泥、砂浆和混凝土中的粒化高炉矿渣粉》(GB/T 18046)的规定进行检测。

6. 外加剂

在混凝土拌制过程中,为改善混凝土性能而掺入的物质,称为混凝土外加剂。常用的混凝土外加剂有减水剂、缓凝剂、早强剂、抗冻剂及复合外加剂。

混凝土中掺用外加剂的质量及应用技术应符合国家有关标准及环境保护的要求。混凝土外加剂主要技术性能指标分为掺外加剂混凝土性能和外加剂匀质性两部分。混凝土性能指标包括减水率、泌水率比、含气量、凝结时间、抗压强度比、收缩率比、相对耐久性。匀质性指标包括固体含量、含水率、密度、细度、pH 值、氯离子含量、硫酸根含量、总碱量。

产品经检验后,匀质性检验结果符合相应要求;各种类型外加剂受检混凝土性能指标中,高性能减水剂及泵送剂的减水率和坍落度的经时变化,其他减水剂的减水率、缓凝型外加剂的凝结时间差、引气型外加剂的含气量、硬化混凝土的各项性能符合相应要求,则判定该批外加剂为相应等级的产品。如果不符合上述要求,则判定该批外加剂不合格,其余项目作为参考。

(二)混凝土结构工程

1. 混凝土拌合物性能

普通混凝土拌合物性能试验包括混凝土拌合物和易性的检验和评定、泌水性试验、凝结时间测定、堆积密度测定、均匀系数试验、捣实因数试验、含气量测定及水灰比分析等。这里主要介绍混凝土拌合物和易性的检验与评定。

表示混凝土拌合物的施工操作难易程度和抵抗离析作用的性质称为和易性。通常采用测定混凝土拌合物的流动性,辅以直观经验评定黏聚性和保水性来测定和易性。按《普通混凝土拌合物性能试验方法标准》(GB/T 50080—2016)规定的混凝土流动性大小用“坍落度”或“维勃稠度”指标表示。坍落度试验主要步骤如下:

(1)用水湿润坍落度筒及其他用具,并将坍落度筒放在已准备好的刚性水平 600mm × 600mm 的铁板上,用脚踩住两边的脚踏板,使坍落度筒保持在固定位置。

(2)将按要求取得的混凝土试样用小铲分三层均匀地装入筒内,使捣实后每层高度为筒高的 1/3 左右。每层用捣棒沿螺旋方向由外向中心插捣 25 次,各次插捣应在截面上均匀分布。插捣筒边混凝土时,捣棒可以稍稍倾斜。插捣底层时,捣棒应贯穿整个深度,插捣第二层和顶层时,捣棒应插透本层至下层的表面。插捣顶层过程中,如混凝土沉落到低于筒口,则应随时添加,捣完后刮去多余的混凝土,并用抹刀抹平。

(3)清除筒边底板上的混凝土后,垂直平稳地在 5 ~ 10s 内提起坍落度筒。从开始装料到提坍落度筒的整个过程应不间断地进行,并应在 150s 内完成。

(4)提起坍落度筒,测量筒高与坍落后混凝土试体最高点之间的高度差,即为混凝土拌合物的坍落度值。混凝土拌合物坍落度以 mm 表示,精确至 5mm。坍落度筒提高后,如混凝土发生崩塌,呈一边剪坏现象,则应重新取样另行测定。如第二次试验仍出现上述现象,则表示该混凝土和易性不好,应予记录备查。

(5)观察坍落后混凝土拌合物试体的黏聚性和保水性。用捣棒在已坍落的混凝土拌合物截锥体侧面轻轻敲打,如果截锥试体逐渐下沉(或保持原状),则表示黏聚性良好;如果倒坍、部分崩裂或出现离析现象,表示黏聚性不好。坍落度筒提起后,如有较多稀浆从底部析出,锥体部分的混凝土拌和也因失浆而集料外露,则表明其保水性能不好;如坍落度筒提起后无稀浆或仅有少量稀浆自底部析出,则表示其保水性能良好。

2. 普通混凝土物理力学性能试验

普通混凝土的主要物理力学性能包括抗压强度、抗拉强度、抗折强度、握裹强度、疲劳强度、静力受压弹性模量、收缩、徐变等。这里仅介绍普通混凝土立方体抗压强度试验方法。

1)试件制作与养护

试件用150mm×150mm×150mm的试模,也可用200mm×200mm×200mm或100mm×100mm×100mm的试模,在混凝土浇筑地点随机取样,三个试件为一组。成型后覆盖表面,在温度为20℃±5℃的情况下,静置1~2个昼夜。然后,编号拆模后立即放入温度为20℃±3℃、湿度90%以上(或水中)的标准养护室中养护。同条件试块拆模、编号后与结构(构件)同条件养护。

2)试验步骤

(1)混凝土立方体抗压强度以150mm×150mm×150mm试件为标准,也可采用200mm×200mm×200mm试件;当集料粒径较小时,也可用100mm×100mm×100mm试件,以三个试件为一组。

(2)试件从养护地点取出后应及时进行试验,以免试件的温度和湿度发生显著变化。

(3)试件在试压前应先擦拭干净,测量尺寸并检查其外观。试件尺寸测量精确至1mm,并据此计算试件的承压面积值A。

(4)将试件安放在试验机下压板中心。试件的承压面应与成型时的顶面垂直。开动试验机,当上压板与试件接近时调整球座,使接触均衡。

(5)开动试验机连续而均匀地加荷。当试件接近破坏而开始迅速变形时,应停止调整试验机油门,直至试件破坏,然后记录破坏荷载。

3)试验结果计算

混凝土立方体试件抗压强度按式(2-38)计算:

$$f_{cu} = \frac{P}{A} \tag{2-38}$$

式中:f_{cu}——混凝土立方体试件抗压强度(MPa);

P——破坏荷载(N);

A——试件承压面积(mm^2)。

(1)取三个试件测值的算术平均值作为该组试件的抗压强度值。三个测值中的最大值或最小值中如有一个与中间值的差值超过中间值的15%时,则将最大值与最小值一并舍除,取中间值为该组抗压强度值。如有两个测值与中间值的差值均超过中间值的15%,则该组试件的试验结果无效。

(2)取150mm×150mm×150mm试件的抗压强度值为标准值。用其他尺寸试件测得的强度值均应乘以尺寸换算系数,其值对 200mm × 200mm × 200mm 试件为 1.05;对 100mm × 100mm × 100mm 试件为 0.95。

3. 混凝土结构实体检测

混凝土结构实体检测方法包括回弹仪法、超声回弹综合法和取芯法。

1)回弹仪法

回弹仪法适用于检测一般建筑构件、桥梁及各种混凝土构件(板、梁、柱、桥架)的强度,分为单个检测和批量检测。

单个检测:适用于单个结构或构件的检测。

批量检测:适用于在相同的生产工艺条件下,混凝土强度等级相同,原材料、成型工艺、养护条件基本相同且龄期相近的结构或构件。

(1)批量检测时,抽检数量不得少于同批构件总数的 30% 且不得少于 10 个。抽检构件时,应随机抽取重点部位或有代表型的构件。

(2)每个构件的测区数不宜少于 10 个。当受检构件数量大于 30 个且不需要提供单个构件推定强度,或受检构件某一方向尺寸不大于 4.5m 且另一方向尺寸不大于 0.3m 时,每个构件的测区数可减少,但不应少于 5 个。

(3)测量回弹值时,回弹仪的轴线应始终垂直于混凝土检测面,并应缓慢施压、准确读数、快速复位。

(4)每一测区应读取 16 个回弹值,每一测点的回弹值读数应精确到 1MPa。两测点净距离不少于 20mm。计算测区平均回弹值时,应剔除 3 个最大值和 3 个最小值。测区的平均回弹值应先后经过回弹值角度修正、浇筑面修正和泵送混凝土系数修正。使用修正后的平均回弹值和测定的混凝土碳化深度查测区混凝土强度换算表得出混凝土强度换算值。然后根据各测区的混凝土强度换算值计算构件现龄期的强度推定值。

2)超声回弹综合法

超声回弹综合法是根据实测声速值和回弹值综合推定混凝土强度的方法,是目前我国使用较广的一种结构中混凝土强度非破损检验方法,它较之单一的超声或回弹非破损检验方法具有精度高、适用范围广等优点。

3)取芯法

取芯法是利用专用钻机,从结构混凝土中钻取芯样以检测混凝土强度或观察混凝土内部质量的方法。直观、可靠、准确,但对混凝土结构造成局部损伤,是一种半破损检测方法,成本较高,其应用往往受到一定限制。

4. 受力钢筋的保护层厚度检测

一般利用钢筋保护层厚度测定仪检测钢筋混凝土受力钢筋的混凝土保护层厚度。必要时,采用局部剥离实测受力钢筋保护层厚度。检测应符合下列规定:

(1)检测前,对钢筋保护层厚度测定仪进行预热和调零。

(2)对被测钢筋进行初步定位,判断出箍筋、横筋和纵筋的位置,并在混凝土表面做好标记。

(3)根据保护层厚度设计值,在保护层测定仪上预设保护层厚度测量范围;当钢筋直径已知时，在保护层测定仪上预设钢筋直径；当钢筋直径未知时，采用保护层测定仪默认的钢筋直径。

(4)每测点测试两遍，每次读取保护层厚度测定仪显示的最小值；当设计保护层厚度值小于50mm时，两次重复测量允许偏差为1mm；当设计保护层厚度值不小于50mm时，两次重复测量允许偏差为2mm。

(三)混凝土结构用钢材

1. 钢筋原材

钢材进场时，应按国家相关标准的规定抽取试件进行力学性能和重量偏差检验。检验结果必须符合有关标准的规定。

检验方法：检查产品合格证、出厂检验报告和进场复验报告。

1)主要检验项目及检验报告

(1)主要检验项目包括拉力试验[屈服点或屈服强度、抗拉强度、伸长率(断后伸长率、最大力总伸长率)]、冷弯试验、反复弯曲试验。必要时，进行化学分析。

(2)钢材检验报告内容包括委托单位、工程名称、使用部位、钢材级别、钢种、钢号、外形标志、出厂合格证编号、代表数量、送样日期、原始记录编号、报告编号、试验日期、试验数据及结论(伸长率指标应注明标距，冷弯指标应注明弯心半径、弯曲角度及弯曲结果)。

2)钢筋进场复验项目

(1)钢筋进场时，应按国家现行相关标准的规定抽取试件做力学性能和重量偏差检验，检验结果必须符合有关标准的规定。其中，重量偏差是指钢筋的实际重量与钢筋理论重量的偏差，用百分数表示。钢筋重量偏差应符合表2-11的要求。

钢筋重量偏差　　表2-11

公称直径(mm)	热轧带肋钢筋(%)	光圆钢筋(%)
6～12	±6.0	±6.0
14～20	±5.0	±5.0
22～50	±4.0	±4.0

(2)对有抗震设防要求的结构，其钢筋的强度和最大力下总伸长率的实测值应符合下列规定：

①钢筋的抗拉强度实测值与屈服强度实测值的比值不应小于1.25；

②钢筋的屈服强度实测值与强度标准值的比值不应大于1.30；

③钢筋的最大力下总伸长率不应小于9%。

(3)当发现钢筋脆断、焊接性能不良或力学性能显著不正常等现象时，应对该批钢筋进行化学成分检验或其他专项检验。

(4)钢筋外观应平直、无损伤，表面不得有裂纹、油污、颗粒状或片状锈蚀。

检验数量要求如下：

①每批钢筋应由同一牌号、同一炉罐号、同一规格、同一交货状态组成，并不得大于60t。

②检查每批钢筋的外观质量。钢筋表面不得有裂纹、结疤和折叠；表面的凸块和其他缺陷

的深度和高度不得大于所在部位尺寸的允许偏差(带肋钢筋为横肋的高度);测量本批钢筋的直径偏差。

③在经外观检查合格的每批钢筋中任选两根钢筋,在其上各取一套试样,每套试样各制作两根试件,分别做拉伸(含抗拉强度、屈服点、伸长率)和冷弯试验。较高质量热轧带肋钢筋应按规定增加反向弯曲试验项目。

④当试样中有一个试验项目不符合要求时,应另取双倍数量的试件对不合格项目进行第二次试验;当仍有一根试件不合格时,则该批钢筋应判定为不合格。

2. 钢筋接头

1)钢筋焊接接头试验方法

钢筋焊接接头外观质量检查合格后,方可进行力学性能试验。钢筋焊接接头的基本力学性能试验方法包括拉伸试验、抗剪试验和弯曲试验三种。

钢筋焊接接头的各种试验一般应在常温(10 ~ 35℃)下进行,如有特殊要求,亦可根据有关要求在其他温度下进行。试验用的各种仪器设备应根据相应标准和技术条件定期进行校验,确保精度要求。

(1)拉伸试验。

对于冷拔低碳钢丝电阻点焊和钢筋闪光对焊、电弧焊、电渣压力焊、预埋件埋弧压力焊的焊接接头,需要进行常温静力拉伸试验。试验目的是测定焊接接头抗拉强度,观察断裂位置和断口形状,判定塑性断裂或脆性断裂。

(2)抗剪试验。

对于钢筋冷拔低碳钢丝电阻点焊骨架和网片焊点,需要进行常温抗剪试验。试验目的是测定焊点能够承受的最大抗剪力。

(3)弯曲试验。

对于钢筋闪光对焊接头,需要进行常温弯曲试验。试验目的是检验钢筋焊接接头的弯曲变形性能和可能存在的焊接缺陷。

2)钢筋机械连接接头试验方法

钢筋机械连接是指通过钢筋与连接件的机械咬合作用或钢筋端面的承压作用,将一根筋中的力传递至另一根钢筋的连接方法。常用的钢筋机械接头类型包括套筒挤压接头、锥螺纹接头、直螺纹接头、熔融金属充填接头、水泥灌浆充填接头。钢筋机械连接接头的试验分为产品的型式检验和工程进场抽样检测两类。

(1)型式检验。

①出现下列情况应进行型式检验:

a. 确定接头性能等级时;

b. 材料、工艺、规格进行改动时;

c. 型式检验报告超过 4 年时。

②用于型式检验的钢筋应符合有关钢筋标准的规定。

③对每种形式、级别、规格、材料、工艺的钢筋机械连接接头,型式检验试件不应少于 9 个,单向拉伸试件不应少于 3 个、高应力反复拉压试件不应少于 3 个、大变形反复拉压试件不应少于 3 个,同时应另取 3 根钢筋试件做抗拉强度试验。全部试件均应在同一根钢筋上截取。

④型式检验应由国家、省部级主管部门认可的检测机构进行，并应按有关标准规定的格式出具检验报告和评定结论。

(2)施工现场接头的检验与验收。

①工程中应用钢筋机械接头时，应由该技术提供单位提交有效的型式检验报告。

②钢筋连接工程开始前，应对不同钢筋生产厂的进场钢筋进行接头工艺检验。施工过程中，更换钢筋生产厂时，应补充进行工艺检验。工艺检验应符合下列规定：

a. 每种规格钢筋的接头试件不应少于 3 根。

b. 每根试件的抗拉强度和 3 根接头试件的残余变形的平均值均应符合相关规定要求。

c. 接头试件在测量残余变形后可再进行抗拉强度试验。

d. 第一次工艺检验中 1 根试件抗拉强度或 3 根试件的残余变形平均值不合格时，允许再抽 3 根试件进行复检，复检仍不合格时判为工艺检验不合格。

③接头安装前应检查连接件产品合格证及套筒表面生产批号标识。产品合格证应包括适用钢筋直径和接头性能等级、套筒类型、生产单位、生产日期以及可追溯产品原材料力学性能和加工质量的生产批号。

④接头的现场检验应按验收批进行。同一施工条件下采用同一批材料的同等级、同形式、同规格接头，应以 500 个为一个验收批进行检验与验收，不足 500 个也应作为一个验收批。

⑤螺纹接头安装后应按上述规定的验收批，抽取其中 10% 的接头进行拧紧扭矩校核，拧紧扭矩值不合格数超过被校核接头数的 5% 时，应重新拧紧全部接头，直到合格为止。

⑥对接头的每一验收批，必须在工程结构中随机截取 3 个接头试件做抗拉强度试验，按设计要求的接头等级进行评定。

3. 钢绞线

(1)每批钢绞线应由同一钢号、同一规格、同一生产工艺的钢绞线组成，并不得大于 60t。

(2)钢绞线应逐盘进行表面质量、直径偏差和捻距的外观检查。

(3)力学性能的抽样检验。应从每批钢绞线中任选 3 盘取样送检。在选定的各盘端部正常部位截取一根试样，进行拉力(整根钢绞线的最大负荷、屈服负荷、伸长率)试验。当试验结果有一项不合格时，除该盘应判定为不合格外，还应从未试验过的钢绞线盘中取双倍数量的试样进行复验。当仍有一项不合格时，则该批钢绞线应判定为不合格。

(4)屈服强度和松弛试验应由厂方提供质量证明书或试验报告单。

4. 预应力混凝土用螺纹钢筋

预应力混凝土用螺纹钢筋是一种热轧成带有不连续的外螺纹的直条钢筋。该钢筋在任意截面处，均可用带有匹配形状的内螺纹的连接器或锚具进行连接或锚固。

每批钢筋均应按规定进行化学成分、拉伸试验、松弛试验、疲劳试验、表面检查和重量偏差等项目的检验。

(四)钢结构工程

钢结构工程涉及钢材、焊接材料、紧固件(普通螺栓、大六角头高强螺栓、扭剪型高强螺栓等)、焊接球、螺栓球、封板、锥头、套筒、金属压型板、涂装材料等各种材质，涉及焊接、紧固件连接、零部件加工、预拼装、钢结构安装、钢结构涂装等各个工序。因此，钢结构工程试验与检测涉及内容非常丰富,以下仅对钢结构工程实践中经常遇到且较为重要的内容进行重点介绍。

1. 钢材材质检验

(1)钢材材质检验应按下列要求进行:

钢结构工程所用的材料应符合设计文件和国家现行有关标准的规定,具有质量合格证明文件,并应经进场检验合格后使用。

钢材订货合同应对材料牌号、规格尺寸、性能指标、检验要求、尺寸偏差等有明确约定。定尺钢材应留有复验取样的余量;钢材的交货状态按设计文件对钢材的性能要求与供货厂家商定。

(2)钢材的进场验收应符合现行《钢结构工程施工质量验收标准》(GB 50205)和《钢结构工程施工规范》(GB 50755)的有关规定。对属于下列情况之一的钢材,应进行抽样复验:

①国外进口钢材;

②钢材混批;

③板厚等于或大于40mm,且设计有Z向性能要求的厚板;

④建筑结构安全等级为一级,大跨度钢结构中主要受力构件所采用的钢材;

⑤设计有复验要求的钢材;

⑥对质量有疑义的钢材。

(3)当设计文件无特殊要求时,钢结构工程中常用牌号钢材的抽样复验检验批宜按下列规定执行:

①牌号为Q235、Q345且板厚小于40mm的钢材,应按同一生产厂家、同一牌号、同一质量等级的钢材组成检验批,每批质量不应大于150t;同一生产厂家、同一牌号的钢材供货质量超过600t且全部复验合格时,每批的组批质量可扩大至400t。

②牌号为Q235、Q345且板厚大于或等于40mm的钢材,应按同一生产厂家、同一牌号、同一质量等级的钢材组成检验批,每批质量不应大于60t;同一生产厂家、同一牌号的钢材供货质量超过600t且全部复验合格时,每批的组批质量可扩大至400t。

③牌号为Q390的钢材,应按同一生产厂家、同一质量等级的钢材组成检验批,每批质量不应大于60t;同一生产厂家的钢材供货质量超过600t且全部复验合格时,每批的组批质量可扩大至300t。

④牌号为Q235GJ、Q345GJ、Q390GJ的钢板,应按同一生产厂家、同一牌号、同一质量等级的钢材组成检验批,每批质量不应大于60t。同一生产厂家、同一牌号的钢材供货质量超过600t且全部复验合格时,每批的组批质量可扩大至300t。

⑤牌号为Q420、Q460、Q420GJ、Q460GJ的钢材,每个检验批应由同一牌号、同一质量等级、同一炉号、同一厚度、同一交货状态的钢材组成,每批质量不应大于60t。

有厚度方向要求的钢板,宜附加逐张超声波无损探伤复验。

2. 焊接材料材质检验

焊接材料的品种、规格、性能等应符合国家现行有关产品标准和设计要求。焊条、焊丝、焊剂、电渣焊熔嘴等焊接材料应与设计选用的钢材相匹配,且应符合现行《钢结构焊接规范》

(GB 50661)的相关规定。

用于重要焊缝的焊接材料,或对质量合格证明文件有疑义的焊接材料,应进行抽样复验,复验时焊丝宜按5个批(相当炉批)取一组试验,焊条宜按3个批(相当炉批)取一组试验。

3.螺栓性能检验

1)钢结构工程螺栓性能检验的要求

(1)钢结构连接用的普通螺栓、高强度大六角头螺栓连接副、扭剪型高强度螺栓连接副等紧固件,应符合相关标准的规定。

(2)高强度大六角头螺栓连接副和扭剪型高强度螺栓连接副,应分别有扭矩系数和紧固轴力(预拉力)的出厂合格检验报告,并随箱携带。当高强度螺栓连接副保管时间超过6个月后使用时,应按相关要求重新进行扭矩系数或紧固轴力试验,并应在合格后再使用。

(3)高强度大六角头螺栓连接副和扭剪型高强度螺栓连接副,应分别进行扭矩系数和紧固轴力(预拉力)复验,试验螺栓应从施工现场待安装的螺栓批中随机抽取,每批应抽取8套连接副进行复验。

(4)建筑结构安全等级为一级,跨度40m及以上的螺栓球节点钢网架结构,其连接高强度螺栓应进行表面硬度试验,8.8级的高强度螺栓其表面硬度应为HRC21~HRC29,10.9级的高强度螺栓表面硬度应为HRC32~HRC36,且不得有裂纹或损伤。

(5)普通螺栓作为永久性连接螺栓,且设计文件要求或对其质量有疑义时,应进行螺栓实物最小拉力载荷复验,复验时每一个规格螺栓应抽查8个。

2)扭剪型局部强度螺栓连接副预拉力的复验

(1)螺栓的出厂检验按批进行,同一材料、炉号、螺纹规格、长度(当螺栓长度≤100mm时,长度相差≤15mm;螺栓长度>100mm时,长度相差≤20mm,可视为同一长度)、机械加工、热处理工艺、表面处理工艺的螺栓为同批;同一材料、炉号、螺纹规格、机械加工、热处理工艺、表面处理工艺的螺母为同批。同一材料、炉号、规格、机械加工热处理工艺、表面处理工艺的垫圈为同批。分别由同批螺栓、螺母、垫圈组成的连接副为同批连接副。同批高强度螺栓连接副的最大数量为3000套。

(2)复验用的螺栓应在施工现场待安装的螺栓批中随机抽取,每批应抽取8套连接副进行复验。

(3)连接副预拉力可采用经计量检定、校准合格的轴力计进行测试。

(4)试验用的电测轴力计、油压轴力计、电阻应变仪、扭矩扳手等计量器具,应在试验前进行标定,其误差不得超过2%。

(5)采用轴力计方法复验连接副预拉力时,应将螺栓直接插入轴力计。紧固螺栓分初拧、终拧两次进行,初拧应采用手动扭矩扳手或专用定扭电动扳手;初拧值应为预拉力标准值的50%左右。终拧应采用专用电动扳手,至尾部梅花头拧掉,读出预拉力值。

(6)每套连接副只应做一次试验,不得重复使用。在紧固中垫圈发生转动时,应更换连接副,重新试验。

3)高强度大六角头螺栓连接副扭矩系数的复验

(1)螺栓的出厂检验按批进行,同一材料、炉号、螺纹规格、长度(当螺栓长度≤100mm时,长度相差≤15mm;螺栓长度>100mm时,长度相差≤20mm,可视为同一长度)、机械加工、热处理工艺、表面处理工艺的螺栓为同批;同一性能等级、材料、炉号、螺纹规格、机械加工、热处理工艺、表面处理工艺的螺母为同批。同一性能等级、材料、炉号、规格、机械加工、热处理工艺、表面处理工艺的垫圈为同批。分别由同批螺栓、螺母、垫圈组成的连接副为同批连接副。

同批高强度螺栓连接副的最大数量为3000套。

(2)复验用螺栓应在施工现场待安装的螺栓批中随机抽取,每批应抽取8套连接副进行复验。

(3)连接副扭矩系数复验用的计量器具应在试验前进行标定,误差不得超过2%。

(4)每套连接副只应做一次试验,不得重复使用。

(5)连接副扭矩系数的复验应将螺栓穿入轴力计,在测出螺栓预拉力 P 的同时,应测定施加于螺母上的施拧扭矩值 T,并计算扭矩系数 K。

4. 钢结构焊接检验

1)一般规定

(1)焊接检验分类。

①自检,是施工单位在制造、安装过程中,由本单位具有相应资质的检测人员或委托具有相应检验资质的检测机构进行的检验。

②第三方检验,是建设单位或其代表委托具有相应检验资质的独立第三方检测机构进行的检验。

(2)焊接检验的一般程序包括焊前检验、焊中检验和焊后检验,并应符合相关规定。

(3)焊缝检验抽样规定。

焊接检验前应根据结构所承受的荷载特性、施工详图及技术文件规定的焊缝质量等级要求编制检验和试验计划,由施工单位技术负责人批准并报监理工程师备案。检验方案应包括检验批的划分、抽样检验的抽样方法、检验项目、检验方法、检验时机及相应的验收标准等内容。

焊缝处数的计算方法:工厂制作焊缝长度不大于1000mm时,每条焊缝应为1处;长度大于1000mm时,以1000mm为基准,每增加300mm焊缝数量应增加1处;现场安装焊缝每条焊缝为1处。

(4)确定检验批:制作焊缝以同一工区(车间)按300~600处的焊缝数量组成检验批;多层框架结构可以每节柱的所有构件组成检验批;安装焊缝以区段组成检验批;多层框架结构以每层(节)的焊缝组成检验批。

抽样检验除设计指定焊缝外应采用随机抽样方式取样,且取样中应覆盖到该批焊缝中所包含的所有钢材类别、焊接位置和焊接方法。

2)焊缝外观检测

(1)所有焊缝应冷却到环境温度后方可进行外观检测。

(2)外观检测采用目测方式,裂纹的检查应辅以5倍放大镜并在合适的光照条件下进行,必要时可采用磁粉探伤或渗透探伤,尺寸的测量应用量具、卡规。

(3)电渣焊、气电立焊接头的焊缝外观成型应光滑,不得有未熔合、裂纹等缺陷;当板厚小于30mm时,压痕、咬边深度不应大于0.5mm;板厚不小于30mm时,压痕、咬边深度不应大于1.0mm。

(4)抽样检验结果应按下列规定进行结果判定：

①抽样检验的焊缝数不合格率小于2%时，该批验收合格。

②抽样检验的焊缝数不合格率大于5%时，该批验收不合格。

③焊缝数不合格率为2% ~5%时，应加倍抽检，且必须在原不合格部位两侧的焊缝延长线各增加一处，在所有的抽检焊缝中不合格率不大于3%时，该批验收合格；大于3%时，该批验收不合格。

④批量验收不合格时，应对该批余下的全部焊缝进行检验。

⑤检验发现1处裂纹时，应加倍抽查，在加倍抽检焊缝中未再检查出裂纹缺陷时，该批验收合格；检验发现多于1处裂纹缺陷或加倍抽查又发现裂纹缺陷时，该批验收不合格，应对该批余下焊缝的全数进行检查。

3)承受静荷载结构焊接质量的检验

(1)无损检测的基本要求：

焊缝的外观质量和尺寸应规范要求。无损检测应在外观检测合格后进行。Ⅲ、Ⅳ类钢材及焊接难度等级为C、D级时，应以焊接完成24h后无损检测结果作为验收依据；当钢材标称屈服强度大于690MPa或供货状态为调质状态时，应以焊接完成48h后无损检测结果作为验收依据。

(2)设计要求全焊透的焊缝，内部缺陷的检测规定：

一级焊缝应100%检验，其合格等级不应低于《焊缝无损检测　超声检测　技术、检测等级和评定》(GB/T 11345—2013)B级检验的Ⅱ级要求。二级焊缝应进行抽验，抽验比例不小于20%，其合格等级不应低于现行《焊缝无损检测　超声检测　技术、检测等级和评定》(GB/T 11345)和行业标准的相关规定。三级焊缝应根据设计要求进行相关的检测，一般情况下可不进行无损检测。

(3)超声波检测应符合下列规定：

①检测灵敏度、缺陷等级评定应符合规范要求。

②当检测板厚在3.5 ~8mm范围时，其超声波检查的技术参数应按有关标准执行。

③对超声波检测结果有疑义时，可采用射线检测验证。

④超声波检测设备及工艺要求应符合现行《焊缝无损检测　超声检测　技术、检测等级和评定》(GB/T 11345)的有关规定。

(4)当出现下列情况之一时，应进行表面检测：

①设计文件要求进行表面检测。

②外观检测发现裂纹时，应对该批中同类焊缝进行100%的表面检测。

③外观检测怀疑有裂纹缺陷时，应对怀疑部位进行表面检测。

④检测人员认为有必要时。

铁磁性材料应采用磁粉检测表面缺陷。不能使用磁粉检测时，应采用渗透检测。

5. 钢结构防腐涂料涂装检测

(1)涂装前钢材表面除锈应符合设计要求和国家现行有关标准的规定。处理后的钢材表面不应有焊渣、焊疤、灰尘、油污、水和毛刺等。

①检查数量：按构件数抽查1000件，且同类构件不应少于3件。

②检验方法:用铲刀检查和用现行《涂覆涂料前钢材表面处理　表面清洁度的目视评定　第2部分:已涂覆过的钢材表面局部清除原有涂层后的处理等级》(GB/T 8923.2)规定的图片对照观察检查。

(2)涂料、涂装遍数、涂层厚度均应符合设计要求。当设计对涂层厚度无要求时,涂层干漆膜总厚度要求为:室外应为150μm,室内应为125μm,其允许偏差为-25μm。每遍涂层干漆膜厚度的允许偏差为-5μm。

①检查数量:按构件数抽查10%,且同类构件不应少于3件。

②检验方法:用干漆膜测厚仪检查。每个构件检测5处,每处的数值为3个相距50mm测点涂层干漆膜厚度的平均值。

(3)构件表面不应误涂、漏涂,涂层不应脱皮和返锈等。涂层应均匀、无明显皱皮、流坠、针眼和气泡等。

①检查数量:全数检查。

②检验方法:观察检查。

(4)当钢结构处在有腐蚀介质环境或外露且设计有要求时,应进行涂层附着力测试,在检测处范围内,当涂层完整程度达到70%以上时,涂层附着力达到合格质量标准的要求。

①检查数量:按构件数抽查1%,且不应少于3件,每件测3处。

②检验方法:按照现行《漆膜附着力测定法》(GB 1720)或《色漆和清漆　漆膜的划格试验》(GB/T 9286)执行。

(五)地基与基础工程

1.地基土承载力试验

地基土承载力试验用承压板现场试验确定地基土的承载力。地基土载荷试验要点如下:

(1)试验基坑宽度不应小于承压板宽度或直径的3倍。应保持试验土层的原状结构和天然湿度。宜在拟试压表面用粗砂或中砂层找平,其厚度不超过20mm。

(2)加荷分级不应少于8级,最大加载量不应小于设计要求的2倍。

(3)每级加载后,按10min、10min、10min、15min、15min,以后为每隔半小时的时间间隔测读一次沉降量。当在连续2h内,每小时的沉降量小于0.1mm时,可认为沉降已达到相对稳定标准,可施加下一级荷载。

(4)当出现下列情况之一时,即可终止加载:

①承压板周围的土明显地侧向挤出、隆起或产生裂缝。

②本级荷载的沉降量大于前级荷载的沉降量的5倍,荷载与沉降曲线出现陡降段。

③在某一荷载下,24h内沉降速率不能达到稳定标准。

④总沉降量超过承压板宽度或直径的1/12。

⑤总加载量已达到设计要求值的2倍以上。

当满足前三种情况之一时,其对应的前一级荷载定为极限荷载。

2.基桩承载力试验

桩的静承载力试验,在同一条件下,试桩数不宜少于总桩数的1%并不应少于3根,工程总桩数50根以下不少于2根。试验内容有单桩抗压承载力试验、单桩抗拔承载力试验、单桩水平静承载力试验等。

1)单桩抗压承载力试验

其目的是为求得单桩承载力特征值。单桩抗压承载力试验设备与地基土现场承载力试验一样,包括加荷与稳压系统、测量系统和反力系统。加载反力装置有压重平台、锚桩横梁和锚桩压重联合反力装置等,可依工程实际条件选用。

2)单桩抗拔承载力试验

抗拔力作用下桩的破坏有两种形式:一是地基变形带动周围土体被拔出;二是桩身强度不够,桩身顺裂或拉断。抗拔承载力试验方法与压力试验相同,只是施加荷载的方向相反。

3)单桩水平静承载力试验

其目的是采用接近于单桩实际工作条件的试验方法,来确定单桩的水平承载力和地基土的水平抗力系数,并可测得桩身应力变化情况,求得桩身弯矩分布图。

单桩静承载力试验步骤为:

(1)结合实际条件和试验内容,制订检测方案,选定试验设备。

(2)规定承载力试验条件,一般应通过试桩进行验证后再修订试验条件。

(3)加荷与卸荷。

(4)资料整理,包括试验原始记录表、试验概况、绘制荷载变形曲线(P-S 曲线)等。

(5)检测数据分析与应用。

3.基桩完整性检测

1)高应变法

高应变法可用于检测混凝土预制桩、灌注桩、钢桩以及组合桩的单桩轴向抗压承载力和桩身完整性,也可用于监测打入桩沉桩时的桩身应力和锤击能量。

(1)检测数量:检测桩的数量应根据地质条件和桩的类型确定,宜取总桩数的2%~5%,并不得少于5根。对地质条件复杂、桩的种类较多或其他特殊情况,宜取上限。

(2)当进行桩的轴向抗压极限承载力检测时,检测桩在沉桩、成桩后至检测时的间歇时间,对黏性土不应少于14d,对砂土不应少于3d,对水冲沉桩不应少于28d;灌注桩除应满足上述有关时间规定外,其混凝土的强度等级尚应达到设计要求。

(3)出现下列情况之一时,桩身完整性评价应按工程地质条件和施工工艺,结合实测曲线拟合法或其他检测方法综合进行:

①桩身有扩径;

②混凝土灌注桩桩身截面渐变或多变;

③力和速度曲线在峰值附近比例失调,桩身浅部有缺陷;

④力波上升缓慢,力与速度曲线比例失调;

⑤缺陷断面位置以上部位的土阻力出现卸载回弹。

2)低应变法

低应变法可用于检测混凝土预制桩、灌注桩的桩身完整性,判定桩身缺陷的程度及位置。低应变法检测应采用反射波法,其有效检测桩长范围应通过现场试验确定。

(1)检测数量:对单节预制混凝土桩,检测桩数不得低于总桩数的10%,且不得少于10根;对多节预制混凝土桩,检测桩数不得低于总桩数的20%,且不得少于10根;对混凝土灌注桩,当采用低应变动力检测法检测桩身完整性时,检测桩数应为总桩数的100%。

(2)桩身完整性应根据实测信号的波形、波速、相位、振幅和频率等特征,按表2-12的规定,并结合地质情况和施工过程进行综合评价。

低应变法桩身完整性评价标准

表2-12

类别	完整性描述	完整性评价
Ⅰ	检测波波形无异常反射、波速正常、桩身完好	完整桩
Ⅱ	检测波波形有小畸变、波速基本正常、桩身有轻微缺陷对桩的使用没有影响	基本完整桩
Ⅲ	检测波波形出现异常反射、波速偏低、桩身有明显缺陷、对桩的使用有一定影响	明显缺陷桩
Ⅳ	监测波波形严重畸变、桩身有严重缺陷或断桩	严重缺陷桩或断桩

(3)桩身完整性类别为Ⅲ类桩、Ⅳ类桩的,应判定为不合格桩。

3)声波透射法

声波透射法可用于混凝土灌注桩的桩身完整性检测,判定桩身缺陷的位置、范围和程度。

(1)发射换能器与接收换能器应符合下列规定:

①圆柱状径向振动,沿径向无指向性。

②外径小于声测管内径,有效工作段长度不大于150mm。

③谐振频率为30~60kHz。

④水密性满足1MPa水压不渗水。

(2)声测管埋设应符合下列规定:

①声测管内径大于换能器外径。

②声测管有足够的径向刚度,声测管材料的温度系数与混凝土接近。

③声测管下端封闭、上端加盖、管内无异物。

④声测管连接处光顺过渡,管口高出混凝土顶面100mm以上。

⑤浇灌混凝土前将声测管有效固定,各声测管之间基本平行。

(3)声测管应沿钢筋笼内侧呈对称形状布置(图2-13),声测管埋设数量应符合下列规定:

①声测管内径$D \leqslant 800$mm,不少于2根管;

②800mm $< D \leqslant 1600$mm,不少于3根管;

③$D > 1600$mm,不少于4根管。

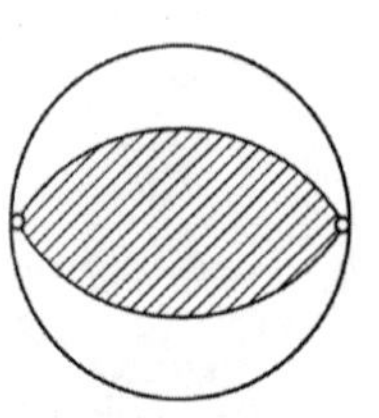

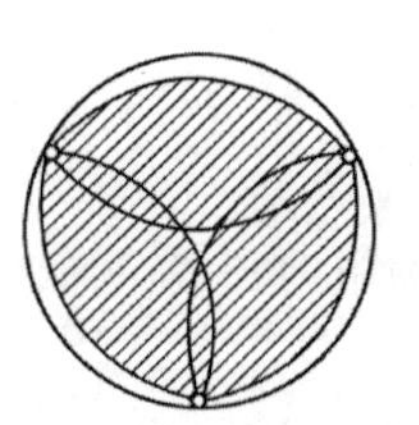

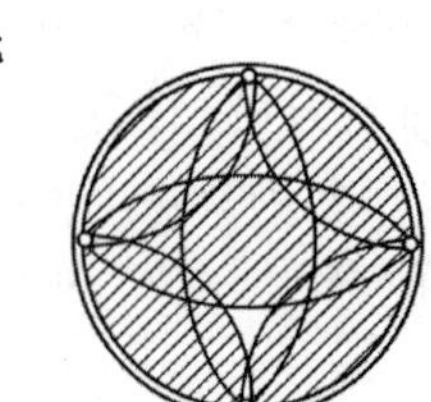

图2-13 声测管布置

桩身完整性类别应结合桩身缺陷的数量、缺陷处声测线的声学特征、缺陷的空间分布范围按表2-13进行综合判定,判定标准如下。

声测透射法桩身完整性评价标准　表 2-13

类　别	特　征
Ⅰ	所有声测线声学参数无异常，接收波形正常； 存在声学参数轻微异常、波形轻微畸变的异常声测线，异常声测线在任一检测剖面的任一区段内纵向不连续分布，且在任一深度横向分布的数量小于检测剖面数量的 50%
Ⅱ	存在声学参数轻微异常、波形轻微畸变的异常声测线，异常声测线在一个或多个检测剖面的一个或多个区段内纵向连续分布，或在一个或多个深度横向分布的数量大于或等于检测剖面数量的 50%； 存在声学参数明显异常、波形明显畸变的异常声测线，异常声测线在任一检测剖面的任一区段内纵向不连续分布，且在任一深度横向分布的数量小于检测剖面数量的 50%
Ⅲ	存在声学参数明显异常、波形明显畸变的异常声测线，异常声测线在一个或多个检测剖面的一个或多个区段内纵向连续分布，但在任一深度横向分布的数量小于检测剖面数量的 50%； 存在声学参数明显异常、波形明显畸变的异常声测线，异常声测线在任一检测剖面的任一区段内纵向不连续分布，但在一个或多个深度横向分布的数量大于或等于检测剖面数量的 50%； 存在声学参数严重异常、波形严重畸变或声速低于低限值的异常声测线，异常声测线在任一检测剖面的任一区段内纵向不连续分布，且在任一深度横向分布的数量小于检测剖面数量的 50%
Ⅳ	存在声学参数明显异常、波形明显畸变的异常声测线，异常声测线在一个或多个检测剖面的一个或多个区段内纵向连续分布，且在一个或多个深度横向分布的数量大于或等于检测剖面数量的 50%； 存在声学参数严重异常、波形严重畸变或声速低于低限值的异常声测线，异常声测线在一个或多个检测剖面的一个或多个区段内纵向连续分布，或在一个或多个深度横向分布的数量大于或等于检测剖面数量的 50%

第七节　工程质量检验评定与竣（交）工验收

一、公路工程

特别说明：此部分内容仅供公路工程专业考生学习和应试参考。

（一）概述

施工单位根据建设任务、施工管理和质量检验评定，应在施工准备阶段按《公路工程质量检验评定标准　第一册　土建工程》（JTG F80/1—2017）将建设项目划分为单位工程、分部工程和分项工程，并报请监理机构和建设单位批准。施工单位、工程监理单位和建设单位应按相同的工程项目划分进行工程质量的监控和管理。

1. 单位工程

在合同段中，具有独立施工条件和结构功能的工程。

2. 分部工程

在单位工程中，按路段长度、结构部位及施工特点等划分的工程。

3. 分项工程

在分部工程中，根据施工工序、工艺或材料等划分的工程。

公路工程质量检验评定以分项工程为单元,按基本要求、实测项目、外观质量和质量保证资料等检验项目分别检查。实测项目采用合格率法进行质量评定。

工程质量评定等级分为合格与不合格,应按分项、分部、单位工程、合同段和建设项目逐级评定。

(1)分项工程质量评定合格应符合下列规定:检验记录应完整;实测项目应合格;外观质量应满足要求。

(2)分部工程质量评定合格应符合下列规定:评定资料应完整;所含分项工程及实测项目应合格;外观质量应满足要求。

(3)单位工程质量评定合格应符合下列规定:评定资料应完整;所含分部工程应合格;外观质量应满足要求。

评定为不合格的分项工程、分部工程,经返工、加工、补强或调测,满足设计要求后,可重新进行检验评定。

施工单位应按《公路工程质量检验评定标准　第一册　土建工程》(JTG F80/1—2017)所列基本要求、实测项目以及外观质量和质量保证资料,按《公路工程质量检验评定标准　第一册　土建工程》(JTG F80/1—2017)附录A中单位、分部、分项工程划分并报请监理机构和建设单位批准后,对工程质量进行检验评定。

监理单位按《公路工程质量检验评定标准　第一册　土建工程》(JTG F80/1—2017)所列基本要求、实测项目和外观质量和质量保证资料,按《公路工程质量检验评定标准　第一册　土建工程》(JTG F80/1—2017)对工程质量进行检验评定并评分,作为交工验收工程质量评分,按规定权重计入竣工验收工程质量评分中。

建设单位、监理单位、质量监督部门和检测单位在根据《公路工程竣(交)工验收办法》有关要求,完成各自在公路工程质量检验评定过程中需要完成的工作。

(二)工程质量检验

1. 分项工程质量检验

分项工程应按基本要求、实测项目、外观质量和质量保证资料等项目分别检查。分项工程质量应在所使用的原材料、半成品、成品及施工控制要点等符合基本要求的规定,无外观质量限制缺陷且质量保证资料真实齐全时,方可进行检验评定。

关键项目的合格率不低于95%(机电工程为100%),否则该检查项目为不合格。

一般项目的合格率不低于80%,否则该检查项目为不合格。

有规定极值的检查项目,任一单个检测值都不应突破规定极值,否则该检验项目为不合格。

采用《公路工程质量检验评定标准　第一册　土建工程》(JTG F80/1—2017)附录B至附录S所列方法进行检验评定的检查项目,不满足要求时,则检查项目为不合格。

1)基本要求检查

(1)分项工程应对所列基本要求逐项检查,经检查不符合规定时,不得进行工程质量的检验评定。

(2)分项工程所用的各种原材料的品种、规格、质量及混合料配合比和半成品、成品应符合有关技术标准规定并满足设计要求。

2)实测项目检验

(1)对检查项目按规定的检查方法和频率进行随机抽样并计算合格率。

(2)以《公路工程质量检验评定标准　第一册　土建工程》(JTG F80/1—2017)规定的检查方法为标准方法,采用其他高效检测方法应经比对确认。

(3)以路段长度规定的检查频率为双车道路段的最低检查频率,对多车道应按车道数与双车道之比相应增加检查数量。

(4)应按下式计算检查项目合格率。

$$\text{检查项目合格率}=\frac{\text{检查合格的点(组)数}}{\text{该检查项目的全部检查点(组)数}}\times 100\%$$

3)外观质量检验

外观质量应进行全面检查,并满足规定要求,否则该检验项目为不合格。

2. 质量保证资料

工程应有真实、准确、齐全、完整的施工原始记录、试验检测数据、质量检验结果等质量保证资料。质量保证资料应包括下列内容:

(1)所用原材料、半成品和成品质量检验结果。

(2)材料配合比、拌和加工控制检验和试验数据。

(3)地基处理、隐蔽工程施工记录和桥梁、隧道施工监控资料。

(4)质量控制指标的试验记录和质量检验汇总图表。

(5)施工过程中遇到的非正常情况记录及其对工程质量影响分析评价资料。

(6)施工过程中如发生质量事故,经处理补救后,达到设计要求的认可证明文件等。

检验项目评定为不合格的,应进行整修或返工处理直至合格。

(三)工程质量等级评定

工程质量等级应分为合格和不合格。分项工程、分部工程、单位工程质量评定应有符合《公路工程质量检验评定标准　第一册　土建工程》(JTG F80/1—2017)附录K规定的资料。

评定为不合格的分项工程、分部工程,经返工、加固、补强或调剂,满足设计要求后,可重新进行检验评定。

所含单位工程合格,该合同段评定为合格;所含合同段合格,该建设项目评定为合格。

(四)工程验收

1. 交工验收

(1)工程交工验收工作一般按合同段进行,并应具备以下条件:

①合同约定的各项内容已全部完成。

②施工单位按《公路工程质量检验评定标准　第一册　土建工程》(JTG F80/1—2017)及相关规定对工程质量自检合格。

③监理工程师对工程质量评定合格。

④质量监督机构按交通运输部规定的“公路工程质量鉴定办法”对工程质量进行检测(必

要时可委托有相应资质的检测机构承担检测任务),并出具检测意见。

⑤竣工文件已按交通运输部规定的内容编制完成。

⑥施工单位、监理单位已完成本合同段的工作总结。

(2)交工验收程序:

①施工单位完成合同约定的全部工程内容,且经施工自检和监理检验评定均合格后,提出合同段交工验收申请报监理单位审查。交工验收申请应附自检评定资料和施工总结报告。

②监理单位根据工程实际情况、抽检资料以及对合同段工程质量评定结果,对施工单位交工验收申请及其所附资料进行审查并签署意见。监理单位审查同意后,应同时向项目法人提交独立抽检资料、质量评定资料和监理工作报告。

③项目法人对施工单位的交工验收申请、监理单位的质量评定资料进行核查,必要时可委托有相应资质的检测机构进行重点抽查检测,认为合同段满足交工验收条件时应及时组织交工验收。

④对若干合同段完工时间相近的,项目法人可合并组织交工验收。对分段通车的项目,项目法人可按合同约定分段组织交工验收。

⑤通过交工验收的合同段,项目法人应及时颁发"公路工程交工验收证书"。

⑥各合同段全部验收合格后,项目法人应及时完成"公路工程交工验收报告"。

(3)交工验收的主要工作内容:

①检查合同执行情况。

②检查施工自检报告、施工总结报告及施工资料。

③检查监理单位独立抽检资料、监理工作报告及质量评定资料。

④检查工程实体,审查有关资料,包括主要产品的质量抽(检)测报告。

⑤核查工程完工数量是否与批准的设计文件相符,是否与工程计量数量一致。

⑥对合同是否全面执行、工程质量是否合格做出结论,按交通运输主管部门规定的格式签署合同段交工验收证书。

⑦按交通运输部规定的办法对设计、监理、施工等单位的工作进行初步评价。

(4)各合同段的设计、施工、监理等单位参加交工验收工作,由项目法人负责组织。路基工程作为单独合同段进行交工验收时,应邀请路面施工单位参加。拟交付使用的工程,应邀请运营、养护管理等相关单位参加。交通运输主管部门、公路管理机构、质量监督机构视情况参加交工验收。

(5)合同段工程质量评分采用所含各单位工程质量评分的加权平均值。即工程各合同段交工验收结束后,由项目法人对整个工程项目进行工程质量评定,工程质量评分采用各合同段工程质量评分的加权平均值。即工程质量等级评定分为合格和不合格,工程质量评分值大于或等于75分的为合格,小于75分的为不合格。

(6)公路工程各合同段验收合格后,项目法人应按交通运输部规定的要求及时完成项目交工验收报告,并向交通运输主管部门备案。国家、部重点公路工程项目中100km以上的高速公路、独立特大型桥梁和特长隧道工程向省级人民政府交通运输主管部门备案,其他公路工程按省级人民政府交通运输主管部门的规定向相应的交通运输主管部门备案。

公路工程各合同段验收合格后,质量监督机构应向交通运输主管部门提交项目的检测报告。交通运输主管部门在15天内未对备案的项目交工验收报告提出异议,项目法人可开放交通进入试运营期。试运营期不得超过3年。

(7)交工验收不合格的工程应返工整改,直至合格。交工验收提出的工程质量缺陷等遗留问题,由施工单位限期完成。

(8)对通过交工验收工程,应及时安排养护管理。

2. 竣工验收

(1)按照公路工程管理权限,各级交通运输主管部门应于年初制订年度竣工验收计划,并按计划组织竣工验收工作。列入竣工验收计划的项目,项目法人应提前完成竣工验收前的准备工作。

(2)公路工程竣工验收应具备以下条件:

①通车试运营2年以上。

②交工验收提出的工程质量缺陷等遗留问题已全部处理完毕,并经项目法人验收合格。

③工程决算已按交通运输部规定的办法编制完成,竣工决算已经审计,并经交通运输主管部门或其授权单位认定。

④竣工文件已按相关规定完成。

⑤对需进行档案、环保等单项验收的项目,已经有关部门验收合格。

⑥各参建单位已按交通运输部规定的内容完成各自的工作报告。

⑦质量监督机构已按交通运输部规定的“公路工程质量鉴定办法”对工程质量检测鉴定合格,并形成工程质量鉴定报告。

(3)竣工验收准备工作程序:

①公路工程符合竣工验收条件后,项目法人应按照公路工程管理权限及时向相关交通运输主管部门提出验收申请,其主要内容包括:

a. 交工验收报告。

b. 项目执行报告、设计工作报告、施工总结报告和监理工作报告。

c. 项目基本建设程序的有关批复文件。

d. 档案、环保等单项验收意见。

e. 土地使用证或建设用地批复文件。

f. 竣工决算的核备意见、审计报告及认定意见。

②相关交通运输主管部门对验收申请进行审查,必要时可组织现场核查。审查同意后报负责竣工验收的交通运输主管部门。

③以上文件齐全且符合条件的项目,由负责竣工验收的交通运输主管部门通知所属的质量监督机构开展质量鉴定工作。

④质量监督机构按要求完成质量鉴定工作,出具工程质量鉴定报告,并审核交工验收对设计、施工、监理初步评价结果,报送交通运输主管部门。

⑤工程质量鉴定等级为合格及以上的项目,负责竣工验收的交通运输主管部门及时组织竣工验收。

(4)竣工验收主要工作内容:

①成立竣工验收委员会。

②听取项目法人、设计单位、施工单位、监理单位的工作报告。

③听取质量监督机构的工作报告及工程质量鉴定报告。

④检查工程实体质量、审查有关资料。

⑤按交通运输部规定的办法对工程质量进行评分,并确定工程质量等级。

⑥按交通运输部规定的办法对参建单位进行综合评价。

⑦对建设项目进行综合评价。

⑧形成并通过竣工验收鉴定书。

(5)验收委员会由交通运输主管部门、公路管理机构、质量监督机构、造价管理机构等单位代表组成。大中型项目及技术复杂工程,应邀请有关专家参加。国防公路应邀请军队代表参加。

项目法人,设计、施工、监理、接管养护等单位参加竣工验收工作。

(6)参加竣工验收工作各方的主要职责是:

①竣工验收委员会负责对工程实体质量及建设情况进行全面检查。按交通运输部规定的办法对工程质量进行评分,对各参建单位进行综合评价,对建设项目进行综合评价,确定工程质量和建设项目等级,形成工程竣工验收鉴定书。

②项目法人负责提交项目执行报告及验收工作所需资料,协助竣工验收委员会开展工作。

③设计单位负责提交设计工作报告,配合竣工验收检查工作。

④监理单位负责提交监理工作报告,提供工程监理资料,配合竣工验收检查工作。

⑤施工单位负责提交施工总结报告,提供各种资料,配合竣工验收检查工作。

(7)竣工验收工程质量评分采取加权平均法计算,其中交工验收工程质量得分权值为0.2,质量监督机构工程质量鉴定得分权值为0.6,竣工验收委员会对工程质量的评分权值为0.2。

对于交工验收和竣工验收合并进行的小型项目,质量监督机构工程质量鉴定得分权值为0.6,监理单位对工程质量评定得分权值为0.1,竣工验收委员会对工程质量的评分权值为0.3。

工程质量评分大于或等于90分为优良,小于90分且大于等于75分为合格,小于75分为不合格。

(8)对建设项目出现以下特别严重问题的合同段,整改合格后,合同段工程质量不得评为优良,质量鉴定得分按照整改前的鉴定得分,超出75分的按75分,不足75分的按原得分;建设项目竣工验收工程质量等级和综合评定等级直接确定为合格。

①路基工程的大段落路基沉陷、大面积高边坡失稳。

②路面工程车辙深度大于10mm的路段累计长度超过该合同段车道总长度的5%。

③特大桥梁主要受力结构需要或进行过加固、补强。

④隧道工程渗漏水经处治效果不明显,衬砌出现影响结构安全裂缝,衬砌厚度合格率小于90%或有小于设计厚度1/2的部位,空洞累计长度超过隧道长度的3%或单个空洞面积大于$3m^2$。

⑤重大质量事故或严重质量缺陷,造成历史性缺陷的工程。

(9)对建设项目出现以下严重问题的合同段,整改合格后,合同段工程质量不得评为优良,质量鉴定得分按 75 分计算;并视对建设项目的影响,由竣工验收委员会决定建设项目工程质量是否评为优良。

①路基工程的重要支挡工程严重变形。

②路面工程出现修补、唧浆、推移、网裂等病害路段累计长度超过路线的 3% 或累计面积大于总面积的 1.5% ,竣工验收复测路面弯沉合格率小于 90% 。

③大桥、中桥主要受力结构需要或进行过加固、补强。

(10)竣工验收委员会对项目法人及设计、施工、监理单位工作进行综合评价。评定得分大于或等于 90 分且工程质量等级优良的为好,小于 90 分且大于或等于 75 分为中,小于 75 分为差。

(11)竣工验收建设项目综合评分采取加权平均法计算,其中竣工验收工程质量得分权值为 0.7,参建单位工作评价得分权值为 0.3(项目法人占 0.15,设计、施工、监理各占 0.05)。

评定得分大于或等于 90 分且工程质量等级优良的为优良,小于 90 分且大于或等于 75 分为合格,小于 75 分为不合格。

(12)发生过重大及以上生产安全事故的建设项目综合评定等级不得评为优良。

(13)根据《国务院关于促进节约用地的通知》(国发〔2008〕3 号)要求,竣工验收时需要核验建设项目依法用地和履行土地出让合同、划拨等情况。

二、水运工程

特别说明:此部分内容仅供水运工程专业考生学习和应试参考。

(一)水运工程质量检验的划分

水运工程质量检验应按单位工程、分部工程和分项工程及检验批进行划分。水运工程项目开工前,建设单位应组织施工单位、监理单位对单位工程、分部工程和分项工程进行划分,并报水运工程质量监督机构备案,工程建设各方应据此进行工程质量控制和质量检验。

1. 建设项目

按照同一个总体设计进行建设,全部建成后才能发挥所需综合生产能力或效益的基本建设单位。

2. 单项工程

建设项目的组成部分,在施工图设计阶段一般具有独立设计文件,建成后能够独立发挥生产能力和效益的工程。

3. 单位工程

单项工程的组成部分,一般指具备独立施工条件,建成后能够发挥设计使用功能的工程,按工程使用功能和施工及验收的独立性进行划分。

4. 分部工程

单位工程的组成部分,一般指构成工程结构的主要组成部位。按工程的部位进行划分,设备安装工程可按专业类别划分分部工程。

5. 分项工程

分部工程的组成部分,一般指工程施工的主要工序或工种。按施工的主要工种、工序、材料、施工工艺和设备的主要装置等进行划分。施工范围较大的分项工程宜将分项工程划分为若干检验批,检验批可根据施工及质量控制和检验的需要按结构变形缝、施工段或一定数量等进行划分。

6. 检验批

指按同一生产条件或按规定方式汇总起来供检验的由一定数量样本组成的检验体。

(二)水运工程质量检验基本规定

(1)水运工程施工应按下列规定进行质量控制:

①施工单位应对工程采用的主要材料、构配件和设备等进行现场验收,并经监理工程师认可。对涉及结构安全和使用功能的,施工单位应按相关标准的有关规定进行抽样检验,监理单位应按相关标准的规定进行见证抽样检验或平行检验。

②各工序施工应按施工技术标准的规定进行质量控制,每道工序完成后,应进行检查。

③工序之间应进行交接检验,并形成记录。专业工序之间的交接应经监理工程师认可。未经检验或经检验不合格的不得进行下道工序施工。

(2)水运工程质量应按下列要求进行检验和验收:

①工程施工应符合工程合同和设计文件的要求。

②工程质量的检验应在施工单位自行检验合格的基础上进行。

③隐蔽工程在隐蔽前应由施工单位通知有关单位进行验收,并形成验收文件。

④涉及结构安全的试块、试件和现场检验项目,施工单位应按规定进行检验,监理单位应按规定进行见证抽样检验或平行检验。

⑤分项工程及检验批的质量应按主要检验项目和一般检验项目进行检验。

⑥涉及结构安全和使用功能的重要分部工程应按相应规定进行抽样检验或验证性检验。

⑦承担见证抽样检验及有关结构安全检验的单位应具有相应能力等级。

⑧工程的观感质量应由验收人员通过现场检查,并应共同确认。

(三)水运工程施工质量检验程序

1. 分项工程及检验批检验

由施工单位分项工程技术负责人组织检验,自检合格后报监理单位,监理工程师应及时组织施工单位专职质量检查员等进行检验与确认。

2. 分部工程检验

由施工单位项目技术负责人组织检验,自检合格后报监理单位,总监理工程师应组织施工单位项目负责人和技术、质量负责人等进行检验与确认。其中,地基与基础等分部工程检验时,勘察、设计单位应参加相关项目的检验。

3. 单位工程检验

施工单位应组织有关人员进行检验,自检合格后报监理单位,并向建设单位提交单位工程竣工报告。

单位工程中有分包单位施工时,分包单位对所承包的工程项目应按标准规定的程序进行检验,总包单位应派人参加。分包工程完成后,应将工程有关资料交总包单位。

4. 预验收

建设单位收到单位工程竣工报告后,应及时组织施工单位、设计单位、监理单位对单位工程进行预验收。

5. 质量鉴定

单位工程质量预验收合格后,建设单位应在规定时间内将工程质量检验有关文件报水运工程质量监督部门申请质量鉴定。

6. 质量核定

建设项目或单项工程全部建成后,建设单位申请竣工验收前应填写建设项目或单项工程质量检查汇总表,报送质量监督部门申请质量核定。

(四)水运工程质量检验合格标准

(1)检验批质量合格应符合下列规定:

①主要检验项目的质量经检验应全部合格。

②一般检验项目的质量经检验应全部合格。其中允许偏差的抽查合格率应达到80%及以上,且不合格点的最大偏差值对于影响结构安全和使用功能的不得大于允许偏差值的1.5倍,对于机械设备安装工程不得大于允许偏差值的1.2倍。

(2)分项工程质量合格应符合下列规定:

①分项工程所含的检验批均应符合质量合格的规定。

②分项工程所含检验批的质量检验记录应完整。

③当分项工程不划分为检验批时,分项工程质量合格标准应符合检验批的规定。

(3)分部工程质量合格应符合下列规定:

①分部工程所含分项工程的质量均应符合质量合格的规定。

②质量控制资料应完整。

③地基与基础、主体结构和设备安装等分部工程有关安全、功能的检验和抽样检测结果应符合有关规定。

(4)单位工程质量合格应符合下列规定:

①所含分部工程的质量均应符合质量合格的规定。

②质量控制资料和所含分部工程有关安全和主要功能的检验资料应完整。

③主要功能项目的抽查结果应符合相关标准的规定。

④观感质量应符合相应要求。

(5)建设项目和单项工程质量合格应符合下列规定:

①所含单位工程的质量均应符合质量合格的规定。

②工程竣工档案应完整。

(五)质量不合格时的处理原则

当分项工程及检验批和分部工程的质量不符合质量合格标准要求时,应按下列规定进行处理:

(1)经返工重做或更换构配件、设备的应重新进行检验。

(2)经检测单位检测鉴定能够达到设计要求的,可认定为质量合格;经检测鉴定达不到设计要求但经原设计单位核算,认为可满足结构安全和使用功能的,可认定为质量合格。

(3)经返修或加固处理的分项、分部工程,虽然改变外形尺寸但仍能满足安全使用要求,可按技术处理方案和协商文件进行验收。

(4)通过返修或加固仍不能满足安全使用要求的分部工程和单位工程,不得验收。

(六)港口工程竣(交)工验收

港口工程竣工验收,是指港口工程建设项目完工后、正式投入使用前,对工程交工验收、执行强制性标准、投资使用等情况进行全面检查验收,以及对工程建设、设计、施工、监理等工作进行综合评价。港口工程建设项目应当按照法规和国家有关规定及时组织竣工验收,经竣工验收合格后方可正式投入使用。

港口工程建设项目合同段完工后,由项目单位组织设计、施工、监理、试验检测等单位进行交工验收,并邀请所在地港口行政管理部门参加。

1. 交工验收的条件

(1)合同约定的各项内容已建设完成,未遗留有碍船舶航行和港口作业安全的隐患。

(2)项目单位组织对工程质量的检测结果合格。

(3)监理单位对工程质量的评定(评估)合格。

(4)质量监督机构对工程交工质量核验合格。

(5)设计单位、施工单位、监理单位已完成工作总结报告。

2. 交工验收的主要工作内容

(1)检查合同执行情况,核验工程建设内容与批复的设计内容是否一致。

(2)检查施工自检报告、施工总结报告及施工资料。

(3)检查监理单位独立抽检资料、监理总结报告及质量评定资料。

(4)检查设计单位对工程设计符合性评价意见和设计总结报告。

(5)检查工程实体质量。

(6)对合同是否全面执行、工程质量是否合格作出结论,出具交工验收意见。

港口工程建设项目建成后,符合竣工验收条件的,项目单位应当及时办理港口工程竣工验收手续。

3. 竣工验收的基本要求

(1)国家重点水运工程建设项目由项目单位向省级交通运输主管部门申请竣工验收。

(2)前款规定以外的港口工程建设项目,属于政府投资的,由项目单位向所在地港口行政管理部门申请竣工验收;属于企业投资的,由项目单位组织竣工验收。

(3)所在地港口行政管理部门应当加强对项目单位验收活动和验收结果的监督核查。

(4)省级交通运输主管部门或者所在地港口行政管理部门应当按照国家规定的程序和时限完成港口工程竣工验收。竣工验收合格的,应当签发“港口工程竣工验收证书”。

4.竣工验收的主要依据

(1)法规及相关技术标准、规范;

(2)项目审批、核准文件或者备案证明;

(3)项目初步设计、施工图设计、设计变更等批准文件;

(4)主要设备技术规格或者说明书;

(5)合同文件。

5.竣工验收的条件

(1)已按照批准的工程设计和有关合同约定的各项内容建设完成,各合同段交工验收合格;建设项目有尾留工程的,尾留工程不得影响建设项目的投产使用,尾留工程投资额可以根据实际测算投资额或者按照工程概算所列的投资额列入竣工决算报告,但不超过工程总投资的5%。

(2)主要工艺设备或者设施通过调试具备生产条件。

(3)环境保护设施、安全设施、职业病防护设施、消防设施已按照有关规定通过验收或者备案;航标设施以及其他辅助性设施已按照《中华人民共和国港口法》的规定,与港口工程同时建设,并保证按期投入使用。

(4)竣工档案资料齐全,并通过专项验收。

(5)竣工决算报告编制完成,按照国家有关规定需要审计的,已完成审计。

(6)廉政建设合同已履行。

6.竣工验收需提交的材料

项目单位向所在地港口行政管理部门申请竣工验收,应当提交以下材料:

(1)申请文件;

(2)竣工验收报告。

7.竣工验收报告

申请或者组织竣工验收前,项目单位应当组织编制竣工验收报告,竣工验收报告应当包括以下内容:

(1)项目单位工作报告;

(2)设计、施工、监理等单位的工作报告;

(3)质量监督机构出具的交工质量核验意见;

(4)竣工决算报告(按照国家有关规定需要审计的,应当包括竣工决算审计报告);

(5)环境保护设施、安全设施、职业病防护设施、消防设施已按照有关部门规定通过验收或者备案的相关文件;

(6)有关批准文件。

8. 竣工验收的主要内容

(1)检查工程执行有关部门批准文件情况。

(2)检查工程实体建设情况,核查质量监督机构出具的交工质量核验意见。

(3)检查工程合同履约情况。

(4)检查工程执行强制性标准情况。

(5)检查环境保护设施、安全设施、职业病防护设施、消防设施、档案等验收或者备案情况。

(6)检查竣工验收报告编制情况。

(7)检查廉政建设合同执行情况。

(8)对存在问题和尾留工程提出处理意见。

(9)对港口工程建设、设计、施工、监理等单位的工作作出综合评价。

(10)对工程竣工验收是否合格作出结论,出具竣工验收现场核查报告。

9. 竣工验收的人员要求

(1)竣工验收现场核查组应当由验收组织部门或者单位、所在地港口行政管理部门、质量监督机构、项目单位人员和专家等组成,并应当邀请海事管理机构等其他依法对项目负有监督管理职责的相关部门参加。

(2)工程设计、施工、监理、试验检测等单位人员应当参加现场核查。

(3)竣工验收现场核查组成员应当为 9 人以上单数,其中专家不少于 5 人;竣工验收现场核查组组长由负责组织竣工验收的部门或者单位人员担任。

(4)对于建设内容简单、投资规模较小的备案项目,竣工验收现场核查组可以由 7 人以上单数组成,其中专家不少于 4 人。

10. 竣工验收的其他要求

(1)竣工验收专家应当具有一定的水运工程建设和管理经验,具备良好的职业道德,具有高级专业技术职称,且不得与项目单位以及勘察、设计、施工、监理、试验检测等单位有直接利害关系。

(2)竣工验收现场核查组应当对照港口工程竣工验收主要内容,客观公正、实事求是地对工程进行现场核查,形成竣工验收现场核查报告。

(3)竣工验收现场核查报告应当全面反映竣工验收现场核查工作开展情况和工程建设实际情况,并明确作出竣工验收合格或者不合格的核查结论。

(4)竣工验收现场核查报告由竣工验收现场核查组全体成员签字。竣工验收现场核查组成员对核查结论有不同意见的,应当以书面形式说明其不同意见和理由,竣工验收现场核查报告应当注明不同意见。竣工验收现场核查组组长应当组织全体成员对不同意见进行研究,提出竣工验收是否合格的核查结论。

竣工验收现场核查组成员拒绝在核查报告上签字,又不书面说明其不同意见和理由的,视为同意核查结论。

(5)竣工验收现场核查报告明确竣工验收合格但提出整改要求的,项目单位应当进行整改,将整改情况形成书面材料存档;竣工验收现场核查报告明确竣工验收不合格的,项目单位整改后应当重新申请或者组织竣工验收。

(七)航道工程竣(交)工验收

航道工程建设项目应当按照法规和国家有关规定及时组织竣工验收,经竣工验收合格后方可正式交付使用。航道工程建设项目合同段完工后,由项目单位组织设计、施工、监理、试验检测等单位进行交工验收,并邀请具体负责建设项目监督管理工作的交通运输主管部门和质量监督机构参加。

交工验收应当具备的条件和主要工作内容同港口工程。

航运枢纽工程在截流前、水库蓄水前、通航前、机组启动前等关键阶段,项目单位应当组织设计、施工、监理、试验检测、运行管理等单位进行阶段验收,并邀请具体负责建设项目监督管理工作的交通运输主管部门和质量监督机构,必要时邀请地方人民政府、其他负责监督管理工作的部门或机构、专家等参加。

1. 阶段验收的主要工作内容

(1)检查已完工程交工验收情况,工程质量、形象进度是否达到阶段验收要求。

(2)检查在建工程是否正常、有序。

(3)检查下阶段工作方案和待建工程施工计划安排。

(4)检查拟投入运行的工程是否具备运行条件。

(5)检查工程资料是否按规定整理齐全。

(6)对阶段验收是否合格做出结论,出具阶段验收意见。

2. 试运行

航道工程建设项目主体工程建成后,应当通过试运行检验工程效果和运行能力。项目单位应当在试运行前将试运行起讫时间、试运行方案、应急预案等报告给负责建设项目竣工验收的交通运输主管部门。试运行应当符合以下条件:

(1)主体工程已按初步设计批准的内容建成,各合同段交工验收合格,其中航运枢纽工程各阶段验收合格,满足使用要求。

(2)航道尺度、通航条件已达到设计要求。

(3)主要机械设备或设施调试及联动调试合格,达到运行条件。

(4)航标等配套的导助航设施已经建设完成。

(5)航运枢纽、通航建筑物等工程建设项目环境保护设施、安全设施、消防设施等已按要求与主体工程同时建设完成,且已通过安全设施和消防设施验收或者备案,符合国家有关法规、标准规定的试运行要求。

航道工程建设项目试运行期限原则上为1年,对不能按期申请竣工验收的项目,项目单位应当向负责建设项目竣工验收的交通运输主管部门申请试运行延期,延长期限一般不得超过1年,对于建设内容复杂的航运枢纽项目延长期限不得超过2年。

试运行期满符合运行要求且符合竣工验收条件的航道工程建设项目,应当在试运行期满后6个月内申请竣工验收。

3. 竣工验收负责部门

交通运输部负责中央财政事权航道工程建设项目的竣工验收。县级以上地方交通运输主管部门按照规定的职责,负责其他航道工程的竣工验收。

4. 竣工验收的条件

(1)已按照批准的工程设计和有关合同约定的各项内容建设完成,各合同段交工验收合格,其中航运枢纽工程各阶段验收合格;建设项目有尾留工程的,尾留工程不得影响建设项目的投入使用,尾留工程投资额可以根据实际测算投资额或者按照工程概算所列的投资额列入竣工决算报告,但不超过工程总投资的5%。

(2)主要机械设备或者设施试运行性能稳定,主要技术参数达到设计要求。

(3)需要实船适航检验的,已选用设计船型进行实船适航检验,各项检验指标满足设计要求。

(4)试运行期满足要求,工程效果和运行能力符合设计要求。

(5)环境保护设施,航运枢纽、通航建筑物等工程建设项目的安全设施、消防设施、水土保持设施等已按要求与主体工程同时建设完成,且已通过验收或者备案。

(6)竣工档案资料齐全,并通过专项验收。

(7)竣工决算报告已编制完成,按照国家有关规定需要审计的,已完成审计。

(8)工程运行管理单位已落实。

(9)廉政建设合同已经履行。

5. 竣工验收需提交的材料

项目单位申请竣工验收,应当提交以下材料:

(1)申请文件;

(2)竣工验收报告。

6. 竣工验收报告

项目单位申请竣工验收前应当组织编制竣工验收报告,竣工验收报告应当包括以下内容:

(1)项目单位工作报告;

(2)设计、施工、监理等单位的工作报告;

(3)质量监督机构出具的项目工程质量鉴定报告和质量监督管理工作报告;

(4)试运行报告;

(5)竣工决算报告(按照国家有关规定需要审计的,应当包括竣工决算审计报告);

(6)按法规办理的各专项验收或者备案证明材料;

(7)有关批准文件。

7. 竣工验收的主要依据

(1)法规及相关技术标准、规范;

(2)项目审批、核准文件或者备案证明;

(3)项目初步设计、施工图设计、设计变更文件等批准文件;

(4)主要设备技术规格或者说明书;

(5)合同文件。

8. 竣工验收的主要内容

(1)检查工程执行有关部门批准文件情况。

(2)检查工程实体建设情况,核查质量监督机构出具的项目工程质量鉴定报告和质量监督管理工作报告。

(3)检查工程合同履约情况。

(4)检查工程执行强制性标准情况。

(5)检查按法规办理的各专项验收或者备案情况。

(6)检查竣工验收报告编制情况。

(7)检查廉政建设合同执行情况。

(8)对存在问题和尾留工程提出处理意见。

(9)对航道工程建设、设计、施工、监理等单位的工作作出综合评价。

(10)出具竣工验收现场核查报告,对竣工验收是否合格提出意见。

9. 竣工验收的人员要求

(1)交通运输主管部门应当成立竣工验收现场核查组对工程进行现场核查。

(2)竣工验收现场核查组应当由交通运输主管部门、质量监督机构、项目单位人员和专家等组成,并邀请海事管理机构等其他依法对项目负有监督管理职责的相关部门参加。工程设计、施工、监理、试验检测等单位人员应当参加现场核查。

(3)竣工验收现场核查组成员应当为 9 人以上单数,其中专家不少于 5 人;竣工验收现场核查组组长由负责组织竣工验收的交通运输主管部门人员担任。对于建设内容简单、投资规模较小的航道疏浚、航道整治类建设项目,竣工验收现场核查组可以由 7 人以上单数组成,其中专家不少于 4 人。

(4)竣工验收专家应当具有一定的水运工程建设和管理经验,具备良好的职业道德,具有高级专业技术职称,且不得与项目单位以及勘察、设计、施工、监理、试验检测等单位有直接利害关系。

10. 竣工验收的其他要求

(1)竣工验收现场核查组应当对照航道工程竣工验收主要内容,客观公正、实事求是地对工程进行现场核查,形成竣工验收现场核查报告。

(2)竣工验收现场核查报告应当全面反映竣工验收现场核查工作开展情况和工程建设实际情况,并明确作出竣工验收合格或者不合格的核查结论。

(3)竣工验收现场核查报告由竣工验收现场核查组全体成员签字。

竣工验收现场核查组成员对核查结论有不同意见的,应当以书面形式说明其不同意见和理由,竣工验收现场核查报告应当注明不同意见。竣工验收现场核查组组长应当组织全体成员对不同意见进行研究,提出竣工验收是否合格的核查结论。

竣工验收现场核查组成员拒绝在核查报告上签字,又不书面说明其不同意见和理由的,视为同意核查结论。

(4)竣工验收现场核查报告明确竣工验收合格但提出整改要求的,项目单位应当进行整改,将整改情况形成书面材料报负责竣工验收的交通运输主管部门;竣工验收现场核查报告明确竣工验收不合格的,项目单位整改后应当重新申请竣工验收。

(5)对于一次设计、分期建成的航运枢纽、通航建筑物等航道工程建设项目,项目单位可以对已建成具有独立使用功能并符合竣工验收条件的部分航道工程提出分期竣工验收申请。

(6)航道工程建设项目有尾留工程的,项目单位应当落实竣工验收现场核查报告对尾留工程的处理意见。尾留工程完工并符合交工验收条件后,项目单位应当组织尾留工程验收,验收通过后将相关资料报负责建设项目竣工验收的交通运输主管部门。

第八节　品质工程建设

一、创建品质工程的背景

为贯彻落实国务院《质量发展纲要(2011—2020年)》,推进公路水运品质工程建设,提升公路水运工程质量,为人民群众安全便捷出行和社会物资高效畅通运输提供更加可靠的保障,2015年10月交通运输部提出打造公路水运品质工程的理念。

根据《交通运输部关于打造公路水运品质工程的指导意见》(交安监发〔2016〕216号,以下简称《指导意见》),打造品质工程是公路水运建设贯彻落实“五大发展理念”和建设“四个交通”的重要载体,是深化交通运输基础设施供给侧结构性改革的重要举措,是今后一个时期推动公路水运工程质量和安全水平全面提升的有效途径,是推进实施现代工程管理和技术创新升级的不竭动力,对进一步推动我国交通运输基础设施建设向强国迈进具有重要意义。

品质工程是践行现代工程管理发展的新要求,追求工程内在质量和外在品位的有机统一,以优质耐久、安全舒适、经济环保、社会认可为建设目标的公路水运工程建设成果。《指导意见》给出了品质工程的六项具体内涵。

内涵一是四个理念,在建设理念上,体现以人为本、本质安全、全寿命周期管理、价值工程等理念;内涵二是五化管理,在管理举措上,体现精益建造导向,突出责任落实和诚信塑造,深化人本化、专业化、标准化、信息化和精细化;内涵三是五个提升,在工程技术上,展现科技创新与突破,先进技术理论和方法得以推广运用,包括先进适用的新技术、新工艺、新材料、新装备和新标准的探索与完善;内涵四是四个质量,在质量管理上,以保障工程耐久性为基础,体现建设与运营围护相协调、工程与自然人文相和谐,工程实体质量、功能质量、外观质量和服务质量均衡发展;内涵五是三个安全,在安全管理上,以追求工程本质安全和风险可控为目标,促进工程结构安全、施工安全和使用安全协调发展;内涵六是三个成效,在环保生态上,工程建设坚持可持续发展,体现在生态环保、资源节约和节能减排等方面取得明显成效。归纳起来就是在建设理念、管理举措、技术进步方面有新作为,在工程质量、安全、可持续发展方面取得新成效。

《指导意见》提出,到2020年,公路水运品质工程理念深入人心,品质工程评价体系基本建立,建设一批品质工程示范项目,形成一批可复制可推广的经验,实现一批建设技术与管理制度的创新,推进相关标准规范更新升级,逐步形成品质工程标准体系和管理模式,带动全国公路水运工程质量水平明显提升。

二、创建品质工程的主要措施

根据《指导意见》,交通运输部办公厅下发了《关于开展公路水运品质工程示范创建工作的通知》(交办安监〔2016〕193 号)和《关于印发公路水运品质工程评价标准(试行)的通知》(交办安监〔2017〕199 号)。交通运输部组织编制的《公路水运品质工程评价标准(试行)》(以下简称《评价标准》),为公路水运品质工程创建及评价制订了标准。2018 年 2 月,交通运输部办公厅下发了《关于印发〈品质工程攻关行动试点方案(2018—2020 年)〉的通知》(交办安监〔2018〕18 号),提出开展为期 3 年的品质工程攻关行动,提炼、推广先进工程技术管理经验,完善有关工程质量安全技术标准,全面提升工程质量安全管理水平。

根据上述文件,从工程设计水平、工程管理水平、科技创新能力、工程质量水平、安全保障水平、绿色环保水平和软实力 7 个方面以及 26 条具体措施,打造公路水运品质工程。

1. 提升工程设计水平

1)强化系统设计

以工程质量安全耐久为核心,强化工程全寿命周期设计,明确耐久性指标控制要求。坚持需求和目标引导设计,系统考虑工程建设施工和运营维护,加强可施工性、可维护性、可扩展性、环境保护、灾害防御、经济性等系统设计,实现工程建设可持续发展。加强设计效果跟踪评估,及时调整优化设计,提高设计服务水平。

2)注重统筹设计

以推进模块化建设为方向,深入推广标准化设计,鼓励构件设计标准化和通用化。切实加强精细化设计,注重工程薄弱环节设计的协调统一,统筹考虑施工的可操作性和维护的便捷性。努力推行宽容设计,充分考虑工程使用状态的不利情形,对可能的风险做好防范设计。加强生态选线选址,推行生态环保设计和生态防护技术。

3)倡导设计创作

以用户体验安全、舒适、便捷为目标,强化工程及配套服务设施的人性化设计,体现地域和人文特点及传统特色文化,追求自然朴实,融入工程美学和景观设计,体现工程与自然人文的和谐、融合与共享;坚持因地制宜,突出功能实效,避免刻意追求“新、奇、特”或盲目追求“之最”和“第一”。

2. 提升工程管理水平

1)推进建设管理专业化

深化工程建设管理模式改革,强化建设单位专业化管理能力建设。健全专业化分包管理制度,加强分包管理,着力提高专业化施工能力。鼓励应用“质量、健康、安全、环境”四位一体管理体系(QHSE 管理体系),推进管理标准化。

2)推进工程施工标准化

立足于推进工程现代化组织管理模式,积极推广工厂化生产、装配化施工,着力推进施工工艺标准化,施工管理模式体系化,施工场站建设规范化,逐步推进工程建设向产业化方向发展。

3)推进工程管理精细化

倡导工程全寿命周期集成化管理,强化主体结构与附属设施的施工精细化管理,推动实施精益建造,提升工程整体质量。建立“实施有标准、操作有程序、过程有控制、结果有考核”的标准化管理体系。

4)推进工程管理信息化

探索“互联网+交通基础设施”发展新思路,推进大数据与项目管理系统深度融合,逐步实现工程全寿命周期关键信息的互联共享。推进建筑信息模型(BIM)技术,积极推广工艺监测、安全预警、隐蔽工程数据采集、远程视频监控等设施设备在施工管理中的集成应用,推行“智慧工地”建设,提升项目管理信息化水平。

5)推进班组管理规范化

建立健全施工班组管理制度,强化班组能力建设。加强施工技术交底,实行班前教育和工后总结制度。推行班组首次作业合格确认制,强化班组作业标准化、规范化和精细化。全面推行班组人员实名制管理,强化班组的考核与奖惩,夯实基层基础工作。

3.提升科技创新能力

1)积极推广应用“四新技术”

强化科研与设计施工联动,开展集中攻关和“微创新”,大力推广性能可靠、先进适用的新技术、新材料、新设备、新工艺,淘汰影响工程质量安全的落后工艺工法和设施设备,推动工程技术提升。

2)发挥技术标准先导作用

坚持品质工程目标导向,鼓励参建单位采用先进工艺标准,切实提升工程质量。鼓励社会团体、企业联盟开展技术创新,制定提升质量、提高效率的工艺标准。完善具有自主知识产权的先进技术标准,推进优势及特色标准国际化,实施工程标准“走出去”。

3)探索建立全产业链继承与创新体系

总结特色有效的传统工艺和工法,针对工程设计、施工、管养、材料、装备等全产业链开展技术创新与集成创新,推进信息技术和工程建养技术深度融合,打造以信息化、智能化和绿色建造为特征的工程全产业链创新体系,实现资源共享、优势互补。

4.提升工程质量水平

1)落实工程质量责任

健全工程质量责任体系,明确界定建设、勘察、设计、施工和监理单位等责任主体质量责任,推动企业建立关键人履职标准和各岗位工作规范,建立岗位责任人质量记录档案,强化考核和责任追究,实现质量责任可追溯,推动落实质量责任终身制。

2)推进质量风险预防管理

工程项目应强化质量风险预控管理,加强质量风险分析与评估,完善质量风险控制措施和运行机制。健全施工组织设计编制、审查和执行落实体系,严格专项施工方案论证审查制度,强化技术方案分级分类审核责任,全面推行首件工程制,夯实工程质量管理基础。

3)加强过程质量控制

工程项目建立质量目标导向管理机制,严格执行工序自检、交接检、专检“三检制”。加强设计符合性核查评价,深入实施质量通病治理,实施成品及半成品验收标识、隐蔽工程过程影像管理等措施,强化质量形成全过程闭环可追溯。积极应用先进检测技术和装备,建立工程质量信息化动态管理平台，加强过程质量管控。

4）强化工程耐久性保障措施

加强工程耐久性基础研究工作，创新施工工艺，加强关键结构、隐蔽工程和重要材料的质量检验和控制，切实提高工程耐久性。

5. 提升安全保障水平

1）加强工程安全风险管理基础体系建设

推行工程安全生产风险管理，建立安全风险分级管控和隐患治理双重预防体系，推动重大安全风险管控和重大事故隐患治理清单化、信息化、闭环化动态可追溯管理，夯实安全管理基础。

2）提升工程结构安全

树立本质安全理念，强化桥梁隧道、港口工程等的施工和运行安全风险评估工作，切实加强工程结构安全关键指标的实时监测与分析，积极探索智能预警技术，确保工程结构安全状态可知、可控。

3）深化“平安工地”建设

加强施工安全标准化建设，推进危险作业“机械化换人、自动化减人”，提高机械化作业程度。推行安全防护设备设施工具化、定型化、装配化。落实安全生产责任，健全安全工作制度，强化安全管理和风险预控，加强隐患排查治理，提升针对性应急处置能力，确保施工安全。

4）提升工程安全服务水平

加强公路交通安全评价，强化公路管理和服务设施的科学合理配置，加强道路、桥梁、隧道、港口等安全运行监测与预警系统建设，提高工程运行管理水平和应急服务能力。建立健全工程巡查排险机制，提升工程安全防护设施和管理服务设施的有效性。

6. 提升绿色环保水平

1）注重生态环保

严格落实生态保护和水土保持措施，加强生态脆弱区域的环境监测和生态修复，降低公路水运工程建设对陆域、水生动植物及其生存环境的影响。

2）注重资源节约

节约利用土地资源，因地制宜采取有效措施减少耕地和基本农田占用。高效利用临时工程及临时设施，注重就地取材，积极应用节水、节材施工工艺，实现资源节约与高效利用。综合考虑工程性质、施工条件、旧料类型及材质等因素，推进废旧材料再生循环利用。

3）注重节能减排

积极应用节能技术和清洁能源，使用符合国家标准的节能产品。加强设备使用管理，选用能耗低、工效高、工艺先进的施工机械设备，淘汰高能耗老旧设备。优化施工组织，合理安排工序，提高设备使用效率，降低施工能耗。

7. 提升品质工程软实力

1）加强管理人员素质建设

从业单位加强人才培养制度建设，强化管理人员的岗位考核和继续教育，创新人才激励与保障机制，着力培养和锻炼一支具备现代工程管理能力、专业技能、良好职业道德的工程管理骨干队伍。

2)提升一线工人队伍素质

从业单位应落实培训主体责任,按规定严格实行"上岗必考、合格方用"的培训考核制度。开展职业技能竞赛,建立优秀技工激励机制,推行师徒制模式,鼓励企业建立稳定的技术工人队伍。保障员工合法权益,注重人文关怀,提供体面工作的基本条件。

3)培育品质工程文化

积极培育以"提升质量、保障安全"为核心,"以人为本、精益求精、全心投入"为主要特征的品质工程文化。大力弘扬工匠精神,广泛宣传、积极推动全员参与品质工程创建活动,形成"人人关心品质、人人创造品质、人人分享品质"的浓郁的文化氛围。

4)实施品牌战略

将品质工程作为工程项目和企业创建品牌的重要载体,引导企业把品质工程作为自身信誉和荣誉的价值追求。通过打造品质工程,提升中国交通和企业品牌形象,增强企业核心竞争力。

三、品质工程评价范围与内容

列入国家和地方交通基本建设计划的在建和已交工或竣工验收的公路水运工程项目,均可参加品质工程评价,不局限工程建设规模和等级。

品质工程评价分为示范创建项目品质工程评价、交竣工品质工程示范项目评价、农村公路(三四级)品质工程示范项目评价,评价对象为工程项目整体。

1. 示范创建项目品质工程评价

示范创建项目品质工程评价是以在建的二级及以上公路工程项目(含独立桥梁和独立隧道)、水运工程项目(含港口、航道)为评价对象。评价以设计和施工阶段为主,主要对工程建设过程中落实打造品质工程主要措施及阶段性成果的综合评价。评价应在项目主体工程完成建安费的50%后且交工验收前进行。

2. 交竣工品质工程示范项目评价

交竣工品质工程示范项目评价是指对工程管理或技术达到行业同时期同类工程的领先水平、示范引导作用显著的项目进行评价,以已交工验收的二级及以上公路工程项目(含独立桥梁和独立隧道)、已竣工验收水运工程项目(含港口、航道)为评价对象。评价包括设计、施工和运营阶段,主要对工程建设成果"优质耐久、安全舒适、经济环保、社会认可"等方面的综合评价。公路工程评价应在工程项目完成交工验收满2年且不超过5年进行,同时项目还应经过试运营且通过国家规定的专项验收;公路工程评价工作结合工程竣工验收质量鉴定工作一并进行。水运工程评价应在工程项目完成竣工验收后且不超过3年进行。

四、监理工作内容

(1)提升监理工作的专业化、精细化,提升工程管理水平。

监理单位应打造品质工程的目标、关键措施等纳入监理规划,明确管理目标。建立健全监理单位的管理机构,岗位设置合理,岗位责任清晰明确,管理人员专业化、技能化水平高。积极推行 QHSE 管理体系,管理制度完善、运行有效,推进管理专业化。

监理单位应明确质量、安全的提升目标,围绕精细化管理,建立过程控制和结果考核的精细化管理机制。制定重点部位、隐蔽工程、附属工程等精细化施工监理措施,监理项目质量考核责任制和工程质量档案。开展质量通病系统治理,将质量通病防治工作纳入质量控制目标,及时检查、通报质量隐患,督促施工单位整改治理,并留有佐证资料。组织开展先进管理、工艺、装备、产品、技术等交流与推广,梳理管理和实体标杆示范。实现精细化管理,提升工程管理水平。

(2)建立健全监理单位的质量管理体系,加强质量风险预防管理,强化过程质量控制,提升工程质量水平。

监理单位应建立质量关键人(总监、副总监、专业监理工程师)质量责任登记制度,明确质量关键人的岗位职责,落实关键人履职责任。建立责任人质量履职信息档案,实现质量责任可追溯,落实质量责任终身制,进而建立健全质量管理体系。

监理单位应加强质量风险预防管理。监理单位应检查督促施工单位开展工程质量风险评估,建立工程质量重点、难点分析清单,制定有针对性的质量控制、监测措施。监理单位在检查中发现的质量隐患,要及时督促施工单位整改到位,并建立工程中问题处置清单。监理单位应做好施工组织设计和重大专项施工方案论证、审查、审批工作,做到制度健全,审批手续规范、及时。检查施工单位在施工现场是否严格按审批方案执行。监理单位应建立方案执行检查档案,抓好施工方案落实程度。

监理单位应加强过程质量控制。①在质量形成全过程的监理记录应真实完整、闭环可追溯,隐蔽工程形成过程佐证资料齐全。②推行首件工程制。制订首件工程、典型施工的实施监理细则;督促检查施工单位制定项目关键工程的首件工程或典型施工计划清单,做好实施工程的监理台账。监理单位应对首件工程的实施进行监理总结,建立齐全的首件工程监理档案。及时审查审批施工单位的首件或典型施工成果,指导后续工程实施。③监理单位应建立完善的原材料和产品质量管理制度,督促施工单位优先选用认证产品,实施成品和半成品验收标识,建立原材料、半成品、产品、商品混凝土的质量档案,并实现质量可追溯。监理单位应配合建设单位、施工单位建立材料供应商质量考核评价和清退机制,打造稳定可靠的材料和产品质量。

(3)落实施工安全举措,提升安全保障水平。

监理单位应深化平安工地建设,督促施工单位加强施工安全标准化建设,推进危险作业"机械化换人、自动化减人",提高机械化作业程度。推行安全防护设备设施工具化、定型化、装配化。建立安全风险分级管控和隐患治理双重预防体系,推动重大安全风险管控和重大事故隐患治理清单化、信息化、闭环化动态可追溯管理,夯实安全管理基础。

(4)注重生态环保、资源节约和节能减排,提升绿色环保水平。

监理单位应督促施工单位严格落实生态保护和水土保持措施,加强生态脆弱区域的环境监测和生态修复,降低公路水运工程建设对陆域、水生动植物及其生存环境的影响。节约利用土地资源,因地制宜采取有效措施减少占用耕地和基本农田。高效利用临时工程及临时设施,注重就地取材,积极应用节水、节材施工工艺,实现资源节约与高效利用。综合考虑工程性质、施工条件、旧料类型及材质等因素,推进废旧材料再生循环利用。注重节能减排,积极应用节能技术和清洁能源,使用符合国家标准的节能产品。加强设备使用管理,选用能耗低、工效高、工艺先进的施工机械设备,淘汰高能耗老旧设备。优化施工组织,合理安排工序,提高设备使用效率,降低施工能耗。

(5)加强监理人员素质建设,培育品质工程文化,提升品质工程软实力。

监理单位应加强人才培养制度建设,强化监理人员的岗位考核和继续教育,创新人才激励与保障机制,着力培养和锻炼一支具备现代工程管理能力、专业技能、良好职业道德的工程管理骨干队伍。监理单位应落实培训主体责任,按规定严格实行"上岗必考、合格方用"的培训考核制度。开展职业技能竞赛,建立优秀技工激励机制,推行师徒制模式,鼓励企业建立稳定的技术工人队伍。保障员工合法权益,注重人文关怀,提供体面工作的基本条件。积极培育以"提升质量、保障安全"为核心,"以人为本、精益求精、全心投入"为主要特征的品质工程文化。大力弘扬工匠精神,广泛宣传、积极推动全员参与品质工程创建活动,形成"人人关心品质、人人创造品质、人人分享品质"的浓郁的文化氛围。实施品牌战略,将品质工程作为工程项目和企业创建品牌的重要载体,引导企业把品质工程作为自身信誉和荣誉的价值追求。通过打造品质工程,提升中国交通和企业品牌形象,增强企业核心竞争力。

第三章　进度目标控制基础知识

第一节　施工组织管理

施工组织管理是根据生产管理的普遍规律和施工的特殊规律,正确地处理好施工过程中的劳动力、劳动对象和劳动手段的相互关系及其在空间布置上和时间安排上的各种矛盾,做到人尽其才、物尽其用,按照施工人本化、专业化、标准化、信息化、精细化的要求完成施工任务。

一、施工组织设计

根据批准的初步设计或施工图设计中的施工方案或施工组织计划,施工单位须综合施工时的自身和客观具体条件编制"实施性施工组织设计"(又称为"施工组织设计"),其中又可分为"施工组织总设计"和"单位工程施工组织设计""分部分项工程施工组织设计",然后报监理和建设单位、上级领导部门审批或备案。

1. 施工组织设计的概念

施工组织设计是为完成拟建工程项目施工、创造必要的生产前提条件、制订先进合理的施工工艺所做的规划设计。它是指导拟建工程项目进行施工准备和组织现场施工的基本文件,是指导工程施工各项活动的技术经济文件,经审查批准后的施工组织设计文件即成为现场施工准则。

2. 施工组织设计的作用

施工组织设计主要作用:能成为工程设计与工程施工之间的桥梁,能明确施工重点和影响工期进度的关键施工过程,并提出相应的技术、质量、安全措施,保证各施工阶段的准备工作及时进行,协调各施工单位、工种、类资源、资金、时间等方面在施工程序、现场布置和使用之间的相互关系,为顺利进行工程项目建设提供基本保障。

3. 施工组织设计的任务

施工组织设计任务是根据国家的有关技术政策和规定,依据工程项目的施工合同、设计图纸和组织施工的基本原则,从拟建工程项目施工全局出发,结合工程的具体条件,采用先进的施工技术,对工程施工中的人力与物力、时间与空间、技术与经济、计划和组织等各方面做出全面合理、具体有效的安排,以保证按照预定目标,优质、快速、低耗及安全地完成施工任务。

4. 施工组织设计的内容

一般情况下,施工组织设计应解决项目施工计划中的最基本问题,如项目施工的技术方案、时间计划、空间布置、资源安排、安全生产等,目前交通运输工程项目建设实施的施工组织

设计的主要内容一般包括:

(1)编制说明。编制说明是对所编制的施工组织设计简略概要的介绍。

(2)编制依据。主要依据一般是:所涉及的国家和行业标准、规范和规程;与施工组织及管理工作有关的政策规定、环境保护条例、上级部门对施工的有关规定和工期要求等;工程招标文件、工程投标书、工程设计文件和设计图纸、与业主签订的施工合同文件;现场调查资料或报告;企业质量管理体系、环境管理体系和职业健康安全管理体系文件;定额及概预算资料等。

(3)工程概况。主要内容一般包括:工程项目的主要情况,如工程性质、工程位置、工程规模、结构形式、技术标准、总工期、主要工程数量等;地形地貌、气象、水文和地质等自然条件;资源供应情况、交通运输及水电等施工现场条件和技术经济条件;工程施工的特点和难点分析;合同特殊要求等。

(4)施工总体部署。主要内容一般包括:施工管理机构;项目目标;施工段及项目划分;施工顺序,施工方法与施工机械等。

(5)主要分部分项工程的施工方案。

(6)施工进度计划。

(7)资源供需计划。主要内容一般包括:劳动力需求计划、材料供需计划、机械设备需求计划等。

(8)施工平面布置。

(9)季节性施工保证措施。工程在冬季和雨季施工时,由于气候原因可能会造成施工中断,因此有必要制订相应的施工技术措施,以保证工程的质量、安全及施工的连性。对缺水、风沙、高原、严寒、台风、潮汐等特殊地区的施工,也要根据其特殊性有对性地制订专门的技术组织保证措施。

(10)质量、安全、职业健康、环境保护、文明施工等方面的保证措施。

二、施工组织管理

1.施工组织设计编制原则

1)严格执行基本建设程序和施工程序

严格遵守合同签订的或上级下达的施工期限,按照基建程序和施工程序的要求,保质保量完成施工任务。对工期较长的大型工程项目,可根据施工情况,合理组织力量,确保重点,分期分批进行安排。

2)科学安排施工顺序

按照公路工程施工的客观规律安排施工顺序,可将整个项目划分为几个阶段,例如施工准备、基础工程、主体结构工程、路面工程、附属结构物工程等。在各个施工阶段之间合理搭接、衔接紧凑,在保证质量的基础上,尽可能缩短工期,加快建设速度。

3)采用先进的施工技术和设备

在条件允许的情况下,尽可能采用先进的施工技术,不断提高施工机械化、预制装配化程度,减轻劳动强度,提高劳动生产率。

4)应用科学的计划方法制定合理的施工组织方案

根据工程特点和工期要求,因地制宜地采用快速施工,尽可能采用流水作业施工方法,组织连续、均衡且有节奏的施工,保证人力、物力充分发挥作用。

5)落实季节性施工的措施,确保全年连续施工

恰当地安排冬、雨季施工项目,增加全年连续施工日数,应把那些确有必要而又不因冬、雨季施工而带来造价提高的技术复杂工程列入冬、雨季施工,全面平衡人工、材料的需用量,提高施工的均衡性。

6)确保工程质量和施工安全

贯彻施工技术规范、操作规程,提出确保工程质量的技术措施和施工安全措施,尤其是采用国内外施工新技术和本单位较生疏的新工艺时更应注意。

7)节约基建费用,降低工程成本

合理布置施工平面图,节约施工用地;充分利用已有设施,尽量减少临时性设施费用;尽量利用当地资源,减少物资运输量;尽量避免材料二次搬运,正确选择运输工具,以节约能源,降低运输成本,提高经济效益。

2. 施工组织设计编制依据

(1)与工程建设有关的法律、法规和文件;

(2)国家现行有关标准和技术经济指标;

(3)工程所在地区行政主管部门的批准文件,建设单位对施工的要求;

(4)工程合同、设计文件、招标投标文件;

(5)工程施工范围内的现场条件,工程地质及水文地质、气象等自然条件;

(6)与工程有关的资源供应情况;

(7)施工企业的生产能力、机具设备状况、技术水平等。

3. 施工组织设计编制程序

编制施工组织设计必须从实际出发,通过对施工项目的自然、社会、经济、环境等相关资料的调查研究,掌握施工的具体条件和施工对象的情况以及国家有关的规范、规程和设计文件有关技术要求入手;在编制施工组织设计要遵守一定的程序,要按照施工的客观规律,协调和处理好各个影响因素的关系,用科学的方法进行编制。同时,必须注意有关信息的反馈。编制流程见图 3-1,一般的编制程序如下:

(1)分析设计资料,进行必要的调查研究;

(2)项目划分,复核工程数量;

(3)选择施工方法,确定施工方案;

(4)编制工程进度计划;

(5)计算人工、材料、机械设备需要量,制订供需计划;

(6)确定生产、生活用临时设施和临时工程;

(7)布置施工平面图;

(8)确定季节性施工保证措施;

(9)确定施工组织管理机构,制定管理制度;

(10)确定质量、安全、职业健康、环境保护、文明施工等方面的保证措施;

(11)编写说明书。

施工组织设计在施工项目部编制完成后应由承包人技术部门审查盖章后提交给监理机构进行审核。

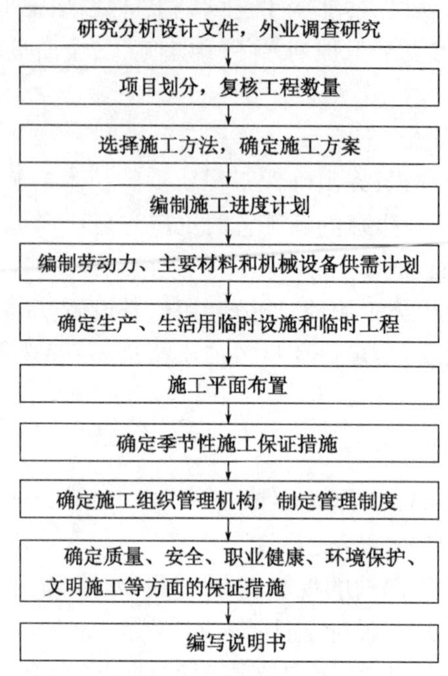

图 3-1 施工组织设计的编制流程

4. 监理机构对施工组织设计的审核

监理审核施工组织设计中的下列主要内容:

(1)施工组织设计编制和审查程序;

(2)施工方案及技术措施;

(3)质量、安全生产与施工环境保护管理体系;

(4)保证施工质量、安全生产的措施及施工环境保护措施;

(5)施工进度计划及劳动力、设备、材料等资源配备计划;

(6)施工总平面布置;

(7)临时工程的施工方案。

施工组织设计审核意见,应经总监理工程师签认后报送建设单位审批。

5. 施工组织设计的贯彻、检查和调整

(1)施工组织设计的贯彻。

施工组织设计的贯彻,就是用一个相对静态方案,指导一个变化的动态的施工过程,以达到预定的目标。因此,施工组织设计贯彻应做好以下几方面的工作:

①做好施工组织设计的技术交底;

②制定各项管理制度;

③实行项目岗位责任制；

④统筹安排，搞好综合平衡；

⑤切实做好施工准备工作。

(2)施工组织设计的检查。

施工组织设计在指导项目施工过程中，要加强施工组织设计内容的检查。这种检查工作主要体现在以下几方面：

①准备工作情况检查；

②施工过程的主要施工控制指标检查；

③施工现场布置合理性检查。

(3)施工组织设计的调整。

根据施工组织设计执行情况和检查发现的问题及其产生的原因，拟定改进措施或调整方案进行纠偏，并通过不断调整实施计划来保证原施工组织设计的目标实现。

第二节 施工过程组织原理

一、施工过程的组织原则

施工过程就是生产建筑产品的过程，它是由一系列的施工活动所组成的。施工过程的基本内容主要是劳动过程，在某些情况下，还包含自然过程，如水泥混凝土的养护、沥青路面的成型等。此时，施工过程就是劳动过程和自然过程的结合，是互相联系的劳动过程与自然过程的全部生产活动的总和。根据各种活动在性质上以及对产品所起的作用的不同特点，施工过程分类如下：

(1)施工准备过程，指产品在进行生产前所进行的全部技术和现场的准备工作，如计划文件准备等。

(2)基本施工过程，指直接为完成产品而进行的生产活动，如基坑开挖、基础砌筑等。

(3)辅助施工过程，指为保证基本施工过程的正常进行所必需的各种辅助生产活动，如动力(电力、压缩空气等)的生产、机械设备维修、材料加工等。

(4)施工服务过程，指为基本施工和辅助施工服务的各种服务过程，如原材料、半成品、工器具、燃料的供应与运输等。

1.施工过程的组成

工程项目的施工，必须研究施工过程的组成，以适应施工组织、计划、管理等工作的需要。从施工组织的需要出发，交通运输工程施工过程原则上可依次划分为：

1)动作与操作

动作是指工人在劳动时一次完成的最基本的活动，若干个相互关联的动作组成一项操作。完成一个动作所耗用的时间和占用的空间是制定定额的重要原始资料。

2)工序

工序是指由工人操作机具，在生产环境条件不变的情况下，完成的在劳动组织上不可分割的施工过程,它由若干个操作所组成。从施工工艺流程看,工序在工作地点、施工工具、施工机械和材料等方面均不发生变化。如果上述因素中某个因素改变,就意味着从一道工序转人另一道工序。施工组织往往以工序为最基本对象。

3)施工过程

施工过程是由几个在技术上相互关联的工序所组成,可以相对独立地完成某一项单项工程或分部分项工程的独立过程,如路基工程、路面工程、桥梁基础工程等。

4)综合过程

综合过程是由若干个在产品结构上密切联系的,能最终获得一种产品的施工过程的总和。如一座独立桥梁、一条隧道、一条路线工程等。

以上划分,因工程性质及施工对象的复杂程度不同而具有相对性,并无统一划分的规定,要以是否有利于科学地进行施工组织与管理而定。

2. 施工过程的组织原则

影响施工过程组织的因素很多,如施工性质、生产类型、建筑产品结构、材料及半成品性质、机械设备条件、自然条件等,导致施工过程的组织变化较多、困难较大。因此,科学地、合理地组织施工过程显得尤为重要,其组织原则可归纳为:

1)施工过程的连续性

连续性是指产品在施工过程中的各阶段、各工序在时间上是紧密衔接的,不发生各种不合理的停滞现象,表现为劳动对象始终处于被加工状态,或者在进行检验,或者处于自然过程中。保持和提高施工过程的连续性,可以缩短建设周期,减少在制品数量,节省流动资金,可以避免产品在停放等待时可能引起的损失,对提高劳动生产率及节省造价具有很大意义。

2)施工过程的协调性

施工过程的协调性也叫比例性,它是指产品施工各阶段、各工序之间,在施工能力上要保持一定的比例关系,各施工环节的人工数量、生产效率、设备数量等都必须互相协调,不发生脱节和比例失调现象。协调性是保证施工顺利进行的前提,可使施工过程中人力和设备得到充分利用,避免产品在各个施工阶段和工序之间的停顿和等待,从而缩短施工周期。施工过程的协调性在很大程度上取决于施工组织设计的科学性。

3)施工过程的均衡性

施工过程的均衡性又称节奏性,是指企业的各个施工环节都按照施工生产计划的要求,工作负荷保持相对稳定,不发生时松时紧、前松后紧等现象。均衡施工能充分利用设备和工时,避免突击赶工造成的各种损失,有利于保证施工质量、降低成本,有利于劳动力和机械的合理调配。

4)施工过程的经济性

施工过程组织除满足技术要求外,必须讲究经济效益。上述的连续性、协调性和均衡性,最终都要通过经济效果集中反映。

上述合理组织施工过程的四个方面是相互制约,互为条件的。在进行施工组织时,必须保证全面符合上述四个方面的要求,不可偏重某一方。

二、工程项目施工作业方式

在施工生产中,施工队(班组)对施工对象的施工作业方式,一般可分为:顺序(依次)作业法、平行作业法和流水作业法三种基本施工方式，也称作业方式或组织方式。

1. 顺序作业

按工艺流程和施工程序（步骤）确定的先后顺序进行施工操作。顺序选择除了取决于工艺要求外，还与施工组织安排相关。

2. 平行作业

根据工程或技术的需要，将工程分为若干施工段（或工点），各施工段均投入施工队伍同时组织施工。

3. 流水作业

流水作业是应用比较广泛的一种作业方法，以施工专业化为基础，将不同工程对象的同一施工工序交给对应专业施工队（组）执行，各专业队（组）在统一计划安排下，依次在各个作业面上完成指定的操作。流水作业要求工艺流程组织紧凑，有利于专业化施工，是现代化工业产品生产的基本组织形式。对于建筑工程亦具有先进性，其基本原理在下一节中详述。

为了便于进一步说明这三种施工作业方法的特点，现举例如下。

【例 3-1】 拟修建跨径 6.0m 的同类型钢筋混凝土矩形板桥 4 座，即 $m=4$，比较范围仅限于施工工期和劳动力数量之间的相互关系，故假定 4 座桥的同一工序工作量相等，每座小桥分 4 道工序，即 $n=4$。还假定施工班组按完全相同的条件组成，因而在每座桥上每一工序所需的工作日数亦固定不变，即：$t_i=4\text{d}$，则一座桥完成需要 $t=nt_i=4\times4=16\text{d}$。

由图 3-2 可以看出，顺序作业法是 4 座桥按先后顺序进行施工，后一座桥的施工必须待前座桥全部竣工后才能进行。施工总期限 $T=m\cdot t=4\times16=64\text{d}$，同时投入施工的劳动力（或其他资源）较少，最多 12 人，最少 3 人，且呈周期变化。

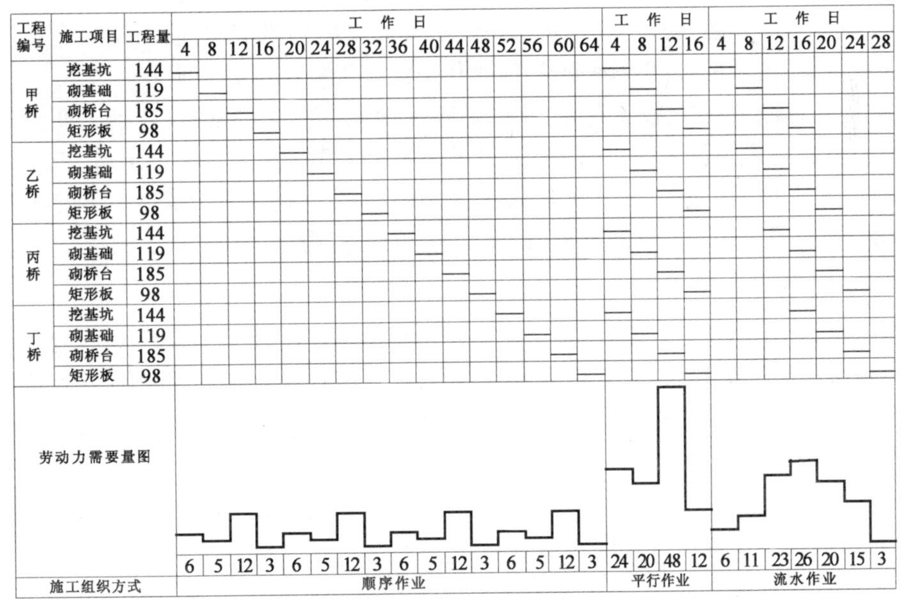

图 3-2　工程进度横道图

平行作业法是4座桥同时开工,同时竣工,配以4组相等的劳动力。虽施工总期限缩短至 $T=t=16\mathrm{d}$,但是所需劳动力(资源数)却按施工对象的倍数增加,最多48人,最少12人。

流水作业与上述两种方法不同,其特点是将同性质的工序或操作过程,由一个专业施工队(组)按一定顺序连续在不同空间来完成。现将上例各座桥的全部施工操作内容分为4个独立的项目:挖基坑、砌基础、砌桥台、安装矩形板,分别交由4个专业班组施工,此时专业班组按规定的先后顺序(流水方向)进入各桥。

由图3-2知,由于是一个接一个相继投入施工,施工总工期的前段时间即由正式开工起至所有施工班组全部投入为止,这段时间间隔称为流水作业的开展时间,用 t_0 表示,显然 t_0 与专业班组的数目(n)和每一施工班组在一个施工对象上执行同一工序的时间(t_i)有关。而总工期(T)又同时与开展时间和施工对象的数目有关,表示如下:

$$T = t_0 + m \cdot t_i = t_i(n-1) + m \cdot t_i = (m+n-1) \cdot t_i \tag{3-1}$$

由上式可知,本例用流水作业法施工时,总期限为28d。

上面三种方法各具特点,对于同一项工程的施工,采用顺序作业法需要64工作日,工期较长,劳动力需要量较少,但周期性起伏不定,对劳动力的调配管理以及临时性设施不利,尤其在工种和技工的使用上极不合理。在本例中为减少间隔性的窝工,当然不可能按4个项目所需的总人数(26人)来使用。但是即使只配12人,亦仅是在砌桥台的4天才得到充分利用,其余12天中至少有半数人在等待施工,并且造成技工与普工不分的现象,从而大大降低了工效,造成劳动力浪费。

采用平行作业法时,施工总工期缩短为16工作日,但劳动力需要量相应增加4倍,在短期内集中4套人力和设备,往往是不可能的,也是不合理不经济的。同时在人力上突然出现高峰现象,造成窝工,增加生活福利设施的支出。

采用流水作业法施工,总工期比平行作业法有所延长,但劳动力得到了充分合理地利用,在整个施工期内显得均衡一致。如果再考虑到机具和材料的供应与使用,附属企业生产的稳定,以及工程质量、工效的提高等因素,则流水作业法施工的优点更为明显。

例3-1是假定施工条件、技术配备、工程数量完全相同的条件下,仅就施工期限和劳动力需要量进行比较,这是为什么呢?因为任何工程,在工程量和操作方法确定后,施工组织的任务就是解决工期和资源(包括人力、机具和材料等)需要量之间的相互关系。例3-1中三种方法的结构虽不同,但工期与人数的乘积(即工作量)的数值均为416工日。

4. 作业方式的综合运用

顺序作业法、平行作业法、流水作业法在生产过程中不仅可以单独运用,而且可以根据具体条件,将三种基本作业方式加以综合运用,从而形成平行流水作业法、平行顺序作业法以及立体交叉平行流水作业法。这些施工过程时间组织的综合形式,一般均能取得较明显的经济效果。

1)平行流水作业法

在平行作业法的基础上,按照流水作业法的原则组织施工,以达到适当缩短工期,使劳动力、材料、机械需要量保持均衡的目的。

2)平行顺序作业法

这种方法的实质是通过增加劳动力和机械的数量达到缩短工期的目的。

3)立体交叉平行流水作业法

这种方法是在平行流水作业法的原则上,采用上、下、左、右全面施工的方法,充分利用工作面来有效地缩短工期,一般适用于工序繁多、工程特别集中的大型构造物的施工,如大桥、立体交叉、隧道等工程量大、工作面狭窄、工期短的情况。

三、流水施工原理

(一)流水施工的实质与特点

1. 流水施工的实质

(1)把劳动对象的施工过程划分为若干工序或操作过程,每个工序或操作过程分别由按工艺流程建立的专业班组来完成。

(2)把一个劳动对象尽可能地划分为劳动量大致相等的若干施工段。

(3)各个作业班组按照一定的施工顺序,依次地、连续地由一个施工段转移到另一个施工段,反复完成同类工作。

(4)不同工种或同一作业班组完成工作的时间尽可能地相互衔接起来。

2. 流水施工的特点

流水施工法的特点是生产的连续性和均衡性,使各种物质资源均衡地使用,施工企业的生产能力充分地发挥,劳动力得到合理地安排和使用,从而带来较好的经济效果,具体表现在以下几个方面:

(1)避免了施工期间劳动力的过分集中,从而减少临时设施工程量,节约基建投资。

(2)由于实行工程队(组)生产专业化,为提高工人的技术水平和进行技术改造与革新创造了有利条件,促进劳动生产率和工程质量的不断提高。

(3)在采用流水施工方法时,单位时间内完成的工程数量,对于机械操作过程是按照主导机械的生产能力来确定,对于手工操作过程是以合理的劳动组织为依据确定的,因此保证施工机械和劳动力得到合理和充分利用。

(4)消除了工作间的不合理中断,缩短了工期,从而降低了工程间接费用;保证了劳动力和资源消耗的均衡,各种资源得到充分的利用,提高了劳动生产率和资源的使用率,减少了各种不必要的损失,从而降低了工程直接费用。

必须指出,流水施工法是一种组织措施,它的使用可以带来很好的经济效果,而不要求增加任何的额外费用。现代工程建设的发展,除需要科学的组织措施外,还要依赖施工技术现代化,如工程设计标准化、工程结构装配化、构件生产工厂化、施工过程机械化、工程机构专业化和施工管理科学化等。这些方面是密切联系、互为条件的,既是实现工程工业化必不可少的重要措施,也是施工企业多、快、好、省地进行工程现代化建设的重要手段。

(二)流水施工的主要参数

为了说明流水施工在时间和空间上的开展情况,须引入一些定量的描述,这些量称为流水参数。按参数性质不同,可以分为以下三类。

1. 工艺参数

1) 施工过程数 n

为了描述一个施工过程中工艺的复杂程度,根据具体情况,可把一个综合的施工过程划分为若干具有独自工艺特点的单个施工过程,如为建设项目而进行的制备类施工过程,把材料和制品运到工地仓库,再转运到施工现场的运输类施工过程,以及在施工中占主要地位的安装类施工过程。划分的数量 n 称为施工过程数(工序数)。由于每一个施工过程一般由一个专业班组承担,故施工班组(或队)数等于 n。

施工过程数需根据构造物的复杂程度和施工方法来确定,太多、太细会给计算增添麻烦,在施工进度计划上也会带来主次不分的缺点;太少则会使计划过于笼统,而失去指导施工的作用。

2) 流水强度 V

流水强度又称流水能力、生产能力,每一施工过程在单位时间内所完成的工程量称为流水强度,如浇筑混凝土时,每工作班浇筑的混凝土的数量。

(1) 机械施工过程的流水强度计算:

$$V = \sum_{i=1}^{x} R_i C_i \tag{3-2}$$

式中:R_i——某种施工机械台数;

C_i——该种施工机械台班生产率(即台班产量定额);

x——用于同一施工过程的主导施工机械种数。

(2) 手工操作过程的流水强度计算:

$$V = RC \tag{3-3}$$

式中:R——每一工作队人数(R 应小于工作面上允许容纳的最多人数);

C——每一工人每班产量(即劳动产量定额)。

2. 时间参数

1) 流水节拍 t_i

流水节拍是某个施工过程(或作业班组)在某个施工段上的持续时间。它的大小关系着投入的劳动力、机械设备的多少,决定着施工的速度和施工的节奏性。通常有两种确定方法,一种是根据工期要求来确定;另一种是根据现有能投入的资源(劳动力、机械台班数)来确定。流水节拍按下式计算:

$$t_i = \frac{Q_i}{CRn\delta} = \frac{P_i}{Rn\delta} \tag{3-4}$$

式中:Q_i——某施工段的工程数量($i = 1,2,3,\cdots,m$);

C——每一工日(或台班)的实际产量或产量定额;

R——施工人数(或机械台数);

P_i——某施工段所需要的劳动量(或机械台班量);

n——作业班数量,如一个作业班、两个作业班等;

δ——资源的使用效率。

2）流水步距 B_{ij}

两个相邻的施工队（组）在保持连续施工的条件下，先后进入第一个施工段进行流水施工的时间间隔，叫流水步距。其数目取决于参加流水的施工过程数，如施工过程数为 n，则流水步距的总数为 $(n-1)$ 个。

确定流水步距的基本要求如下：

（1）始终保持两施工过程的先后工艺顺序；

（2）保持各施工过程的连续作业；

（3）做到前后两施工过程施工时间的最大搭接；

（4）流水步距与流水节拍保持一定关系，它应满足一定的施工工艺、组织条件及质量要求，例如钻孔灌注桩工程，必须保证钻孔与灌注混凝土两道工序紧密衔接（防止塌孔）。

3. 空间参数

1）工作面 A

工作面又称工作前线，它的大小决定了施工对象单位面积上能安置多少人工和布置多少机械。在确定一个施工过程必要的工作面时，不仅要考虑前一施工过程为这个施工过程可能提供的工作面大小，也要遵守安全技术和施工技术规范的规定。

2）施工段数 m

在组织流水施工时，通常把施工对象划分为所需劳动量大致相等的若干段，或按工程结构部位划分为若干分部分项工程段，这些段就叫施工段。每一施工段在某一时间内只供一个施工队完成其承担的施工过程。施工段的数目用 m 表示。

在划分施工段时，应考虑以下几点：

（1）施工段的分界同施工对象的结构界限（温度缝、沉降缝和单元尺寸等）取得一致。

（2）各施工段上所消耗的劳动量大致相等。

（3）每段要有足够的工作面，使工人操作方便，既有利于提高工效，又能保证施工安全。

（4）划分段数的多少，应考虑机械使用效能、工人的劳动组合、材料供应情况、施工规模大小等因素。

4. 充分流水条件

流水作业具有较高经济效益，是施工队伍积极采用的办法。但并不是在任何情况下都可以使用流水作业方法。只有在 $m \geqslant n$ 的条件下才能保证充分流水，即施工段数大于或等于工序数。

在工程规模较大的情况下，工艺过程较复杂，则将工程划分为多个施工段，调入多个专业队伍施工，才是充分流水施工的最好选择。

（三）流水施工类型及总工期

由于工程构造物的复杂程度不同、所处的具体位置多变以及工程性质互异等因素的影响，流水施工的组织可分为有节拍流水和无节拍流水。其中有节拍流水又分为全等节拍流水、成倍节拍流水和分别流水。

1. 全等节拍流水

所谓全等节拍流水，是指各施工过程在所有施工段上的流水节拍均相等，即是各施工过程

的流水节拍 t_i 与相邻施工过程之间的流水步距 B_{ij} 完全相等的流水施工,即 $t_i = B_{ij}$ = 常数。

【例 3-2】 全等节拍流水 $m=5$、$n=3$、$t_i = B_{ij} = 2$,见图 3-3。此流水施工总工期为:

$$T = (n-1)B_{ij} + m \cdot t_i = (m+n-1)t_i$$

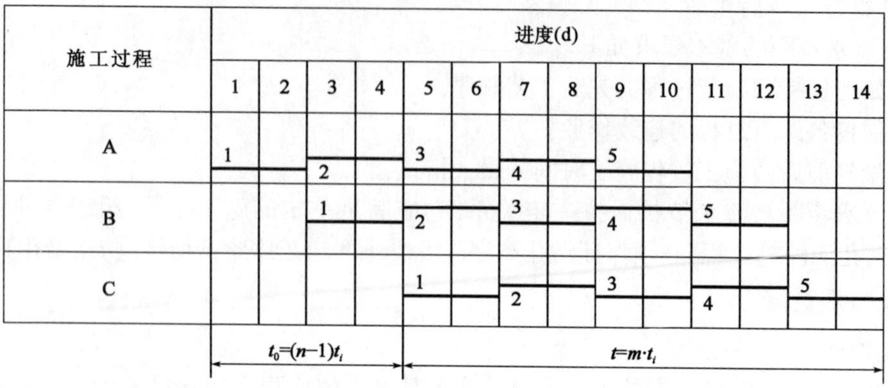

施工过程	进度(d)													
	1	2	3	4	5	6	7	8	9	10	11	12	13	14
A	1		2		3		4		5					
B			1		2		3		4		5			
C					1		2		3		4		5	

$t_0=(n-1)t_i$　　$t=m\cdot t_i$

图 3-3　全等节拍流水

2. 成倍节拍流水

各施工过程的流水节拍彼此不相等,但有互成倍数的常数关系时,如仍按全等节拍流水组织施工,则会造成施工队窝工或作业面间歇,从而导致总工期延长。此时,为了使各施工队仍能连续、均衡地依次在各施工段上施工,应按成倍节拍流水组织施工。其步骤如下:

(1)求各流水节拍的最大公约数 K,它相当于各施工过程都共同遵守的“公共流水步距”,为了使用方便和便于与其他流水作业法比较起见,仍称这个 K 为流水步距。

(2)求各施工过程的专业施工队数 b_i。每个施工过程的流水节拍 t_i 是 K 的几倍,就要相应安排几个施工队,才能保证均衡施工。同一施工项目的各个施工队依次相隔 K 天投入流水施工,因此,施工队数目 b_i 按下式计算:

$$b_i = \frac{t_i}{K} \tag{3-5}$$

(3)将专业施工队数目的总和 $\sum b_i$ 看成是施工过程数 n,将 K 看成是流水步距后,按全等节拍流水的方法安排施工进度。

(4)计算总工期 T,由于 $n = \sum b_i$,因此可以按式(3-1)来计算总工期:

$$T = (m + \sum b_i - 1)K \tag{3-6}$$

【例 3-3】 图 3-4 表示 6 座管涵按成倍节拍流水组织施工的一个例子。

由于作业面受限制,只能容纳 4 人同时操作,因此每个专业施工队按 4 人组成时,挖槽需 2d,砌基础 4d,安涵管 6d,洞口砌筑 2d。它们的最大公约数 $K=2$,由式(3-5)计算得到的各施工过程数 b_i 为:挖槽 1 个队;砌基础 2 个队;安涵管 3 个队;洞口砌筑 1 个队。

本例 $m=6$,$\sum b_i = 1+2+3+1 = 7$,$K=2$,由式(3-6)计算得到总工期:

$$T = (m + \sum b_i - 1)K = (6+7-1) \times 2 = 24(\text{d})$$

3. 分别流水

分别流水是指各施工过程的流水节拍各自保持不变(t_i = 常数),但不存在最大公约数,流

水步距 B_{ij} 也是一个变数的流水作业。分别流水作业的组织方法用图 3-5 说明。

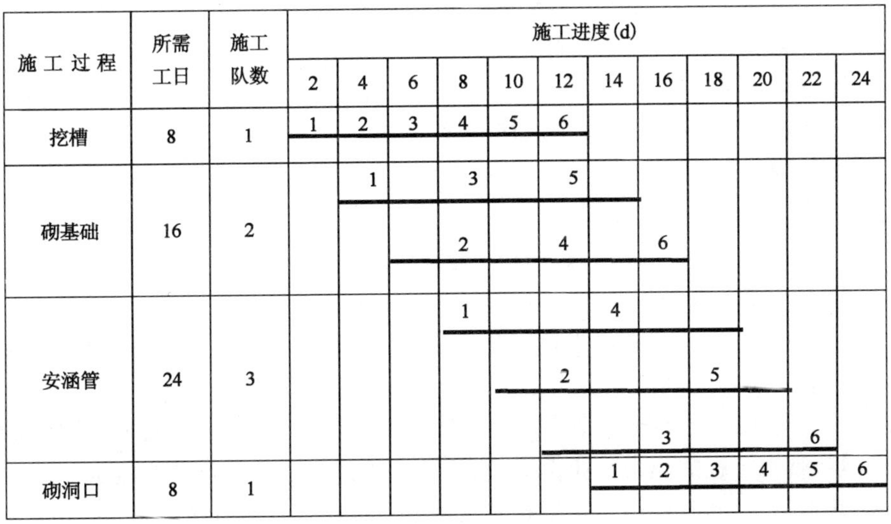

施工过程	所需工日	施工队数	施工进度(d)											
			2	4	6	8	10	12	14	16	18	20	22	24
挖槽	8	1	1	2	3	4	5	6						
砌基础	16	2		1		3		5						
						2		4		6				
安涵管	24	3				1			4					
								2			5			
										3			6	
砌洞口	8	1							1	2	3	4	5	6

图 3-4 成倍节拍流水

组织分别流水施工时，首先应保证各施工过程本身均衡而不间断地进行，然后将各施工过程彼此搭接协调。也就是说，既要避免各施工过程之间发生矛盾，也要尽可能减少作业面的间隙时间，使整个施工安排保持最紧凑，以达到缩短工期的目的。

由于流水步距是个变数，因此必须分别确定，这对各施工过程的相互配合和正确搭接是一个很重要的参数。下面用一个四道工序、五个施工段的项目（图 3-5）来说明流水步距的计算方法。

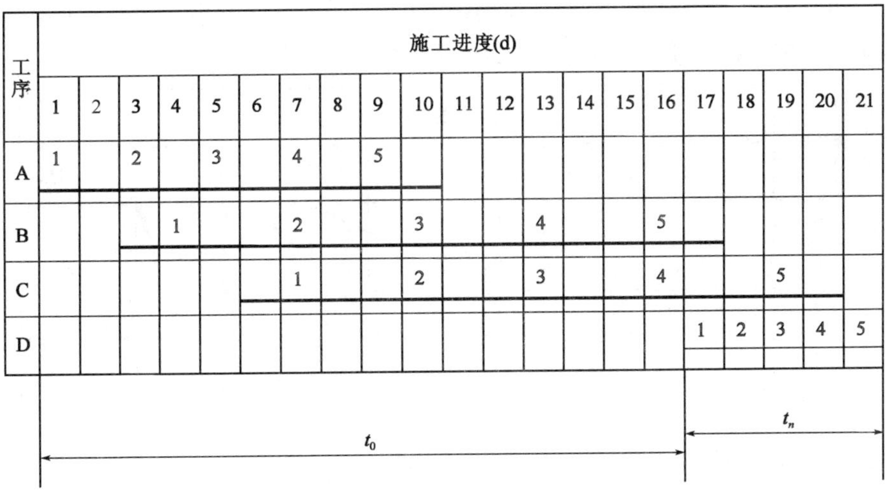

工序	施工进度(d)																				
	1	2	3	4	5	6	7	8	9	10	11	12	13	14	15	16	17	18	19	20	21
A	1		2		3		4		5												
B				1			2			3			4			5					
C							1			2			3			4			5		
D																	1	2	3	4	5

t_0 t_n

图 3-5 分别流水

（1）当后一个施工过程的流水节拍 t_{i+1} 等于或大于前一个施工过程的流水节拍 t_i 时，流水步距根据后一个施工过程所要求的时间间隔（或足够的作业面）决定，即流水步距 $B = t_i$。图 3-5中的工序 A 与工序 B 和工序 B 与工序 C 都属于这种情形，其流水步距分别为 2d 和 3d。

(2)当 $t_{i+1}<t_i$ 时,流水步距(B)用下式计算:

$$B = m(t_i - t_{i+1}) + t_{i+1} \tag{3-7}$$

式中:m——施工段数;

其余符号意义同前。

图 3-5 中的工序 C 与工序 D 属于这种情形,图中 $t_i=t_c=3, t_{i+1}=t_D=1, m=5$,由式(3-7)计算流水步距为 11d。

分别流水的总工期用下式计算:

$$T = t_0 + t_n = \sum B + t_n \tag{3-8}$$

式中:t_n——最后一个专业施工队的作业持续时间;

t_0——流水展开期,为最初施工过程开始至最后的施工过程开始之间的时间间隔;

$\sum B$——各相邻工序之间流水步距之和。

在实际的工程施工中,对于一个专业施工队来说,它可以按固定的流水节拍(或不变的速度)前进。但从整个工程的流水作业组织来看,各专业施工队都按自己的流水节拍(或移动速度)前进,彼此不一定相同,也不一定成倍数关系,这主要是由于机械配备、施工条件、劳动生产率或其他外界因素影响所致。如果要求流水速度绝对统一,必然会使机械的效率不能充分发挥或造成某些施工队窝工。为此,需要在统一的进度要求下,各专业施工队按照本身最合理、施工效率最高的流水速度进行作业。这是组织分别流水作业中应着重考虑和需仔细解决的问题。

4. 无节拍流水

无节拍流水是指各施工过程的流水节拍全不相等。对于公路工程施工来说,沿线工程量的分布都是不均匀的,因此,实际上各专业施工队在机具和劳动力固定的条件下,流水作业速度不可能保持一致,即各施工段上同一施工过程的流水节拍无法相等。也就是说,多数情况下在组织流水施工时,$t_i \neq$ 常数,$B \neq$ 常数,$t_i \neq B$,也非整数倍,如图 3-6 所示。

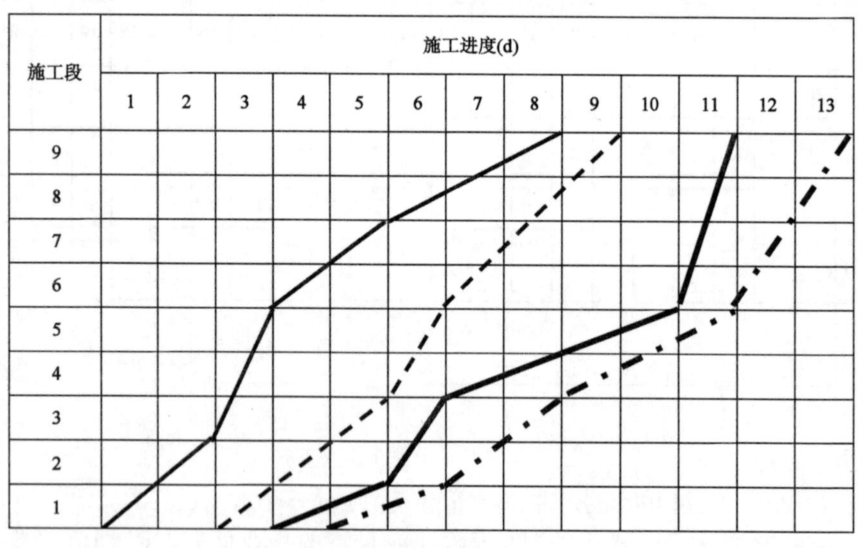

图 3-6 无节拍流水

对于上述情况，只能按照无节拍流水组织施工。无节拍流水的各个参数以及总工期的确定，都必须通过对专业施工队逐个落实，反复调整，才能得到满意的结果。以下介绍一种数字错差法来计算流水步距。

数字错差法是先作错误的假设，即设各道工序（队组）在第一施工段上同时开工，分别求出各施工队组在各施工段上的完工时间，形成新的数列矩阵；前行数列向前（左）移一位，相对紧邻后一行数列向右移一位；对应两行数列相减，缺位补零，即可求出差值数列，其中最大差值即为流水步距。即所谓“相邻工序（队组）每段节拍时间累加数列错位相减取大差”法。

【例 3-4】　表 3-1 表示某 4 个施工段的三项工序（甲、乙、丙）所需的作业时间，按照无节拍流水组织施工，求各工序（施工过程）之间的流水步距和总工期。

三道工序四个施工段的施工时间表（单位：d）　　表 3-1

工　序	施　工　段			
	1	2	3	4
甲	2	3	3	2
乙	2	2	3	3
丙	3	3	3	2

由表 3-1 中数据可以看出：$t_i \neq$ 常数，$B \neq$ 常数，$t_i \neq B$，也非整数倍，故只能作无节拍流水施工组织。采用数字错差法求解。先分别将两相邻工序的每段作业时间（流水节拍）逐项累加，得出两个数列，然后将后工序的累加数列向后错一位对齐，逐个相减，得到第三个数列（仅取正值），从中取大值即为两工序施工队组的流水步距 B。

据此可分别计算确定甲与乙，乙与丙的流水步距分别为 4d 和 2d。

具体计算方法为：

$B_{甲乙}$：

2，　5，　8，　10

（－）　2，　4，　7，　10

2，　3，　4，　3

$B_{乙丙}$：

2，　4，　7，　10

（－）　3，　6，　9，　11

2，　1，　1，　1，

用横道图表示出来，这个流水作业施工进度计划就如图 3-7 所示，总工期为 17d。

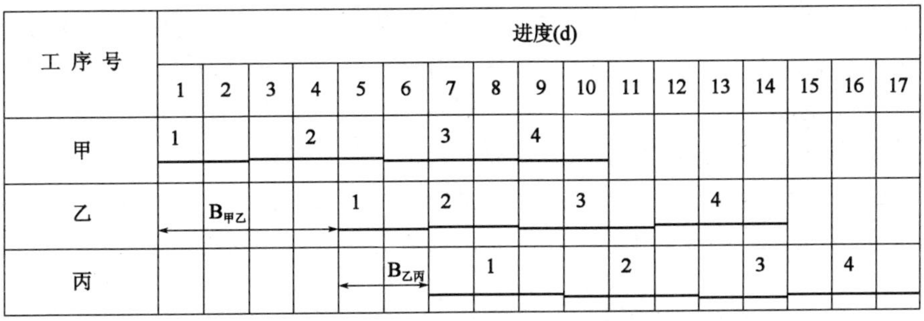

工序号	进度(d)																
	1	2	3	4	5	6	7	8	9	10	11	12	13	14	15	16	17
甲	1			2			3		4								
乙		$B_{甲乙}$			1		2			3			4				
丙						$B_{乙丙}$		1			2			3		4	

图 3-7　无节拍流水作业施工进度图（横道上方的数值为施工段号）

第三节　施工进度计划管理

一、施工进度计划

施工生产是劳动过程和自然过程的结合,其施工中受自然条件的影响很大,使其施工组织、施工程序及施工工艺因实施条件的变化而相应地调整与改变。施工进度计划管理非常复杂,任何计划不周全或草率从事的施工计划,均会给项目施工管理带来困难,所以应予以足够的重视。

施工进度计划是控制工程施工进度和工程竣工期限等各项施工活动的依据,施工组织工作中的其他有关问题都要服从进度计划的要求,如计划部门提出月、旬作业计划,平衡劳动力计划;材料部门调配材料、构件;设备部门安排施工机械的调度;财务部门的用款计划等均须以施工进度为基础。

施工进度计划反映了工程从施工准备工作开始,直到工程竣工为止的全部施工过程;反映了工程建筑与安装的配合关系,及各分部分项工程及工序之间的衔接关系。所以施工进度计划有助于领导部门抓住关键,统筹全局,合理布置人力、物力,正确指导施工生产活动的顺利进行;有利于工人明确目标,更好地发挥主人翁精神;有利于施工企业内部及时配合,协同作战。

施工进度计划管理是通过计划把施工单位项目施工管理的各项工作组织起来,以施工生产活动为主体,制订各项专业性计划,并对其进行平衡、协调、监督与控制。

施工进度计划管理的具体做法是,首先编制一个完整的项目施工管理计划,使施工单位的各项施工管理都纳入计划,并进行综合平衡与协调;其次在施工计划执行过程中,加强检查、监督与控制,尽量保证计划实施中按原计划进行;最后调整计划,计划实施过程中因具体情况的改变,必须对原计划进行必要的调整,以适应变化后的情况。

1. 施工进度计划的特点

(1)进度计划的被动性。施工任务来源于工程招标市场,施工单位每年有多少任务,性质和规模的大小均很难确定,在投标过程编制施工计划时间紧,很被动。要想改变被动局面,必须做好招标工程任务的跟踪,做些事先研究和信息资料的搜集工作,从而加快施工进度计划的编制质量。

(2)进度计划的多变性。工程项目的多样性、结构工程的复杂性及施工条件的差异性,造成施工中不可预见的因素较多;工程施工现场的分散使劳动力、材料及施工机具设备处于流动供应状态;同时由建设单位、监理及其他有关单位带来的影响等均带来施工进度计划的变化,这种多变性要求编制施工进度计划时,要留有一定的调整余地。

(3)进度计划的不均衡性。工程结构特点及不同工程部位的施工性质,以及不同季节的影响,都会造成施工计划的不均衡性。为此要求编制施工进度计划时力求均衡,取得较好的经济效益。

针对上述特点,对施工进度计划管理提出以下要求:

(1)科学地预测工程招标市场,确定合理的进度计划管理目标。

(2)承包签约的项目以合同工期为目标,倒排或正排施工进度计划。

(3)施工进度计划管理时既要保证重点工程,要协调兼顾一般项目。

(4)施工方案、施工工艺及施工顺序均应合理安排。

(5)力求各项工程的施工计划均衡、紧密配合,还应留一定的调整余地,以适应施工中实际变化的情况。

(6)项目施工管理中的各项工作在计划编制上要紧密衔接。

2. 施工计划管理的任务与作用

施工进度计划管理的主要任务是:努力完成工程任务招揽计划;确保项目施工按合同工期要求交工及竣工验收;合理地利用有限的人力、物力和财力,最大限度地挖掘施工中的潜力;施工计划安排要结合工程任务的多少和工程规模的大小及工地现场分布情况进行统筹计划,使其发挥最大的经济效益;施工计划安排应适当,既不能太紧,又不能太松,计划太紧无法完成,计划太松则不能发挥施工效率。

施工计划管理的作用具体表现在:

(1)通过计划向各级施工组织机构下达任务,明确各自的奋斗目标,调动全体职工的积极性。

(2)为材料、劳资、设备等专业部门编制材料供应计划、劳动力需要量计划、施工机具设备用量计划等提供可靠性数据。

(3)项目施工准备工作根据施工计划进行,保证项目正常开工。

(4)项目施工实施过程中各专业部门按施工计划运作,确保项目工期按时完成。

(5)可以促使各职能部门开展劳动竞赛,挖掘施工潜力,提高项目施工管理水平。

3. 施工进度计划管理的工作程序

施工进度计划管理是项目施工管理的中心环节,其他一切施工现场管理工作,都应围绕施工进度计划管理开展。

施工进度计划管理的工作程序为:施工进度计划的编制、进度计划的执行检查、进度计划的调整等循环进行。

1)编制施工进度计划

编制施工进度计划的基础是施工定额,根据现行《公路工程施工监理规范》(JTG G10—2016),施工进度计划的内容包括总体进度计划、年度进度计划、月(季)度进度计划及关键工程进度计划等。同时要求施工单位编制进度计划,监理工程师审批进度计划。进度计划一般用横道图、斜条图及进度曲线等方式表达;对于高等级公路及大型工程项目,还应采用网络图表示。

2)进度计划执行检查

施工单位实施计划时必须对照原计划进行检查,驻地监理工程师对进度计划实施予以合理地监控,尽量保证实施进度符合原计划安排。在工程实施期间,如果实际进度与计划进度基本相符时,监理工程师不应干预施工单位对进度计划的执行;但应及时掌握影响和妨碍工程进展的不利因素,促使工程按计划进行。

3)进度计划的调整

监理工程师发现工程现场的组织安排、施工顺序或人力和设备与计划进度上的方案有较大不一致时,应要求施工单位对原工程进度计划及现金流动计划予以调整,调整后的工程进度计划应符合工程现场实际情况,并应保证满足合同工期的要求。

二、施工进度计划的形式

施工进度计划通常是以图表形式表示的,主要形式有:横道图法、垂直图法、工程进度曲线和网络图法等四种。

1. 横道图

横道图是以时间为横坐标,以各分项工程或施工工序为纵坐标,按一定的先后施工顺序和工艺流程,用带时间比例的水平横道线表示对应项目或工序持续时间的施工进度计划图表。其常用的格式如图3-8所示。左面部分是以分部分项工程为主要内容的表格,包括了相应的工程量、定额和劳动量等计算依据;右面部分是指示图表,它是由左面表格中的有关数据经计算得到的。指示图表用横向线条形象地表示出分部分项工程的施工进度,线的长短表示某工作施工持续时间;线的位置表示施工过程;线上的数字表示劳动力数量;线的不同符号表示作业队或施工段别,图中线段表示出各施工阶段的工期和总工期,并综合反映了各分部分项工程相互间的关系。

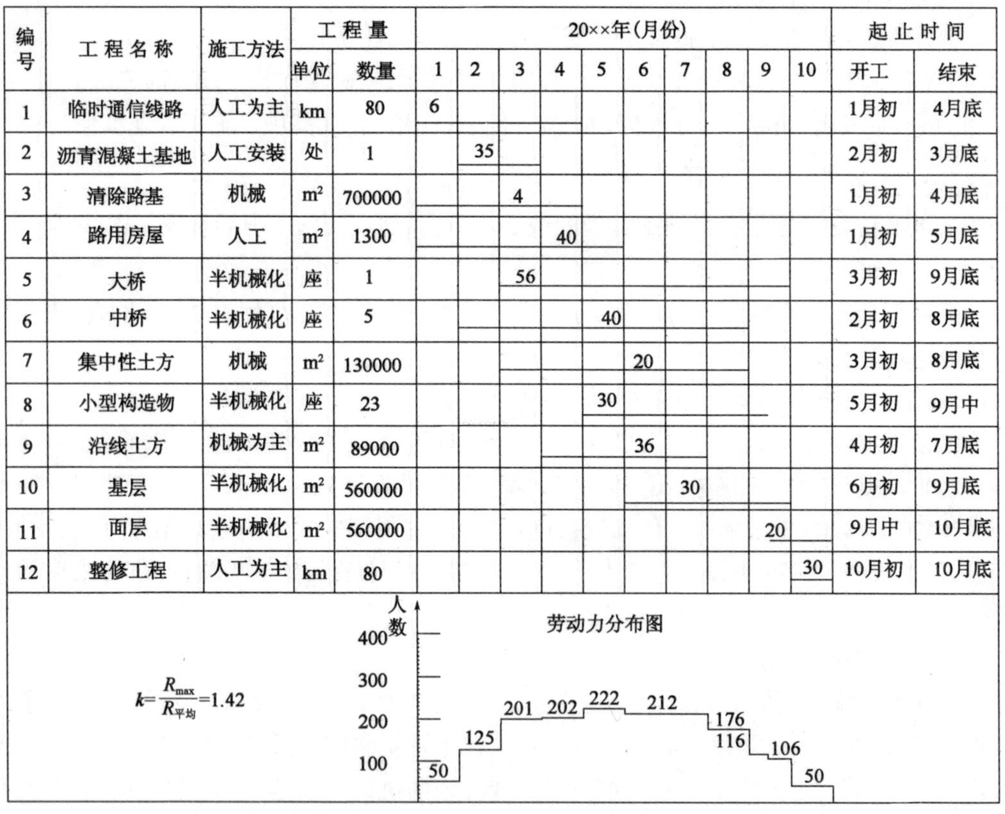

编号	工程名称	施工方法	工程量		20××年(月份)										起止时间	
			单位	数量	1	2	3	4	5	6	7	8	9	10	开工	结束
1	临时通信线路	人工为主	km	80	6										1月初	4月底
2	沥青混凝土基地	人工安装	处	1		35									2月初	3月底
3	清除路基	机械	m^2	700000			4								1月初	4月底
4	路用房屋	人工	m^2	1300				40							1月初	5月底
5	大桥	半机械化	座	1			56								3月初	9月底
6	中桥	半机械化	座	5					40						2月初	8月底
7	集中性土方	机械	m^2	130000						20					3月初	8月底
8	小型构造物	半机械化	座	23					30						5月初	9月中
9	沿线土方	机械为主	m^2	89000						36					4月初	7月底
10	基层	半机械化	m^2	560000							30				6月初	9月底
11	面层	半机械化	m^2	560000									20		9月中	10月底
12	整修工程	人工为主	km	80										30	10月初	10月底

图3-8 施工进度横道图

这种表示方法比较简单、直观、易懂，容易编制，但有以下缺点：

(1)分项工程(或工序)的相互关系不明确。

(2)施工地点无法表示，只能用文字说明。

(3)工程数量实际分布情况不具体。

(4)仅反映出平均施工强度。

它适用于绘制集中性工程进度图、材料供应计划图，或作为辅助性的图示附在说明书内用来向施工单位下达任务。

2. 垂直图

垂直图的表示特点是：以纵坐标表示施工日期，以横坐标表示里程或工程位置，而各分部分项工程的施工进度则相应地以不同的斜线表示。工程量在图表上方相应位置表示，施工组织平面示意图可在图表的下方相应地表示，资源分布图可在图表右侧以曲线表示。图 3-9 为垂直图的应用实例。

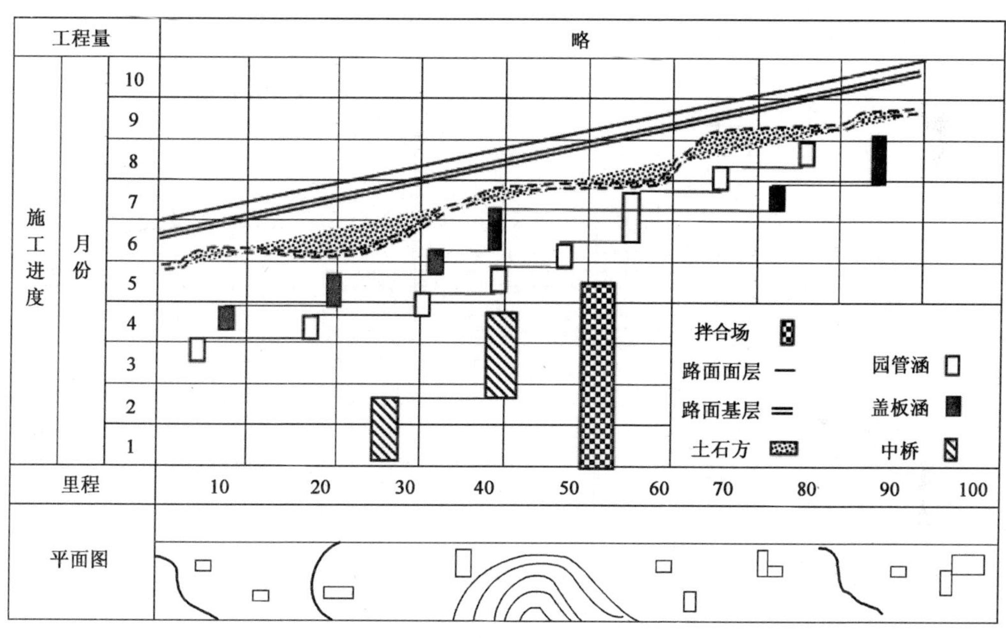

图 3-9 施工进度垂直图

垂直图的优点：弥补横道图的不足之处，工程项目的相互关系、施工的紧凑程度和施工速度都十分清楚，工程的分布情况和施工日期一目了然，从图中可以直接找出任何一天各施工队的施工地点和应完成的工程数量。

但垂直图仍有一些不足之处：

(1)反映不出某项工作提前(或推迟)完成对整个计划的影响程度。

(2)反映不出哪些工程是主要的，不能明确表达出哪些是关键工作。

(3)计划安排的优劣程度很难评价。

(4)不能使用电子计算机，因而绘制和修改进度图的工作量很大。

3. 工程进度曲线

工程进度曲线是建立在横道图的基础上的。进度曲线是以工期为横轴,以完成的累计工程量或工程费用的百分比为纵轴的图表化曲线,如图3-10所示。通过工程进度曲线,能够进行工程计划进度和实际进度的对比,有效地实行工程项目全局性的进度管理。当实际进度曲线与计划进度曲线出现偏离时,就说明工程的进度有了延误或者进度有所超前,这样就可通过调整施工进度,使工程能够按照计划来完成。

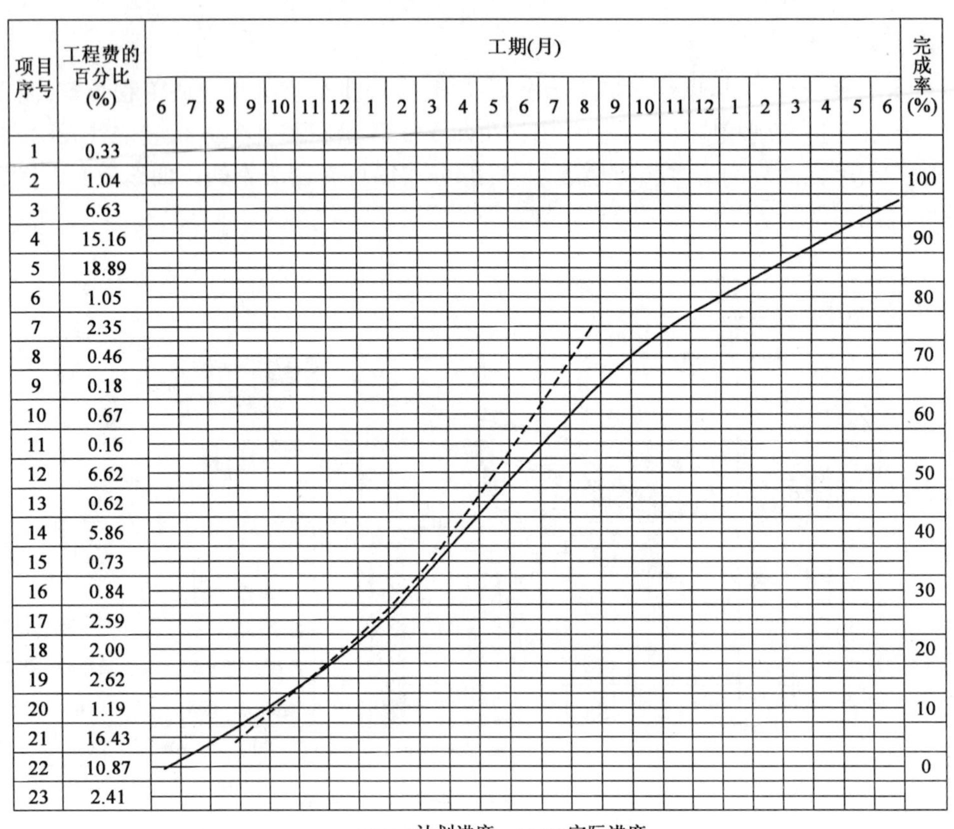

项目序号	工程费的百分比(%)
1	0.33
2	1.04
3	6.63
4	15.16
5	18.89
6	1.05
7	2.35
8	0.46
9	0.18
10	0.67
11	0.16
12	6.62
13	0.62
14	5.86
15	0.73
16	0.84
17	2.59
18	2.00
19	2.62
20	1.19
21	16.43
22	10.87
23	2.41

图3-10 工程进度曲线

一般情况下,项目施工初期应进行临时工程建设或做各项施工准备工作,劳动力和施工机械的投入逐渐增多,每天完成的工作量也逐渐增加,所以施工速度逐渐加快,即工程进度曲线的斜率逐渐增大,此阶段的曲线呈凹形;在项目施工稳定期间,施工机械和劳动力投入最大且保持不变时,若不出现意外作业时间损失,且施工效率正常,则每天完成的工作量大致相等,这时施工速度近似为常数,工程进度曲线的斜率几乎不变,故该阶段的曲线接近为直线;项目施工后期,主体工程项目已完成,剩下修理加工及清理现场等收尾工作,劳动力和施工机械逐渐退场,每天完成的工作量逐步减少,此时施工速度也逐步减小即工程进度曲线的斜率逐步减小,此阶段的曲线则为凸形,如图3-11。由此可见,一般工程进度曲线大体上呈S形,所以该曲线又称为S曲线。

(1)S曲线在公路工程施工监理中的作用。

由于S曲线是工程进度曲线也是现金流动曲线，所以它在工程施工进度及费用监理中均可应用，其作用如下：

①审批施工进度计划时，可用S曲线判断施工单位编制的施工进度计划是否合理。

合理的施工进度计划，其工程进度曲线的形状大致呈S形，劳动力、材料和施工机具设备供应及工程费用使用分配符合一般规律。反之，工程初期曲线不是凹形，或者施工稳定期间曲线完全不是直线，或者工程后期曲线不呈凸形等。均说明施工中资源调配违背了一般规律。上述任何一种不合理情况都应要求施工单位重新修订施工进度计划。

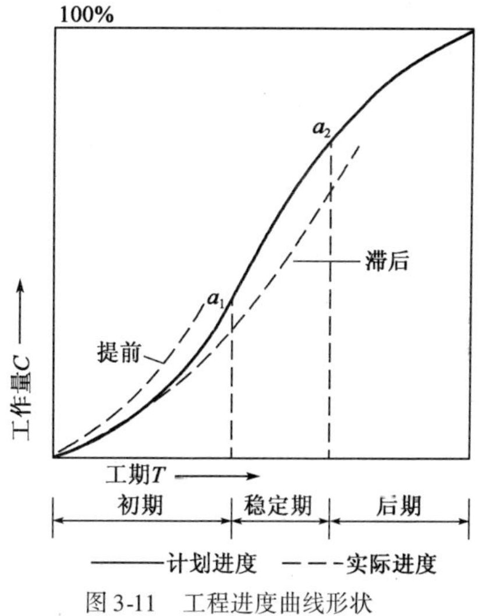

图3-11　工程进度曲线形状

②监控施工进度计划实施阶段，进度控制可方便地利用S曲线，评价实际进度情况属于正常、提前或滞后。

当实际进度按计划进度正常施工时，其实际进度与计划进度曲线相吻合，此时说明实际进度正常。但在进度计划实际中，如果实际进度比计划进度提前，则实际进度曲线用虚线表示应在S曲线上方，此时实际施工速度比计划施工速度快，照此施工下去工期就会提前。监理工程师据此可作出两种决策：一是工程成本消耗较合理时，按实际进度施工不变，提前完成任务；二是工程成本消耗较高时，应适当放慢施工速度，使实际进度按计划进度进行，确保按计划工期完成任务。如果实施中实际进度比计划进度滞后，则虚线表示的实际进度在S曲线的下方，这时实际施工速度比计划施工速度慢，照此下去工期就会拖延，此时监理工程师的一般决策是：增加资源供应，加快施工速度，使实际进度赶上计划进度，保证计划工期的按时完成。

③S曲线可用于工程费用监理中工程计量及费用支付的依据。

S曲线是工程进度与累计完成的工程量或工作量(费用)的百分比图表化曲线，也是工程项目实施中进度与现金流动关系曲线。项目实施期间实际完成了多少工程量或工作量(工程费用)，在实际进度曲线上一目了然，据此可方便地进行中期工程量的计量与支付。

(2)进度管理曲线。

在项目施工进度计划实施过程中，实际工程进度曲线因施工条件及管理条件而变化，所以实际进度曲线往往与计划进度曲线不一致。如果二者的偏差太大，将使工程陷入难以恢复的状态，因此应使实际进度始终处在一个安全的区域内，这样才能确保工程项目按时交工。为此，用进度管理曲线规定这个安全区的范围。

进度管理曲线是工程进度曲线规定的允许界限线，它指出了施工进度允许偏差范围所应满足的进度曲线变动区域。虽然组织突击赶工也可以按期交工，但这样做将会影响工程质量和经济效益，而进度管理曲线指出的安全区，不是组织突击赶工，而是在保证工期、质量和经济性的条件下，施工进度曲线规定的允许变动范围。

美国加利福尼亚州公路分局对典型的45项工程绘制了进度曲线，根据对工程所经过的时间和完成工作量之间关系的调查研究结果，编制了作为公路工程的进度管理曲线，如图3-12

所示。此进度管理曲线研究了每当时间经过10%时完成工作量的变化范围。因为图形呈香蕉形状,所以被称为香蕉曲线。

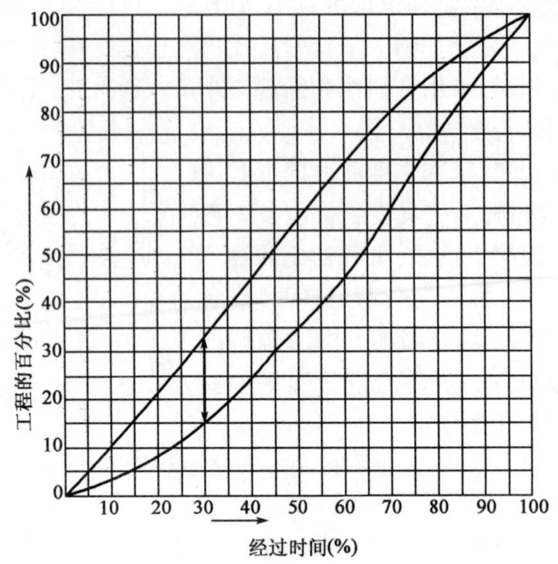

图3-12 公路工程进度管理曲线

从图3-12可以看出,根据香蕉曲线,当时间经过了30%时,工程进度的容许安全区域为16% ~35%。如果实际进度曲线此时低于16%,则表明工程进度处于危机状态,需要采用补救措施。进度管理曲线一般作为进度曲线的一种核对方法来使用,所以并不一定要求它有严密的准确性。

在绘制工程进度曲线及管理曲线时,应注意下列问题:

①首先应根据横道式工程进度图来绘制计划进度曲线,此曲线应位于进度管理曲线的允许界限以内。假如进度曲线偏离了允许界限,则一般来说,此工程项目的进度计划安排的不够合理,此时需要将横道式工程进度计划图中的主体工程向左右移动进行调整。

②当计划进度曲线在进度管理曲线的允许界限内时,合理地调整工程初期和后期的进度,尽量使S形曲线的中期,即正常工程进展阶段与允许界限的直线段相吻合。

③由计划进度曲线的终点所引出的曲线的切线,表示工程进度危险的下限,所以应在这个界限内维持施工。假如实际进度曲线接近界限时,则需要立即采取补救措施。

④实际进度曲线超出香蕉曲线及其他管理曲线的下限时,表示工程拖延相当严重,此时不可避免地要进行突击赶工,因此,应研究突击赶工时控制投资和保证质量的措施。

使用工程进度曲线和进度管理曲线,能够把工程进度的偏差控制在适当的范围之内来进行计划和管理,可将它们作为判断工程全局进度情况的工具。但由于它们是建立在横道图的基础之上,因而仍不能弥补横道图所具有的缺点。

4. 网络图

(1)网络计划技术。

20世纪50年代国外出现一些计划管理的新方法,由于这些方法将计划的工作关系均建立在网络模型上，把计划的编制、协调、优化和控制有机地结合起来，所以称之为网络计划技术。

网络计划图是以加注工作持续时间的箭线和节点组成的网状流程图来表示施工进度计划。其基本原理是：首先根据工作间的相互关系及其工作先后顺序流程绘制工程项目施工进度计划网络图；其次通过计算找出计划中的关键工作及关键线路；最后通过不断调整、改善网络计划，选择最优的方案付诸实施。在网络计划实施过程中进行有效的监督与控制，确保工程项目按合同条件顺利完成。

(2)网络计划方法。

网络计划技术有许多方法，主要有关键线路法(CPM)、计划评审方法(PERT)、流水作业网络计划、搭接网络计划(CNT)、图例评审法等。

①CPM 和 PERT 虽然名称不同，但其主要原理和方法是一致的。前者为民用部门研制，偏重于成本控制，且工作持续时间一般是确定的，所以也称为肯定型网络计划；后者为军事部门所创，偏重于时间控制，且工作持续时间往往具有某种不确定性，所以也称为非肯定型网络计划。

②流水作业网络计划是我国土建人员在 20 世纪 70 年代末研制的一种新型网络计划技术，它综合运用流水施工和网络计划的特点，为流水施工网络计划提供了简便有效的方法。

③CNT 能够反映工作间的各种搭接关系，可大大地简化网络图的形成和计算工作，特别适用于高等级公路及大型工程项目的施工进度计划安排。

④图例评审法也称为随机网络计划，是一种广义的随机网络分析方法，它主要用于编制项目施工进度计划中的排队、存储及可靠度分析等诸多统筹问题。

(3)网络计划的应用及其特点。

我国从 20 世纪 60 年代开始运用网络计划技术，著名数学家华罗庚教授结合我国实际情况，在吸收国外网络计划技术理论的基础上，将其统一命名为统筹法。网络计划技术在我国已广泛应用于国民经济各个领域的计划管理中，而应用最多的还是工程项目的施工组织与管理，并取得了巨大的经济效益。根据国内统计资料，工程项目的计划与管理应用网络计划技术，可平均缩短工期 20%，节约费用 10% 左右。

综上所述，网络计划方法具有以下特点：

①能够充分反映各项工作之间的相互制约、相互依赖的关系；

②可以区分关键工作和非关键工作，并能找关键线路，且反映出各项工作的机动时间，因而可以更好地调配和使用工、料、机等各种资源；

③它是一个定义明确的数学模型，计算方便，且便于用计算机计算；

④能够进行计划的优选比较，从而选择最佳方案；

⑤它不仅可用于控制项目施工进度，还可用于控制工程费用，如一定费用下工期最短及一定工期内费用最低等的网络计划优化。计划复杂，特别是大型且复杂的工程进度网络计划更是如此。

(4)网络图的分类。

①按箭线和节点表达的含义不同，可分为双代号网络图和单代号网络图。前者每项工作均由一根箭线和两个节点表示，其中箭线代表工作，节点表示工作间的逻辑关系；后者每项工作由一个节点组成，以节点代表工作，箭线表示工作间的逻辑关系。

在双代号网络图中,按箭线长短与工作持续时间的关系分为一般双代号网络图(简称为双代号网络图)和时间坐标网络图(简称为时标网络图)。双代号网络图中工作持续时间长短与箭线长短无关;时标网络图中箭线的长短和所在的位置表示工作的持续时间和进程。

②按计划目标的多少,可分为单目标网络图和多目标网络图。网络图中只有一个计划目标的称为单目标网络图;有两个以上计划目标的称为多目标网络图。

③按工程项目的组成及其应用范围分,有分项工程网络图、分部工程网络图、单位工程网络图、单项工程网络图及工程项目总体网络图等。

(5)网络计划在工程进度监理中的作用。

采用网络计划方法可加强工程项目的施工管理,使其取得好、快、省的全面效果。它在工程进度监理中可给监理工程师提供下列可靠信息:

①合理赶工及其工期与成本的关系信息;

②各项工作有无机动时间及机动时间极限数据信息;

③劳动力、材料、施工机具设备等资源利用信息;

④哪些工作提前或拖延,预测对总工期的影响等信息。

第四节　双代号网络图的绘制

一、双代号网络图的组成

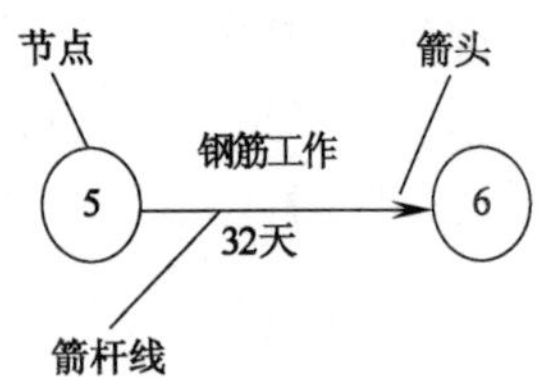

图3-13　双代号网络图组成要素

网络图是一种表示整个计划中各道工序(或工作)的先后次序、相互逻辑关系和所需时间的网状矢线图。双代号网络图是目前应用较为普遍的一种网络计划形式,它利用网络技术表示一项工程任务或一个计划中各项工作的先后次序、衔接关系和所需时间、资源,其中工作用两个节点加箭线代号表示。双代号网络图由三个要素组成,即箭杆线、节点和线路,如图3-13所示。

1. 箭杆线(工作或工序)

箭杆线是网络图的重要组成部分,在双代号网络图中,用箭杆线“→”表示工作,每一个箭杆线表示一道工序或一项工作。该工作或工序可以是作为成本计算对象的单位工程,如路基工程、路面工程、桥梁工程和交通工程等;也可以是进一步细分的分项工程,如面层、基层、基础等;甚至还可以细分到具体的工序,如支模、绑扎钢筋、混凝土浇筑等。就具体的网络计划而言,箭杆线所代表的工作,主要取决于网络计划的详细程度。

在网络计划中的工序可分为实工序和虚工序两种。

1)实工序

用实箭杆线“——→”表示实工序,是指需要消耗时间或资源的工序,如开挖基坑、浇筑混凝土、填筑路堤等,这些工作既消耗资源又消耗时间;而如混凝土的养生、稳定类基层的养生就只消耗时间而不消耗资源。

2)虚工序

用虚箭杆线“------►”表示虚工序，如图3-14中“③--►④”所示，表示的工作既不消耗时间也不消耗资源，它只是表示相邻前后工作之间的逻辑关系。

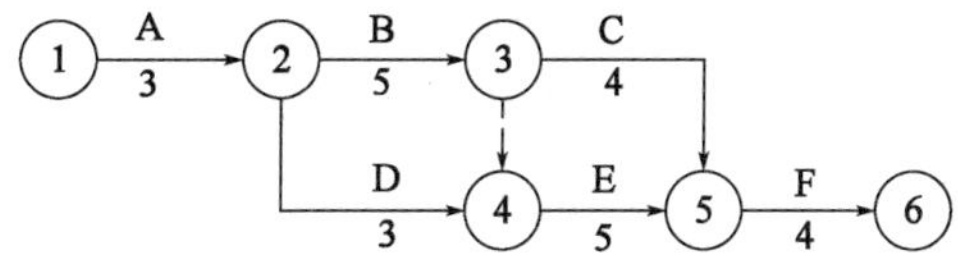

图3-14　双代号网络图

2. 节点

节点即前后两工序的交点，表示工序的开始、结束和连接等关系。它是一个瞬间概念，不消耗时间和资源。

网络图中第一个节点称原始(或开始)节点，最后一个节点称结束(或终点)节点，其他节点称为中间节点。同一节点(除原始和结束节点外)，既是前面工序的完工节点，又是后面工序的开工节点，如图3-14所示。

节点的编号要求是：由小到大、从左至右，箭头的号码大于箭尾的号码，不允许重号，但可不必连续编号，以便增减新的节点。

3. 线路

它是指网络图中从原始节点到结束节点之间可连通的线路。显然，一个网络图中线路有许多条，通过计算，就可以从中找到总工作时间最长的线路，此线路就称为关键线路。工作时间少于关键线路的线路称为非关键线路。位于关键线路上的工序称为关键工序，在网络图中常用粗箭线或双线箭线表示。

关键线路上关键工序完成的快慢直接影响着整个工程的工期。但关键线路不是一成不变的，在一定条件下会转化。非关键线路上的工序有一定的机动时间，称为时差，它意味着该工序(线路)开工时间或完成日期允许适当提前或延期而不影响整个计划的按期结束。

时差是网络计划优化的基础，如果将非关键工序在允许时差范围内放慢施工速度，增加工序的持续时间，并把部分人力、机具转移到关键工序上去，加快关键工序的进行，就可达到均衡施工和缩短工期的目的。

二、双代号网络图的识图

1. 工作的表示方法

一项工作用一条箭杆线和两个节点表示，节点可以是圆圈，也可以是其他形式，在其中填入编号，如 i 和 j 等。而工作名称和完成工作所需的时间标注在箭杆线的上、下方，如图3-15所示。工作名称和持续时间可以用相应的代码表示，于是图3-15又可表示为图3-16。

图3-15　工作表示示意图1　　图3-16　工作表示示意图2

2. 工作关系及其表示

(1)工作关系。

工作关系是指工作进行时客观上存在的一种先后次序关系。这种关系有下列五种类型。

①紧前工作:就某一项工作而言,紧靠其前面的工作称为该工作的紧前工作;

②紧后工作:就某一项工作而言,紧靠其后面的工作称为该工作的紧后工作;

③平行工作:就某一项工作而言,与其平行的工作称为该工作的平行工作;

④先行工作:就某一项工作而言,其前面的工作称为该工作的先行工作;

⑤后续工作:就某一项工作而言,其后面的工作称为该工作的后续工作。

该工作本身则可叫本工作。下面以图3-17所示的双代号网络图为例说明各种工作关系。

以F工作作为本工作,则F工作的紧前工作是在F工作开始节点③结束的工作,即B、C工作;F工作的紧后工作是在F工作结束节点⑤开始的工作H;F工作的平行工作是与F工作同一节点开始的工作E。

(2)工作关系的表示。

在网络计划图中,各工作之间的关系变化多端,下面就常见的工作关系的表示方法介绍如下:

①全约束:A、B工作均完成后同时进行C和D工作,即A工作的紧后工作有C、D工作,B工作的紧后工作亦有C、D工作。网络计划图即可表示为图3-18。

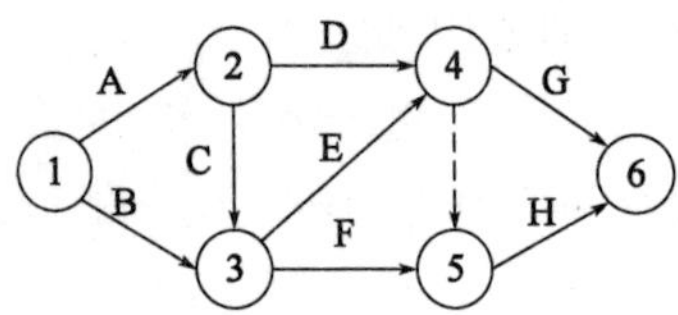

图3-17 双代号网络图

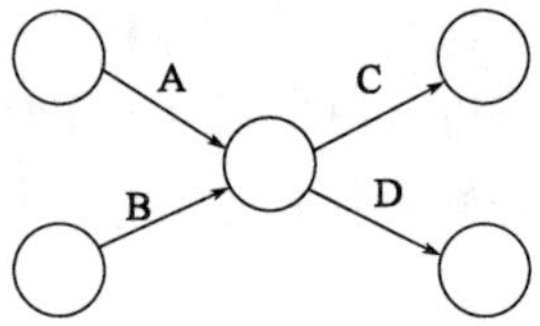

图3-18 全约束网络计划图

②半约束:A工作的紧后工作有C、D工作,B工作的紧后工作有C、D工作中的一半,即一项工作D,其网络图可表示为图3-19。

③三分之一约束:A工作的紧后工作有C、D工作,B工作的紧后工作有D、E工作,C、D、E三项工作只有一项D工作既是A工作的紧后工作又是B工作的紧后工作。其网络图可表示为图3-20。

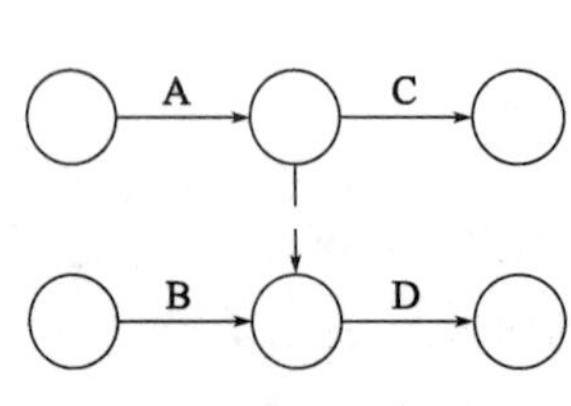

图3-19 半约束网络计划图

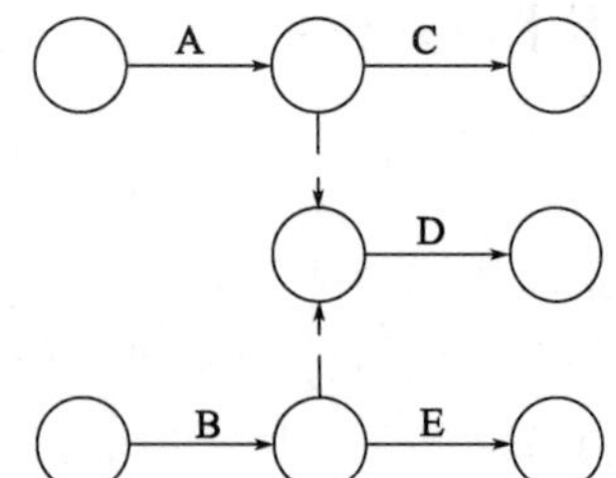

图3-20 三分之一约束网络计划图

3. 箭线

对于一个节点而言,可能有许多箭线同时进入或流出该节点,进入该节点的箭线称为该节点的内向箭线;流出该节点的箭线称为该节点的外向箭线。如图3-17中所示,②节点的内向箭线为①⟶②,外向箭线为②⟶③和②⟶④。

4. 节点

(1)开始节点:无内向箭线的节点,如图3-17中的①节点。

(2)结束节点:无外向箭线的节点,如图3-17中的⑥节点。

(3)中间节点:既有内向箭线又有外向箭线的节点,如图3-17中的②、③、④、⑤节点。

三、绘制双代号网络图的基本规则

绘制双代号网络图时,应正确地表达工作间的逻辑关系和引用虚工作,并遵循有关绘图的基本规则,否则,绘制的网络图就不能正确地反映工程项目的施工流程和进行时间参数的计算。绘制双代号网络图必须遵循以下基本规则:

1. 一张网络图只允许有一个开始节点和一个终点节点

例如,图3-21a)双代号网络图有两个开始节点①、②,这是不允许的。解决此问题的最简单的方法是用虚箭线把节点①与②连接起来,使网络图变成只有一个起点,见图3-21b)。

又如图3-21a)中出现了两个终点节点⑦、⑧,这也是不允许的。此时须同样增设虚箭线把节点⑦与⑧连接起来,或虚设节点⑨,将⑦、⑧连接起来使之成为一个终点节点,如图3-21b)所示。

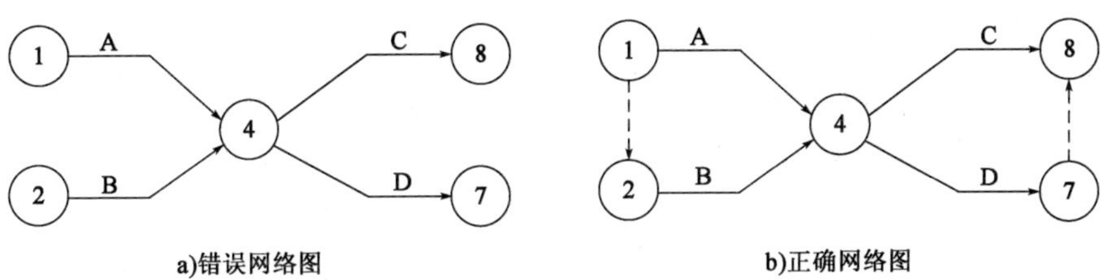

图3-21　网络图的开始、结束节点画法

2. 一对节点之间只允许存在一条箭线

在双代号网络图中,两个代号表示唯一的工作,如果一对节点之间有两条甚至更多条箭线同时存在,则无法分清这两个代号究竟代表哪一项工作。这种情况下正确的表达方法是引入虚箭线,见图3-22。

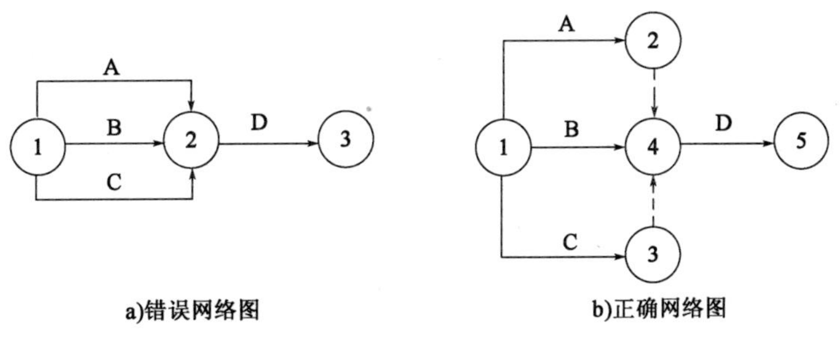

图3-22　网络图的一对节点间引入虚箭线画法

3. 不允许出现闭合回路

在网络计划图中,如果从一个节点出发沿某一条线路又能回到原出发的节点,称此线路为闭合回路。图3-23a)中节点③、④、⑤是一条闭合回路,它表示的工作关系是错误的,工艺流程相互矛盾,工作 A_2、A_3、A_4 的每一项都无法开始,也无法结束。此时若用计算机计算网络图时间参数只进行循环运行,不能输出计算结果。遇到这种情况的处理办法一般是更改箭线方向消除闭合回路,如图3-23b)所示。

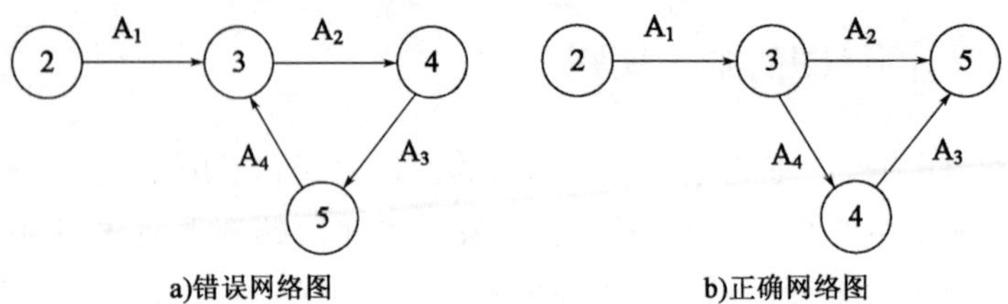

图3-23 网络图不允许出现闭合回路

4. 不允许出现线段、双向箭头,并应避免使用反向箭线

表示工程进度计划的网络图是一种施工进程方向的网状流程图,箭头方向为施工前进方向,所以不允许出现无箭头的线段和双向箭头的箭杆线。箭杆线所表达的工作需要占用时间,而时间是不可逆的,应避免使用反向箭杆线,否则容易引起闭合回路;在时标网络计划图中,更不允许出现反向箭线。

5. 布局应合理,尽量避免箭线交叉

网络图的布局调整,除应避免箭钱交叉外,还应尽量使图面整齐美观,如图3-24所示。当箭杆线交叉不可避免时,应采用“暗桥”“断线”“指向”等方法加以处理,如图3-25所示。

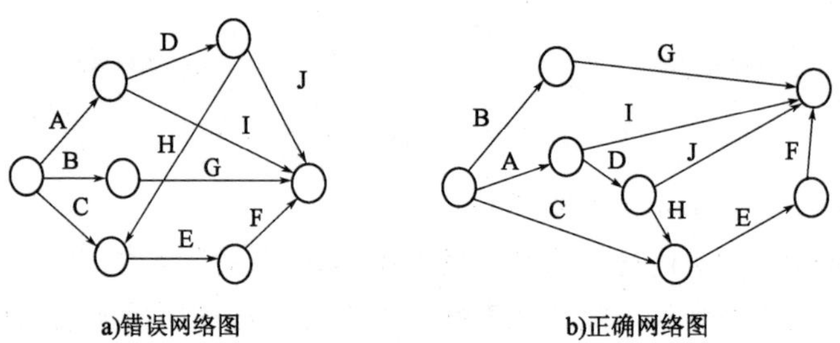

图3-24 网络图尽量避免交叉

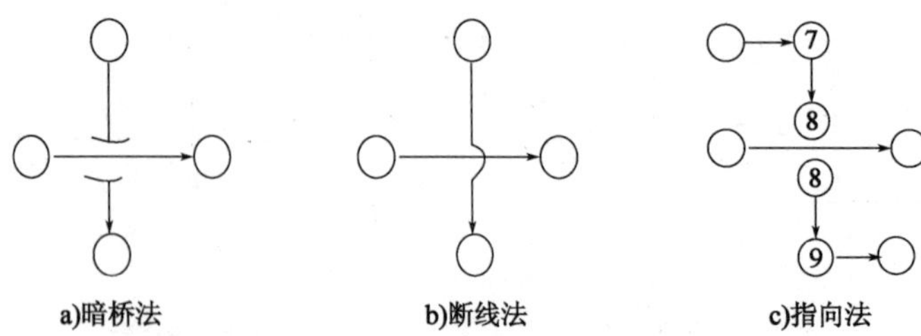

图3-25 箭杆线交叉的处理方法

四、双代号网络计划图的绘制

1. 绘制双代号网络计划图的步骤

(1)工程任务分解。

应清楚地显示计划的内容,将工程任务分解为若干个单项的工作。

(2)确定各单项工作的相互逻辑关系。

逻辑关系包括工艺逻辑关系和组织逻辑关系,即明确指出各工作在开始之前应完成哪些工作(紧前工作),或者工作结束之后有哪些工作(紧后工作)。对于一个熟悉工程任务具体情况和本单位物质技术条件的计划人员来说,找出工作之间的相互逻辑关系并不困难。

(3)确定各单项工作的持续时间。

当考虑资源和费用问题时,应给出相应的数据。确定工作的持续时间至关重要,工作持续时间的可靠性,直接影响计划的质量。若时间定的太短,则会造成人为的紧张局面,甚至工作无法完成;如果时间定的太长,又造成时间上的浪费。在确定工作的持续时间时,应不受工作重要性、指令工期等条件的约束,也就是应按正常情况下所需时间而确定。

(4)填写工作关系表。

以上三项确定之后,应将这些资料填写到工作关系表中去。通常的工作关系表的基本内容包括:工作代号、工作名称、紧后工作(或紧前工作)、持续时间等。

(5)绘制双代号网络计划草图。

草图绘制时,根据拟定的紧前工作关系,可按后退法绘制,所谓后退法即指采用从最终节点到最初节点的方法来绘制;如果拟定的是紧后工作关系,则可按前进法绘制,所谓前进法,即指从最初节点开始到最终节点的方法。当然紧前工作关系和紧后工作关系也可以相互转换。比如说:A 的紧后工作是 B,则换句话说,B 的紧前工作是 A,这两句话意思是一样的,只是表达方式不同。后续举例中,以前进法来绘制双代号网络图。

(6)整理成图。

由于绘制草图时,主要目的是表明各工作关系,所以布局上不是十分合理,同时难免会有多余虚工作等。因此需要对草图进行整理,去掉多余的虚箭线,调整位置,尽量去掉箭杆线的交叉,检查工作关系是否正确,检查是否符合绘图规则。

(7)进行节点编号。

节点编号的要求是:由小到大、从左至右,箭头的号码大于箭尾的号码,不允许重号,但可不必连续编号,以便增减新的节点。在满足节点编号规则的前提下,可按以下方法进行节点编号:

①水平编号法:从网络图起点开始,由左到右按箭线顺序编号。

②垂直编号法:从网络图起点开始,自左到右逐列由上而下编号,每列编号根据编号规则进行。

③删除箭线法:先给网络图起点编号,再在图上划去该节点引出的全部箭线,对图中剩下的没有箭线进入的节点依次编号,直到全部节点编完号为止。

2. 双代号网络图工作逻辑关系的表示方法

工作逻辑关系是工作进展中客观存在的一种先后顺序关系。在表示工程进度计划的网络图中,工作之间的逻辑关系是由施工组织、施工技术、工艺流程、资源供应、施工场地等决定的。各项工作之间逻辑关系表达正确与否,是网络计划图能否反映工程项目实际情况的关键。如果工作逻辑关系表示错了,则网络计划图的时间参数计算就会发生错误,关键线路和工程计划总工期也跟着发生错误。

要绘制一张正确反映工作逻辑关系的网络计划图,必须搞清工作之间的关系。工作之间基本的逻辑关系有三种:

(1)本项工作必须在哪些工作之前进行?

(2)本项工作必须在哪些工作之后进行?

(3)本项工作可以与哪些工作平行进行?

在工程实际的网络计划图中,各项工作之间的逻辑关系是复杂多变的,表3-2的所列的是网络计划图中常见的一些工作关系的表示方法,供绘制双代号网络计划图时参考,各工作名称以字母表示。

常见工作逻辑关系的表示方法 表3-2

序 号	工作之间的逻辑关系	网络图中的表示方法
1	A完成后同时进行B和C	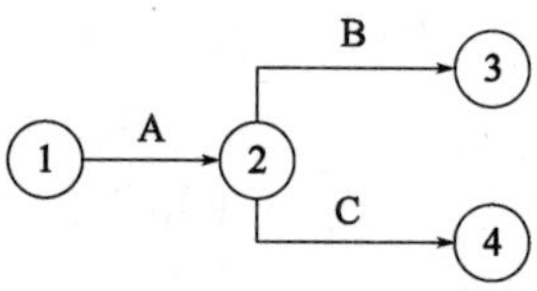
2	A和B同时完成后进行C	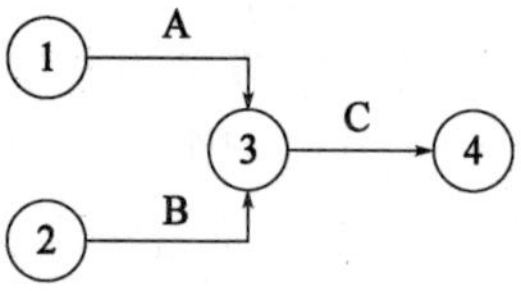
3	A和B同时完成后,同时进行C、D	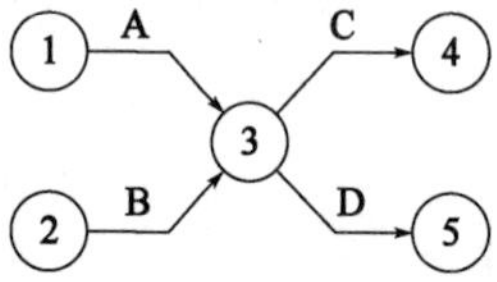
4	A完成后进行C,A和B同时完成后,同时进行D	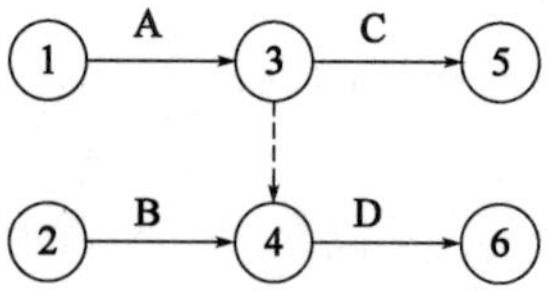
5	A和B同时完成后进行D; A和B、C同时完成后进行E; D和E同时完成后进行F	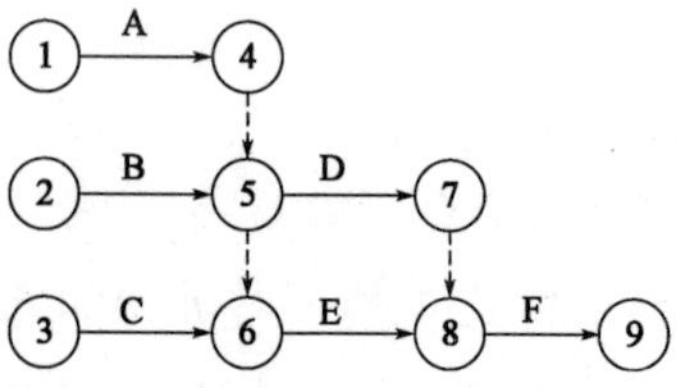

续上表

序 号	工作之间的逻辑关系	网络图中的表示方法
6	A 和 B 同时完成后进行 C； B、D 同时完成后进行 E	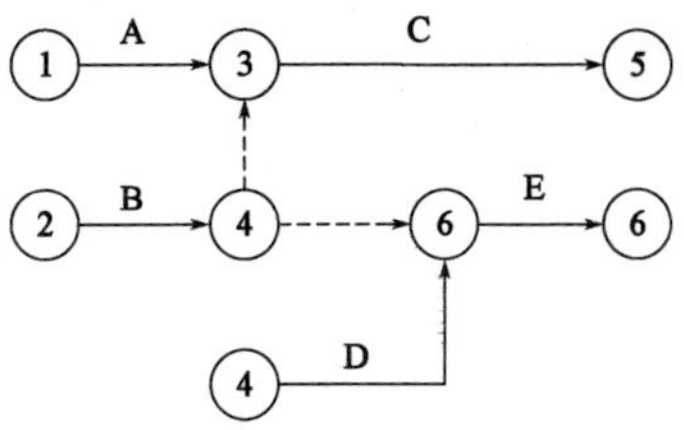
7	A 和 B、C 同时完成后进行 D； B 和 C 同时完成后进行 E	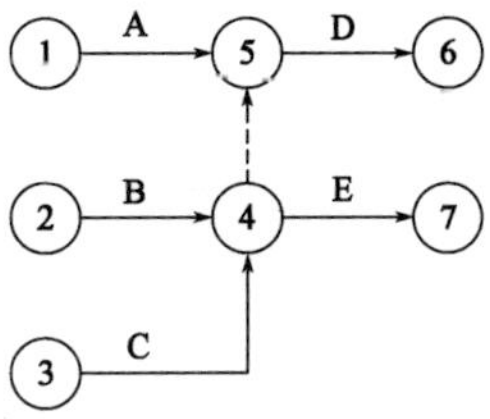
8	A 完成后进行 C； A 和 B 同时完成后进行 D； B 完成后进行 E	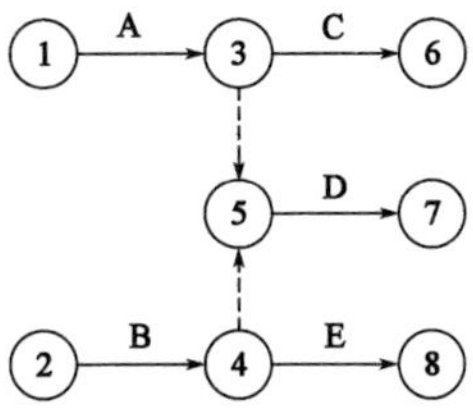
9	A 和 B 流水施工： A_1完成后进行 A_2和 B_1； A_2完成后进行 A_3； A_2和 B_1同时完成后进行 B_2； A_3和 B_2同时完成后进行 B_3	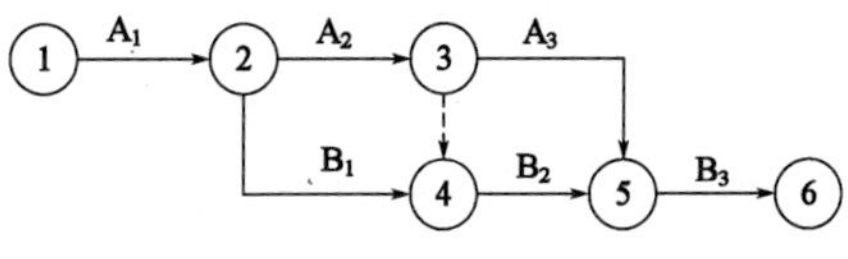

3. 虚箭线的应用

(1)虚箭线用于解决工作间逻辑关系的连接。

在表 3-2 序号 4 中，工作 A 的紧后工作为 C，工作 B 的紧后工作为 D，但工作 D 又同时是工作 A 的紧后的工作，为了把 A、D 两项工作的前后关系连接起来，需引入虚工作。虚工作的持续时间为零，A 工作完成后 D 工作才能开始。同理在表 3-2 序号 5、6、7、8 和 9 中，虚箭线都是用于工作关系的连接。

(2)虚箭线用于解决工作关系的逻辑断路问题。

绘制双代号网络计划图时，易错之处是把不该发生的工作逻辑关系连接起来，使网络图发生与实际不相符的逻辑错误。这时必须引入虚箭线隔断原来没有联系的工作，这种处理方法称为“断路法”。绘制双代号网络图时应特别注意，下面举例说明。

【例 3-5】 某桥基础工程施工可分解为挖基坑、地基处理、砌基础、回填土 4 道工序,分两个施工段流水施工。如果绘成图 3-26a)那就错了,因为第二施工段上的挖基坑(挖$_2$)与第一个施工段上砌基础(砌$_1$)不存在逻辑关系,同样填 1 与处 2 也不存在逻辑关系。正确的绘制方法应把不该发生逻辑关系的工序连接引入虚箭线断开,如图 3-26b)所示。此法在流水作业施工进度计划双代号网络图中广泛应用。

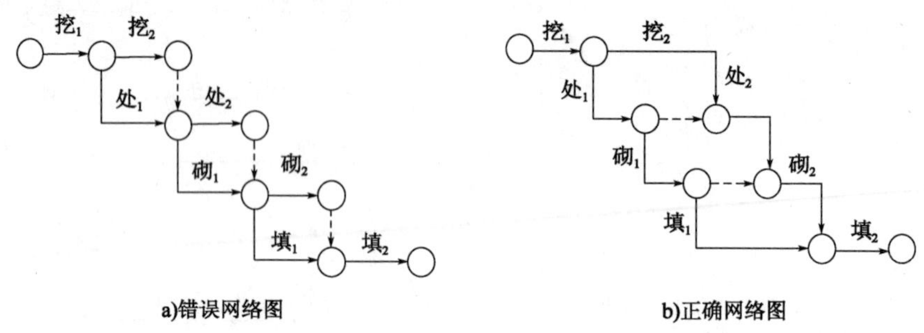

图 3-26　虚箭线在工作关系断路中的应用

(3)当两项或两项以上的工作同时开始和同时结束时,必须引入虚箭线,以免造成混乱。

图 3-26a)中,工作 B、C、D 三条箭线共用③、⑤两个节点,则代号(3,5)同时表示工作 B、C、D,这样就产生了混乱。此时需引入虚箭线才符合双代号网络图每项工作均由一根箭线和两个节点代号组成的基本含义,如图 3-27b)所示。

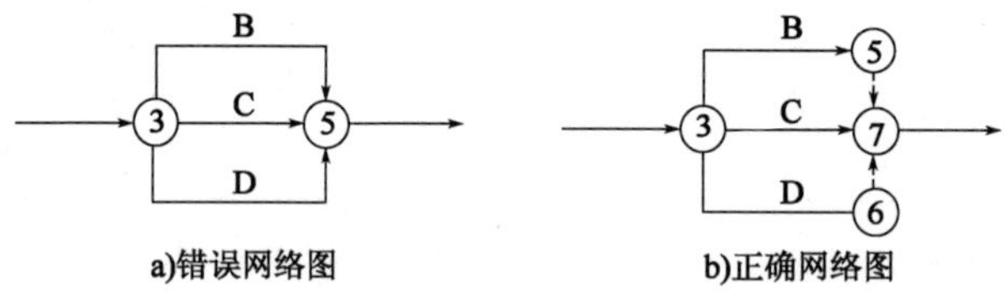

图 3-27　虚箭线在两项或两项以上同时开始同时结束工作中的应用

(4)虚箭线在不同工程项目之间工作有联系时的应用。

虚箭线在不同工程项目之间工作有联系时的应用,下面举例说明。

【例 3-6】 甲、乙两项独立的工程项目施工时,应分别绘制双代号网络图;但如果两工程的某些工序需要共用某台施工机械或某个技术班组时,可以引入虚箭线表示这些联系,如图 3-28所示。

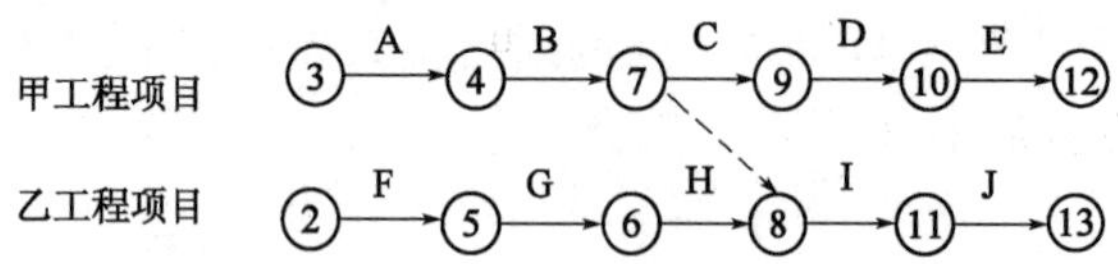

图 3-28　虚箭线在不同工程项目中的应用

从图 3-28 可以看出,乙工程项目的 I 工作不仅要等紧前工作 H 完成,而且要在甲工程项目的 B 工作也完成后才能开始。

综上所述,在绘制双代号网络计划图时,引用虚箭线是非常重要的。但是,判断在什么地方、在什么情况下引用虚箭线比较困难,一般是先增设虚箭线,待网络计划图构成以后,再删除不必要的虚箭线。因为多余的虚箭线会增加绘图工作量和计算工作量,而且还会使网络图复杂,所以应将其删除。删除多余虚箭线的方法有:

①如果虚箭线是由节点发出的唯一的外向箭线,一般应将这条虚箭线删除;但当这条虚箭线是为了区分两个或两个以上同时开始同时结束的工作时,其流水网络中的虚箭线就不能删除,如图 3-29 所示。

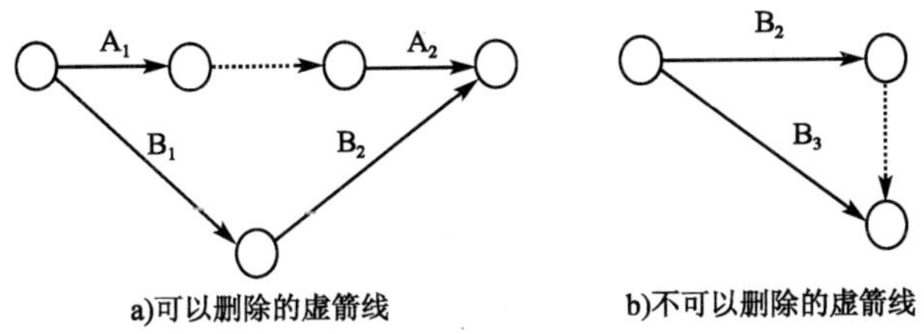

图 3-29 虚箭线处理方法之一

②当一个节点有两条虚箭线进入,一般可清除其中一条虚箭线,图 3-30 中删除了一条虚箭线。但应注意是否会改变工作关系,若改变则不能删除,如图 3-31c)中节点②的两条外向虚箭线和节点⑤的两条内向虚箭线都不能删除。

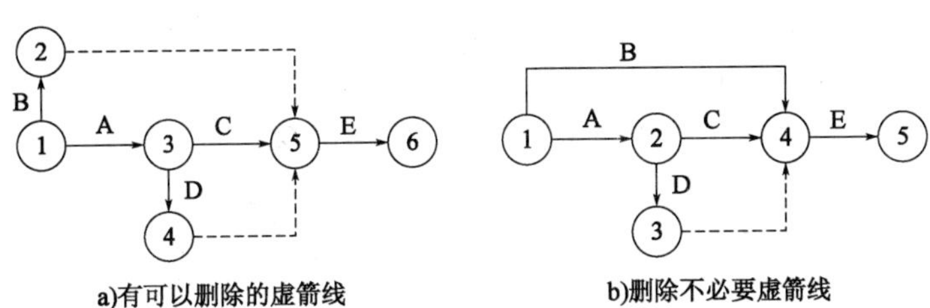

图 3-30 虚箭线处理方法之二(有可删除虚箭线)

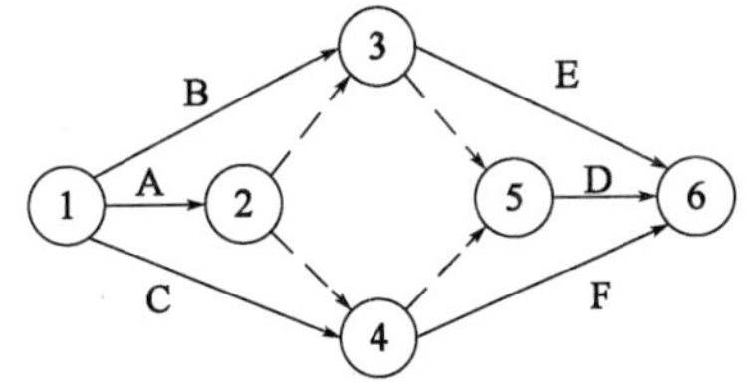

图 3-31 虚箭线处理方法之二(无可删除虚箭线)

4. 双代号网络图的绘制方法

确定工作关系及工作持续时间后,绘制网络计划图通常采用以下方法。

1)前进法

前进法是从网络图起点节点开始顺箭线方向逐节点生长绘图,直到各条线路均达到网络图的终点节点为止。一般当工作关系表中列出本工作与紧后工作的关系时,可方便地采用前进法绘网络图。前进法绘图的关键是第一步,要正确而又清楚地确定出最先开始的工作。

2)后退法

后退法是从网络图终点节点开始逆箭线方向逐节点后退,直到各条线路均退回到网络图的起点节点为止。一般当工作关系表中列出本工作与紧前工作关系时,使用后退法较为方便。后退法绘网络图的关键是后退的第一步,要正确又清楚地确定出最后结束的工作。

3)先粗后细法

在工程进度计划实际网络图绘制中,可先粗略划分工程项目,然后逐步细分,先绘制分项或分部工程的子网络图,再拼成单位工程或单项工程总网络图。因此,工程实际绘制网络计划图时应广泛采用先粗后细法。

5. 工程应用实例

【例 3-7】 某段城市道路更新工程应用实例。

某一段城市道路扩建工程,工作项目划分与工作相互关系及工作持续时间见表 3-3,试绘制其施工进度双代号网络计划图。

根据表 3-3 所列工作关系,如果采用前进法绘网络图,关键是确定 A 为开始工作,然后从表 3-3 中找出本工作的紧后工作,逐节生长绘图直至网络图的终点;若采用后退法绘制网络图,关键是确定 H 为结束工作,再从表 3-3 中寻找本工作的紧前工作,逐节后退绘图直到网络图的起点。绘制的双代号网络计划图如图 3-32 所示。

工作项目划分明细表

表 3-3

工作代号	A	B	C	D	E	F	G	H
工作名称	测量	土方工程	路基工程	安装排水设施	清理杂物	路面工程	路肩施工	清理现场
紧前工作	—	A	B	B	B	C、D	C、E	F、G
持续时间(d)	1	10	2	5	1	3	2	1

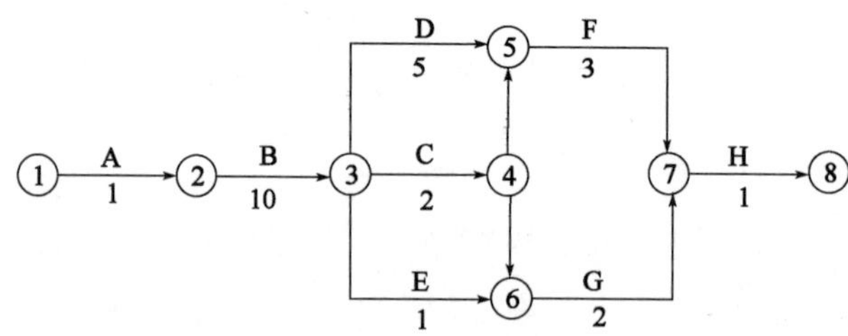

图 3-32 道路更新工程施工进度双代号网络计划图

【例 3-8】 某立交桥工程应用实例。

某合同段立交桥工程施工工期直接影响主线路基和 4 条匝道路基填筑,该工程项目的工作组成和工作间的逻辑关系及工作持续时间,如表 3-4 所示。

工 作 关 系 表 表3-4

工作代号	工 作 内 容	紧前工作	持续时间（周）	工作代号	工 作 内 容	紧前工作	持续时间（周）
A	临建工程	—	5	I	修筑预制场	E	1
B	施工组织设计	A	3	J	主梁预制	I	6
C	平整场地	A	1	K	盖梁施工	H	4
D	材料进场	B	3	L	预制场吊装设备安装	F	1
E	主桥施工放样	B	1	M	吊装准备工作	L	1
F	材质及配合比试验	C	1	N	主梁安装	J、K、M	3
G	基础工程施工	D	4	P	桥面系统施工	N	2
H	桥墩施工	G	3				

根据表3-4工作逻辑关系，利用后退法或前进法绘制某立交桥施工进度的双代号网络图，见图3-33。

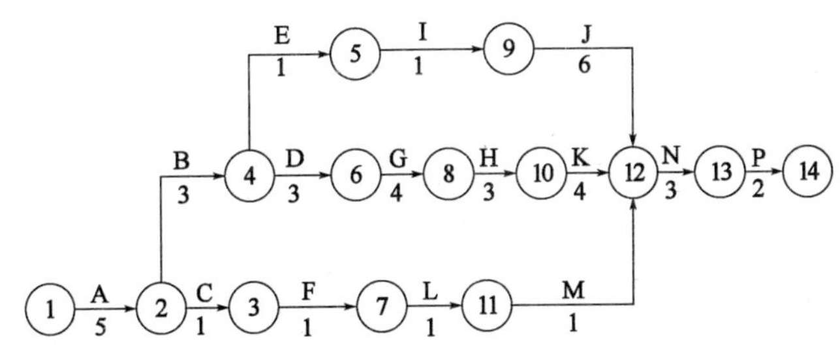

图3-33 某立交桥施工进度双代号网络图

第五节 时间参数的计算及关键线路法

一、基础知识概述

正确地绘制代表工程项目进度计划的双代号网络图，只是把工程项目各工作之间的逻辑关系用网络计划的形式表达出来。网络计划技术是一种定量分析方法，它可以为工程计划管理提供一系列重要的定量信息，而这些定量信息是通过网络计划图时间参数计算以后获得的。

1. 时间参数的计算目的

通过网络计划图时间参数的计算可以达到下列目的：

(1)确定完成整个计划的总工期，各项工作的最早可能开始时间和最早可能完成时间。

(2)确定各工作的最迟必须开始时间和最迟必须完成时间，各项工作的各种机动时间与计划中的关键工作及关键线路。

(3)是绘制时标网络计划图的基础，网络图经过时间参数计算后，才可绘制时间坐标网络计划图，以便为网络计划下达执行提供依据。

(4)是网络计划调整与优化的前提条件。时间参数计算后发现工期超出合同工期，工程费用消耗过高,由时标网络图上绘出的资源调配图看出资源供应明显不均衡等,必须对原网络计划图进行必要的调整与优化,以达到既定的计划管理目标。

2. 时间参数分类

网络计划图的时间参数按其特性可分为两类:

(1)控制性时间参数。

①最早时间系列参数包括:工作的最早可能开始时间(ES)、工作的最早可能完成时间(EF)、节点的最早可能实现时间(ET)。

②最迟时间系列参数包括:工作的最迟必须开始时间(LS)、工作的最迟必须完成时间(LF)、节点的最迟必须实现时间(LT)。

(2)协调性时间参数。

包括工作的总时差(TF)、工作的局部时差(或称工作的自由时差)(FF)、工作的相干时差(IF)、工作的独立时差(DF)。

这里所说的时差,即为工作的机动时间,它意味着一些工作适当地推迟开始或者推迟完成时,并不影响整个计划的完成时间。

3. 时间参数的计算假定

为了使网络图时间参数计算都建立在统一的网络模型上,规定时间计算的起点,必须做出以下计算假定:

(1)网络计划图中工作的持续时间是已知的,即为肯定型网络模型。

(2)工作的可能开始、完成,或者必须开始、完成的时间均以单位时间终了时刻为计算标准。

如 $ES_A = 6d$ 表示工作 A 的最早可能开始时间为第 6 天(末),又如 $LF_B = 16d$ 则表示工作 B 最迟必须在第 16 天(末)完成。工作日以时间的原点为起算点,与实际工程进度控制的日历时间有一定的差距。在日历上,$ES_A = 6d$ 表示工作 A 的最早开始时间为某月 7 日,$LF_B = 16d$ 则为工作 B 最迟必须在某月 16 日完成。

二、节点时间参数计算

1. 节点的最早可能实现时间(ET)

节点的最早可能实现时间(ET)是指以计划起始节点的时间 $ET_{(1)} = 0$ 为起点,沿着各条线路达到每一个节点的时刻,它表示该节点之前工作已经全部完成,其后的紧后工作最早可能开始的时间。用公式表示即为:

$$ET_{(j)} = \max\{ET_{(i)} + t_{(i,j)}\} \qquad j = 2,3,4\cdots,n \tag{3-9}$$

式中:$t_{(i,j)}$——工作(i,j)的持续时间;

n——网络计划图中终点节点的编号。

按上式计算得到终点节点的最早可能实现时间即是计划(算)工期,即 $ET_{(n)} = T$。

2. 节点的最迟必须实现时间(LT)

节点的最迟必须实现时间(LT)是指在计划工期确定的情况下,从网络计划图结束节点开始，逆向推算可得各节点的最迟实现时间。先给定 $LT_{(n)} = ET_{(n)} = T$，由此递推：

$$LT_{(i)} = \min\{LT_{(j)} - t_{(i,j)}\} \qquad i = n-1, n-2, \cdots, 2, 1, j-1 > 1 \tag{3-10}$$

3. 节点时间参数计算步骤

(1)设起始节点的最早可能实现时间 $ET_{(1)} = 0$，顺箭头计算各节点的最早可能实现时间 $ET_{(j)}$；如果是汇集节点，即有多条箭线进入的节点，则应对进入节点的各条箭线分别进行计算，然后取其中最大值作为该节点的 ET 值；继续计算直到终点节点得到最早可能实现时间 $LT_{(n)}$。

(2)终点节点的最早可能实现时间 $ET_{(n)} = T$，即等于计划工期。

(3)设终点节点的最迟必须实现时间 $LT_{(n)} = ET_{(n)}$，逆箭头计算各节点的最迟必须实现时间 $LT_{(i)}$；如果是分枝节点，即有多条箭线发出的节点，则应对发出节点的各条箭线分别进行计算，然后取其中最小值作为该节点的 LT 值；继续计算直到起始节点。

三、工作时间参数计算

1. 工作的最早可能开始时间(ES)

工作的最早可能开始时间(ES)是指一项工作在其紧前工作都结束后，可以开始工作的最早时间。很显然工作(i,j)的最早可能开始时间就等于该工作箭尾节点 i 的最早可能实现时间，即：

$$ES_{(i,j)} = ET_{(i)} \tag{3-11}$$

2. 工作的最早可能结束时间(EF)

正常情况下，工作(i,j)若能在最早可能开始时间开始，对应就有一个最早可能结束时间，它就等于箭尾节点的最早可能实现时间或者工作的最早可能开始时间加上工作(i,j)的持续时间 $t_{(i,j)}$，即：

$$EF_{(i,j)} = ES_{(i,j)} + t_{(i,j)} \tag{3-12}$$

3. 工作的最迟必须结束时间(LF)

工作的最迟必须结束时间(LF)是指一项工作在不影响工程按总工期结束的条件下，最迟必须结束的时间，它必须在紧后工作开始之前完成。从工作终点节点逆箭线计算，工作(i,j)最迟必须结束时间应等于节点 j 的最迟必须实现时间，即：

$$LF_{(i,j)} = LT_{(j)} \tag{3-13}$$

4. 工作的最迟必须开始时间(LS)

正常情况下，与工作的最迟必须结束时间相对应的有工作的最迟必须开始时间。它为工作最迟结束时间减去该工作的持续时间。

$$LS_{(i,j)} = LF_{(i,j)} - t_{(i,j)} \tag{3-14}$$

四、工作的时差计算

时差反映工作在一定条件下的机动时间范围。通常分为总时差、局部时差、相关时差和独立时差。

1. 总时差(TF)

工作的总时差$TF_{(i,j)}$是指在不影响任何一个紧后工作的最迟开始时间的条件下,工作(i,j)所拥有的最大机动时间。具体地说,它是在保证本工作以最迟完成时间完工的前提下,允许该工作推迟其最早开始时间或延长其持续时间的幅度。工作(i,j)的总时差计算公式如下:

$$\begin{aligned} TF_{(i,j)} &= LT_{(j)} - ET_{(i)} - t_{(i,j)} = LF_{(i,j)} - ES_{(i,j)} - t_{(i,j)} \\ &= LS_{(i,j)} - ES_{(i,j)} = LF_{(i,j)} - EF_{(i,j)} \end{aligned} \tag{3-15}$$

由式(3-15)看出,对任何一项工作(i,j),其总时差可能有三种情况:

(1)$TF_{(i,j)}>0$,说明该工作存在机动时间。

(2)$TF_{(i,j)}=0$,说明该工作没有机动时间。

(3)$TF_{(i,j)}<0$,说明该工作存在负时差,计划工期长于规定工期,应采取技术或组织措施予以缩短,确保计划总工期。

2. 局部时差(FF)

工作的局部时差$FF_{(i,j)}$也称自由时差,是指在不影响其紧后工作的最早可能开始时间的条件下,工作(i,j)所具有的机动时间。具体地说,它是在不影响紧后工作按最早开始时间开工的前提下,允许该工作推迟最早开始时间或延长其持续时间的幅度。工作(i,j)的局部时差计算公式如下:

$$FF_{(i,j)} = ET_{(j)} - ET_{(i)} - t_{(i,j)} \tag{3-16}$$

3. 相干时差(IF)

工作的相干时差$IF_{(i,j)}$是指可以与紧后工作共同利用的机动时间。具体地说,是在工作总时差中,除局部时差外剩余的那部分时差。工作(i,j)的相干时差计算公式如下:

$$IF_{(i,j)} = TF_{(i,j)} - FF_{(i,j)} = LT_{(j)} - ET_{(j)} \tag{3-17}$$

4. 独立时差(DF)

工作的独立时差$DF_{(i,j)}$是指为本工作所独有而其前后工作不可能利用的时差。具体地说,它是在不影响紧后工作且按照最早开始时间开工的前提下,允许该工作推迟其最迟开时间或延长其持续时间的幅度。其计算公式如下:

$$DF_{(i,j)} = ET_{(j)} - LT_{(i)} - t_{(i,j)} = FF_{(i,j)} - IF_{(h,i)} \qquad n < i \tag{3-18}$$

式中:$IF_{(h,j)}$——紧前工作的相干时差。

当$DF_{(i,j)}<0$时,取$DF_{(i,j)}=0$。

综上所述,4 种工作时差的形成条件和相互关系如图 3-34 所示。

(1)总时差对其紧前工作和紧后工作均有影响。

(2)一项工作的局部时差只限于本工作利用,不能转移给紧后工作利用。它对紧后工作的时差无影响,但对其紧前工作有影响,如运用,将使紧前工作时差减少。

(3)一项工作的相干时差对其紧前工作无影响,但对紧后工作的时差有影响,如果动用该时差,将使紧后工作的时差减少或消失。它可以转让给紧后工作,变为紧后工作的局部时差而被利用。

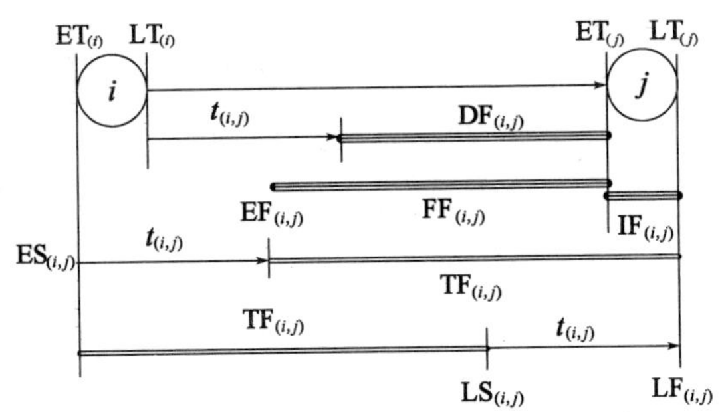

图 3-34　时间参数关系图

(4)一项工作的独立时差只能被本工作使用,如动用,对其紧前工作和紧后工作均无影响。

五、关键线路

1. 线路

线路是指网络计划图中沿箭线方向由开始节点至结束节点的一系列节点箭线组成的通路。每条线路均由一些工作组成,这些工作持续时间之和就是这条线路的长度。

2. 关键线路

网络图的各条线路中,持续时间之和最长的线路即为关键线路。关键线路上的工作称为关键工作。

3. 非关键线路

网络计划图中除关键线路以外的线路,即为非关键线路。非关键线路中存在时差的工作称为非关键工作。非关键线路上的工作并非全都是非关键工作。

4. 关键线路的确定

确定关键线路的方法有很多,下面介绍两种简单易行的方法:

(1)关键线路上所有工作的总时差均为零,反过来,如果工作的总时差为零,则它必是关键工作。由此,只要连接网络计划中总时差为零的工作,就可以确定出关键线路。

(2)关键线路上所有节点的两个时间参数均相等,反过来,如果节点的两个时间参数相等,该节点一定是关键线路上的节点,即成为关键线路上的关键节点。但是由任意两个关键节点组成的工作,并非一定是关键工作。如果由此判别还需加上条件:箭尾节点时间 + 工作持续时间 = 箭头节点时间。同时满足上述两个条件的工作,即为关键工作。

5. 关键线路的特性

(1)关键线路上各工作的总时差均为零。

(2)关键线路在网络计划中不一定只有一条,有时存在多条,但关键工作所占比重并不大。据资料统计,对于一个具有 100 项工作的网络计划,它的关键工作数目约有 12 ~ 15 项;一个具有 1000 项工作的网络计划,关键工作的数目约是 70 ~ 80 项;而一个具有 5000 项工作的网络计划,关键工作数目仅约有 150 ~ 160 项。确定关键线路就有可能使工程项目的管理者集中精力抓住主要矛盾,搞好计划管理工作。

(3)非关键工作如果将总时差全部用完,就会转化为关键工作。

(4)当非关键线路延长的时间超过它的总时差,关键线路就转变为非关键线路。

六、时间参数的计算方法

1. 计算方法概述

(1)列式计算法。

列式计算法是根据各项时间参数的计算公式,逐一计算的方法。该法是网络计划时间参数计算的基本方法。

(2)图上计算法。

图上计算法是按照各时间参数计算公式,直接在网络图上计算时间参数的方法。由于计算过程在图上直接进行,不需列计算式,既快又不易出错,计算结果直接标在网络图上。此法只限于对简单网络计划图的认识、理解、计算,不适合于大型网络计划图的时间参数计算。

(3)电算法。

由于网络计划技术是一个数学模型,可以采用电子计算机进行计算,电算法是按照各时间参数的计算公式编制电算程序,计算网络图的各项时间参数,适合于大型网络计划图的时间参数计算。

2. 图算法计算双代号网络图时间参数

(1)节点时间参数的计算。

①计算节点最早时间(ET):

【例 3-9】 以图 3-35 所示的双代号网络图为例,计算各节点的时间参数。计算最早可能实现时间如下,并按节点时间参数计算图例规定标注在图 3-35 上。

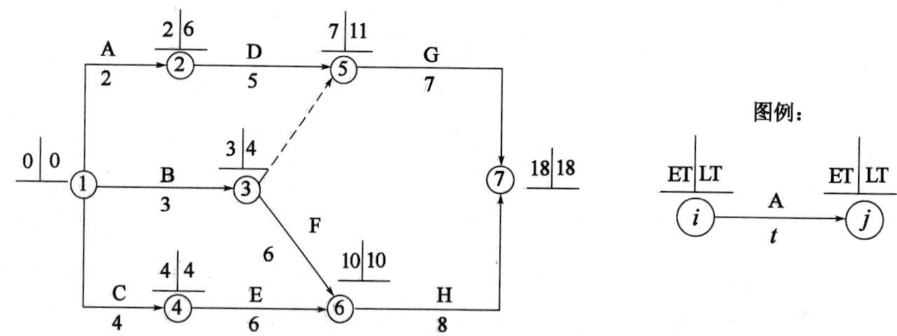

图 3-35 节点时间参数计算

$ET_{(1)}=0$,其他节点根据式(3-10)计算得:

$$ET_{(2)}=ET_{(1)}+t_{(1,2)}=0+2=2$$
$$ET_{(3)}=ET_{(1)}+t_{(1,3)}=0+3=3$$
$$ET_{(4)}=ET_{(1)}+t_{(1,4)}=0+4=4$$

$$ET_{(5)}=\max\begin{Bmatrix}ET_{(2)}+t_{(2,5)}=2+5=7\\ET_{(3)}+t_{(3,5)}=3+0=3\end{Bmatrix}=7$$

$$ET_{(6)}=\max\begin{Bmatrix}ET_{(3)}+t_{(3,6)}=3+6=9\\ET_{(4)}+t_{(4,6)}=4+6=10\end{Bmatrix}=10$$

$$ET_{(7)}=\max\begin{Bmatrix}ET_{(5)}+t_{(5,7)}=7+7=14\\ET_{(6)}+t_{(6,7)}=10+8=18\end{Bmatrix}=18$$

网络图终点ⓝ的最早可能实现时间就是计划的总工期 T，即 $T=ET(n)$，因此，图 3-35 双代号网络计划图的总工期 $T=18$。

②计算节点最迟时间(LT)：

以图 3-35 双代号网络图为例，计算各节点的最迟必须实现时间，并将计算结果标注在图例规定的位置。

$LT_{(7)}=ET_{(7)}=18$，其他节点按式(3-10)计算如下：

$$LT_{(6)}=LT_{(7)}-t_{(6,7)}=18-8=10$$
$$LT_{(5)}=LT_{(7)}-t_{(5,7)}=18-7=11$$
$$LT_{(4)}=LT_{(6)}-t_{(4,6)}=10-6=4$$
$$LT_{(3)}=\begin{Bmatrix}LT_{(5)}-t_{(3,5)}=11-0=11\\LT_{(6)}-t_{(3,6)}=10-6=4\end{Bmatrix}=4$$
$$LT_{(2)}=LT_{(5)}-t_{(5,2)}=11-5=6$$
$$LT_{(1)}=\min\begin{Bmatrix}LT_{(2)}-t_{(1,2)}=6-2=4\\LT_{(3)}-t_{(1,3)}=4-3=1\\LT_{(4)}-t_{(1,4)}=4-4=0\end{Bmatrix}=0$$

(2)工作时间参数计算。

①工作最早可能开始时间(ES)：

工作的最早可能开始时间按照式(3-11)计算结果如下，并标注在图 3-36 上。

$ES_{(1,2)}=ET_{(1)}=0$　　$ES_{(4,6)}=ET_{(4)}=4$

$ES_{(1,3)}=ET_{(1)}=0$　　$ES_{(3,6)}=ET_{(3)}=3$

$ES_{(1,4)}=ET_{(1)}=0$　　$ES_{(5,7)}=ET_{(5)}=7$

$ES_{(2,5)}=ET_{(2)}=2$　　$ES_{(6,7)}=ET_{(6)}=10$

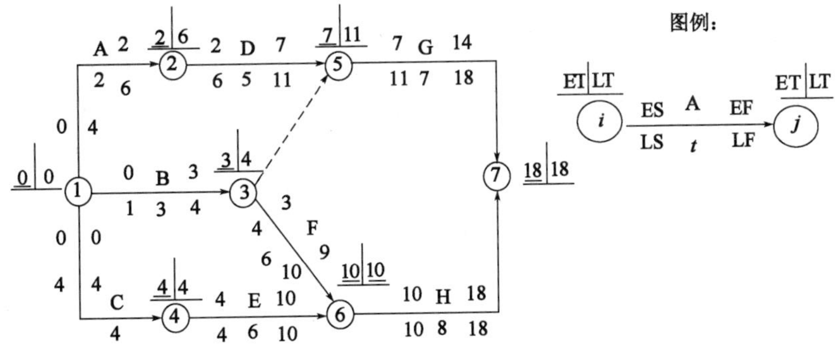

图 3-36　工作时间参数计算

②工作最早可能结束时间(EF)计算:

工作的最早可能结束时间按照式(3-12)计算结果如下,并标注在图3-36上。

$EF_{(1,2)}=ES_{(1,2)}+t_{(1,2)}=0+2=2$　　$EF_{(1,3)}=ES_{(1,3)}+t_{(1,3)}=0+3=3$

$EF_{(1,4)}=ES_{(1,4)}+t_{(1,4)}=0+4=4$　　$EF_{(2,5)}=ES_{(2,5)}+t_{(2,5)}=2+5=7$

$EF_{(3,6)}=ES_{(3,6)}+t_{(3,6)}=3+6=9$　　$EF_{(4,6)}=ES_{(4,6)}+t_{(4,6)}=4+6=10$

$EF_{(5,7)}=ES_{(5,7)}+t_{(5,7)}=7+7=14$　　$EF_{(6,7)}=ES_{(6,7)}+t_{(6,7)}=10+8=18$

③工作最迟必须结束时间(LF):

工作最迟必须结束时间按照式(3-13)计算结果如下,并标注在图3-36上。

$LF_{(1,2)}=LT_{(2)}=6$　　$LF_{(4,6)}=LT_{(6)}=10$

$LF_{(1,3)}=LT_{(3)}=4$　　$LF_{(3,6)}=LT_{(6)}=10$

$LF_{(1,4)}=LT_{(4)}=4$　　$LF_{(5,7)}=LT_{(7)}=18$

$LF_{(2,5)}=LT_{(5)}=11$　　$LF_{(6,7)}=LT_{(7)}=18$

④工作最迟必须开始时间(LS):

工作最迟必须开始时间按照式(3-14)计算结果如下,并标注在图3-36上。

$LS_{(1,2)}=LF_{(1,2)}-t_{(1,2)}=6-2=4$　　$LS_{(1,3)}=LF_{(1,3)}-t_{(1,3)}=4-3=1$

$LS_{(1,4)}=LF_{(1,4)}-t_{(1,4)}=4-4=0$　　$LS_{(2,5)}=LF_{(2,5)}-t_{(2,5)}=11-5=6$

$LS_{(3,6)}=LF_{(3,6)}-t_{(3,6)}=10-6=4$　　$LS_{(4,6)}=LF_{(4,6)}-t_{(4,6)}=10-6=4$

$LS_{(5,7)}=LF_{(5,7)}-t_{(5,7)}=18-7=11$　　$LS_{(6,7)}=LF_{(6,7)}-t_{(6,7)}=18-8=10$

⑤网络图工作时间参数的计算步骤总结:

工作参数的计算以控制性参数——节点参数为依据,在节点参数的图例中,起点到终点的节点参数符合从小到大排列的规律,因此最左边的为$ET_{(i)}$,最右边的为$LT_{(j)}$,称[$ET_{(i)}$,$LT_{(j)}$]为工作(i,j)的时间边界。

工作的最早可能时间就是在图例中向左看齐,让开始时间对准起点的$ET_{(i)}$(左边界),则最早完成时间为在左边界上加一个持续时间$t_{(i,j)}$。

工作的最迟时间就是在图例中向右看齐,让结束时间对准起点的$LT_{(i)}$(右边界),则最迟开始时间为在右边界上减去一个持续时间$t_{(i,j)}$。

(3)时差参数计算。

①工作的总时差(TF):

工作的总时差按式(3-15)计算结果如下,并标注在网络图3-37上。

$TF_{(1,2)}=LS_{1,2)}-ES_{(1,2)}=4-0=4=LT_{(2)}-ET_{(1)}-t_{(1,2)}=6-0-2=4$

$TF_{(1,3)}=LS_{(1,3)}-ES_{(1,3)}=1-0=1=LT_{(3)}-ET_{(1)}-t_{(1,3)}=4-0-3=1$

$TF_{(1,4)}=LS_{(1,4)}-ES_{(1,4)}=0-0=0=LT_{(4)}-ET_{(1)}-t_{(1,4)}=4-0-4=0$

$TF_{(2,5)}=LS_{(2,5)}-ES_{(2,5)}=6-2=4=LT_{(5)}-ET_{(2)}-t_{(2,5)}=11-2-5=4$

$TF_{(3,6)}=LS_{(3,6)}-ES_{(3,6)}=4-0=4=LT_{(6)}-ET_{(3)}-t_{(3,6)}=6-0-2=4$

$TF_{(4,6)}=LS_{(4,6)}-ES_{(4,6)}=4-4=0=LT_{(6)}-ET_{(4)}-t_{(4,6)}=10-4-6=0$

$TF_{(5,7)}=LS_{(5,7)}-ES_{(5,7)}=4-0=4=LT_{(7)}-ET_{(5)}-t_{(5,7)}=18-7-7=4$

$TF_{(6,7)}=LS_{(6,7)}-ES_{(6,7)}=10-10=0=LT_{(7)}-ET_{(6)}-t_{(6,7)}=18-10-8=0$

②工作的局部时差(FF):

工作的局部时差按式(3-16)计算结果如下，并标注在图3-37上。

$$FF_{(1,2)}=ET_{(2)}-ET_{(1)}-t_{(1,2)}=2-0-2=0$$
$$FF_{(1,3)}=ET_{(3)}-ET_{(1)}-t_{(1,3)}=3-0-3=0$$
$$FF_{(1,4)}=ET_{(4)}-ET_{(1)}-t_{(1,4)}=4-0-4=0$$
$$FF_{(2,5)}=ET_{(5)}-ET_{(2)}-t_{(2,5)}=7-2-5=0$$
$$FF_{(3,6)}=ET_{(6)}-ET_{(3)}-t_{(3,6)}=10-3-6=1$$
$$FF_{(4,6)}=ET_{(6)}-ET_{(4)}-t_{(4,6)}=10-4-6=0$$
$$FF_{(5,7)}=ET_{(7)}-ET_{(5)}-t_{(5,7)}=18-7-7=4$$
$$FF_{(6,7)}=ET_{(7)}-ET_{(6)}-t_{(6,7)}=18-10-8=0$$

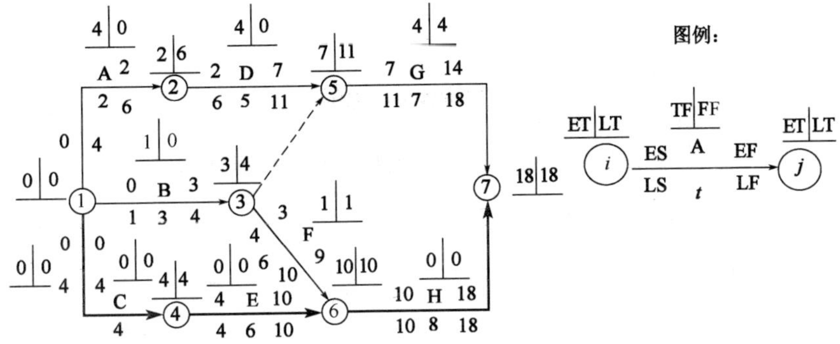

图3-37　时差参数计算

工作局部时差有以下主要特点：

a. 工作的局部时差总是小于或等于其总时差，即 $FF_{(i,j)} \leqslant TF_{(i,j)}$。

b. 使用工作的局部时差，对紧后工作的最早可能开始时间没有任何影响。

c. 工作的局部时差用于控制工程项目实施过程中的中间进度或称为形象进度，即用来掌握网络计划图中各项工作的最早时间，以便控制计划各阶段按期完成。

③工作的相干时差(IF)：

工作的相干时差按式(3-17)计算如下：

$$IF_{(1,2)}=TF_{(1,2)}-FF_{(1,2)}=4-0=4$$
$$IF_{(1,3)}=TF_{(1,3)}-FF_{(1,3)}=1-0=1$$
$$IF_{(1,4)}=TF_{(1,4)}-FF_{(1,4)}=0-0=0$$
$$IF_{(2,5)}=TF_{(2,5)}-FF_{(2,5)}=4-0=4$$
$$IF_{(3,6)}=TF_{(3,6)}-FF_{(3,6)}=4-1=3$$
$$IF_{(4,6)}=TF_{(4,6)}-FF_{(4,6)}=0-0=0$$
$$IF_{(5,7)}=TF_{(5,7)}-FF_{(5,7)}=4-4=0$$
$$IF_{(6,7)}=TF_{(6,7)}-FF_{(6,7)}=0-0=0$$

④工作的独立时差(DF)：

工作的独立时差按式(3-18)计算如下：

$$DF_{(1.2)}=ET_{(2)}-LT_{(1)}-t_{(1.2)}=2-0-2=0$$
$$DF_{(1.3)}=ET_{(3)}-LT_{(1)}-t_{(1.3)}=3-0-3=0$$

$DF_{(1.4)} = ET_{(4)} - LT_{(1)} - t_{(1.4)} = 4 - 0 - 4 = 0$

$DF_{(2.5)} = ET_{(5)} - LT_{(2)} - t_{(2.5)} = 7 - 6 - 5 = 0$,小于0,取0

$DF_{(3.6)} = ET_{(6)} - LT_{(3)} - t_{(3.6)} = 10 - 4 - 6 = 0$

$DF_{(4.6)} = ET_{(6)} - LT_{(4)} - t_{(4.6)} = 10 - 4 - 6 = 0$

$DF_{(5.7)} = ET_{(7)} - LT_{(5)} - t_{(5.7)} = 18 - 11 - 7 = 0$

$DF_{(6.7)} = ET_{(7)} - LT_{(6)} - t_{(6.7)} = 18 - 10 - 8 = 0$

综上所述,工作时差的计算有十分重要的意义,计划管理人员根据时差的大小来协调施工组织,控制项目的总工期。可在时差范围内改变工作的开始或完成时间以达到施工均衡性的目的;或在机动时间内适当增加非关键工作的持续时间,相应地将其部分劳动力和设备、材料转移到关键工作中去,以确保关键工作按期完成,从而达到按期或提前完成工程进度计划的目的。

⑤工作时差参数的计算步骤:

网络图工作时间参数的计算采用图算法计算时差参数,主要是避免抽象记忆计算公式,而是利用图例的相对位置理解参数的计算过程和方法。因此计算步骤为:

a. 掌握计算工作参数的左右时间边界,找到节点参数从小到大排列的规律,分清左边最小,右边最大。

b. 通过"最右边减去最左边再减去时间"或者"最大值减去最小值再减去时间"即可求出总时差数值大小,即工作的总时差等于箭头节点最迟时间减去箭尾节点最早时间再减去其工作的持续时间。

c. 通过"两节点上左边时间相减再减去时间"或者"左边相减再减时间"的方法即可求出局部时差的数值大小,即工作的局部时差等于箭头节点最早时间减去箭尾节点最早时间再减去其工作的持续时间。

(4)关键线路的特性。

①判别关键工作:

使用总时差判断关键工作的充要条件是:$TF_{(i,j)} = 0$。

如图3-37中①→④→⑥→⑦即为关键线路,关键线路一般在图中以双箭线或用加粗线标明。

②关键工作与非关键工作区别。

关键线路上的工作称为关键工作。关键工作没有任何机动时间,即工作的总时差为零。在网络计划中除了关键线路之外的线路称为非关键线路,在非关键线路中总是存在有一定数量的时差,其中存在时差的工作称为非关键工作。值得注意的是非关键线路并不是全由非关键工作组成,在网络图的任何一条线路中,只要有一项非关键工作,则这条线路就是非关键线路,其线路长度小于关键线路长度。所以,只有全部由关键工作组成的线路才能构成关键线路,即关键工作连成关键线路,不在关键线路上的工作则为非关键工作。

网络计划图中的每个节点都有两个时间参数,即最早可能实现时间和最迟必须实现时间。利用节点时间参数来确定关键线路时,首先要判别节点是否为关键节点,如果节点最早可能实现时间等于节点最迟必须实现时间,即 $ET_{(j)} = LT_{(j)}$,则称节点 j 为关键节点;其次要判断两个关键节点之间的工作是否构成关键工作,其判别式为:

箭尾节点时间 + 工作持续时间 = 箭头节点时间

如果上式成立,则这项工作为关键工作,否则就是非关键工作。

计算网络计划时间参数的目的之一是找出计划中的关键线路。找出了关键线路也就抓住了工程进度计划的主要矛盾,这样就可使工程管理人员在施工的组织和管理工作中做到心中有数。

第六节　时间坐标网络计划

一、时间坐标网络计划的概念

时间坐标网络计划,简称时标网络计划,是网络计划的另一种表达形式。前面所介绍的网络计划是一般网络计划。在一般网络计划中,工作的持续时间由箭杆线下方标注的时间来表明,箭杆线的长短与时间无关,这种网络计划的好处是修改起来方便。工作顺序、相互间关系及时间要求变动时,改动网络计划很方便。但是因为没有时间坐标,看起来就不直观,不能清楚地在网络计划图上直接看出各项工作的开始时间和结束时间。

为了克服一般网络计划所存在的不足,就产生了时间坐标网络计划。与一般网络计划相比,时标网络计划更能够表达进度计划中各项工作之间恰当的时间关系,使网络计划图易于理解、方便应用,其箭杆线的长短和所在位置表示着工作的时间进程。此外,时标网络计划还是计划管理人员分析计划和对网络计划进行优化的有力工具。

1. 时标网络计划的特点

(1)时标网络计划结合了横道图和网络图的优点,既有通常使用的横道图的时间比例,又具有网络图中的逻辑关系,能直观地反映出整个计划的时间进程。

(2)时标网络计划能直接反映出各项工作的开始和结束时间、机动时间及网络计划中的关键线路。在计划执行过程中,可以随时查出哪些工作已经完成,哪些工作正在进行及哪些工作将要开始。

(3)由于时标网络计划图能清楚地表示出哪些工作需要同时进行,因此可以确定在同一时间内对劳动力、材料和机械设备等资源的需要量。

(4)通过优化调整后的时标网络计划,可以直接作为进度计划下达到执行单位使用。

(5)时标网络计划的调整比较麻烦,当情况发生变化时,如资源的变动或工期拖延后要对时标网络计划进行修改时,因为改变工作持续时间就需要改变箭杆线的长度和节点的位置,这样往往因移动局部几项工作而牵动整个网络计划。

2. 时标网络计划的应用

(1)利用时标网络可以方便地编制工作项目少并且工艺过程较简单的施工进度计划,编制中能迅速地边计算、边绘制、边调整。

(2)对于大型复杂的工程,可以先用时标网络计划的形式绘制各分部工程的网络计划,然后再综合起来绘制出比较简明的总网络计划。也可以先编制一个总的施工网络计划,然后每隔一段时间,再对下一阶段应开始的分部工程绘制详细的时标子网络计划图。在执行过程中,如果时间有变化,则不必改动整个网络计划图,而只对这阶段分部工程的子网络图计划进行修订就可以了。

(3)由于时间坐标网络计划清楚、直观,能直接表示各项工作的时间进程,所以可将已编制并计算优化好的一般网络计划绘制成时标网络计划,并作为进度计划下达执行。

二、时间坐标网络计划图的绘制

时间坐标网络计划图可以按节点最早时间和节点最迟时间标画。这种时标网络计划图主要供计划管理人员分析计划和实施资源优化之用。

1.按节点最早时间绘制时标网络图

(1)绘制前,首先对一般网络计划进行计算,求出各节点的时间参数作为绘制时标网络图的依据,并确定关键线路。

(2)做出时间坐标,网络起点节点定位在时标网络计划图的起始刻度线上,将关键线路上的关键工作所对应的节点定位于时间坐标的刻度线上,并绘制于图中适当的位置。

(3)按工作的最早可能实现时间将各节点绘制在相应的时间坐标刻度上,自左向右依次确定其他节点的位置,直至终点节点。

(4)用实线水平投影长度表示工作持续时间,其他不足以到达该节点的实箭线用波形线补足,波形线靠右画。

(5)虚工作应绘制成垂直的虚箭线,若虚箭线的开始节点与结束节点之间有水平距离时,用波形线补足,波形线的长度为该虚工作的自由时差。

【例 3-10】 按节点最早时间绘制时标网络图。

绘制无时标双代号网络图,如图 3-38 所示,计算时间参数(此处略),确定关键线路①→②→⑤→⑦→⑨。

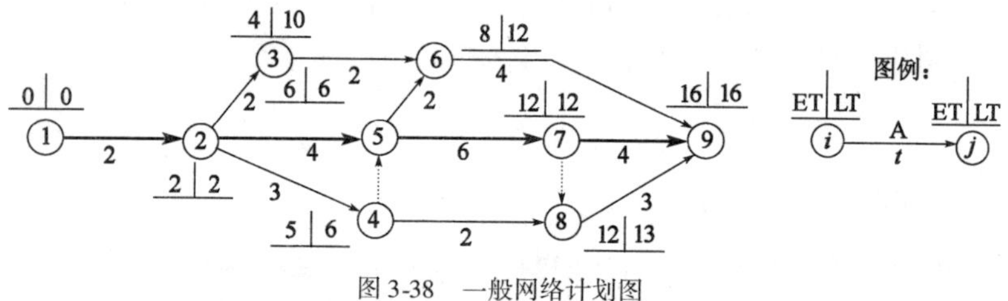

图 3-38　一般网络计划图

现按节点最早时间将各节点准确定位在时间坐标的刻度上,并按上述步骤把它绘制成时标网络计划图,见图 3-39。

按节点最早时间绘制的时标网络计划图,需要注意:

①时标网络计划图中所有节点的位置,应按节点的最早可能实现时间绘制在相应的时间坐标上。

②工作用实箭线表示,实箭线的长短表示工作持续时间的长度;虚工作仍用虚箭线表示;工作的机动时间用波浪线表示。

③时间坐标网络计划图中各节点的纵向位置没有时间的含意。

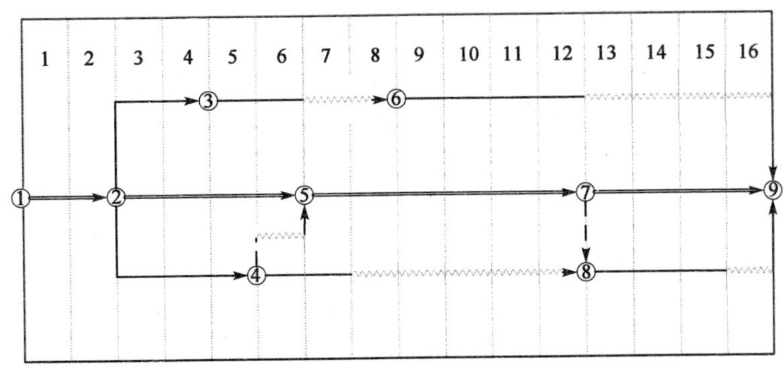

图 3-39　按节点最早时间绘制的时标网络

2.按节点最迟时间绘制时标网络图

这里仍以图 3-38 所示一般网络计划为例,来按节点最迟必须实现时间绘制成时标网络,画法步骤如下:

(1)首先对一般网络计划进行计算,求出各节点的时间参数作为绘制时标网络图的依据,并确定关键线路。

(2)做出时间坐标,网络起点节点定位在时标网络计划图的起始刻度线上,将关键线路上的关键工作所对应的节点定位于时间坐标的刻度线上,并绘制于图中适当的位置。

(3)按工作的最早可能实现时间将各节点绘制在相应的时间坐标刻度上,自右向左依次确定其他节点的位置,直至起点节点。

(4)用实线水平投影长度表示工作持续时间,其他不足以到达该节点的实箭线用波形线补足,波形线靠左画。

(5)虚工作应绘制成垂直的虚箭线,若虚箭线的开始节点与结束节点之间有水平距离时,用波形线补足,波形线的长度为该虚工作的自由时差。

图 3-40 所示为按节点最迟时间绘制的时标网络计划图。同样应注意,时标网络计划图中所有节点的位置应按各节点的最迟必须实现时间绘制在相应的时间坐标上。图中各项工作及其持续时间、机动时间和虚工作的表示方法与按最早时间绘制的时标网络计划相同。

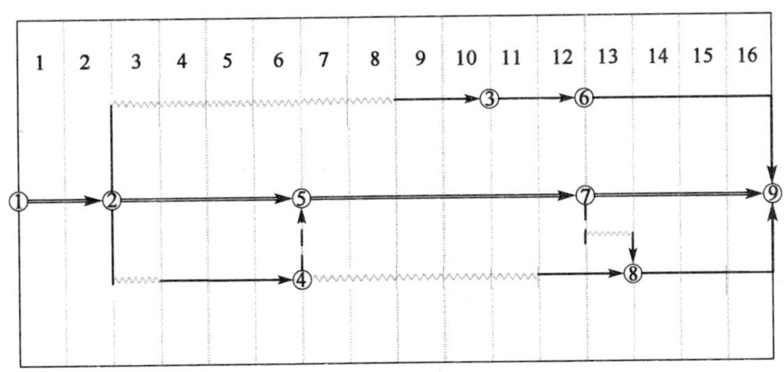

图 3-40　按节点最迟时间绘制的时标网络

从图 3-39 和图 3-40 可以看到,按最早时间绘制的时标网络图的特点是“前紧后松”,线路的机动时间多半分布在后面,此时图中所表示的机动时间为各工作的局部时差。按最迟开始时间绘制的时标网络图的特点是“前松后紧”,即线路的机动时间多半分布在前面,此时图中所表示的机动时间不是各项工作的局部时差,它是工作以最迟必须开始时间开始,并以最迟必须结束时间结束时所具有的机动时间。

在绘制时要注意以下几点:

①在定各个节点的位置时,一定要在所有内向箭线全部绘出以后,才能最后确定该节点的位置。

②每项工作的实箭线长度,必须严格按照其持续时间来画,如果该工作与紧后工作的开始节点还有距离时,应用虚线加以连接。

③绘制的时标网络计划图最好与原一般网络计划图的形状相似,以便检查和核对。

3. 时间坐标的表示方法

时间刻度画在什么位置或采用什么形式并无一定的标准,时标可以采用垂直分格,也可以只绘制在网络计划图的上方或者下方。常用的时间坐标形式各有特点,可以根据需要选用。

第七节　单代号网络图的绘制与计算

一、单代号网络计划图的构成

单代号网络计划图和双代号网络计划图一样,也由三要素组成,但其含义却完全不同。

1. 节点

单代号网络计划图中的节点可以用圆圈或方框表示,一个节点表示一项具体的工作过程。节点所表示的工作的名称、持续时间和代号一般都标注在圆圈内,如图 3-41 所示。

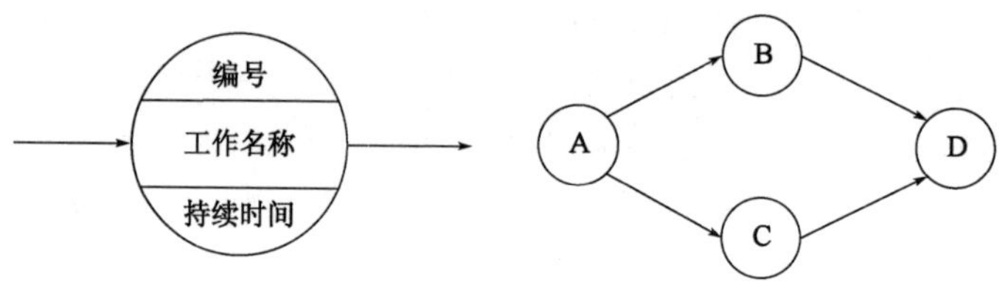

图 3-41　节点示意图

值得注意的是单代号网络图的开始节点和结束节点不同于双代号网络图,而是要视网络图中最先开始的工作数量或者最后结束的工作数量的多少来决定节点的选择方式。如果同时存在多个最先开始或最后结束的工作,就必须虚设一个始工作或终工作,见图 3-42。如果只有一个最先开始工作或一个最后结束工作就不用虚设了。

2. 箭线

在单代号网络计划图中箭线表示工作之间的相互逻辑关系,它既不消耗时间也不消耗资源,代表工作之间的直接约束关系。因此,在单代号网络计划图中不存在虚箭线,箭杆线的箭头方向表示着工作的前进方向。同时逻辑关系越是复杂,表示直接联系的箭线就越多,就可能出现箭线交叉的情况,如图 3-41 所示的单代号网络图中,A 为 B、C 的紧前工作,D 为 B、C 的紧后工作。

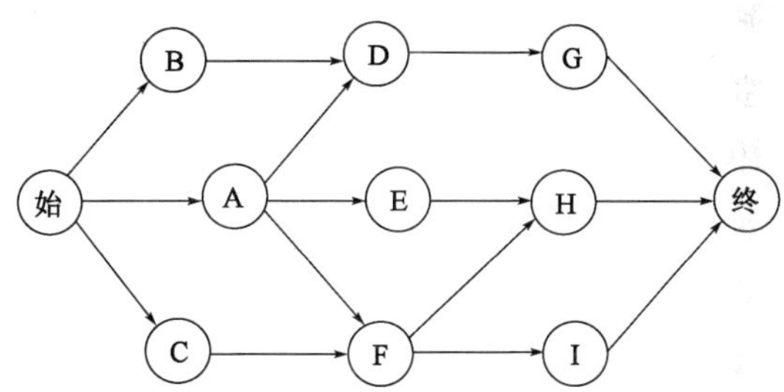

图3-42 虚拟开始节点和结束节点的单代号网络图

3. 线路

与双代号网络图一样,在单代号网络计划图中,存在大量的线路,对网络图研究的关键任务是研究关键线路。

二、单代号网络计划图的绘制

单代号网络计划与双代号网络计划图表达的计划内容是一致的,两者的区别仅在于绘图的符号所表示的意义不同。单代号网络计划图的绘制过程和双代号网络计划图一样,先将计划任务分解成若干项具体的工作,然后确定这些工作之间的相互关系,以及各项工作的持续时间,持续时间的确定仍然应按正常情况下来进行。

1. 单代号网络图逻辑关系的表示

由于单代号网络图与双代号网络图的区别仅在于图形表达符号不同,而表达进度计划的内容是相同的,所以绘制双代号网络图的基本规则,在单代号网络图绘制中都应遵守。即一张单代号网络图也只能允许有一个起点和一个终点,且除网络图开始节点和结束节点外,其他中间节点,其前面至少必须有一个紧前工作节点,其后面至少必须有一个紧后工作节点,并以箭线相连接。如图3-42所示的单代号网络计划图,它的开始节点和结束节点都是虚设的。

此外,单代号网络计划图中,一个代号只能代表唯一的某项工作、不允许出现闭合回路和双向箭线或线段、避免使用反向箭线,以及网络图布局应合理等,与双代号网络图绘制规则完全相同。

2. 单代号网络图的绘图方法

绘制单代号网络计划图的方法,也可采用前进法、后退法和先粗后细法。工程项目进度计划实际应用中,主要采用先粗后细法绘制单代号网络图。确定工作之间的相互关系后,多数采用前进法或后退法绘制单代号网络图。

3. 单代号网络图的特点

通过单代号网络图与双代号网络图的比较可以看出,单代号网络图的绘制方法比较简单,图中各项工作的相互关系容易表达而且不存在虚工作,使得单代号网络图便于检查与修改。但是单代号网络图不能绘制成时标网络图,而双代号网络图可绘成时标图,特别是双代号网络图按节点最早开始时间绘制时标网络图时,可以清楚地反映出工作的局部时差,所以进行进度计划下达和对网络计划优化时,经常采用双代号网络计划图。由于双代号网络图和单代号网络图各有优缺点,因此两种形式的网络计划图的应用都很普遍。

4. 单代号网络图的绘制示例

【例 3-11】 画出表 3-5 逻辑关系所示的单代号网络图,见图 3-43。

工作名称及逻辑关系表 表 3-5

工作名称	A	B	C	D	E	F	G
紧前工作	—	A	A	B	A、B	D、E	D、F、C

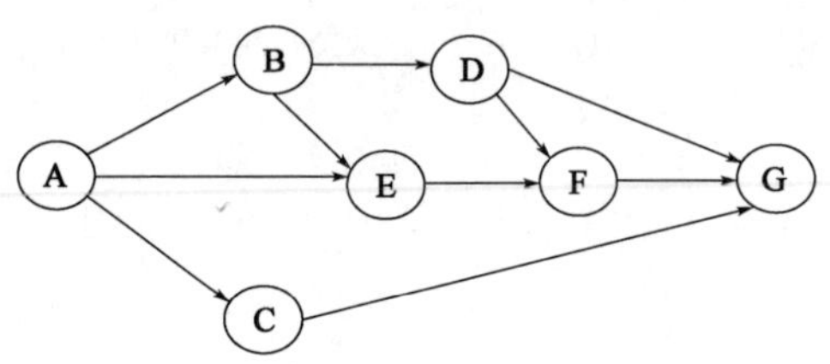

图 3-43 单代号网络图示例

三、单代号网络图时间参数的计算方法

由于单代号网络计划图中用节点表示工作,所以它只有工作时间参数的计算,而不存在节点时间参数的计算。单代号网络图的工作时间参数计算内容和时间参数的含义及其计算目的与双代号网络图相同,即计算工作的最早时间(ES 与 EF)、工作的最迟时间(LF 和 LS)、工作的机动时间(TF 与 FF)等。单代号网络图工作时间参数的计算步骤和方法,以及计算公式与双代号网络图基本相同,下面以图算法为例予以说明。

1. 工作时间参数计算

(1)工作最早可能开始时间(ES)。

计算工作的最早可能开始时间应从网络图起点开始,按箭线方向逐项工作进行计算,直到终点节点为止。由于开始工作的最早可能开始时间为零,即 $ES_1=0$(1 为起始节点即开始工作),其他工作的最早开始时间应等于紧前工作最早开始时间与其工作持续时间之和最大值,其计算公式为:

$$ES_j = \max\{ES_i + t_i\} = \max\{EF_i\} \tag{3-19}$$

式中:ES_j——工作 j 的最早可能开始时间,工作 i 是工作 j 的紧前工作;

ES_i——工作 i 的最早可能开始时间;

EF_i——工作 i 的最早可能完成时间;

t_i——工作 i 的持续时间,$i=1,2,\cdots,n-1$,$j=2,3,\cdots,n$;n 为单代号网络图终点节点代号。

工作的最早可能开始时间也等于紧前工作中最早可能完成时间的最大值,即紧前工作全部完成各自工作才能开始。

(2)工作的最早可能完成时间(EF)。

工作的最早可能完成时间(EF_i)的计算公式为:

$$EF_i = ES_i + t_i \qquad i = 1,2,\cdots,n \tag{3-20}$$

终点节点 n 的最早可能完成时间 EF_n 就是单代号网络计划工期 T，即 $T = \mathrm{EF}_n$。

【例3-12】 以图3-44所示的单代号网络图为例，利用式(3-19)和式(3-20)计算各项工作的最早时间，最早时间计算结果标注在图3-44图例规定的位置。

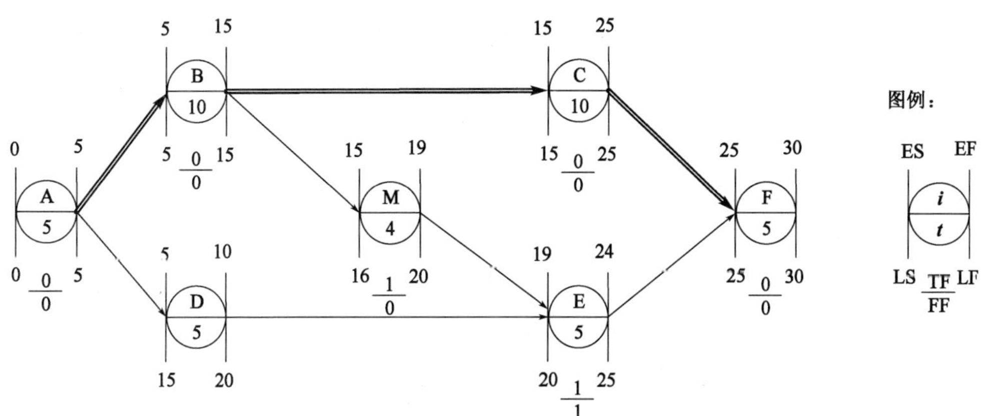

图3-44　单代号网络图时间参数计算

计算依据为：

$\mathrm{ES_A} = 0$，则：　　$\mathrm{EF_A} = \mathrm{ES_A} + t_\mathrm{A} = 0 + 5 = 5$

$\mathrm{ES_B} = \mathrm{EF_A} = 5$，则：　　$\mathrm{EF_B} = \mathrm{ES_D} + t_\mathrm{B} = 5 + 10 = 15$

$\mathrm{ES_D} = \mathrm{EF_A} = 5$，则：　　$\mathrm{EF_D} = \mathrm{ES_D} + t_\mathrm{D} = 5 + 5 = 10$

$\mathrm{ES_C} = \mathrm{EF_B} = 15$，则：　　$\mathrm{EF_C} = \mathrm{ES_C} + t_\mathrm{C} = 15 + 10 = 25$

$\mathrm{ES_M} = \mathrm{EF_B} = 15$，则：　　$\mathrm{EF_M} = \mathrm{ES_M} + t_\mathrm{M} = 15 + 4 = 19$

而：

$$\mathrm{ES_E} = \max\begin{Bmatrix}\mathrm{ES_D}\\ \mathrm{ES_M}\end{Bmatrix} = \max\begin{Bmatrix}10\\ 19\end{Bmatrix} = 19$$

$$\mathrm{EF_E} = 19 + 5 = 24$$

$$\mathrm{ES_F} = \max\begin{Bmatrix}\mathrm{ES_C}\\ \mathrm{ES_E}\end{Bmatrix} = \max\begin{Bmatrix}25\\ 24\end{Bmatrix} = 25$$

$$\mathrm{EF_F} = 25 + 5 = 30$$

根据 $T = \mathrm{EF}_n$，可得计划工期 $T = 30$。

(3)工作最迟必须完成时间(LF)。

计算工作最迟时间应从网络图的结束节点开始，逆着箭线方向逐项地计算到开始节点。结束工作的最迟必须完成时间应保证总工期不被拖延，所以网络图终点节点的最迟必须完成时间应等于该节点的最早可能完成时间，即 $\mathrm{LF}_n = \mathrm{EF}_n = T$，则：$\mathrm{LS}_n = \mathrm{LF}_n - t_n$。

工作 i 的最迟必须完成时间 LF_i 应等于紧后工作 j 的最迟必须完成时间 LF_j 与其工作持续时间 t_j 之差的最小值，即：

$$\mathrm{LF}_i = \min\{\mathrm{LF}_j - t_j\} = \min\{\mathrm{LS}_j\} \tag{3-21}$$

工作的最迟必须完成时间也等于紧后工作中最迟必须开始时间的最小者，这是因为任何一项工作的完成时间都不应影响紧后工作的最迟必须开始时间。

(4)工作最迟必须开始时间(LS)。

工作最迟必须开始时间的计算公式为:

$$LS_i = LF_i - t_i \tag{3-22}$$

以图 3-44 为例,利用式(3-21)和式(3-22)计算单代号网络图的各项工作的最迟时间,并将工作的最迟时间参数计算结果标注在图 3-44 的图例对应位置上。

计算过程为:

$LF_F = EF_F = 30$,则: $LS_F = LF_F - t_F = 30 - 5 = 25$

$LF_E = LS_F = 25$,则: $LS_E = LF_E - t_E = 25 - 5 = 20$

$LF_M = LS_E = 20$,则: $LS_M = LF_M - t_M = 20 - 4 = 16$

$LF_C = LS_F = 25$,则: $LS_C = LF_C - t_C = 25 - 10 = 15$

$LF_D = LS_E = 20$,则: $LS_D = LF_D - t_D = 20 - 5 = 15$

$LF_E = LS_F = 25$,则: $LS_E = LF_E - t_E = 25 - 5 = 20$

而:

$$LF_B = \min\begin{Bmatrix} LS_C \\ LS_M \end{Bmatrix} = \min\begin{Bmatrix} 15 \\ 16 \end{Bmatrix} = 15$$

$$LS_B = 15 - 10 = 5$$

$$LF_A = \min\begin{Bmatrix} LS_B \\ LS_D \end{Bmatrix} = \min\begin{Bmatrix} 5 \\ 15 \end{Bmatrix} = 5$$

$$LS_A = 5 - 5 = 0$$

由此可见,利用公式逐项计算工作的最早时间和最迟时间参数是很麻烦的。在单代号网络图中,控制性工作时间参数的计算,同样可以采用图上计算法直接计算,并将所得的计算结果直接标在图上,如图 3-44 所示。

2. 工作时间参数计算

(1)工作总时差(TF)。

在单代号网络计划图中,工作总时差的概念与双代号网络图完全相同,利用已经计算的各项工作最早开始和最迟开始时间,可方便地计算各项工作的总时差,所以工作的总时差计算公式为:

$$TF_i = LS_i - ES_i = LF_i - EF_i \tag{3-23}$$

(2)工作自由时差(FF)。

单代号网络图中工作的局部时差概念也与双代号网络图相同,但是在单代号网络计划图中,本项工作有若干项紧后工作时,紧后工作的最早可能开始时间不一定相同。此时应取紧后工作最早可能开始时间的最小值,减去本工作的最早可能完成时间。所以工作的局部时差的计算公式为:

$$FF_i = \min\{ES_j\} - EF_i \tag{3-24}$$

以图 3-44 为例,计算结果见图 3-44 的图例位置。其计算过程如下:

$$TF_A = LS_A - ES_A = 0 - 0 = 0; FF_A = \min\{ES_B, ES_D\} - EF_A = 0$$

$$TF_B = LS_B - ES_B = 5 - 5 = 0; FF_B = \min\{ES_C, ES_M\} - EF_B = 0$$

$$TF_D = LS_D - ES_D = 15 - 5 = 10; FF_D = ES_E - EF_D = 19 - 10 = 9$$

$TF_C = LS_A - ES_A = 15 - 15 = 0; FF_C = ES_F - EF_C = 25 - 25 = 0$

$TF_M = LS_M - ES_M = 16 - 15 = 1; FF_M = 19 - 19 = 0$

$TF_E = 20 - 19 = 1; FF_E = 25 - 24 = 1$

$TF_F = 25 - 25 = 0; FF_F = 0$

3. 关键线路的确定

单代号网络计划图中确定关键线路的方法与双代号网络计划图基本相同,单代号网络图主要采用关键工作法确定关键线路,即首先连接工作总时差为零的关键工作自始至终的线路,然后使用条件 $EF_i = ES_j$ 和 $LF_i = LS_j$ 则可判断就是关键线路。在图 3-44 中关键工作为 A、B、C、F,由此连成的路线即为关键线路,用双线标出,见图 3-44 双实线。用图算法直接计算如图 3-45所示。

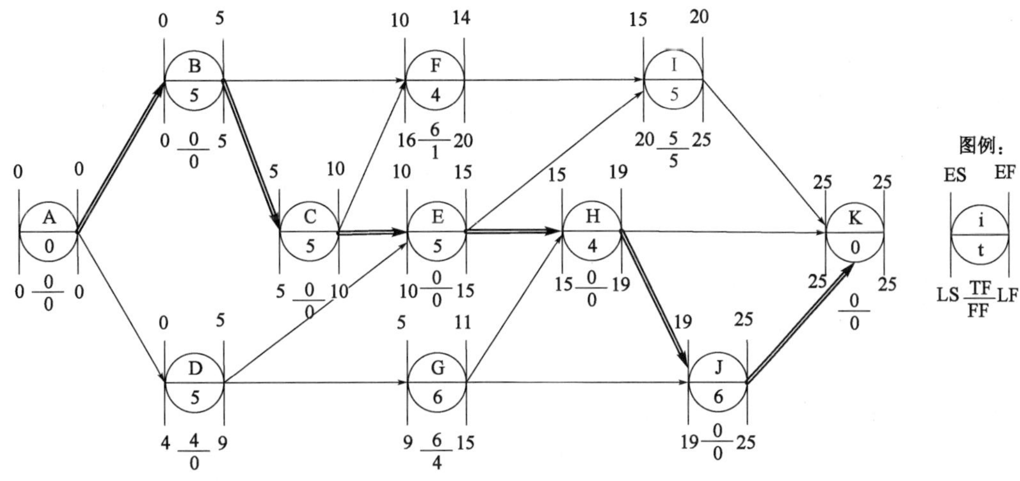

图 3-45　图算法直接计算单代号

第八节　网络计划的优化

网络计划经计算后,得出的是初始方案,这个方案只是一种可行方案,要获得最佳方案,还必须进行网络计划的优化。网络计划的优化就是利用时差,不断改善网络计划的初始方案,在满足既定的条件下,按照某一衡量指标(如时间、成本、物资)来寻求最优方案。根据网络计划优化条件和目标不同,通常有工期优化、时间-费用优化和资源优化等几种。

一、工期优化

各项工作的工程量一定,持续时间即工期与投入的资源在一定条件下总是成反比关系。工期优化是在允许的条件下,根据实际需要,对工期适当缩短或延长,以达到按上级规定工期或计划工期完工的要求。所以,当变化工期而不影响资源,特别是缩短工期而不增加资源当然是最理想的优化方法,其次再考虑其他优化方法。工期优化仅从时间角度进行考虑,即只计算工期,不计算资源。

当计算工期小于规定时间时,意味着所有工作都具有正时差,进行优化时,这些机动时间可以用来增加某些工作的持续时间,从而减少单位时间资源消耗量。

当计算工期大于规定时间时,出现负时差,说明整个工程或计划不能在计划工期内或规定的工期内完工,这时就必须缩短组成关键线路的各项工作的持续时间,或改变网络计划的逻辑关系以缩短工期。

1.组织措施的优化方法

(1)作业方式的选择。

顺序作业方式工期最长、平行作业方式工期最短,流水作业方式工期介于二者之间。条件允许时,可采用平行流水作业,将工期缩短。特别是路基、路面工程可以划分成多段,采用流水作业或平行作业,都可以缩短工期。

(2)作业顺序的选择。

对多个施工段、多道工序,其施工的顺序不同,其工期也不一样。如果找到一个最佳的施工顺序进行施工使工期缩短,那么,就可以在不增加资源的情况下,达到缩短工期的目的。

(3)从计划外增加资源。

从计划外增加资源,如增加机械设备、运输车辆、劳动力等,来加速关键工作的完成,从而使计划工期缩短。

2.缩短关键线路的优化方法

缩短关键线路的持续时间,有各种不同的途径和方法,下面介绍常用的两种方法。

(1)平均加快法。

当网络计划的各项工作采用正常持续时间,通过计算所得到的计划工期超过规定工期不多时,可以采用这种方法,即将超过规定工期的时间,平均分摊到所有采取适当措施可能加快施工速度、缩短工期的关键工作上。

【例3-13】 现以图3-46为例加以具体说明,图中持续时间带方括号“[ ]”的表示不能采取加快速度的工作。

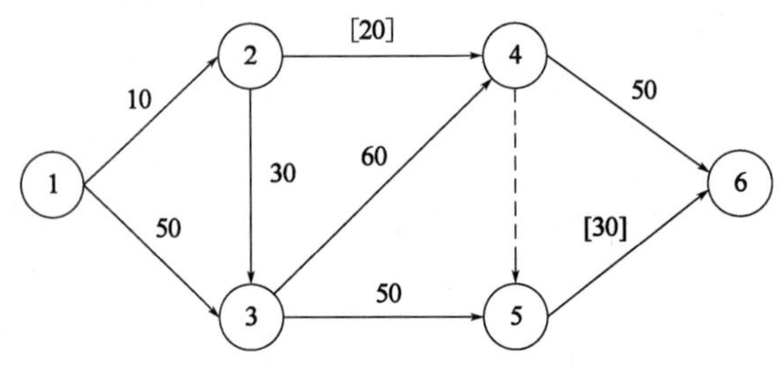

图3-46 工作逻辑及持续时间

①按规定工期计算网络计划的计划工期。

采用图算法计算网络计算图3-46工期与关键线路,见图3-47左侧方框内数据为按网络图计算的工作最早完成时间,双箭线为关键线路,总工期为160天。

假设例3-13规定工期为130天,确定各工作按规定工期最迟完成时间,图3-47右侧方框内数据。

采用图算法计算各节点时间参数即工作总时差,用圆括号“( )”标注在箭杆线下方,见

图 3-47。

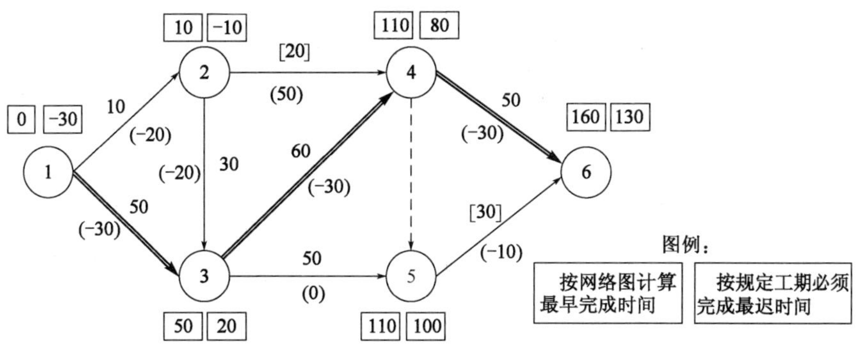

图 3-47 时参计算图

②找出可以缩短持续时间的关键工作。

根据计算结果,找出网络图上时差最小的线路,即关键线路,可先缩短其中关键工作的持续时间,以满足规定要求。

从图 3-47 中可以看出,最小时差 $\min TF_{(i,j)}=-30$ 的线路即①→③→④→⑥为关键线路。假设一条关键线路上可以采取措施加快进度的所有工作称为集合 A,则:

$$A=\{(1,3),(3,4),(4,6)\}$$

集合 A 的总持续时间为:

$$T_A=\sum_{(i,j)\in A}t_{(i,j)} \tag{3-25}$$

例 3-13 由于工作(1,3),(3,4),(4,6)都可以采取措施加快进度,因此:

$$T_A=t_{(1,3)}+t_{(3,4)}+t_{(4,6)}=50+60+50=160(天)$$

③计算关键工作所应缩短的时间。

$$\Delta t_{(i,j)}=\frac{T_{(i,j)}}{T_A}\min TF \qquad (i,j)\in A \tag{3-26}$$

并满足:

$$\sum_{(i,j)\in A}t_{(i,j)}=\min TF \tag{3-27}$$

例 3-13 中,

$$\Delta t_{(1,3)}=\frac{50}{160}\times(-30)=-9.4\approx-9(天)$$

$$\Delta t_{(3,4)}=\frac{60}{160}\times(-30)=-11.3\approx-11(天)$$

$$\Delta t_{(4,6)}=(-30)-[(-9)+(-11)]=-10(天)$$

④用缩短后的持续时间重新计算网络图。

集合 A 中各关键工作缩短后的持续时间为:

$$t'_{(i,j)}=t_{(i,j)}+\Delta t_{(i,j)} \qquad (i,j)\in A \tag{3-28}$$

因此,例 3-13 中:

$$t'_{(1,3)} = 50 + (-9) = 41(\text{天})$$
$$t'_{(3,4)} = 60 + (-11) = 49(\text{天})$$
$$t'_{(4,6)} = 50 + (-10) = 40(\text{天})$$

重新计算结果如图3-48所示，此时，将已经缩短持续时间的关键工作，作为不能加快进度的工作处理，并用带括号的持续时间标在关键工作箭杆线的上方。

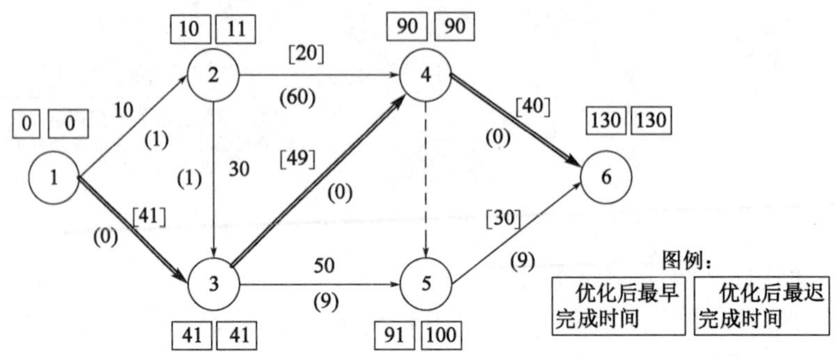

图3-48　采取加快措施后时参计算图

⑤如果网络图中有两条以上的关键线路，或者重新计算后关键线路已经改变，计划工期仍然超过规定工期，则重复以上步骤，直到计划工期满足规定要求为止(例3-13已经符合规定工期要求)。

(2)依次加快法。

一般来说，当计划工期与规定工期相差较大的时候，通常应该采用增加施工机具和人数或其他技术组织措施来解决。为此，可按照施工工艺要求的先后顺序，并根据技术上可行、经济上合理的原则，事先选择若干可以加快进度的工作，确定其加快后的最短持续时间。

【例3-14】　现以图3-49为例，假设规定工期为100天，预先确定工作(1,3)、(2,3)、(3,4)、(3,5)和(4,6)采取加快措施后最短持续时间分别为30、15、30、25和25(标注在持续时间后的括号内)，现说明采用依次加快法进行工期优化的步骤。

①按规定工期计算网络图，如图3-49，总时差标在箭杆线下方的括号内。

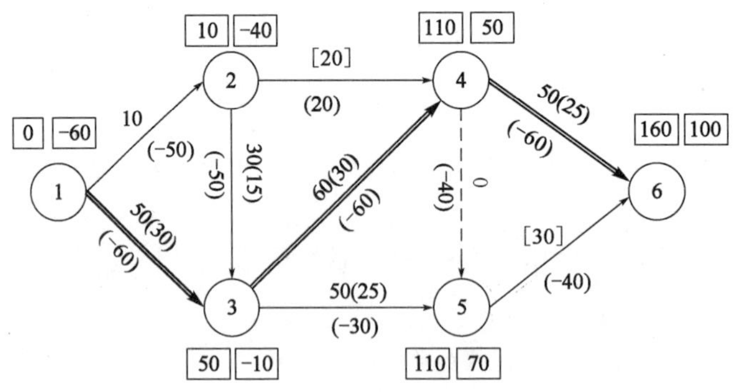

图3-49　时参计算图

②在关键线路上，依次将可加快进度的工作用加快后持续时间 $d_{(i,j)}$ 取代正常持续时间 $t_{(i,j)}$，直到缩短的持续时间总和大于或等于关键线路总时差的绝对值为止，即：

$$\sum[t_{(i,j)} - d_{(i,j)}] \geqslant |\min TF| \tag{3-29}$$

然后重新进行网络图的计算,同样,如果网络图中有两条以上的关键线路时,应逐次缩短各条关键线路的持续时间,本例中关键线路为①→③→④→⑥,依次用各关键工作加快后的持续时间取代正常的持续时间。则:

$$\sum[t_{(i,j)} - d_{(i,j)}] = (50-30)+(60-30)+(50-25) = 75$$

$$|\min TF| = 60(天)$$

$$\sum[t_{(i,j)} - d_{(i,j)}] = 75 \geqslant |\min TF| = 60(天)$$

重新进行网络图的计算,见图3-50。图中关键线路已经转移到①→②→③→⑤→⑥。

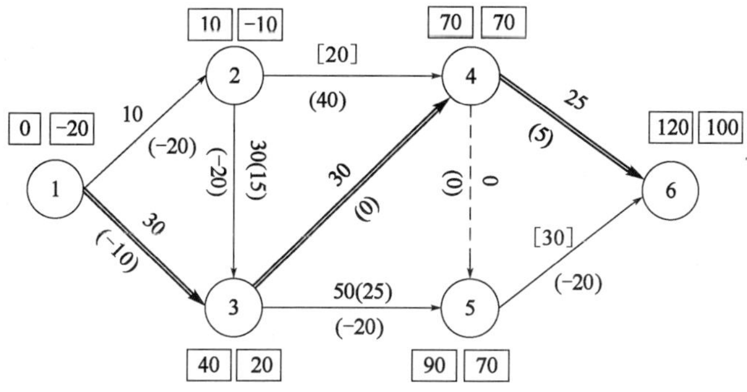

图3-50　采取加速措施后的时参计算图

在关键线路①→②→③→⑤→⑥上,有工作(2,3)、(3,5)可以加快进度。因此,重复步骤②,分别用$d_{(2,3)}$、$d_{(3,5)}$取代$t_{(2,3)}$、$t_{(3,5)}$,则有:

$$\sum[t_{(i,j)} - d_{(i,j)}] = (30-15)+(50-25) = 40 \geqslant |\min TF| = 20(天)$$

网络图的重新计算结果见图3-51,则,计划工期90<100(天),满足工期要求。

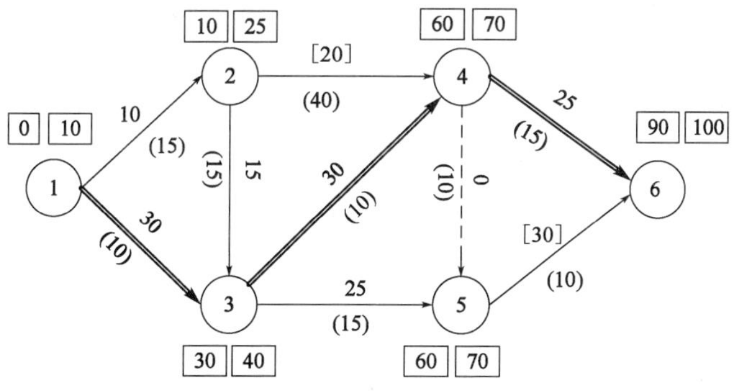

图3-51　采取加速措施后的最终时参计算图

二、时间-费用优化

工期优化是在不考虑工程费用的情况下进行的。事实上,在一般工程项目中,要加快某项工作,通常都需要增加劳动力、材料或机械设备,而这些都会引起工程费用的增加,工程费用与工期有着密切的关系。公路工程总费用是由直接费用和间接费用两部分组成,其中直接费用是指完成工程所需要的劳动力、原材料、机械设备及其各种影响增加等费用;间接费用则包括管理费、规费、税金、利息和一切不便于计入直接费用的其他附加费用。它们与工期之间的关系如图 3-52 所示。缩短工期,会引起直接费用的增加和间接费用的减少;延长工期,会引起直接费用的减少和间接费用的增加。因此,对于某一个项目来说,不能简单地认为缩短工期就会增加工程费用,或延长工期就会减少工程费用。这就是我们所要解决的时间-费用优化问题,通常我们要求的是工程费用最小(见图 3-52、图 3-53 中的 B 点),与最小工程费用相对应的工期即为最优工期。

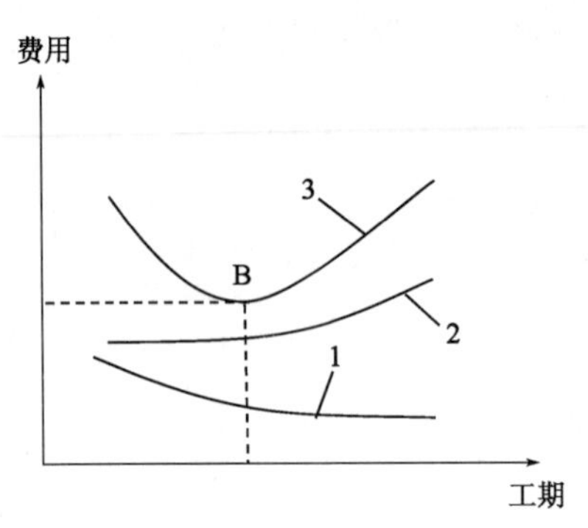

图 3-52 工期-费用曲线

1-直接费用;2-间接费用;3-费用总和

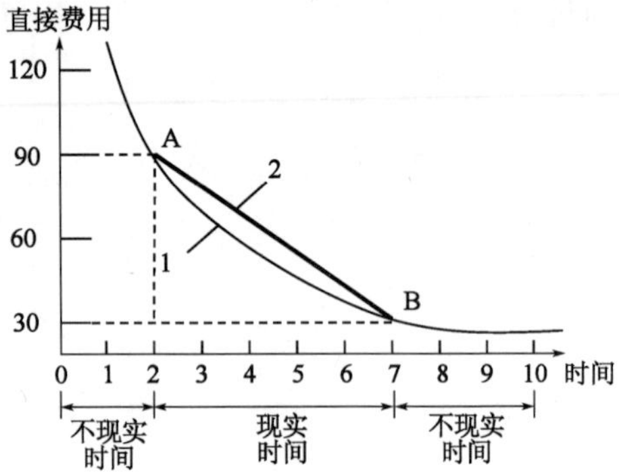

图 3-53 直接费用与时间关系曲线

1-实际的曲线;2-假设的曲线

直接费用与工期之间的关系,最简单的可用连接曲线上的两点的直线 AB 来表示(图 3-53)。B 点直接费用最小(C_N),与此费用相对应的工期(T_N)为正常工期。A 点是完成工作的最短期限(极限期限,即 T_S),与此相对应的费用为 C_S。显然,单位时间费用的变化率 E(斜率)为:

$$E = (C_S - C_N) \div (T_N - T_S) \tag{3-30}$$

图 3-53 意味着某项工序直接费用随着工序持续时间的改变而变化的关系。

由于 AB 之间可近似地取直线,故单位时间费用变化率 E 是固定的。在图 3-53 中,可知:

$$E = (90 - 30) \div (7 - 2) = 12(\text{元/天})$$

不同工序的 E 值是不同的,E 值越大,意味着施工持续时间变化一天所增加的费用也越大。为此,要统筹缩短工期,首先要缩短位于关键线路上 E 值最小的工作的持续时间,从而使工期缩短而直接费用增加最小。

优化的目的是通过从计划工期压缩到最短工期,求出整个计划的费用曲线,从而最终得到总费用最小时的工期。在关键线路中选择被压缩的各项工作必须满足:

(1)被压缩的工作是关键线路上的工作。

(2)被压缩工作的持续时间不短于最短工期,工期可进行压缩。

(3)被压缩工作的费用斜率是关键线路上可压缩工作中最小的工作。

其优化的步骤为:

(1)在关键线路中,找出费用斜率最小的工作进行压缩,并计算总工期和总费用,然后检查关键线路是否发生变化,若关键线路没有变化,则可继续进行压缩。

(2)若关键线路改变或关键线路增加,此时进行压缩,必须压缩关键线路上的工作,或者对多条关键线路同时压缩。

(3)用压缩工期后得到的费用和工期可以绘制直接(间接)费用和工期的关系曲线。

(4)将直接费用、间接费用与工期的关系曲线叠加,可得总费用与工期的关系曲线,则可得到总费用最小时的工期。

网络计划的时间-费用优化,是一个不断调整、逐渐逼近较优解的过程,因此其计算工作量较大,特别是当网络计划中的工序较多时,手算比较麻烦,一般应借助电子计算机来完成。目前,国内已有相应的计算程序。

三、资源优化

任何一个工作的工程量一定,其工期与消耗的资源成反比。在实际工程中,资源的供应如材料的供应,在一定时期内的总数量是有限的。如某工作施工需要量较大,大于有限的供应量,在保持不增加供应量的情况下,工期就会延长,那么网络计划的工期就会相应延长。资源优化的目的就是在资源供应有限的情况下,保证工期相对最短。另外资源还有一个合理使用的问题,力求最大限度地降低成本,达到资源的均衡使用。上述情况可以概括为两类:

(1)资源有限,工期最短。

(2)工期规定,资源均衡。

1. 资源有限,工期最短

设网络计划需要 S 种不同的资源,已知每天可能供应的数量分别为 $A_1(t)$、$A_2(t)$、…、$A_S(t)$,完成每一项工作 (i,j) 仅需要其中一种资源,设为第 K 种,单位时间资源需要量以 $r_{(i,j)}^{(K)}$ 表示,并假定其为常数。在资源供应满足 $r_{(i,j)}^{(K)}$ 条件下;完成工作 (i,j) 所需的作业时间以 $t_{(i,j)}$ 表示。

以 $W_{(i,j)}^{(K)}$ 表示工作 (i,j) 所需要的第 K 种资源总数,则:

$$W_{(i,j)}^{(K)} = r_{(i,j)}^{(K)} \cdot t_{(i,j)} \tag{3-31}$$

整个网络计划第 K 种资源的总需要量为:

$$\sum_{v(i,j)} W_{(i,j)}^{(K)} = \sum_{v(i,j)} r_{(i,j)}^{(K)} \cdot t_{(i,j)} \tag{3-32}$$

假定 $A_K(t)$ $(K=1,2,3,\cdots,S)$ 为常数,即 $A_K(t)=A_K$,那么最短工期的下界为:$\max\limits_K\left[\frac{1}{A_K}\sum\limits_{v(i,j)} W_{(i,j)}^{(K)}\right]$。

如果在不考虑资源供应的限制条件下,求得网络计划关键线路的长度为 L_{CP},则在满足资源供应限制的条件下,其工期必然满足下式:

$$T \geqslant \max\left\{L_{\mathrm{CP}}, \max\left[\frac{1}{A_K}\sum_{v(i,j)} W_{(i,j)}^{(K)}\right]\right\} \tag{3-33}$$

此工期即为要求之较短工期。具体求解时,步骤如下:

①根据网络图绘制明确工序最早可能开始时间的时标网络图及相应的资源需要量动态曲线,并找出关键线路的长度、关键工序和非关键工序的总时差。如果资源需要量不满足规定的限制条件时,则应对网络计划进行调整。

②调整时先在资源需要量动态图上找出超过规定物资的时间区段,然后把处于这些区段中的非关键工序在总时差范围内移动,以使其满足规定的资源限制条件。

③绘制调整后的网络计划的资源需要量动态曲线,并检查其是否符合规定的限定条件。如不符合,则重复上述步骤,直到所有区段均能满足规定的资源限制条件为止。

为了把问题简化,假定所有工作都需要同样的一种资源,即 $S=1$。以下介绍一种近似解法。

(1)第一步:

①根据网络图,先绘制相应于各工作最早开始时间的时标网络图及相应的资源需要量动态曲线,从中找出关键线路的长度、位于关键线路的工作及非关键线路上各项工作的总时差。如果资源需要量不满足规定的限制条件时,那么就需要进行调整。

②假定 t 表示时间,t_0 表示整个网络计划的开始瞬间时,因此 $t_0=0$,资源需要量动态曲线一般是阶梯形。

假定在时间区段(以下简称“时段”)$[t_0,t_1]$内每天需要的资源量为常数。研究在时段$[t_0,t_1]$内的工作,根据以下原则对这些工作进行编号:

a.先对关键线路上的工作进行编号,其编号为 $1,2,\cdots,K_1$;

b.然后对非关键线路上的工作按总时差递增编号,其编号为 $K_{1+1},K_{1+2},\cdots$;

c.对于总时差相等的非关键工作,按每天需要的资源量递减编号。

③把位于时段$[t_0,t_1]$内的工作,按其编号从小到大的顺序,将每天需要的资源量进行累加,以累加数不超过可能供应的条件为限。余下的工作移至 t_1 开始。

(2)第二步:

假定已计算了 K 步,在时段$[t_0,t_1]$内的工作每天所需的资源需要量没有超过限制条件时,那么就继续计算第 $K+1$ 步。

①重复第一步①。

②假定在时段$[t_K,t_{K+1}]$内的工作每天需要的资源需要量为常数。

研究在时段$[t_K,t_{K+1}]$内的工作,即在 t_K 左侧开始或在 t_K 开始,而在 t_{K+1} 之右结束或在 t_{K+1} 结束的工作。根据以下原则对这些工作进行编号:

a.对于各工作内部不允许中断的问题。

首先,对在 t_K 之前开始而在 t_K 之后结束的工作(i,j),根据新的总时差与其开始时间至 t_{K+1} 的距离之差$\{TF_{(i,j)}-[t_{K+1}-ES_{(i,j)}]\}$的递增顺序编号,其编号为 $1,2,\cdots,K_2$;差值相等的工作,按其每天的资源需要量递增顺序编号。

其次,对于在时段$[t_K,t_{K+1}]$内余下的工作,按第一步②的原则编号,依次为 K_{2+1},K_{2+2},…。

对于各工作内部不允许中断的问题,在 t_K 之前开始的工作如需右移,那么就整个工作右移,移至 t_{K+1} 开始。

b.对于各工作内部允许中断的问题。

在 t_K 之前开始，而在 t_K 之后结束的工作，把其 t_K 之前部分当作一个独立的工作处理，t_K 之后部分按“第一步②”的原则编号。

c. 其余工作按“第一步③”同样的方法进行。

以上的计算方法同样适用于解决多种资源的问题。

【例 3-15】 现以图 3-54 为例说明以上优化过程。图中箭杆线上方的数据，表示该工作需要的资源需要量 $r_{(i,j)}^{(K)}$，箭杆线下面的数据为工作的持续时间 $t_{(i,j)}$。按照各工作最早开始时间绘制的时标网络图如图 3-55 所示。

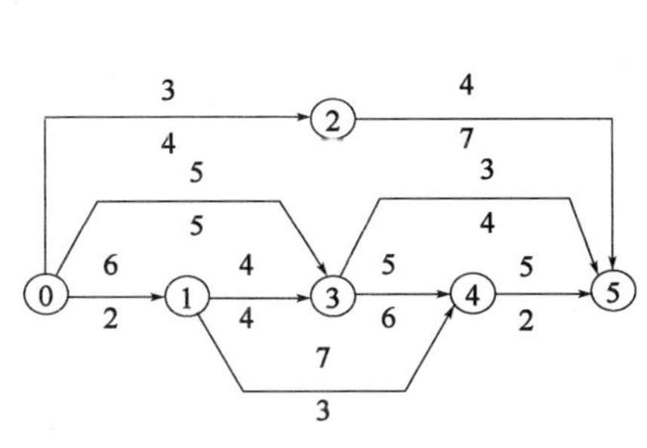

图 3-54　工作逻辑关系及持续时间

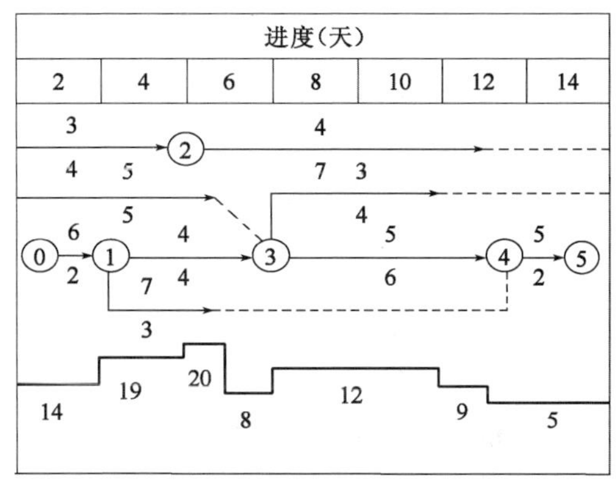

图 3-55　时标网格图

假定每天可能供应的资源需要量为常数 $A=12$ 单位，工作不允许中断。

从图 5-44 可以看出，时段[0,2]、[2,4]、[4,5]每天所需要的资源需要量分别为 14、19 和 20 单位，都超出了可能供应的限制条件。因此计划必须进行调整。

①研究时段[$t_0=0, t_1=2$]的调整。

处于该时段内同时进行的工作有(0,1)、(0,2)和(0,3)，按照第一步的编号原则，它们的顺序见表 3-6。

第一步调整后工作顺序及其资源消耗　　表 3-6

编号顺序	工作名称(i,j)	每天资源需要量 r	编号依据
1	(0,1)	6	关键工作 $TF_{(0,1)}=0$
2	(0,3)	5	非关键工作 $TF_{(0,3)}=1$
3	(0,2)	3	非关键工作 $TF_{(0,2)}=3$

按编号顺序将各工作每天的资源需要量进行累加，其中 1、2 两项相加为 11，而第 3 项每天资源需要量是 3，如果累加进去就等于 14，超出了可能的限制条件，因此工作(0,2)应推迟到 $t_1=2$ 之后开始。

②首先绘制第一步调整后的时标网络图及其相应的资源需要量动态曲线，如图 3-56 所示。

研究时段[$t_1=2, t_2=5$]的调整。处于该时段同时进行的工作有(0,2)、(0,3)、(1,3)和(1,4)，它们的顺序见表 3-7。

第二步调整后工作顺序及其资源消耗　　表 3-7

编号顺序	工作名称(i,j)	每天资源需要量r	编号依据
1	(0,3)	5	在$t_1=2$之前已经开始
2	(1,3)	4	关键工作 $TF_{(1,3)}=0$
3	(0,2)	3	非关键工作 $TF_{(0,2)}=1$
4	(1,4)	7	非关键工作 $TF_{(1,4)}=7$

按编号顺序将工作(0,3)、(1,3)和(0,2)三项资源需要量之和为12,故工作(1,4)必须推迟到$t_2=5$之后开始。

③绘制②调整后的时标网络图及其相应的资源需要量动态曲线,如图3-57所示。从中可以看出$[t_2=5,t_3=6]$的每天资源需要量为14,故需继续调整。处于该时段的工作有(0,2)、(1,3)和(1,4),编号顺序见表3-8。

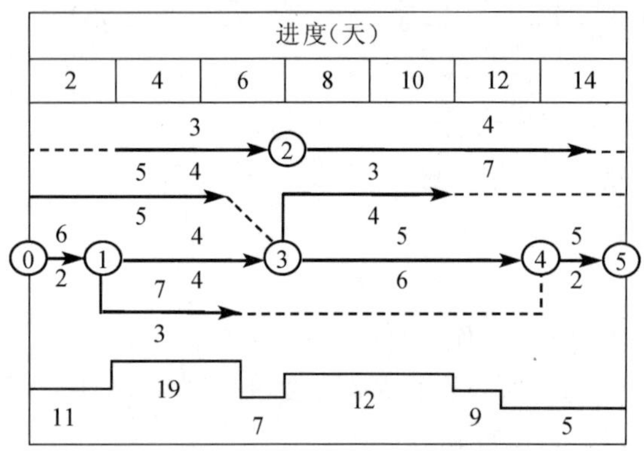

图3-56　第一步调整后时标网络图与资源需要量

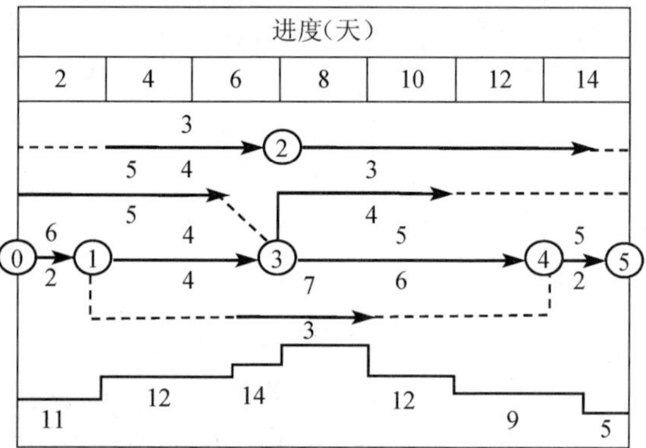

图3-57　第二步调整后时标网络图与资源需要量

第三步调整后工作顺序及其资源消耗　　表 3-8

编号顺序	工作名称(i,j)	每天资源需要量r	编号依据
1	(1,3)	4	在$t_2=5$之前已经开始,$TF_{(1,3)}-[t_3-ES_{(1,3)}]=0-(6-2)=-4$
2	(0,2)	4	在$t_2=5$之前已经开始,$TF_{(0,2)}-[t_3-ES_{(0,2)}]=1-(6-2)=-3$
3	(1,4)	7	非关键工作 $TF_{(1,4)}=4$

显然,工作(1,4)应推迟到$t_3=6$之后开始。

以此类推,继续以上各步骤调整,最后可得图3-58所示资源有限、工期最短的优化近似解。

2. 工期规定、资源均衡

此种优化目的是在工期限定的条件下,寻求某种资源消耗量均衡。

为使问题简化起见,假定对于每个工序(i,j),其$r_{(i,j)}$为常数,且假定所有工序都需要同一种资源,即$S=1$。

衡量资源消耗量的不均衡程度,可用方差与极差两个指标来衡量。由于资源需要量动态曲线一般为阶梯形,其方差值为:

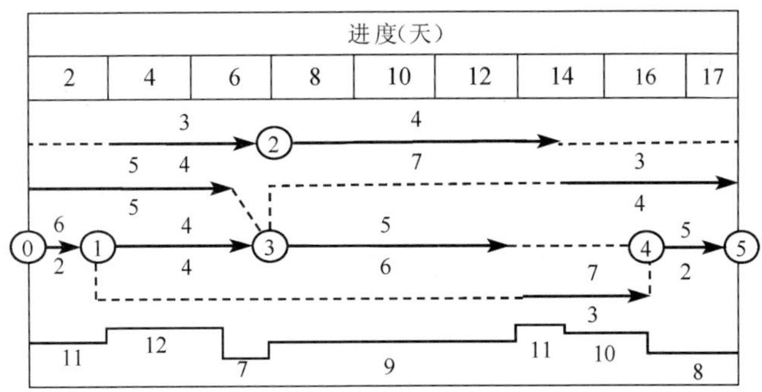

图 3-58　优化后时标网络图及资源需求量

$$\frac{1}{T}\sum_{1}^{T}[R_{(t)}-R_m]^2=\frac{1}{T}\sum_{1}^{T}[R_{(t)}^2-2R_{(t)}R_m+R_m^2] \tag{3-34}$$

式中：$R_{(t)}$——在瞬时 t 需要的资源量；

R_m——资源需要量的平均值；

T——规定工期。

由于 T、R_m 为常数，$\frac{1}{T}\sum_{1}^{T}R_{(t)}=R_m$，因此有：

$$\frac{1}{T}\sum_{1}^{T}[R_{(t)}-R_m]^2=\frac{1}{T}\sum_{1}^{T}[R_{(t)}^2-R_m^2] \tag{3-35}$$

要使方差值最小，即应使：

$$\frac{1}{T}\sum_{t=1}^{T}R_{(t)}^2=R_{(1)}^2+R_{(2)}^2+\cdots+R_{(T)}^2\text{ 为最小} \tag{3-36}$$

极差值为：

$$\max_{t\in[0,T]}|R_{(t)}-R_m| \tag{3-37}$$

使方差和极差值最小，这是两个从不同的角度进行目标优化的问题，其解法也不相同。一般用近似方法求解。限于篇幅，仅介绍方差最小的近似解法，具体如下。

(1)找出关键线路的长度及非关键工作的总时差。

根据满足工期规定条件的网络图，绘制相应于各工作最早开始时间的时标网络计划及资源需要量动态曲线，从中找出关键线路的长度和非关键工作的总时差，为使计划的总持续时间满足工期规定的条件，因此在调整过程中不考虑关键工作的调整。

(2)按节点最早开始的先后顺序自右向左进行调整。

如果节点 L 为最右(后)的一个节点，那么就首先对以节点 L 为结束节点的工作进行调整。又如果以节点 L 为结束节点的工作中，工作 (K,L) 为开始时间最迟的非关键工作，那么就首先考虑工作 (K,L) 的调整。

假定工作 (K,L) 在第 i 天开始、在第 j 天结束，如果工作 (K,L) 向右移 1 天，那么第 i 天的资源需要量将减少 $r_{(K,L)}$，而第 $j+1$ 天的资源需要量将增加 $r_{(K,L)}$，即：

$$R_i'=R_i-r_{(K,L)} \tag{3-38}$$

$$R_{j+1}'=R_{j+1}+r_{(K,L)} \tag{3-39}$$

工作 (K,L) 向右移 1 天后，方差 $R_1^2+R_2^2+\cdots+R_T^2$ 的变化值等于 $2r_{(K,L)}\{R_{j+1}-[R_i-$

$r_{(K,L)}]\}$。

当上式为负值时,即意味着工作(K,L)右移1天能使方差值减小,那么就将工作(K,L)右移1天。

在新的动态曲线上按上述方法继续考虑工作(K,L)是否还能再右移1天,直到不能移动为止。

如果出现$R_{j+1}>[R_i-r_{(K,L)}]$,即表示工作(K,L)不能右移1天,那么就考虑工作(K,L)能否右移多天(在总时差的范围内),如果能够使方差值减小,就右移多天。

如果工作(K,L)的右移确定以后,就按上述方法考虑其他工作的右移。

(3)按节点最早开始的先后顺序,自右向左继续调整。

在所有工作都按节点最早开始时间的先后顺序,自右向左进行了一次调整之后,为使方差进一步减小,再按节点最早开始时间的先后顺序,自右向左进行第二次调整。反复循环,直到所有工作的位置不能再移动为止。

以上的计算方法同样适用于近似解决多种资源的优化问题。

【例3-16】 仍用图3-54为例,说明工期规定、资源均衡的优化步骤。

假设资源的供应条件没有限制,图3-55显然是一个可行的进度计划,每天资源最大需要量为$R_{max}=20$单位,每天平均需要量为:

$$R_m=\frac{14\times2+19\times2+20\times1+8\times1+12\times4+9\times1+5\times3}{14}=11.85$$

资源需要量的不均衡系数为:

$$K=\frac{R_{max}}{R_m}=\frac{20}{11.86}=1.7$$

我们的目标是工期不变的条件下改善网络计划的进度安排,选择资源消耗量均衡的计划方案。

(1)第一次调整。

①对以节点⑤结束的两项非关键工作(2,5)和(3,5)进行调整,工作(4,5)是关键工作,不考虑调整。从图4-46可知,工作(3,5)的开始时间(第6天)比(2,5)的开始时间(第4天)迟,因此,先考虑工作(3,5)的调整。

由于:$R_{11}-[R_7-r_{(3,5)}]=9-(12-3)=0$,可右移1天,$ES_{(3,5)}=7$;

$R_{12}-[R_8-r_{(3,5)}]=5-(12-3)=-4$,可再右移1天,$ES_{(3,5)}=8$;

$R_{13}-[R_9-r_{(3,5)}]=5-(12-3)=-4$,可再右移1天,$ES_{(3,5)}=9$;

$R_{14}-[R_{10}-r_{(3,5)}]=5-(12-3)=-4$,可再右移1天,$ES_{(3,5)}=10$。

可见,工作(3,5)逐天移到[10,14]内进行均能使资源消耗动态曲线的方差值减少,如图3-59所示。

以图3-59为依据,再对工作(2,5)进行调整。

由于:$R_{12}-[R_5-r_{(2,5)}]=8-(20-4)=-8$,可右移1天,$ES_{(2,5)}=5$;

$R_{13}-[R_6-r_{(2,5)}]=8-(8-4)=4$,不能右移。

因此,工作(2,5)只能右移1天,如图3-60所示。

②对以节点④结束的非关键工作(1,4)进行调整,根据图3-60所示。

由于：$R_6-[R_3-r_{(1,4)}]=8-(19-7)=-4$，可右移 1 天，$ES_{(1,4)}=3$；

$R_7-[R_4-r_{(1,4)}]=9-(19-7)=-3$，可右移 1 天，$ES_{(1,4)}=4$；

$R_8-[R_5-r_{(1,4)}]=9-(16-7)=0$，可右移 1 天，$ES_{(1,4)}=5$；

$R_9-[R_6-r_{(1,4)}]=9-(15-7)=1$，不可右移。

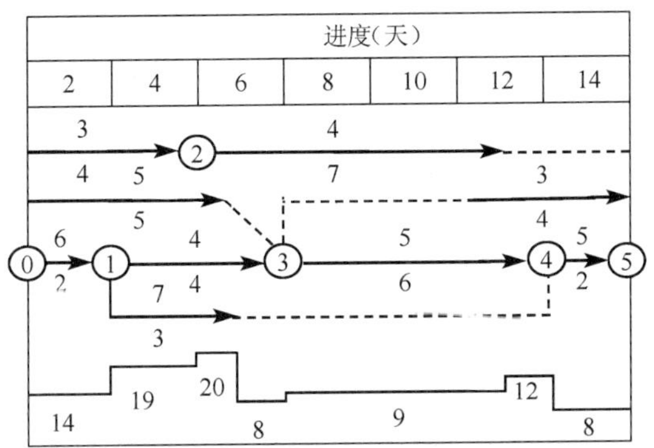

图 3-59　调整(3,5)工作后网络图

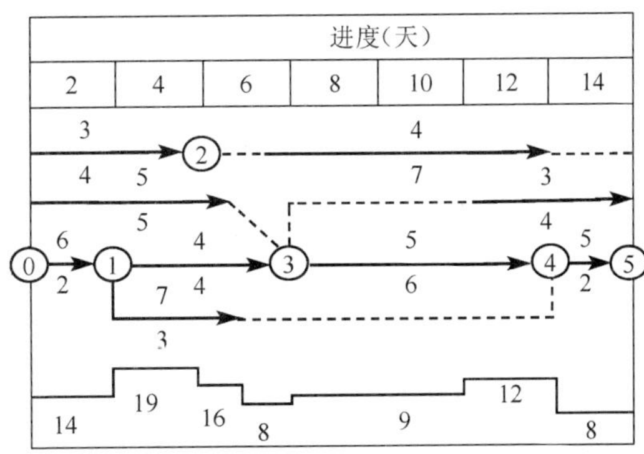

图 3-60　调整(2,5)工作后网络图

必须注意此处 $R_6=8+7=15$；是以工作(1,4)右移到时段[5,8]后的动态曲线为依据，如图 3-61 所示。

考虑工作(1,4)在此基础能否右移 2 天、3 天、4 天，经计算不能右移。

③分别对以节点③、②、①为结束节点的非关键工作进行调整，发现不能右移。

(2)第二次调整。

①在图 3-61 的基础上，对以节点⑤为结束节点的工作(2,5)继续调整。

由于：$R_{13}-[R_6-r_{(2,5)}]=8-(15-4)=-4$，可右移 1 天，$ES_{(2,5)}=6$；

$R_{14}-[R_7-r_{(2,5)}]=8-(16-4)=-4$，可右移 1 天，$ES_{(2,5)}=7$。

工作(2,5)右移 2 天后得图 3-62。

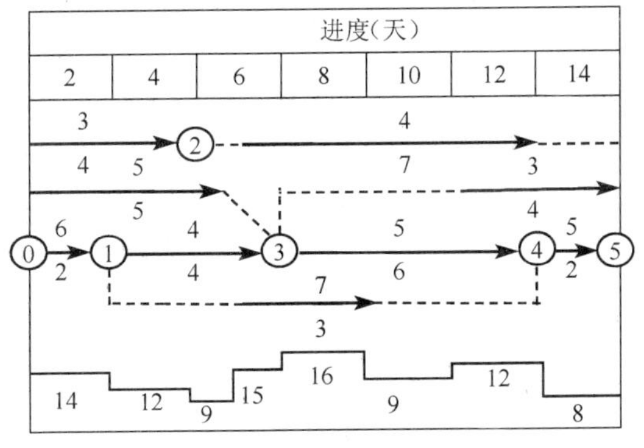

图 3-61　调整(1,4)工作后网络

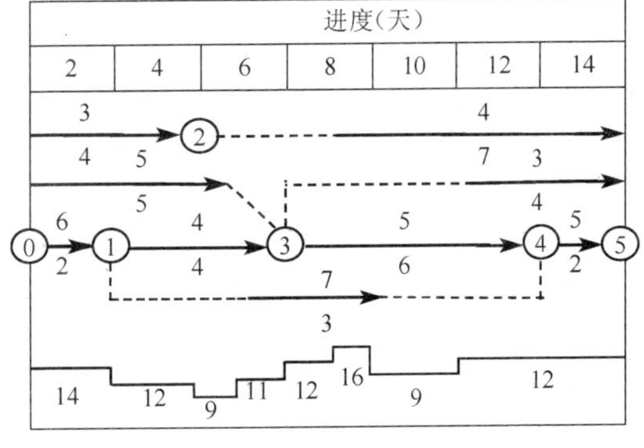

图 3-62　调整(2,5)工作后网络

②分别对以节点④、③、②、①为结束节点的非关键工作进行调整，计算表明不能右移。解毕。

从图 3-62 可以看出，优化后资源需要量动态曲线的不均衡系数为：

$$K=\frac{R_{\max}}{R_m}=\frac{16}{11.86}=1.35<1.7$$

第四章　进度目标控制监理工作

第一节　进度监理概述

一、进度监理的概念

1. 工程进度

工程进度是指工程项目活动在时间上的开展顺序和节奏，反映工程项目的进展以及施工活动的衔接和配合。项目工期和施工作业时间是工程进度的表现形式。它与工程费用和质量有着辩证的统一关系，是项目目标控制的重要指标。

2. 工程进度控制

工程进度控制，是指按照目标工期的要求，编制技术可行且经济合理的工程进度计划以及各种资源的支持和保障计划；并在工程实施过程中经常检查实际进度是否按计划进度进行；若出现偏差，应及时找出原因，采取必要的补救措施或修改调整计划，以确保工程进度目标的合理实现。

工程进度控制可分为业主进度控制和承包人进度控制。

1）业主进度控制

业主进度控制主要是控制总工期和阶段目标工期的完成情况，根据承包人的现金流量计划组织资金供应以及决定有关工程进度问题的重大事项。

2）承包人进度控制

承包人进度控制是根据合同工期和现场施工条件编制详细的施工方案和施工进度计划，报监理工程师审批，做好开工前的各项准备工作，组织劳动力、施工船机和各种材料的供应，协调各项工作在工程施工中搭接与配合，确保工程进度计划的实施和合同工期目标的实现。

3. 进度监理

进度监理是指监理工程师的进度控制，是以合同工期为目标，根据施工监理合同中业主授权和工程施工合同监理职权，通过对工程进度计划的审核、对工程进度计划实施过程的跟踪检查与分析等手段对工程进度实施控制和管理。

监理工程师进度控制，包括"计划—实施—检查—处理"四个循环阶段的工作任务。

（1）计划阶段，监理工程师要以合同工期为目标，编制出控制性工程进度计划，并据此审批承包人提交的施工组织设计和施工进度计划。

（2）实施阶段，监理工程师需要督促承包人按照批准的进度计划组织施工。

（3）检查阶段，监理工程师主要是对计划的实施情况进行监测，并将实际进度与计划进度进行比较，发现和找出存在的偏差，分析产生偏差的原因。

(4)处理阶段，要针对检查的结果采取处理措施，如果偏差很小，则允许承包人继续按原计划施工；如果施工进度落后并影响目标工期，必须下达相关工作指令，要求承包人立即采取纠偏措施，对原施工进度计划进行调整；当进度落后为非承包人原因引起且承包人有延期要求时，必须根据具体情况审批承包人的工程延期申请，经业主批准后下达工程延期决定通知。

监理工程师进度控制要按照动态控制原理，运用现代管理手段和方法，依据工程师职权，协助计划执行者，用最合理的施工方案、组织管理方式，在确保工程质量和控制费用的前提下，按合同规定的竣工期限去完成工程项目。

二、进度监理的依据

(1)有关法律法规、技术标准等；
(2)勘察设计文件；
(3)监理合同及其他合同文件。

三、进度控制的作用

工程项目如期完工，对业主和承包人都至关重要，关系其重大利益。对业主，按期或提前竣工能迅速形成固定资产和生产能力，具有显著的经济效益和社会效益；对承包人，可使其投入资源和施工工作按预期得到回报。如工程进度出现拖延，必然会导致业主和承包人一方或双方的违约责任和经济损失。

进度、质量和费用是相互影响的。一般来说，在工程进度和费用之间，工程进度越快，完成的工程量越多，则单位工程量的间接费越低；但对于突击性的赶工，却会由于各项资源投入的增加导致工程直接费的上升，因此，工程进度和费用之间有复杂的内在联系。在工程进度和质量之间，一般工期越紧，如采取快速突击、加快进度的方法，工程质量就可能受到影响，也加大了施工安全风险；反之，如果按照正常的工艺与时间安排，按部就班地推进工程进展，则工程质量就容易得到保证，安全风险也相对较小。因此，有效的进度控制应保证项目按期竣工并交付使用，但进度控制不能以工期为唯一目标，必须正确处理好进度、质量和费用的关系，应按技术规范和操作规程办事，应尽可能达到均衡和连续施工，应讲求工程建设的综合效益，这是进行工程进度控制必须遵循的重要准则。

四、监理进度控制的主要任务

监理在施工阶段进度控制的主要任务有：
(1)控制施工准备阶段的工作进度；
(2)审批承包人提交的施工组织设计和施工总进度计划；
(3)审批承包人根据总进度计划编制的年度计划、月度计划和资金流量计划；
(4)适时发布开工令，并监督承包人尽快开工；
(5)在施工过程中检查和监督进度计划的实施。
为完成以上工作任务，监理在施工阶段进度控制应抓住以下工作要点：

(1)认真审批承包人提交的各种详细计划和变更计划,严格控制关键分部分项工程、关键工序的开工时间和完工时间。

(2)督促承包人做好分项工程开工准备工作,及时审批分项工程开工报告,督促分项工程按时开工。

(3)控制承包人的材料、设备按计划供应,技术管理人员和劳动力及时到位,以保证工程按计划实施。

(4)协调好各承包人之间的施工安排,尽可能减少相互干扰,以保证工程顺利进行。

(5)定期检查承包人的实际进度与计划进度是否相符,当对总体工程进度起控制作用的分项工程的实际进度明显滞后于计划进度,且承包人未获得延期批准时,必须督促承包人采取有效措施加快进度,及时修改施工进度计划以保证按期完工。修改后的进度计划必须重新报监理工程师审批。

(6)定期向业主报告工程进度情况。

(7)公正合理地处理好承包人的工期索赔要求。

五、进度控制的方法和措施

1.进度控制的方法

进度控制的主要方法有进度表法、工程进度曲线法、工程进度管理曲线法和网络计划技术法四种。

1)进度表法

施工进度表的表示方法很多,工程较常用的是横道图。横道图是以时间为横坐标,以水平线杆表示工作(线杆的长度代表该项工作的持续时间),绘制的施工进度计划图表。

利用横道图进行进度控制时,首先编制横道图施工进度计划,进而可编制与此进度要求相适应的机械、劳务、材料和财务收支等各种表格。

开始施工后,定期地(每周或每月)将工程施工实际情况记录在施工进度表内,用以比较计划进度与实际进度,检查实际执行的结果是超前、落后,还是按照预定计划进行。若检查结果表明工程目前进度落后了,则应进行详细分析,结合现场记录和各分项进度以及实际完成的工程量和工程支付的实际情况进行综合性评价,并采取必要措施,改变进度落后状况。某码头工程计划进度与实际进度横道图表见图4-1。

2)工程进度曲线法

利用施工进度表进行进度控制时,横道图进度表在计划与实际的对比上,很难从整体上准确地表示出实际进度较计划进度超前或落后的程度。要全面了解工程进度计划执行情况,准确掌握总体施工进度状况,有效地进行进度控制,可利用工程进度曲线。

工程进度曲线图一般横坐标代表工期,纵坐标代表工程完成数量的累计值(投资累计值、投资累计完成百分率或其他),将有关数据描绘在坐标纸上就可定出工程进度曲线。

利用工程进度曲线控制工程施工进度时,可预先按安排的进度计划绘制一条工程进度曲线,进而在同一坐标系内按实际工程进展作出另一条工程进度曲线,将两者进行比较,即可掌握工程进度情况并利用它来控制工程进度。某工程进度曲线比较图见图4-2。

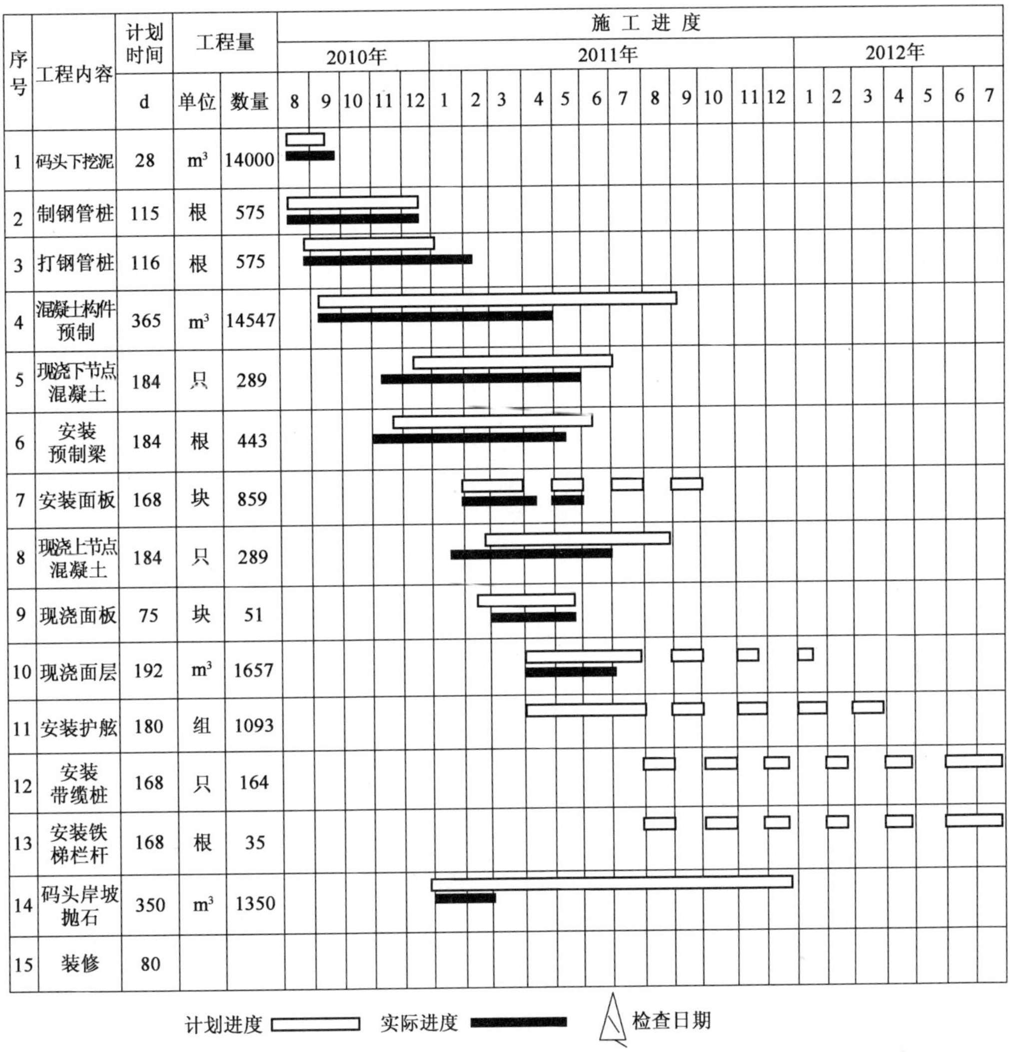

序号
工程内容
计划时间
工程量
d
单位
数量
施工进度
2010年
2011年
2012年
8 9 10 11 12 1 2 3 4 5 6 7 8 9 10 11 12 1 2 3 4 5 6 7
1 码头下挖泥 28 m³ 14000
2 制钢管桩 115 根 575
3 打钢管桩 116 根 575
4 混凝土构件预制 365 m³ 14547
5 现浇下节点混凝土 184 只 289
6 安装预制梁 184 根 443
7 安装面板 168 块 859
8 现浇上节点混凝土 184 只 289
9 现浇面板 75 块 51
10 现浇面层 192 m³ 1657
11 安装护舷 180 组 1093
12 安装带缆桩 168 只 164
13 安装铁梯栏杆 168 根 35
14 码头岸坡抛石 350 m³ 1350
15 装修 80
计划进度
实际进度
检查日期

图 4-1　某码头工程计划进度与实际进度横道图

累计完成百分比
100%
c
计划
预测
b
a
实际
时间
Ta
ΔTa
ΔTb
Tb
T
ΔTc
检查日期
检查日期

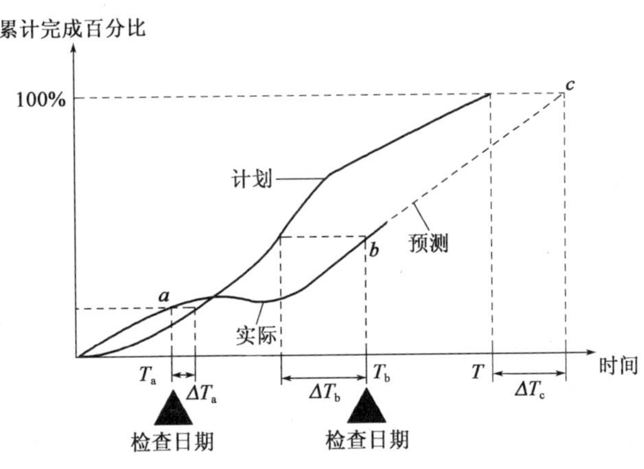

图 4-2　某工程进度曲线比较图

3)工程进度管理曲线法

由于受各种外界因素的干扰,实际施工进度不可能完全按某一曲线运行,只要将实际施工进度控制在某一区域内,则可认为施工进度处于可控状态,这种方法称为工程进度管理曲线法。

工程进度管理曲线是两条工程进度曲线组合成的闭合曲线。从理论上讲,任何工程项目的进度计划总是分为最早和最迟两种开始与完成时间的。因此,任何工程项目的施工进度计划都可以绘制出两条曲线:其一是以各项工作的计划最早开始时间绘制的工程进度曲线,称为ES曲线;其二是以各项工作的计划最迟开始时间安排进度而绘制的工程进度曲线,称为LS曲线。两条曲线的起点和终点分别是项目的开工时刻和完工时刻,因此两条曲线是闭合的,围成形似香蕉的曲线,俗称香蕉曲线。

利用工程进度管理曲线控制施工进度时,只要实际进度点处在ES和LS两条工程进度曲线围成的香蕉形区域内,则认为工程进度合理。其控制原理如图4-3。

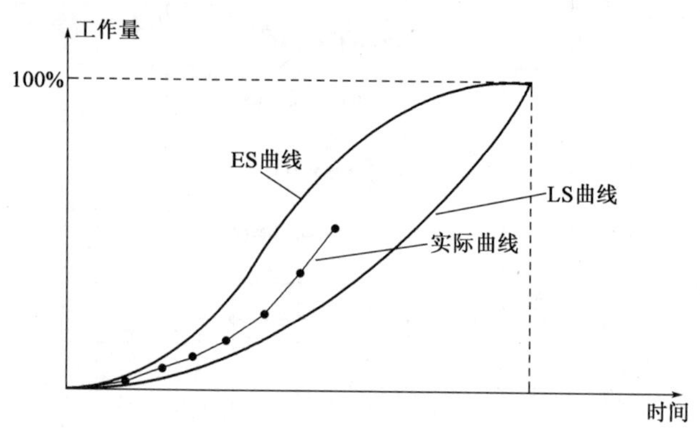

图4-3　工程进度管理曲线图

4)网络计划技术法

网络计划技术是用于制定施工进度计划和进行工程进度控制的一种最有效方法,它可以使得工序安排紧凑,便于抓住关键,保证施工机械、人力、财力、时间,均能获得合理的分配和利用。除此以外,它还有较好的可控制性。

工程施工不仅可采用网络计划技术编制施工进度计划,更具有价值的是可利用网络计划技术进行工程进度控制。

2. 进度控制的措施

为了实现对进度的有效控制,监理工程师需要根据工程建设的具体情况,按照各阶段进度控制的要求,认真制定进度控制的措施,以确保进度控制目标的实现。进度控制的措施包括组织措施、技术措施、合同措施、经济措施和信息管理措施。

1)组织措施

(1)建立进度控制目标体系,制定各阶段进度控制的分目标和主要控制节点,落实监理机构中进度控制的人员、具体任务和职能分工。

(2)要求承包人进行项目分解,编制符合进度目标要求的进度计划,并将工作任务落实到施工班组,督促承包人做好施工机械、人员、资金和材料的组织调度工作。

(3)建立工程进度报告制度及进度信息沟通网络,保证业主、监理工程师和承包人之间进度信息渠道畅通。

(4)建立进度协调工作制度,包括进度协调会议举行的时间、地点以及与会的单位、部门和参加人员等。

(5)建立设计交底、图纸会审、工程变更等管理制度。

2)技术措施

(1)审查承包人的施工技术方案,使承包人在合理的状态下施工。鼓励技术创新,建议承包人采用各种先进的技术手段和施工方法加快施工进度。

(2)编制进度控制工作细则,指导现场专业监理工程师和监理员有的放矢地实施进度控制。

(3)建立计算机网络系统,采用信息化施工管理手段,对工程进度实施动态控制。

3)合同措施

(1)建议业主采用分别发包和分阶段发包的招标方式,协调合同工期与进度计划之间的关系,保证合同中进度目标的实现。

(2)严格合同履约管理,保证承包人主要技术管理人员、主要机械设备及时有效到位,加强对承包人履约担保的管理,确保承包人资金流正常。

(3)严格控制合同变更,对各方提出的工程变更,监理工程师应严格按照规定程序进行管理。

(4)加强风险管理,在合同中应充分考虑风险因素对进度的影响,以及相应的处理方法。

(5)加强工程延期和索赔管理,经常与业主沟通,及早处理可能引起延期和索赔的各种因素,尽可能避免和减少工程延期和索赔,并公正地处理工程延期和索赔。

4)经济措施

(1)提醒业主按合同用款计划组织好资金供应,及时办理工程预付款并做好日常计量支付工作,为承包人实施工程进度计划提供资金支持。

(2)分解进度目标,制定主要节点进度里程碑计划。建议业主组织开展劳动竞赛,对承包人提前完工和提前完成节点进度目标给予奖励。

(3)严格履约管理,对承包人延误工期按合同规定进行误期经济赔偿,直至建议业主根据合同条款终止施工承包合同,对剩余工程量进行强制分包。

(4)建议业主与承包人协商,对非承包人原因造成的应急赶工给予合理的赶工费用。

5)信息管理措施

准确掌握实际工程进展情况,通过计划进度与实际进度的动态比较定期提供进度分析报告,了解实现进度目标的薄弱环节,抓住施工进度的重点和难点,督促承包人实现进度目标。

第二节 施工进度计划编制

施工进度计划是根据承包合同规定的工期要求,结合工程所在地的自然条件与技术经济情况,根据承包人自身的施工经验、装备、组织与技术管理水平而编制出的表示各项工程(单位工程、分部工程或分项工程)的施工顺序、开始和完成时间以及相互衔接关系的计划。它既是承包人进行现场施工管理的核心指导文件,也是监理工程师实施进度控制的依据。

公路水运建设项目的特征是技术要求高、投资大、建设周期长、涉及面广,干扰因素多。为使项目的执行能够按照预期的计划目标实现,并争取早日投入使用而获取经济效益,针对施工全过程的进度控制更显得十分必要。

一份完整的进度计划,从施工单位角度讲是履行合同约定的保证、指导工程的依据,从监理工程师的职责看是控制进度、管理工期的凭证。所以,双方一开始就要对编制计划保持不断的信息交流。监理工程师要对计划编制提出要求,制订必要的规定,明确方法、确定内容,编制切实可行,即能符合合同,又能指导施工的进度计划。施工单位在接到中标通知书后,应认真阅读技术规范、设计图纸,并对现场的地形地物、征地拆迁等情况进行认真的调查研究,作好相关的施工组织设计,编制施工进度计划。

进度监理应在确保质量和安全的基则上,以计划控制为主线进行。监理工程师应要求承包人按时提交进度计划,严格进度计划审批,及时收集、整理、分析进度信息,发现问题及时按照合同规定纠正。

监理工程师应要求承包人在合同规定的期限内编制并提交进度计划。进度计划应有文字说明、进度图表和保证措施等。为了有效地控制施工进度,监理工程师应对施工进度总目标,从不同角度进行层层分解,各层次之间相互联系,形成施工进度控制目标体系,从而作为实施进度控制的依据。其中,下级目标是上级目标的制约,下级目标保证上级目标,最终保证施工进度总目标实现。根据工程项目实施的不同阶段,分别编制总体进度计划及年、月进度计划;对于某些起控制作用的关键工程项目(如桥梁、隧道、立体交叉等),还应单独编制工程进度计划。现分别介绍如下。

(1)按计划期(总体、年度、季度、月)进行分解,工期由长到短,进度目标由粗到细,组织综合施工,总体进度计划中宜绘制网络图,标注关键路线和时间参数。总体进度计划中和月进度计划中应绘制资金流量S曲线图。

(2)按施工阶段分解,划定进度控制分界点,关键线路上控制尤为重要。

(3)按承包人分解,明确分项条件和承包人责任,并根据各专业工程交叉施工方案的前后衔接条件,明确不同承包人工作及交接的条件和时间。

(4)按工程项目组成分解,确定各单位(分部、分项)工程开工及交工日期,特别是关键线路上的关键工程进度目标的确定。

一、施工进度计划编制的原则

工程项目进度计划编制应遵循以下基本原则:

(1)合理安排施工顺序,保证在劳动力、材料物资以及资金消耗量最少的情况下,按合同规定工期完成拟建工程施工任务。

(2)采用可靠的施工方法,确保工程项目施工在连续、稳定、安全、优质、均衡的状态下进行。

(3)节约施工成本。

二、施工进度计划编制的依据

(1)工程项目的全部设计图纸,包括工程的初步设计或扩大初步设计、技术设计、施工图设计、设计说明书、建筑总平面图等。

(2)工程项目有关概(预)算资料、指标、劳动力定额、机械台班定额和工期定额。

(3)施工承包合同规定的进度要求和施工组织设计。

(4)施工总方案(施工部署和施工方案)。

(5)工程项目所在地区的自然条件和技术经济条件,包括气象、地形地貌、水文地质、交通水电条件等。

(6)工程项目需要的资源,包括劳动力状况、机具设备能力、物资供应来源条件等。

(7)地方建设行政主管部门对施工的要求。

(8)国家现行的建筑施工技术、质量、安全规范、操作规程和技术经济指标。

三、施工总进度计划编制方法

按照计划的详略程度不同,施工进度计划主要有施工总进度计划和单位工程施工进度计划。

施工总进度计划是反映合同工程从施工准备到交工验收的全部工作过程的时间安排,用来确定合同工程所包含的各主要施工项目(单位工程、主要的分部工程)的施工顺序、施工时间及相互衔接关系的计划。编制施工总进度计划的依据有:施工图纸和合同文件、主体工程施工方案、规定的工期目标和节点目标、资源供应条件、工程所在地的自然条件和技术经济条件、各类定额资料等。

施工总进度计划编制主要程序如下:

1.划分工程项目

根据合同工程的特性,编列工程项目一览表。工程项目一览表应包括全部的单位工程;对主要的单位工程应划分到分部工程;对包含有控制性分部工程的单位工程也应划分到分部工程;有的甚至应划分到分项工程。

2.计算工程量,确定施工期限

根据工程项目一览表,计算其实物工程量。工程量计算不仅是为了编制施工进度计划,也是作为确定施工方案和施工船机设备、安排施工过程的流水作业以及计算人工、施工船机设备和建筑材料需要量的依据。

根据各工程项目的工程量确定其施工期限。确定施工期限时要综合考虑其结构形式、施工方法和施工船机设备、施工管理水平以及现场施工条件等因素,并且必须满足合同工期的要求。

3.确定各工程项目的开竣工时间和相互搭接关系

确定各工程项目的开竣工时间和相互搭接关系时主要考虑以下施工要求:

(1)根据合同段特点和工程量大小安排工程分区、分段施工。

(2)根据选定的施工方案和施工方法,确定工艺逻辑关系。

(3)急需的和关键的工程项目必须先施工,有节点工期限制的项目必须满足节点工期的要求。

(4)对某些技术复杂、施工周期较长、施工困难较多、施工过程中不确定因素较多的项目,尽可能安排提前施工。

(5)同一时期施工的项目不宜过多,尽量做到均衡施工,以使劳动力、施工船机设备和主要材料的供应在施工期达到均衡。

(6)主要工种和主要施工船机设备尽可能连续施工。

(7)尽可能提前建设可供施工使用的道路、码头等永久性工程,减少临时工程费用。

(8)考虑季节对施工安排和施工顺序的影响,使不利的季节条件不至于导致工程拖延,不影响工程质量。

4. 草拟施工总进度计划

施工总进度计划应按照全工地流水作业方式进行安排。全工地流水作业安排应以工程量大、工期长的工程项目为主导,组织若干条流水线,兼顾其他工程。

施工总进度计划可用横道图表示,也可用网络图表示。

5. 编制正式的施工总进度计划

对草拟的施工总进度计划进行检查。主要检查总工期是否符合要求,资源使用是否均衡且其供应是否有保证,是否满足其他限制条件的要求。如果出现问题,则应进行调整。调整的主要方法是改变某些工程项目的起止时间或调整某些工程项目的施工期限。调整计算应以草拟网络计划为基础,应用专业计算机软件分别进行工期优化、费用优化和资源均衡优化,优化后形成正式的施工总进度计划。

正式的施工总进度计划确定后,据以编制劳动力、材料、施工船机设备等资源需用量计划,编制资金流量计划。

四、单位工程施工进度计划编制方法

单位工程施工进度计划是在既定施工方案的基础上,根据规定的工期和各种资源供应条件,对单位工程中的分部分项工程的施工顺序、时间衔接进行统筹安排,确定施工流程和其持续时间的计划安排。其编制的主要依据是施工图设计文件,施工总进度计划,单位工程施工方案,现场施工条件,资源供应条件,施工预算,当地自然、社会条件和气象资料等。

单位工程施工进度计划的编制程序主要有:

1. 现场施工条件分析及相关资料收集

编制施工进度计划之前,除要研究施工合同条件、工期、质量和费用要求、工程价款支付方式、施工图纸、技术规范等,还应进行现场勘察,调查有关自然条件和技术经济条件资料,如地形、地质、水文、气象、供水供电、交通运输、工程用地、环境保护、地方材料、税收等。

2. 确定单位工程的工程项目组成

在编制单位工程施工进度计划时,应根据施工图纸和施工工艺顺序把拟建工程的工程项目逐项列出,并填入施工进度计划的工程项目一览表。工程项目的划分主要是依据建筑物的性质及特点和选择的施工方案确定。单位工程施工进度计划的工程项目划分一般要划分到分项工程,但由于单位工程中分项工程较多,部分辅助工程和次要工程也可只划分到分部工程,但应突出主导工程,不可漏列、重列和错列项目。直接在拟建工程的工作面上施工的项目必须列入计划内,而在拟建工程工作面之外完成的施工项目如预制构件的生产、设备制造等,则可不列入施工进度计划之内,但应考虑供应情况,确保使用前运入施工现场。

3. 确定施工顺序

在工程施工中,由两类逻辑关系决定施工顺序。一类是工艺逻辑关系,一类是组织逻辑关系。安排施工顺序就是要遵照施工本身的工艺逻辑要求,合理确定组织逻辑关系,解决各工程项目之间在时间上的先后和搭接问题,以达到保证质量和安全,充分利用空间和时间,实现合理安排工期的目的。

一般来说,当施工方案确定之后,工程项目之间的工艺逻辑关系也就随之确定,必须得到遵守。

工程项目之间的组织逻辑关系是指在生产过程中,根据施工场地的空间限制、施工时间以及施工设备和其他资源等客观条件,由管理人员通过组织决策确定的逻辑关系。由于这种逻辑关系是人为确定的,可能会因人而异,并且不同的决策方案其经济效果也不一样,因而在决策过程中应进行反复的分析比较,将工艺逻辑关系和组织逻辑关系有机地结合起来,形成工程项目之间的合理施工顺序。

不同的工程项目,其施工顺序不同。即使是同一类工程项目,其施工顺序也难以做到完全相同。因此,在确定施工顺序时,必须根据工程的特点、技术组织要求及施工方案等进行综合研究,不能拘泥于某种固定的顺序。

4. 工程量的计算

施工过程项目列出后,即可根据设计图纸及有关工程量计算规则,逐项计算工程量。计算工程量时,应注意以下几个问题:

(1)各分部分项工程的计量单位应与采用的定额的计量单位一致,以便计算劳动力、材料、机械数量时直接套用定额,尽量减少换算;

(2)结合各分部分项工程的施工方法和技术要求计算工程量;

(3)结合施工组织的要求,按已划分的施工段分层、分段地计算工程量。

5. 劳动力和船机台班使用量的计算

所谓劳动量,就是工程细目工程数量与相应时间定额的乘积。它包括人工操作和船机作业两部分。它根据现行的定额,并结合当地的实际施工水平和具体情况来确定。

6. 确定工程项目的施工持续时间

按照工程项目的性质、施工条件的不同和工期要求不同分别确定,具体计算时有以下三种计算方法:

(1)根据承包人现有的人工、船机数量以及流水段工作面的大小安排,计算施工过程的作业时间。在计算工期基础上,应分析该工程项目施工的环境条件及其他不利因素干扰,加上合理预留富余时间,形成该工程项目的施工(过程)作业时间计划。

(2)根据工期要求确定作业人数和船机台数。根据合同规定的工期,初步确定各分部分项工程的施工时间,再按各项工程需要的劳动量和船机台班数,确定每一分项工程和每一班所需的工人人数和船机台班数。

(3)由于采用新技术、新工艺而缺乏定额,或者由于影响施工的因素复杂使得工作时间为不确定时,通常采用三时估计法估计工程项目的持续时间。

7. 草拟施工进度计划

各施工项目的作业时间确定后,可编制施工进度计划。编制进度计划时,必须考虑各分部分项工程的流水施工顺序,力求同一工程项目连续施工,不同工程项目尽可能组织最大搭接施工。编制计划安排时注意事项有:

(1)编制施工进度计划时应先考虑主导分部分项工程的施工进度安排,其余工程应配合主导分部分项工程进行。同一时期开工的项目不应过多,以免人力物力过分集中或分散。

(2)编制施工进度计划时,应使工程项目的施工准备、水下施工、水上工程、主体和辅助工程等能相互配合、合理衔接。应力求做到连续、均衡的流水作业,同时应考虑到潮位和波浪、材料设备供应等可能出现的不利因素影响。做好施工工作面、劳动力、施工船舶机械、材料、构件的五大综合平衡。

单位工程施工进度计划可用横道图表示,也可用网络图表示。

8. 编制正式施工进度计划

草拟施工进度计划后,还应注意进行反复检查,做好平衡与调整工作。检查的内容主要包括以下几个方面:

(1)总工期和各分部分项工程的施工时间以及施工顺序是否合理且符合合同工期要求。

(2)各工程项目的施工顺序、平行搭接和技术间歇是否合理。

(3)主要工种施工、主要施工船机是否能连续作业。

(4)所安排的劳动力、材料、施工船舶机械需要量是否能保证供应,是否平衡等。

经过检查,对不合理的部分进行调整和优化。上述四个方面中,如果前两个方面不满足要求,则必须进行调整;如果后两个方面不满足要求,则可进行优化计算。优化计算目标主要是针对工期方案下劳动力、材料等均衡性及施工船舶机械利用率水平。

通过调整和优化后的施工进度计划是一个合理的可行的施工进度计划。

9. 编制各项资源需要量计划

在施工进度计划编制完成后,再编制相应的劳动力、材料、船舶机械、临时设施等需要量计划表。

(1)劳动力需要量计划。它主要用于调配劳力,安排生活福利设施。其编制的办法是将施工进度计划图内所列各施工过程每年(每旬、每月)所需工人人数按工种进行汇总。劳动力需要量计划通常用劳动力需要量计划表或劳动力需要量图表示。

(2)主要材料需要量计划。它主要为组织备料、确定仓库、堆场面积、组织运输之用。它是根据施工进度每天(月、旬)完成的各项目的工程量,按定额计算后,逐天(月、旬)统计填列,编制主要材料需要量计划表。

(3)主要施工船舶机械需要量计划。根据采用的施工方案和施工进度确定施工船舶机械的类型、数量、进退场时间,编制船机需要量计划。一般是把施工进度图中每一施工过程、每天(月、旬)所需的船机类型、数量和施工时间进行汇总,编制主要施工船机需用量表。

(4)大型临时设施需要量计划。例如水运工程中的大型临时设施是指新设临时码头、临时性的现场预制场地、沉箱预制场地改建、疏浚工程中吹泥围堰、大型钢模板,以及施工船舶进入工地时的海上疏浚等。

(5)临时工程计划。临时工程是指生活房屋、生产房屋、便道便桥、电力和电信设施以及小型临时设施,它应根据施工进度图和施工平面图设计在不突破该项预算金额的条件下按实填列。

(6)施工准备工作计划。施工准备工作是指施工前承包人从组织、技术、经济、劳动力、物质、生活等各方面为了保证工程顺利施工,事先做好的工作。主要内容包括技术准备、现场准备、冬雨季施工准备、施工队伍及后勤的准备等。

(7)现金流量计划。现金流量计划是承包人按照工程进度计划以及施工合同中的工程量和单价估算的现金需求用量计划,用现金流量图表示。

第三节 进度计划管理

一、明确进度控制的目标体系

为有效进行进度控制,必须明确进度控制目标。对工程项目来说,进度的总目标通常是建设(或合同)工期。除进度总目标外,还应按工程建设的不同阶段及分工等设立不同层次的工程进度子目标,共同构成进度控制目标体系。工程进度控制的子目标可根据不同的要求而设立,一般有以下五种类型:

(1)按建设项目实施阶段设立阶段工作子目标。如按基本建设程序要求的不同阶段分解为项目建议书、可行性研究、初步设计、施工图设计、招标投标、施工准备阶段、施工阶段、交工验收和投产等不同阶段,分别设立阶段工作进度子目标。

(2)按建设项目所包含的工程项目设立工程项目进度子目标。如一个港口工程项目可按其包含的子项目分别设立码头工程、港池疏浚、陆域堆场、装卸工艺、进港道路等工程项目进度子目标。

(3)按实施单位设立承包合同进度子目标系统。工程项目通常由不同的承包人共同参与建设。工程项目建设可以按工程参建单位设立进度子目标体系,以保证各承包人之间工作的顺利衔接与配合。

(4)按承包合同工作范围的结构单元设立单位工程、分部工程、分项工程以及承包工作的进度子目标系统。

(5)按时间进程设立进度子目标系统。即将工程总进度计划、进度子目标计划分解为逐年、逐季、逐月、逐周的进度计划,提出相应的进度要求,以便随时检查工程进度情况。

二、施工进度计划编制管理

编制施工进度计划是承包人的责任。必要时,监理机构也应根据业主对工程管理要求,编制项目实施的控制性施工进度计划。此外,对单项工程较多、施工工期长,且采取分期分批发包又没有一个负责全部工程的总承包单位时,或者当工程项目由若干个承包单位平行承包时,监理工程师也必须编制施工总进度计划。

(1)施工进度计划按编制深度可分为施工总进度计划、单位工程施工进度计划和分部分项工程作业进度计划。

①施工总进度计划是反映整个工程从施工准备到工程交工验收的全部过程和时间安排,用来确定整个工程中所包含的各主要施工项目的施工顺序、施工时间及相互衔接关系的计划,它简明、扼要,具有规划性和指导意义,是控制性的进度计划。施工总进度计划由承包人编制,当一项工程有多个承包单位时,施工总进度计划应由总承包单位编制。

②单位工程施工进度计划是施工的实施性文件。它是在既定施工方案的基础上,根据规定的工期和各种资源供应条件,对单位工程中的分部分项工程的施工顺序、时间衔接进行统筹安排,确定施工流程和其持续时间的计划安排。单位工程施工进度计划由承担该单位工程施工任务的承包人编制。

③分部分项工程作业进度计划,当构筑物、建筑物的分部分项工程比较复杂时,需要编制较为详细的施工作业进度计划,对其每一道工序都进行具体的施工流程和时间的安排,这是指导施工最详细最直接的进度计划文件。

(2)施工进度计划按编制的时间阶段可划分为总体施工进度计划、年度施工进度计划和月(季)度施工进度计划。

①年度施工进度计划是反映该年度内施工项目的施工内容、施工时间、工程数量等主要生产指标安排,确定年度施工任务的计划文件。

②月度施工进度计划反映该月度内施工的分项工程内容、施工时间、工程数量和相互衔接关系,是确定月度施工任务的计划文件;它是年度施工进度计划的月度分解,并根据实际完成情况而相应调整编排。

(3)施工进度计划的表示形式主要有进度表计划、工程进度曲线、横道图计划和网络计划。

进度表计划编制比较简单,各项控制数据指标清晰,但工序衔接关系不清晰;工程进度曲线则更清晰地从总体上反映了工程进度情况;横道图计划的主要优点是形象、直观;网络计划的主要优点是各项工作之间的逻辑关系清晰。

三、施工进度计划实施

施工进度计划的实施是承包人的责任,监理工程师主要是做好督促工作。实施施工进度计划,要做好三项工作,即:编制施工作业计划和施工任务书;做好记录,掌握现场施工实际情况;做好调度工作。

1. 编制施工作业计划和施工任务书

施工总进度计划是合同范围工程的控制性的进度计划，指导施工作业需要进一步细化，需按照年度计划和月度计划的要求，编制施工作业计划和施工任务书，下发施工班组实施。

施工作业计划应依据年度和月度施工进度计划、依据现场实际施工环境、当前实际进度情况及施工资源投入等具体要求编制。施工作业计划以贯彻施工进度计划、明确当期任务及满足作业要求为前提。

施工作业计划通过施工任务书的形式付诸实施。施工任务书既是一份施工计划文件，也是一份核算文件，又是原始记录。它把作业计划下达到班组进行责任承包，并将计划执行与技术管理、质量管理、成本核算、原始记录、资源管理等融合为一体，是计划与作业的连接纽带。

2. 做好记录、掌握现场施工实际情况

在施工中，如实记载每项工作的开始日期、工作进程和结束日期，可为计划实施的检查、分析、调整、总结提供原始资料。要求跟踪记录，如实记录，并借助图表形成记录文件。

3. 做好调度工作

调度工作主要对进度控制起协调作用。协调配合关系，排除施工中出现的各种矛盾，克服薄弱环节，实现动态平衡。调度工作主要包括：检查作业计划执行中的问题，找出原因，并采取措施解决督促供应单位按进度要求供应资源；控制施工现场临时设施的使用；按计划进行作业条件准备；传达决策人员的决策意图；发布调度令等。

四、施工进度监测

施工进度监测是承包人的工作，也是监理工程师的工作。通过监测准确把握实际进度情况，分清造成实际进度偏差原因，是有效进行进度控制的前提。在项目实施过程中，监理工程师要经常定期地监测进度计划的执行，监测主要包括以下工作。

1. 进度计划执行中的跟踪检查

跟踪检查的主要工作是定期收集反映实际工程进度的有关数据。收集的方式：一是通过报表；二是进行现场实地检查。收集的数据尽可能准确和详细，为此监理工程师必须认真做好以下三个方面的工作：

1）经常定期地收集进度报表资料

进度报表是反映实际进度的主要方式之一，监理工程师要在监理规划和监理实施细则中建立工程进度的日报、周报和月报制度，承包人要安排专人按照监理工程师规定的时间和报表内容，填写进度报表。监理工程师根据进度报表数据了解工程实际进度。

2）监理工程师检查进度计划的实际执行情况

现场专业监理工程师和监理员应经常进行实际进度监测工作，掌握实际进度的第一手资料，负责对承包人的进度报表的真实和准确性进行核查。总监、副总监通过日常工地巡视，掌握施工总体进度情况。

3）定期召开现场会议

定期召开现场会议，监理工程师与承包人有关人员面对面了解实际进度情况，同时也可以协调有关方面的进度。

2. 整理、统计和分析收集的数据

收集的数据要进行整理、统计和分析,形成与计划具有可比性的数据。例如根据本期检查实际完成量确定累计完成量、本期完成百分比和累计完成百分比等数据资料。

3. 实际进度与计划进度对比

实际进度与计划进度对比是将实际进度数据与计划进度数据进行比较。通常可以利用表格和图形进行比较,从而得出实际进度比计划进度是否存在偏差的结论。

五、施工进度计划偏差处理

在项目进度监测过程中,一旦发现出现严重的进度偏差时,监理工程师必须认真分析产生的原因及对后续工作和总工期的影响,及时督促承包人采取合理的调整措施进行处理,确保进度目标的实现。偏差处理工作具体内容及过程如下:

1. 分析产生进度偏差的原因

经过进度监测,了解到实际进度产生了较严重偏差。为了调整进度,监理工程师应深入现场,进行调查,分析产生偏差的原因。可能的原因包括承包人资源投入和技术管理水平、业主提供方面的延误和缺陷、设计图纸的延误和错误、不利的自然气候条件和不利的当地社会环境条件及施工进度计划本身的瑕疵等。

2. 分析偏差对后续工作和总工期的影响

在查明产生原因之后,要分析目前的进度偏差对后续工作和总工期的影响和影响程度,根据分析结论确定是否应当调整。

3. 确定影响后续工作和总工期的限制条件

在分析了对后续工作和总工期的影响后,需要采取一定的调整措施时,应当确定进度可调整的范围,主要是关键工作、后续工作的可调整程度以及总工期允许调整的范围。

4. 采取进度调整措施

要求承包人采取赶工措施,以保证目标工期的实现。承包人采取进度调整措施,应以后续工作和总工期的限制条件为依据,对进度计划进行调整。调整后施工进度计划必须重新报监理工程师审批。

5. 实施调整后的进度计划

承包人按监理工程师审批的调整后施工进度计划组织施工。监理工程师按照进度控制的工作内容和要求进行监理。

第四节　进度计划审查工作

根据 FIDIC 通用条件第 8.3 条规定,承包人在接到中标通知书之日后,在合同要求的时间内应向监理工程师提交一份其格式和细节符合合同要求的工程总进度计划,以取得监理工程师的批准。如果监理工程师提出要求,承包人还应以书面形式提交一份有关承包人为完成工程而建议采用的施工方案和施工方法的总说明,供监理工程师查阅。

一、提交进度计划

根据《公路工程标准施工招标文件》(2018 年版)专用合同条款第 10.1 条规定,承包人向监理人报送施工进度计划和施工方案说明的期限:签订合同协议书后 28 天之内。监理人应在 14 天内对承包人施工进度计划和施工方案说明予以批复或提出修改意见。合同进度计划应按照关键线路网络图和主要工作横道图两种形式分别编绘,并应包括每月预计完成的工作量和形象进度。

在中标通知书发出后合同规定的时间内,监理工程师应要求承包人书面提交以下文件(即总体进度计划):

(1)一份详细和格式符合要求的工程总体进度计划及必要的各项关键工程的进度计划;

(2)一份有关全部支付的现金流动估算;

(3)一份有关施工方案和施工方法的总说明(即通过施工组织设计提出)。

承包人应在每年 11 月底前,根据已同意的合同进度计划或其修订的计划,向监理人提交两份格式和内容符合监理人合理规定的下一年度的施工计划,以供审查。该计划应包括本年度估计完成的和下一年度预计完成的分项工程数量和工作量,以及为实施此计划将采取的措施。

在将要开工以前或在开工以后合理的时间内,监理工程师应要求承包人提交以下文件(即阶段性进度计划文件):

(1)年度进度计划及现金流动估算;

(2)月度进度计划及现金流动估算;

(3)分项(或分部)工程的进度计划。

关于合同进度计划的修订,《公路工程标准施工招标文件》(2018 年版)专用合同条款第 10.2 条(合同进度计划的修订)规定,承包人提交合同进度计划修订申请报告,并附有关措施和相关资料的期限:实际进度发生滞后的当月 25 日前。监理人批复修订合同进度计划的期限:收到修订合同进度计划后 14 天内。

《水运工程标准施工招标文件》(2008 年版)规定:承包人应在计划开工日期 7 天前,向发包人和监理人报送施工组织设计;监理人应在 7 天内批复或提出修改意见,否则视为已得到批准。

二、审批进度计划

监理工程师在接到承包人提交的工程进度计划之后,应对进度计划进行认真的审核,其目的是为了检查承包人所制定的工程进度计划是否合理,有无可能实现,是否适合工程的实际条件和现场情况,避免以空洞的、不切实际的工程进度计划来指导施工,造成工期延误。

1.进度计划的审查步骤

监理工程师应在合同规定的期限内审批承包人提文的进度计划。总体进度计划应由总监理工程师审核;月进度计划等应由驻地监理工程师审核并报总监办。经批准的进度计划作为进度监理的依据。

审查工作应按以下程序进行:

(1)阅读文件、列出问题、进行调查了解;

(2)提出问题,与承包人进行讨论或澄清;

(3)对有问题的部分进行分析,向承包人提出修改意见;

(4)审查批准承包人修改后的进度计划。

2. 监理工程师审查计划的内容

监理工程师在审查承包人的工程进度计划时应注意下列事项:

(1)工期和时间安排的合理性

①承包人提交的工程总进度计划的总工期必须符合工程项目的合同工期,即计划总工期应少于或等于合同工期。

②各施工阶段或单位工程(包括分部、分项工程)的施工顺序和时间安排与材料和设备的进场计划相协调;施工的开始时间和结束时间的合理,尽可能使施工对资源的要求趋于均衡。

③易受冰冻、低温、炎热、雨季等气候影响的工程应安排在适宜的时间,并应采取有效的预防和保护措施。

④对动员、清场、假日及天气影响的时间,应有充分的考虑并留有余地。

(2)施工准备的可靠性

①所需主要材料和设备的运送日期是否已有保证;

②主要骨干人员及施工队伍的进场日期是否已经落实;

③施工测量、材料检查及标准试验的工作是否已经安排;

④驻地建设、进场道路及供电、供水等是否已经解决或已有可靠的解决方案。

(3)计划目标与施工能力的适应性

①各阶段或单位工程计划完成的工程量及投资额应与承包人的设备和人力实际状况相适应;

②各项施工方案和施工方法应与承包人的施工经验和技术水平相适应;

③关键线路上的施工力量安排应与非关键线路上的施工力量安排相适应。

当监理工程师通过调查了解,落实了上述对工程进度的计划有关的条件和因素并经过评价后,如确认承包人为完成工程而提供的工程进度计划是合理的,而且计划切实可行,则应在合理的时间内同意承包人的进度计划并通知承包人可以按照计划安排施工。

3. 监理工程师审批计划的权限

根据FIDIC通用条件第8.6条规定,无论何时,如果监理工程师认为工程的实际进度不符合上述已同意的工程进度计划,则承包人应根据监理工程师的要求拟定一份修订后的总进度计划,表明其对总进度计划所作的必要的修改,以保证在竣工期内完成本工程。

因此,如果监理工程师经过充分的分析和调查了解,认为承包人所提交的工程进度计划与他自己实际的技术、装备能力不相适应,尤其是计划中关键线路上的工作安排不合理,则可以要求承包人修订工程进度计划,并重新拟定一份工程进度计划,以取得监理工程师的批准。

监理工程师在批准了承包人所提交的工程进度计划之后，应在第一次工地会议上提供有关监督控制工程进度计划方面的一整套报表和有关规定。同时为了保证工程进度计划的正常进行，监理工程师应经常根据有关影响工程进度方面的记录资料，分析工程进度方面存在的问题，随时掌握承包人的工程进展情况。如果监理工程师根据评价的结果，认为工程或工程的任何部分进度过慢与进度计划不相符合时，应立即通知承包人并要求承人采取监理工程师同意的、必要措施加快进度，以确保工程按计划完成。

FIDIC 通用条件第 8.6 条讲述了工程进度问题，其主要规定为以下几点：

(1)如果实际进度太慢，不能在合同工期内完成工程，以及/或者进度已经或将落后于现有的进度计划，而承包人又无权索赔工期，在此类情况下，工程师可以要求承包人递交一份新的进度计划，同时附有赶工方法说明。

(2)若工程师没有另外通知，承包人应按新的赶工计划实施工程，这可能要求延长工作时间和增加入员和设备的投入，赶工的风险和费用也由承包人承担。

(3)如果新的赶工计划导致了业主支付了额外费用，业主可以根据合同条款(业主的索赔)向承包人索赔，承包人应将此类费用支付结业主。

(4)如果承包人仍没有按期完工，除了上述费用之外，他还应支付拖期赔偿费。

根据上述有关进度的条款规定，监理工程师可以要求承包人按照合同条件所规定的内容，在进度缓慢或者严重缓慢时采取相应的措施，以加快工程进度。倘若承包人未能按照合同条件的规定执行监理工程师的指示，监理工程师有职权公正地采取措施，以使承包人按进度计划中预定的竣工日期完成工程。

如果承包人无正当理由而拖延工期或工程已经严重延误，而承包人又不为此采取必要的加快工程进度的措施时，监理工程师应慎重对待这一事实，并向建设单位报告，以便由建设单位来决定是否继续执行合同。

通常工程项目进度计划的审核工作由监理工程师负责进行，但对于工程较大且复杂时，工程进度计划审核工作的工作量将很大。一般的做法是监理工程师审核工程项目总进度计划；单项工程进度计划(或关键工程进度计划)的审核由单项工程驻地监理工程师进行，并向监理工程师负责。

在工程开工后，驻地监理工程师应建立单项工程的月、旬进度报表及进度控制图表，以便对分项施工的工程月、旬进度进行控制。其图表宜采用直观反映工程实际进度的形式，如形象进度图等，以便随时掌握各专业分项施工的实际进度与计划进度间的差距。当这种差距出现时，驻地监理工程师应及时向承包人发出工程进度缓慢信号，要求承包人采取措施加快进度，同时应向监理工程师汇报并提供资料，供监理工程师对工程实际进展情况进行综合评价。如果承包人实际施工进度确实影响到整个工程的完工日期，则应要求承包人尽快调整工程进度计划。

经常有这样的情况，即引起工程进度延误的原因来自几个方面，这种情况下监理工程师应召开工地碰头会议，召集各方面负责人进行协调，以便解决工程进度受阻的问题。一般情况下，应规定这种工地会议的定期召开时间，使其形成一种制度。

第五节　工程施工中的进度检查工作

一、工程施工中的进度检查

项目监理机构应通过对工程施工进度计划的审核、对工程施工进度计划实施过程的跟踪检查与分析等手段对工程进度实施控制。

项目监理机构对工程施工进度计划的过程控制应符合下列要求:

(1)监理人员应对承包人资源投入、工程是否按计划进行等工程实施进展情况进行跟踪检查,并做好相关记录。

(2)项目监理机构应按业主项目管理要求审核与工程进度有关的报表,并将工程实际进度与计划进度进行比较和分析。

(3)当实际进度与计划进度出现实质性偏差时,项目监理机构应督促承包人及时采取相应的整改措施;当关键线路工期滞后时,总监理工程师应签发监理通知单,要求承包人采取保证合同工期的措施,并向项目监理机构报送相应的监理通知回复单,项目监理机构应检查有关措施的落实情况并签署意见。

(4)项目监理机构应通过工地例会、有关工程进度的专题会议等形式,协调解决影响工程进度的有关问题。

二、施工进度计划的调整

1.工程进度分析

作为负责进度控制的监理工程师必须要监控工程进度的有关要素,掌握工程进展的反馈信息,以便必要时采取措施或通知承包人进行调整。

2.工程进度分析步骤

为了分析工程进度计划的完成情况,监理工程师必须确定所有信息的可靠来源,取得有关数据,再进行影响因素的分析,找出其中起关键性作用的因素,并采取对策,进行调整。

分析步骤一般分为三个阶段:第一阶段是找出工程完成情况差的原因;第二阶段是进行因素分析,找出影响最重要的因素;第三阶段是提出建议和结论。如此反复进行,直到工程竣工为止。

3.影响工程进度的因素

为了进行进度控制,无论是监理工程师还是承包人,都必须在施工进度计划实施前充分考虑影响施工进度的诸多因素,提出保证施工进度计划成功实施的措施。

影响工程进度实施的因素很多,如经济原因、技术原因、地质条件、气候条件、人文社会条件、人力原因、材料设备原因、资金原因、组织协调原因和政治原因等,涉及业主、承包人、勘察设计单位、监理单位、设备制造和运输单位、社会环境和自然环境条件以及政府职能部门等,都需要监理工程师和承包人在进度控制中仔细分析,以实现对工程进度的主动控制。

4. 工程进度分析的内容

当工程实际进展情况与原定计划出现较大偏差时，应进行分析，找出影响的因素及起关键作用的因素，以便制订对策和调整。

工程进度分析的主要内容包括以下几项：

(1)分析工程进度计划完成的比率(工程量、工作量完成的百分率)，是否影响按期竣工；

(2)考察关键线路、关键工作是否出现拖延，非关键线路时差是否用完，并已转变为关键线路；

(3)考察有哪些工作(工程项目)影响了工程的工期；

(4)对上述这些工作进行详细的分析，确定影响各工作计划的关键因素。详细分析的内容主要有以下几点：

①劳动力情况分析。

实际投入劳动力数量与计划劳动力数量的关系，直接生产工人与管理人员的比例；施工顺序、工作流程是否合理；返工率和废品率状况；劳动组织与生产效率是否满意；工程变更和事故率是否正常；天气情况等。

②材料情况分析。

材料供应是否及时，有无待料情况？料场布置是否合理？材料的运距是否太远？材料的储备周期是否合理等。

③机械设备情况分析。

机械设备是否满足工程进展的要求，利用率和完好率如何？机械设备是否陈旧，设备的停工时间所占的百分比有多大？工地是否有备用零件，维修是否及时，有没有预防性的维修计划？机械设备的生产率是否能达到额定的要求等。

④试验检测情况分析。

工地的试验仪器和设备能否满足工程的需要；试验和检测的组织体系是否健全和有效；试验人员是否满足试验检测工作的需要；试验的数据和成果是否在有效的时间内反馈到各有关人员手中等。

⑤财务情况分析。

承包人是否有足够的资金垫付材料、设备、人员工资等款项；业主是否按期支付工程进度款？各种资金的支出是否比例失调等。

⑥其他情况分析。

天气是否特别恶劣？业主是否履行了应尽的义务，有无责任？如延迟占用土地，延期交图、工程暂停、额外或附加工程等；监理工程师是否正确履行了职责，如文件未及时批复，监理人员不足，未及时检测验收等。

(5)针对上述分析得出的主要因素，拟定采取的措施，加以改进，以使工程按期完工。

5. 施工进度计划的调整

通过对实际进度与施工进度计划的比较，可以发现进度偏差。如果这种偏差严重到无法确保工程按期完工，就有必要对计划进行调整。计划的调整是承包人的责任。监理工程师在发现实际进度与计划有较大偏差时,就必须要求承包人对进度计划进行调整,以符合实际施工的需要。

计划执行中的调整,一般有以下几种原因:

(1)因某种原因需要将网络计划中的某些工作删除;

(2)由于编制网络计划时考虑不周或设计变更需要在网络计划中新添工作;

(3)由于实际工程进度有提前或拖延现象,需要修改某些工作的持续时间等;

(4)因为施工组织方式改变,需要改变网络计划中某些工作的衔接关系。

施工进度计划的调整可通过工期优化来进行,调整的方法主要有以下两类:

1)缩短关键线路的持续时间

通过增加关键线路上工作的人力和设备等施工力量,以缩短关键工作持续时间。一般来说,关键线路缩短势必引起资源需要量的增加,可能会带来新的矛盾。因此,缩短关键线路上工作的持续时间,需要增加资源时应尽量从内部解决:在时差范围内将其工作时间错开,从而避开资源利用的高峰;将有关工作持续时间延长,减小该工作的资源强度,以便从中抽出部分资源支援其他需要缩短持续时间的工作。如果通过分析计算确认内部资源不足,则应考虑从外部调入资源。

2)改变网络计划的逻辑关系

改变网络计划的逻辑关系进行工期优化,要求通过重新考虑施工作业方式、采用不同施工方法和设备、合理安排施工顺序来缩短网络计划的工期。改变网络逻辑关系包括两个方面:

(1)改变施工作业方式。在条件允许的前提下,施工中一般应尽量组织流水作业,以使得资源需要量和工期两者都较合理,不便组织流水作业时,也应尽可能采用搭接施工,以缩短总工作时间。如果需要赶工,则可对其中某些关键工作改为平行作业。

(2)合理安排工程项目的施工顺序。通过流程优化合理安排施工顺序,以缩短工期。这可以通过对那些无工艺技术逻辑关系的工作安排出最合理的施工顺序来进行。

第六节　工程延期和工程延误的管理工作

当承包人需要对工程施工进度计划进行调整时,项目监理机构应要求承包人报送调整后的施工进度计划并予以审核,并经业主批准后实施。

对非承包人原因造成的工程延期,在获得延期批准后,项目监理机构应要求承包人根据延期批复报送调整后的施工进度计划并予以审核,经业主批准后实施。

由于承包人原因造成工程进度延误,在总监理工程师签发监理通知单后,承包人没有明显改进,可能导致工程难以按合同目标工期要求完成时,项目监理机构应及时向业主提交书面报告,并按合同约定处理。

一、工程进度拖延

在工程建设中,工程的竣工日期应该是工程开工日期加合同规定的工期。由于影响工程进度的因素众多且非常复杂，在一定程度上具有不可控性，有时会出现工程不能按期竣工，使完工时间延长的情况。

按照引发工期延长的原因和责任归属不同可简单分为两类：一类是因非承包人的责任和风险等因素造成、承包人依据合同规则提出延期申请并经监理工程师审查和业主批准的工期延长，称为工程延期；其他情形导致的工期延长，都属于第二类，称为工程延误。

由于这两类工期延长的性质不同，因而业主与承包人所承担的责任也就完全不一样。如果属于工程延误，则由此造成的一切损失完全由承包人承担，同时业主还有权依据合同条款要求承包人承担逾期违约赔偿；而如果属于工程延期，则承包人不仅有权得到工期延长，而且还有可能得到费用补偿。因此，当发生工程进度拖延时，监理工程师应依据合同授予的权力及有关合同条款，公正、合理地处理此类问题。

在合同规定的施工期限内，保质保量地完成所承包的工程，是承包人的合同义务。如果工期延长，除非监理工程师根据承包人的申请，书面批准将竣工期限延长，否则，承包人应按合同条款的规定向业主交纳延误工期的违约赔偿费。竣工工期拖延，对业主和承包人来说，都是重大的利益和责任问题，如何处理对双方都至关重要。对业主来说，同意延期，不仅由于工程项目竣工工期拖延，使其不能按期投产，造成经济损失，同时还可能面临承包人的费用索赔；对承包人来说，获得工程延期，不仅可免于由于工期拖延而支付延期损害赔偿，而且还可能从业主获得额外的费用补偿；如果被判为工程延误，承包人不能按期竣工，不仅不能获得费用补偿，可能会面临逾期违约赔偿，甚至可能会被业主采取强制分包或被驱逐出工地、造成严重的经济损失和信誉损失。

因此，对监理工程师而言，监理工作应尽可能避免工作拖延，同时也要公正、客观地处理工程进度拖延问题。在工期拖延事件发生时，监理工程师应仔细分析造成此种工期延长的原因和责任；如果属于工程延期情形，监理工程师还应对同意承包人延长工期与通过给予承包人赶工费用进行方案比较，以便正确地向业主推荐公正合理的处理方案。

二、工程进度拖延的分类

工程进度拖延可分为工程延期和工程延误两类。

1. 工程延期

工程延期是指因非承包人的责任和风险等因素造成工期延长、承包人依据合同规则提出延期申请并经监理工程师审查和业主批准的工期延长。业主及监理工程师应依据合同规定给承包人延长施工工期，该延期必须满足工期索赔的管理要求。

工程延期产生的原因较多，如异常的天气、大海潮、罢工、人力不可抗拒的天灾、业主变更设计、业主未及时提供施工进场道路、地质条件恶劣等。

在批准工程延期时，如存在有事实证明的经济损失，且承包人已按合同规定提出了费用索赔的要求，则监理工程师和业主除批准工期延长外，还应依据合同的规定批准承包人合理的费用索赔要求；当然也有可能不批准工期延长而给予承包人赶工费用补偿。

2. 工程延误

工程延误是指由于承包人的责任而引起的工期拖延。如施工组织协调不好，人力不足，设备不足或完好率较低,劳动生产率低,施工管理混乱,工程质量不符合合同规定的技术标准而造成返工等引起的工期延误。对于非承包人责任等因素导致进度拖延后承包人放弃权利的,也属工程延误。

出现工程延误时,承包人不仅不能获得工期和费用索赔,而且还要向业主赔偿“违约金”。出现工程延误时,监理工程师可依据合同授予的权力,指令承包人加快工程进度,并向业主报告提出采取措施的建议供其决策,包括采取强制分包或终止合同等。这时,加快施工、强制分包、终止合同等造成的一切经济损失,均应由承包人承担。

三、施工进度拖延的原因分析

造成进度拖延的原因是多方面的,有属于业主责任(含监理工程师)方面的,有属于承包人责任方面的,也有属于不可抗力事件方面的。因此,在工程项目的建设中,业主、监理工程师和承包人三方,都应以客观的态度认真对待工作计划安排,采取有效预防措施,尽量避免进度拖延事件发生,为进度计划顺利开展创造条件。

1. 合同规定承包人有权提出工程延期的情形

1)任何形式的额外或附加工程

在施工过程中,由于设计的变更或其他条件的变化,业主提出增加合同的工程项目或附加工程,从而使承包人增加工作,延长了工程的完工时间。

2)未能给出占有权

业主未能按合同规定的时间给承包人提供现场占有权和出入权,并导致承包人延误了工期。

3)化石的处理

承包人在工程现场施工中发现化石、文物、建筑结构,以及具有地质和考古价值的遗物时,应及时通知监理工程师进行处理,由于监理工程师在处理这些问题时,造成了承包人工期的延误。

4)图纸、指令等的延迟发出

业主和监理工程师未能在合理的时间内,按承包人提出的通知要求给承包人提供施工图纸或指令,从而耽误了承包人的施工,造成了工程的延期。

5)工程的暂时停工

根据业主和监理工程师的指示,承包人暂时停止施工,当暂时停止施工的原因除合同中另有规定,或由于承包人一方的失误或违约导致的,或属于承包人应对其负责的,或由于现场天气条件导致的及为了工程的合理施工或其任何部分的安全所需的暂停之外,且造成了承包人不能按期竣工时,监理工程师和业主应给予承包人延长工期的权力。

6)样品与试验

在工程抽查中,如果监理工程师要求做的检验是属于下述情形:

(1)合同中未曾指明或未作规定的;

(2)合同中没有特别说明的;

(3)虽然已说明或作了规定,但监理工程师要求做的检验是在被检验的材料或设备的制造、装配或准备地点场地以外的其他地方进行。

如果检验结果表明操作工艺、材料符合合同规定的要求,且耽误了施工进度,则监理工程师在与业主和承包人协商之后给予承包人延长工期。

7)不利的实物障碍或自然条件

在工程施工中,承包人遇到了现场气候条件以外的,即使一个有经验的承包人也无法合理预见到的外界障碍或自然条件,承包人应立即通知监理工程师,如果监理工程师认为此类障碍或条件,确实不可能为一个有经验的承包人所合理预见,且承包人为此耽误了进度,造成了工期的拖延,则监理工程师可考虑给予承包人延期。

8)异常恶劣的气候条件

在工程施工过程中,承包人在现场遇到了特别异常恶劣的气候条件,且是一个有经验的承包人也无法合理预见的情况,造成了工期的延长,此时,监理工程师可考虑给予延期。

9)业主造成的延误、障碍等

业主在工程施工过程中,违反了合同规定的应负责任而导致了工程的延期,如:由业主负责采购的材料、设备未能按合同要求按时交付给承包人,业主不能按期支付工程进度款而使承包人因缺乏资金无法进行施工等所造成的工程延期;由于业主在现场对承包人指挥失误而导致施工秩序混乱引起的工程延期。

10)任何其他的特殊情况

除以上原因外,属于业主、设计单位、监理工程师等的责任或不可抗力所造成的工程延期。如:由于战争、叛乱,军事政变或内战;离子放射或放射性的污染;因工程设计不当造成的损失或破坏;因业主使用或占用部分已交的永久工程不当造成的损失或破坏;一个有经验的承包人通常也无法预测和防范的任何自然界力量的破坏;监理工程师未及时批复承包人的有关请示文件;监理工程师未及时检测验收等。

对于合同规定承包人可以有权获得工程延期的情况,承包人应以书面形式实事求是地提出有关工程延期的要求,并提供充分的证据,以供监理工程师和业主审批。

2.承包人自身原因造成的工程延误情形

1)不能按期开工

在业主与承包人签订施工承包合同后,承包人未能在业主规定的开工时间进驻施工现场并开始施工所造成的工程拖延、工期延长,以至于使监理工程师不能按时发布开工令。

2)设备不能满足工程需要

承包人按合同规定应进场的设备不能按期进场,设备数量不足,生产率达不到预定的要求;或者是设备的完好率较低,虽然进场了大量的设备,数量上满足要求,但完好率较低,实际使用的设备不能满足施工进度要求,而造成的工期延误。

3)人力不足

承包人所投入的劳动力、技术人员、管理人员等不能满足工程进度计划的要求,而导致工期延误。

4)施工组织不善

承包人对工地各方面的组织、管理不当造成施工程序或秩序混乱;或由于管理手段落后,使各方面的行动不能协调一致,造成工、料、机等的浪费;工地出现工人消极怠工、施工混乱等而造成的工程延误。

5)材料短缺

承包人自行采购的材料、构件等不能按期到货,致使工程中断、停工待料所造成的工程延误。

6)质量事故

承包人在工程施工中,未能按合同规定的技术标准和规范进行施工,从而造成工程质量不符合检测验收标准,或判定为不合格产品,而需返工或重建的工程,并因此而引起工程的延误。

7)安全事故

承包人在工程建设中,未能遵守安全操作规程或出现意想不到的安全事故,从而造成损失和工程的延误等。

对于因承包人自身原因所造成的工程延误,业主也可采用反索赔的措施,以维护自己的利益。一般在合同文件中都列有工程延误的违约赔偿的条款,明确规定赔偿额的计算方法和标准。

在工程建设实践中,造成工程延误的原因是多方面的,有时甚至是十分错综复杂的,分清是属于哪一方的责任有时甚至是十分困难的。因此,作为监理工程师,要充分地理解和掌握合同文件,当工程建设中出现延误的苗头时,应注意搜集有关的证据资料,以便作出公正合理的判断。

四、工程延误的处理

当工程建设由于承包人自身原因造成工程延误时,监理工程师、业主、承包人都应积极地采取有效措施,尽可能使工程按合同规定的工期完工。监理工程师在处理工程延误时,应充分掌握合同条件,利用合同授予监理工程师的权力,根据工程延误的严重程度,运用工作指令,停工指令、停止支付进度款,要求承包人按投标书附件中规定的金额进行误期赔款,建议终止对承包人的雇用等措施,公正合理地处理工程延误事件。

1. 未按施工进度计划施工的处理

按《中华人民共和国标准招标文件》规定,承包人应按专用合同条款约定的内容和期限,向监理工程师提交一份格式和细节符合要求的施工进度计划和施工方案说明。监理工程师应在专用合同条款约定的期限内批复或提出修改意见,否则该进度计划视为已得到批准。经监理工程师批准的进度计划称合同进度计划,是控制合同工程进度的依据。承包人还应根据合同进度计划,编制更为详细的分阶段或分项进度计划,报监理工程师审批。

不论何种原因造成工程的实际进度与合同进度计划不符时,承包人可以在专用条款约定的期限内向监理工程师提交修订合同进度计划的申请报告,并附有关措施和相关资料,报监理工程师审批;监理工程师也可以直接向承包人作出修订合同进度计划的指示,承包人应按该指示修订合同进度计划,报监理工程师审批。监理工程师应在专用合同条款约定的期限内批复,批复前应获得业主的同意。

倘若监理工程师不满意承包人所提供的修正合同进度计划,应拒绝采纳。监理工程师批准修正合同计划,并不免除承包人履行合同的责任,且任何时候都应有一个有效的经批准的合同进度计划在使用。但是监理工程师应注意，提供意见和协助是必要的，但切勿指示承包人如何加快施工。

监理工程师必须注意，批准修正的合同进度计划仍以合同工期目标为依据；否则，将会被视为准许延长施工期限的批复。

2. 施工进度过于缓慢的处理

1）工程进度过于缓慢的处理

工程进度缓慢，使工程明显无法如期完成时，监理工程师应在认为合理的时候发出通知，告知承包人工程进度过于缓慢，以引起承包人的高度重视。

承包人应尽可能采取一切有效措施，以确保工程的按时完成。如承包人没有采取措施或措施不力，无法加快工程进度时，监理工程师应采用如下行动，以提高进度管理效果：

（1）访问工地取得问题的第一手资料，并加以研究，找出存在问题的关键及研讨可能解决的办法；

（2）约见承包人的法人代表，协商可能采取的行动计划；

（3）要求承包人公司领导率应急工作组进驻施工项目部，保持与应急工作组的经常联系，经常召开联席会议，以加强对工程进度的监控，促使承包人履行承诺；

（4）邀请业主主要领导参加工地会议和上述联席会议，以便协商解决进度中的突出问题。值得注意的是，进度越延迟，问题越难以解决。因此，监理工程师对此应尽早采取有效措施。

倘若业主决定进入工地及将承包人逐出，则监理工程师必须确定及记明承包人于被逐时应得的款项和已完工程的施工设备及临时工程的价值。

2）工程进度受严重阻延的处理

当工程进度计划受到严重阻延且有理由确认承包人无法按期完成工程时，或确认有下列情况者，监理工程师必须及时向业主证实承包人违约的事实，然后由业主决定是否按监理工程师所证实的违约事宜采取行动。

（1）承包人无法继续履行或明确表示不履行或实质上已停止履行合同；

（2）承包人未按合同进度计划及时完成合同约定的工作，已造成或预期造成工期延误；

（3）虽然监理工程师提出警告，而承包人并没有遵从合同作业；或当作业时，持续地或者公然地不理会合同规定应负的责任。

业主可采取的行动主要有以下几种：

（1）终止与承包人的合同；

（2）将部分（或剩余）工程强制分包给其他承包人或自己完成。

业主向承包人发出解除合同通知后，可派人进驻施工场地，并可根据需要扣留使用其认为合适的那部分承包人在现场的设备、临时设施和材料。

五、工程延期的处理

当工期拖延为非承包人原因引起时，如果承包人提出延期申请，监理工程师应按照合同规定，进行认真的调查研究、计算和审核并报业主批准，同意承包人延长工期的权利。当然，如果采用赶工更合理，且承包人也同意赶工，监理工程师也可通过与业主、承包人协商，由业主支付额外的赶工费用,使工程项目按合同工期完工。

1. 承包人申请延期

根据《中华人民共和国标准施工招标文件》通用合同条款规定,承包人在有延期理由的情况下,应在发生此类事件的28天内,向监理工程师发出延期意向通知书,并向业主递交延期意向通知书的副本,才真正具有延期申请的资格。如果承包人未在前述28天内发出索赔意向通知书,则丧失要求延长工期的权利,监理工程师将不予考虑延期。

承包人在递交了延期意向通知书后,还应在28天内递交最终延期申请通知书,详细地列出认为有权要求延期的具体情况、证据、记录、网络进度计划图、工程照片等。

如所发生的延期事件具有连续影响性,则承包人应在合理的时间间隔向监理工程师和业主(副本)提交分阶段的情况报告,说明连续影响的实际情况和记录,列出累计的工期延长天数,并在事件影响结束后的28天内提交最终的详细情况报告,以便监理工程师研究审批此事件的延期申请,做出延期决定,并在收到最终延期通知书或有关延期的进一步证明材料后的42天内,将延期处理结果答复承包人。

2. 监理工程师批准延期申请

1)审查的主要内容

监理工程师在收到承包人提交的延期意向通知书后,应指示现场监理工程师及有关监理人员做好资料的记录,并检查监理机构有无影响工程延期的情况。然后对承包人的延期申请和详细的补充情况资料及证据进行细致的研究。主要审查内容如下:

(1)此延期事件是否符合合同规定的索赔条件;

(2)延期事件是否会影响合同项目的按期完工;

(3)延期事件是否发生在施工进度计划中的关键线路上;

(4)延期申请所提交的情况说明、证据、资料是否准确、符合实际等。

2)延期审批期限

监理工程师应在收到最终延期申请通知书后,应及时审查延期申请通知书的内容,查验承包人的记录和证明材料,必要时监理工程师可要求承包人提交全部原始记录副本。监理工程师应就延期事宜及处理意见与业主、承包人充分协商,尽量达成一致。并在收到最终延期通知书或有关延期的进一步证明材料后的42天内,将延期处理结果答复承包人。

3)延期审批的关键

承包人的延期申请能够成立并获得批准的条件如下:

(1)延期事件的发生是真实的,并有证据表明;

(2)延期事件产生的原因,是在承包人所承担的责任和风险之外,且符合合同约定的延期索赔条款;

(3)延期事件是发生在已批准的工程进度计划的关键线路上;

(4)承包人在28天内(或尽可能提前)向监理工程师提供了工期索赔的申请;

(5)计算正确、合理。

上述五条中,只有同时满足前四条延期申请才能成立,至于延长时间的计算,监理工程师可以根据自己的记录资料,做出公正合理的计算分析。

3. 工期索赔必需的证据

承包人根据合同规定向监理工程师报送延期申请资料时，应注意尽可能地使所报送的资料和证据准确、完备，符合合同条款规定，有说服力。工期索赔的资料应包括以下内容：

(1)提出合同条款的法律论证部分，以证实自己提出索赔要求的法律依据。

(2)提出原合同协议工期应延长的时间数，以说明自己应获得的展延工期。

证据对索赔工作具有决定性的作用。在施工过程中应始终做好资料的积累工作，建立完善的资料记录制度，认真系统地积累合同、施工进度、质量及财务收支资料。对于要发生索赔的一些工作项目，从准备向监理工程师提出索赔要求起，就要有目的地收集证据资料，寻找合同依据，系统地拍摄工地现场，妥善保管开支收据，有意识地为索赔文件积累必要的证据。

(3)在工程索赔工作中，一般需要以下几个方面的资料。对某些特殊的索赔项目，除下述证据资料外，还需准备其他专门的证据。

施工记录方面：

①施工日志；

②施工检查员的报告；

③逐月分项施工纪要；

④施工工长的日报；

⑤每日工时记录；

⑥同监理工程师的往来通信及文件；

⑦施工进展及特殊问题的照片；

⑧会议记录或纪要；

⑨施工图纸；

⑩同监理工程师或业主的电话记录；

⑪投标时的施工进度计划；

⑫修正后的施工进度计划；

⑬施工质量检查记录；

⑭施工设备使用记录；

⑮施工材料使用记录；

⑯工地气候记录等。

财务记录方面：

①施工进度款支付申请单；

②工人劳动计时卡；

③工人分布记录；

④工人工资单；

⑤材料、设备、配件等的采购单；

⑥付款收据；

⑦收款单据；

⑧标书中财务部分的章节；

⑨工地的施工预算；

⑩工地开支报告;

⑪会计日报表;

⑫会计总账;

⑬批准的财务报告;

⑭会计来往信件及文件;

⑮通用货币汇率变化表。

上述资料,承包人、监理工程师、业主都应经常地、系统地积累,以备开展索赔管理需要。在报送索赔报告文件时,仅摘取直接论证的部分,并尽可能利用图表对比的方式,并附有关的照片,使其一目了然,有说服力。同时,要根据索赔内容,查找上述资料范围以外的证据。例如,在要求延长工期时,应补充气象、水文各类资料,进行对比,以论证自然条件对工期的严重影响等。索赔报告中包括的财务方面的证据资料,除索赔人的论证外,最好附有注册会计师或审计部门的审计报告,以证明财务方面证据的正确性。

4. 工程延期的计算

延期索赔的工期计算是一项十分复杂的问题,这是由于工程的进展情况千变万化,错综复杂,具有单一性、不可重复性。因此,在延期索赔的工期计算中不可能千篇一律。

开展延期索赔计算分析时应遵守以下基本原则:

(1)延期的时间必须是影响到整个合同工程,而不是某一单体工程或某一分包单位所承包的工程。

(2)延期的工程项目必须是现行的施工进度计划中的关键项目。

在工程进展中,承包人的某些工程项目,虽然根据合同条件规定可以申请延期,但由于此工程项目不处于监理工程师批准的施工进度计划中的关键线路上,只要此事件所造成延误的时间不超过该工程项目的时差范围,也就是说没有转化为关键工作,成为新的关键线路,则此延期申请是不合理的,监理工程师应拒绝其延期。因此,在工程实施过程中始终存在一个有效的经监理工程师批准的合同进度计划,否则,发生延期事件,监理工程师将无法合理评价分析和审批。

(3)异常恶劣的气候条件不是简单地与平均、正常的天气做比较,而是要侧重异常、恶劣的程度论证。

因为承包人按招标文件规定,进行现场自然条件和技术经济条件的调查,取得有关统计基础资料后才能投标报价,而天气异常恶劣情况,是指一个有经验的承包人也无法预料情况。

5. 工程延期的控制

发生工程延期事件,不仅影响工程的进展,而且会给业主带来损失。因此,监理工程师应做好以下工作,以减少或避免工程延期事件的发生。

(1)选择合适的时机下达工程开工令。

监理工程师在下达工程开工令前,应充分考虑业主的前期准备工作是否充分。特别是征地、拆迁问题是否已解决,设计图纸能否及时提供,施工许可是否已经办理,以及付款方面有无问题等,以避免由于上述问题缺乏准备而造成工程延期。

(2)提醒业主履行施工承包合同中所规定的职责。

在施工过程中,监理工程师应经常提醒业主履行自己的职责,提前做好施工场地及设计图纸的提供工作,及时支付工程进度款,以减少或避免由此而造成的工程延期。

(3)妥善处理工程延期事件。

当延期事件发生以后,监理工程师应根据合同约定及时进行妥善处理。既要尽量减少工程延期时间及其损失,又要在详细调查研究的基础上合理批准工程延期时间。

此外,业主在施工过程中应尽量少干预、多协调,以避免由于业主的干扰和阻碍而导致延期事件的发生。

第五章 费用目标控制基础知识

第一节 资金的时间价值

一、资金时间价值的概念

资金(资本)是项目投资中的重要生产要素,是社会再生产过程中能够产生增值的价值。资金运动过程中,货币、物资是资金的不同存在形式。

资金的时间价值也称为货币的时间价值,是指资金在生产与流通过程中(社会再生产过程中)与劳动相结合,随着时间的推移所产生的增值。

资金的时间价值规律(资金的增值能力)是资金运动的普遍规律。资金在生产和流通过程中,存款会有存款利息、贷款会有贷款利息、投资会有投资收益等,这些都是资金的时间价值规律的具体体现。但是,资金的时间价值只有在生产与流通过程中,即在活劳动与物化劳动相结合的过程中才能实现,离开这一点,资金的时间价值根本不可能存在。

利润和利息是资金时间价值的具体表现,是资金增值的一部分。利润由生产和经营部门产生,利息是以信贷为媒介的资金使用报酬,都是资金在时间延续过程中的增值。

资金时间价值的概念可以按表 5-1 从两个方面来理解。

资金时间价值概念 表 5-1

类　别	资金情况	条　件	结　果
资金时间价值	同样数额	不同时间	价值不同
资金等值	同样价值	不同时间	数额不同

因为资金具有时间价值,使不同时间点发生的资金无法直接进行比较。只有通过一系列换算,将不同时间的资金等值(等价值)折算到同一个时间点进行对比,才符合客观实际情况,这种换算称为资金等值计算。也就是说,价值相等的资金,在不同时间点上呈现出不同的数额,利用一定计算方法,换算出不同时点的具体数额。

二、资金时间价值的计算

在借贷关系中的利息反映了资金的时间价值,银行利息也是一种资金时间价值的表现方式。利息是银行占用储户资金应付的代价,或者说利息是储户放弃使用资金应该所得的报酬。利息通常有单利计息和复利计息之分。

1. 单利计息

单利计息时,每期只对原始本金计息,对所获得的利息不再计息。其利息的计算公式为:

$$I_n = P \cdot i \cdot n \tag{5-1}$$

式中：n——年数（计息期数量）；

P——原始本金；

i——利率（年利率）；

I_n——n 年后的利息。

注意式中的计息期与利率一定是对应的，计息期为天对应日利率、计息期为月对应月利率、计息期为年对应年利率。除特殊说明外，一般都是指年利率、计息期以年为单位。

若要计算 n 年后的本金和利息共为多少，设 n 年后本利和为 F，则：

$$F=P(1+i\cdot n) \tag{5-2}$$

2. 复利计算

复利计息时，不仅计算当期本金的利息，而且还要计算前期利息的利息，即将上期的利息并入本金作为本周期计算利息的本金继续计息。这种计息方式称为复利计息。

$$I_n=P\cdot(1+i)^n-P=P[(1+i)^n-1] \tag{5-3}$$

通过上述计算所得到利息，就是本金 P 经过 n 个计息期得到的资金增加值（资金的时间价值）。

从资金在整个生产过程中运动的实际情况来看，采取复利计息更符合资金的运动规律。因此，在技术经济方案分析中，对资金时间价值一般都采用复利法计算。

在经济分析中，按复利计息，资金随时间变化而增值，时间增值按复利计息的，我们称为“动态计算”；时间增值按单利计息的，称为半动态（或半静态）计算；不考虑时间因素（不计时间价值）的计算则称为静态计算。

三、现值和终值的计算

1. 现金流量

对于任何商品生产活动而言，所产生的物质消耗及产品价值都可以用资金的形式来描述，通常把各个时间点上实际发生的所有资金流出和资金流入统称为现金流量。对于同一个时间点上的现金流入（记作 CI_t）与现金流出（记作 CO_t）的差额，称为净现金流量（记作 CF_t），即：

$$CF_t=CI_t-CO_t \tag{5-4}$$

在一个时间点发生的资金金额换算成另一个时间点的等值金额的过程，称为资金等值计算。

在技术经济分析中，为了分析评价方案的经济效果，常常应该对方案在不同时间点发生的全部费用和全部收益进行计算和分析，并且只能通过资金的等值计算将它们换算到同一个时间点上进行分析（因为资金具有时间价值），才能分析评价方案的好坏。把将来某一时间点的资金金额换算成当前时间点的等值金额的计算过程称之为折现，其折现后的资金金额称为现值。与现值等价的将来某个时间点的资金金额称为终值或未来值。

2. 现金流量表

项目的实施要持续一定的时间。在项目的寿命期内，各种现金流量的发生时间和数额都不尽相同,为便于分析不同时间点上的现金流入和现金流出,计算其净现金流量,通常采用现金流量表的形式来表示特定项目在一定时间内发生的现金流量。

3. 现金流量图

现金流量图是一种反映经济系统资金运动状态的图式,即把经济系统的现金流量绘入一时间坐标图中,表示出各现金流入、流出与相应时间的对应关系。现金流量图可全面、形象、直观地表达经济系统的资金运动状态。

现金流量的大小(现金数额)、方向(现金流入或流出)和作用点(现金发生的时间点)是现金流量图的三个要素,如图 5-1 所示。

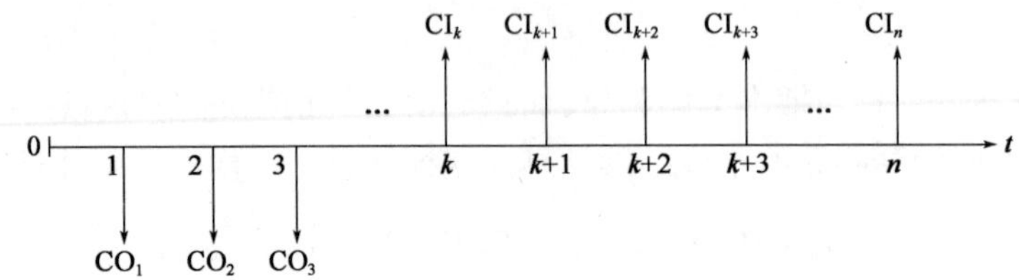

图 5-1　现金流量图

绘制方法和规则:以横轴为时间轴,向右延伸表示时间的延续,轴上每一刻度表示一个时间单位,可取年、半年、季或月等;零表示时间序列的起点。

垂直于时间坐标的垂直箭线代表不同时点的现金流量情况,现金流量的性质(流入或流出)是对特定的对象而言的。对投资人而言,在横轴上方的箭线表示现金流入,即表示效益;在横轴下方的箭线表示现金流出,即表示费用。

在各箭线上方(或下方)注明现金流量的数额。箭线与时间轴的交点即为现金流量发生的时间单位末。

一般在项目分析中只指明现金流量发生在哪一年是不够准确的,因为该项费用既可发生在该年年初,也可发生在该年年末。现金流量图已经成为经济分析人员的共同语言,绘制时必须遵照以下有关时间的常规约定:

(1)全部投资费用均发生在年初,如初始一笔投资,即指发生在分析期初的零点处,如无特殊说明,在分析期内发生的集中投资,均定义为该年年初。

(2)每年都会发生的现金流量(年收益、年支出或年费用),不管其实际如何,收入和支出均规定其发生在每年的年末。

(3)若分析项目方案有残值,则残值必然发生在分析期末,即最后一年的年末。

(4)终值(未来值)均定义为发生在年末(除特殊说明)。

4. 资金等值计算

由于资金具有时间价值,项目实施带来的费用和效益,不仅与其货币的票面额大小有关,而且与其发生的时间有关。不同时刻发生的数额不等而经济价值相等的资金称为等值资金。

资金等值取决于三个因素,即金额大小、资金发生的时间和利率高低。

在资金等值计算的公式中,各符号表示的意义如下:

P——本金,指一笔集中的现金流量(投资额),表示资金的现值,一般出现在时间轴上的零点,或定义为发生在年初;

F——终值(未来值),也是一笔集中的现金流量。它出现在时间轴上除零点以外的任何一个时点上,定义为该年的年末;

A——系列年值(或称年金),表示一系列等额的现金流量,每一个 A 值均发生在每一年的年末;

i——表示时间价值的百分率(利率或折现率);

n——时间,计算分析期年数。

(1)一次支付终值计算公式。

给定一个现值 P,若复利率为 i,在第 n 周期末的价值 F 为多少?其实,问题是已知 P、i、n 求 F。即:

$$F = P(1+i)^n \tag{5-5}$$

式(5-5)给出了终值 F 与现值 P 的关系,其中 $(1+i)^n$ 称为一次支付复利终值系数。也可用函数符号 $(F/P,i,n)$ 表示。

【例 5-1】　某企业为开发新产品,向银行贷款 100 万元,年利率为 6.5%,借期 8 年,问 8 年后一次归还银行的本利和是多少?

解:8 年后归还银行的本利和应与现在的借款金额等值,其折现率就是银行利率。由式(5-5)得

$F = P(1+i)^n = 100 \times (1+6.5\%)^8 = 100 \times 1.655 = 165.5$(万元)

即 8 年后一次归还银行的本利和为 165.5 万元。

(2)一次支付现值计算公式。

已知终值 F,求现值 P,是一次支付复利终值公式的逆运算,由式(5-5)直接推导得:

$$P = F(1+i)^{-n} \tag{5-6}$$

系数 $(1+i)^{-n}$ 称为一次支付现值系数,也可记为 $(P/F,i,n)$,它和一次支付终值系数互为倒数。即 $(P/F,i,n) \times (F/P,i,n) = 1$。

【例 5-2】　如果银行利率为 12%,为在 5 年后获得 10000 元款项,现在应存入银行多少?

解:由式(5-6)可得出

$P = F(1+i)^{-n} = 10000 \times (1+12\%)^{-5} = 10000 \times 0.5674 = 5674$(元)

即现在应存入银行 5674 元。

(3)等额支付终值计算公式。

从第 1 周期末至第 n 周期末有一系列的等额现金流量,每一年末的金额都为 A,称为等额年值。F 相当于 n 周期等额年值的终值。这类问题是已知 A、i、n,求 F。解决这类问题的思路是把等额系列视为 n 个一次支付的组合,而利用一次支付终值公式推导出等额支付终值公式,见图 5-2。

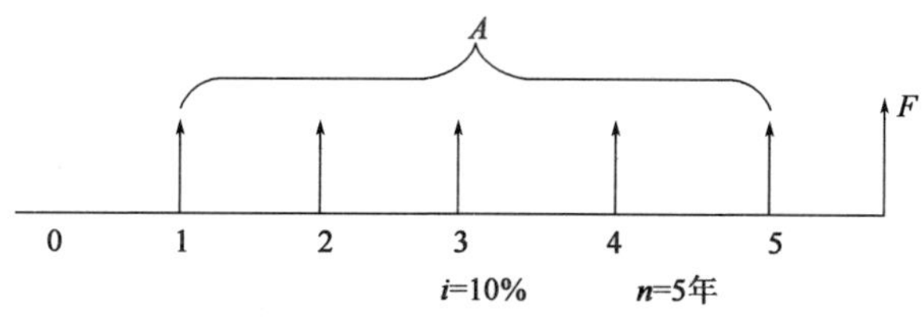

图 5-2　现金流量示意图

$$F = A[(1+i)^n - 1]/i \tag{5-7}$$

式(5-7)为等额支付终值公式。$[(1+i)^n - 1]/i$ 称为等额支付终值系数,可记符号为$(F/A,i,n)$。

【例5-3】 某校为设立奖学金,每年年末存入银行2万元,如存款利率为5%,第5年末可得资金总额是多少?

解:由式(5-7)可得

$F = A[(1+i)^n - 1]/i = 2 \times [(1+0.05)^5 - 1] \div 0.05 = 2 \times 5.526 = 11.05$(万元)

即第5年末可得资金总额11.05万元。

(4)等额支付现值计算公式。

从第一周期末至第n周期末有一系列等额现金流A,考虑资金时间价值,这些资金相当于时间轴上零年末(或第一年年初)上的价值是P,P就相当于等额年值的现值。即已知A、i、n,求P。公式如下:

$$P = A[1-(1+i)^{-n}]/i \tag{5-8}$$

式中$[1-(1+i)^{-n}]/i$称为等额支付现值系数,符号记为$(P/A,i,n)$。

【例5-4】 假定预计在10年内,每年年末从银行提取100万元,在年利率为6%的条件下,现在银行应有多少现金?

解:由式(5-8)得

$P = A[1-(1+i)^{-n}]/i = 100 \times [1-(1+0.06)^{-10}]/0.06 = 736$(万元)

即现在银行应有现金736万元。

(5)等额支付资金回收计算公式。

等额支付资金回收公式是等额支付现值公式的逆运算,即已知现值P,求与之等价的等额年值A。由式(5-8)可直接导出:

$$A = P \times i/[1-(1+i)^{-n}] \tag{5-9}$$

式中$i/[1-(1+i)^{-n}]$称为等额支付资金回收系数,亦可记为$(A/P,i,n)$。这个系数表示在考虑资金时间价值的条件下,对应于工业项目的单位投资,在项目寿命期内每年至少应回收的金额。如果对应于单位投资的实际回收金额小于这个值,在项目的寿命期内就不可能将全部投资收回。

【例5-5】 某工程项目投资1亿元,年利率为8%,预计10年内全部回收,问每年年末等额回收资金应该是多少?

解:由式(5-9)得

$A = P \times i/[1-(1+i)^{-n}] = 10000 \times 0.08/[1-(1+0.08)^{-10}] = 1490.3$(万元)

即:每年年末等额回收资金至少1490.3万元。

第二节　经济分析评价的基本方法

一、经济分析评价

关于工程建设项目的评价,一般包括财务评价、国民经济评价和综合评价。财务评价又称企业经济评价,是从企业本身利益出发,考察建设项目给企业带来多大的经济效益,是一种微观评价。国民经济评价是宏观评价,它是从国民经济建设、规划的整体利益出发,考察建设项目或方案为国民经济建设带来多大的效益。综合评价是在财务评价、国民经济评价的基础上,还要考虑社会效益、环境效益、社会平衡发展等政治、经济、社会因素,是一种复杂的综合性评价分析。

二、经济分析评价的基本方法

经济分析评价的基本方法包括净现值法、净年值法、内部收益率法、投资回收期法等。

1.净现值法(NPV)

净现值是实践中常用来评价项目方案经济效果的指标,它可以反映出项目在经济寿命期内的获利能力。选定基准折现率,把每个方案的所有现金流量都换算到基准时间点(分析期的零点处),各方案收益的总现值减去支出(费用)的总现值,其代数和为净现值。用净现值对方案进行评价,称净现值法。用公式表示为:

$$NPV = \sum_{t=0}^{n} \frac{CF_t}{(1+i_0)^t} \tag{5-10}$$

式中:NPV——净现值;

CF_t——t 年的净现金流量,$CF_t = CI_t - CO_t$;

CI_t——t 年现金流入;

CO_t——t 年现金流出;

n——分析计算期;

i_0——基准收益率。

NPV 值可以有下述三种情况:

(1)NPV >0,表示项目实施后的经济效益,不仅达到了基准收益率的要求,而且还有富余。

(2)NPV =0,表示项目实施后的投资收益率正好达到基准收益率。

(3)NPV <0,表示项目实施后的经济效益达不到基准收益率的要求。

因此,用净现值法对方案评价时,对于单个的独立方案而言,当 NPV≥0 时,则认为方案是可取的。对于多个方案,则不仅要求方案 NPV≥0,且选择一个方案时,应选 NPV 值中最大的。使用净现值法进行经济评价时,应注意以下几点:

(1)如果该方案有残值,且残值是正的,则表示期末有一笔资金回收;如果残值是负的,则表示期末要支出一笔拆除、清理费用。

(2)折现率越大,其净现值越小。说明在取用的折现率较高时,残值对现值的影响很小,所以在分析年限较长时,对较小的残值可估计为0(或称不计残值);反之亦然。

(3)用净现值法比较方案,有时会出现两个方案净现值相同或相近,但投资额却相差很大的情况。从净现值的角度看,两方案的净现值可看成同一量级,相差不多,但两个方案对投资者的吸引力却截然不同,因此,我们可以从两方案的净现值率(即单位投资所得的净现值)或益本比(效益总现值与费用总现值之比)进一步比较出两方案的优劣。

(4)净现值 = 收益现值 - 费用现值,由此可延伸出净现值法、收益现值法和费用现值法,三者统称为现值法。在费用(成本)相同时,可使用收益现值法进行比较,收益现值大者方案优选;在收益(产品及产量)相同时,可使用费用现值法进行比较,费用现值小者方案优选。

【例 5-6】 为应对突发的新冠疫情,某呼吸机制造商计划投资 2500 万元,投产后年经营成本为 500 万元,年销售额 1500 万元。若计算期为 5 年,基准收益率为 10%,不计残值,试计算投资项目的净现值。

解:(1)绘制现金流量图(略)。

(2)净现值计算:

$$NPV = -2500 + (1500 - 500) \times (P/A, 10\%, 5) = -2500 + 1000 \times 3.7908 = 1290.8(\text{万元})$$

该项目净现值为 1290.8 万元,说明该项目实施后的经济效益除了达到 10% 的收益率外,还有 1290.8 万元的净现值,项目是经济合理的。

【例 5-7】 现有三个互斥方案的现金流量情况见表 5-2,基准收益率为 10%,试分析比较,哪个方案为最优。

三个互斥方案的现金流量情况表 表 5-2

方 案	投资(万元)	年净现金流量(万元)	残值(万元)	分析年限(年)
方案Ⅰ	2000	300	0	20
方案Ⅱ	4000	500	0	20
方案Ⅲ	10000	900	1000	20

解:(1)绘制现金流量图(略)。

(2)计算三个方案的净现值:

方案Ⅰ:

$$NPV_1 = -2000 + 300 \times (P/A, 10\%, 20) = -2000 + 300 \times 8.5136 = 554(\text{万元}) > 0$$

所以方案Ⅰ可行。

方案Ⅱ:

$$NPV_2 = -4000 + 500 \times (P/A, 10\%, 20) = -4000 + 500 \times 8.5136 = 257(\text{万元}) > 0$$

所以方案Ⅱ可行。

方案Ⅲ:

$$\begin{aligned} NPV_3 &= -10000 + 900 \times (P/A, 10\%, 20) + 1000 \times (P/F, 10\%, 20) \\ &= -10000 + 900 \times 8.5136 + 1000 \times 0.1487 \\ &= -2189(\text{万元}) < 0 \end{aligned}$$

所以方案Ⅲ不可行。

(3)分析比较:

将三个方案的净现值进行比较,方案Ⅲ的 NPV 值小于 0,不可行。在可行方案Ⅰ和方案Ⅱ中选取净现值比较大的。方案Ⅰ具有最大的净现值,因此选取方案Ⅰ。

2. 净年值法(NAV)

净年值是通过资金的等值计算将项目的净现值分摊到寿命期(分析期)内各年(从第 1 年

到第 n 年）末的等额年值。净年值的计算公式如下：

$$NAV = \left[\sum_{t=0}^{n}\frac{CF_t}{(1+i_0)^t}\right](A/P,i_0,n) \tag{5-11}$$

即：

$$NAV = NPV \cdot (A/P,i_0,n) \tag{5-12}$$

式中：NAV——净年值。

NAV 可以有下列三种情况：

（1）NAV >0，表示建设项目实施后平均每年的经济效益不仅达到了基准收益率的要求，而且还有富余。

（2）NAV =0，表示项目实施后平均每年的经济效益正好达到基准收益率。

（3）NAV <0，表示项目实施后平均每年的经济效益达不到基准收益率的要求。

因此，用净年值法对方案评价时，对于单个的独立方案而言，只要 NAV≥0，则认为方案是可取的；对于多个方案，则不仅要求 NAV≥0，且在互斥方案中，选取 NAV 中的最大值为佳。

需要说明的是：净年值法与净现值法有许多共同的特点，同样可得：净年值 = 收益年值 - 费用年值，由此可延伸出净年值法、收益年值法和费用年值法，三者统称为年值法。在费用（成本）相同时，可使用收益年值法进行比较，收益年值大者方案优选；在收益（产品及产量）相同时，可使用费用年值法进行比较，费用年值小者方案优选。

年值法与现值法的不同之处为：用现值法进行比较时，要求不同方案的分析期长短相等；而使用年值法比较时，不考虑方案分析期的长短，同样可以用净年值法、收益年值法或者费用年值法对方案进行分析比较。

【例 5-8】 某投资方案的现金流量如图 5-3 所示，设基准收益率为 10%，求该方案的净年值，并且对其评价。

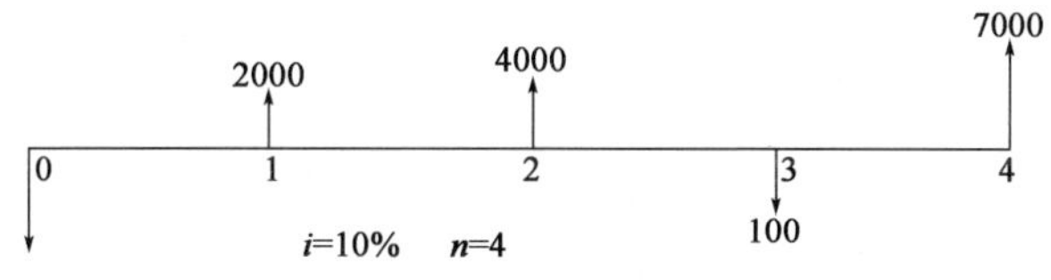

图 5-3 现金流量图

解：绘制现金流量图（图 5-3）。

由式（5-11）可得：

$$\begin{aligned} NAV &= [-5000 + 2000\times(P/F,10\%,1) + 4000\times(P/F,10\%,2) - \\ &\quad 1000\times(P/F,10\%,3) + 7000\times(P/F,10\%,4)]\times(A/P,10\%,4) \\ &= 1311(\text{万元}) > 0 \end{aligned}$$

所以该投资经济合理，方案可取。计算结果表明，该项目方案实施后，不仅能达到 10% 的收益率，而且每年还有 1311 万元的富余，因此该方案是可接受的。

3. 内部收益率法（IRR）

如果将净现值、净年值指标作为价值型指标，那么内部收益率就是一个比率型指标。在所有经济评价指标中，除净现值外，内部收益率是另一个重要的指标，该指标是投资项目财务盈利性分析的重要评价依据。所谓内部收益率是指把某项目方案的所有现金流量在某一个折现率(未知)的基础上均折现到基准时间点(分析期的零点处),其收益总现值与支出总现值代数和为0,这一个折现率即为该项目方案的内部收益率。简单来说,就是项目方案净现值为0时的折现率。项目的内部收益率可以理解为是该项目本身具有的收益能力,它是一个无因次量(%),也称内部报酬率、内部回收率、内部获利率等。此项指标用来评价项目的盈利能力,其数学公式为:

$$\sum_{t=0}^{n}\frac{\mathrm{CF}_t}{(1+\mathrm{IRR})^t}=0 \tag{5-13}$$

式中:IRR——内部收益率。

式(5-13)是一个“一元多次方程”,要求解这个方程是很麻烦的,通常需要反复试算,再通过近似估算求得。其求解步骤为:

(1)选取一个 i_1,以 i_1 为折现率,求得净现值 $\mathrm{NPV}_1>0$(NPV_1 为一个比较接近0的正值),即:

$$\mathrm{NPV}_1=\sum_{t=0}^{n}\frac{\mathrm{CF}_t}{(1+i_1)^t}>0 \tag{5-14}$$

(2)再选取一个 i_2,要求 $i_2>i_1$,因为随着折现率的增大,其净现值减小,使净现值为一个接近0的负值,即 $\mathrm{NPV}<0$,则:

$$\mathrm{NPV}_2=\sum_{t=0}^{n}\frac{\mathrm{CF}_t}{(1+i_2)^t}<0 \tag{5-15}$$

(3)因为试算,除要求 $i_1<i_2$,还要求 i_2 与 i_1 相差甚小,相差越小,其估算越准确。式(5-13)的试算过程,实际上相当于寻找一条曲线与横坐标相交的点(图5-4),即为 $\mathrm{NPV}=0$ 时的折现率就是IRR。当然 $\mathrm{IRR}>i_1$,$\mathrm{IRR}<i_2$,IRR在 i_1 与 i_2 之间。

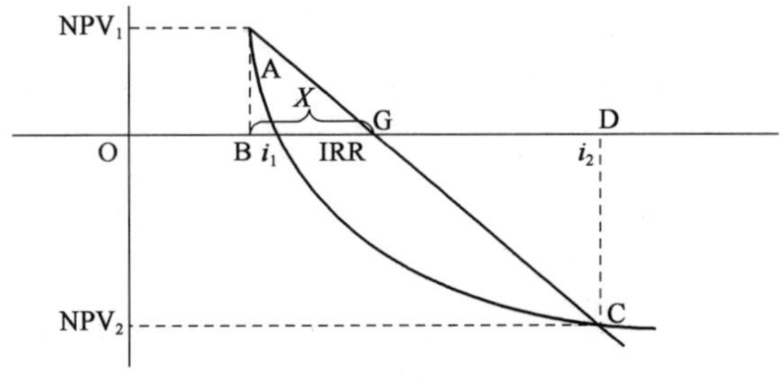

图5-4 IRR线性插值法图解

(4)用线性插值法可近似求得内部收益率IRR。当曲线上任意两点靠得很近时,我们可近似地用直线代替曲线,即用直线与横坐标交点G,代替曲线与横坐标交点,从图5-4中可知:

$\triangle ABG\sim\triangle CDG$,即:

$AB:CD=BG:DG$

$\mathrm{NPV}_1:[\mathrm{NPV}_2]=X:[(i_2-i_1)-X]$

则,

$$\mathrm{IRR}=i_1+\frac{\mathrm{NPV}_1}{\mathrm{NPV}_1+|\mathrm{NPV}_2|}\times(i_2-i_1) \tag{5-16}$$

式中：i_1——试算用的低折现率；

i_2——试算用的高折现率；

NPV_1——用 i_1 计算的项目净现值（正值）；

$|\mathrm{NPV}_2|$——用 i_2 计算的项目净现值（负值）的绝对值。

图 5-4 中，直线段 AC 近似净现值函数曲线段 AC，其与横坐标交点 G，即为该项目内部收益率 IRR 的近似值。

设基准收益率为 i_0，项目方案求得的内部收益率为 IRR，则：

（1）当 $\mathrm{IRR}\geqslant i_0$ 时，项目在经济上可行合理，即接受该项目。

（2）当 $\mathrm{IRR}<i_0$ 时，项目不可行、不合理，应予拒绝。

采用项目的内部收益率与基准收益率相比较来评价项目投资的经济合理性的方法，是因为项目的内部收益率如果达不到最低期望的收益率（基准收益率），则投资项目要冒无法收回投资的风险。

【例 5-9】 某机制砂加工项目初期投资 130 万元，每年净收益 35 万元，不考虑固定资产的残值，设基准收益率为 10%，试计算该项目投资的内部收益率 IRR，并对项目作评价。

解：设 $i_1=15\%$，$i_2=16\%$，计算结果列于表 5-3 中。

净现金流量折现计算表 表 5-3

项 目	年份（年）						
	0	1	2	3	4	5	6
现金流出量（万元）	-130						
现金流入量（万元）		35	35	35	35	35	35
折现系数（$i_1=15\%$）	1.000	0.870	0.756	0.658	0.572	0.497	0.432
现值（万元）	-130	30.5	26.5	23.0	20.0	17.4	15.1
折现系数（$i_2=16\%$）	1.000	0.862	0.743	0.641	0.552	0.476	0.410
现值（万元）	-130	30.17	26.01	22.42	19.33	16.66	14.36

设 $i_1=15$ 时，

$\mathrm{NPV}_1=-130+35\times(P/A,15\%,6)=-130+132.5=2.5$（万元）

设 $i_2=16$ 时，

$\mathrm{NPV}_2=-130+35\times(P/A,16\%,6)=-130+128.95=-1.05$（万元）

则：$\mathrm{IRR}=15\%+\frac{2.5}{2.5+|-1.05|}\times(16\%-15\%)=15.7\%\geqslant i_0=10\%$

说明该项目在经济上是有效益的，方案可以接受。

4. 投资回收期法（T）

投资回收期又称投资偿还期，它是指建设项目以其每年的净收益抵偿其全部投资所需的时间长度。投资回收期是考察项目在财务上投资回收能力的综合性指标。一般情况下，这一指标越短越好。投资回收期若小于国家规定的标准投资回收期，则建设项目可行。反之，则不可行。

考察投资回收期有静态投资回收期和动态投资回收期两种,常使用的是动态投资回收期。动态投资回收期是指考虑资金的时间价值,以建设项目所产生的净收益来抵偿其总投资所需要的时间长度。其计算公式为:

$$\sum_{t=0}^{T}\frac{CF_t}{(1+i_0)^t}=0 \tag{5-17}$$

式中:T——以年表示的投资回收期;

CF_t——t年的净现金流量;

t——年份。

投资回收期也可按照内部收益率试算的基本原理进行试算,基本公式为:

$$T=T_1+\frac{|NPV_1|}{NPV_2+|NPV_1|}\times(T_2-T_1) \tag{5-18}$$

式中:T_1——累计净现值为负值的某个年份(最好是最后一个年份);

T_2——累计净现值开始出现正值的年份(最好是最早的一个年份);

NPV_1——为T_1年当年的累计净现值;

NPV_2——为T_2年当年的累计净现值;

T——投资回收期。

上述公式求出的投资回收期T,要与行业的基准投资回收期T_0比较。当$T \leqslant T_0$时,认为项目是可以接受的;当$T > T_0$时,认为项目不可取,应予拒绝。

【例5-10】 某投资项目的期初投资额为1000万元,估计每年净收益230万元,折现率取$i=6\%$,标准投资回收期T_0为8年,试计算该项目的投资回收期,并且加以评价。

解:列表计算(万元),见表5-4。

净现金流量计算表 表5-4

年份	净现金流量	折现系数($i=6\%$)	净现值	累计净现值	年份	净现金流量	折现系数($i=6\%$)	净现值	累计净现值
0	-1000	1.0000	-1000		4	230	0.7921	182.18	-203.03
1	230	0.9434	216.98	-783.02	5	230	0.7473	171.88	-31.15
2	230	0.8900	204.7	-578.32	6	230	0.7050	162.15	131.0
3	230	0.8396	193.11	-385.21	7	230	0.6651	152.97	283.97

从表中可知T,在第5年与第6年之间,利用式(5-18)计算得:

$$T=5+\frac{31.15}{31.15+131}=5.19<T_0=8(\text{年})$$

所以,该投资项目可行。

投资回收期作为经济评价的指标之一,其优点在于:

(1)它反映了资金的周转速度,以建设项目投资回收的快慢作为决策依据。在我国建设资金短缺的情况下,它是一个较好的评价依据。

(2)它能为决策提供一个原始投资未得到回收抵偿以前必须承担风险的时间。

(3)它具有概念直观、通俗易懂、易于接受的特点。

但是,使用投资回收期对方案进行分析评价时,对回收期以后的情况,包括净效益的大小和时间、投资的寿命以及投资盈利率都没有考虑,正是因为有这些不足,投资回收期法趋向于使用在分析期较短的方案中。

【例 5-11】 某企业 4 年前以原始费用 220 万元建设了水泥混凝土搅拌机生产线,估计该生产线还可以继续使用 6 年,年经营成本为 75 万元,到第 6 年末估计残值为 20 万元。现在市场上出现了计算机自动化控制生产线,估计建设新生产线需投入 240 万元,生产能力与老设备相当,使用时间为 10 年。第 10 年末估计残值为 40 万元,年经营成本为 35 万元。现有两个方案:A. 继续使用原生产线;B. 将生产线出售,目前售价是 80 万元,然后购买新生产线。已知基准折现率为 15%。试比较这两个方案的优劣。

解:(1)分析题意可得:A 方案的现金流量是年经营成本为 75 万元、残值为 20 万元、使用年限 6 年;B 方案的现金流量是投入 240 万元、年经营成本为 35 万元、出售原生产线收入 80 万元、使用年限 10 年、残值为 40 万元;新老设备的生产能力相同。结论:年收入相同、分析周期不同,可以考虑用年值法来分析评价,分析哪个方案的费用年值低,费用年值低者为优选方案。

(2)计算费用年值。

A 方案:

$$AF_1 = 75 + 20 \times (A/F, 15\%, 6) = 75 + 20 \times 0.11424 = 77.28(\text{万元})$$

B 方案:

$$\begin{aligned} AF_2 &= 35 + (240 - 80) \times (A/P, 15\%, 10) + 40 \times (A/F, 15\%, 10) \\ &= 35 + 160 \times 0.19925 + 40 \times 0.04925 \\ &= 68.85(\text{万元}) \end{aligned}$$

(3)分析评价:因为 $AF_1 = 77.28(\text{万元}) > AF_2 = 68.85(\text{万元})$,所以优选方案是 B 方案。

三、财务评价与国民经济评价的区别

1. 评价角度不同

财务评价是从财务角度考察项目货币收支、盈利状况和借款清偿能力,并从项目的经营者、投资者和债权人角度进行分析评价;国民经济评价是从国家整体的角度考察项目需要国家付出的代价和对国家的贡献,确定投资行为的经济合理性。

2. 项目费用、效益的含义和范围划分不同

财务评价是根据项目的实际收支情况确定项目的效益和直接费用;国民经济评价则是根据项目给国家带来的效益和消耗国家资源的多少,来考察项目的效益和费用。国家给项目的补贴、项目向国家上交的税金及国内借款的利息,均视为转移支付,不作为项目的效益和直接费用,但是要计算项目的间接效益和间接费用,即外部效果。

3. 评价采用的价格不同

财务评价对投入物和产出物采用市场价格;国民经济评价采用影子价格。

4. 主要参数不同

财务评价采用国家公布的汇率和行业基准收益率或银行贷款利率;国民经济评价采用国家统一测定的影子汇率和社会折现率等。

由于上述区别,两种评价有时可能导致相反的结论。如果某项目所用原料的国内价格低于国际市场价格,其产出的产品国内价格又高于国际市场价格,从财务评价考虑,企业利润很高,项目是可行的;如果进行国民经济评价,采用以国际市场价格为基础的影子价格来计算,该项目就可能对国民经济没有那么大贡献。又如,某些矿产品国内价格偏低,企业利润很少,财务评价的结果可能不易通过,如果用影子价格对这些国计民生不可缺少的物资生产项目进行国民经济评价,该项目对国民经济的贡献可能很大,就能通过。

第三节　不确定性分析

一、不确定性与风险

所谓不确定性和风险,是指由于对项目将来面临的运营条件、技术发展和各种环境缺乏准确的知识而产生的决策没有把握性。习惯上,当这些不确定性的结果可以用发生的概率来加以表述和分析时,称为概率分析(风险分析);反之,不能用概率表述和分析的,称为不确定性分析。

不确定性分析就是对生产、经营过程中各种事前无法控制的外部因素变化与影响所进行的估计和研究。工程的建设决策在实施过程中,将受到许多因素的影响。产生不确定性的主要因素有:

(1)未来经济形势(物价)的变化。

(2)技术装备和生产工艺的变革。

(3)生产能力的变化。

(4)建设资金和工期的变化。

(5)国家经济政策和法规的变化。

例如,企业的经营决策将受到国家经济政策调整、市场需求变化、原材料和外协件供应条件改变、产品价格涨落、市场竞争加剧等因素的影响,这些因素大都无法事先加以控制。为了事先了解可能存在的决策风险,就需计算各因素发生的概率及对决策方案的影响,从中选择最佳方案。其基本分析方法有盈亏平衡分析(也称临界分析)、敏感性分析、概率分析方法。

二、盈亏平衡分析

1. 盈亏平衡分析的概念

盈亏平衡分析是在一定市场和经营管理条件下,根据达到设计生产能力时的成本费用与收入数据,通过求取盈亏平衡点,研究分析成本费用与收入平衡关系的一种方法。随着相关因素的变化,企业的盈利与亏损会有个转折点,称为盈亏平衡点 BEP(Break - even Point)。在该点上销售收入(扣除销售税金与附加)等于总成本费用,刚好盈亏平衡。

盈亏平衡分析可以分为线性盈亏平衡分析和非线性盈亏平衡分析,投资项目决策分析与评价中一般仅进行线性盈亏平衡分析。

盈亏平衡点的表达形式有多种,可以用产量、产品售价、单位可变成本和年总固定成本等绝对量表示,也可以用某些相对值表示。投资项目决策分析与评价中最常用的是以产量和生产能力利用率表示的盈亏平衡点,也有采用产品售价表示的盈亏平衡点。

2. 盈亏平衡分析的作用

通过盈亏平衡分析可以找出盈亏平衡点,考查企业(或项目)对市场导致的产出(销售)量变化的适应能力和抗风险能力。用产量和生产能力利用率表示的盈亏平衡点越低,表明企业适应市场需求变化的能力越大,抗风险能力越强;用产品售价表示的盈亏平衡点越低,表明企业适应市场价格下降的能力越大,抗风险能力越强。

3. 线性盈亏平衡分析的条件

(1)产量等于销售量,即当年生产的产品(扣除自用量)当年完全销售。

(2)产量变化,单位可变成本不变,即总成本费用是产量的线性函数。

(3)产量变化,产品售价不变,即销售收入是销售量的线性函数。

(4)只生产单一产品,或者生产多种产品,但可以换算为单一产品计算,也即不同产品负荷率的变化是一致的。

4. 盈亏平衡点的计算方法

盈亏平衡点可以采用公式计算法,也可以采用图解法求取。

(1)公式计算法。

设 B 为销售收入;C 为总成本;P 为单位产品价格;Q 为产品销售量;C_f为固定成本;C_v 为单位产品变动成本,则:

销售收入函数:$B=PQ$;总成本函数:$C=C_f+C_vQ$

在销售收入及总成本都与产量呈线性关系的情况下,也可以很方便地用解析方法求出以产品产量、生产能力利用率、产品销售价格、单位产品变动成本等表示的盈亏平衡点。

在盈亏平衡点,销售收入 B 等于总成本费用 C,设项目生产能力为 Q,则有盈亏平衡产量:

$$Q=\frac{C_f}{P-C_v} \tag{5-19}$$

若项目设计生产能力为 Q_C,则盈亏平衡生产能力利用率:

$$E=\frac{Q}{Q_C}\times 100\% \tag{5-20}$$

若按设计能力进行生产和销售,则盈亏平衡销售价格:

$$P=\frac{B}{Q_C}=\frac{C}{Q_C}=\frac{C_f}{Q_C}+C_v \tag{5-21}$$

(2)图解法。

盈亏平衡点可以采用图解法求得,见图5-5。图中销售收入线(如果销售收入和成本费用都是按含税价格计算的,销售收入中还应减去增值税)与总成本费用线的交点即为盈亏平衡点,这一点所对应的产量即为BEP(产量),也可换算为BEP(生产能力利用率)。

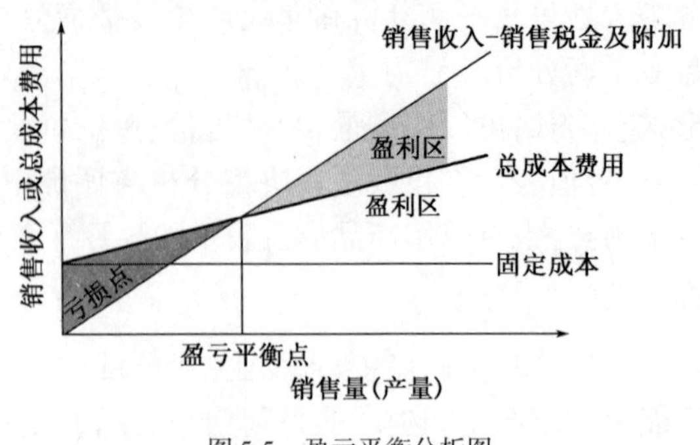

图5-5　盈亏平衡分析图

5. 非线性盈亏平衡分析

在实际中,某些项目产品的销售收入和成本与销售量并不呈线性关系。因为项目的生产销售活动将明显地影响市场供求状况,随着该项目产品销售量的增加,产品价格有所下降,所以,这时销售收入与销售量之间不再是线性关系。

另外,变动成本总额中的大部分与产品产量成正比例关系,也有一部分变动成本与产品产量不成正比例关系,如与生产批量有关的某些消耗性材料费用、模具费及运输费等,这部分变动成本随产量变动的规律一般是呈阶梯形曲线,通常称这部分变动成本为半变动成本。

【例5-12】 为应对新冠肺炎疫情,某呼吸机厂进行扩建投资,年计划生产呼吸机的能力为10万台,年固定成本为75600万元,呼吸机产品的成本为9.20万元/台,销售价格为11.60万元/台。试确定盈亏平衡点。

解:设年产量为Q台,则

收入函数:B = 产品销价 × 产量 = $P \times Q = 11.60Q$(万元)

总成本函数:C = 年固定成本 + 单位产品的成本 × 产量 = $75600 + 9.20Q$(万元)

产量盈亏平衡点 = 固定成本 ÷ (单价 - 单位变动成本) = 75600 ÷ (11.60 - 9.20) = 31500(台)

销售收入平衡点 = 31500 × 11.60 = 365400(万元)

生产能力利用率平衡点 = 3.15 ÷ 10 × 100% = 31.5%

价格盈亏平衡点 = 9.20 + 75600 ÷ 100000 = 9.956(万元/台)

通过计算盈亏平衡点,结合市场预测分析,可以对投资方案发生亏损的可能性作出大致判断。在该例中,如果未来的呼吸机产品销售价格及生产成本与预期值相同,该投资项目不发生亏损的条件是年销售量呼吸机不低于3.15万台,生产能力利用率不低于31.5%;如果按设计能力进行生产并能全部销售,生产成本与预期值相同,项目不发生亏损的条件是呼吸机产品销售价格不低于9.956万元/台。

三、敏感性分析

1. 敏感性分析的概念

所谓敏感性分析是对影响经济效果的各种参数的变化作出估计和预测,并对经济效果的变化作出相应的分析和计算,从而判断经济参数变化时经济效果的敏感程度。通过敏感性分析,可以找出对建设项目经济效果影响最敏感的因素,并采取有效的措施和对策,保证经济效果的准确性。

假设某个特定的因素,其数值的波动,甚至是较大幅度的波动,并不能影响方案的经济效果,则认为该方案对此特定因素不敏感,反之,如果这个因素即使发生微小波动,也会严重影响方案的经济效果,则认为该方案对此因素十分敏感,所以可以用敏感性分析来测定不确定因素对一个方案的经济效果的影响程度。

2.敏感性分析的作用

敏感性分析是投资项目经济评价中应用十分广泛的一种技术,用以考察项目涉及的各种不确定因素对项目效益的影响,找出敏感因素,估计项目效益对它们的敏感程度,粗略预测项目可能承担的风险,为进一步的风险分析打下基础。敏感性分析对投资项目财务评价和国民经济评价同样适用。

3.敏感性分析的方法与步骤

(1)敏感性分析中不确定因素的选取。不确定因素指那些在投资项目决策分析与评价过程中涉及的对项目效益有一定影响的基本因素。

(2)敏感性分析中不确定因素变化程度的确定。敏感性分析通常是针对不确定因素的不利变化进行,为绘制敏感性分析图的需要也可考虑不确定因素的有利变化。不确定因素变化的幅度通常可能 ±10%。

(3)敏感性分析中项目效益指标的选取。投资项目经济评价有一整套指标体系,敏感性分析选定其中一个或几个主要指标进行。

最基本的分析指标是内部收益率,通常财务评价敏感性分析中必选的分析指标是项目财务内部收益率,根据项目的实际情况也可选择净现值或其他评价指标,必要时可同时针对两个或两个以上的指标进行敏感性分析。

(4)敏感性分析的计算指标。

①敏感度系数。是项目效益指标变化的百分率与不确定因素变化的百分率之比。敏感度系数高,表示项目效益对该不确定因素敏感程度高,应重视该不确定因素对项目效益的影响。敏感度系数计算公式如下:

$$\text{某不确定因素敏感度系数}=\frac{\text{评价指标相对基本方案的变化率}}{\text{该不确定因素变化率}} \tag{5-22}$$

②临界点。是指不确定因素的极限变化,即该不确定因素使项目内部收益率等于基准收益率或净现值变为零时的变化百分率。当该不确定因素为费用科目时,即为其增加的百分率;当其为效益科目时为降低的百分率。可以通过敏感性分析图求得临界点的近似值,但由于项目效益指标的变化与不确定因素变化之间不是直线关系,有时误差较大,因此最好采用专用函数求解临界点。

③敏感性分析图。以横轴为不确定因素的变化率,以纵轴为内部收益率。

4.敏感性分析的内容

敏感性分析的做法为:改变一种或多种不确定因素的数值,计算其对项目效益指标的影响,通过计算敏感度系数和临界点,估计项目效益指标对它们的敏感程度,进而确定关键的敏感因素。通常将敏感性分析的结果汇总于敏感性分析表,也可通过绘制敏感性分析图显示各种因素的敏感程度并求得临界点。

敏感性分析包括单因素敏感性分析和多因素敏感性分析。单因素敏感性分析指每次只改变一个因素的数值来进行分析,估算单个因素的变化对项目效益产生的影响;多因素分析则同时改变两个或两个以上因素进行分析,估算多因素同时发生变化的影响。为了找出关键的敏感性因素,通常进行单因素敏感性分析。

5. 单因素敏感性分析

实施敏感性分析,一般都要考虑几个可变参数。但为了简便起见,通常假设各参数之间是相互独立的,每次只研究一项可变参数,其他参数则保持不变,这就是单因素敏感性分析。

【例 5-13】 某投资方案用于确定性分析的现金流量如表 5-5 所示。表中数据是对未来最可能出现的情况预测估算得到的。由于未来影响经济环境的某些因素的不确定性,预计各参数的最大变化范围为 -30% ~ +30%,基准折现率为 12%。试对各参数分别作敏感性分析。

现金流量表 表 5-5

参　数	单　位	预　测　值
投资额(K)	元	170000
年收益(AR)	元	35000
年支出(AC)	元	3000
残值(L)	元	20000
寿命期(n)	年	10

解:本例取净现值作为分析指标。

净现值的未来最可能值为:

$$\begin{aligned}\mathrm{NPV} &= -K + (\mathrm{AR} - \mathrm{AC})(P/A,12\%,10) + L(P/F,12\%,10)\\ &= -170000 + (35000 - 3000) \times 5.650 + 20000 \times 0.3220\\ &= 17240(\text{元})\end{aligned}$$

下面就投资额、年收益、年支出、残值和寿命期这 5 个不确定因素作敏感性分析。设投资额变动的百分比为 a,分析投资额变动对方案净现值影响的计算式为:

$$\mathrm{NPV} = -K(1+a) + (\mathrm{AR} - \mathrm{AC})(P/A,12\%,10) + L(P/F,12\%,10)$$

设年收益变动的百分比为 b,分析年收益变动对方案净现值影响的计算式为:

$$\mathrm{NPV} = -K + [\mathrm{AR}(1+b) - \mathrm{AC}](P/A,12\%,10) + L(P/F,12\%,10)$$

设年支出变动的百分比为 c,分析年支出变动对方案净现值影响的计算式为:

$$\mathrm{NPV} = -K + [\mathrm{AR} - \mathrm{AC}(1+c)(P/A,12\%,10) + L(P/F,12\%,10)]$$

设残值变动的百分比为 d,分析残值变动对方案净现值影响的计算式为:

$$\mathrm{NPV} = -K + (\mathrm{AR} - \mathrm{AC})(P/A,12\%,10) + L(1+d)(P/F,12\%,10)$$

设寿命期变动的百分比为 e,分析寿命期变动对方案净现值影响的计算式为:

$$\mathrm{NPV} = -K + (\mathrm{AR} - \mathrm{AC})[P/A,12\%,10(1+e)] + L[P/F,12\%,10(1+e)]$$

按照上述 5 个公式,使用表 2-6 中数据,a,b,c,d,e 分别取 ±10%,±20%,±30%,可以计算出各不同变动幅度下方案的净现值,计算结果如表5-6所示。

各因素变动净现值计算结果表 表5-6

不确定因素	变动幅度						
	-30%	-20%	-10%	0	+10%	+20%	+30%
投资额(K)	68240	51240	34240	17240	240	-16760	-33760
年收益(AR)	-42085	-22310	-2535	17240	37015	56790	76565
年支出(AC)	22325	20630	18935	17240	15545	13850	12155
残值(L)	15308	15952	16596	17240	17884	18528	19172
寿命期(n)	-14906	-2496	7708	17240	25766	33342	40152

根据表5-6数据,可以绘制出敏感性分析图(图5-6)。

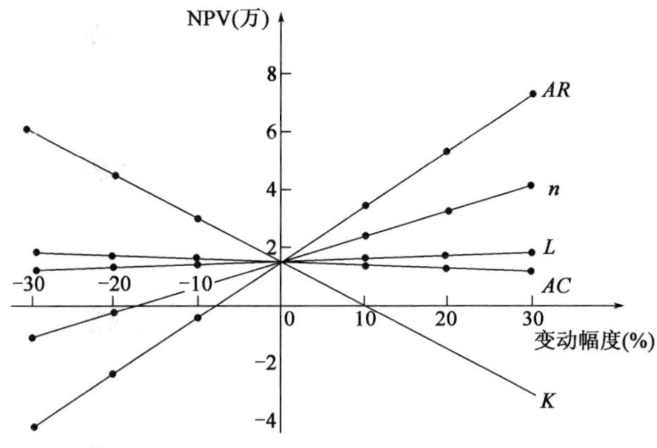

图5-6 敏感性分析图

由表5-6和图5-6可以看出,在同样的变动幅度下,年收益的变动对方案净现值的影响最大,以下依次为投资额、寿命期和年支出的变动,残值变动的影响最小。

上述方法为相对测定法。若反过来求解上述五个计算方案净现值的公式,即分别令NPV=0,解出各因素变动的百分比,以此来寻求敏感因素,这就是绝对测定法。

令第一个净现值公式为零,可解得:$a=10.14\%$

同样,分别令第二、第三、第四和第五个净现值公式为零,则可解得:

$b=-8.72\%$,$c=101.71\%$,$d=-267.70\%$,$e=-17.34\%$。

该结果表明,当其他因素不变,投资额增加超过10.14%;或其他因素不变,年收益降低超过8.7%时;或其他因素不变,年支出增加超过101.71%时;或其他因素不变,残值减少超过267.70%(实际最多为100%)时;或其他因素不变,寿命缩短超过17.34%时,方案的净现值将小于零,方案变得不可接受。从不确定因素变动百分比的含义来看,百分比的绝对值越小,其对应的因素就越敏感。按此原则,本例中敏感性由强到弱的因素依次为年收益、投资额、寿命期、年支出和残值,排序与相对测定法相同。

6. 多因素敏感性分析

在进行单因素敏感性分析的过程中,当计算某特定因素的变动对经济效果指标的影响时,假定其他因素均不变。实际上,许多因素的变动具有相关性,一个因素的变动往往也伴随着其他因素的变动。所以,单因素敏感性分析有其局限性。改进的方法是进行多因素敏感性分析,多因素敏感性分析要考虑可能发生的各种因素不同变动幅度的多种组合,即考查多个因素同时变动对方案经济效果的影响,以判断方案的风险情况。

7. 敏感性分析的应用

应对敏感性分析图显示的结果进行文字说明,将不确定因素变化后计算的经济评价指标与基本方案评价指标进行对比分析,注重以下三个方面:

(1)确定敏感因素,结合敏感度系数及临界点的计算结果,按不确定因素的敏感程度进行排序,找出哪些因素是较为敏感的不确定因素,敏感度系数较高者或临界点较低者为较为敏感的因素;

(2)定性分析临界点所表示的不确定因素变化发生的可能性;

(3)归纳敏感性分析的结论,指出最敏感的一个或几个关键因素,粗略预测项目可能的风险,提请项目发包人、投资者和有关各方在决策和实施中注意,以尽可能降低风险,实现预期效益。

四、概率分析

为了作出正确决策,需要对不确定因素进行技术经济分析,计算其发生的概率及对决策方案的影响程度,从中选择经济效果最好(或满意)的方案,这是概率分析最显著的特点。

敏感性分析是在不确定条件下,分析经济效果的可靠性,用来描述当经济参数存在估计误差或发生变化时,该项目的经济效果的相应变化,以及变化的敏感程度。

而概率分析则不同于敏感性分析,它可根据各种可变参数的概率分布来推求一个条件下获利的可能性大小,或者是项目所承担的风险大小。因此,概率分析也称为风险分析。工程项目的风险可用某一效益指标的不利值(如净现值 $NPV \leqslant 0$)发生的概率来度量,或用某一效益指标的期望值、方差来表示。我们把通过求解效益指标不利值的概率来估计项目风险的分析方法称之为概率分析。

概率分析一般有蒙特卡洛方法和决策树方法两种方法。需要指出的是,在工程项目经济评价中的各种参数,常常缺乏足够的历史统计资料,大部分不能用建立在大量数据基础上的客观概率来表达,因此在实用上,人们经常使用建立在主观估计上的主观概率分布。

1. 蒙特卡洛法

蒙特卡洛法是一种模拟法或统计试验法,它是通过多次模拟试验,随机选取自变量的数值来求效益指标特征值的一种方法。它的主要优点是无需复杂的数学运算,只要经过多次反复试验,便能获得足够准确的近似结果(均值、方差及概率分布等),由于这种方法的试验次数很多,需要借助计算机模拟才能有效地进行(手算会显得烦琐)。

蒙特卡洛法的实施步骤如下:

(1)分析哪些原始参数应属于随机变量,并确定出这些随机变量的概率分布。

(2)通过模拟试验随机选取各随机变量的值,并使选取的随机值符合各自的概率分布,随机数可使用随机数表,或直接用计算机求出随机数。

(3)建立经济评价指标的数学模型。

(4)根据模拟试验结果,计算出经济评价指标的一系列样本值。

(5)经过多次模拟试验,求出经济评价指标的概率分布或其他特征值。

(6)检验试验次数是否满足预定的精度要求。

2. 决策树方法

决策树法是利用一种树形决策网络来描述与求解风险型决策问题的方法。它的优点是能使决策问题形象直观,便于思考与集体讨论。特别在多级决策活动中,有着层次分明、一目了然、计算简便的特点。

风险型决策问题一般都具有多个备选方案,每个方案又有多种客观状态,因此决策由左向右,由简入繁,形成一个树形的网络图。

运用决策树进行决策通常分为两个过程:先从左向右的建树过程,即根据决策问题的内容(备选方率、客观状态及其概率、损益值等)从左向右逐步分析,绘制决策树。决策树绘制好以后,再从右向左,计算各个方案在不同状态下的期望损益值,然后根据不同方案的损益值的大小作出选择,去除被淘汰的方案,最后留下的唯一方案就是最优方案。决策树方法的应用,可通过案例来说明。

【例 5-14】 某潜在投标人拟参加某工程项目施工的投标。该工程招标文件已明确,采用固定总价发包,估算直接成本为 1500 万元,投标人根据有关专家的咨询意见,认为该工程项以 10%、7%、4% 的利润率投标的中标概率分别为 0.3、0.6、0.9。中标后如果承包效果好能够达到预期利润率,其概率为 0.6;中标后效果不好,所得利润将低于预期利润 2 个百分点。投标成本(含编制投标文件的费用等)为 5 万元。试帮助投标人确定投标方案。

解:(1)计算各投标方案的利润,形成各投标方案利润表,见表 5-7。

各投资方案的利润表　　　　表 5-7

不同利润的方案	效　果	概　率	利润(万元)
10% 利润率	好	0.6	150
	差	0.4	120
7% 利润率	好	0.6	105
	差	0.4	75
4% 利润率	好	0.6	60
	差	0.4	30

投标利润率 10%、承包效果好的利润:$1500 \times 10\% = 150$(万元)

投标利润率 10%、承包效果不好的利润:$1500 \times 8\% = 120$(万元)

投标利润率 7%、承包效果好的利润:$1500 \times 7\% = 105$(万元)

投标利润率 7%、承包效果不好的利润:$1500 \times 5\% = 75$(万元)

投标利润率 4%、承包效果好的利润:$1500 \times 4\% = 60$(万元)

投标利润率 4%、承包效果不好的利润:$1500 \times 2\% = 30$(万元)

(2)绘出决策树,标明各方案的概率和利润,如图 5-7 所示。

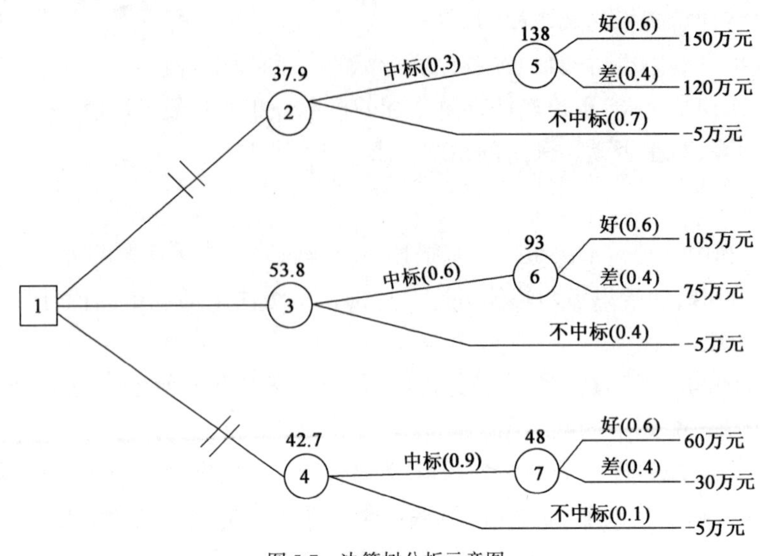

图 5-7 决策树分析示意图

(3)计算图中各机会点的期望值:

点⑤:$150\times0.6+120\times0.4=138$(万元)

点②:$138\times0.3-5\times0.7=37.9$(万元)

点⑥:$105\times0.6+75\times0.4=93$(万元)

点③:$93\times0.6-5\times0.4=53.8$(万元)

点⑦:$60\times0.6+30\times0.4=48$(万元)

点④:$48\times0.9-5\times0.4=42.7$(万元)

(4)分析比较决策点②、③、④的期望值:

可见,决策点③的期望值最大,因此选择利润率为7%的投标方案。

相应的投标报价是$1500\times(1+7\%)=1605$(万元)。

第四节　价 值 工 程

一、价值工程的基本原理

1. 价值工程及其特点

价值工程是一种旨在提高所研究对象价值的思想方法和管理技术。其基本原理是:通过各相关领域的协作,对所研究对象的功能与费用进行系统分析,不断创新,最终以研究对象的最低寿命周期成本可靠地实现使用者所需功能,以获取最佳的综合效益。

价值工程的定义包括四个方面:

(1)着眼于寿命周期成本。寿命周期成本是指产品在其寿命期内所发生的全部费用,包括生产成本和使用成本两部分。生产成本是指发生在生产企业内部的成本,包括研究开发、设计以及制造过程中的费用;使用成本是指用户在使用过程中支付的各种费用的总和,包括运输、安装、调试、管理、维修和耗能等方面的费用。

在图5-8中，C_1表示生产成本，随着产品功能的增加，生产成本越来越高，C_2表示使用成本，随着功能的增加，使用成本越来越低；C表示寿命周期成本，$C = C_1 + C_2$，它的变化趋势是随着产品功能的增加，先下降，后上升。从图中可以看出，在F_1点产品功能较少，此时虽然生产成本较低，但由于不能满足使用者的基本要求，使用成本较高，因而使用寿命周期成本较高；在F_2点，虽然使用成本较低，但由于存在多余的功能，因而致使生产成本过高，同样寿命周期成本较高。只有在F^*点，产品功能既能满足用户的需要，又使得寿命周期成本较低，体现了比较理想的功能与成本的关系。

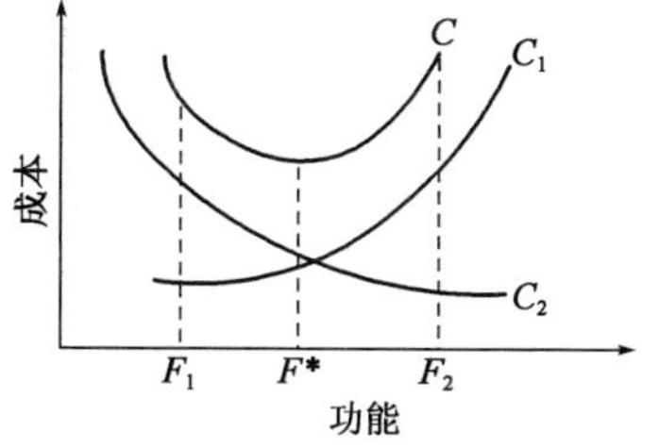

图5-8 产品成本与功能的关系

值得注意的是，在寿命周期成本的构成中，一般由于生产成本在短期内集中支出并且体现在价格中，容易被人们认识，进而采取措施加以控制。而使用中的人工、能源、环境、维修等耗费常常是生产成本的许多倍，但由于支出分散，容易被人们忽视。比如一项建筑产品，如果单纯追求生产成本，降低预算，粗心设计，偷工减料，那么其建造质量肯定非常低劣，使用过程中的维修费用就会很高，甚至可能发生重大事故，给社会财产和人身安全带来严重危害。因此，价值工程中对降低成本的考虑，是要综合考虑生产成本和使用成本的下降，兼顾生产者和使用者的利益，以获得最佳的社会综合效益。

(2)价值工程的核心是功能分析。功能是指研究对象能满足某种需要的一种属性，即产品的具体用途。功能可分为必要功能和不必要功能，其中必要功能是指用户所要求的功能，以及与实现用户所需求功能有关的功能。

价值工程的功能，一般是指必要功能。因为用户购买某一产品，其目的不是为了获得产品本身，而是通过购买该产品获得其所需要的功能。因此，价值工程对产品的分析，首先是对其功能的分析，通过功能分析，弄清哪些功能是必要的，哪些功能是不必要的或过剩的。从而在改进方案中去掉不必要的功能，削减过剩的功能，补充不足的功能，使产品的功能结构更加合理，达到可靠地实现使用所需功能的目的。

(3)价值工程是一项有组织的管理活动。价值工程研究的问题涉及产品的整个寿命周期，涉及面广，研究过程复杂，因此在企业开展价值工程活动时，一般需要由技术人员、管理人员、有经验的工作人员，甚至用户，以适当的组织形式组织起来，共同研究，发挥集体智慧，灵活运用各方面的知识和经验，才能达到既定的目标。

(4)价值工程的目标表现为产品价值的提高。价值是指对象所具有的功能与获得该功能的全部费用之比，可用下式表示：

$$\text{价值}(V) = \frac{\text{功能}(F)}{\text{成本}(C)} \tag{5-23}$$

价值工程的目的是要从技术与经济的结合上去改进和创新产品，使产品既要在技术上可靠实现，又要在经济上所支付的费用最小，达到两者的最佳结合。而“最低的寿命周期成本”是价值工程中的经济指标，“可靠地实现所需功能”是价值工程中的技术指标，因此，产品的价值越高，其技术与经济的结合也就越难。从这个角度上讲，价值工程的目标体现为产品价值的提高上。

2. 提高产品或作业价值的主要途径

(1)在提高产品功能的同时,降低产品成本。这可使价值大幅度提高,是最理想的提高价值的途径。

(2)提高功能,同时保持成本不变。

(3)在功能不变的情况下,降低成本。

(4)成本略有增加,同时功能大幅度提高。

(5)功能略有下降,同时成本大幅度降低。

总之,价值工程不单纯地强调“物美”即改善功能,也不单纯地强调“价廉”即降低成本。而是要求提高二者的比值,这样,对企业和用户都是有益的。

二、价值工程的工作程序

价值工程的工作程序,分为准备、分析、创新、实施与评价等四个阶段,见表5-8。

价值工程的基本程序　　表5-8

阶段	步　骤	问　题	说　明
准备阶段	1. 对象选择	1. 这是什么?	应明确目标、限制条件和分析范围
	2. 组成价值工程领导小组		一般由项目负责人、专业技术人员、熟悉价值工程的人员组成
	3. 制订工作计划		具体执行人、执行日期、工作目标等
分析阶段	4. 收集整理信息资料	2. 它是干什么用的?	贯穿价值工程的全过程
	5. 功能系统分析	3. 它的成本是多少?	明确功能特性要求,并绘制功能系统图
	6. 功能评价	4. 它的价值是多少?	确定功能目标成本与功能改进区域
创新阶段	7. 方案创新	5. 有无其他方案实现这个功能?	提出各种不同的实现功能的方案
	8. 方案评价	6. 新方案的成本是多少?	从技术、经济和社会等方面中评价各方案达到要求目标的可能性
	9. 方案编写	7. 新方案能满足要求吗?	将选出的方案及有关资料编写成册
实施与评价阶段	10. 方案审批	8. 如何保证新方案实施?	由主管部门组织进行
	11. 方案实施与检查	9. 活动效果如何?	制订实施计划、组织实施、并跟踪检查
	12. 成果鉴定		对实施后技术经济效果进行成果鉴定

可见,价值工程工作步骤的实质是就是针对产品的功能和成本提出问题、分析问题和解决问题的过程。

三、价值工程的分析方法

(一)对象选择

价值工程是就某个具体对象开展的有针对性的分析评价和改进,能否正确选择对象是价值工程收效大小与成败的关键。价值工程对象选择的方法有以下几种。

1. 经验分析法——定性分析法

经验分析法是根据价值工程对象选择应考虑的各种因素,凭借分析人员的经验,研究确定选择对象的一种方法。需从社会利益、企业发展、市场潜力、市场竞争、利润等方面综合考虑,选择价值工程对象。从有利于提高价值方面考虑:

(1)设计方面:结构复杂、质量大、尺寸大、材料贵、性能差、技术水平低的产品。

(2)制造方面:产量大、工艺复杂、成品率低、占用关键设备工作量大的产品。

(3)成本方面:成本比率大、成本高的产品。

2. ABC 分析法——定量分析法

ABC 分析法,又称重点选择法或不均匀分布定律法,是指应用数理统计分析的方法来选择对象。

在价值工程中,对产品成本的分析发现:占产品总零件数 10% ~15% 左右的 A 类零部件,其成本往往占产品总成本的 70% ~80%;占零件总数 15% ~20% 左右的 B 类零部件,其成本占总成本的 10% ~20% 左右;占总零件数 60% ~80% 左右的 C 类零部件,其成本只占总成本的 5% ~10%。因而 A 类零部件是价值工程的主要研究对象。

同理,工程项目投资可按费用组成分类,分为人工费、材料费、机械使用费、管理费等,将其中所占比重最大的费用作为价值工程的重点研究对象。

3. 百分比分析法

百分比分析法是通过分析某种费用或资源对企业的某个技术经济指标的影响程度的大小(百分比),来选择价值工程对象的方法。

4. 强制评分法

强制评分法是采用强制对比打分作为选择价值工程对象的一种定量分析方法。该方法不仅可以用于价值工程的对象选择,而且在功能评价、方案评价中也有应用。

具体做法是:通过 0-1 评分法或 0-4 评分法确定对象的功能系数,计算成本系数,进而求出对象的价值系数。然后根据价值系数的大小,确定价值工程对象。

(1)计算功能系数 F_i。

$$功能系数=\frac{某零件的功能得分}{全部零件的功能得分} \tag{5-24}$$

(2)计算成本系数 C_i。

$$成本系数=\frac{某零件的目前成本}{产品目前总成本} \tag{5-25}$$

(3)计算价值系数 V_i。

$$价值系数=\frac{功能系数\ F_i}{成本系数\ C_i} \tag{5-26}$$

(4)根据价值系数值,确定价值工程的对象。

①$V_i=1$,表明分配在该零件上的成本比重与其功能重要程度基本相当,无需改进。

②$V_i>1$,分配在该零件上的成本比重偏低,或存在不必要功能,是价值工程的研究对象。

③$V_i<1$,该零件实现其功能所分配的成本偏高,或存在过剩的功能,是价值工程的研究对象。

(二)功能分析

功能分析是价值工程的核心内容。功能分析的目的是加强必要功能,剔除多余功能,进行功能载体替代,以便提供价值高的产品,更好地满足用户的需求。功能分析一般包括功能分类、功能整理与功能评价部分。

1. 功能分类

根据功能的不同特性,可从不同角度对功能进行分类。

(1)按功能的重要程度,分为基本功能与辅助功能。基本功能,是指为达到其(使用)目的所必不可少的功能,是产品的主要功能,如果不具备这种功能,产品就失去其存在的价值。如灯泡的基本功能是照明。辅助功能是为了更好地实现基本功能而附加的功能,是次要功能。

(2)按功能的性质,分为使用功能与美学功能。使用功能是指满足用户的实际物质需求的那部分功能,可以给用户带来效用。美学功能是从产品的外观反映的艺术属性,是外观功能。

(3)按用户需求,分为必要功能和不必要功能。必要功能是指用户所要求的功能以及与实现用户所需求功能有关的功能,如使用功能、美学功能、基本功能、辅助功能都是必要功能。不必要功能是不符合用户需求的功能,包括多余功能、重复功能、过剩功能等。

(4)按功能的量化标准,分过剩功能和不足功能。

总之,价值工程中的功能,一般是指必要功能。通过功能的分析,弄清哪些是必要功能,从而在创新方案中去掉不必要的功能,补充不足功能,可靠实现用户所需的必要功能。

2. 功能整理

功能整理是要明确功能相互之间的逻辑关系,并用图表形式表达,以明确产品的功能系统。功能整理的一般程序如下:

(1)在功能定义的基础上,编制功能卡片。

(2)区分基本功能与辅助功能。

(3)明确各功能之间的关系。

(4)排列辅助功能系列。

(5)添加辅助功能系列。

3. 功能评价

通过功能分析,明确必要功能后,价值工程的下一步工作就是功能评价。功能评价是计算出各个功能价值,然后选择功能价值低的功能作为价值工程活动的重点对象。功能评价的步骤如下:

(1)计算功能重要性系数(功能评价系数)。确定功能重要性系数的重要问题是对功能打分。常用方法有环比评分法和强制打分法。

(2)计算功能成本系数。功能成本的计算是以功能为单位,而不是以产品或零部件为单位。当一个零部件只有一个功能时,该零部件的成本就是它的功能成本。当一项功能要由多个零部件共同实现时,该功能的成本就等于这些零部件的功能成本之和。当一个零部件具有多项功能或同时与多项功能有关时,就需要将零部件成本根据具体情况分摊给各项有关功能,即:功能成本系数=功能单元成本值/成本总值。

(3)计算功能价值系数。功能价值系数=功能重要性系数/功能成本系数。

(三)方案创造

方案创造是从提高对象的功能价值出发,在正确的功能分析和评价的基础上,针对应改进的具体目标，通过创造性的思维活动，提出能够可靠地实现必要功能的新方案。方案创造是决定价值工程成败的关键阶段。

方案创造的理论依据是功能载体具有替代性。这种功能载体替代的重点应放在以功能创新的新产品替代原有产品和以功能创新的结构替代原有结构方案。方案创造的常用方法包括头脑风暴法、歌顿法等。

（四）方案评价

方案的技术评价主要评价方案能否实现所要求的功能，以及方案在技术上能否实现。技术评价包括：功能实现程度（性能、质量、寿命等）、可靠性、可维修性、可操作性、安全性、整个系统的协调性、与环境条件的协调性等。经济评价包括费用的节省、对企业或公众产生的效益、产品的市场销路以及能保持盈利的年限。社会评价是指产品大量投产后对社会影响，诸如污染、噪声、能源的耗费等。

（五）利用价值工程分析方法进行方案选择

【例 5-15】 某高速公路扩容改建，由原双向四车道改建为双向八车道，合同文件约定半幅封闭，半幅施工。工程开工后，省政府发文要求该高速公路保证社会车辆双向四车道通行。由于施工条件、施工场地等因素的变化，监理人在某桥梁工程的设计变更中，采用价值工程的方法对该工程的变更设计方案和编制的施工方案进行了全面的技术经济评价，取得了良好的经济效益和社会效益。

有五个变更设计方案，经有关专家对上述方案进行技术经济分析和论证，得出了各方案的功能重要性评分表（表 5-9），以及方案功能得分和单方工程费用（表 5-10）。

功能重要性评分表 表 5-9

方案功能	F_1	F_2	F_3	F_4	F_5
F_1	0	4	2	3	2
F_2	4	0	3	4	2
F_3	2	3	0	2	2
F_4	3	4	2	0	1
F_5	2	2	2	1	0

方案功能得分和单方工程费用 表 5-10

方案功能	方案功能得分				
	A	B	C	D	E
F_1	9	10	9	8	7
F_2	10	9	10	9	8
F_3	9	8	7	8	10
F_4	7	9	8	7	6
F_5	8	7	8	10	9
单位造价（元/m^3）	2200	2100	2000	1900	1800

问题:(1)计算功能重要性系数。

(2)计算功能系数、成本系数、价值系数,选择最优设计方案。

(3)在对施工单位提出的施工方案进行技术经济分析时,监理人提出将评价指标分为:工程成本、工程工期、工程质量和其他等四个方面,请将这四个方面的指标进一步细化。

解:(1)计算功能重要性系数。

F_1得分 =4 +2 +3 +2 =11

F_2得分 =4 +3 +4 +2 =13

F_3得分 =2 +3 +2 +2 =9

F_4得分 =3 +4 +2 +1 =10

F_5得分 =2 +2 +2 +1 =7

总得分 =11 +13 +9 +10 +7 =50

F_1功能重要性系数 =11 ÷50 =0.22

F_2功能重要性系数 =13 ÷50 =0.26

F_3功能重要性系数 =9 ÷50 =0.18

F_4功能重要性系数 =10 ÷50 =0.20

F_5功能重要性系数 =7 ÷50 =0.14

(2)计算功能系数、成本系数、价值系数,选择最优设计方案。

①计算功能系数。

方案功能得分:

方案 A 得分 =9 ×0.22 +10 ×0.26 +9 ×0.18 +7 ×0.20 +8 ×0.14 =8.72

方案 B 得分 =10 ×0.22 +9 ×0.26 +8 ×0.18 +9 ×0.20 +7 ×0.14 =8.76

方案 C 得分 =9 ×0.22 +10 ×0.26 +7 ×0.18 +8 ×0.20 +8 ×0.14 =8.56

方案 D 得分 =8 ×0.22 +9 ×0.26 +8 ×0.18 +7 ×0.20 +10 ×0.14 =8.34

方案 E 得分 =7 ×0.22 +8 ×0.26 +10 ×0.18 +6 ×0.20 +9 ×0.14 =7.88

总得分 =8.72 +8.76 +8.56 +8.34 +7.88 =42.26

功能系数计算:

方案 A 的功能系数 =8.72 ÷42.26 =0.206

方案 B 的功能系数 =8.76 ÷42.26 =0.207

方案 C 的功能系数 =8.56 ÷42.26 =0.203

方案 D 的功能系数 =8.34 ÷42.26 =0.197

方案 E 的功能系数 =7.88 ÷42.26 =0.186

②确定成本系数和价值系数。

成本系数和价值系数的计算见表 5-11,在五个方案中,D 方案价值系数最大,所以 D 方案为最优方案。

(3)施工方案的技术经济指标体系:

①工程成本包括:单位工程量成本、工程成本降低率(或成本节约额)、工料节约率(或主要材料消耗指标)、劳动生产率(或劳动力消耗)、机械利用率。

成本系数及价值系数计算表　表 5-11

方案名称	单位造价(元/m^2)	成本系数	功能系数	价值系数	最优方案
A	2200	0.22	0.206	0.936	
B	2100	0.21	0.207	0.986	
C	2000	0.20	0.203	1.015	
D	1900	0.19	0.197	1.037	最优
E	1800	0.18	0.186	1.033	
合计	10000	1.00	1.00		

②工程工期包括:工期、施工均衡性、竣工率。

③工程质量包括:合格品率、优良品率。

④其他包括:施工机械化程度、安全生产、文明施工等。

第五节　工程建设项目总投资的构成与计算

一、工程建设项目的投资与工程投资测算体系

(一)工程投资

投资是指为了实现某一特定目的而将其能支配的资源投入社会再生产过程的一种社会实践活动。国家和社会通过对交通运输工程项目的投资,建立起交通运输的基本通道,为社会的经济发展和人民的生活提供最根本和最直接的物质条件。

投资是一项复杂的活动,尤其对公路工程项目投资是一个涉及面广、影响因素众多的动态系统。要对这个动态的过程进行有效的控制,一方面应全面了解它的运动变化规律和特征,另一方面应对投资活动的变化发展进行量化,这个量化指标就是投资额。投资额是衡量投资活动规模的一个指标,表示投资活动所耗费资源的总和。

投资本身是一个逐步开展和不断深化的过程,因此,在其运动过程的不同阶段便有不同的测算工作,形成不同的投资额和不同的测算种类。随着投资活动的不断深化,要求对投资额进行不同深度和精度的测算,相应形成了一个完整地反映投资在数量变化上的投资额测算体系。即从项目决策到竣工交付使用的整个过程中,根据在不同阶段投资额作用和精度要求的不同,形成了投资估算、设计概算、施工图预算、施工预算、投标报价、工程结算和竣工决算等七种测算方式,并由此构成了建设项目投资额的测算体系。

我国基本建设投资的管理与控制基本上分为三个层次。第一个层次是国家,国家通过基本建设计划和有关政策,在宏观上对基本建设投资进行管理和控制。第二个层次是项目申报单位,即项目建设单位。项目建设单位具体对基本建设项目的投资进行控制,委托设计(咨

询)单位编制可行性研究报告,并根据批准的可行性研究报告组织工程设计,根据批准的设计概算(或施工图预算)组织施工(设备采购)招标,确定施工单位和委托监理单位。在施工过程中,对工程造价进行严格管理。第三个层次是施工单位(或承包单位),建设项目由施工单位具体实施,并在施工前编制施工预算,对工程成本进行严格控制。以上三个层次涉及计划、建设、设计、监理和施工各单位,他们都必须以国家利益为原则,从各自的工作和需要出发,对基本建设项目进行严格和科学的管理,为国家把好经济关。要达到上述目的,其基本手段就是合理确定公路工程建设投资额。

(二)投资测算体系

为了对工程建设项目进行全面有效的工程投资(造价)管理,在项目的各阶段都必须编制有关的造价文件,这些不同造价文件的投资额则要根据其主要内容要求,由不同测算工作来完成。按工程建设项目的建设程序进行分类,投资额有如下几种。

1.投资估算

投资估算,一般是指在投资前期(项目建议书、可行性研究报告)阶段,建设单位向国家申请拟建项目或国家进行决策时,确定建设项目在项目建议书、可行性研究报告等不同阶段相应投资总额而编制的经济文件。

国家对任何一个拟建项目,都要通过对项目建议书、可行性研究报告的全面评审后,才能决定是否正式立项。在可行性研究中,除考虑国家经济发展上的需要和技术上的可行性外,还要考虑经济上的合理性。投资估算为投资决策提供数量依据,也是建设项目经济效益分析中确定成本的主要依据,因此,它是建设项目在初步设计前各阶段工作中,确定拟建项目在经济上是否合理的重要文件。

2.设计概算

概算又分为设计概算和修正概算两种。设计概算是指在初步设计或技术设计阶段,由设计单位根据设计图纸、概算定额、各类费用定额、建设地区的自然条件和技术经济条件等资料,预先计算和确定建设项目从筹建至竣工验收的全部建设费用的造价文件。它是设计文件的重要组成部分,是国家确定和控制公路水运工程建设投资总额、安排基本建设计划、选择最优设计方案的依据。建设项目的总概算一经批准,在其随后的其他阶段是不能随意突破的。

3.施工图预算

不论采用几个阶段设计,设计单位在施工图设计阶段均应编制施工图预算。施工图预算是以设计单位为主,必要时可邀请施工单位、建设单位参加,根据施工图设计的工程量和施工方案,按预算定额和各类费用定额,所编制的反映工程造价的文件。它是考核施工图设计经济合理性的依据,对于按施工图预算承包的工程,它又是签订建筑安装工程合同、实行建设单位和施工单位投资包干和办理工程结算的依据;对于进行施工招标的工程,施工图预算也是编制工程招标控制价的依据;同时,它也是施工单位加强经营管理,搞好经济核算的基础。

4. 施工预算

施工预算是施工单位进行成本控制与成本核算的依据，也是施工单位进行劳动组织与安排，以及进行材料和机械管理的依据，对施工组织和施工生产有着极为重要的作用。

施工预算是指施工阶段，在施工图预算的控制下，施工单位根据施工图计算的分项工程量、施工定额、施工组织设计或分部分项工程施工过程的设计及其他有关技术资料，通过工料分析，计算和确定完成一个工程项目或一个单位工程或其中的分部分项工程所需的人工、材料、机械台班消耗量及其他相应费用的造价文件。施工预算所反映的是完成工程项目的成本，是成本控制的主要目标。

5. 投标报价

投标报价是由投标单位根据招标文件及施工定额（有时往往是投标单位根据自身的施工经验与管理水平所制定的企业定额）和招标项目所在地区的自然、社会和经济条件及施工组织方案和投标单位自身条件，计算完成招标工程所需各项费用的造价文件。报价是投标文件最重要的组成部分和主要内容，是投标工作的关键和核心，也是决定能否中标的主要依据。报价过高，中标率就会降低；报价过低，尽管中标率增大，但可能无利可图，甚至导致承担工程亏本的风险。因此，能否准确计算和合理确定工程报价，是施工企业在投标竞争中能否获胜的前提条件。中标单位的报价，将直接成为工程承包合同价的主要基础，并对将来的施工过程起着严格的制约作用。承包单位和业主均不能随意更改报价。

6. 工程结算

工程项目的建设是一个复杂的过程，涉及单位是一些相对独立的经济实体，有着各自的经济利益，在项目建设过程中承担着不同的工程内容。因此，无论工程项目采用何种方式进行建设，在建设过程中，各经济实体之间必然会发生货币收支行为。这种在项目建设过程中，由于器材采购、劳务供应、施工单位已完工程点交和可行性研究及设计任务的完成等经济活动而引起的货币收支行为，这就是项目结算。正确而及时地组织项目结算，全面做好项目结算的各项工作，对于加速资金流转、加强经济核算、促进建设任务的完成，保证项目建设的顺利进行以及加强对项目建设过程的财政信用监督等方面都有着十分重要的意义。

项目结算的主要内容包括货物结算、劳务供应结算、工程费用结算及其他货币资金结算等。货物结算是指建设单位同其他经济单位之间，由于物资的采购和转移而发生的结算；劳务供应结算是指建设单位同其他单位之间，由于互相提供劳务而发生的结算；工程费用结算指建设单位同施工单位之间，由于拨付各种预付款和支付已完工程等费用而发生的结算；其他货币资金结算是指基本建设各部门、各企业和各单位之间由于资金往来，以及他们同银行之间，因存款、放款业务而发生的结算。

7. 竣工决算

竣工决算是指在建设项目完工后竣工验收阶段，由建设单位编制的建设项目从筹建到建成投产或使用的全部实际成本的技术经济文件。它是工程投资管理的重要环节之一，是工程竣工验收、交付使用的重要依据，也是进行工程建设项目财务总结，银行对其实行监督的必要手段。其内容由文字说明和结算报表两部分组成。

(三)投资估算与概预算的区别与联系

1. 投资估算与概预算的区别

(1)编制时间先后不同。

按照公路水运工程基本建设程序的规定,只有当项目建议书及项目建议书投资估算通过审核后,才允许编制可行性研究报告及可行性研究报告投资估算;可行性研究报告通过审核后,才允许编制初步设计文件及设计概算;初步设计文件及设计概算批复后,才允许编制施工图设计文件及施工预算。综上所述,公路水运工程投资估算、概算、预算的编制先后时间次序为项目建议书投资估算、可行性研究报告投资估算、设计概算和施工图预算。

(2)研究工作深度不同。

按照公路水运工程基本建设项目设计文件编制办法的规定,项目建议书投资估算工程量一般按公路水运工程的等级及技术标准、地形条件进行估测而得出,较粗略。可行性研究报告投资估算的工程量是经过现场踏勘、调查计算得出,有明确的结构设计方案,将工程项目及工程细目分解得更具体。初步设计概算工程量需要经过现场测量、地质勘探,按相应的建设规模、技术标准、建筑结构等进行计算,比可行性研究报告的工程量计算更深入。施工图设计阶段需要进行详细的结构设计和更深入的现场测量、调查,工程量计算也更具体、更准确、更详细。项目建议书、可行性研究报告、初步设计、施工图预算设计的研究工作深度逐渐加深,层次递进,工程量计算一步比一步深入、细致。

(3)文件作用不同。

项目建议书投资估算在研究阶段对是否实施该项目具有决定性作用,也是能否继续进行下阶段即工程可行性研究阶段的可行性研究报告投资估算文件编制的主要依据。可行性研究报告投资估算是一个工程项目在整个研究阶段中,最后评判该项目是否进入实施阶段的决定性依据。同时,可行性研究报告投资估算也是帮助选定最优方案、分析工程经济效益的依据。设计概算是确定建设项目投资的依据,是编制建设项目计划、签订建设项目总包合同、实行建设项目包干、控制预算、考核设计经济合理性和建设成本的依据。施工图预算是控制项目投资的依据,施工图预算要控制在初步设计概算所确定下来的建设规模、技术标准、建筑结构、施工方案的范围内进行编制,不能任意突破已批准的概算。

(4)采用的计价依据不同。

项目建议书投资估算与可行性研究报告投资估算采用的主要计价依据是“工程建设项目投资估算编制办法”和“工程估算指标”,设计概算和施工图预算采用的主要计价依据是“工程建设项目概算预算编制办法”“工程概算定额”和“工程预算定额”。

《公路工程建设项目概算预算编制办法》《公路工程概算定额》《公路工程预算定额》同《水运建设工程概算预算编制规定》及水运工程预算定额相比,既有相同之处,也有不同之处。

2. 投资估算与概、预算的联系

尽管存在前述几个方面的不同之处,但它们之间是相互联系、统一的整体。它们之间是不能相互分割的、独立的。它们之间的联系体现在以下两点:

(1)估算文件与概预算文件的费用及表格的一致性。

从费用计算上看,投资估算与概预算虽然存在一定的差别。但在费用项目及表格文件形式的结构方面,两者是一致的。

(2)估算文件与概预算文件的承递性。

随着项目建议书投资估算结束,并审核通过,可行性研究报告投资估算必须承袭项目建议书投资估算的结果,对项目可行性继续评价。可行性研究报告通过审核后,才允许编制初步设计文件及设计概算,初步设计文件及设计概算批复后,才允许编制施工图设计文件及施工预算。这样才能保证公路水运工程造价文件的完整性和延续性。

(四)工程总投资

建设项目总投资是指工程项目建设阶段所需要的全部费用的总和,包括固定资产投资和流动资产投资两部分。其中,固定资产投资包括建设投资和建设期利息,流动资产投资是指生产性的建设项目投入的流动资金的总额。生产性建设项目总投资包括建设投资、建设期利息和流动资金三部分;非生产性建设项目总投资包括建设投资和建设期利息两部分。建设投资包括工程费用、工程建设其他费用和预备费三部分。

工程费用是指直接构成固定资产实体的各种费用,可以分为建筑安装工程费和设备及工器具购置费;工程建设其他费用是指根据国家有关规定应在投资中支付,并列入建设项目总造价或单项工程造价的费用;预备费是为了保证工程项目的顺利实施,避免在难以预料的情况下造成投资不足而预先安排的一笔费用;建设期利息是指工程项目建设期间内发生并计入固定资产的利息,主要是建设期发包人发生的支付银行贷款、出口信贷、债券等的借款利息和融资等的费用。项目运营需要流动资产投资,指运营期内长期占用并周转使用的运营资金,不包括运营中需要的临时性运营资金。

(五)工程造价

工程造价是工程项目按照确定的建设内容、建设规模、建设标准、功能要求和使用要求等全部建成并验收合格交付使用所需的全部费用。工程造价的构成按工程项目建设过程中各类费用支出或花费的性质、途径等来确定,包括用于购买工程项目所含各种设备的费用,用于建筑施工和安装施工所需支出的费用,用于委托工程勘察设计应支付的费用,用于购置土地所需的费用,也包括用于发包人自身进行项目筹建和项目管理所花费费用及借款利息等,可以概括为建设投资和建设期利息。从工程造价的构成和固定资产的构成可以得出,建设项目的工程造价在量上与建设项目总投资中的固定资产投资相等。

二、公路工程总投资额的构成与计算

特别说明:该部分内容仅供公路工程专业的考生学习和应试参考。

1. 公路工程总投资额构成

公路工程总投资,就是为完成公路工程建设项目而购置和建造固定资产、维护公路项目正常运营通行的经济活动,是为扩大交通运输生产和再生产服务的。

公路工程投资总额的组成,如图 5-9 所示。

- 公路工程投资总额
  - 公路工程造价
    - 建筑安装工程费
    - 土地使用及拆迁补偿费
    - 工程建设其他费
    - 预备费
    - 建设期贷款利息
  - 运营费用

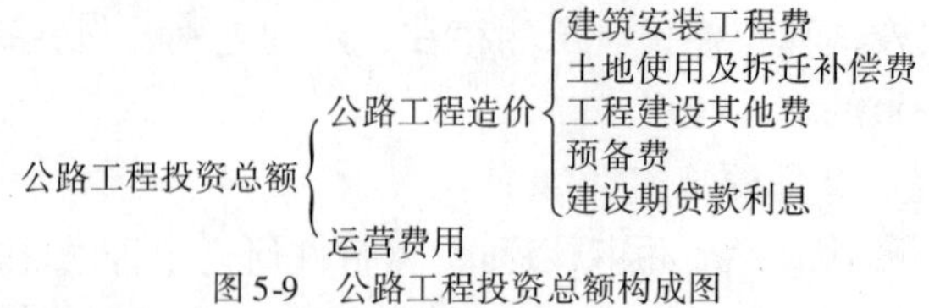

图 5-9 公路工程投资总额构成图

2. 公路工程造价的组成

根据《公路工程建设项目概算预算编制办法》(JTG 3830—2018)及《公路工程建设项目投资估算编制办法》(JTG 3820—2018)的规定,公路工程造价由建筑安装工程费、土地使用及拆迁补偿费、工程建设其他费、预备费、建设期贷款利息组成,如图 5-10 所示。

- 概(预)算总金额
  - 建筑安装工程费
    - 直接费
      - 人工费
      - 材料费
      - 施工机械使用费
    - 设备购置费
    - 措施费
      - 冬季施工增加费
      - 雨季施工增加费
      - 夜间施工增加费
      - 特殊地区施工增加费
        - 高原地区施工增加费
        - 风沙地区施工增加费
        - 沿海地区施工增加费
      - 行车干扰工程施工增加费
      - 施工辅助费
      - 工地转移费
    - 企业管理费
      - 基本费用
      - 主副食运费补贴
      - 职工探亲路费
      - 职工取暖补贴
      - 财务费用
    - 规费
      - 养老保险费
      - 失业保险费
      - 医疗保险费
      - 工伤保险费
      - 住房公积金
    - 利润税金
    - 专项费用
      - 施工场地建设费
      - 安全生产费
  - 土地使用及拆迁补偿费
  - 工程建设其他费
    - 建设项目管理费
      - 建设单位(业主)管理费
      - 建设项目信息化费
      - 工程监理费
      - 设计文件审查费
      - 竣(交)工验收试验检测费
    - 研究试验费
    - 建设项目前期工作费
    - 专项评价(估)费
    - 联合试运转费
    - 生产准备费
      - 工器具购置费
      - 办公和生活用家具购置费
      - 生产人员培训费
      - 应急保通设备购置费
    - 工程保通管理费
    - 工程保险费
    - 其他相关费用
  - 预备费
    - 基本预备费
    - 价差预备费
  - 建设期贷款利息

图 5-10 公路工程造价组成图

3. 公路工程投资额的计算

公路工程投资额由工程造价与运营费用组成,公路工程造价的计算见本章第六、七节公路工程投资估算与概、预算。运营费用中的养护管理费一般按公路等级,依据交通运输主管部门上年度每公里养护管理支出的平均值综合计算,大中修及技术改造一般按通车后每隔6~8年左右进行一次,每次大中修及技术改造的费用按工程建设投资额的15%左右计算。

三、水运工程总投资额的构成与计算

特别说明:该部分内容仅供水运工程专业的考生学习和应试参考。

1. 水运工程总投资额构成

水运工程总投资,就是为完成水运工程建设项目而购置和建造固定资产、维护水运项目正常运营通行的经济活动,是为扩大交通运输生产和再生产服务的。

水运工程投资总额的组成,如图5-11所示。

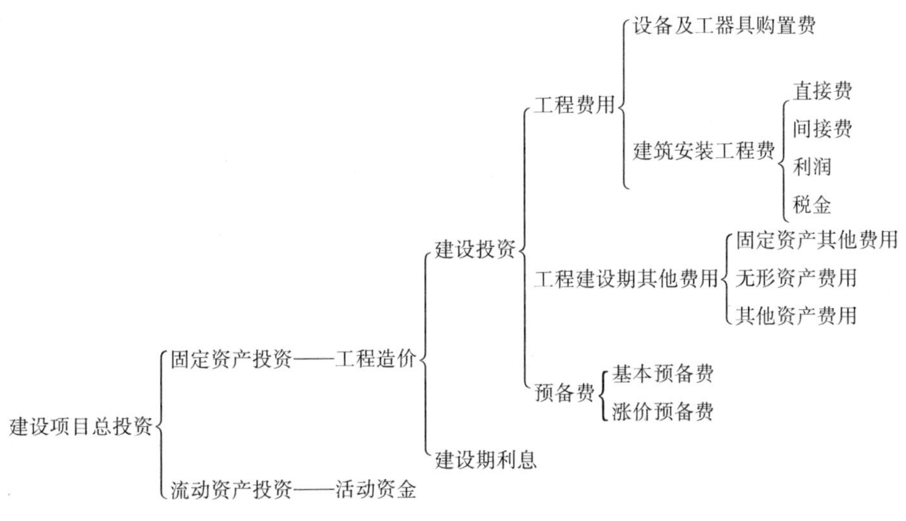

图5-11 水运工程投资总额构成

2. 水运工程造价的组成

水运工程建设项目的投资构成与一般建设项目相同,包括固定资产投资和流动资金投资两部分。但水运工程建设项目工程造价构成与一般建设项目有所区别。根据《水运建设工程概算预算编制规定》(JTS/T 116—2019),水运建设工程的工程造价具体构成见图5-12。

3. 水运工程投资额的计算

水运工程建设项目的投资计算具体按照《水运工程建设项目投资估算编制规定》(JTS 115—2014)和《水运建设工程概算预算编制规定》(JTS/T 116—2019)规定的办法计算。

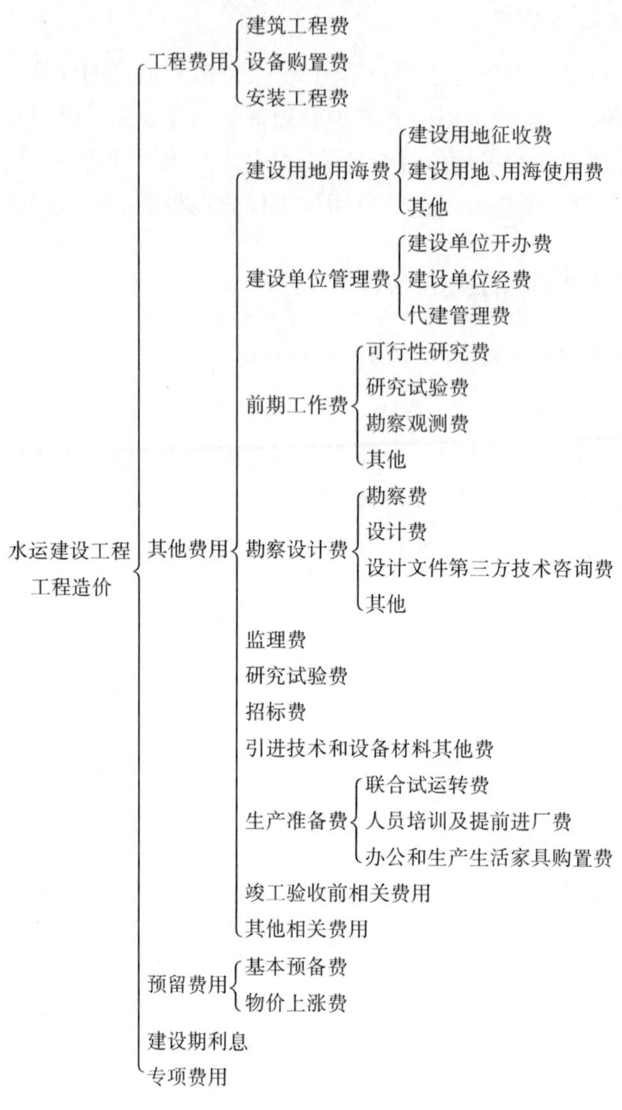

图 5-12 水运建设工程的工程造价构成

第六节 工程建设项目的投资估算

一、投资估算阶段划分

1. 预可行性研究阶段(项目建议书阶段)

估算是指在工程建设项目决策过程中,依据现行法律法规、规章、技术经济标准以及相关资料,采用一定的方法,对拟投资建设项目的资金额度进行的计算或估计。它是项目建设前期编制项目建议书和可行性研究报告的重要组成部分,是项目决策的重要依据之一。

在项目的预可行性研究阶段，是按项目的建设条件、建设规模等，估算建设项目所需要的投资额。其对投资估算精度的一般要求为误差控制在 ±30% 以内，因此，其可塑性是比较大的。

2. 工程可行性研究阶段

工程可行性研究阶段的投资估算至关重要，该阶段的投资估算是项目决策的重要依据，是项目实施阶段控制投资的基础。可行性研究报告投资估算是编制初步设计概算的限制条件。设计概算一经批准，即为工程建设项目的最高投资限额，一般情况下不得突破。

二、投资估算的范围与内容

投资估算是指对拟建工程项目的全部投资费用进行的预测估计。进行投资估算，首先要明确投资估算的范围。投资估算的范围应与项目建设方案设计所确定的研究范围和各单项工程内容相一致。

投资估算的具体内容一般包括：

(1)工程费用；

(2)工程建设其他费用；

(3)预留费用；

(4)建设期贷款利息；

(5)专项估算。

三、投资估算的依据、编制步骤

1. 投资估算的编制依据

(1)国家和行业主管部门及省级人民政府发布的有关法律、法规等。

(2)建设项目可行性研究报告。

(3)国家和地区所颁发的规定及有关定额、计费标准、估算指标等。

(4)工程所在地材料市场价格以及由行业或当地建设主管部门发布的材料价格信息和相关规定。

(5)设备的市场询价。

(6)银行利率、汇率、物价指数及其他有关资料。

2. 投资估算的编制步骤

(1)熟悉可行性研究的内容，了解设计标准、内容，明确设计范围及边界，全面掌握可行性研究的内容，特别是要明确工程项目的组成，要注意设计范围的划分，设计分工要明确。

(2)收集有关资料。掌握准确的投资估算编制所需要的第一手资料，对于提高估算的正确性是必不可少的条件。收集的有关资料一般包括如下内容：

①工程所在地建筑材料和燃料油的市场价格，包括主要材料(钢材、木材、水泥等)及地方材料(块石、卵石、碎石、砂等)、燃料油等价格；

②当地有关工程的竣工资料或招投标的中标价等；

③当地的有关规定,主要指当地现行的建筑工程的估算指标、概算指标、概算定额或预算定额、全国统一安装工程定额当地估价表等；

④工程所在地的建设条件,包括自然条件,水、电资源及供应情况,运输条件,通信条件,地方建筑材料资源情况、开采运输能力,建筑市场情况,可以利用的预制厂和施工码头设施等；

⑤工程所在地有关工程造价的信息资料。

(3)编制施工组织设计。根据设计方案和当地的建设条件,选择技术可行、经济合理的施工方案,使估算编制时能够合理选用定额和计算费用,保证估算能正确地反映设计内容。

(4)编制单项或单位工程的建筑工程费、安装工程费、设备购置费。

(5)计算工程建设其他费用和基本预备费。

(6)计算物价上涨费。

(7)计算建设期贷款利息。

(8)计列专项估算。

(9)汇总投资估算的编制成果。主要内容包括:编制说明、总估算表、主体工程单项(单位)工程估算表、其他专业工程单项(单位)工程费用汇总表、设备购置及安装工程估算表、其他费用估算表、主要材料单价表等。

四、投资估算文件的组成

投资估算、概算、预算文件均由封面、扉页、目录、编制说明及全部计算表格组成。

1. 封面、扉页及目录

投资估算文件的封面及扉页应按“建设项目可行性研究报告编制办法”的规定制作。扉页的次页和目录应按“工程建设项目投资估算编制办法”的规定制作。

概算、预算文件的封面和扉页应按“工程基本建设项目设计文件编制办法”的规定制作。扉页的次页和目录应按“工程建设项目概算预算编制办法(规定)”的规定制作。

2. 投资估算、概预算编制说明

投资估算、概预算编制完成后,应编写编制说明,文字力求简明扼要。编制说明内容应包括:

(1)建设项目设计文件的依据。如项目建议书文号、建设项目可行性研究报告文号、初步设计和概算批准文号(编制修正概预算时),以及根据何时的测设资料及比选方案进行编制等。

(2)编制范围、工程概况等。

(3)采用的指标、定额、费用标准,人工、材料与设备、施工机械台班单价的依据或来源,新增工艺的单价分析,补充指标及编制说明等。

(4)有关的协议书、会谈纪要等的主要内容。

(5)投资估算、概预算总金额,人工、钢材、水泥、木料、沥青的总量情况。

(6)各设计方案的经济比较。

(7)建设项目综合经济技术指标统计,对比分析本阶段与上阶段工程数量、造价的变化情况。

(8)其他有关费用计算项及计价依据的说明。

(9)采用的公路工程造价软件名称及版本号。

(10)其他需要说明的问题。

3. 投资估算、概算、预算表格

投资估算、概算、预算文件的主要内容和组成部分是估概预算表格,它实际上是由一套规定的表格所组成。估概预算表格是一个有机的整体,它们互相联系,共同反映出工程的费用;估概预算的材料和机械台班单价及各项费用的计算都应通过表格反映。

公路、水运工程的投资估算、概算、预算表格,不具有通用性。

五、公路工程投资估算的编制方法

特别说明:该部分内容仅供公路工程专业的考生学习和应试参考。

公路工程的投资估算编制方法将与概预算编制的内容一起进行介绍,见下一节内容。

六、水运工程投资估算的编制方法

特别说明:该部分内容仅供水运工程专业的考生学习和应试参考。

水运工程建设项目投资总估算,应包括建设项目筹备至竣工验收的全部建设费用。

对于使用外资的建设项目,应根据有关规定计算外币及与之有关的其他费用,并按内币和外币分列的形式编制估算。

下面以沿海港口建设工程为例,介绍投资估算的工程项目与费用项目划分及编制方法(表5-12)。具体沿海港口工程、内河航运工程、疏浚工程的工程项目与费用项目划分及编制方法按相应的编制规定执行。

沿海港口工程投资估算工程项目与费用项目的划分及编制方法(参考)　　表5-12

序号	工程或费用项目名称	预可行性研究估算编制方法	工程可行性研究估算编制方法
	第一部分　工程费用		
一	疏浚	单方指标法或用“估算指标”	“疏浚定额乘系数法”
二	水工建筑	用“估算指标”	“水工定额”乘系数法
1	码头		
2	栈(引)桥		
3	护岸		
4	防波堤(引堤)		
5	……		
三	软基加固	平米指标法或用“估算指标”	平米指标法或用“估算指标”或“水工定额”乘系数法
四	陆域形成	单方指标法	单方指标法

续上表

序号	工程或费用项目名称	预可行性研究估算编制方法	工程可行性研究估算编制方法
五	港区道路、堆场	平米指标法或用“估算指标”	平米指标法或用“估算指标”或“水工定额”乘系数法
六	装卸机械设备及维修设备的购置与安装	设备询(估)价、安装费率;或用“估算指标”	设备询价、“安装定额”乘系数法(定额缺项可用安装费率)
七	港作车船	车船询(估)价法	车船询(估)价法
八	供电与照明	用“估算指标”	用“估算指标”或单位指标法
九	给排水及污水处理	用“估算指标”	用“估算指标”或单位指标法
十	通信与导航	用“估算指标”或设备询价法	用“估算指标”或设备询价法
十一	港区铁路	用公里指标法	用公里指标法(注意指标中应包括道岔、信号、桥涵)
十二	采暖供热	用“估算指标”	用“估算指标”
十三	土建工程	用“估算指标”或平米指标法	
1	生产建筑(含生产构筑物)及生产辅助建筑		用“概算指标”“概算定额”或平米指标法
2	生活福利建筑		平米指标法
十四	消防工程	设备询(估)价法或单位指标法	设备询(估)价法或单位指标法
十五	环保工程	用“估算指标”	用“估算指标”
十六	自动控制	用“估算指标”	用“估算指标”、设备询价法
十七	通风与空调	设备询(估)价法	设备询(估)价法或单位指标法
十八	供油设施	单位指标法	设备询(估)价法或单位指标法
十九	临时工程	用竣工资料估价或用“估算指标”	用竣工资料估价或用“估算指标”
二十	劳保与安全卫生设施	用竣工资料估算	用竣工资料估算
	第二部分 工程建设其他费用	用“编制规定”	用“编制规定”
一	土地征用与拆迁补偿费		
二	海域使用费		
三	生产准备费		
四	联合试运转费		
五	工器具及生产家具购置费		
六	研究试验费		
七	前期工作费及勘察设计费		
八	进口设备和材料的其他费		
九	其他		
	第三部分 预留费用	用“编制规定”	用“编制规定”
一	基本预备费		
二	物价上涨费		

续上表

序号	工程或费用项目名称	预可行性研究估算编制方法	工程可行性研究估算编制方法
	第四部分　费用	用"编制规定"	用"编制规定"
一	建设期贷款利息		
	港内投资估算合计		
	第五部分　专项估算		
	估算投资合计		

注:1. 表中的"估算指标"系指《沿海港口建设工程投资估算指标》。
2. 表中的"水工定额"系指《沿海港口水工建筑工程定额》。
3. 表中的"安装定额"系指《沿海港口工程船舶机械艘(台)班费用定额》。
4. 表中的"编制规定"系指《水运工程建设项目投资估算编制规定》。
5. 表中的"概算指标"或"概算定额"指工程所在地的省、市定额。

第七节　工程建设项目的概预算

一、概预算的概念和作用

工程概算是初步设计文件的重要组成部分,是具体体现设计成果和设计水平的一个重要内容,是全面反映建设项目的投资规模和投资构成的重要文件。

随着社会主义市场经济的发展,水运工程固定资产投资的不断增长必然会对工程概算提出更高的标准和更严的要求。因此,编制工程概算时,必须严格执行国家的方针政策和有关规定,实事求是地根据工程所在地的建设条件及工程实际情况,正确选用定额、费用和价格等各项编制依据。工程概算必须完整地、准确地反映建设内容,坚决反对弄虚作假、高估冒算或预留投资缺口。要不断提高工程概算的科学性、准确性和公正性;要积极探索新问题、创造新经验、积累新资料。从而使设计工程概算的编制质量得以提高,满足水运工程建设的需要。

1. 工程概算的含义

工程概算是在投资估算的控制下由设计单位根据初步设计图纸、概算定额(或概算指标)、各项费用定额或取费标准(指标)、建设地区自然、技术经济条件和设备、材料预算价格等资料,编制和确定的建设项目从筹建至竣工交付使用所需全部费用的文件。采用两阶段设计的建设项目,初步设计阶段必须编制工程概算。

2. 工程概算的作用

国家规定,编制年度固定资产投资计划确定计划投资总额及其构成数额,要以批准的初步设计概算为依据,没有批准的初步设计概算的建设工程不能列入年度固定资产投资计划。

(1)工程概算是编制建设项目投资计划、确定和控制建设项目投资的依据。

经批准的建设项目设计总概算的投资额,是该工程建设投资的最高限额。工程概算是签订建设工程合同和贷款合同的依据。工程概算是银行拨款或签订贷款合同的最高限额,建设项目的全部拨款或贷款以及各单项工程的拨款或贷款的累计总额,不能超过工程概算。

(2)工程概算是控制施工图设计和施工图预算的依据。

经批准的工程概算是建设项目投资的最高限额,设计单位必须按照批准的初步设计及其总概算进行施工图设计,施工图预算不得突破设计工程概算。如确需突破总概算时,应按规定程序上报审批。

(3)工程概算是衡量设计方案经济合理性和选择最佳设计方案的依据。

工程概算是设计方案技术经济合理性的综合反映,据此可以用来对不同的设计方案进行技术与经济合理性的比较,以便选择最佳的设计方案。

(4)工程概算是工程造价管理及编制招标最高招标限价和投标报价的依据。

设计总概算一经批准,就作为工程造价管理的最高限额,并据此对工程造价进行严格的控制。以工程概算进行招投标的工程,招标单位编制最高招标限价是以工程概算造价为依据的,并以此作为评标定标的依据。承包单位为了在投标竞争中取胜,也必须以工程概算为依据,编制出合适的投标报价。

(5)工程概算是考核建设项目投资效果的依据。

通过工程概算与竣工决算对比,可以分析和考核投资效果的好坏,同时还可以验证工程概算的准确性,有利于加强工程概算管理和建设项目的造价管理工作。

3. 施工图预算的含义

施工图预算是建筑产品的计划价格或称预算成本。由于建筑产品生产的复杂性,影响其定价的因素较一般工业产品更多。即使是相同项目的工程,因现场施工条件不同、原材料来源和运输方式的不同、采用施工船机和施工方法不同、发包人和承包人的经营管理水平不同、编制人员业务水平不同以及其他各种难以预见因素的影响等,也会使得预算结果相差较大。一个编制完全、准确、合理的施工图预算,可以促使施工企业遵循经济的原则,合理地选用施工船机,改进施工技术,合理调配和使用劳动力,节省各项费用开支,以较低的工程造价、较短的工期和满意的质量完成项目建设。

4. 经批准的施工图预算的主要作用

(1)施工图预算是确定建筑安装工程造价的依据。为了控制固定资产的投资规模,各级政府主管部门编制、审定了一系列概预算定额和相应的取费标准和编制规定,用以确定建筑产品的价格。因而,经审批的施工图预算是确定建筑安装工程造价的依据。

(2)施工图预算是设计阶段控制工程造价的重要环节,是控制施工图设计不突破设计概算的重要措施。

(3)施工图预算是编制或调整固定资产投资计划的依据。

(4)对于实行施工招标的工程,施工图预算是编制最高招标限价的依据,是投标报价的基础。

二、概预算的编制依据及其基本规定

1. 编制依据

目前,公路建设工程的概算、预算文件应依据《公路工程建设项目概算预算编制办法》(JTG 3830—2018)的规定进行编制。

水运建设工程的概算、预算应依据《水运建设工程概算预算编制规定》(JTS/T 116—2019)的规定进行编制。

2. 概算编制及管理

工程概算是初步设计文件的重要组成部分,应由项目设计单位负责编制。设计单位进行初步设计时,应根据工程的构成和工程造价管理的有关规定及计价标准编制建设项目工程概算。在建设过程中,由于政策调整、不可预见因素、重大设计变更等原因导致原概算不能满足工程建设实际需要,必须突破总概算时,应按照相关规定编制项目调整概算。

工程概算编制必须严格执行国家的方针政策和有关规定,根据工程所在地的建设条件、设计及施工方案,合理选用定额、费用标准和价格等分项编制要素,工程概算应完整、正确、客观、合理地计列建设项目总概算各部分费用项目及内容。

总概算应控制在建设项目工程可行性研究阶段批准的投资总估算允许范围内。

由多个设计单位共同承担建设项目设计工作时,应由总体设计单位负责协调确定概算的编制原则和依据、统一材料价格水平,汇编总概算,并应对全部概算的编制质量负责。参与设计单位应对所承担设计对应范围内的工程概算负责。

使用外币的建设项目,应根据本规定编制全部折算人民币后的工程概算,需要时应同时编制人民币和外币概算。外币汇率应以概算编制时中国人民银行公布的汇率为准。

3. 施工图预算编制及管理

施工图预算是施工图设计文件的组成部分。进行施工图设计时,应根据设计划分的单位工程编制预算,可根据需要编制建设项目总预算。

施工图预算可由承担设计任务的设计单位编制或委托有相应资质能力的造价咨询机构编制。

预算编制应严格执行有关规定,根据施工图、工程所在地的建设条件和施工组织设计或施工方案等,合理选用定额、确定费用标准和价格等各项要素,客观、准确地反映工程实际情况。

按施工图预算承包的工程,预算是确定工程造价、签订工程建设合同和办理工程结算的基础;实行施工招标的工程,预算可作为编制工程最高招标限价或标底的基础;对在设计单位内部,预算有时作为考核施工图设计经济合理性的依据。

施工图预算宜控制在初步设计概算相应范围之内;总预算费用项目内容,根据需要,可参照总概算工程建设的相关内容。

三、公路工程投资估算与概预算的编制内容和方法

特别说明:该部分内容仅供公路工程专业的考生学习和应试参考。

(一)建筑安装工程费计算

根据交通运输部《公路工程建设项目概算预算编制办法》(JTG 3830—2018)及《公路工程建设项目投资估算编制办法》(JTG 3820—2018)(以下简称《编制办法》)的规定,建筑安装工程费用由直接费、设备购置费、措施费、企业管理费、规费、利润、税金、专项费用等八部分组成。建筑安装工程费除专项费用外,其他均按“价税分离”计价规则计算,即各项费用均以不含增

值税可抵扣进项税额的价格(费率)进行计算,具体要素价格适用增值税税率执行财税部门的相关规定。定额建筑安装工程费用包括定额直接费、定额设备购置费的40%、措施费、企业管理费、规费、利润、税金、专项费用,定额直接费包括定额人工费、定额材料费、定额施工机械使用费。

定额人工费、定额材料费、定额施工机械使用费以及定额设备购置费均按《公路工程预算定额》(JTG/T 3832—2018)附录四"定额人工、材料、设备单价表"及《公路工程机械台班费用定额》(JTG/T 3833—2018)中规定的人工、材料、设备、机械相应基价计算的定额费用计取。

1. 直接费计算

直接费是指施工过程中耗费的构成工程实体和有助于工程形成的各项费用,包括人工费、材料费、施工机械使用费。直接费是施工企业生产作业直接体现在工程上的费用,即直接使生产资料发生转移而形成预定使用功能所投入的费用。

直接费是建筑安装工程费的主体部分,它的高低直接决定了工程造价的高低。直接费的多少取决于设计质量、施工方法、估算指标、概(预)算定额、工程所在地的人工工日单价、材料预算价格、机械台班单价等因素。

1)直接费计算

(1)将工程项目按要求分解成分项工程,并计算各分项工程的工程量。

(2)查阅、套用指标或定额项目表中各分项工程的人工、材料、机械定额消耗量。

(3)根据分项工程的工程量大小和指标或定额的规定计算出各分项工程的人工、材料、机械消耗量。

(4)用人工工日单价、材料预算单价和机械台班单价计算出各分项工程的人工费、材料费、机械使用费。

2)人工费计算

人工费是指列入估算指标、概算、预算定额的直接从事建筑安装工程施工的生产工人开支的各项费用。但材料采购及保管人员,驾驶施工机械、运输工具的工人,材料到达工地以前的搬运、装卸工人等人员的工资以及由企业管理费(施工管理)支付工资的人员工资,不应计入人工费。

(1)人工费费用范围。

①计时工资或计件工资。指按计时工资标准和工作时间或对已做工作按计件单价支付给个人的劳动报酬。

②津贴、补贴。指为了补偿职工特殊或额外的劳动消耗和因其他特殊原因支付给个人的津贴,以及为了保证职工工资水平不受物价影响支付给个人的物价补贴。如流动工资津贴、特殊地区施工津贴、高温(寒)作业临时津贴、高空津贴等。

③特殊情况下支付的工资。指根据国家法律、法规和政策规定,因病、工伤、产假、计划生育假、婚丧假、事假、探亲假、定期休假、停工学习、执行国家或社会义务等原因按计时工资标准或计件工资标准的一定比例支付的工资。

(2)人工费费用计算。人工费以指标、概算、预算定额人工工日数乘以综合工日单价计算,按式(5-27)计算:

$$人工费=\sum(分项工程数量\times 相应项目指标、定额单位工日数\times 综合工日单价) \quad (5\text{-}27)$$

3）材料费计算

材料费是指施工过程中耗用的构成工程实体的原材料、辅助材料、构配件、零件、半成品、成品等，按工程所在地的材料价格计算的费用。

材料费在建筑安装工程中占主要地位，其比重达40%左右，因此，准确计算材料费对估概预算工作质量有重要意义。具体按式（5-28）计算：

$$材料费 = \sum(分项工程数量 \times 相应项目指标、定额单位材料消耗量 \times 材料预算价格) \tag{5-28}$$

式（5-28）中，分项工程数量同前，指标、定额材料消耗量由指标或定额查得。只是要注意：任何一个分项工程其材料消耗的种类、品质都有差别，各种材料的品质要求由设计规定。这两项内容和工作都比较简单，关键的是材料预算价格的计算。下面重点介绍材料预算价格的计算方法。

材料预算价格由材料原价、运杂费、场外运输损耗、采购及保管费组成。材料预算价格按式（5-29）计算：

$$\begin{aligned}材料预算价格 = &(材料原价 + 运杂费) \times (1 + 场外运输损耗率) \times \\ &(1 + 采购及保管费率) - 包装品回收价值\end{aligned} \tag{5-29}$$

上式中各项内容的规定与计算如下：

（1）材料原价。各种材料原价按以下规定计算。①外购材料：外购材料价格参照本行政区域交通运输主管部门发布的价格或按调查的市场价格进行综合取定。②自采材料：自采的砂、石、黏土等，按定额中开采单价加辅助生产间接费和矿产资源税（如有）计算。在概（预）算编制工作中，应通过“自采材料料场价格计算表”（23-1表）进行计算。辅助生产间接费指施工单位自行开采加工的砂、石等自采材料及施工单位自办的人工、机械装卸和运输的间接费。辅助生产间接费按定额人工费的3%计。该项费用并入材料预算单价内构成材料费，不直接出现在概（预）算中。

高原地区施工单位的辅助生产，可按高原地区施工增加费费率，以定额人工费与施工机械费之和为基数计算高原地区施工增加费（其中，人工采集、加工材料，人工装卸、运输材料按土方费率计算；机械采集、加工材料按机械石方费率计算；机械装卸、运输材料按运输费率计算）。辅助生产高原地区施工增加费不作为辅助生产间接费计算基数。

材料供应价格是材料预算价格最主要的组成部分，应进行仔细地调查和分析，按实计取。

（2）运杂费。运杂费指材料自供应地点至工地仓库（施工地点存放材料的地方）的费用，包括装卸费、运费，如果发生，还应计囤存费及其他杂费，如过磅、标签、支撑加固、路桥通行等费用。

材料运杂费在材料预算价格中占有很大的比重，其运输费用高与低，与材料供应地和运输方式的选择有密切的关系。材料供应地一经确定，运输方式、运距也就随之确定了。材料供应地的选择要综合考虑可供量、供应价格、运输条件及运距长短等因素，进行经济比较后确定，以达到降低材料预算价格和工程造价的目的。

（3）场外运输损耗。有些材料在正常的运输过程中会发生损耗，这部分损耗应摊入材料单价内。

（4）采购及保管费。材料采购及保管费系指在组织采购、供应和保管材料过程中，所需要的各项费用及工地仓库的材料储存损耗。

材料采购及保管费,以材料的原价加运杂费及场外运输损耗的合计数为基数,乘以采购及保管费费率计算。

4)施工机械使用费计算

施工机械使用费指列入估算指标、概算、预算定额的工程机械和工程仪器、仪表台班数量,按相应的施工机械台班费用定额计算的施工机械使用费和小型机具使用费。按式(5-30)计算:

$$施工机械使用费=(分项工程数量\times相应项目指标、定额单位机械台班消耗量\times机械台班单价)+小型机具使用费 \tag{5-30}$$

(1)分项工程数量:同前。

(2)定额机械台班消耗量。由指标或定额直接查得完成一定数量单位的分项工程指标、定额所规定消耗的机械种类和台班数量。

(3)机械台班单价。机械台班预算价格应按《公路工程机械台班费用定额》(JTG/T 3833—2018)计算,机械台班单价由不变费用和可变费用组成。不变费用包括折旧费、检修费、维护费、安拆辅助费等;可变费用包括机上人员人工费、动力燃料费、车船税。可变费用中的人工工日数及动力物资消耗量,应以机械台班费用定额中的数值为准。台班人工费工日单价同生产工人人工费单价。动力燃料费用则按材料费的计算规定计算。车船税,如需交纳时,应根据各省(自治区、直辖市)及国务院有关部门的规定计算。各种机械台班单价通过"施工机械台班单价计算表"(24表)计算。

工程仪器仪表使用费是指机电工程施工作业所发生的仪器仪表使用费,以施工仪器仪表台班耗用量乘以施工仪器仪表台班单价计算。工程仪器仪表台班预算价格应按《公路工程机械台班费用定额》(JTG/T 3833—2018)计算。台班人工费工日单价同生产工人人工费单价。动力燃料费用则按材料费的计算规定计算。

(4)小型机具使用费。从指标或定额中查出相应项目指标或定额单位所规定的消耗费用与分项工程数量相乘即可。

5)定额直接费计算

定额直接费是计算措施费、企业管理费等费用的基数,定额直接费在做初步方案的经济比较时发挥作用,也是评价不同工艺、方法的造价水平的参考依据。

定额直接费是指完成定额规定单位的分项工程量所需消耗的工人费、材料费、机械使用费的合计值。其中人工费、材料费按《公路工程预算定额》(JTG/T 3832—2018)附录四"定额人工、材料、设备单价表"计算,施工机械使用费按《公路工程机械台班费用定额》(JTG/T 3833—2018)中的定额基价计算。

2. 设备购置费计算

设备购置费指为满足公路初期运营、管理需要购置的构成固定资产标准的设备和虽低于固定资产标准但属于设计明确列入设备清单的设备的费用,包括渡口设备,隧道照明、消防、通风的动力设备,公路收费、监控、通信、路网运行监测、供配电及照明设备等。

1)项目建议书投资估算

设备购置费按《公路工程建设项目投资估算办法》(JTG 3820—2018)附录H规定的费率,

以定额建筑安装工程费为基数进行计算。

2)工程可行性研究报告投资估算

(1)设计能提出设备购置费应列出计划购置的清单,则以数量乘以设备预算价计算。设备购置费包括设备原价、运杂费、运输保险费、采购及保管费,各种税费按编制期有关部门规定计算。需要安装的设备,按建筑安装工程费的有关规定计算设备的安装工程费。设备与材料的划分见《公路工程建设项目投资估算编制办法》(JTG 3820—2018)附录C。

(2)设计不能提出设备购置费应列出计划购置的清单,则按《公路工程估算指标》(JTG/T 3821—2018)附录一的设备购置费参考值计算。

3)概预算

(1)设备购置费应由列出计划购置的清单(包括设备的规格、型号、数量),以设备预算价计入。

(2)设备购置费包括设备原价、运杂费、运输保险费、采购及保管费,各种税费按编制期有关部门规定计算。

(3)需要安装的设备,按建筑安装工程费的有关规定计算设备的安装工程费。设备与材料的划分标准见《公路工程建设项目概算预算编制办法》(JTG 3830—2018)附录C。

3.措施费计算

措施费包括冬季施工增加费、雨季施工增加费、夜间施工增加费、特殊地区施工增加费、行车干扰工程施工增加费、施工辅助费、工地转移费等七项,分别以定额人工费和定额施工机械使用费之和或定额直接费为基数按费率取费计算。

1)措施费的取费费率

措施费的取费费率需按工程类别来计取,包括后面的企业管理费的计算也必须按以下工程类别来取。其工程类别划分如下:

(1)土方:指人工及机械施工的土方工程、路基掺灰、路基换填及台背回填。

(2)石方:指人工及机械施工的石方工程。

(3)运输:指汽车、拖拉机、机动翻斗车、船舶等运送土石方、路面基层和面层混合料、水泥混凝土及预制构件、绿化苗木等。

(4)路面:指路面所有结构层工程、路面附属工程、便道以及特殊路基处理工程(不含特殊路基处理中的圬工构造物)。

(5)隧道:指隧道土建工程(不含隧道的钢材及钢结构)。

(6)构造物Ⅰ:指砍树挖根、拆除工程、排水、防护、特殊路基处理中的圬工构造物、涵洞、交通安全设施、拌和站(楼)安拆工程、便桥、便涵、临时电力和电信设施、临时轨道、临时码头、绿化工程等工程。

(7)构造物Ⅱ:指小桥、中桥、大桥、特大桥工程。

(8)构造物Ⅲ:指商品水泥混凝土的浇筑、商品沥青混合料和各类商品稳定土混合料的铺筑、外购混凝土构件、设备安装工程等。

(9)技术复杂大桥:指钢管拱桥、斜拉桥、悬索桥、单孔跨径在120m以上(含120m)和基础水深在10m以上(含10m)的大桥主桥部分的基础、下部和上部工程(不含桥梁的钢材及钢结构)。

(10)钢材及钢结构:指所有工程的钢材及钢结构等工程。

购买的路基填料、绿化苗木、商品水泥混凝土、商品沥青混凝土和各类稳定土混合料、外购混凝土构件不作为措施费及企业管理费的计算基数。

2)冬季施工增加费计算

冬季施工增加费指按照公路工程施工及验收规范所规定的冬季施工要求,为保证工程质量和安全生产所需采取的防寒保温设施、工效降低和机械作业率降低以及技术操作过程的改变等所增加的有关费用。

(1)冬季施工增加费的内容。

①因冬季施工所需增加的一切人工、机械与材料的支出。

②施工机械所需修建的暖棚(包括拆、移),增加其他保温设备购置费用。

③因施工组织设计确定,需增加的一切保温、加温等有关支出。

④清除工作地点的冰雪等与冬季施工有关的其他各项费用。

(2)冬季施工增加费计算方法。

冬季施工增加费的计算方法,是根据各类工程的特点,规定各气温区的取费标准。为了简化计算手续,采用全年平均摊销的方法,即不论是否在冬季施工,均按规定的取费标准计取冬季施工增加费。一条路线穿过两个以上的气温区时,可分段计算或按各区的工程量比例求得全线的平均增加率,计算冬季施工增加费。

(3)冬季施工增加费计算基数及费率。

冬季施工增加费以各类工程的定额人工费和定额施工机械使用费之和为基数,按工程所在地的气温区选用相应的费率计算。

3)雨季施工增加费

雨季施工增加费指雨季期间施工为保证工程质量和安全生产所需采取的防雨、排水、防潮和防护措施、工效降低和机械作业率降低以及技术操作过程的改变等,所需增加的有关费用。

(1)雨季施工增加费的内容。

①因雨季施工所需增加的工、料、机费用的支出,包括工作效率的降低及易被雨水冲毁的工程所增加的清理坍塌基坑和堵塞排水沟、填补路基边坡冲沟等工作内容。

②路基土方工程的开挖和运输,因雨季施工(非土壤中水影响)而引起的黏附工具、降低工效所增加的费用。

③因防止雨水必须采取的挖临时排水沟、防止基坑坍塌所需的支撑、挡板等防护措施费用。

④材料因受潮、受湿的损耗费用。

⑤增加防雨、防潮设备的费用。

⑥因河水高涨致使工作困难等其他有关雨季施工所需增加的费用。

(2)雨季施工增加费计算方法。

雨季施工增加费的计算方法,是将全国划分为若干雨量区和雨季期,并根据各类工程的特点规定各雨量区及各雨季期的取费标准。为了简化计算手续,采用全年平均摊销的方法,即不论是否在雨季施工,均按规定的取费标准计取雨季施工增加费。一条路线通过不同的雨量区和雨季期时,应分别计算雨季施工增加费或按工程量比例求得平均的增加率,计算全线雨季施工增加费。

(3)雨季施工增加费计算基数及费率。

雨季施工增加费以各类工程的定额人工费和定额施工机械使用费之和为基数,按工程所在地的雨量区、雨季期选用相应的费率计算。

4)夜间施工增加费

夜间施工增加费指根据设计、施工技术规范和合理的施工组织要求,必须在夜间施工或必须昼夜连续施工而发生的夜班补助费、夜间施工降效、施工照明设备摊销及照明用电等费用。夜间施工增加费以夜间施工工程项目的定额人工费与定额施工机械使用费之和为基数,选用相应的费率计算。

5)特殊地区施工增加费

特殊地区施工增加费包括高原地区施工增加费、风沙地区施工增加费和沿海地区施工增加费等三项。

(1)高原地区施工增加费。

高原地区施工增加费指在海拔2000m以上地区施工,由于受气候、气压的影响,致使人工、机械效率降低而增加的费用。一条路线通过两个以上(含两个)不同的海拔分区时,应分别计算高原地区施工增加费或按工程量比例求得平均的增加率,计算全线高原地区施工增加费。高原地区施工增加费以各类工程的定额人工费与定额施工机械使用费之和为基数,选用相应的费率计算。

(2)风沙地区施工增加费。

风沙地区施工增加费指在沙漠地区施工时,由于受风沙影响,按照施工及验收规范的要求,为保证工程质量和安全生产而增加的有关费用。内容包括防风、防沙及气候影响的措施费,人工、机械效率降低增加的费用,以及积沙、风蚀的清理修复等费用。

一条路线通过两个以上不同的风沙区时,按路线长度经过不同的风沙区加权计算项目全线风沙地区施工增加费。风沙地区施工增加费以各类工程的定额人工费与定额施工机械使用费之和为基数,根据工程所在地的风沙区划及类别,选用相应的费率计算。

(3)沿海地区施工增加费。

沿海地区施工增加费指工程项目在沿海地区受海风、海浪和潮汐的影响,致使人工、机械效率降低等所需增加的费用。本项费用,由沿海各省份省级交通运输主管部门制定具体的适用范围(地区)。沿海地区施工增加费以各类工程的定额人工费与定额施工机械使用费之和为基数,选用相应的费率计算。

6)行车干扰工程施工增加费

行车干扰工程施工增加费指由于边施工边维持通车,受行车干扰的影响,致使人工、机械效率降低而增加的费用。该费用以受行车影响部分的工程项目的定额人工费和定额施工机械使用费之和为基数,选用相应的费率计算。

7)施工辅助费

施工辅助费包括生产工具用具使用费、检验试验费和工程定位复测、工程点交、场地清理等费用。

(1)生产工具用具使用费指施工所需不属于固定资产的生产工具、检验、试验用具及仪器、仪表等的购置、摊销和维修费,以及支付给生产工人自备工具的补贴费。

(2)检验试验费指施工企业对建筑材料、构件和建筑安装工程进行一般鉴定、检查所发生的费用,包括自设试验室进行试验所耗用的材料和化学药品的费用,以及技术革新和研究试验费。但不包括新结构、新材料的试验费和建设单位要求对具有出厂合格证明的材料进行检验、对构件破坏性试验及其他特殊要求检验的费用。

(3)高填方和软基沉降监测、高边坡稳定监测、桥梁施工监测、隧道施工监控量测、超前地质预报等施工监控费含在施工辅助费中,不得另行计算。

施工辅助费以各类工程的定额直接费为基数,按相应的费率计算。

8)工地转移费

工地转移费指施工企业迁至新工地的搬迁费用,其内容包括:

(1)施工单位职工及随职工迁移的家属向新工地转移的车费、家具行李费、途中住宿费、行程补助费、杂费等。

(2)公物、工具、施工设备器材、施工机械的运杂费,以及外租机械的往返费及施工机械、设备、公物、工具的转移费等。

(3)非固定工人进退场的费用。

工地转移费以及各类工程的定额人工费与定额施工机械使用费之和为基数,选用相应的费率计算。

4. 企业管理费计算

企业管理费由基本费用、主副食运费补贴、职工探亲路费、职工取暖补贴和财务费用五项组成。

1)基本费用

基本费用指建筑安装企业组织施工生产和经营管理所需的费用,内容包括:

(1)管理人员工资:管理人员的基本工资、绩效工资、津贴补贴及特殊情况下支付的工资以及缴纳的养老、医疗、失业、工伤保险费和住房公积金等。

(2)办公费:企业管理办公用的文具、纸张、账表、印刷、通信、网络、书报、办公软件、会议、水电、烧水和集体取暖降温(包括现场临时宿舍取暖降温)用煤(电、气)等费用。

(3)差旅交通费:职工因公出差、调动工作的差旅费、住勤补助费,市内交通费和误餐补助费,劳动力招募费,职工退休、退职一次性路费,工伤人员就医路费以及管理部门使用的交通工具的油料、燃料等费用。

(4)固定资产使用费:管理部门及附属生产单位使用的属于固定资产的房屋、设备等的折旧、大修、维修或租赁费等。

(5)工具用具使用费:企业管理使用的不属于固定资产的工具、器具、家具、交通工具和检验、试验、测绘、消防用具等的购置、维修和摊销费。

(6)劳动保险费:企业支付的离退休职工的易地安家补助费、职工退职金、6个月以上的病假人员工资、职工死亡丧葬补助费、抚恤费、按规定支付给离休干部的各项经费。

(7)职工福利费:按国家规定标准计提的职工福利费。

(8)劳动保护费:企业按国家有关部门规定发放的劳动保护用品的购置费及修理费、防暑降温费、在有碍身体健康环境中施工的保健费用等。

(9)工会经费:企业根据《中华人民共和国工会法》的规定,按全部职工工资总额比例计提的工会经费。

(10)职工教育经费:按职工工资总额的规定比例计提,企业为职工进行专业技术和职业技能培训,专业技术人员继续教育、职工职业技能鉴定、职业资格认定以及根据需要对职工进行各类文化教育所发生的费用,不含职工安全教育、培训费用。

(11)保险费:企业财产保险、管理用及生产用车辆等保险费用及人身意外伤害险的费用。

(12)工程排污费:施工现场按规定缴纳的排污费用。

(13)税金:企业按规定缴纳的城市维护建设税、教育费附加、地方教育附加、房产税、车船使用税、土地使用税、印花税等。

(14)其他:上述项目以外的其他必要的费用支出,包括技术转让费、技术开发费、竣(交)工文件编制费、招投标费、业务招待费、绿化费、广告费、公证费、定额测定费、法律顾问费、审计费、咨询费以及施工标准化、规范化、精细化管理等费用。

基本费用以各类工程的定额直接费为基数,按相应的费率的计算。

2)主副食运费补贴

主副食运费补贴指施工企业在远离城镇及乡村的野外施工购买生活必需品所增加的费用。该费用以各类工程的定额直接费为基数,按相应的费率计算。

3)职工探亲路费

职工探亲路费指按照有关规定发放给施工企业职工在探亲期间发生的往返交通费和途中住宿费等费用。该费用以各类工程的定额直接费为基数,按相应的费率计算。

4)职工取暖补贴

职工取暖补贴指按规定发放给施工企业职工的冬季取暖费和为职工在施工现场设置的临时取暖设施的费用。该费用以各类工程的定额直接费为基数,按工程所在地的气温区选用表相应的费率计算。

5)财务费用

财务费用指施工企业为筹集资金提供投标担保、预付款担保、履约担保、职工工资支付担保等所发生的各种费用。包括企业经营期间发生的短期贷款利息净支出、汇兑净损失、调剂外汇手续费、金融机构手续费,以及企业筹集资金发生的其他财务费用。财务费用以各类工程的定额直接费为基数,按相应的费率计算。

5.规费计算

规费指按法律、法规、规章、规程规定施工企业必须缴纳的费用。包括:

(1)养老保险费:施工企业按规定标准为职工缴纳的基本养老保险费。

(2)失业保险费:施工企业按规定标准为职工缴纳的失业保险费。

(3)医疗保险费:施工企业按规定标准为职工缴纳的医疗保险费(含生育保险费)。

(4)工伤保险费:施工企业按规定标准为职工缴纳的工伤保险费。

(5)住房公积金:施工企业按规定标准为职工缴纳的住房公积金。

各项规费以各类工程的人工费(含施工机械人工费)之和为基数,按国家或工程所在地法律、法规、规章、规程规定的标准计算。

6. 利润计算

利润指施工企业完成所承包的工程获得的盈利。按定额直接费及措施费、企业管理费之和的7.42%计算。按式(5-31)计算:

$$利润 = (定额直接费 + 措施费 + 企业管理费) \times 7.42\% \tag{5-31}$$

7. 税金计算

税金指国家税法规定应计入建筑安装工程造价的增值税销项税额,按式(5-32)计算:

$$税金 = (直接费 + 设备购置费 + 措施费 + 企业管理费 + 规费 + 利润) \times 建筑业增值税税率 \tag{5-32}$$

8. 专项费用计算

专项费用包括施工场地建设费和安全生产费。

1)施工场地建设费

施工场地建设费包括:

(1)按照工地建设标准化要求进行承包人驻地、工地试验室建设,钢筋集中加工、混合料集中拌制、构件集中预制等所需的办公、生活居住房屋(包括职工家属房屋及探亲房屋),公用房屋(如广播室、文体活动室、医疗室)和生产用房屋(如仓库、加工厂、加工棚、发电站、空压机站、停机棚、值班室等)等费用。

(2)包括场区平整(山岭重丘区的土石方工程除外)、场地硬化、排水、绿化、标志、污水处理设施、围墙隔离设施等的费用,不包括钢筋加工的机械设备、混合料拌和设备及安拆、预制构件台座、预应力张拉设备、起重及养护设备,以及概(预)算定额中临时工程的费用。

(3)包括以上范围内的各种临时工作便道(包括汽车、人力车道)、人行便道,工地临时用水、用电的水管支线和电线支线,临时构筑物(如水井、水塔等)、其他小型临时设施等的搭设或租赁、维修、拆除、清理的费用;但不包括红线范围内贯通便道、进出场的临时道路、保通便道。

(4)工地试验室所发生的属于固定资产的试验设备和仪器等折旧、维修或租赁费用。

(5)施工扬尘污染防治措施费:指裸露的施工场地覆盖防尘网,施工便道和施工场地洒水或喷洒抑尘剂,运输车辆的苫盖和冲洗、环境敏感区设置围挡,防尘标识设置,环境监控与检测等所需的费用。

(6)文明施工、职工健康生活的费用。

施工场地建设费以施工场地计费基数,按相应的费率,以累进方法计算。施工场地计费基数为定额建筑安装工程费减去专项费用。施工场地建设费先按式(5-33)计算施工场地计费基数,然后按式(5-34)计算施工场地建设费:

$$施工场地计费基数 = 定额直接费 + 措施费 + 企业管理费 + 规费 + 利润 + 税金 \tag{5-33}$$

$$施工场地建设费 = 施工场地计费基数 \times 累进费率 \tag{5-34}$$

2)安全生产费

安全生产费包括完善、改造和维护安全设施设备费用,配备、维护、保养应急救援器材、设备费用,开展重大危险源和事故隐患评估和整改费用,安全生产检查、评价、咨询费用,配备和更新现场作业人员安全防护用品支出,安全生产宣传、教育、培训费用,安全设施及特种设备检测检验费用,施工安全风险评估、应急演练等有关工作及其他与安全生产直接相关的费用。

安全生产费按建筑安装工程费乘以安全生产费费率计算,费率按不少于1.5%计取。

综上所述,建筑安装工程费各项费用计算方法见表5-13。

建筑安装工程费各项费用计算方法 表5-13

序号	项　目	说明及计算式
(一)	定额直接费	Σ人工消耗量×人工基价+Σ(材料消耗量×材料基价+机械台班消耗量×机械台班单价)
(二)	定额设备购置费	Σ设备购置数量×设备基价
(三)	直接费	Σ人工消耗量×人工单价+Σ(材料消耗量×材料预算单价+机械台班消耗量×机械台班预算单价)
(四)	设备购置费	Σ设备购置数量×预算基价
(五)	措施费	(一)×施工辅助费费率+定额人工费和定额施工机械使用费之和×其余措施费综合费率
(六)	企业管理费	(一)×企业管理费综合费率
(七)	规费	各类工程人工费(含施工机械人工费)×规费综合费率
(八)	利润	[(一)+(五)+(六)]×7.42%
(九)	税金	[(三)+(四)+(五)+(六)+(七)+(八)]×建筑业增值税税率
(十)	专项费用	
	施工场地建设费	[(一)+(五)+(六)+(七)+(八)+(九)]×累进费率
	安全生产费	建筑安装工程费(不含安全生产费本身)×(≥1.5%)
(十一)	定额建筑安装工程费	(一)+(二)×40%+(五)+(六)+(七)+(八)+(九)+(十)
(十二)	建筑工程工程费	(三)+(四)+(五)+(六)+(七)+(八)+(九)+(十)

(二)土地使用及拆迁补偿费计算

1. 土地使用及拆迁补偿费组成

土地使用及拆迁补偿费包含永久占地费、临时占地费、拆迁补偿费、水土保持补偿费和其他费用。

1)永久占地费

永久占地费包括土地补偿费、征用耕地安置补助费、耕地开垦费、森林植被恢复费、失地农民养老保险费。

(1)土地补偿费包括征地补偿费、被征用土地上的青苗补偿费,征用城市郊区的菜地等缴纳的菜地开发建设基金,耕地占用税,用地图编制费及勘界费等。

(2)征用耕地安置补助费指征用耕地需要安置农业人口的补助费。

(3)耕地开垦费指公路建设项目占用耕地的,应由建设项目法人(业主)负责补充耕地所发生的费用;没有条件开垦或者开垦的耕地不符合要求的,按规定缴纳耕地开垦费。

公路建设项目发生跨省域补充耕地国家统筹的,应执行《国务院办公厅关于印发跨省域补充耕地国家统筹管理办法和城乡建设用地增减挂钩节余指标跨省域调剂管理办法的通知》(国办发〔2018〕16号)的规定;发生省内跨区域补充耕地的,执行本身相关规定。

(4)森林植被恢复费指公路建设项目需要占用、征用林地的,经县级以上林业主管部门审核同意或批准,建设项目法人(业主)单位按照省级人民政府有关规定向县级以上林业主管部门预缴的森林植被恢复费。

(5)失地农民养老保险费指根据国家规定为保障依法被征地农民养老而缴纳的保险费用。失地农民养老保险费按项目所在地省级人民政府的相关规定进行计算。

2)临时占地费

临时占地费包括临时征地使用费、复耕费。

(1)临时征地使用费指为满足施工所需的承包人驻地、预制厂、拌和厂、仓库、加工厂(棚)、堆料场、取弃土场、进出场便道、便桥等所有的临时用地及其附着物的补充费用。

(2)复耕费指临时占用的耕地、鱼塘等,在工程交工后将其恢复到原有标准所发生的费用。

3)拆迁补偿费

拆迁补偿费指征用或占用土地地上、地下的房屋及附属构筑物,公用设施、文物等的拆除、发掘及迁建补偿费,拆迁管理费等。

4)水土保持补偿费

水土保持补偿费根据国家相关法律、法规规定缴纳。

5)其他费用

其他费用指国务院行政主管部门及省级人民政府规定的与征地拆迁相关的费用。

2. 土地使用费及拆迁补偿费计算方法

1)项目建议书投资估算

土地使用费按《公路工程项目建设用地指标》(建标〔2011〕124 号)中规定的数量,乘以工程所在地的征地单价机械计算。拆迁补偿费按《公路工程建设项目投资估算编制办法》(JTG 3820—2018)附录 H 规定的费率,以定额建筑安装工程费为基数进行计算。

2)工程可行性研究报告投资估算、概预算

(1)土地征用及拆迁补偿费应根据工程可行性研究报告或设计文件确定的建设工程用地和临时用地面积及其附着物的情况,以及实际发生的费用项目,按国家有关规定及工程所在地的省(自治区、直辖市)颁布的有关规定和标准计算。

(2)森林植被恢复费应根据审批单位批准的建设工程占用林地的类型及面积,按国家有关规定及工程所在省(自治区、直辖市)颁布的有关规定和标准计算。

(3)当与原有的电力电信设施、管线、水利工程、铁路及铁路设施互相干扰时,应与有关部门联系,商定合理的解决方案和补偿金额,也可由这些部门按规定编制费用以确定补偿金额。

(4)水土保持补偿费按各省(自治区、直辖市)制定的水土保持补偿费收费标准进行计算。

(三)工程建设其他费计算

工程建设其他费包括建设项目管理费、研究试验费、建设项目前期工作费、专项评价(估)费、联合试运转费、生产准备费、工程保通管理费、工程保险费、其他费用等九项费用。

1. 建设项目管理费计算

建设项目管理费包括建设单位(业主)管理费、建设项目信息化费、工程监理费、设计文件审查费和竣(交)工验收试验检测费。其中,建设单位(业主)管理费、建设项目信息化费和工程监理费均为实施建设项目管理的费用,可根据建设单位(业主)、施工、监理单位所实际承担的工作内容和工作量统筹使用。

1)建设单位(业主)管理费

建设单位(业主)管理费指建设单位(业主)为建设项目的立项、筹建、建设、竣(交)工验收、总结等工作所发生的费用。

(1)建设单位(业主)管理费组成。

建设单位(业主)管理费内容包括:工作人员的工资、工资性补贴、施工现场津贴,社会保障费用(基本养老、基本医疗、失业、工伤保险)、住房公积金、职工福利费、工会经费、劳动保护费,办公费、会议费、差旅交通费、固定资产使用费(包括办公及生活房屋折旧、维修或租赁费,车辆折旧、维修、使用或租赁费,通信设备购置费、使用费,测量、试验设备仪器折旧、维修或租赁费,其他设备折旧、维修或租赁费等)、零星固定资产购置费、招募生产工人费,技术图书资料费、职工教育培训经费、招标管理费,合同契约公证费、法律顾问费、咨询费,建设单位的临时设施费、完工清理费、竣(交)工验收费[含其他行业或部门要求的竣工验收费用、建设单位负责的竣(交)工文件编制费]、各种税费(包括房产税、车船使用税、印花税等),对建设项目前期工作、项目实施及竣工决算等全过程进行审计所发生的审计费用,境内外融资费用(不含建设期贷款利息)、业务招待费及工程质量、安全生产管理费和其他管理性开支。

(2)建设单位(业主)管理费计算。

建设单位(业主)管理费以定额建筑安装工程费为基数,按规定的费率,以累进办法计算。

双洞长度超过5000m的独立隧道,水深大于15m、跨径大于或等于400m的斜拉桥和跨径大于或等于800m的悬索桥等独立特大型桥梁工程的建设单位(业主)管理费按规定的费率乘以1.3计算;海上工程[指由于风浪影响,工程施工期(不包括封冻期)全年月平均工作日少于15天的工程]的建设单位(业主)管理费按规定的费率乘以1.2的系数计算。

2)项目建设信息化费

项目建设信息化费指建设单位(业主)和各参建单位用于建设项目的质量、安全、进度、费用等方面的信息化建设、运维及各种税费等费用,包括建设项目全寿命周期的建筑信息模型(BIM)等相关费用。

建设项目信息化费以定额建筑安装工程费为基数,按规定的费率,以累进办法计算。

3)工程监理费

工程监理费指建设单位(业主)委托具有监理资格的单位,按照施工监理规范进行全面的监督和管理所发生的费用。

工程监理费内容包括:工作人员的基本工资、工资性津贴、施工现场津贴、社会保障费用(基本养老、基本医疗、失业、工伤保险)、住房公积金、职工福利费、工会经费、劳动保护费,办公费、会议费、差旅交通费,办公、试验规定资产使用费(包括办公及生活房屋折旧、维修或租赁费,车辆折旧、维修、使用或租赁费,通信设备购置、使用费,测量、试验、检测设备仪器折旧、维修或租赁费,其他设备折旧、维修或租赁费等)、零星固定资产购置费、招募生产工人费,技术图书资料费、职工教育经费、投标费用,合同契约公证费、法律顾问费、咨询费、业务招待费,财务费用、监理单位的临时设施费、完工清理费、竣(交)工验收费、各种税费、安全生产管理费和其他管理性开支。

工程监理费以定额建筑安装工程费为基数,按规定的费率,以累进办法计算。

4)设计文件审查费

设计文件审查费指在项目审批前,建设单位(业主)为保证勘察设计工作的质量,组织有关专家或委托有资质的单位,对提交的建设项目可行性研究报告和勘察设计文件进行审查所需要的相关费用。建设项目若有地质勘察监理,费用在此项目开支;建设项目若有设计咨询(或设计监理、设计双院制),其费用在此项目内开支。

设计文件审查费以定额建筑安装工程费为基数,按规定的费率,以累进办法计算。

5)竣(交)工验收试验检测费

竣(交)工验收试验检测费指在公路建设项目竣(交)工验收前,由建设单位(业主)或工程质量监督机构委托有资质的公路工程质量检测单位按照有关规定对建设项目的工程质量进行检测并出具检测意见,以及进行桥梁动(静)载试验或其他特殊检测等所需的费用。

竣(交)工验收试验检测费按规定计算。道路工程按主线路基长度计算,桥梁工程以主线桥梁、分离式立交、匝道桥的长度之和进行计算,隧道按单洞长度计算。

道路工程,高速公路、一级公路按四车道计算,二级及二级以下公路按两车道计算,每增加一个车道,较固定的费用增加10%。桥梁和隧道工程,按双向四车道计算,每增加一个车道费用增加15%,二级及二级以下公路的桥隧工程按规定费用的40%计算。

2.研究试验费计算

研究试验费指按项目特点和有关规定,在建设过程中必须进行的研究和试验所需费用,以及支付科技成果、专利、先进技术的一次性技术转让费。不包括:应由前期工作费(为建设项目提供或验证设计数据、资料等专题研究)开支的项目;应由科技三项费用(即新产品试制费、中间试验费和重要科学研究补助费)开支的项目;应由施工辅助费开支的施工企业对建筑材料、构件和建筑物进行一般鉴定、检查所发生的费用及技术革新研究试验费。

计算方法:按设计提出的研究试验内容和要求进行编制。

3.建设项目前期工作费计算

建设项目前期工作费指委托勘察设计单位、咨询单位对建设项目进行可行性研究、工程勘察设计,以及设计、监理、施工招标文件及招标标底或造价控制值文件编制时,按规定应支付的费用。包括:

(1)编制项目建议书(或预可行性研究报告)、可行性研究报告、投资估算,以及相应的勘察、设计等所需的费用。

(2)通过风洞试验、地震动参数、索塔足尺模型试验、桥墩局部冲刷试验、桩基承载力试验等为建设项目提供或验证设计数据所需的专题研究费用。

(3)初步设计和施工图设计的勘察费、设计费,概(预)算及调整概算编制费用等。

(4)设计、监理、施工招标文件及招标标底(或造价控制值或清单预算)文件编制费等。

计算方法:建设项目前期工作费以定额建筑安装工程费为基数,按规定的费率,以累进办法计算。

4.专项评价(估)费计算

专项评价(估)费系依据国家法律、法规规定进行评价(评估)、咨询,按规定应支付的费用。该费用包括环境影响评价费、水土保持评估费、地震安全性评价费、地质灾害危险性评价费、压覆重要矿床评估费、文物勘察费、通航论证费、行洪论证(评估)费、使用林地可行性研究报告编制费、用地预审报告编制费、项目风险评估费、节能评估费和社会风险评估费、放射性影响评估费、规划选址意见书编制等费用。

(1)项目建议书投资估算。

项目建议书投资估算的专项评价(估)费按《公路工程建设项目投资估算编制办法》(JTG 3820—2018)附录H规定的费率,以定额建筑安装工程费为基数进行计算。

(2)工程可行性研究报告投资估算、概预算。

工程可行性研究报告投资估算、概预算的专项评价(估)费计算方法为:依据委托合同,或参照类似工程已发生的费用进行计列。

5. 联合试运转费计算

联合试运转费指建设项目的机电工程,按照有关规定标准,需要进行整套设备带负荷联合试运转所需的全部费用,不包括应由设备安装工程中开支的调试费用。

费用内容包括:联合试运转期间所需的材料、燃料和动力的消耗,机械和检测设备使用费,工具用具和低值易耗品费,参加联合试运转人员工资及其他费用等。

联合试运转费以定额建筑安装工程费总额为基数,按0.04%的费率计算。

6. 生产准备费计算

生产准备费指建设项目保证新建、改(扩)建项目交付使用后满足正常的运行、管理发生的工器具购置、办公和生活用家具购置、生产人员培训、应急保通设备购置等费用。

7. 工程保通管理费计算

工程保通管理费指新建或改(扩)建工程需边施工边维持通车或通航的建设项目,为保证公(铁)路运营安全、船舶航行安全及施工安全而进行交通(公路、航道、铁路)管制、交通(铁路)与船舶疏导所需的和媒体、公告等宣传费用及协管人员经费等。工程保通管理费应按设计需要进行计列。涉水项目施工期通航安全保障费用计算方法按《公路工程建设项目概算预算编制办法》(JTG 3830—2018)附录G计算。

8. 工程保险费计算

工程保险费指在合同执行期内,施工企业按合同条款要求办理保险的费用,包括建筑工程一切险和第三方责任险。

(1)建筑工程一切险是为永久工程、临时工程和设备及已运至施工工地用于永久工程的材料和设备所投的保险。

(2)第三方责任险是对因实施合同工程而造成的财产(本工程除外)损失或损害,或人员(业主和承包人雇员除外)的死亡或伤残所负责进行的保险。

工程保险费以建筑安装工程费(不含设备费)为基数,按0.4%的费率计算。

9. 其他费用计算

其他费用指国务院行政主管部门及省级人民政府规定的其他与公路建设相关的费用,按其相关规定计算。

(四)预备费计算

预备费由基本预备费和价差预备费两部分组成。

1.基本预备费计算

基本预备费系指在初步设计和概算、施工图设计和施工图预算中难以预料的工程和费用。

1)基本预备费费用组成

(1)在进行工程可行性研究、初步设计(技术设计)、施工图设计和施工过程中,在批准的项目建议书、工程可行性研究和投资估算、初步设计和概算范围内所增加的工程费用。

(2)在设备订货时,由于规格、型号改变的价差,材料货源变更、运输距离或方式的改变以及因规格不同而代换使用等原因发生的价差。

(3)在项目主管部门组织竣(交)工验收时,验收委员会(或小组)为鉴定工程质量必须开挖和修复隐蔽工程的费用。

2)计算方法

基本预备费以建筑安装工程费、土地使用及拆迁补偿费、工程建设其他费之和为基数,按下列费率计算:

(1)项目建议书投资估算按11%计列。

(2)工程可行性研究报告投资估算按9%计列。

(3)设计概算按5%计列。

(4)修正概算按4%计列。

(5)施工图预算按3%计列。

2.价差预备费计算

价差预备费系指设计文件编制年至工程交工年期间,建筑安装工程费中的人工费、材料费、设备费、机械使用费、措施费、企业管理费等由于政策、价格变化可能发生上浮而预留的费用,及外资贷款汇率变动部分的费用。

(1)价差预备费以建筑安装工程费总额为基数,按设计文件编制年始至建设项目工程交工年终的年数和年工程造价增长率计算。

(2)年工程造价增长率按有关部门公布的工程投资价格指数计算。

(3)设计文件编制至工程交工在1年以内的工程,不列此项费用。

(五)建设期贷款利息计算

建设期贷款利息指工程项目使用的贷款部分在建设期内应计取的贷款利息,包括各种金融机构贷款、建设债券和外汇贷款等的利息。

四、水运工程概预算的编制内容和方法

特别说明:该部分内容仅供水运工程专业的考生学习和应试参考。

(一)总概算费用组成

水运工程建设项目总概算应由工程费用、工程建设其他费用、预留费用、建设期利息和专

项概算组成。各项费用见表5-14。

总概算费用组成表 表5-14

费用项目	费用项目组成		
建设项目总概算	第一部分 工程费用	建设工程费	
		设备购置费	
		安装工程费	
	第二部分 工程建设其他费用	建设用地用海费	建设用地征收费
			建设用地(用海)使用费
			其他
		建设单位管理费	建设单位开办费
			律设单位经费
			代建管理费
		前期工作费	可行性研究费
			研究试验费
			勘察观测费
			其他
		勘察设计费	勘察费
			设计费
			设计文件第三方技术咨询费
			其他
		监理费	
		研究试验费	
		招标费	
		引进技术和设备材料其他费	
		生产准备费	联合试运转费
			人员培训及提前进厂费
			办公和生产生活家具购置费
		竣工验收前相关费	
		其他相关费用	
	第三部分 预留费用	基本预备费	
		物价上涨费	
	第四部分 建设期利息		
	第五部分 专项概算		

1.建筑工程费、设备购置费、安装工程费

建筑工程费、安装工程费应由定额直接费、其他直接费、企业管理费、利润、规费增值税和专项税费组成。设备购置费应由设备原价、运杂费等费用组成。

可以使用《水运建设工程概算预算编制规定》水运工程工程费用计算规则、沿海港口工程定额和内河航运工程定额计算。

2. 建设用地征用费

建设用地征用费是指根据国家相关法律规定,征用工程建设用地和施工用地所需的费用,主要包括土地补偿费、地上附着物及青苗补偿费、安置补助费等,费用应根据有关部门批准的工程建设用地和施工用地范围以及实际发生的费用项目,依据有关法律法规及建设项目所在地省级人民政府颁布的费用项目标准,以及相关行业颁布的专业标准计算。

3. 建设用地(用海)使用费

建设用地(用海)使用费指根据国家相关法律法规,经有关部门批准获得土地海域(或水域)使用权所需的建设用地、用海(或水域)使用费及相关费用等。费用应根据国家、省级人民政府有关规定按相应标准计算。

4. 建设用地其他费用

建设用地其他费用是指依据国家、省级人民政府相关规定需要计列的建设用地所需的其他有关费用,如环境补偿费、森林植被恢复费等。费用根据国家、省级人民政府有关规定按相应标准计算。

5. 建设单位开办费

建设单位开办费是指新组建的建设单位为保证正常开展管理工作所需的初始费用。费用内容主要包括办公和生活临时用房、车船和办公生活设备、其他用具用品购置或租赁所需的费用,以及用于开办工作所需的其他费用。

6. 建设单位经费

建设单位经费是指发包人对工程建设实施日常管理所需的经常性费用。费用内容主要包括不在原单位发工资的工作人员工资及相关费用(工资、工资性补贴、施工现场津贴、职工福利费、社会保险费和住房公积金等),办公和差旅交通费、劳动保护费、工具用具使用费、固定资产使用费、办公和生活用品购置费、零星固定资产购置费,招募生产工人费,技术图书资料费(含软件),业务招待费,合同契约公证费、法律顾问费,咨询费,竣工验收费,土地使用税、房产税、车船税、印花税,水电费、信息通信费、采暖费等,以及其他管理性质支出所需的费用。费用应根据建设管理需要,以工程费用为基数乘以《水运建设工程概算预算编制规定》费率计算。

7. 代建管理费

代建管理费是指发包人根据相关规定,委托代建单位进行项目建设管理所需的费用。费用应根据代建管理内容、要求及市场因素计算,条件不具备的,可参照相关标准或办法计列;代建管理费的费用项目及内容不得与发包人开办费和发包人经费重复计列。

8. 可行性研究费(或项目申请书编制费)、研究试验费、勘察观测费及其他

各项费用应据实计列,尚未确定费用额度的项目,应根据实际情况按相关标准或办法编制费用项目分项概算,并应列明相应依据及计算办法;条件不具备的,可参考有关资料计列,并应列明相应资料信息及计算办法。

9. 勘察费

勘察费是指进行各类工程勘察(含施工前第三方测量)所需的费用。

10. 设计费

设计费是指进行建设项目设计和编制初步设计文件、施工图设计文件、非标准设备设计文件、编制相应造价文件,以及编制竣工图文件、进行工程专项咨询等所需的费用。费用根据合同计列;条件不具备的,可按基本设计费与其他设计费之和计列。

11. 设计文件第三方技术咨询费

设计文件第三方技术咨询费是指根据相关规定,为保证工程设计质量,由第三方对初步设计文件、施工图设计文件进行技术审查咨询,以及对造价文件进行专项审查咨询所需的、由发包人支付的费用。费用按相关规定计列或根据咨询工作量考虑;条件不具备的,可按建筑安装工程费为基数乘以《水运建设工程概算预算编制规定》费率计算。

12. 勘察设计其他费

勘察设计其他费是指为建设项目勘察设计所进行的其他工作所需的费用。如勘察设计专项评审、咨询会议、设备采购技术规格书编制等;对于已实施的项目,费用应据实计列;未实施的,费用根据实际需要和工作内容及深度要求,参照相关标准或计算办法计列,并列明相应依据及计算办法。

13. 监理费

监理费是指根据国家相关规定和工程建设需要,由监理人开展建设工程监理与相关服务、施工期环境监理等所需的费用,主要包括建设工程施工监理服务费、其他相关服务费及施工期环境监理费等,各项费用应符合下列规定。

建设工程施工监理服务费指开展建设工程施工阶段的质量、进度、费用控制管理和安全生产监督管理,合同、信息等方面协调管理等服务所需的费用。费用应根据项目需要和工作内容计列;条件不具备的,可按需将监理服务工程项目的工程费用乘以《水运建设工程概算预算编制规定》费率计算。

其他相关服务费指为建设项目勘察、设计、保修等阶段提供相关服务所需的费用,费用应根据监理服务工作内容计列;条件不具备的,可按施工监理服务费的5% ~10%估列。

施工期环境监理费指根据环境保护审批要求,环境监理单位实施工程施工环境监理等相关服务所需的费用,主要包括施工期环境监测费、环境跟踪监测等。费用应根据环境评价及批复意见的有关内容,按相关标准或参考有关资料计列,并应列明相应依据、资料信息及计算办法。

利用外资贷款建设项目的外方监理费,其项目及费用应按有关协议计列;条件不具备的,可按相关标准或参照相关资料计列,并列明相应依据、资料信息及计算办法。

14. 研究试验费

研究试验费是指项目建设期间,为工程建设提供或验证设计参数、资料等进行必要的研究试验,以及按照设计需要,在建设过程中必须进行试验、观测、验证等工作所需的费用。

15. 招标费

招标费是指根据相关规定和管理需要,进行工程建设招标活动所需的费用,主要包括招标代理费、编制最高招标限价或标底费用,以及进场交易费用等。可按拟定招标方案项目的概算金额乘以《水运建设工程概算预算编制规定》费率或者按照有关规定计算。

16. 引进技术和设备材料其他费

引进技术和设备材料其他费是指为引进技术和进口设备材料所需的、在设备材料价格以外的各类费用。主要包括技术合作费和银行担保承诺费等。费用应根据建设需要,按相关协议计列;条件不具备的,可按相关标准或参照相关资料计列,并列明相应依据、资料信息及计算方法。

17. 联合试运转费

联合试运转费是指建设项目的各种生产设备、设施等在施工安装完毕,按照设计规定的工程质量标准进行的单机重载试运转或生产系统重载联合试运转所需的费用。费用内容主要包括联合试运转所需的材料、燃油料动力的消耗,船舶和机械使用费,工具用具和低值易耗品费,以及其他有关费用。

18. 人员培训及提前进厂费

人员培训及提前进厂费是指建设项目竣工验收或交付使用前,生产单位为保证生产的正常运行,安排的需提前进厂(港)生产人员的经费和自行组织对生产人员培训所需的经费。

19. 办公和生产生活家具购置费

办公和生产生活家具购置费是指为保证建设项目初期正常生产、运营和管理必须购置的办公、生活家具和用具等所需的费用。费用内容主要包括办公室、会议室、资料档案室、食堂、浴室、单身职工宿舍等所需的家具、用具等的购置费用;费用应根据建设项目需要按相关标准或办法编制费用项目分项概算,并列明相应依据及计算方法;条件不具备的,可按设计定员乘以费用参考指标计列,费用参考指标为每人 5000 ~ 10000 元。

20. 竣工验收前相关费

竣工验收前相关费是指根据国家及行业有关规定、技术标准和建设项目的实际需要,在项目竣工验收前必须进行的工作(工程)所需的费用,主要包括竣工前测量费、实船适航试验费、航道整治效果观测费、断航损失补偿费等。费用应符合下列规定:

(1)竣工前测量费指工程竣工验收前,根据有关规定和标准对港口工程施工水域内港池、航道、锚地等进行扫测,对航道工程施工区域和航行区域进行测量,以及竣工验收现场核查时进行测量等所需的费用。费用应根据工程需要按相关标准或办法编制费用项目分项概算,并列明相应依据及计算方法;条件不具备的,可参考相关资料计列,并列明相应资料信息及计算方法。

(2)实船适航试验费指航道工程中新开航道、整治后提高航道等级或通航标准的航道或渠化后的航道,在竣工验收前按设计确定的通航船舶标准,组织实船通航试验所需的费用。费用内容主要包括试航船队的准备、航行费用,护航船舶航行费用,承包人及有关单位参加实船适航试验人员的人工费等(扣除试航船舶营运收益)。费用应根据工程项目需要及拟定试航次数天数等因素,按相关标准或计算办法编制费用项目分项概算,并列明相应依据及计算方法;条件不具备的,可参考相关资料或营运船舶的费用计算标准计列,并列明相应依据、资料信息及计算方法。

(3)航道整治效果观测费指航道整治工程项目竣工验收前,为验证设计及整治效果,对整治后的航道区段进行水下地形和水文情况的观测分析等工作所需的费用。费用应根据工程项目需要按相关标准或计算办法编制费用项目分项概算,并列明相应依据及计算方法;条件不具备的,可参考相关资料计列,并列明相应资料信息及计算方法。

(4)断航损失补偿费指通航河段因进行施工而临时断航,对造成的第三方损失进行补偿所需的费用。费用应根据断航期限、航段通航及运量情况、需要采取的措施及补偿范围等,按相关标准或计算办法编制分项概算,并列明相应依据及计算方法;条件不具备的,可参考相关资料计列,并列明相应资料信息及计算方法。

21. 其他相关费用

其他相关费用是指根据国家及行业有关规定、技术标准和建设项目的实际需要,为保证建设项目实施所必须进行的、需要在工程建设其他费用中计列的、上述费用以外的费用项目,包括工程保险费、各类检验及检(监)测费、各类专项评价及评估费、第三方审计服务费等;各项费用应根据工程项目需要按相关标准或计算办法编制费用项目分项概算,并列明相应依据及计算方法;条件不具备的,可参考相关资料计列,并列明相应资料信息及计算方法。各项费用项目内容应明确,依据应合理有效。

22. 基本预备费

基本预备费是指初步设计阶段预留的工程实施中不可预见的工程或费用。

基本预备费应根据工程复杂程度,按工程费用与工程建设其他费用之和乘以2% ~5%计算。

23. 物价上涨费

物价上涨费是指建设项目自概算编制时起至竣工投产期间内,由于利率、汇率或价格等因素的变化而预留的可能增加的、需要在概算中计列的费用。

24. 建设期利息

建设期利息是指在项目建设期内为工程项目筹措资金所需的债务资金利息和融资费用。债务资金利息指建设项目投资中分年度使用国内或国外债务资金,在建设期内应归还的利息,主要包括贷款利息及其他债务利息支出所需的费用;费用及计算应按相关规定执行。融资费用指项目资金筹措所需的费用,主要包括贷款评估费、国外借款手续费及承诺费、股票或债券发行费用及其他融资费用。各项费用应根据相关规定、合同或协议,按相应标准或办法计列。

25. 专项概算项目

专项概算项目指应在水运工程建设项目范围内需要单独列项、单独组织实施,并需要其他行业或地方管理的配套项目。

(二)建筑安装工程费用项目组成

水运工程的单位建筑安装工程费用由定额直接费、其他直接费、企业管理费、利润、规费、增值税和专项税费等组成。费用构成应符合《水运建设工程概算预算编制规定》附录D表D.1.2的规定,即如表5-15所示。

建筑安装工程费用项目组成　　表 5-15

<table>
<tr><th>费 用 项 目</th><th colspan="2">费用项目组成</th></tr>
<tr><td rowspan="17">建筑安装工程费用</td><td rowspan="3">定额直接费</td><td>人工费</td></tr>
<tr><td>材料费</td></tr>
<tr><td>施工船舶机械使用费</td></tr>
<tr><td rowspan="7">其他直接费</td><td>安全文明施工费</td></tr>
<tr><td>临时设施费</td></tr>
<tr><td>冬季雨季及夜间施工增加费</td></tr>
<tr><td>材料二次倒运费</td></tr>
<tr><td>施工辅助费</td></tr>
<tr><td>施工队伍进退场费</td></tr>
<tr><td>海外工程拖船费</td></tr>
<tr><td colspan="2">企业管理费</td></tr>
<tr><td colspan="2">利润</td></tr>
<tr><td rowspan="3">规费</td><td>社会保险费</td></tr>
<tr><td>住房公积金</td></tr>
<tr><td>其他</td></tr>
<tr><td colspan="2">增值税</td></tr>
<tr><td colspan="2">专项税费</td></tr>
</table>

(三)建筑安装工程费用计算

水运工程的单位建筑安装工程费用计算应按照《水运建设工程概算预算编制规定》附录D表D.1.3的规定执行,即如表5-16所示。

建筑安装工程费用的计算程序表　　表 5-16

序号	费 用 项 目	计算办法及说明
1	基价定额直接费	以工料基价单价为基础,按定额规定计算的工料机费用之和
2	市场价定额直接费	以不含税工料机市场价单价为基础,按定额规定计算的工料机费用之和
3	其他直接费	Σ[(1)×分项其他直接费费率]
4	企业管理费	[(1)+(3)]×企业管理费费率
5	利润	[(1)+(3)+(4)]×利润率
6	规费	(1)×相应规费费率
7	税前合计	(2)+(3)+(4)+(5)+(6)
8	增值税	(7)×建筑安装工程增值税税率
9	专项税费	独立计算的税费
10	建筑安装工程费	(7)+(8)+(9)

第八节 工程建设项目的竣工决算

一、竣工决算的含义、分类和作用

(一)竣工决算的含义

建设项目竣工决算是以实物数量和货币指标为计量单位,综合反映建设项目从筹建开始到项目竣工交付使用为止的全部建设费用、建设成果和财务情况的总结性文件,是竣工验收报告的重要组成部分。竣工决算是正确核定新增固定资产价值,反映竣工项目建设成果的文件,是办理固定资产交付使用手续的依据,是反映建设项目实际造价和投资效果的文件。

建设单位编制的竣工决算报告在审计部门提出审计意见后方可组织竣工验收,没有编制竣工决算的工程项目不得进行竣工验收。竣工决算报告应在竣工验收委员会审查同意后的三个月内报出。设计、施工、监理等单位应积极配合发包人做好竣工决算报告的编制工作。

按照国家关于基本建设项目竣工验收的规定,所有的新建、扩建、改建和恢复项目竣工后都要编制竣工决算。

(二)竣工决算的分类

根据建设项目投资与规模,分为中央级项目、地方级项目两大类。中央级项目又分为大、中型项目和小型项目:①大、中型基本建设项目竣工财务决算,经主管部门审核后报财政部审批;②小型项目,属国家确定的重点项目,其竣工财务决算经主管部门审核后报财政部审批,或由财政部授权主管部门审批,其他项目竣工财务决算报主管部门审批。地方级项目、基本建设项目竣工财务决算的报批,由各省、自治区、直辖市、计划单列市财政厅(局)确定。

(三)竣工决算的作用

(1)竣工决算是国家对基本建设投资实行计划管理的重要手段。

根据国家和交通运输部关于基本建设投资的相关要求,在批准项目计划任务书时,根据投资估算确定基本建设计划投资额。在确定项目建设方案时,按设计概算确定基本建设项目计划投资最高限额。为保证投资计划的实施,在施工图设计时编制施工图预算,确定单项工程或单位工程的计划价格,并规定它一般不能超过相应的设计概算。通过竣工决算,将项目从筹建到竣工全过程的各项费用数额与批复设计概算中的相应费用指标相比较,可了解节约或超支的情况,通过分析原因,总结经验,加强投资管理,提高基本建设投资效果。

(2)竣工决算是竣工验收的主要依据。

根据国家基本建设及交通运输部水运工程基本建设程序的相关规定,在竣工验收前,发包人向主管部门提出验收报告,其中发包人编制的竣工决算文件中重要的组成部分,作为验收委员会(小组)的验收依据,验收人员要检查建设项目的实际建筑物、构筑物与设施的使用情况,同时审查竣工决算文件中的有关内容和指标,以确定建设项目的验收效果。

(3)竣工决算是正确核定新增固定资产价值的依据。

建设项目竣工决算中计算了所有的工程费用、设备费用和其他费用,发包人与使用单位在办理交付资产的验收手续时,通过竣工决算反映了交付使用资产的全部价值,包括新增固定资产、流动资产、无形资产和递延资产、其他资产等。同时,它还详细提供了交付使用资产的名称、规格、数量、型号和价值等明细资料,是管理、使用单位确定各项新增资产价值并移交、登记入账的依据。

(4)竣工决算是基本建设成果和财务的综合反映。

建设项目竣工决算是综合、全面反映竣工项目建设成果及财务情况的总结性文件,它不仅采用货币形式表达基本建设项目的实际成本和相关指标,还包括建设工期、工程量和生产的实物数量,以及是否遵守国家财政纪律和投资计划的执行情况,全面反映建设项目自开始建设到竣工为止的全部建设成果和财务状况。

(5)竣工决算为建立交通基本建设工程技术经济档案、工程定额修编提供资料。

竣工决算综合反映了竣工项目计划和实际的建设规模、建设工期以及设计和实际的生产能力,反映了概算总投资和实际的建设成本,同时还反映了所达到的重要技术经济指标。通过对这些指标计划数、概算数与实际数进行对比分析,不仅可以全面掌握建设项目计划和概算执行情况,而且可以考核建设项目投资效果,为今后制订基建计划、降低建设成本、提高投资效果提供了工程技术经济档案,同时,采用的新技术、新材料、新工艺、新设备等为交通工程定额提供了相关基础资料。

(四)竣工决算与竣工结算的区别与联系

1. 竣工决算与竣工结算的区别

(1)竣工决算与竣工结算的作用不同。竣工决算是发包人站在财务的角度上,核定建设工程从筹建开始到竣工交付使用为止所花费的全部实际费用,其作用是作为发包人办理交付、验收、动用新增各类资产的依据。而竣工结算是承包方对所承包的工程按合同完成后实际所获得的最终工程价款,其作用是作为承包人办理最终结算的依据,是承包合同终结的凭证。

(2)竣工决算与竣工结算的编制单位不同。竣工结算由承包人编制,而竣工决算由发包人编制。

(3)竣工决算与竣工结算的编制范围不同。竣工决算以单项工程或建设项目为对象编制,必须在整个单项工程或建设项目全部竣工后才能进行编制,而竣工结算以单位工程为对象编制,每个单位工程交工后,便可编制相应的竣工结算。

2. 竣工决算与竣工结算的联系

竣工决算与竣工结算的联系主要体现在:建设项目竣工决算是以工程竣工结算为基础进行编制的,竣工结算是竣工决算的一个组成部分。

二、竣工决算的编制依据

根据财政部有关规定,基本建设项目竣工决算的依据主要包括:可行性研究报告、初步设计文件、概算调整及其批准文件;招投标文件;历年投资计划;经财政部门审核批准的项目预算;承包合同、工程结算等有关资料;有关的财务核算制度、办法;其他有关资料。

在编制基本建设项目竣工财务决算前,发包人要认真做好各项清理工作。清理工作主要包括基本建设项目档案资料的归集整理、账务处理、财产物资的盘点核实及债权债务的清偿,做到账账、账证、账实、账表相符。各种材料、设备、工具、器具等,要逐项盘点核实,填列清单,妥善保管,或按照国家规定进行处理,不准任意侵占、挪用。

三、竣工决算的编制步骤

根据有关规定,竣工决算报告应当按项目类型(大中型、小型)编制,发包人负责编制的竣工决算报告需提交竣工验收委员会审查,未经竣工委员会审查的竣工决算报告不能作为正式报告上报。通过竣工验收委员会审查的竣工决算报告作为资产移交、财务处理并结束有关待处理事宜的依据。编制竣工决算,一般可按如下步骤进行:

(1)收集整理和分析有关文件、资料。在编制竣工决算文件之前,系统地整理所有的技术资料、工程结算的经济文件、施工图纸(竣工图)和各种变更与签证资料,并分析它们的准确性及合法性。完整、齐全的资料,是编制竣工决算的必要条件。

(2)清理各项账务、债务和结余物质。在收集、整理和分析相关资料时,要注意建设工程使用的全部费用的各项账务、债权和债务的清理,做到工程完毕账目清晰。对结余的各种材料、工器具和设备要逐项清点核实,妥善管理,按规定及时处理,收回资金。对各种往来款项要及时进行全面清理,为编制竣工决算提供准确的数据和结果。

(3)核实工程变动情况。重新核实各单位工程、单项工程造价,将竣工资料与原设计图进行查对、核实,必要时实地测量,确定实际变动情况;根据经审定的承包人竣工结算等原始资料,按照有关规定对原概算、预算进行增减调整,重新核定工程造价。

(4)填写竣工决算报表。根据编制依据中的有关资料进行统计或计算各个项目和数量,并将其结果填到相应表格的栏目内,完成所有报表的填写。

(5)编写竣工决算说明书。按照建设工程竣工决算说明的内容要求,根据编制依据的材料在报表中填写结果,编写文字说明。

(6)做好工程造价对比分析。对比整个项目的总概算,将建筑安装工程费、设备工器具费和其他工程费与竣工决算表中的实际数据和相关资料及批准的概算、概算指标、实际的工程造价等进行对比分析,以确定竣工项目的经营成果。

(7)清理、装订好竣工图。工程施工单位、监理单位等应该签字的,其项目负责人应认真签字。

(8)报送主管部门审查。上述编写的文字说明和填写的表格经核对无误后,装订成册,即为建设工程竣工决算文件。将其上报主管部门审查,并把其中财务成本部分送交开户银行签证。竣工决算在上报主管部门的同时,抄送有关设计单位及相关部门。

四、竣工决算报告的组成

工程建设项目竣工决算报告,一般由以下四个部分组成:

1. 竣工决算报告的封面

(1)“主管部门”填写需上报竣工决算报告的主管部门或单位。

(2)“建设项目名称”填写报批前的项目初步设计文件中注明的项目名称。

(3)“建设项目类别”是指“大中型”或“小型”。

(4)“建设性质”是指建设项目属于新建、扩建、续建等内容。

(5)“级别”是指中央级或地方级的建设项目。

2. 竣工平面示意图

为了满足竣工验收和竣工决算的需要,应绘制能反映竣工工程全部内容的工程设计平面示意图。平面示意图按经过施工实际修改后的工程设计平面图绘制。

3. 竣工决算报告的说明书

竣工决算报告说明书总体反映竣工工程建设成果和经验,是全面考核分析工程投资与造价的书面总结,其主要内容包括:

(1)工程项目概况及组织管理情况。

(2)工程建设过程和工程管理工作中的重大事件、经验教训。

(3)工程投资支出和财务管理工作的基本情况(包括主要会计事项处理原则,财产物资清理及债权债务清偿情况,基建结余资金,基建收入等的上交分配情况,主要技术经济指标的分析、计算情况等)。

(4)工程遗留问题等。

4. 竣工决算表格

按照《竣工决算报告编制办法》的规定,竣工决算表格分为竣工决算审批表、工程概况专用表等表格、财务通用表等三部分。

(1)竣工决算审批表(交建竣1表)。

(2)工程概况专用表。包括:①公路建设项目工程概况表(交建竣2-1表);②桥梁隧道建设项目工程概况表(交建竣2-2表);③内河航运建设项目工程概况表(交建竣2-3表);④港口(码头)建设项目工程概况表(交建竣2-4表);⑤其他建设项目工程概况表(交建竣2-5表)。

(3)财务通用表。包括:①建设项目竣工财务决算总表(交建竣3-1表);②资金来源情况表(交建竣3-2表);③待核销基建支出及转出投资明细表(交建竣3-3表);④工程造价和概算执行情况表(交建竣4表);⑤外资使用情况表(交建竣5表);⑥基本建设项目交付使用资产总表(交建竣6-1表);⑦基本建设项目交付使用资产明细表(交建竣6-2表)。

第九节　项目资本金与投融资模式

一、项目资本金制度

投资项目资本金是指投资项目总投资中,由投资者认缴的出资额,对投资项目来说属于非债务性资金,项目法人不承担该部分资金的任何利息和债务。投资者按其出资比例依法享有所有者权益，也可转让其出资，但不得以任何方式抽回。

国务院《关于调整和完善固定资产投资项目资本金制度的通知》(国发〔2015〕51号)规定，为进一步解决当前重大民生和公共领域投资项目融资难、融资贵问题，增加公共产品和公共服务供给，补短板、增后劲，扩大有效投资需求，促进投资结构调整，保持经济平稳健康发展，国务院决定对固定资产投资项目资本金制度进行调整和完善。各行业固定资产投资项目的最低资本金比例按以下规定执行：

(1)城市和交通基础设施项目：城市轨道交通项目由25%调整为20%，港口、沿海及内河航运、机场项目由30%调整为25%，铁路、公路项目由25%调整为20%。

(2)房地产开发项目：保障性住房和普通商品住房项目维持20%不变，其他项目由30%调整为25%。

(3)产能过剩行业项目：钢铁、电解铝项目维持40%不变，水泥项目维持35%不变，煤炭、电石、铁合金、烧碱、焦炭、黄磷、多晶硅项目维持30%不变。

(4)其他工业项目：玉米深加工项目由30%调整为20%，化肥(钾肥除外)项目维持25%不变，电力等其他项目维持20%不变。

(5)城市地下综合管廊、城市停车场项目，以及经国务院批准的核电站等重大建设项目，可以在规定最低资本金比例基础上适当降低。

金融机构在提供信贷支持和服务时，要坚持独立审贷，切实防范金融风险。要根据借款主体和项目实际情况，按照国家规定的资本金制度要求，对资本金的真实性、投资收益和贷款风险进行全面审查和评估，坚持风险可控、商业可持续原则，自主决定是否发放贷款以及具体的贷款数量和比例。

项目资本金可以用货币出资，也可以用实物、工业产权、非专利技术、土地使用权、资源开采权作价出资，除国家对采用高新技术成果有特殊规定外，其比例不得超过项目资本金总额的20%。

二、项目融资模式的分类、特点与融资过程

融资，是指为了建设一个项目而进行的资金筹措行为。项目融资主要是依赖项目本身良好的经营状况和项目建成、投入使用后的现金流量作为偿还债务的资金来源，同时将项目的资产作为借入资金的抵押，而不是以项目发起人或投资者的信用或者项目有形资产的价值作为担保来获得贷款。

(一)项目融资的模式分类

项目的融资主体是指进行项目投资及融资活动的经济实体。按照是否依托于项目组建的经济实体划分，项目的融资主体分为两类：新设项目法人和既有项目法人。

1. 按照融资信用主体分类

按照形成项目的融资信用主体进行划分，项目融资的模式分为新设项目法人融资与既有项法人融资。

项目融资模式是指项目投资及融资所采取的基本方式。项目融资的参与者，一般包括三类：一是项目发起人，可能是企业也可能是政府，可能是一家也可能是多家，它们是项目实际的

投资决策者,通常也是项目公司的股东;二是项目公司,它是投资决策产生的结果,因而无法对投资决策负责,只负责项目投资、建设运营、偿贷;三是当需要债务资金支持时,银行(及其他债务资金提供方)要作出信贷决策。

1)新设项目法人融资模式

新设项目法人融资又称为项目融资(以下称项目融资)。项目融资是指为了实施新项目,由项目的发起人及其他投资人出资,建立新的独立承担民事责任的法人——项目公司(公司法人或事业法人),由项目公司完成项目的投资建设和经营还贷,以项目投资所形成的资产、未来的收益或权益作为建立项目融资信用的基础,取得债务融资。

新设项目法人融资的特点如下:

(1)项目导向。投资决策由项目发起人(企业或政府)作出,项目发起人与项目法人并非一体;项目公司承担投资风险,无法承担决策责任,只能承担建设责任;项目法人也不可能负责筹资,只能是按已经由投资者拟定的融资方案去具体实施(签订合同等)。项目融资的贷款期限可以根据项目的具体需要和项目的经济寿命期来安排设计,可以做到比一般商业贷款期限长。

(2)有限追索。追索是指在债务人(借款人)不能按期偿还债务时,债权人(贷款人)有要求以已经抵押、质押资产之外的其他资产偿还未清偿债务的权利。作为有限追索的项目融资,项目的发起人或股本投资只对项目的借款承担有限的担保责任,即项目公司的债权人只能对项目公司的股东或发起人追索有限的责任。

(3)风险分担。为实现项目融资的有限追索,对于与项目有关的各种风险要素,需要以某种形式在项目投资者(借款人)、与项目开发有直接或间接利益关系的其他参与者和贷款人之间进行分担。项目的风险分担机制是保证项目实施达到预期目的的重要保障,一个成功的项目融资结构应该是在项目中没有任何一方单独承担起全部项目债务的风险责任。在项目融资和实施过程当中,主要承担的风险有:信用风险、完工风险、生产风险、市场风险、金融风险、政治风险、法律风险、环境保护风险。

(4)非公司负债型融资。非公司负债型融资亦称为资产负债表之外的融资,是指项目的债务不表现在项目投资者(即实际借款人)的公司资产负债表中的一种融资形式。

(5)信用结构多样化。在项目融资中,用于支持贷款的信用结构的安排是灵活和多样化的。项目融资的框架结构由四个基本模块组成,即项目投资结构、项目融资结构、项目资金结构和项目的信用保证结构。

(6)融资成本较高。项目融资涉及面广、结构复杂,需要做好大量有关风险分担、税收结构、资产抵押等一系列技术性的工作,所需文件比传统的资金筹措往往要多出好几倍,需要几十个甚至上百个法律文件才能解决问题。因此,与传统的资金筹措方式相比,项目融资存在的一个主要问题是相对融资成本较高,组织融资所需要的时间较长。

2)既有项目法人融资模式

既有项目法人融资又称公司融资,是指由现有公司筹集资金并完成项目的投资建设,无论项目建成之前或之后,都不出现新的独立法人,负债由既有项目法人及其合作伙伴公司承担。公司融资是以已经存在的公司本身的资信对外进行融资,取得资金用于项目投资与经营。

公司融资的特点如下:

(1)承担借款偿还的完全责任。在公司融资方式下,贷款和其他债务资金虽然实际上是用于项目,但是承担债务偿还责任的是项目发起人公司。

(2)要进行投资决策、信贷决策。在公司融资方式下对项目投资,既有项目法人(公司或事业单位)作为投资者,要作出投资决策。

(3)项目资本金来自公司自有资金。采取公司独资方式,项目的融资方案需要与公司的总体财务安排相协调,需要将项目的融资方案作为公司理财的一部分考虑。

2. 按照项目是否需要得到政府的特许授权分类

按照需要融资的项目是否需要得到政府的特许授权划分,项目融资模式分为公司融资和具有有限追索或无追索特性的特许经营项目融资。

公司融资是指公司利用自身的资信能力为某一工程项目所进行的融资活动。

在工程项目的融资实践中,有些基础设施、公用事业或自然资源开发项目在融资过程中往往需要得到政府的特许授权,人们将这类工程项目融资统称为特许经营项目融资。

(二)特许经营项目融资模式

特许经营项目融资是政府授权民营机构或外商从事某些原本由政府负责的项目建造和运作的一种长期(项目全寿命期)合作关系,项目对民营机构的补偿是通过授权民营机构在和政府约定的特许期内向项目的使用者收取费用,由此回收项目的投资、经营和维护等成本并获得合理的回报,特许期满后将项目移交给政府。特许经营项目的融资模式有多种多样,主要包括新型的PPP模式和传统的BOT、PFI、ABS等四种模式及其变种模式。

1. PPP融资模式

PPP,是Public-Private Partnership的缩写,即“政府和社会资本合作(或称公私合伙/政企合伙)”,简称PPP模式、3P模式,是公共基础设施中的一种项目运作模式。在该模式下,鼓励私营企业、民营资本与政府进行合作,参与公共基础设施的建设。

伙伴关系、利益共享、风险共担,是PPP模式的三大特征。

PPP模式是一种新型的项目融资模式,是在英国继1992年保守党推出PFI后,1997年工党上台时引入的概念。PPP融资模式可以使民营资本更多地参与到项目中,以提高效率,降低风险。政府的公共部门与民营企业以特许权协议为基础进行全程的合作,双方共同对项目运行的整个周期负责。PPP模式更加强调政府在项目中的所有权(占有股份)。

PPP模式分为融资性质的PPP、非融资性质的PPP两种。

(1)融资性质的PPP模式。从广义的层面讲,公私合作(PPP)应用范围很广,从简单的,短期(有或没有投资需求)管理合同到长期合同,包括资金、规划、建设、运营、维修和资产剥离等。公私合作关系资金模式是由在项目的不同阶段,对拥有和维持资产负责的合作伙伴所决定。因为PPP只是一种投融资模式,多数融资人采用“PPP + BOT”模式来完成项目的资金、建设、运营、维修、资产剥离和移交等工作。因此,PPP广义范畴内的运作模式,包括PFI模式、BOT及BOT的各种衍变模式。

(2)非融资性质的PPP模式。包括TOT模式,即移交—运营—移交,政府与私营部门签订特许经营协议,将已经投产运营的基础设施项目移交给私营机构经营(一次性出让经营权),凭借该项目在未来若干年的收益一次性地从经营机构手中融得一笔资金,用于建设新的基础设施。投资人在特许期内经营该项目并获得利润,协议期满后将项目无偿转交给政府。可见,

TOT 模式不承担项目建设,只承担单方风险。还包括运营与维护合同,即 O&M 模式,私营部门的合作伙伴,根据合同,在特定的时间内,运营公有资产。公共合作伙伴保留资产的所有权。

2. BOT 融资模式

BOT,是 Build-Operate-Transfer 的缩写,即"建造—经营—移交",是相对比较简单或典型的特许经营项目融资模式。BOT 是指政府通过特许经营协议授权外商或民营机构进行项目的融资、设计、建造、经营、维护,在约定的特许期内(通常为 10 ~ 30 年)向该项目的使用者收取费用,由此回收项目的融资、经营、维护等成本,并获得合理利润回报,特许期满后项目将移交政府(一般是免费移交)。

BOT 项目融资最早于 1984 年由土耳其首相提出并应用于土耳其公共基础设施的私有化过程中,之后引起了世界各国的广泛关注和应用,并逐渐演变为大型项目融资的一种流行方式。就最常用的项目融资模式而言,BOT 有以下基本形式:

(1)BOT 模式,即 Build-Operate-Transfer(建造—经营—移交),它是最经典的 BOT 形式,项目公司没有项目的所有权,只有建设和经营权。

(2)BOOT 模式,即 Build-Own-Operate-Transfer(建造—拥有—经营—移交),它与 BOT 的区别是项目公司既有项目的建设、经营权,也有所有权,政府允许其在一定范围、一定时期内将项目资产为了融资的目的抵押给银行,以获得更优惠的贷款条件,从而使项目的产品和服务价格更低,但是其特许期可能比 BOT 模式稍长。

(3)BOO 模式,即 Build-Own-Operate(建造—拥有—经营),它与前两者的区别是项目公司不需要将项目移交给政府,即为永久私有化,其目的是鼓励项目公司从项目全寿命期的角度合理建设和经营设施,提高项目产品和服务的质量,追求全寿命期的总成本降低和效率的提高。

除了上述 3 种基本形式外,各国在应用 BOT 的过程中还出现了很多衍变形式,以反映项目的主要特点,例如:BT(Build-Transfer,建造—移交);OT(Operate-Transfer,经营—移交);TOT(Transfer-Operate-Transfer,移交—经营—移交);BOOST(Build-Own-Operate-Subsidy-Transfer,建造—拥有—经营—补贴—移交);ROT(Rehabilitate-Operate-Transfer,修复—经营—移交);ROO(Rehabilitate-Own-Operate,修复—拥有—经营);BLOT(Build-Lease-Operate-Transfer,建造—租赁—经营—移交);BLT(Build-Lease-Transfer,建造—租赁—移交);DBOT(Design-Build-Operate-Transfer,设计—建造—经营—移交);DB(Design-Build,设计—建造);BTO(Build-Transfer-Operate,建设—移交—运营)等等。其中,BT 模式是指政府在项目建成后从民营机构手中购回项目,可以一次支付,也可以分期支付。TOT 模式是指用民营资金购买某个项目资产的经营权,购买者在约定的时间内通过经营该资产收回全部投资、得到合理的回报后,再将项目无偿移交给原产权所有人(一般为政府或国有企业)。

3. PFI 融资模式

PFI,是 Private Finance Initiative 的缩写,即"私营主动融资"。与特许经营项目融资中的其他概念相比,PFI 更强调的是私营企业在融资中的主动性和主导型。1992 年英国保守党政府首先推出了 PFI,旨在中央政府和地方当局方面都进一步加强公共部门与私营部门的合作伙伴关系。

PFI 是对 BOT 项目融资的优化,指政府部门根据社会对基础设施的需求,提出需要建设的项目,通过招投标,由获得特许权的私营部门进行公共基础设施项目的建设与运营,并在特许期(通常为 30 年左右)结束时将所经营的项目完好地、无债务地归还政府,而私营部门则从政府部门或接受服务方收取费用以回收成本的项目融资方式。私营部门和政府方双方共同承担风险。

在公共部门采购者与项目公司之间的合同类型上,BOT 项目是特许权合同,主要用于基础设施并且是投资大、建设周期长和可以运营获利的项目;而 PFI 是服务合同,项目更加多样,只是靠自身的运营不能完全收回投资,往往还需要政府财政拨款补贴。

4. ABS 融资模式

ABS,是 Asset-Backed-Securitization 的缩写,即"以资产担保的证券化"。它是以项目(包括未建项目)所属的全部或部分资产为基础,用该项目资产所能带来的稳定的预期收益作保证,经过信用评级和增级,通过资本市场发行证券来募集资金的一种项目融资方式。ABS 是 20 世纪 80 年代首先在美国兴起的一种新型资产变现方式,根据资产类型的不同,主要有信贷资产证券化和不动产证券化两种。

从融资的基础看,ABS 是一种特许经营项目融资方式;从融资的形式看,ABS 是一种新型的直接融资方式。在资产证券化业务的市场体系和监督体系尚不完善的我国,对 ABS 项目融资应采取谨慎的态度,尤其是对于我国的建设工程项目,应该采取稳健高效的融资模式,而不是盲目引进国外的某种融资模式。

(三)特许经营项目的融资过程

特许经营项目融资的过程包括项目选择阶段、招投标阶段、合同组织阶段、项目建设开发阶段、移交阶段等。

1. 项目选择阶段

项目选择阶段的主要工作包括政府对项目的识别、可行性研究。

2. 招投标阶段

项目招投标阶段的主要工作包括招标准备、资格预审、接受标书、评标、决标等。

3. 合同组织阶段

合同文件是特许经营项目众多参与者之间合理分担风险、保证项目成功实施的重要方面,按照合同签约方可以分为四类合同,即政府与项目公司之间的特许权协议、项目公司和施工承包人/运营商之间的履约合同、项目公司与放贷方之间的贷款合同、项目公司与股东之间的协议。其中,特许经营协议是政府和项目公司之间签订的最重要的合同文件,一般包括经营权范围、融资、建设、经营和维护、收费和计算、能源材料、供应、移交、合同义务的终止和转让等。

4. 项目建设开发阶段

项目建设开发阶段的主要工作包括项目的施工,项目建成后的运营、维护等。

5. 移交阶段

项目特许经营期满后,以 BOT、PPP、PFI 等模式融资的工程项目需要移交给项目所在国政府或其指定机构。移交前,项目公司要解除项目的所有债务和抵押权、质权、留置权等担保物权,并且项目的各项质量技术指标应符合移交标准。移交时,项目公司应将全部固定资产的所有权和利益、场地使用权,以及项目的设计、运营、维修等重要技术资料移交给政府的指定机构。而以 BOO、ROO、BD 等模式融资的工程项目因没有移交环节,项目最终无须移交给政府。

第十节　工程招标与评标

工程建设项目招标投标是工程建设市场的法定交易方式,是在双方同意基础上的一种买卖行为,其特点是由唯一的买主(发包人)设定标的,招请若干家卖主(投标人)公平竞争,通过报价、评比从中择优选择一家卖主,并与其达成交易协议的过程。招标投标是当事人双方合同法律关系产生的过程。招标投标过程要受到法律的规范和约束。招标投标是承包合同的订立方式,是承包合同的形成过程。

根据我国的法律规定,合同的订立程序包括要约和承诺两个阶段,招标投标的过程是要约和承诺实现的过程。工程施工或监理招标投标活动应当遵循公开、公平、公正和诚信的原则。

一、必须招标的工程项目范围

1.《关于促进建筑业持续健康发展的意见》中完善招投标制度的内容

国务院办公厅于 2017 年 2 月 21 日印发《关于促进建筑业持续健康发展的意见》(国办发〔2017〕19 号)。其中规定,为进一步深化建筑业"放管服"改革,加快产业升级,促进建筑业持续健康发展,为新型城镇化提供支撑,经国务院同意,提出促进建筑业持续健康发展的意见。意见中第二(二)条完善招投标制度的内容如下:

完善招投标制度。加快修订《工程建设项目招标范围和规模标准规定》,缩小并严格界定必须进行招标的工程建设项目范围,放宽有关规模标准,防止工程建设项目实行招标"一刀切"。在民间投资的房屋建筑工程中,探索由建设单位自主决定发包方式。将依法必须招标的工程建设项目纳入统一的公共资源交易平台,遵循公平、公正、公开和诚信的原则,规范招标投标行为。进一步简化招标投标程序,尽快实现招标投标交易全过程电子化,推行网上异地评标。对依法通过竞争性谈判或单一来源方式确定供应商的政府采购工程建设项目,符合相应条件的应当颁发施工许可证。

2.《必须招标的工程项目规定》的内容

国家发改委于 2018 年发布《必须招标的工程项目规定》,其全部内容如下:

第一条　为了确定必须招标的工程项目,规范招投标活动,提高工作效率、降低企业成本、预防腐败,根据《中华人民共和国招标投标法》第三条的规定,制定本规定。

第二条　全部或部分使用国有资金投资或国家融资的项目包括:

(一)使用预算资金 200 万元人民币以上,并且该资金占投资额 10% 以上的项目;

(二)使用国有企业事业单位资金,并且该资金占控股或主导地位的项目。

第三条　使用国际组织或外国政府贷款、援助资金的项目包括:

(一)使用世行、亚行等国际组织贷款、援助资金的项目;

(二)使用外国政府及其机构贷款、援助资金的项目。

第四条 不属于本规定第二条、第三条规定情形的大型基础设施、公用事业等关系社会公共利益、公众安全的项目，必须招标的具体范围由国务院发展改革部门会同国务院有关部门按照确有必要、严格限定的原则制订，报国务院批准。

第五条 本规定第二条、第三条和第四条规定范围内的项目，其勘察、设计、施工、监理以及与工程建设有关的重要物资、材料等采购达到下列标准之一的，必须招标：

（一）施工单项合同估算价在400万元人民币以上；

（二）重要物资、材料等货物采购，单项合同估算价在200万元人民币以上；

（三）勘察、设计、监理等服务的采购，单项合同估算价在100万元人民币以上。

同一项目中可以合并进行的勘察、设计、施工、监理以及与工程建设有关的重要物资、材料等的采购，合同估算价达到前款规定标准的，必须招标。

第六条 本规定自2018年6月1日起施行。

二、招标方式

根据《中华人民共和国招标投标法》的规定，招标方式分为公开招标和邀请招标。

1. 公开招标

公开招标是指招标人以招标公告的方式邀请不特定的法人或者其他组织投标，又称为无限竞争性招标。所有符合条件的供应商或承包人都可以平等参加投标竞争，从中择优中标者的招标方式。

公开招标方式的优点是：投标的承包人多，竞争激烈，发包人有较大的选择余地；有利于降低工程造价，提高工程质量和缩短工期。其缺点是：由于投标的承包人多，一般招标工作量大，耗时较长，需花费的成本也较大。此招标方式主要适用于投资额度大、工艺复杂的较大型工程建设项目。

2. 邀请招标

邀请招标是指招标人以投标邀请书的方式邀请特定的法人或者其他组织投标，又称为有限竞争性招标或选择性招标。采用邀请招标方式，应当向三个及三个以上具备承担招标项目的能力、资信良好的特定法人或者其他组织发出投标邀请书。

《中华人民共和国招标投标法实施条例》规定，国有资金占控股或者主导地位的依法必须进行招标的项目应当公开招标；但有下列情形之一的，可以邀请招标：(1)技术复杂、有特殊要求或者受自然环境限制，只有少量潜在投标人可供选择；(2)采用公开招标方式的费用占项目合同金额的比例过大。

三、投标须知

投标须知是招标人为了说明招标范围、方式等而向投标人提供的必要的信息资料，以及对投标人的合格条件、编制投标书的规定、投标书的送交、开标与评标直至签订合同的有关要求事项。

1. 投标须知的基本内容

投标人须知包括投标人须知前附表、正文和附录三部分。

投标人须知前附表是用于特别明确正文中未尽事宜,由招标人根据招标项目具体特点和实际需要填写,但必须与招标文件中其他章节衔接,并不得与正文内容相抵触。

正文的主要内容包括总则、招标文件、投标文件、投标、开标、废标、评标、合同授予、重新招标和不再招标、纪律和监督、需要补充的其他内容等。

附录是投标人资格审查条件表,规定了投标人资质、财务、业绩、信誉、项目经理与总工、其他管理人员和技术人员、主要机械设备和试验检测设备的最低条件等。

2. 投标须知中有关费用事项

(1)招标文件(未进行资格预审)的发售时间不得少于5个工作日。

(2)投标保证金一般为投标总价的1% ~2%,招标人应据此测算出具体金额。投标保证金的金额应符合国家有关规定。投标保证金若采用银行保函,应在投标有效期满后30天内保持有效,招标人如果延长了投标有效期,则投标保证金的有效期也相应延长。

(3)投标人应按要求填写相应表格。投标人应按投标人须知前附表规定的方式填写工程量清单。招标人在出售招标文件的同时向投标人提供工程量固化清单电子文件(光盘或U盘)。投标人只需填写工程量清单中的单价及总额价,即可完成投标工程量清单的编制,确定投标报价,编入投标文件。投标人未在工程量清单中填入单价或总额价的工程子目,将被认为其已包含在工程量清单其他子目的单价和总额价中。

(4)投标人如果发现工程量清单中的某一工程子目的数量与图纸中数量不一致时,应立即书面通知招标人核查,除非招标人以书面方式予以更正,否则,应以招标人工程量固化清单中列出的数量为准。

(5)投标人在工程投标报价中应当包含安全生产专项费用且不得作为竞争性报价。安全生产专项费用应用于施工安全防护用具及设施的采购和更新、安全施工措施的落实、安全生产条件的改善,不得挪作他用。

(6)履约担保金额一般为10%签约合同价,履约担保的现金比例一般不超过签约合同价的5%。

(7)投标人的投标准备和参加投标活动发生的一切费用自理,投标人踏勘现场发生的费用自理。

四、评标方法

《中华人民共和国工程标准施工招标文件》中规定的评标方法包括合理低价法、技术评分最低标价法、综合评分法和经评审的最低投标价法等四种。一般地,评标办法应设置"评标办法前附表"。"评标办法前附表"用于明确评标的办法、因素、标准和程序。招标人应根据招标项目的特点和实际需要详细列明全部评标因素、标准,没有列明的因素、标准不得作为评标的依据。

1. 合理低价法

合理低价法是综合评分法的评分因素中评标价得分为100分,其他评分因素分值为0分的特例。合理低价法中,第一个信封(商务及技术文件)的评定应采用合格制。

2. 技术评分最低标价法

评标价相等时,评标委员会依次按照以下优先顺序推荐中标候选人或确定中标人:投标报价低的投标人优先;被招标项目所在地省级交通运输主管部门评为较高信用等级的投标人优先;商务和技术得分较高的投标人优先;或者其他规定。

3. 综合评分法

综合评分法是其评分因素中评标价得分与其他评分因素分值合计为100分评标方法。

招标人根据招标项目具体特点和实际需要,详细列明全部评审因素、标准,没有列明的因素和标准不得作为评标的依据。

分值构成:总计分值100分。评标分值构成分为施工组织设计、主要人员、技术能力、财务能力、业绩、履约信誉、其他因素等。各方面所占比例和具体分值由招标人自行确定,并在招标文件中明确载明。

招标人应根据项目具体情况确定各评分因素及评分因素权重分值,并对各评分因素进行细分(如有)、确定各评分因素细分项的分值,各评分因素权重分值合计应为100分。

4. 经评审的最低投标价法

(1)初步评审标准:包括形式评审标准;资格评审标准;响应性评审标准。

(2)详细评审标准:招标人应根据招标项目具体特点和实际需要,在评标办法前附表中详细列明全部评审因素、标准,包括形式评审标准、资格评审标准、响应性评审标准、施工组织设计和项目管理机构评审标准。

(3)评标价计算:经评审的投标价(评标价)= 修正后的投标报价 - 修正后的暂估价 - 修正后的暂列金额(不含计日工总额)。

若投标人按照招标人提供的工程量固化清单电子文件填写工程量清单的,则:

经评审的投标价(评标价)= 投标函文字报价 - 暂估价 - 暂列金额(不含计日工总额)。

第十一节 工程量清单

一、工程施工承包合同的分类

在工程招投标施工承包实践中,采用何种合同计价方式,应根据建设工程的特点、发包人对筹建工作的设想、工程量清单的准备以及对工程质量、投资、工期要求等综合考虑,包括工程项目的复杂程度、设计工作的深度、施工的难易程度、工程进度的紧急程度等。建设工程施工承包合同的类型,按照计价方式的不同划分为总价合同、单价合同和成本加酬金合同等。

1. 总价合同

总价合同是合同总价格不因工程量变化而变化的固定价合同类型。总价合同可以分为固定总价合同和可调总价合同两类。

采用总价合同的计价模式的招标文件中,招标人可以不提供工程量清单,由投标人自行编制工程量清单并报价;招标人也可以给出工程量清单,但对工程量清单中的工程量不承担责任。

2. 单价合同

单价合同是施工单位在投标时按照招标文件就分部分项工程所列出的工程量表确定各分部分项工程的单价及其费用的合同类型。

单价合同的核心就是按照工程量清单计价模式进行招投标并签订施工承包合同,这种合同类型的适用范围比较宽,其风险得到合理的分摊,一般由建设单位承担工程量变化的风险,施工单位承担价格变化的风险。这类合同能够成立的关键在于合同双方对分部分项工程的单价和工程量计算方法的认同。签订单价合同,或者采用单价合同的方式签约,均离不开工程量清单。单价合同也被称为开口合同。

单价合同可以分为固定单价合同和可调单价合同两类。

固定单价合同又可以分为提供估算工程量的固定单价合同和不提供工程量的固定单价合同(即纯单价合同)。

总价合同中可能有单价子目,单价合同中也可能有总价子目。总价子目,就是在已经标价的工程量清单中以“个”“项”或“总额”等为计量单位、以总价计价的子目。

3. 成本加酬金合同

成本加酬金合同是将工程项目的实际投资划分成直接成本费和承包人完成工程后应得酬金两部分。工程施工过程中发生的直接成本费由发包人实报实销,再按合同约定的方式另外支付给承包人相应报酬。

按照酬金的计算方式不同,成本加酬金合同可以分为成本加固定百分比酬金合同、成本加固定金额酬金合同、成本加奖罚金合同、最高限额成本加固定最大酬金合同等。

二、工程量清单的含义与作用

工程量清单的编制质量直接关系到投标人的投标报价以及建设单位的投资控制。

工程量清单应按有关图纸、工程地质报告、施工规范、计量规则(计价规范)、设计图集等要求和规定进行编制,应由具备编写招标文件能力的招标人或招标人委托的具有相应资质的造价咨询单位编制。这是招标人编制标底的依据,是投标方报价的依据,也是竣工结算调整的依据。

工程量清单是指编制人按照招标文件及技术规范、计价规则(或称计量规则)的有关规定将合同工程进行合理分解,据此明确工程内容和范围,并将有关工程内容数量化的一套工程数量明细表。

标价后的工程量清单包括合同中各工程子目的单价、合价,招标人应该编制,各潜在的投标人也可以各自编制。

工程量清单是合同文件的重要组成部分,是一份与技术规范相对应的文件,它是单价合同的产物。使用工程量清单计价的施工承包合同,一般采用单价合同的方式,即清单工程量可变、中标单价不变,除非工程量的变化超出一定的幅度。

工程量清单的作用,包括以下几个方面:

(1)在招投标阶段,招标工程量清单为投标人的投标竞争提供了一个平等和共同的基础。工程量清单将要求投标人完成的工程项目及其相应工程实体数量全部列出,为投标人提供拟建工程的基本内容、实体数量和质量要求等信息。这使所有投标人所掌握的信息相同，受到的待遇是客观、公正和公平的。

(2)工程量清单是建设工程计价的依据。在招投标过程中，招标人根据工程量清单编制招标工程的招标控制价；投标人按照工程量清单所表述的内容，依据企业定额计算投标价格，自主填报工程量清单所列项目的单价与合价。

(3)工程量清单是工程付款和结算的依据。发包人根据承包人是否完成工程量清单规定的内容以投标时在工程量清单中所报的单价作为支付工程进度款和进行结算的依据。

(4)工程量清单是调整工程量、进行工程索赔的依据。在发生工程变更、索赔、增加新的工程项目等情况时，可以选用或者参照工程量清单的分部分项工程或几家项目与合同单价来确定变更项目或索赔项目的单价和相关费用。

三、公路工程的工程量清单组成

特别说明：该部分内容仅供公路工程专业的考生学习和应试使用。

1. 工程量清单的组成

工程量清单应该有统一的工程项目编码、项目名称、计量单位、工程内容、项目特征(工程量计算规则)等。

工程量清单由说明、工程量清单表、计日工明细表、暂估价表、工程量清单汇总表和工程量清单单价分析表等组成。

(1)工程量清单说明。工程量清单是根据招标文件中包括的、有合同约束力的工程量清单计量规则、图纸以及有关工程量清单的国家标准、行业标准、合同条款中约定的规则(即工程量计量规则)编制。约定计量规则中没有的子目，其工程量按照有合同约束力的图纸所标示尺寸的理论净量计算。计量采用中华人民共和国法定计量单位。

工程量清单应与招标文件中的投标人须知、通用合同条款、专用合同条款、工程量计量规则、技术规范及图纸等一起阅读和理解。

工程量清单中所列工程数量是估算的或设计的预计数量，仅作为投标报价的共同基础，不能作为最终结算与支付的依据。实际支付应按实际完成的工程量，由承包人按工程量清单计量规则规定的计量方法，以监理人认可的尺寸、断面计量，按中标工程量清单的单价和总额价计算支付金额；或者根据具体情况，按合同条款第15.4款的规定，按监理人确定的单价或总额价计算支付金额。

工程量清单中各章的工程子目的范围与计量，应与工程量清单计量规则、技术规范中的范围、计量与支付条款结合起来理解或解释。

工程量清单中所列工程量的变动，丝毫不会降低或影响合同条款的效力，也不免除承包人按规定的标准进行施工和修复缺陷的责任。图纸中所列的工程数量表及数量汇总表仅是提供资料，不是工程量清单的外延。当图纸与工程量清单所列数量不一致时，以工程量清单所列数量作为报价的依据。

(2)投标报价说明。工程量清单中的每一工程子目须填入单价或价格，且只允许有一个报价。工程量清单中有标价的单价和总额价项目均已包括了为实施和完成合同工程所需的劳务、材料、机械、质检(自检)、安装、缺陷修复、管理、保险、税费、利润等费用,以及合同明示或暗示的所有责任、义务和一般风险。

工程量清单中没有填入单价或总额价的子目,其费用应视为已分摊在工程量清单的其他相关子目的单价或价格之中,承包人必须按监理人指令完成工程量清单中未填入单价或价格的工程子目,但不能得到结算与支付。

承包人用于合同工程的各类装备的提供、运输、维护、拆卸、拼装等支付的费用,已经包括在工程量清单的单价与总额价之中。

(3)计日工说明。在招标时,计日工的劳务、材料、机械由招标人(或发包人)列出正常的估计数量,投标人报出单价,计算出计日工总额后列入工程量清单汇总表中并进入评标价。工程中标实施时,未经监理人书面指令,任何工程不得按计日工施工;接到监理人按计日工施工的书面指令,承包人也不得拒绝。计日工不参与调价。

计日工劳务的工资的工时,应从工人到达施工现场并开始从事指定的工作算起,到返回原出发地点为止,扣去用餐和休息的时间。只有直接从事指定工作且能胜任该工作的工人才能计工,随同工人一起做工的班长应计算在内,但不包括领工(工长)和其他质检管理人员。

2.公路工程的工程量清单表

《公路工程标准施工招标文件》(2018 年版)中规定的工程量清单表分为 7 章,即第 100 章总则,第 200 章路基,第 300 章路面,第 400 章桥梁、涵洞,第 500 章隧道,第 600 章安全设施及预埋管线,第 700 章绿化及环境保护设施。

工程量清单汇总表是将各章的工程子目表及计日工明细表进行汇总,加上暂列金额而得出该项目的总报价。工程量清单汇总表格式见表 5-17。材料、工程设备、专业工程暂估价已包括在清单合计中,不应重复计入投标报价;暂列金额的设置不宜超过工程量清单第 100 章 ~ 700 章合计金额的 3%。

投标报价汇总表 表 5-17

(工程项目名称)合同段

序号	章　次	科 目 名 称	金额(元)
1	100	总则	
2	200	路基	
3	300	路面	
4	400	桥梁、涵洞	
5	500	隧道	
6	600	安全设施及预埋管线	
7	700	绿化及环境保护设施	
8	第 100 章 ~700 章清单合计		
9	已包含在清单合计中的“材料、工程设备、专业工程”暂估价合计		
10	清单合计减去“材料、工程设备、专业工程”暂估价合计(即 8 - 9 = 10)		
11	计日工合计		
12	暂列金额(不含计日工总额)		
13	投标报价(8 +11 +12) =13		

第 100 章总则的工程量清单,如表 5-18 所示。从表中可见,安全生产费、施工环保费、施工标准化费用、竣工文件编制费用等均属于清单支付项目。

工程量清单(第 100 章　总则)　　表 5-18

清单　第 100 章　总则					
子目号	子目名称	单位	数量	单价	合价
101	通则				
101-1	保险费				
-a	按合同条款规定,提供建筑工程一切险	总额			
-b	按合同条款规定,提供第三者责任险	总额			
102	工程管理				
102-1	竣工文件	总额			
102-2	施工环保费	总额			
102-3	安全生产费	总额			
102-4	信息化系统(暂估价)	总额			
103	临时工程与实施				
103-1	临时道路建设、养护与拆除(包括原有道路的养护)	总额			
103-2	临时占地	总额			
103-3	临时供电设施架设、维护与拆除	总额			
103-4	电信设施的提供、维护与拆除	总额			
103-5	临时供水与排污设施	总额			
104	承包人驻地建设				
104-1	承包人驻地建设	总额			
105	施工标准化				
105-1	施工驻地	总额			
105-2	工地试验室	总额			
105-3	拌和站	总额			
105-4	钢筋加工场	总额			
105-5	预制场	总额			
105-6	仓储存放地	总额			
105-7	各场(厂)区、作业区连接道路及施工主便道	总额			

四、水运工程的工程量清单组成

特别说明:该部分内容仅供水运工程专业的考生学习和应试使用。

《水运工程工程量清单计价规范》(JTS/T 271—2020)规定了 10 个分类工程项目:①一般项目清单(编码为 100100);②疏浚工程项目清单(编码为 100200);③航标工程项目清单(编码为 100300);④土石方工程项目清单(编码为 100400);⑤地基与基础工程项目清单(编码为 100500);⑥混凝土工程项目清单(编码为 100600);⑦钢筋工程项目清单(编码 100700);⑧金

属结构工程项目清单(编码为100800);⑨设备安装工程项目清单(编码为100900);⑩其他工程项目清单(编码为101000)。

1.工程量清单格式

《水运工程工程量清单计价规范》(JTS/T 271—2020)明确要求工程量清单应采用统一格式;工程量清单文件应由封面、总说明、工程量清单项目汇总表、分部分项工程量清单、一般项目清单、计日工项目清单和招标人供应材料设备表等内容组成。

2.工程量清单计价格式

《水运工程工程量清单计价规范》(JTS/T 271—2020)规定工程量清单计价应采用统一格式。工程量清单报价文件应由封面、工程量清单项目总价表、分项工程量清单计价表、一般项目清单计价表、计日工项目清单计价表和主要材料价格表等组成。

3.强制性条款

《水运工程工程量清单计价规范》(JTS/T 271—2020)明确规定了强制性条款,要求在执行规范的过程中必须严格执行。强制性条款见表5-19。

水运工程工程量清单计价规范规定的强制性条款表　　表5-19

序号	条款编号	强制性条款内容
1	3.2.2	工程量清单的序号、项目编码、项目名称、计量单位、工程数量、项目特征等应采用统一格式
2	3.2.3	工程量清单应根据附录A中规定的统一项目编码、项目名称和计量单位进行编制
3	3.2.4	工程量清单项目编码第十至十二位应由招标人根据项目特征顺序编码,不得重码
4	3.2.7	工程量清单项目名称应根据招标工程项目名称、工程内容、项目特征按附录A确定
5	3.2.8	工程量计算应按附录A执行
6	4.0.3	工程量清单计价应采用综合单价,投标报价应根据招标文件、现场施工条件及施工组织设计,按照投标人技术能力和管理水平进行编制
7	4.0.4	一般项目清单中的安全文明施工费应按规定计价,不得作为竞争性费用
8	4.0.5	规费和税金应按规定计算,不得作为竞争性费用

4.分项工程量清单

分项工程量清单应根据《水运工程工程量清单计价规范》(JTS/T 271—2020)规定的统一格式编制,包括序号、项目编码、项目名称、计量单位、工程数量、项目特征等均应采用统一格式进行编制。当发生《水运工程工程量清单计价规范》(JTS/T 271—2020)未列项目时,编制人可作补充。

分项工程量清单的项目编码中的第十至十二位应由招标人根据项目特征顺序编码,不得重码。

分项工程量清单的项目名称应根据招标工程和《水运工程工程量清单计价规范》(JTS/T 271—2020)中的项目名称及工程内容、项目特征确定;工程内容应包括完成对应清单项目的全部可能发生的具体工作;项目特征应对工程项目的要求进行具体准确的描述;工程量的计算应按工程量计算规则计算,工程数量应以设计图纸净尺度为准。

分项工程量清单举例，疏浚工程项目清单如表5-20所示。

疏浚工程项目清单（编码100200）　　表5-20

项目编码	项目名称	计量单位	工程内容	项目特征
100200001×××	港池挖泥	m^3	移船定位、测量、挖泥、运输、卸(吹)泥等	工程性质(基建或维护)、挖泥范围及尺度、工况级别、土质级别(各级土所占比重)、挖泥平均水深、泥层厚度、泥土处理方式(外抛或吹填)、运泥距离、排泥距离(包括水下、水上、陆上的排泥距离)、计算方法等
100200002×××	航道挖泥	m^3	移船定位、测量、挖泥、运输、卸(吹)泥等	工程性质(基建或维护)、挖泥范围及尺度、工况级别、土质级别(各级土所占比重)、挖泥平均水深、泥层厚度、泥土处理方式(外抛或吹填)、运泥距离、排泥距离(包括水下、水上、陆上的排泥距离)、计算方法等
100200003×××	岸坡挖泥	m^3	移船定位、测量、挖泥、运输、卸(吹)泥等	工程性质(基建或维护)、挖泥范围及尺度、工况级别、土质级别(各级土所占比重)、挖泥平均水深、泥层厚度、泥土处理方式(外抛或吹填)、运泥距离、排泥距离(包括水下、水上、陆上的排泥距离)、计算方法等
100200004×××	沟槽挖泥	m^3	移船定位、测量、挖泥、运输、卸(吹)泥等	工程性质(基建或维护)、挖泥范围及尺度、工况级别、土质级别(各级土所占比重)、挖泥平均水深、泥层厚度、泥土处理方式(外抛或吹填)、运泥距离、排泥距离(包括水下、水上、陆上的排泥距离)、计算方法等
100200005×××	清淤	m^3	移船定位、卸(吹)泥等	清淤范围及尺度、工况级别、土质级别、水深、泥层厚度、泥土处理方式(外抛或吹填)、运泥距离、排泥距离(包括水下、水上、陆上的排泥距离)等
100200006×××	吹填	m^3	靠离驳、挖泥、吹泥、安拆、移动排泥管等	吹填范围及尺度、工况级别、土质级别(各级土所占比重)、取砂区平均水深、运泥距离、排泥距离(包括水下、水上、陆上的排泥距离)、计算方法等

5. 一般项目清单

一般项目是指为完成工程项目施工，招标人要求计列的、不以图纸计算工程数量的费用项目，或发生于该工程施工准备和施工过程中招标人不要求列示工程数量的措施项目和其他项目。《水运工程工程量清单计价规范》(JTS/T 271—2020)规定的一般项目通常包括表5-21所示的项目。

一般项目清单表　　表5-21

序号	项目编码	项目名称	计量单位	说明
1	100100101×××	暂列金额	项	应明确计算方法
2	100100102×××	规费	项	应明确费用内容、依据及计算方法
3	100100103×××	保险费	项	应明确费用内容、依据及计算方法
4	100100104×××	安全文明施工费	项	应明确费用内容、依据及计算方法
5	100100105×××	施工环保费	项	应明确费用内容、依据及计算方法
6	100100106×××	生产及生活房屋	项	—
7	100100107×××	临时道路	项	—
8	100100108×××	临时用电	项	—
9	100100109×××	临时用水	项	—
10	100100110×××	临时通信	项	—
11	100100111×××	临时用地	项	—

续上表

序号	项目编码	项目名称	计量单位	说明
12	100100112×××	临时码头	项	—
13	100100113×××	预制厂建设	项	—
14	100100114×××	临时工作项目	项	—
15	100100115×××	竣工文件编制	项	—
16	100100116×××	其他措施项目	项	—

6.计日工项目清单

计日工项目是为完成招标人临时提出的合同范围以外的零散工作,又不能以实物量计量支付工程费用的零星项目。计日工项目的计价按完成批准的计日工项目所需的人工、材料、船舶机械综合单价计算。计日工项目清单如表5-22所示。

计日工项目清单 表5-22

序号	名称	规格(工种)	计量单位	数量
1	人工		工日	
2	材料			
3	船舶机械		艘(台)班	

第十二节　招标控制价与投标报价

一、招标控制价的含义与编制、审核

《中华人民共和国招标投标法》规定,招标人可以设标底。当招标人不设标底时,为有利于客观、合理地评审投标报价和避免哄抬标价,造成国有资产流失,招标人应编制招标控制价。

《招标投标法实施条例》规定,招标人可以自行决定是否编制标底。一个招标项目(或一个招标合同包)只能有一个标底。在开标前标底必须保密。招标人设有最高投标限价的,应当在招标文件中明确最高投标限价或者最高投标限价的计算方法。招标人不得规定最低投标限价。工程招投标实践中,最高投标限价一般是由招标人在出售招标文件后、开标之前通过补遗书的形式发送给各投标人。

1.招标控制价的概念、编制人

招标控制价,也称最高投标限价、投标限价、拦标价、最高报价、预算控制价等。招标人根据国家或省级、行业建设主管部门颁发的有关计价依据和办法,以及拟定的招标文件和招标工程量清单,结合工程具体情况编制的招标工程的最高投标限价。

所谓投标最高限价是指潜在投标人的投标报价不得超过的一个报价,否则将按照废标处理。招标人编制的最高限价高于成本,具有一定的利润空间或者合适的利润空间。一般地,招标人在潜在的各投标人购买了招标文件之后的一段时间内,在开标前的7天内以补遗书(第×号)的形式书面告知各潜在的投标人。

国有资金投资的工程建设项目应实行工程量清单招标,并应编制招标控制价。

招标控制价应由具有编制能力的招标人编制。当招标人不具有编制招标控制价的能力时,可委托具有相应资质的工程造价咨询人编制。工程造价咨询人不得同时接受招标人和投标人对同一工程的招标控制价和投标报价进行编制。

2.招标控制价的作用

(1)招标人有效控制项目投资,防止恶性投标带来的投资风险。

(2)增强招标过程的透明度,有利于正常评标。

(3)利于引导投标方投标报价,避免投标方无标底情况下的无序竞争。

(4)招标控制价反映的是社会平均水平,为招标人判断最低投标价是否低于成本提供参考依据。

(5)可为工程变更新增项目确定单价提供计算依据。

(6)作为评标的参考依据,避免出现较大偏离。

(7)投标人根据自己的企业实力、施工方案等报价,不必揣测招标人的标底,提高了市场交易效率。

(8)减少了投标人的交易成本,使投标人不必花费人力、财力去套取招标人的标底。

(9)招标人把工程投资控制在招标控制价范围内,提高了交易成功的可能性。

3.招标控制价的编制原则

(1)我国对国有资金投资项目的投资控制,实行的投资概算审批制度,国有资金投资的工程原则上不能超过批准的投资概算。

(2)根据《中华人民共和国招标投标法》的规定,国有资金投资的工程进行招标,招标人可以设标底。当招标人不设标底时,为有利于客观、合理地评审投标报价和避免哄抬标价,造成国有资产流失,招标人应当编制招标控制价。《招标投标法实施条例》第二十七条规定,招标人设有最高投标限价的,应当在招标文件中明确最高投标限价的金额或者最高投标限价的计算方法。招标人不得规定最低投标限价。

(3)国有资金投资的工程,招标控制价是招标人在工程招标时能接受投标人报价的最高限价。所有国有资金投资的工程,投标人的投标报价不能高于招标控制价,否则,其投标将被拒绝。

(4)招标控制价应在招标文件中注明,不应上调或下浮,招标人应将招标控制价及有关资料报送工程所在地工程造价管理机构备查。招标控制价超过批准的概算时,招标人应将其报原概算审批部门审核。投标人的投标报价高于招标控制价的,其投标应予拒绝。

4.招标控制价的编制依据

(1)《建设工程工程量清单计价规范》,对于公路工程而言,应采用公路工程的概预算定额及其编制办法。

(2)国家或省级、行业建设主管部门颁发的计价定额和计价办法。

(3)建设工程设计文件及相关资料。

(4)招标文件中的工程量清单及有关要求。

(5)与建设项目相关的标准、规范、技术资料。

(6)工程造价管理机构发布的工程造价信息,工程造价信息没有发布的参照市场价。

(7)其他相关资料,主要指施工现场情况、工程特点及常规施工方案等。

按上述依据进行招标控制价编制,应注意使用的计价标准、计价政策应是国家或省级、行业建设主管部门颁布的计价定额和相关政策规定;采用的材料价格应是工程造价管理机构通过工程造价信息发布的材料单价,工程造价信息未发布材料单价的材料,其材料价格应通过市场调查确定;国家或省级、行业建设主管部门对工程造价计价中费用或费用标准有规定的,应按规定执行。

5. 编制最高招标限价需考虑的因素

(1)最高招标限价必须适应目标工期的要求,对提前工期因素有所反映。

(2)最高招标限价必须适应招标方的质量要求,对高于国家验收规范的质量因素有所反映。

(3)最高招标限价必须适应建筑材料采购渠道和市场价格的变化,考虑材料差价因素,并将差价列入最高招标限价。

(4)最高招标限价必须合理考虑招标工程的自然地理条件和招标工程范围等因素。

(5)最高招标限价价格应根据招标文件或合同条件的规定,按规定的工程发承包模式,确定相应的计价方式,考虑相应的风险费用。

6. 招标控制价的审核

招标控制价的审核工作由编制人负责,如果建设单位需要监理工程师事先参与,监理工程师应协助建设单位进行审核。审核的重点内容包括:

(1)审核工程量计算的准确性。

审核工程量的准确性,应从以下两方面入手:一是根据既有项目的基本指标结合拟建项目的基本情况,对工程量计算是否准确做一个大体的衡量,对超出主要指标偏差较大的项目及与本项目基本情况不符的项目,应要求工程造价咨询人重点复核,对个别清单项目的计算规则在本工程中有单独约定的也应要求工程造价咨询人进行重点复核;二是要求工程造价咨询人对算量过程进行标准化,要求工程造价咨询人加强对招标图纸的熟悉度,对一些图纸中不明确但又影响造价的地方应及时提出,共同商定处理办法。

采用的计量单位、计算精度、计算说明以及计算依据是否明确;使用的法定计量单位和计算方式是否合适等。

(2)审核工程量清单项目特征描述是否正确。

在审核时应特别注意特征描述的准确与全面,避免将来施工中面对承包人的索赔,或不平衡报价,以利于减小工程造价控制的风险。

(3)审核分部分项工程量清单综合单价的合理性。

重点审核定额套用是否准确、是否有漏套定额或重复套用定额的情况;对需要换算工程量的项目,换算是否正确;对借用类似定额组价或者自编定额的项目,审核其借用的定额或自编定额是否合理;审核综合单价是否按照招标期已公布的造价调整文件进行调整等。

(4)审核材料价格的合理性。

目前对材料价格一般是执行权威部门的信息价,没有信息价的材料应按合理市场价格计取。这就要求工程造价咨询人在启动清单编制工作后，及时对设备、材料市场的价格进行调查和收集，这样既有利于优化设计又有利于编制工程量清单与控制价。同时在不断的积累过程中收集、整理和完善设备、材料价格信息库，为今后的工程建设做参考依据。如遇询价工作量大的情况，必要时可协调公司相关部门提供资源，协助工程造价咨询人以公司的名义进行询价，并要求工程造价咨询人将询价结果及供应商信息录入公司材料价格信息库，以提高公司对材料价格的管控能力，提高工作效率，也可在以后的项目中提供给控价编制单位作为参考。

(5)审核措施费清单项目的合理性。

措施费在编制工程量清单控制价中大约占工程造价的10% ~20%，不同的工程项目措施费用差异很大。应充分考虑项目的工程特点、详细研究地勘资料、周围环境，并结合目前施工水平以及配套国家、地方规范性政策文件严格地编制。

(6)审核各项税、费率计取的准确性。

审查各项取费、计税标准是否符合现行规定，尤其应注意是否符合当地的规定和定额要求，以避免错算、重算和漏算。税金计取是否符合当地要求，特别是处于营改增的时期是否满足财税的实施细则及要求、是否存在抵扣、税率适用是否适当等。对于二次搬运、冬雨季施工、夜间照明、定位复测费是否按定额规定计取，计取基数是否符合定额规定等。

(7)审核清单编制总说明。

清单编制总说明是编制招标控制价及投标报价的重要依据，要求工程造价咨询人必须在公司提供的说明模板基础上结合项目实际情况进行相应调整，重点关注清单总说明与招标图纸、招标文件、清单项目特征描述、工程量计算方式、组价方式、措施费计取、暂估价列项等内容的一致性。如该项目的计量规则、计价方法与计价规范或定额有出入时，应进行明确的说明。

二、投标报价的含义、编制与报价决策

1. 投标报价的含义、编制人

投标报价是指投标人采取投标方式承揽工程项目时，通过分析、计算和确定承包该工程施工任务的总价格。投标报价是承包合同价格形成的基础。

投标人可以自己组织编制投标报价，也可以委托具有相应资质的工程造价咨询人编制投标报价。

2. 投标报价的编制原则

(1)投标报价由投标人自己确定，但是必须执行现行《建设工程工程量清单计价规范》(GB 50500)的强制性规定。对于公路工程而言，应执行公路工程预算定额、预算编制办法等。

(2)投标人的投标报价不得低于工程成本。

(3)投标人必须按招标人提供的工程量清单填报单价、合价等信息。

(4)投标报价要以招标文件中设定的承发包双方责任划分，作为设定投标报价费用项目和费用计算的基础。

(5)应该以常规的施工方案、技术措施等作为投标报价计算的基本条件。

(6)报价方法要科学严谨，简明适用。

3.投标报价的一般程序

(1)研究招标文件。

研究招标文件的目的是全面了解承包人在合同中的权利和义务,深入分析施工承包中所面临的和需要承担的风险,缜密研究招标文件中的漏洞和疏忽,为制定投标策略寻找依据,创造条件。

(2)现场考察、调查地材等价格。

现场考察是投标前全面了解现场施工环境、风险的重要途径,是投标人做好投标报价的先决条件。通常,在招标过程中,发包人会组织正式的现场考察,按照国内招标的有关规定,投标人应参加发包人安排的正式现场考察,不参加正式考察者,可能会被拒绝参与投标。投标人提出的报价应当是在现场考察的基础上编制出来的,而且应包括施工中可能遇见的各种风险和费用。在投标有效期内及工程施工过程中,承包人无权以现场考察不周、情况不了解为由而提出修改标书或调整标价给予补偿的要求。因此,投标人在报价以前,必须认真地进行现场考察,全面、细致地了解工地及其周围的政治、经济、地理、法律等情况,收集与报价有关的各种风险与数据。

(3)复核工程数量。

招标项目的工程量在招标文件的工程量清单中是固化的,是各投标人进行报价的基准工程量,是相对准确的工程量。但由于种种原因,工程量清单中的工程数量有时会和图纸中的数量存在不一致的现象。复核工程量的准确程度,将影响承包人的经营行为:一是根据复核后的工程量与招标文件提供的工程量之间的差距,考虑相应的投标策略,决定报价尺度;二是根据工程量大小采取合适的施工方法,选择适用、经济的施工机具设备,确定投入使用的劳动力数量等,从而影响到投标人的询价过程。

(4)编制专项施工方案、总体施工组织计划。

在计算标价之前,应先依据设计图纸、规范、经过复核的工程量清单、现场施工条件、开工、竣工的日期要求、机械设备来源、劳动力来源等文件资料制订专项施工方案、总体施工组织计划。编制一个好的总体施工组织计划可以大大降低标价,提高竞争力。编制的原则是在保证工期和工程质量的前提下,尽可能使工程成本最低、投标价格合理。

(5)投标价的计算(略)。

(6)报价决策。

投标人的报价策略一般包括赢利策略、微利保本策略、冒险投标策略、附加策略等。其中,附加策略包括优化设计策略、缩短工期策略、附加优惠策略、先低价中标后施工索赔策略等。

三、招标人应注意识别不平衡报价

工程量清单中的工程量是反映承包人的义务量大小及影响造价管理的重要数据。招标人或监理人整理工程量的依据是设计图纸和技术规范,整理工程量是一项技术工作,绝不是简单地罗列设计文件中的工程量。在整理工程量时,应根据设计图纸及调查所得的数据,在技术规范的计量与支付方法的基础上进行综合计算。同一工程子目,其计量方法不同,所整理出来的工程量会不一样。

设计文件中工程量所对应的计算方法与技术规范中的计量方法不一定一致,这就需要在整理工程量的过程进行技术处理。在工程量的整理计算中,应认真、细致,保证其准确性,做到不重不漏,不发生计算、汇总等错误。

一旦工程量存在错误,潜在的投标人很可能会利用"不平衡报价法"报价,即当实际工程量与清单工程量出入很大时,投标人会在总报价维持不变的基础上对实际工程量会增加的子目填报较高的单价,使得在施工过程中按实际工程量计量支付时,该项目费用会增加很多,从而获得较多的利润,举例如下。

【例 5-16】 某单价合同中包括 A、B、C 三个工程子目,发包人提供的工程量清单中的工程量和某一投标人根据图纸核定的工程量,以及该投标人采用平衡报价法和不平衡报价法的单价如表 5-23 所示。合同条款规定分项工程量变化超过 25% 时调价。请分析该投标人的报价竞争性和中标后的收益情况。

工程量及报价单价一览表　　表 5-23

工程子目	工程量(m^3)		单价(元/m^3)	
	发包人提供	投标人核定后预计	平衡报价时	不平衡报价时
A	43000	33550	85.00	70.60
B	35000	41899	120.00	131.00
C	22070	22070	191.00	191.00

解:(1)分析该投标人按照发包人提供的工程量清单数量进行报价的竞争性。

①由于 C 工程没有采用不平衡报价方式,可以只比较 A、B 两工程子目。

②利用不平衡报价法的报价金额 = 43000 × 70.60 + 35000 × 131.00 = 7620800.00(元)

③利用平衡报价法的报价金额 = 43000 × 85.00 + 35000 × 120.00 = 7855000.00(元)

④不平衡报价法的竞争性 = (2) - (3) = -234200.00(元)

⑤结论:不高于平衡报价法,且较平衡报价法降价比例近 3%,能够保持竞争优势。

(2)分析该投标人一旦中标后的实际收益。

①由于 C 工程没有采用不平衡报价方式,可以只比较 A、B 两工程子目。

②判断 A、B 两工程子目是否会因工程量的变化超过 25% 而调价:

A 工程:(335500/43000 - 1) × 100% = -21.97% < 25%;

B 工程:(41899/35000 - 1) × 100% = 19.71% < 25%。因此,可以采用不平衡报价法。

③利用不平衡报价法的实际受益 = 33550 × 70.60 + 41899 × 131.00 = 7857399.00(元)

④利用平衡报价法的实际受益 = 33550 × 85.00 + 41899 × 120.00 = 7879630.00(元)

⑤不平衡报价法的实际受益净金额 = (4) - (3) = 158939.00(元)。较平衡报价法的报价受益率增加比例近 2%。

(3)结论。

若该投标人中标,合同实施过程中将额外获益 158939.00 元。

第六章　费用目标控制监理工作

第一节　费用控制的依据、目标、任务与措施

一、费用控制(费用监理)的含义

对于项目监理机构或监理人员而言,交通运输工程建设项目费用目标控制的监理工作,习惯上简称为费用控制或费用监理。

"费用监理"这个名词或行为,产生或来源于世界银行给我国的贷款工程项目。1980 年 5 月,世界银行(以下简称"世行")恢复了我国的世行成员国合法席位,随之 1984 年对鲁布革水电站引水工程施放贷款,之后在第一批世行贷款公路项目中的陕西省西安至三元一级公路、山东省晏城至高唐二级公路,特别是第二批世行贷款项目的京津塘高速公路严格按照世行的要求,由业主(即建设单位、发包人或投资人)"雇用"国际咨询工程师联合会编制的《FIDIC 土木工程施工合同条款》中的"工程师"代表业主在土木工程施工现场进行质量控制、费用控制、进度控制,从而"采购"合格的工程产品。即在我国传统的工程施工质量管理基础上同时强化质量控制、费用控制、进度控制(简称三大控制),早期的这些世行贷款项目的成功实践,为我国 1988 年 7 月建立建设工程监理制度奠定了基础。

世行对我国施放贷款的工程项目,舶来了《FIDIC 土木工程施工合同条款》和单价合同、工程量清单等新名词,随之产生了工程投资、工程估价、工程计量支付或费用控制等费用管理的新方法。FIDIC 合同条款下的工程管理的核心就是以业主的雇员——"工程师"为主体,对工程施工全过程(施工准备阶段、施工阶段、交竣工验收阶段、缺陷责任期阶段)实施"独立"的合同管理——包括质量控制、费用控制、进度控制和信息管理、合同其他事项的管理和组织协调工作。其中,费用控制也可以称为造价控制,对建设单位而言又可称为投资控制,对施工单位(或称承包人、承包商)而言又可称为成本控制,对工程监理单位(或称监理人)而言则可称为费用监理。

而"费用"一词,我国在工程项目基本建设程序的不同阶段有着不同的称谓,在项目建议书及可行性研究阶段称之为"投资估算",在初步设计、技术设计阶段称之为"设计概算",在施工图设计阶段称之为"施工图预算",在项目招投标阶段称之为"招标控制价或标底价、投标报价",在发包人与承包人签订施工合同协议时称之为"合同价",在合同实施过程中的结算称之为"结算价",在工程项目竣工或合同结束时称之为"决算价"。

工程监理单位或其派驻现场的项目监理机构(如总监办或驻地办)、工程监理人员在工程施工阶段依据招标文件、合同协议书、中标工程量清单、监理规范、计量规则(或计价规范)等文件的规定,对施工单位在工程施工生产和施工管理过程中付出的"费用"和建造合格的工程

实体形成的工程量或工作量进行检查、测量、计数或计算、审核、确认工程计量单、签认费用支付证书,并报送建设单位核定支付(拨款)的监督管理工作就是费用监理工作。

二、费用控制的监理工作依据

工程监理单位、项目监理机构及其监理人员应遵循下列依据开展费用监理工作:

(1)适用的建设工程法律、法规及工程建设标准、技术规范、概预算定额、概预算编制办法和监理规范。

(2)工程招标文件及其补遗书、修正澄清书。

(3)工程施工图纸、变更设计图纸、工程量清单。

(4)工程施工合同协议书、监理合同协议书及其补充合同文件。

(5)工程量清单计量规则(或计价规范)。

(6)与工程施工质量控制有关的测量、检验、试验类合格资料。

(7)工程施工过程中的会议纪要、往来文件等。

三、费用控制的监理工作目标

在目前仍适用的《中华人民共和国标准施工招标文件》(2007 年版)(以下简称《标准施工招标文件》[1])通用合同条款使用总说明的第 2 条指出“合同条款是以发包人委托监理人管理工程合同的模式设定合同当事人的权利、义务和责任,区别于由发包人和承包人双方直接进行约定和操作的合同管理模式。监理人作为发包人授权的合同管理者对合同实施管理,发出的任何指示均被视为已取得发包人同意,但监理人无权免除或变更合同约定的发包人和承包人的权利、义务和责任”;第 5 条指出“合同条款同时适用于单价合同和总价合同”。

《标准施工招标文件》通用合同条款的第 1.1.5 条给出了“合同价格和费用”的定义,其中规定:签约合同价,指签订合同时合同协议书中写明的,包括了暂列金额、暂估价的合同总金额;合同价格,指承包人按合同约定完成了包括缺陷责任期在内的全部承包工作后,发包人应付给承包人的金额,包括在履行合同过程中按合同约定进行的变更和调整。

目标控制是开展各项工作的核心。公路水运工程施工项目费用监理工作的目标就是在保证工程施工质量合格、施工安全、按期完工的前提下,把施工合同段的实际结算费用控制在签约合同价以内。就是说,费用监理人员应对施工过程中的工程费用进行动态管理与控制,使合同工程各项目的静态投资控制在中标工程量清单报价的合同总价之内,控制实际投资额不超过计划投资额。如果未发生特别重大的工程设计变更、费用索赔、价格调整、工期延长等事件,最终结算金额(决算金额)不得突破工程概算金额或调整概算后的概算金额。

在费用控制过程中,费用监理人员应做到工程量清单内的费用项目,按照清单规定及时支付;工程量清单外的费用项目,按照审批程序经批准后及时支付,即应该支付的要实事求是、符合招标文件、符合审批工作程序和监理人权限且经过总监理工程师或建设单位负责人的签字

---

[1] 该《标准施工招标文件》是国家发改委牵头制定的、至今未更新的、尚适用的招标文件。交通运输部在该招标文件的基础上,结合公路工程的特点和管理需要,组织编写并发布了《公路工程标准施工招标文件》(2018 年版)。该招标文件的通用合同条款的内容是一致的,本考试用书在引用时统一使用《标准施工招标文件》字样。

批准,不应该支付的应当书面否决。

四、费用控制的监理工作任务

工程费用监理工作是指工程施工阶段的费用监督管理工作,主要工作任务包括协助建设单位审查施工招标文件、投标文件中有关商务条款和商务文件,协助建设单位进行合同谈判工作,进行合同价格调整;协助建设单位编制投资控制目标和分年度投资计划及支付计划;对新增项目、工程变更、工期调整的经济合理性进行审议并提出审议意见;审查施工单位提交的资金流计划,严格审核施工单位的月计量表格,签发工程款支付证书;制定避免或减少费用索赔的措施,受理施工单位提交的费用索赔申请;编制竣工后的最终支付证书,协助建设单位进行竣工决算等。

项目监理机构或费用监理人员的主要工作任务如下:

(1)熟悉工程施工图纸、工程施工现场的地质土质和地貌、地方材料等。

(2)熟悉工程施工定额、地方材料机械人工价格等。

(3)核实招标工程量清单,复核施工图纸的工程量,与施工单位、建设单位共同确认工程计量的"红线"。

(4)现场计量和确认施工单位所完成的各分项工程数量,及时审签工程计量单。

(5)审查施工单位编制的工程款支付申请表,并及时编制、签发支付证书。

(6)及时办理施工合同的交工结算和建设项目的竣工决算。

(7)公正处理合同管理中的工程变更、费用索赔、价格调整等引起的造价管理及费用审批事宜。

(8)有效利用计量支付权及索赔审核权等费用监理手段进行施工质量控制、进度控制、安全环保控制、信息资料管理。

(9)做好费用监理工作的文件资料的整理归档等。

为做好费用监理工作,费用监理人员应认真研究招标文件和施工承包合同文件,了解建设单位、施工单位之间的权利义务,熟悉或掌握有关本项目(合同)的计量支付方法、计量支付程序以及有关工程变更、费用索赔、价格调整的合同规定、审批原则、审批程序和方法;认真分析投标报价及合同价格,全面核实工程量清单,及时发现合同工程量中可能存在的错误,研究施工单位在投标报价中是否采用了不平衡报价法,预测不平衡报价给工程造价控制带来的影响,为处理工程变更的计价工作提供科学合理的依据;分析和提出为满足施工进度计划要求发包人应及时解决的外部施工条件,从而积极预防费用索赔事件;审查施工单位提交的用款计划,测算施工过程中的用款需求,为建设单位制订年度投资计划提供依据,从而积极预防或杜绝付款延误现象。

五、费用控制的监理工作措施

工程费用监理的措施包括组织措施、经济措施、技术措施和合同措施等。经济措施与技术措施相结合是控制工程费用的有效手段。

1. 组织措施

(1)明确监理组织结构,明确费用监理人员,明确工作任务、目标和职责分工。

(2)编制费用监理细则。

2. 经济措施

(1)督促施工单位编制资金使用计划,分解费用监理目标,对费用控制进行风险分析并制定防范性对策。

(2)及时进行工程计量并准确计量。

(3)审核施工单位编制的费用支付申请表,编制并签发支付证书。

(4)定期进行费用控制的偏差分析,采取纠偏措施。

(5)协商确定工程变更、费用索赔、物价调整等价款。

3. 技术措施

(1)认真审核总体施工组织设计,对专项施工方案进行技术经济比较,对危大工程的专项施工方案组织专家论证。

(2)对设计变更进行技术经济比较,严格控制设计变更。

4. 合同措施

(1)收集工程施工记录、监理记录,保管好各种施工图纸、往来文件,为处理好费用索赔积累资料,提供依据。

(2)参与合同协议的补充、补签工作,重点考虑影响费用控制的因素。

第二节 费用监理工作的作用、原则与方法

一、费用监理工作的作用

工程监理单位实施的工程质量监理、费用监理、进度监理、安全与环境管理以及合同管理、信息管理、组织协调工作构成建设监理制度下的全部监理工作。费用控制或称费用监理是建设监理制度中不可或缺的重要内容之一,甚至可以说,任何削弱费用监理工作的管理行为都是损害建设监理制度的行为,弱化费用监理工作职责或权利的监理合同是无效的监理合同。

1. 费用监理是控制施工"合同价格"的核心环节

在工程施工承包合同履行过程中,签约合同价是发包人和承包人关注的焦点,发包人、承包人由于各自利益的不同,可能会对合同价的高低及费用的支付产生各种各样的矛盾和分歧,从而影响合同的正常履行。发包人委托监理单位实施费用监理,可以及时处理承包人在工程施工结算中存在的高估冒算、超前计量等现象,有效控制工程变更的发生,积极预防违约所产生的索赔费用,解决工程施工结算中的各种矛盾和纠纷,保证工程费用计算的合法性、公平性、合理性和及时性,达到动态控制工程投资的目的。

2. 费用监理是质量控制的重要辅助手段

由于质量检验合格是工程计量、费用支付及办理施工合同价款结算的前提,因此,费用监

理是质量控制的重要辅助手段,是促使承包人履行质量义务的保障。通过费用监理中的准确计量、合理支付、拒付、扣款等方式,可以激励或制约承包人履行质量义务,保证施工质量。

3. 费用监理也是进度控制的重要辅助手段

由于施工合同的完成情况是通过累计支付曲线来反映的,因此,通过费用监理中的工程量计量、费用支付数据可以动态反映施工合同的实际进度情况,及时发现进度偏差,为监理工作中动态进行施工进度监理提供有力的依据。另一方面,通过费用监理中扣除逾期竣工违约金及支付提前竣工奖金等方式,可以制约或激励承包人严格履行施工进度义务,从而起到进度控制的作用。

4. 费用监理是保护承包人合法权益的重要途径

由于费用监理也是对发包人履行付款义务及其他相关义务的监理,因此,费用监理的过程实际上也是保护承包人合法权益的过程。按时得到根据施工合同承包人有权得到的各种款项既是承包人的合法权益,也是费用监理人的义务。通过费用监理可以及时办理计量支付签证,及时办理工程变更、施工索赔及价格调整等审批签证,从而保护承包人的合法权益。并且,通过费用监理可以促进发包人严格按基本建设程序办事,认真做好施工项目的前期准备工作,尽量减少工程变更及违约现象导致的施工索赔,从而提高施工合同履行的质量和效率。

总之,工程费用监理工作的作用是全面的、综合性的,它和质量监理工作、进度监理工作、安全环保监理工作及其他合同管理工作紧密地联系在一起。

二、费用监理工作的原则

费用监理就是指监理人员按合同文件,依据工程的实际进展情况对工程费用的计算与支付实行监督和管理,其主要工作是计量和支付。监理人员在计量与支付时应做到客观、公正、准确、及时。因此,为做好费用监理工作,监理人员在监理工作中应遵循以下基本原则。

1. 遵法守规的原则

费用监理是一项法律性、政策性、经济性和技术性很强的工作,首先要严格遵守国家的法律法规和有关制度,合法维护国家利益、发包人利益和施工企业利益,同时,还必须严格遵照工程项目本身内在规律的要求,处理好质量、进度、安全环保与费用之间的辩证关系。监理人员在进行费用监理时必须做到经其签认的每一笔工程费用都符合国家有关政策的规定和招标文件、施工合同协议书的要求,并协调好承包人与发包人的利益关系。

2. 执行合同条款、计价规范(计量规则)的原则

工程施工承包合同一方面综合体现了国家的经济政策和基本建设管理制度及法规,另一方面也全面概括了工程设计意图和要求,并综合考虑了施工中的各种因素,是工程施工的综合性约束文件。因此,根据约定优先原则,监理人员在进行工程费用监理时必须以合同条款为依据,按合同条款的规定处理好各类工程费用的审核与签认。监理人员不得超越合同条款或业主所赋予的权力开展监理工作,必须保证每一笔工程费用的确认、签认都符合合同条款的规定。

3. 恪守公正的原则

保持公正立场,是监理人员进行费用监理的基本原则和最低要求。

在工程施工及承包合同履行过程中，监理人员处于主导地位，承包人与发包人的货币收支是否准确和合理，取决于监理人员所签认的工程费用是否公正合理。因此，监理人员必须恪守公正、正义的原则来进行费用监理，做到不偏不倚。监理人员对工程费用的签认，直接涉及发包人和承包人的利益，要使工程费用既合理又准确，只有监理人员保持公正才有可能。

4. 坚持质量合格的原则

工程费用控制与质量控制有着极为密切的关系，它既直接以质量控制为基础，又是质量控制的基本保障。当然，两者的内容和侧重点不同，质量控制是对工程项目施工各环节中的工艺、技术以及所用材料的质量进行全面监督和管理。另外，对承包人所完成工程与设计图纸、技术规范等进行分析对比，并对工程性能进行检测，以判断其是否满足合同约定要求。而费用控制主要是通过计量、支付，对承包人的施工活动及成果进行计量并估价。对质量不合格的工程，对报验资料不全、与合同文件约定不符的项目，不予进行工程计量。

5. 遵守支付期限的原则

由于费用的支付涉及发包人、承包人双方的合法权益，影响合同的正常履行，因此，费用监理工作应依据合同条款规定的工程计量时限、费用支付期限做好工程计量或计量审核、支付金额审定和支付证书的编制、签发工作，并严格按计量支付的程序办事，督促发包人按时向施工单位支付工程进度款，杜绝付款延误现象，为工程施工中正常的资金周转提供积极有利的条件，避免由此引起的工期索赔、费用索赔。

三、费用监理工作的方法

费用监理的方法很多，从监理措施采取的时间不同分类，可以将费用监理分为事前监理（前馈监理）、事中监理（过程监理）、事后监理（反馈监理）三类。

1. 事前监理

事前监理也称前馈控制、主动控制，是指在发生目标偏差以前，即在实际工程费用超过合同价格之前，根据预测的信息，采取相应的预防措施予以调节，使工程费用不偏离或尽量少偏离合同价。比如，对工程量清单中的分项工程（工程子目）做出单价分析表，了解承包人的报价水平，对各种单价（计日工单价）做出分析，以便掌握在出现工程意外时采取的措施。

2. 事中监理

事中监理也称过程控制、跟踪监理，是指监理人员跟踪施工过程，并对其进行监理的一种监理方法。监理人员实施的旁站、巡视、抽检、见证、指令、报告、计量审核等工作是事中监理的主要工作（行为或方式）。

跟踪监理是一种日常的监理，事前监理与事后监理最后都要通过日常监理才能起作用。一方面，没有跟踪监理，事前监理和事后监理就没有意义。另一方面，跟踪监理能及时反馈信息，可以立即采取措施加以调整。

3. 事后监理

事后监理也称反馈控制、被动控制，是指监理人员将监理信息输送出去后又把作用结果返送回来，并对信息的再输出发生影响，以起到监理的作用。在费用监理过程中，为了对施工中的各种耗费进行有效的监理,要求把实际耗费同中标工程量清单进行比较,并把发生偏差的信息反馈给各方,以便及时进行调整,保证费用监理目标的实现。

第三节　费用监理人员的职责与权限

一、费用监理人员的岗位职责

《标准施工招标文件》通用合同条款第 3.1 条规定:监理人受发包人委托,享有合同规定的权力。监理人在行使某项权力前需要经发包人事先批准而通用合同条款没有指明的,应在专用合同条款中指明。

监理人作为合同管理者,其主要职责包括两个方面,一个是作为发包人的代理人,负责发出监理指示、检查工程质量、进度、安全环保等现场管理工作;二是作为第三方,负责商定或者确定有关合同管理事项,如单价的调整、变更估价、费用索赔等。公路水运工程费用监理人员的岗位职责如下:

(1)全面熟悉招标文件、合同条款、工程量清单、技术规范、施工图纸、公路或水运工程监理规范。

(2)负责制定费用监理工作程序或计量支付工作程序。

(3)核定图纸工程量,与工程量清单的数量进行对比,确定工程计量“红线”。

(4)参与审核总体施工组织设计、总体施工进度计划、年度计划、现金流量计划。

(5)负责办理开工预付款、材料预付款的支付与扣回工作,审核工程变更、费用索赔、计日工、价格调整,审核施工单位编制的期中支付申请。

(6)编制监理机构的支付证书,经总监理工程师审核签认后报送建设单位。

(7)负责建立计量支付台账,对计量支付资料进行整理归档。

(8)经常巡视工程施工现场,随时掌握施工现场的工、料、机动态和工程质量、进度状况。

(9)参与工程分包、工程延期的审查工作。

(10)参加第一次工地会议、工地例会、专题会议、监理工作例会,整理会议记录、会议纪要和报告;参与编写监理月报、监理日志等文件资料。

(11)负责绘制项目监理机构的工程进度、工程计量与支付上墙图表。

(12)负责审查工程交工、竣工的工程量和支付价款,参与竣工决算的审核。

(13)参与项目监理机构的来往文件处理、归档工作。

(14)完成总监理工程师或驻地监理工程师安排的其他工作。

二、费用监理人员的权限

发包人委托监理人对工程实施监督管理,其授权方式有两种。

一是全面授权。按工程量清单上的项目进行的进度款支付,是以监理人的计量结果、合同约定的单价或者费用为依据计算的支付项目,发包人对于这种支付一般全面授权给监理人。合同中预付款的支付和扣还,也只是程序问题,监理人在合同通用条件和专用合同条件的有关规定下进行监督、审查,按程序支付和扣还,发包人同样是全面授权的。

二是有限授权。发包人在施工阶段聘请监理人进行费用控制,而合同条件中明确指出:由发包人主办工程,发包人对永久工程项目投资活动的成败负有全部责任,发包人是施工阶段全部活动的施控主体。因此,除了在程序性控制工作之外,发包人对涉及费用变动的问题必然对监理人的权力具有有限授权的一面。即使在程序性控制的全面授权中,发包人对监理人费用监理的基础工作——质量检查和计量工作,仍然需进行必要的检查和监督。

在涉及费用变动的支付中,发包人往往采取有限授权的办法来限制监理人的权力,以使实际工程费用不致超出其可接受的一定范围。发包人对监理人在费用变动方面的有限授权具有普遍性,然而授权范围的大小对不同的具体合同却有很大差别,授权的限制程度与发包人的资金状况、发包人对监理人能力的信任以及承包人的素质情况等多种因素有关。

归纳起来,监理人员在费用监理中的期限如下:

(1)工程计量权、付款审批权和付款签证权。通过监理人审查签证的"工程计量单"和"工程付款证书"是施工单位已完工程量和应该得到的付款证书,是合同管理中一份具有一定法律效力的证明文件。公路或水运工程施工监理规范规定,监理人有权对工程的任何部分进行计量,有权要求承包人委派代理人协助其对已完工程进行审核、计量,最终确认工程数量。监理人有权拒绝对质量不合格部分的计量,有权核减、删除、调整承包人计量的不合理部分。

(2)工程变更的单价确认权和变更工程造价的确定权,施工索赔事件发生后的费用审查权、物价上涨现象发生时的价格调整权。根据《标准施工招标文件》的规定,监理人在行使上述权力时,应取得发包人的专门批准。

(3)在质量控制、进度控制等工作中的拒付权、扣款权。根据《标准施工招标文件》的规定,如果监理人根据检查或检验结果,确定材料或设备有缺陷或不符合合同要求,监理人可以拒收材料或设备,相应拒付材料和设备的预付款;当承包人完成的工程质量不合格或验收不符合要求时,监理人有权要求承包人无偿返工并拒绝进行计量支付;当承包人的施工不能按期完工时,监理人有权从计量支付证书中扣除逾期竣工违约金。

在费用监理过程中,监理人员的责、权、利是否统一对费用监理的工作质量有重要影响。如果监理人员有责无权,则职责无法落实。如果不赋予监理人员相应的权力,保证监理工作的独立性,则费用监理工作的公正性也无法落实。如果监理人员有权无责,则权力就没有约束,必然出现滥用权力的现象。例如,监理人员有权签发"工程付款证书",但如果监理人员没有客观公正、严格执行合同的职责,则有可能出现监理人随意批付工程进度款的现象。如果费用监理工作中责任很大而利益和报酬较低,则一方面无法保证费用监理人员的素质和费用监理工作质量,另一方面还可能出现费用监理人员利用手中权力非法为己牟利的现象。因此,只有责、权、利高度统一,才能有效地做好费用监理工作。

关于对监理人计量支付权力的限制,一是靠监理人及其监理工作人员本身的职业道德和工作责任心;二是靠行业主管部门关于监理工作的规章制度;三是靠项目法人的监理授权范围及其规定。

《公路水运工程监理工程师资质管理办法》第二十七、二十八条规定,对不能自觉遵守监理人职业道德、缺乏监理工作责任心的,监理工作失误、造成工程质量事故或经济损失的,将根据情节分别给予通报批评、停止执业、取消监理资格并收缴证书及5年内不得再申报监理人的处罚;对丧失职业道德、贪污索受贿赂、玩忽职守或因监理工作失误造成重大工程质量事故和严重经济损失并构成犯罪的,除取消监理资格并收缴证书外,还将由司法机关追究其刑事责任。

监理单位和监理人员应恪守"严格监理、热情服务、秉公办事、廉洁自律"的准则,积极工作,勤奋学习,与建设、设计、承包人及质量监督部门密切合作,全面履行施工监理的职责和义务。

第四节　工程计量的依据、原则与程序

一、工程计量的概念

1. 工程计量的概念

工程计量是按照《标准施工招标文件》的规定,遵守工程量清单计价规范或计量规则的规定,施工单位对已经完成的、符合要求的工程或工作进行检查、测量、计算、汇总其工程数量,报请监理机构进行现场检查、审核、共同确认其工程数量或工作量的过程。

2. 工程计量的内涵

工程计量的任务是确认结算工程数量的多少。《标准施工招标文件》通用合同条款第17.1.4条规定,已标价工程量清单中的单价子目工程量为估算工程量,是承包人投标报价的依据,不能作为承包人应予完成的工程之实际和确切的结算工程量。结算工程量的多少只有通过计量才能揭示和确定。按实际完成的结算工程量付款可以减少工程量的估计误差给双方带来的风险,增强工程费用结算结果的公平性与合理性,这正是单价合同的优点之一。

计量必须准确、真实、合法和及时。《标准施工招标文件》通用合同条款第17.1.4条规定,承包人对已经完成的工程进行计量,向监理人提交进度付款申请单、已完成工程量报表和有关计量资料。监理人对承包人提交的工程量报表进行复核,以确定实际完成的工程量。监理人对工程数量有异议的或者监理人认为必要时,可要求承包人共同进行测量、计算和复核。承包人未按照监理人要求参加复核,监理人复核或修正的工程量视为承包人实际完成的工程量。

工程计量不解除合同中约定的承包人应尽的义务和责任。监理人对工程的计量是确认承包人完成的工程量,仅是支付的依据,并不表示发包人和监理人接收了该工程,也不表示承包人对已经被计量的工程完全履行了合同义务,解除了承包人对被计量工程的维修及缺陷修复责任。《标准施工招标文件》通用合同条款第3.1.3条明确规定,合同约定应由承包人承担的义务和责任,不因监理人对承包人提交文件的审查或批准,对工程、材料和设备的检查和检验,以及为实施监理作出的指示等职务行为而减轻或解除。

二、工程计量的依据

工程计量的依据包括工程量清单说明和工程量清单计价规范或计量规则、施工合同文件和施工图纸、质量合格证书等。

1)工程量清单说明、工程量清单计价规范或计量规则

工程量清单说明和工程量清单是确定计量方法的依据。因为工程量清单说明和工程量清单的计价规范或计量规则,规定了工程量清单中每一项工程数量的计算方法,同时明确规定了该项目单价所包括的工作内容和范围,它们是工程计量十分重要的依据。例如,关于重力式挡土墙的计量,技术规格书中规定:其计量单位为延长米,工作内容包括基础、墙身、踏步、混凝土压顶、栏杆、扶手等全部结构物的施工和安装工作。承包人在投标报价时,应该根据清单序言和技术规格书的要求将所有工作内容包含在报价之中;监理人在计量支付时只能按总的延长米计算,对踏步、混凝土压顶、栏杆、扶手等项目的测量和检查,仅是确认项目是否完成,不再另外计量支付。

2)施工合同文件和施工图纸

除了工程量清单中的工程项目以外,在合同文件中通常还规定了一些包干项目(如直接分包的项目等)和其他支付项目;合同文件中还明确规定了监理人进行计量的权限和职责等等内容。

单价合同以实际完成的工程数量进行结算,其实际完成的工程量是指被监理人计量确认的工程数量,而不是承包人实际施工的数量。监理人对承包人超出设计图纸尺寸增加的工程量和由于自身原因造成返工的工程数量,不予计量。即计量的几何尺寸应以设计图纸为准,而不是以工程施工实际尺寸计算。

3)质量合格资料

对于承包人已完成的工程数量,并不是全部进行计量,而只是质量达到合同标准的工程量才准许计量。因此,工程计量必须与质量监理紧密配合,经过监理人检验,工程质量达到合同规定标准后,由监理人签发质量合格证书类资料(如中间交工证书),有了质量合格证书类资料的工程才准许计量。所以说质量监理是计量的基础,计量又是质量监理的保障,通过工程计量可大大强化承包人的质量意识。

三、工程计量的原则

工程计量不仅直接涉及发包人与承包人双方的经济利益,而且是监理人的重要权力和监理手段,在工程计量中遵守有关基本原则,是做好监理工作的有效保障。

1)履行合同原则

监理人在进行工程计量时,必须全面理解合同条件、施工图纸和工程量清单等合同文件的各组成部分。如工程量清单计价规范或计量规则对计量方法的规定,详细说明了各工程细目的内容及要求,对哪些内容不单独计量和支付,其价值如何分摊,都具体作了规定。工程量清单中的单价是承包人按招标文件的要求和合同条件的规定填报的,是支付的单价依据。因此,监理人必须严格遵守合同中的有关规定来进行计量,使每一项工程的计量都符合合同要求。

2)公正性原则

监理人在工程计量环节中拥有广泛的权力,承包人与发包人的货币收支是否合理,取决于监理人签认的工程量是否准确和真实。只有监理人保持公正的立场和恪守公正的原则,才能使他在计量与支付工作中正确地使用权力,准确地计量,实事求是地处理好发包人与承包人之间的有关纠纷,合理地确定工程费用。如果监理人不公正,他就无法做出正确的判断。特别是

当施工过程中发生工程变更、工程索赔和各种特殊风险时,就更要求监理人公正而独立地做出判断和估价。因此,监理人在工程计量中,必须认真负责,以实事求是的精神和客观公正的态度做好每一项工作,确保发包人与承包人之间的交易公平。唯有公正,才能分清发包人和承包人各自的权利和责任,才能准确地协调好双方之间的利益关系,才能保证工程计量的准确、真实和合法。

3)时限性原则

工程计量具有严格的时间要求,时限性极强。计量不及时,会影响承包人的施工进度;支付不及时,也会影响承包人的施工进度,并可能直接产生合同纠纷。《标准施工招标文件》在第17条中对计量与支付严格规定了时间限制,同时也规定了计量与支付复核的时间限制。因此,监理人一定要按时进行计量和支付。

4)程序性原则

为了保证工程计量准确、真实和合法,合同条款和各项目的监理组织都规定了严格的程序。这些程序规定了各项工程细目和各项工程费用进行计量与支付的条件、办法以及计算、复核、审批的环节,是从合同上、组织上和技术上对计量与支付加以严格管理,以确保准确和公正。如计量必须以质量合格为前提,支付必须以计量为基础等。因此,工程计量必须遵守严格的程序,通过按程序办事来提高数据的准确性、真实性和合法性,以保证工程计量准确、合理。

5)监理人最终确认计量结果的原则

对承包人完成的合格工程或所完成的工作内容的计量,是监理人控制进度、控制费用的主要手段。为此监理人对计量工作必须具有权威性,否则就无法保证监理人三大监理目标的实现。监理人对工程计量结果具有最终确认权,其权威性主要表现在:工程计量的结果必须得到监理人的确认;监理人有权对工程的任何部分进行计量;工程计量应按监理人同意的方式、方法进行;监理人对承包人为计量准备的资料和设备不符合要求时,可暂不计量。

四、工程计量的条件

工程计量工作,一方面是准确地测定和计算已完工程的数量,另一方面是对已完工程进行综合评价。因此,进行计量时,必须满足以下前提条件。

1.计量的项目应符合合同要求

合同约定计量的项目,一般包括以下三个方面:

(1)清单中的工程细目。清单中的工程细目全部需要进行计量,合同文件约定不需填写单价与金额的项目,其费用已包括在清单的其他单价或款项中,因此,对于清单中没有填写单价与金额的项目,仍需进行计量,以确认承包人是否按合同条件完成了该项工程。

(2)合同文件中约定的项目。除了清单中的工程细目外,在合同文件中通常还约定了一些"包干"项目,对于这些项目,也必须根据合同文件约定进行计量。

(3)工程变更项目。工程变更中一般附有工程变更清单,工程变更清单同工程量清单具有相同的性质,因此,对于工程变更清单项目亦必须按合同有关要求进行计量。

上述合同约定以外的项目,例如承包人为完成上述项目而进行的一些辅助工程,监理人没有进行计量的义务。因为,这些辅助工程的费用已包括在上述项目的单价中。

2. 质量必须达到合同规范标准的要求

一项工程的全过程的监理分为质量监理和工程费用监理两个阶段。承包人所完成的工程细目的质量必须经监理人检查并达到合同规范的标准后，才能由监理人签发中间交工证书，在此基础上进行计量。工程质量没有达到合同规范标准的任何工程或工序，一律不得进行计量。

3. 检验手续必须齐全

对一项工程或一道工序的检查验收，应有以下资料和手续：

(1) 监理人批准的开工申请单；

(2) 承包人自检合格的各种质量资料和试验数据；

(3) 监理人检验合格的各种质量资料和试验数据；

(4) 监理工程师签署的分项工程“中间交工证书”。

五、工程计量的周期(时间)

《标准施工招标文件》通用合同条款第 17.1.3 条“计量周期”中规定：除专用合同条款另有约定外，单价子目已完成工程量应按月计量，总价子目的计量周期按规定的计量支付分解比例确定。

每月进行计量，便于掌握工程进度情况及核定月进度款(即期中支付证书)，为此，监理人一般须按月审定“中间计量单”。对于隐蔽工程，则须在工程覆盖之前进行计量。否则，在覆盖后再进行计量将使工作更复杂和更困难。

在实际工作中，各工程项目的建设单位或者总监办会给出计量周期的起止时间。多数工程项目的费用监理工作程序约定，工程计量从上一个月的 26 日至本月的 25 日为一个计量周期，计量该时间段内实际完成的合格的分项工程项目和总额子目，即在这一个计量周期内填写并经监理人审定的工程计量单有可能全部进入本月的支付证书。

六、工程计量的程序

根据《标准施工招标文件》通用合同条款第 17.1.4 条的规定，对于单价子目的计量，应按照以下程序进行：

(1) 承包人对已完成的工程进行计量，并向监理人提交进度付款申请单、已完工程量报表和有关计量资料。

(2) 监理人复核承包人提交的工程量报表，以确定实际完成的工程量。对有异议的计量项目和计量数量，可要求承包人进行共同复核和抽样复测。承包人应协助监理人进行复核并按监理人要求补充计量资料，承包人未按照监理人要求参加复核的，监理人复核或修正的工程量视为承包人实际完成的工程量。

(3) 监理人认为有必要时，可通知承包人共同进行联合测量、计量。

(4) 承包人完成工程量清单中每个子目的工程量后，监理人应要求承包人派员共同对每个子目的历次计量报表进行汇总，以核实最终结算工程量。承包人未派员参加的，监理人最终核实的工程量视为承包人完成该子目的准确工程量。

(5) 监理人应在收到承包人提交的工程量报表后的 7 天内进行复核，监理人未在约定时间内复核的,承包人提交的工程量报表中的工程量视为承包人实际完成的工程量,据此计算工程价款。

根据《标准施工招标文件》通用合同条款第 17.1.5 条的规定,对于总价子目的分解和计量,应按照以下程序进行:

(1)总价子目的分解和计量应以总价为基础,按照合同约定进行。

(2)承包人在合同约定的每个计量周期内对已经完成的工程(或工作)进行分解和计量,并向监理人提交进度付款申请单、总价子目计量分解表等表示阶段性或分项计量的支持性资料,以及所达到工程形象目标或分阶段需完成的工程量和有关计量资料。

(3)监理人进行复核,以确定分阶段实际完成的工程量和工程形象目标。对其有异议的,监理人可要求承包人共同复核和抽样复测。

(4)除合同变更外,总价子目的工程量(工作量)是承包人用于结算的最终工程量(工作量)。

七、工程计量的组织方式、数量计算方法

1. 工程计量的组织方式

工程计量的组织方式,包括监理人或承包人分别独立进行的计量方式、承包人和监理人共同进行的计量方式。无论如何,计量必须符合合同的要求,其结果必须由监理人确认。

(1)监理人独立计量的组织方式。监理人独立计量时,可以由监理人完全控制被计量的工程部位,质量不合格的工程肯定不会被计量,也很少出现多计的情况,能够确保记录结果的准确性。但监理人的工作量较大,且容易引起承包人的异议而延误计量工作时间。

(2)承包人独立计量方式。这种方式可以减轻监理人的工作量,但由于是承包人自行计量,可能会出现多估冒算和超前计量、非计量项目也填报计量单的问题,甚至计量细目、计算方法、算术性计算错误也时有发生,或者质量不合格的分项工程也可能被计量。

(3)承包人和监理人共同进行的计量方式。这种计量方式有两种实现路径,一是监理人通知承包人一起进行现场计量,二是承包人申请计量,监理人同意并约定时间一起进行现场计量。这两种方式均有利于消除双方的疑虑,当场解决分歧,减少争议,又能较好地保证计量结果的公正性和准确性,简化程序,节约时间。公路水运工程的计量管理过程中,多采用承包人先申请计量、监理人审核同意并共同进行计量的方式完成工程计量工作。

2. 工程计量的数量计算方法

工程计量包括单价子目的工程量计量和总价子目的计量,其数量计算方法,一般有以下几种:

(1)凭证法。凭证法就是根据合同的要求,承包人应提供费用支付发票类票据才能计量支付的方法,如保险费就是以承包人每次交付费用的凭证或单据才能进行计量支付。又如对承包人有些索赔项目的计量,有时可根据实际发生的费用进行计量,而实际发生的费用就需要有票据或凭证作证明。

(2)均摊法。均摊法就是将在合同工期内每月都有发生的“总价子目”,按照合同约定的阶段性目标分解表进行分解计量,一般采用按月均摊的方法计量,如竣工文件费、承包人驻地建设和施工标准化费用等项目。

(3)分解计量法。对一个相对独立的分部工程或单位工程,如高速公路中的一座人行通

道工程，其计量规则规定按“延米”计量，当施工工期大于一个支付期限（一个月）时，这个工程项目的支付就有必要分次计量支付，这时可采用分解计量法来计量。分项计量就是将一个整个项目根据工序或部位（分项）分成若干子项，对已完成的各子项先行计量，按各子项所占总量的比例，计算支付款额，但各子项支付的合计款额应与整体项目款额相等。

（4）图纸计算法。对于钢筋混凝土结构物的钢筋、钻孔灌注桩的桩长、路面工程的铺筑面积等，一般采用图纸计算法。

（5）现场断面测量计算法。如土石方开挖和填筑工程的计量，基础工程中结构物的混凝土浇筑方量的体积计算，需要现场断面测量计算法。

（6）现场点数计算法。如场地清理的砍伐树木按照“棵”计数，桥梁的盆式支座按照“个”计数，道路交通标志按照“个”计数，计日工按现场记录的“工日”计算等。

八、工程计量的单位、精度

《标准施工招标文件》通用合同条款第17.1.1条规定，计量采用国家法定的计量单位。

《中华人民共和国计量法》第3条规定，国际单位制计量单位和国家选定的其他计量单位，为国家法定计量单位。

计量单位分两类，一类是物理计量单位，一类是自然计量单位。物理计量单位以公制单位计量，自然计量单位通常采用十进位自然数计算。

对于物理计量单位长度常用米、延米、千米、公里，面积常用平方米、千平方米、公顷；体积常用立方米、千立方米；质量常用克、千克、吨。自然计量单位常用个、片、座、棵等。

对于精度，为方便起见，浮点数须四舍五入至小数点后恰当的位数。应对不同的细目分别作出规定。

虽然这是一个简单问题，但实际工作中，常常出现计量名称、符号及取位错误和不规范。同时，监理人还应注意的是各细目的计量单位必须与工程量清单中所用单位一致。

所有工程计量，均以净值为准。

第五节　公路工程计量规则

特别说明一：交通运输部发布了最新的《公路工程标准施工招标文件》（2018年版）和最新的《水运工程工程量清单计价规范》（JTS/T 271—2020），鉴于这两个文件具体内容的不可通用性，工程计量的内容和规则等内容将分别进行介绍。本节根据公路工程的工程量计量规则介绍公路工程的计量内容和计量方法。

特别说明二：该部分内容仅供公路工程专业的考生学习和应试使用。

交通运输部于2017年发布的《公路工程标准施工招标文件》（2018年版）包括三册，第一次明确地将原招标文件列入《公路工程标准施工招标文件》（2018年版·第三册）中，将工程量的计量规则单列为一章，即第八章“工程量清单计量规则”。《公路工程标准施工招标文件》（2018年版·第三册）的“使用说明”第十一条明确规定：第七章“技术规范”和第八章“工程量清单计量规则”应由招标人根据《公路工程标准施工招标文件》（2018年版）、招标项目的特点和实际需要编制。

公路工程的工程量清单计量规则主要包括：工程量清单计量规则的说明、第100章总则的计量、第200章路基工程的计量、第300章路面工程的计量、第400章桥梁工程的计量、第500章隧道工程的计量、第600章安全设施及预埋管线的计量、第700章绿化及环境保护实施的计量等内容。分别介绍如下。

一、工程量清单计量规则的说明

1. 一般要求

(1)公路工程的计量规则应按照《公路工程标准施工招标文件》(2018年版·第三册)的规定执行。

(2)所有工程项目,除个别注明者外,均采用我国法定的计量单位,即国际单位及国际单位制导出的辅助单位进行计量。

(3)规则的计量与支付,应与合同条款、工程量清单以及图纸同时阅读,工程量清单中的支付项目号和本规则的章节编号是一致的。

(4)任何工程项目的计量,均应按本规则规定或监理人书面指示进行。

(5)按合同提供的材料数量和完成的工程数量所采用的测量与计算方法,应符合本规则规定。所有这些方法,应经监理人批准或指示。承包人应提供一切计量设备和条件,并保证其设备精度符合要求。

(6)除非监理人另有准许,一切计量工作都应在监理人在场情况下,由承包人测量、记录。有承包人签名的计量记录原本,应提交给监理人审查和保存。

(7)工程量应由承包人计算,由监理人审核。工程量计算的副本应提交给监理人并由监理人保存。

(8)除合同特殊约定单独计量之外,全部必需的模板、脚手架、装备、机具、螺栓、垫圈和钢制件等其他材料,应包括在工程量清单中所列的有关支付项目中,均不单独计量。

(9)除监理人另有批准外,凡超过图纸所示的面积或体积,都不予计量与支付。

(10)承包人应严格标准计量基础工作和材料采购检验工作。沥青混凝土、沥青碎石、水泥混凝土、高强度等级水泥砂浆的施工现场必须使用电子计量设备称重。因不符合计量规定引发质量问题,所发生的费用由承包人承担。

(11)第104节"承包人驻地建设"与第105节"施工标准化"属选择性工程子目,由发包人根据工程项目管理实际情况选择使用或同时使用。

2. 质量

(1)凡以质量计量或以质量作为配合比设计的材料,都应在精确与批准的磅秤上,由称职合格的人员在监理人指定或批准的地点进行称重。

(2)称重计量时应满足以下条件:监理人在场;称重记录;载明包装材料、支撑装置、垫块、捆束物等质量的说明书在称重前提交给监理人作为依据。

(3)钢筋、钢板或型钢计量时,应按图纸或其他资料标示的尺寸和净长计算。搭接接头、接头套筒、焊接材料、下脚料和固定、定位架立钢筋等,不予另行计量。钢筋、钢板或型钢应以千克计量,四舍五入,不计小数。钢筋、钢板或型钢存在理论单位质量与实际单位质量的差异而引起材料质量与数量不相匹配的情况,计量时不予考虑。

(4)金属材料的质量不得包括施工需要加放或使用的灰浆、楔块、填缝料、垫衬物、油料、接缝料、焊条、涂敷料等的质量。

(5)承运按质量计量材料的货车,应每天在监理人指定的时间和地点称出空车质量,每辆货车还应标示清晰易辨的标记。

(6)对有规定标准的项目,例如钢筋、金属线、钢板、型钢、管材等,均有规定的规格、质量、截面尺寸等指标,这类指标应视为通常的质量或尺寸;除非引用规范中的允许偏差值加以控制,否则可用制造商的允许偏差。

3. 面积

除非另有规定,计算面积时,其长、宽应按图纸所示尺寸线或按监理人指示计量。对于面积在 $1m^2$ 以下的固定物(如检查井等)不予扣除。

4. 结构物

(1)结构物应按图纸所示净尺寸线,或根据监理人指示修改的尺寸线计量。

(2)水泥混凝土的计量应按监理人认可的并已完工工程的净尺寸计算,钢筋的体积不扣除,倒角不超过 0.15m×0.15m 时不扣除,体积不超过 $0.03m^3$ 的开孔及开口不扣除,面积不超过 0.15m×0.15m 的填角部分也不增加。

(3)所有以米(m)计量的结构物(如管涵等),除非图纸另有表示,应按平行于该结构物位置的基面或基础的中心方向计量。

5. 土方

(1)土方体积可采用平均断面面积法计算,但与似棱体公式计算结果比较,如果误差超过 ±5% 时,监理人可指示采用似棱体公式。

(2)各种不同类别的挖方与填方计量,应以图纸所示界线为限,而且应在批准的横断面图上标明。

(3)用于填方的土方量,应按压实后的纵断面高程和路床面为准来计量。承包人报价时,应考虑在挖方或运输过程中引起的体积差。

(4)在现场钉桩后 56 天内,承包人应将设计和进场复测的土方横断面图连同土方的面积与体积计算表一并提交监理人批准。所有横断面图都应标有图题框,其大小由监理人指定。一旦横断面图得到最后批准,承包人应交给监理人原版图及三份复制图。

6. 运输车辆体积

(1)用体积计量的材料,应以经监理人批准的车辆装运,并在运到地点进行计量。

(2)用于体积运输的车辆,其车厢的形状和尺寸应使其容量能够容易而准确地测定并应保证精确度。每辆车都应有明显标记。每车所运材料的体积应于事前由监理人与承包人相互达成书面协议。

(3)所有车辆都应装载成水平容积高度,车辆到达送货点时,监理人可以要求将其装载物重新整平,对超过定量运送的材料将不支付。运量达不到定量的车辆,应被拒绝或按监理人确定减少的体积接收。根据监理人的指示,承包人应在货物交付点,随机将一车材料刮平,在刮平后如发现货车运送的材料少于定量时,从前一车起所有运到的材料的计量都按同样比率减为目前的车载量。

7. 质量与体积换算

(1)如承包人提出要求并得到监理人的书面批准,已规定要用立方米(m^3)计量的材料可以称重,并将此质量换算为立方米(m^3)计量。

(2)将质量计量换算为体积计量的换算系数应由监理人确定,并应在此种计量方法使用之前征得承包人的同意。

8. 沥青和水泥

(1)沥青和水泥应以千克为单位计量。

(2)如用货车或其他运输工具装运沥青材料,可以按经过检定的质量或体积计算沥青材料的数量,但要对漏失量或泡沫进行校正。

(3)水泥可以以袋作为计量的依据,但一袋的标准应为50kg。散装水泥应称重计量。

9. 成套的结构单元

如规定的计量单位是一成套的结构物或结构单元(实际上就是按“总额”或称“一次支付”计的工程子目),该单元应包括了所有必需的设备、配件和附属物及相关作业。

10. 标准制品项目

(1)如规定采用标准制品(如护栏、钢丝、钢板、轧制型材、管子等),而这类项目又是以标准规格(单位质量、截面尺寸等)标识的,则这种标识可以作为计量的标准。

(2)除非所采用标准制品的允许误差比规范的允许误差要求更严格,否则,生产厂确立的制造允许误差不予认可。

二、第100章“总则”的计量规则

根据《公路工程标准施工招标文件》(2018年版·第三册)第八章“工程量清单计量规则”第100章的规定,保险、竣工文件、施工环保费、安全生产费、信息化系统(暂估价)、临时工程与设施(包括临时道路修建、养护与拆除,临时占地,临时供电设施架设、维护与拆除,电信设施的提供、维修与拆除,临时供水与排污设施)、承包人驻地建设和施工标准化等主要工程内容均以总额为单位计量。具体计算,参照技术规范包括的工程内容进行。其中,安全生产费按投标价的1.5%(若招标人公布了最高投标限价,按最高投标限价的1.5%计算),以总额为单位计量。

三、第200章“路基工程”的计量规则

根据《公路工程标准施工招标文件》(2018年版·第三册)第八章“工程量清单计量规则”第200章的规定,路基工程的工程内容主要包括场地清理,挖方路基,填方路基,特殊地区路基处理,路基整修,坡面排水,护坡、护面墙,挡土墙,锚杆、锚碇板挡土墙,加筋土挡土墙,喷射混凝土和喷浆边坡防护,预应力锚索边坡加固,抗滑桩,河道防护等。

(一)场地清理

1. 清理与掘除

清理现场的工程量应依据图纸所示位置及范围(路基范围以外临时工程用地清场等除

外),按路基开挖线或填筑边线之间的水平投影面积,以平方米(m^2)为单位计量。

清理现场工程内容包括:灌木、竹林、胸径小于10cm树木的砍伐及挖根,清除场地表面0~30cm范围内的垃圾、废料、表土(腐殖土)、石头、草皮,与清理现场有关的一切挖方、坑穴的回填、整平、压实,适用材料的装卸、移运、堆放及非适用材料的移运处理,现场清理。

砍伐树木和挖除树根的工程量可依据图纸所示路基范围内胸径10cm以上(含10cm)的树木,按实际砍伐或挖除树根数量以棵为单位计量。

砍伐树木的工程内容包括:砍伐,截锯,装卸、移运至指定地点堆放,场地清理等。

挖除树根的工程内容包括:挖除树根,装卸、移运至指定地点堆放,场地清理等。

2. 挖除旧路面

挖除旧路面的工程量应按不同的路面结构类型,如沥青路面、水泥混凝土路面等的水平面积,同时考虑挖除厚度,以立方米(m^3)为单位计量。

工程内容包括:挖除,装卸、移运处理,场地清理、平整。

3. 拆除结构物

拆除钢筋混凝土、混凝土、砖、石及其他砌体等圬工工程量应依据图纸所示位置,拆除路基范围内原有的不同类型的结构物,包括钢筋混凝土结构、混凝土结构、砖、石及其他砌体结构的体积,以立方米(m^3)为单位计量。

拆除圬工工程内容包括:挖除,装卸、移运处理,场地清理、平整。

拆除金属结构物应依据图纸所示位置,拆除路基范围内原有的金属结构,以千克为单位计量。金属回收须按合同有关约定办理。

拆除金属结构物工程内容包括:切割、挖除,装卸、移运、堆放,场地清理、平整。

4. 植物移栽

在植物移栽工程中,工程量应依据图纸所示位置,起挖路基范围内原有的乔(灌)木或草皮并移栽,移栽各类乔(灌)木时按成活的数量以棵为单位计量,移栽草皮时按成活的草皮面积以平方米(m^2)为单位计量。

工程内容包括:起挖,植物保护、装卸、运输,坑(穴)开挖,种植,支撑、养护,场地清理。

(二)挖方路基

挖方路基的工程内容主要包括路基挖方工程,以及改河、改渠、改路挖方工程两大分项,两大分项工程的工程量计量规则相同,均包含挖土方、挖石方、挖除非适用材料(不含淤泥、岩盐、冻土)、挖淤泥、挖冻土、挖岩盐等工程内容。计量规则如下。

1. 挖土、石方

路基挖方工程和改河、改渠、改路挖方工程中,挖土、石方工程量应依据图纸所示地面线、路基设计横断面图、路基土石比例,采用平均断面面积法计算,如图6-1所示,包括边沟、排水沟、截水沟的土、石方,按照天然密实体积(土方)或天然体积(石方)以立方米(m^3)为单位计量。需注意,路床顶面以下挖松深300mm再压实作为挖土方的附属工作,不另行计量。取弃土场的绿化、防护工程、排水设施在相应章节内计量。

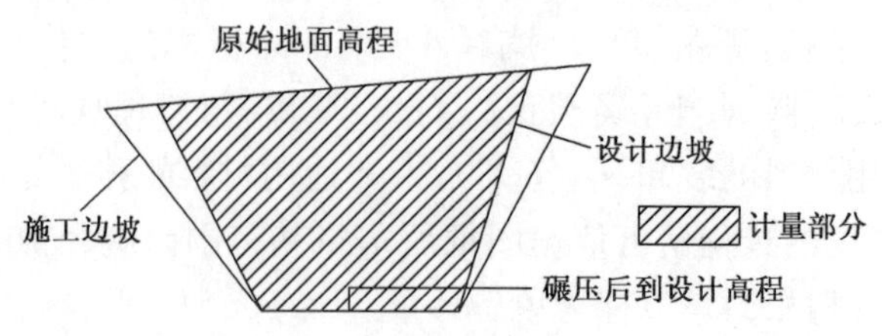

图 6-1 路基挖方计量示意图

挖土方工程内容包括:挖、装、运输、卸车,填料分理、弃土整形、压实,施工排水处理,边坡整修,路床顶面以下挖松深300mm 再压实、路床清理。

挖石方工程内容包括:石方爆破,挖、装、运输、卸车,填料分理、弃土整形、压实,施工排水处理,边坡整修、路床顶面凿平或填平压实、路床清理。

2. 挖除非适用材料(不含淤泥、岩盐、冻土)

路基挖方工程和改河、改渠、改路挖方工程中,挖除此类材料时应依据图纸所示位置,挖除路基范围内非适用材料(不含淤泥、岩盐、冻土),以立方米(m^3)为单位计量工程量。取弃土场的绿化、防护工程、排水设施在相应章节内计量。

工程内容包括:施工排水处理,挖除、装载、运输、卸车、堆放,现场清理。

3. 挖淤泥

路基挖方工程和改河、改渠、改路挖方工程中,挖淤泥应依据图纸所示位置,以立方米(m^3)为单位计量工程量。取弃土场的绿化、防护工程、排水设施在相应章节内计量。

工程内容包括:施工排水处理,挖除、装载、运输、卸车、堆放,现场清理。

4. 挖岩盐、冻土

路基挖方工程和改河、改渠、改路挖方工程中,挖岩盐、冻土的工程量应依据图纸所示地面线、路基设计横断面图、路基土石比例,按平均断面面积法计算,按照天然体积以立方米(m^3)为单位计量。取弃土场的绿化、防护工程、排水设施在相应章节内计量。

挖岩盐工程内容包括:石方爆破或机械开挖,挖、装、运输、卸车,填料分埋,施工排水处理,路床顶面岩盐破碎、润洒饱和卤水、碾压整平、路床清理。

挖冻土工程内容包括:爆破或机械开挖,挖除、装卸、运输、卸车、堆放,施工排水处理,现场清理。

(三)填方路基

填方路基的工程内容主要包括路基填筑(包括填前压实)工程,以及改河、改渠、改路填筑工程两大分项,两大分项工程的工程量计量规则相同,均包含利用土方、利用石方、利用土方混填、借土填方、粉煤灰及矿渣路堤、吹填砂路堤、EPS(聚苯乙烯泡沫)路堤、结构物台背回填、锥坡及台前溜坡填土等工程内容,计量规则如下。

1. 利用土、石方或土石混填

路基填筑工程或改河、改渠、改路填筑工程中,利用土、石方时应依据图纸所示地面线、路基设计横断面图,按平均断面面积法计算压实的体积,以立方米(m^3)为单位计量,如图 6-2 所示。

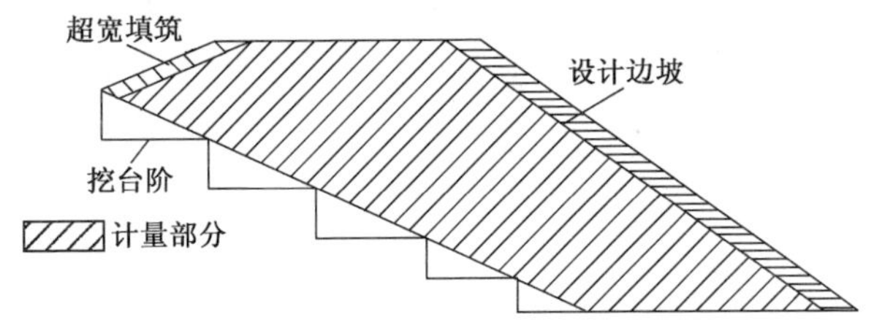

图 6-2　路基填方计量示意图

当填料中石料含量小于 30% 时,应按利用土方算。

当填料中石料含量大于 70% 时,应按利用石方算。

当填料中石料含量大于 30% 且小于 70% 时,应按利用土石混填算。

填前压实、地面下沉增加的填方量按填料来源计量。需注意的是,满足施工需要,预留路基宽度宽填的填方量不另行计量。

利用土方填筑工程内容包括:基底翻松、压实、挖台阶,临时排水、翻晒,分层摊铺,洒水、压实、刷坡,整形。

利用石方填筑工程内容包括:基底翻松、压实、挖台阶,临时排水、翻晒,边坡码砌,分层摊铺,小石块(或石屑)填缝、找补,洒水、压实,整形。

利用土石混填工程内容包括:基底翻松、压实、挖台阶,临时排水、翻晒,边坡码砌,分层摊铺,洒水、压实、刷坡,整形。

2. 借土填方、粉煤灰及矿渣路堤、吹填砂路堤

路基填筑工程或改河、改渠、改路填筑工程中,借土填方时依据图纸所示地面线、路基设计横断面图,按平均断面面积法计算压实的体积,以立方米(m^3)为单位计量。地面下沉增加的填方量按填料来源计量。满足施工需要,预留路基宽度宽填的填方量作为路基填筑的附属工作,不另行计量。借土场绿化、防护工程、排水设施、临时用地则在相应章节内计量。

借土填方工程内容包括:借土场场地清理、清除不适用材料,简易便道、基底翻松、压实、挖台阶,挖、装、运输、卸车,分层摊铺,洒水、压实、刷坡,施工排水处理,整形。

粉煤灰及矿渣路堤工程内容包括:材料选择,基底翻松、压实、挖台阶,挖、装、运输、卸车,分层摊铺,洒水、压实、土质护坡,施工排水处理,整形。

吹填砂路堤工程内容包括:吹砂设备安设,吹填,施工排水处理(排水沟、反滤层设置),封闭及整形。

3. EPS 路堤

路基填筑工程或改河、改渠、改路填筑工程中,EPS 路堤工程量依据图纸所示,按铺筑的 EPS 体积,以立方米(m^3)为单位计量。

工程内容包括:下承层处理、铺设垫层、EPS 块加工及铺装。

4. 结构物台背回填、锥坡及台前溜坡填土

路基填筑工程或改河、改渠、改路填筑工程中,结构物台背回填以及锥坡及台前溜坡填土

的工程量应依据图纸所示数量,按照压实的体积,以立方米(m^3)为单位计量。须注意的是,结构物台背回填工程中,挡土墙墙背回填不另行计量。

工程内容包括:基底翻松、压实、挖台阶,填料的选择,临时排水,分层摊铺,洒水、压实,整形。

(四)特殊地区路基处理

1. 软土路基处理

(1)抛石挤淤、爆炸挤淤应依据图纸所示位置和范围,按照抛石体积的片石数量,以立方米(m^3)为单位计量。

抛石挤淤工程内容包括:临时排水,抛填片石,小石块、石屑填塞垫平,重型压路机压实。

爆炸挤淤工程内容包括:超高填石、爆炸设计、布置炸药、爆破、填石、钻探(或物探)检查。

(2)各类垫层,如砂垫层、碎石垫层等应依据图纸所示位置和断面尺寸,按图示中各类垫层的密实体积,以立方米(m^3)为单位计量。需注意因换填而挖除的非适用材料应按挖方路基中挖除非适用材料(不含淤泥、岩盐、冻土)的计量规则进行计量。

工程内容包括:基底清理、临时排水、分层铺筑、分层碾压,灰土垫层还包括石灰购置、运输,碎石垫层包括路基边部片石砌护。

(3)土工合成材料,主要包括反滤土工布、防渗土工膜、土工格栅等工程量,应依据图纸所示位置和规格,按土层中分层铺设各类土工合成材料的累计净面积,以平方米(m^2)为单位计量。接缝的重叠面积和边缘的包裹面积不予计量。

工程内容包括:清理下承层、铺设及固定、接缝处理(搭接、缝接、粘接)、边缘处理。

(4)真空预压依据图纸所示的沿密封沟内缘线密封膜覆盖的路基面积,以平方米(m^2)为单位计量。

工程内容包括:场地清理及埋设沉降观测设施,铺设砂垫层及密封薄膜,施工密封沟,安装真空设备,抽真空、沉降观测,拆除、清理场地,围堰及临时排水。

(5)超载预压依据图纸所示预压范围(宽度、高度、长度)预压后体积,以立方米(m^3)为单位计量。

工程内容包括:场地清理及埋设沉降观测设施,指标试验,围堰及临时排水,挖运、堆载、整修及碾压,沉降观测,卸载。

(6)袋装砂井依据图纸所示位置和断面尺寸,按不同直径袋装砂井的长度,以米(m)为单位计量。

工程内容包括:场地清理,(轨道铺、拆)装砂袋,桩机定位,打钢管,下砂袋,拔钢管,起重机(门架)、桩机移位。

(7)塑料排水板依据图纸所示位置和断面尺寸,按图示不同类型的塑料排水板长度,以米(m)为单位计量,但需注意,不计伸入垫层内的塑料排水板长度。

工程内容包括:场地清理,(轨道铺、拆)桩机定位,穿塑料排水板,安桩靴,打拔钢管,剪断排水板,起重机(门架)、桩机移位。

(8)粒料桩工程量依据图纸所示位置和断面尺寸,按图示不同桩径的各类桩的长度,以米(m)为单位计量。

工程内容包括：场地清理、成桩设备安装与就位、成孔、灌砂（碎石）、桩机移位。

（9）加固土桩工程量依据图纸所示位置和断面尺寸，按图示不同桩径的各类桩的长度，以米（m）为单位计量。

粉喷桩工程内容包括：场地清理，钻机安装与就位，钻孔，喷（水泥）粉、搅拌，复喷、二次搅拌，桩机移位。

浆喷桩工程内容包括：场地清理，钻机定位，钻进，上提喷浆、强制搅拌，复搅，提杆出孔，钻机移位。

（10）CFG 桩（水泥粉煤灰碎石桩）工程量依据图纸所示位置和断面尺寸，按图示不同桩径的 CFG 桩的长度，以米（m）为单位计量。

工程内容包括：场地清理、钻机定位、钻进成孔、CFG 桩混合料拌制、灌注及拔管、桩头处理、钻机移位。

（11）Y 形沉管灌注桩工程量依据图纸所示位置和断面尺寸，按图示不同规格的 Y 形沉管灌注桩的长度，以米（m）为单位计量。

工程内容包括：场地清理、打桩机定位、沉管、混合料拌制、灌注及拔管、桩头处理、打桩机移位。

（12）薄壁筒型沉管灌注桩工程量依据图纸所示位置和断面尺寸，按图示不同规格的薄壁筒型沉管灌注桩的长度，以米（m）为单位计量。

工程内容包括：场地清理、打桩机定位、沉管、混合料拌制、灌注及拔管、桩头处理、打桩机移位。

（13）静压管桩工程量依据图纸所示位置和断面尺寸，按图示不同规格的静压管桩的长度，以米（m）为单位计量。

工程内容包括：场地清理、管桩制作、静力压桩机定位、压桩、桩身连接、桩头处理、压桩机移位。

（14）强夯及强夯置换。强夯的工程量应依据图纸所示位置和处理面积，按图示路堤底面积，以平方米（m^2）为单位计量。强夯置换的工程量应依据图纸所示位置，按图示置换的体积，以立方米（m^3）为单位计量。

强夯工程内容包括：场地清理，拦截、排除地表水，防止地表水下渗等防渗措施，强夯处理，路基整形，压实，沉降观测。

强夯置换工程内容包括：场地清理，拦截、排除地表水，防止地表水下渗等防渗措施，挖除材料，铺设置换材料，强夯，路基整形，承载力检测。

2. 红黏土及膨胀土路基处理

红黏土及膨胀土路基处理的工程量应依据图纸所示位置和断面尺寸，按不同掺灰量、水泥量的压实体积，以立方米（m^3）为单位计量。对不良填料改良处理，主要有两种处理方式：掺石灰改良处理和掺水泥改良处理。

工程内容包括：原状土开挖、翻松及晾晒，石灰（水泥）消解，掺灰（水泥）拌和。

3. 滑坡处理

滑坡处理的主要工程内容为清除滑坡体，应按照清除滑坡体土方与石方的天然体积分别以立方米(m^3)为单位计量。

工程内容包括:地表水引排、防渗、地下水疏导引离,挖除、装载,运输到指定地点堆放,现场清理。

4. 岩溶洞处理

岩溶洞处理主要包含的工程内容为回填,工程量应依据图纸要求的回填材料的密实体积,以立方米(m^3)为单位计量。

工程内容包括:清除覆土,炸开顶板,地下水疏导引离,挖除充填物,分层回填,碾压、夯实。

5. 湿陷性黄土路基处理

(1)陷穴处理工程量应按照灌砂和灌水泥砂浆的体积,以立方米(m^3)为单位计量。

灌砂工程内容包括:施工排水处理、开挖、灌砂、压实。

灌水泥砂浆工程内容包括:施工排水处理、开挖、水泥砂浆拌制、灌水泥砂浆。

(2)强夯应依据图纸所示位置和处理面积,按图示路堤底面积,以平方米(m^2)为单位计量。强夯置换应按图示置换的体积,以立方米(m^3)为单位计量。

(3)石灰改良土的工程量依据图纸所示位置和断面尺寸,对不良填料进行掺石灰改良处理,按不同掺灰量的压实体积,以立方米(m^3)为单位计量。

工程内容包括:原状土开挖、翻松及晾晒,石灰消解,掺灰拌和。

(4)灰土桩的工程量应依据图纸所示位置和断面尺寸,按图示不同直径的灰土桩的长度以米(m)为单位计量。

工程内容包括:场地清理,钻机安装与就位,钻孔,喷(水泥)粉、搅拌,复喷、二次搅拌,桩机移位。

6. 盐渍土路基处理

(1)对于垫层处理,砂垫层或砂砾垫层的工程量依据图纸所示位置和断面尺寸,按图示砂垫层密实体积或砂砾垫层密实体积,以立方米(m^3)为单位计量。

工程内容包括:基底清理、临时排水、分层铺筑、分层碾压。

(2)若采用土工合成材料,防渗土工膜、土工格栅的工程量应依据图纸所示位置和规格,按土层中分层铺设防渗土工膜的累计净面积,以平方米(m^2)为单位计量。

工程内容包括:清理下承层、铺设及固定、接缝处理(搭接、缝接、粘接)、边缘处理。

7. 风积沙路基处理

采用土工合成材料时,土工格栅、土工格室、蜂窝式塑料网的工程量应依据图纸所示位置和规格、型号,按各类材料累计净面积,以平方米(m^2)为单位计量。

8. 冻土路基处理

(1)若隔热层采用XPS(绝热用挤塑苯乙烯泡沫塑料)保温板,工程量应依据图纸所示位置和断面形状、尺寸,按图示粘贴的XPS保温板面积,以平方米(m^2)为单位计量。

工程内容包括:备保温板、运输,裁剪保温板,清理粘贴面,涂刷或批刮黏结胶浆,贴到图示墙面或地面。

(2)若隔热层采用通风管,工程量应依据图纸所示位置和断面形状、尺寸,按设置的通风管长度，以米(m)为单位计量。

工程内容包括：基础开挖、通风管制作、通风管安装、回填砂砾、压实。

(3)若隔热层采用热棒，工程量应依据图纸所示位置和尺寸，按图示设置的热棒数量，以根为单位计量。

工程内容包括：场地清理，备水电、材料、机具设备，钻机定位，钻进、成孔，起吊安装热棒，热棒四周灌砂密实，钻进移位。

(五)坡面排水

1. 边沟、排水沟、截水沟、跌水与急流槽

(1)浆砌片(块)石或干砌片石的工程量应按浆砌片(块)石或干砌片石的体积，以立方米(m^3)为单位计量。

浆砌片(块)石工程内容包括：场地清理，地基平整夯实，断面补挖，铺设垫层，砂浆拌制，浆砌片(块)石、勾缝、抹面、养护，回填。

干砌片石工程内容包括：场地清理、地基平整夯实、断面补挖、铺设垫层、铺砌片石、回填。

(2)现浇或预制安装混凝土的工程量需按照面尺寸，按照不同强度等级的混凝土浇筑或预制的边沟、排水沟、截水沟、跌水与急流槽的体积，以立方米(m^3)为单位计量。

现浇混凝土工程内容包括：场地清理，地基平整夯实，断面补挖，铺设垫层，模板制作、安装、拆除，钢筋制作与安装，混凝土拌和、运输、浇筑、养护，回填。

预制安装混凝土工程内容包括：场地清理，地基平整夯实，断面补挖，铺设垫层，模板制作、安装、拆除，预制件预制、运输、装卸，预制件安装，回填。

(3)预制安装混凝土盖板的工程量需按照不同强度等级混凝土预制的盖板体积，以立方米(m^3)为单位计量。

工程内容包括：场地清理，模板制作、安装、拆除，钢筋制作与安装，预制件预制、运输、装卸，预制件安装。

2. 渗沟

渗沟的工程量应根据断面尺寸，分不同类型及规格，按长度以米(m)为单位计量。

工程内容包括：基础开挖、进出水口处理、铺设防渗材料、铺设透水管及泄水管、填料填筑及夯实、设置反滤层、设置封闭层、现场清理。

3. 蒸发池

(1)挖土(石)方的工程量应依据图纸所示地面线、断面尺寸、土石比例，按开挖的天然密实体积，以立方米(m^3)为单位计量。

工程内容包括：场地清理，开挖、集中、装运，施工排水处理，弃方处理。

(2)圬工工程量应分不同类型及强度等级，按圬工体积，以立方米(m^3)为单位计量。

工程内容包括：场地清理，基础开挖及弃方处理，地基平整夯实，断面补挖，浆砌片石、勾缝、抹面、养护，回填。

4. 涵洞上下游改沟、改渠铺砌

(1)浆砌片石铺砌的工程量应依据图纸所示位置及断面尺寸，按照不同强度等级水泥砂

浆铺砌的片石体积,以立方米(m^3)为单位计量。

工程内容包括:场地清理,地基平整夯实,沟、渠断面补挖,铺设垫层,砂浆拌制,浆砌片石、勾缝、抹面、养护,回填。

(2)现浇或预制混凝土铺砌的工程量应依据图纸所示位置及断面尺寸,按照不同强度等级的混凝土浇筑或预制的沟、渠铺砌体积,以立方米(m^3)为单位计量。

现浇混凝土工程内容包括:场地清理,地基平整夯实,沟、渠断面补挖,铺设垫层,模板制作、安装、拆除,混凝土拌和、运输、浇筑、养护,回填。

预制混凝土铺砌工程内容包括:场地清理,地基平整夯实,沟、渠断面补挖,铺设垫层,模板制作、安装、拆除,预制件预制、运输、装卸,预制件安装,回填。

5. 现浇、预制混凝土坡面排水结构物

混凝土坡面排水结构物的工程量需按照不同强度等级的混凝土浇筑或预制的结构物体积,以立方米(m^3)为单位计量。

现浇混凝土工程内容包括:场地清理,地基平整夯实,坡面排水结构物断面补挖,铺设垫层,模板制作、安装、拆除,混凝土拌和、运输、浇筑、养护,回填。

预制混凝土工程内容包括:场地清理,地基平整夯实,坡面排水结构物断面补挖,铺设垫层,模板制作、安装、拆除,预制件预制、运输、装卸,预制件安装,回填。

6. 仰斜式排水孔

钻孔工程量需依据图纸所示位置及孔径,按照不同孔径排水孔长度,以米(m)为单位计量。

排水管及软式透水管的工程量依据图纸所示位置及排水管材质,按照不同孔径排水管长度,以米(m)为单位计量。

钻孔工程内容包括:搭拆脚手架,安拆钻机,布眼、钻孔、清孔,现场清理。

排水管工程内容包括:搭拆脚手架,管体制作、包裹渗水土工布,安装排水管,排水口处理,现场清理。

软式透水管工程内容包括:搭拆脚手架,管体制作、包裹渗水土工布(反滤膜),安装透水管,排水口处理,现场清理。

(六)护坡、护面墙

1. 护坡垫层

护坡垫层的工程量应依据图纸所示位置和密实厚度,按照不同材料类别的垫层体积,以立方米(m^3)为单位计量。

工程内容包括:坡面清理、修整,垫层材料铺筑,压实、捣固,弃渣处理。

2. 干砌片石护坡

此类护坡的工程量应依据图纸所示位置和铺砌厚度,以立方米(m^3)为单位计量。需注意此清单工程量包含碎落台、护坡平台满铺干砌片石数量,但是需扣除急流槽所占部分。

工程内容包括:清理边坡、坡面夯实、基础开挖、铺砌片石、回填、清理现场。

3. 浆砌片石护坡

(1)满铺浆砌片石护坡工程量需依据图纸所示位置和铺砌厚度、水泥砂浆强度,按照铺砌体积,以立方米(m^3)为单位计量,包括碎落台、护坡平台满铺浆砌片石数量,但是需扣除急流槽所占面积。

工程内容包括:清理边坡,坡面夯实,基础开挖,浆砌片石,勾缝、抹面、养护,回填,清理现场。

(2)浆砌骨架护坡工程量除考虑铺砌厚度及水泥砂浆强度外,同时还需考虑骨架形式,按照护坡体体积,以立方米(m^3)为单位计量。此工程量同样包括碎落台、护坡平台浆砌骨架数量,但是需扣除急流槽所占面积。

工程内容包括:清理边坡,坡面夯实,基础开挖,浆砌片石,勾缝、抹面、养护,回填,清理现场。

(3)现浇混凝土的工程量须依据图纸所示位置及断面尺寸,按照不同强度等级混凝土浇筑的现浇混凝土体积,以立方米(m^3)为单位计量。

工程内容包括:清理边坡,坡面夯实,基础开挖,模板制作、安装、拆除,混凝土拌和、运输、浇筑、养护,回填,清理现场。

4.混凝土护坡

(1)混凝土满铺护坡和骨架护坡均分现浇和预制两种,工程量须依据图纸所示位置,现浇护坡需同时考虑断面尺寸,预制件护坡需同时考虑构造尺寸,按照不同强度等级混凝土浇筑(或预制件铺砌)的实体体积,以立方米(m^3)为单位计量。

现浇混凝土护坡工程内容包括:清理边坡,坡面夯实,基础开挖,模板制作、安装、拆除,混凝土拌和、运输、浇筑、养护,回填,清理现场。

预制混凝土护坡工程内容包括:清理边坡,坡面夯实,基础开挖,预制场建设,预制件预制、运输、装卸,预制件安装,回填,清理现场。

(2)浆砌片石护坡的工程量须依据图纸所示位置和铺砌厚度,按照不同强度等级水泥砂浆砌筑的浆砌片石护坡体积,以立方米(m^3)为单位计量。

工程内容包括:清理边坡,坡面夯实,基础开挖,浆砌片石,勾缝、抹面、养护,回填,清理现场。

5.护面墙

护面墙工程主要分为三种,预制安装混凝土护面墙、现浇混凝土护面墙、浆砌片(块)石护面墙,工程量需依据图纸所示位置及断面尺寸,分别按照不同强度等级混凝土预制件体积、混凝土体积、水泥砂浆砌片(块)石的体积,以立方米(m^3)为单位计量,且均不扣除沉降缝、泄水孔、预埋件所占体积。

浆砌片(块)石护面墙工程内容包括:基础开挖、地基平整夯实、废方弃运,边坡清理夯实,浆砌片石,设泄水孔及其滤水层,接缝处理,勾缝、抹面、墙背排水设施设置、填料分层填筑,清理现场。

现浇混凝土护面墙工程内容包括:场地清理,基础开挖、地基平整夯实、废方弃运,边坡清理夯实,模板制作、安装、拆除,混凝土拌和、运输、浇筑、养护,泄水孔及其滤水层、沉降缝设置,墙背排水设施设置、填料分层填筑,清理现场。

预制安装混凝土护面墙工程内容包括:预制场建设,预制件预制、运输、装卸,预制件安装,墙背排水设施设置、填料分层填筑,清理现场。

6. 封面、捶面

封面及捶面的工程量须依据图纸所示位置及断面尺寸,按照不同厚度的封面或捶面的面积,以平方米(m^2)为单位计量。

工程内容包括:坡面清理、封(捶)面施工、清理现场。

7. 坡面柔性防护

坡面柔性防护主要分为主动防护系统及被动防护系统两种,工程量须依据图纸所示,按不同类型的防护系统防护的坡面面积,以平方米(m^2)为单位计量。

主动防护系统工程内容包括:坡面清理,脚手架安设、拆除、完工清理和保养,支撑绳穿绳、张拉、固定,挂网、网片连接、缝合、固定,钻孔、清孔、套管装拔、锚杆制作、安装、锚固、锚头处理,浆液制备、注浆、养护,网面调整。

被动防护系统工程内容包括:坡面清理,基础及立柱施工,支撑绳穿绳、张拉、固定,挂网、网片连接、缝合、固定,钻孔、清孔、套管装拔、锚杆制作、安装、锚固、锚头处理,浆液制备、注浆、养护,网面调整。

(七)挡土墙

1. 垫层

挡土墙工程中垫层的工程量应根据垫层密实厚度,按照不同材料的垫层体积,以立方米(m^3)为单位计量。

工程内容包括:基底清理、临时排水、铺筑垫层、夯实。

2. 基础

挡土墙基础部分主要为浆砌片(块)石基础或混凝土基础,工程量应依据图纸所示位置和断面尺寸,按图示不同强度等级的水泥砂浆砌石体积或混凝土体积,以立方米(m^3)为单位计量。

浆砌片(块)石基础工程内容包括:基坑开挖、清理、平整、夯实、废方弃运,拌、运砂浆,砌筑、养护,回填。

混凝土基础工程内容包括:基坑开挖、清理、平整、夯实,混凝土制作、运输,浇筑、振捣,养护,回填,清理现场。

3. 干砌、砌体、混凝土挡土墙

砌体、干砌、混凝土挡土墙墙体的工程量应依据图纸所示位置和断面尺寸,分别按图示的干砌体积、不同强度等级水泥砂浆砌石、混凝土的体积,以立方米(m^3)为单位计量,且均不扣除沉降缝、泄水孔、预埋件所占体积。

混凝土挡土墙所含的钢筋须依据图纸所示及钢筋表所列钢筋质量以千克(kg)为单位计量,固定钢筋的材料、定位架立钢筋、钢筋接头、吊装钢筋、钢板、铁丝作为钢筋作业的附属工作,不另行计量。

浆砌片(块)石挡土墙工程内容包括:基坑开挖、清理、平整、夯实,浆砌片(块)石,设泄水孔及其滤水层,接缝处理,勾缝、抹面、墙背排水设施设置、填料分层填筑,清理、废方弃运。

干砌挡土墙工程内容包括:基坑开挖、清理、平整、夯实,砌筑片(块)石,设泄水孔及其滤水层,接缝处理,抹面,墙背排水设施设置、填料分层填筑,清理、废方弃运。

混凝土挡土墙工程内容包括:基坑开挖、清理、平整、夯实,模板制作、安装、拆除,混凝土制作、运输,浇筑、振捣,养护,泄水孔及其滤水层、沉降缝设置,墙背填料分层填筑,清理、废方弃运。

钢筋工程内容包括:钢筋的保护、储存及除锈,钢筋整直、接头,钢筋截断、弯曲,钢筋安设、支撑及固定。

(八)锚杆、锚碇板挡土墙

1. 锚杆挡土墙

锚杆挡土墙包括现浇混凝土立柱、预制安装混凝土立柱、预制安装混凝土挡板,工程量均应依据图纸所示位置及断面尺寸,按照不同强度等级混凝土体积,以立方米(m^3)为单位进行计量。

现浇混凝土立柱工程内容包括:基坑开挖、清理、平整、夯实,模板制作、安装、拆除,混凝土制作、运输,浇筑、振捣,养护,锚头制作、防锈及防水封闭,清理现场。

预制安装混凝土立柱工程内容包括:基坑开挖,预制场建设,预制件预制、运输、装卸,预制件安装,锚头制作、防锈及防水封闭,清理现场。

预制安装混凝土挡板工程内容包括:沟槽开挖,预制场建设,预制件预制、运输、装卸,预制件安装,墙背回填及墙背排水系统施工,清理、废方处理。

2. 锚碇板挡土墙

锚碇板挡土墙包括现浇混凝土肋柱、预制安装混凝土肋柱、预制安装混凝土锚碇板,工程量均应依据图纸所示位置及断面尺寸,按照不同强度等级混凝土体积,以立方米(m^3)为单位进行计量。

现浇混凝土肋柱工程内容包括:基坑开挖、清理、平整、夯实,模板制作、安装、拆除,混凝土制作、运输,浇筑、振捣,养护,锚头制作、防锈及防水封闭,清理现场。

预制安装混凝土肋柱工程内容包括:基坑开挖,预制场建设,预制件预制、运输、装卸,预制件安装,锚头制作、防锈及防水封闭,清理现场。

预制安装混凝土锚碇板工程内容包括:沟槽开挖,预制场建设,预制件预制、运输、装卸,预制件安装,墙背回填及墙背排水系统施工,清理、废方处理。

3. 现浇墙身混凝土、附属部位混凝土、现浇桩基混凝土

以上挡土墙混凝土工程量均应依据图纸所示位置及断面尺寸,按照不同强度等级混凝土体积,以立方米(m^3)为单位进行计量。护壁混凝土作为桩基的附属工作,不另行计量。

现浇墙身混凝土工程内容包括:模板制作、安装、拆除,混凝土拌和、运输,浇筑、养护,墙背回填及墙背排水系统施工,清理现场。

现浇附属部位混凝土工程内容包括:模板制作、安装、拆除,混凝土拌和、运输,浇筑、养护,清理现场。

现浇桩基混凝土工程内容包括:钻孔,模板制作、安装、拆除,护壁及桩身混凝土拌和、运

输,浇筑、养护,墙背回填、压实、排水措施施工,清理现场。

4. 锚杆、拉杆

(1)挡土墙中钢筋的工程量应依据图纸所示及钢筋表所列钢筋质量,以千克(kg)为单位计量,且固定钢筋的材料、定位架立钢筋、钢筋接头、吊装钢筋、钢板、铁丝作为钢筋作业的附属工作,不另行计量。

工程内容包括:钢筋的保护、储存及除锈,钢筋整直、接头,钢筋截断、弯曲,钢筋安设、支撑及固定。

(2)在锚杆、锚碇板挡土墙中锚杆及拉杆的工程量均应依据图纸所示位置,按照其设计长度和规格计算质量,以千克(kg)为单位计量。

锚杆工程内容包括:坡面清理、钻孔、制作安放锚杆、灌浆、拉拔试验、锚固、锚头处理。

拉杆工程内容包括:拉杆沟槽开挖、废方弃运,拉杆制作、防锈处理、安装,拉杆与肋柱、锚碇板连接处的防锈处理,锚头制作、防锈处理、防水封闭、养护。

(九)加筋土挡土墙

1. 基础

基础部分主要为浆砌片石基础或混凝土基础,工程量应依据图纸所示位置和断面尺寸,按图示不同强度等级的水泥砂浆砌石体积或混凝土体积,以立方米(m^3)为单位计量。

浆砌片石基础工程内容包括:基坑开挖、清理、平整、夯实、废方弃运,拌、运砂浆,砌筑、养护,回填。

混凝土基础工程内容包括:基坑开挖、清理、平整、夯实,混凝土制作、运输,浇筑、振捣,养护,回填,清理现场。

2. 现浇混凝土帽石

现浇混凝土帽石工程量应依据图纸所示断面尺寸,按不同强度等级的混凝土体积,以立方米(m^3)为单位计量。

工程内容包括:模板制作、安装、拆除,混凝土拌和、运输,浇筑、养护,清理现场。

3. 预制安装混凝土墙面板

预制安装混凝土墙面板工程量应依据图纸所示位置与断面尺寸,按不同强度等级的混凝土体积,以立方米(m^3)为单位计量。

工程内容包括:沟槽开挖,预制场建设,预制件预制、运输、装卸,预制件安装,墙背回填(不含路基填料的回填)及墙背排水系统施工,清理现场。

4. 加筋带

加筋带分为扁钢带、钢筋混凝土带、塑钢复合带、塑料土工格栅、聚丙烯土工带等。

扁钢带、塑钢复合带、聚丙烯土工带、钢筋的工程量依据图纸所示位置与断面尺寸,以铺设数量换算为质量,以千克(kg)为单位计量。

塑料土工格栅的工程量应依据图纸所示位置和规格、型号,按土层中分层铺设土工格栅的累计净面积,以平方米(m^2)为单位计量,但接缝的重叠面积和边缘的包裹面积不予计量。

钢筋混凝土带的工程量应依据图纸所示位置与断面尺寸,按不同强度等级的混凝土体积,以立方米(m^3)为单位计量,混凝土中的钢筋作为加筋带的附属工作,不另行计量。

工程内容包括:场地清理、铺设加筋带、填料摊平、分层压实。

5. 钢筋

钢筋的工程量应依据图纸所示及钢筋表所列钢筋质量,以千克(kg)为单位计量,固定钢筋的材料、定位架立钢筋、钢筋接头、吊装钢筋、钢板、铁丝作为钢筋作业的附属工作,不另行计量。加筋带中的钢筋不另行计量。

工程内容包括:钢筋的保护、储存及除锈,钢筋整直、接头,钢筋截断、弯曲,钢筋安设、支撑及固定。

(十)边坡防护

1. 喷浆防护、喷混凝土防护

(1)挂网土工格栅喷浆防护、挂网锚喷混凝土防护。

边坡各部位进行喷浆防护、喷混凝土防护的工程量应依据图纸所示位置,同时考虑砂浆强度等级或混凝土强度等级,按照不同厚度的喷射防护面积,以平方米(m^2)为单位计量。

工程内容包括:岩面清理、设备安装与拆除、水泥砂浆(混凝土)拌制、喷射、养护、沉降缝设置。

(2)铁丝网、钢筋网。

铁丝网、钢筋网工程量依据图纸所示位置,按照设计数量,以千克(kg)为单位计量。因搭接而增加的铁丝网(钢筋网)不予计量。

工程内容包括:清理坡面,铁丝网(钢筋网)安设、支撑、固定。

(3)土工格栅。

土工格栅工程量应依据图纸所示位置和规格、型号,按分层铺设土工格栅的累计净面积,以平方米(m^2)为单位计量,但接缝的重叠面积和边缘的包裹面积不予计量。

工程内容包括:清理坡面,铺设,接缝处理(搭接、缝接、粘接)。

(4)锚杆。

锚杆工程量应依据图纸所示位置,按照其设计长度和规格计算质量,以千克(kg)为单位计量。

工程内容包括:清理坡面、钻孔、制作安放锚杆、灌浆。

2. 土钉支护

(1)钻孔注浆钉工程量应按图示不同直径的土钉钻孔桩长度,以米(m)为单位计量。

工程内容包括:清理坡面、钻孔,制作安放土钉钢筋,浆体配制、运输、注浆。

(2)击入钉的工程量应按图示金属击入钉的质量,以千克(kg)为单位计量。

工程内容包括:清理坡面、土钉制作、土钉击入。

(3)钢筋的工程量应依据图纸所示及钢筋表所列钢筋质量,以千克(kg)为单位计量;固定钢筋的材料、定位架立钢筋、钢筋接头、吊装钢筋、钢板、铁丝作为钢筋作业的附属工作,不另行计量;土钉用钢材不予计量。

工程内容包括:钢筋的保护、储存及除锈,钢筋整直、接头,钢筋截断、弯曲,钢筋安设、支撑及固定。

(十一)预应力锚索边坡加固

1. 预应力钢绞线、无黏结预应力钢绞线

预应力钢绞线、无黏结预应力钢绞线的工程量应依据图纸所示位置和钢绞线规格,按照各类锚索锚固端底至锚具外侧的长度,以米(m)为单位计量。

工程内容包括:坡面清理,脚手架安设、拆除、完工清理和保养,钻孔、清孔,锚索成束、支架及导向头制作安装、锚固,浆液制备、注浆、养护,锚头防腐处理、封锚。

2. 锚杆

锚杆,包括钢筋锚杆、预应力钢筋锚杆,工程量应依据图纸所示位置和规格、型号,按照安装的锚杆质量,以千克(kg)为单位计量。

钢筋锚杆工程内容包括:坡面清理,脚手架安设、拆除、完工清理和保养,钻孔、清孔、套管装拔,锚杆制作、安装、锚固、锚头处理,浆液制备、注浆、养护。

预应力钢筋锚杆工程内容包括:坡面清理,脚手架安设、拆除、完工清理和保养,钻孔、清孔、套管装拔,锚杆制作、安装,浆液制备、一次注浆、锚固,张拉、二次注浆。

3. 混凝土框格梁、混凝土锚固板

混凝土框格梁、混凝土锚固板的工程量应依据图纸所示位置及断面尺寸,按照不同强度等级混凝土浇筑体积,以立方米(m^3)为单位计量。

工程内容包括:边坡清理,模板制作、安装、拆除,混凝土制作、运输、浇筑、养护,清理现场。

4. 钢筋

钢筋的工程量应依据图纸所示及钢筋表所列钢筋质量,以千克(kg)为单位计量。

固定钢筋的材料、定位架立钢筋、钢筋接头、吊装钢筋、钢板、铁丝作为钢筋作业的附属工作,不另行计量。

工程内容包括:钢筋的保护、储存及除锈,钢筋整直、接头,钢筋截断、弯曲,钢筋安设、支撑及固定。

(十二)抗滑桩

1. 现浇混凝土桩

混凝土工程量应依据图纸所示位置及断面尺寸,按照不同强度等级混凝土体积,以立方米(m^3)为单位计量。护壁混凝土及护壁钢筋为桩基混凝土的附属工作,不另行计量;声测管为现浇混凝土桩的附属工作,不另行计量。

工程内容包括:场地清理,钻孔,模板制作、安装、拆除,护壁及桩身混凝土制作、运输,浇筑、养护,桩的无损检测,清理现场。

2. 桩板式抗滑挡墙

(1)挡土板。

挡土板工程量应依据图纸所示位置及断面尺寸,按照不同强度等级混凝土体积,以立方米(m^3)为单位计量。

工程内容包括：沟槽开挖，预制场建设，预制件预制、运输、装卸，预制件安装，墙背回填及墙背排水系统施工，清理现场。

(2)钢筋。

钢筋的工程量应依据图纸所示及钢筋表所列钢筋质量，以千克(kg)为单位计量。固定钢筋的材料、定位架立钢筋、钢筋接头、吊装钢筋、钢板、铁丝作为钢筋作业的附属工作，不另行计量。抗滑桩的护壁钢筋不予计量。

工程内容包括：钢筋的保护、储存及除锈，钢筋整直、接头，钢筋截断、弯曲，钢筋安设、支撑及固定。

(十三)河道防护

1. 河床铺砌、导流设施

导流设施包括护岸墙、顺坝、丁坝、调水坝、锥坡，河床与导流设施修建所用的浆砌片石、混凝土的工程量均应依据图纸所示位置及断面尺寸，按照不同强度等级水泥砂浆、混凝土铺筑或浇筑的体积，以立方米(m^3)为单位计量。

导流设施工程中所含的石笼的工程量应依据图纸所示位置和构造类型、结构尺寸，按照实际铺筑的石笼防护体积，以立方米(m^3)为单位计量。

浆砌片石铺砌的工程内容包括：临时排水，基坑开挖，拌、运砂浆，砌筑，养护，清理现场，对于导流设施工程内容还包括围堰。

混凝土铺砌的工程内容包括：临时排水，基坑开挖，模板制作、安装、拆除，混凝土拌和、运输、浇筑、养护，清理现场，对于导流设施工程内容还包括围堰。

石笼工程内容包括：准备材料及补救设施，编制网片、装入块石、封闭成石笼，抛到图纸指定处，石笼间连接牢固。

2. 抛石防护

抛石防护的工程量应依据图纸所示位置和断面尺寸，按照抛填石料体积，以立方米(m^3)为单位计量。

工程内容包括：移船定位、抛填、测量检查。

四、第300章“路面工程”的计量规则

根据《公路工程标准施工招标文件》(2018年版·第三册)第八章“工程量清单计量规则”第300章的规定，路面工程的工程量计量结构层包括垫层、底基层、基层、沥青透层和黏层、封层和沥青混凝土面层，以及水泥混凝土面板和路肩培土、中央分隔带回填土、土路肩、路缘石等。

(一)垫层

垫层包括碎石垫层、砂砾垫层、水泥稳定土垫层和石灰稳定土垫层，均依据图纸所示压实厚度，按照铺筑的顶面面积，以平方米(m^2)为单位计量。

工程内容包括：检查、清除路基上的浮土、杂物，洒水湿润，拌和、运输、摊铺，整平、整形，洒水、碾压、整修，初期养护。

(二)底基层、基层

底基层、基层的材料包括石灰稳定土、水泥稳定土、石灰粉煤灰稳定土、级配碎(砾)石和沥青稳定碎石。

除各类材料的搭板、埋板下的底基层均依据图纸所示尺寸、范围,按照铺筑体积,以立方米(m^3)为单位计量之外,其他各类材料的底基层、基层,均依据图纸所示压实厚度,按照铺筑的顶面面积,以平方米(m^2)为单位计量,如图6-3所示。

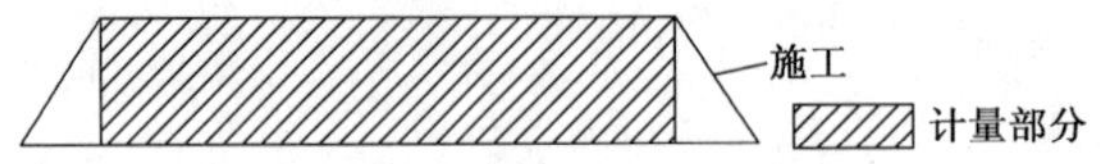

图6-3 路面计量示意图

石灰稳定土、水泥稳定土、石灰粉煤灰稳定土底基层、基层的工程内容包括:检查、清理下承层、洒水,拌和、运输、摊铺,整平、整形,洒水、碾压、初期养护。

级配碎(砾)石底基层、基层的工程内容包括:检查、清理下承层、洒水,铺筑材料拌和、运输、摊铺,整平、整形,洒水、碾压。

沥青稳定碎石基层(ATB)工程内容包括:检查和清理下承层,拌和设备安装、调试、拆除,沥青铺筑材料加热、保温、输送、配运料、矿料加热烘干、拌和、出料,运输、摊铺、压实、成型,接缝,初期养护。

(三)透层和黏层

透层和黏层均依据图纸所示沥青品种、规格、喷油量,按照洒布面积,以平方米(m^2)为单位计量。

工程内容包括:检查和清扫下承层,材料制备、运输,试洒,沥青洒布车均匀喷洒并检测洒布用量,初期养护。

(四)面层

1. 热拌沥青混合料面层

包括细粒式、中粒式和粗粒式沥青混凝土,均依据图纸所示级配类型及铺筑压实厚度,按照铺筑的顶面面积,以平方米(m^2)为单位计量,如图5-5所示。

工程内容包括:检查和清理下承层,拌和设备安装、调试、拆除,沥青加热、保温、输送、配运料、矿料加热烘干、拌和、出料,运输、摊铺、碾压、成型,接缝,初期养护。

2. 沥青表面处治和封层

(1)沥青表面处治,依据图纸所示沥青种类、厚度、喷油量,按照沥青表面处治面积,以平方米(m^2)为单位计量。

工程内容包括:检查和清理下承层,安拆除熬油设备,熬油、运油,沥青洒布车洒油,整形、碾压、找补,初期养护。

(2)封层,依据图纸所示沥青种类、厚度,按照封层面积,以平方米(m^2)为单位计量。

工程内容包括:检查和清理下承层,试验段施工,专用设备撒布或施工封层,整形、碾压、找补,初期养护。

3. 改性沥青及改性沥青混合料

计量规则同热拌沥青混合料面层。

工程内容包括:检查和清理下承层,拌和设备安装、调试、拆除,改性沥青混合料生产,混合料运输、摊铺、碾压、成型,接缝,初期养护。

4. 水泥混凝土面板

面板依据图纸所示厚度和混凝土强度等级,按照铺筑体积,以立方米(m^3)为单位计量。钢筋依据图纸所示水泥混凝土路面钢筋,按图示质量,以千克(kg)为单位计量。因搭接而增加的钢筋作为附属工作,不另行计量。

水泥混凝土面板工程内容包括:检查和清理下承层、洒水湿润,模板制作、架设、安装、修理、拆除,混凝土拌合物配合比设计、配料、拌和、运输、浇筑、振捣、真空吸水、抹平、压纹或刻纹,切缝、灌缝,养护。滑模摊铺机铺筑水泥混凝土面板时,没有真空吸水内容,但应包括摊铺机的运输、安装、就位调试(试铺)和使用、维修、移机、拆卸、移出场地等。

钢筋工程内容包括:钢筋的保护、储存及除锈,钢筋整直、连接,钢筋截断、弯曲,钢筋安设、支承及固定。

(五)路面工程其他结构物

1. 路肩培土、中央分隔带回填土、土路肩加固及路缘石

(1)路肩培土或中央分隔带回填土依据图纸所示断面尺寸,按照压实体积或压实后体积,以立方米(m^3)为单位计量。

工程内容包括:挖运土,路基整修、培土、整形,分层填筑压实,培土路肩还包括整修路肩横坡。

(2)现浇混凝土加固土路肩或混凝土预制块加固土路肩和混凝土预制块路缘石依据图纸所示断面尺寸和混凝土强度等级,按照浇筑体积或预制安装体积,以立方米(m^3)为单位计量。

现浇混凝土加固土路肩工程内容包括:路基整修,模板制作、安装、拆除、修理、涂脱模剂,混凝土拌和、制备、摊铺、养护。

混凝土预制块加固土路肩工程内容包括:预制场地平整,硬化处理,预制块预制、装运,路基整修,预制块铺砌、勾缝。

混凝土预制块路缘石工程内容包括:预制场地平整,硬化处理,预制块预制、装运,路基整修、基槽开挖及回填,废方弃运,基槽夯实,路缘石铺砌、勾缝,路缘石后背回填夯实。

2. 路面及中央分隔带排水

包括排水管、纵向雨水沟(管)、集水井、中央分隔带渗沟、沥青油毡防水层、路肩排水沟和拦水带。

(1)排水管、纵向雨水沟(管)、中央分隔带渗沟、路肩排水沟和拦水带依据图纸所示位置,分不同类型及规格,按埋设长度或设置长度,以米(m)为单位计量。

排水管工程内容包括:基槽开挖填筑、废方弃运,垫层(基础)铺筑,排水管制作,安放排水管,接头处理,回填、压实,出水口处理。

纵向雨水沟(管)工程内容包括:基槽开挖、废方弃运,垫层(基础)铺筑,模板制作、安装、拆除、修理,钢筋制作与安装,盖板预制与安装,混凝土拌和、运输、浇筑,养护,安放排水管,接头处理,回填、压实,出水口处理。

中央分隔带渗沟工程内容包括:基槽开挖、废方弃运,垫层(基础)铺筑,制管、打孔,安放排水管,接头处理,填碎石、铺设土工布,回填、压实。

路肩排水沟工程内容包括:场地清理,地基平整夯实,排水沟断面补挖,铺设垫层,模板制作、安装、拆除,钢筋制作与安装,混凝土拌和、运输、浇筑、养护,预制件预制(现浇)运输、装卸、安装,回填、清理。

拦水带工程内容包括:混凝土制作、运输、浇筑、振捣、养护、拆模、刷漆,开槽,预制块装运、安装、接缝、防漏处理,沥青混凝土配运料、拌和、运输、摊铺、压实、成型、初期养护,清理。

(2)集水井依据图纸所示位置,分不同类型及规格,按设置的集水井数量,以座为单位计量。

工程内容包括:基坑开挖及废方弃运,地基平整夯实、垫层及基础施工,模板制作、安装、拆除、修理,钢筋制作与安装,混凝土拌和、运输、浇筑、养护,井壁外围回填、夯实。

(3)沥青油毡防水层依据图纸所示位置,按铺设的防水层面积,以平方米(m^2)为单位计量。

工程内容包括:下承层清理、喷涂黏结层、铺油毡、接缝处理。

(六)其他路面

贫混凝土基层、水泥混凝土预制块路面、避险车道制动坡床路面依据图纸所示尺寸、范围、厚度或混凝土强度等级等,分不同材料按照铺筑体积,以立方米(m^3)为单位计量。除此之外,其他各类材料路面,均依据图纸所示压实厚度、混凝土强度等级、分不同材料的不同品种和规格,按照铺筑的顶面面积,以平方米(m^2)为单位计量。

沥青贯入式碎石路面工程内容包括:检查和清理下承层,主层集料摊铺碾压,沥青洒布车洒油,铺撒嵌缝料,整形、碾压、找补,初期养护。石油沥青贯入式路面还包括安设熬油设备,熬油、运油。

上拌下灌入式沥青碎石路面工程内容包括:检查和清理下承层,安设熬油设备,熬油、运油,下层集料摊铺、整平,沥青洒布车洒油,整形、碾压、找补,上层沥青混合料施工,拌和、运输、摊铺、碾压、整修,初期养护。

贫混凝土基层工程内容包括:检查和清理下承层、洒水,混凝土拌和、运输、摊铺,整平、整形,碾压、设置纵缝、横缝并灌入填缝料,初期养护。

天然砂砾、级配碎(砾)石路面工程内容包括:检查和清理下承层、洒水,摊铺、整平、整形,洒水、碾压、找补。

泥结碎(砾)石路面工程内容包括:清理下承层、洒水,铺筑材料拌和、运输,摊铺、整平,撒嵌缝材料、整形、洒水、碾压、找补,初期养护。

水泥混凝土预制块路面工程内容包括:清理下承层,水泥混凝土预制块制备、养护、运输,找平层水泥砂浆制备、运输、铺筑,人工铺砌预制块、找平,灌注嵌缝砂浆或石屑,初期养护。

砖块、块石路面工程内容包括:清理下承层,砖块(块石)制备、运输,找平层水泥砂浆制备、运输、铺筑,人工铺砌砖块(块石)、找平,灌注嵌缝砂浆或石屑,初期养护。

避险车道工程内容包括:检查和清理下承层、洒水,摊铺、整平、整形、找补。

五、第400章“桥梁、涵洞工程”的计量规则

根据《公路工程标准施工招标文件》(2018年版·第三册)第八章“工程量清单计量规则”第400章的规定,桥梁、涵洞工程的工程量计量包括通则、模板、拱架和支架、钢筋、基坑开挖及回填、桩基、沉井、混凝土工程、预制件的安装、砌石工程、桥梁支座、桥梁伸缩缝、防水工程、桥面铺装和涵洞工程等。

(一)桥梁

1. 通则

通则包括:桥梁荷载试验、桥梁施工监控和地质钻探及取样。

(1)桥梁荷载试验依据图纸及桥梁荷载试验委托合同中约定的试验项目,以暂估价形式以总额为单位计量。

工程内容包括:选择有资质的单位签订桥梁荷载试验委托合同,按图纸所示及合同约定的测试项目现场试验,采集数据、分析、编写提交试验报告。

(2)桥梁施工监控依据图纸及桥梁施工监控委托合同中约定的监控量测项目,以暂估价形式以总额为单位计量。

工程内容包括:选择有资质的单位签订桥梁施工监控委托合同,按图纸所示及合同约定的测试项目及量测频率对现场实施监控量测,采集数据、分析、编写提交监控量测报告。

(3)地质钻探及取样是以实际发生的地质钻探及取样试验分不同钻径以米(m)为单位计量。

工程内容包括:场地清理,钻机安拆、钻探,取样、试验。

2. 钢筋

钢筋包括:基础钢筋(含灌注桩、承台、桩系梁、沉桩、沉井等)、上部结构钢筋、下部结构钢筋和附属结构钢筋。

(1)基础钢筋、上部结构钢筋和下部结构钢筋均依据图纸所示及钢筋表所列钢筋质量,以千克(kg)为单位计量;固定钢筋的材料、定位架立钢筋、钢筋接头、吊装钢筋、钢板、铁丝作为钢筋作业的附属工作,不另行计量。

工程内容包括:钢筋的保护、储存及除锈,钢筋整直、连接,钢筋截断、弯曲,钢筋安设、支承及固定。

(2)附属结构钢筋还包括缘石、人行道、防撞墙、栏杆、桥头搭板、枕梁、抗震挡块、支座垫块等构造物所用钢筋以及伸缩缝预埋的钢筋,均列入本子目计量。

3. 基础工程

(1)基坑挖方及回填。

基坑挖方及回填包括:干处挖土方、水下挖土方、干处挖石方和水下挖石方。

基坑挖方及回填均根据图示,取用底、顶面间平均高度的棱柱体体积,分别按干处、水下及

土、石,以立方米(m^3)为单位计量;在地下水位以上开挖的为干处挖方;在地下水位以下开挖的为水下挖方;基坑底面、顶面及侧面的确定应符合下列规定,见图6-4。

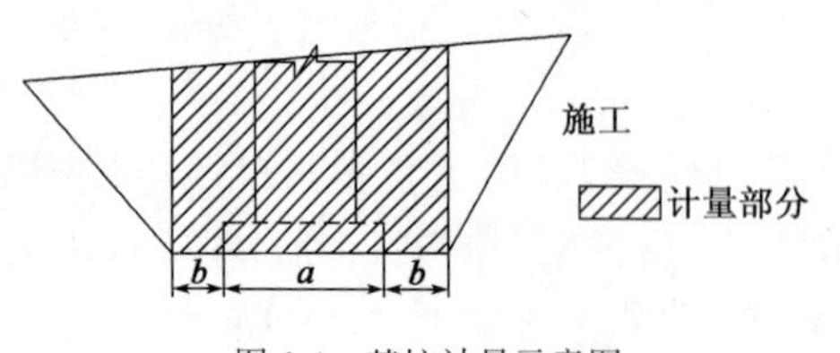

图6-4　基坑计量示意图

①基坑开挖底面:按图纸所示的基底高程线计算。

②基坑开挖顶面:按设计图纸横断面上所标示的原地面线计算。

③基坑开挖侧面:按顶面到底面,以超出基底周边0.5m的竖直面为界。

基坑开挖及回填的工程内容包括:场地清理,围堰、排水,基坑开挖,基坑支护,基坑检查、修整,基坑回填、压实,弃方清运。开挖基坑石方还包括钻爆、出渣。

(2)沉井。

沉井一般是钢筋混凝土沉井。钢筋混凝土沉井包括:井壁混凝土、封底混凝土、填芯混凝土和顶板混凝土。

井壁混凝土、封底混凝土、填芯混凝土和顶板混凝土均依据图纸所示位置及尺寸,按图示混凝土体积分不同强度等级以立方米(m^3)为单位计量。

井壁混凝土工程内容包括:制作场地建设,配、拌、运混凝土,刃脚制作,浇筑、振捣、养护井壁混凝土,浮运、定位、下沉、助沉、接高、拼接,井内土石开挖、弃运。

封底、填芯和顶板混凝土工程内容包括:场地清理,搭拆作业平台,配、拌、运混凝土,浇筑、养护。

(3)钻孔灌注桩和挖孔灌注桩。

钻孔灌注桩和挖孔灌注桩均包括:灌注桩(钻孔、挖孔)、钻取混凝土芯样检测和破坏荷载试验用桩。

①灌注桩依据图纸所示桩长及混凝土强度等级,按照不同桩径的桩长,以米(m)为单位计量,桩长为桩底高程至承台底面或系梁底面高程,见图6-5。对于与桩连为一体的柱式墩台,如无承台或系梁,则以桩位处原始地面线为分界线,地面线以下部分为灌注桩桩长。若图纸有标示的,按图纸标示为准。施工图设计水深小于2m(含2m)的为陆上钻孔灌注桩;大于2m的为水中钻孔灌注桩。

钻孔灌注桩工程内容包括:安设护筒及设置钻孔平台,钻机安、拆,就位,钻孔、成孔、成孔检查,安装声测管,混凝土制拌、运输、浇筑,破桩头,按"第七章　技术规范"405.11的规定进行桩基检测,水中桩基的工程内容还包括搭设水中工作平台、筑岛或围堰、横向便道。

挖孔灌注桩工程内容包括:设置支撑与护壁,挖孔、清孔、通风、钻探、排水,安装声测管,混凝土制拌、运输、浇筑,破桩头,按"第七章　技术规范"405.11的规定进行桩基检测。

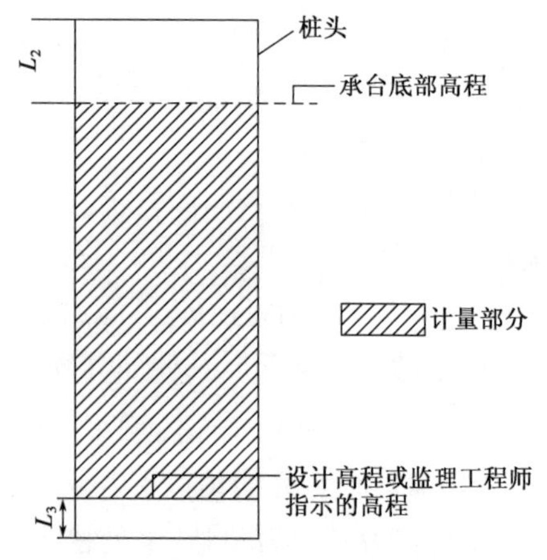

图6-5　桩基础计量示意图

②钻取混凝土芯样检测按实际钻取的混凝土芯样

长度,分不同钻径以米(m)为单位计量;如混凝土质量合格,钻取的芯样给予计量,否则,不予计量。

工程内容包括:场地清理,钻机安拆、钻芯,取样、试验。

③破坏荷载试验用桩依据图纸所示桩长及混凝土强度等级,按照不同桩径的桩长,以米(m)为单位计量。

钻孔灌注桩破坏荷载试验用桩工程内容包括:钻孔平台搭设、筑岛或围堰,钻机安、拆,就位,钻孔、成孔、成孔检查,安装声测管,混凝土制拌、运输、浇筑,破桩头。

挖孔灌注桩破坏荷载试验用桩工程内容包括:设置支撑与护壁,挖孔、清孔、通风、钻探、排水,安装声测管,混凝土制拌、运输、浇筑,破桩头。

(4)沉桩。

沉桩包括:钢筋混凝土沉桩、预应力混凝土沉桩和试桩。均依据图纸所示桩长及混凝土强度等级,按照不同桩径的桩长,以米(m)为单位计量。

工程内容包括:桩的预制、养护、移运、沉入、桩头处理,锤击、射水、接桩。

(5)桩的垂直静荷载试验。

桩的垂直静荷载试验包括:桩的检验荷载试验和桩的破坏荷载试验。

桩的垂直静荷载试验均依据图纸及桩的垂直静荷载试验委托合同,在图纸所示位置现场进行桩的垂直静荷载试验,按实际进行垂直静荷载试验的桩数,分不同的桩径、桩长、混凝土强度等级、垂直静荷载等级以每一试桩(根)为单位计量。桩的垂直静荷载试验仅指荷载试验工作;桩的工程量在对应工程结构中计量。

工程内容包括:选择有资质的单位签订桩的垂直静荷载试验委托合同,按图纸所示及合同约定的内容现场进行桩的垂直静荷载试验(包括清理场地、搭设试桩工作台、埋设观测设备、加载、卸载、观测),数据采集、分析、编写提交桩的垂直静荷载试验报告。

4. 结构混凝土工程

结构混凝土工程包括:混凝土基础、混凝土下部结构、混凝土上部结构(现浇、预制)、桥梁上部结构现浇整体化混凝土和混凝土附属结构(现浇、预制)。

混凝土下部结构包括:桥台混凝土、桥墩混凝土、盖梁混凝土和台帽混凝土。

结构混凝土工程均依据图纸所示体积,分不同强度等级以立方米(m^3)为单位计量;直径小于200mm的管子、钢筋、锚固件、管道、泄水孔或桩所占混凝土体积不予扣除。混凝土附属结构(现浇、预制)还应包括缘石、人行道、防撞墙、栏杆、护栏、桥头搭板、枕梁、抗震挡块、支座垫石等项目。

混凝土基础工程内容包括:场地清理,搭拆作业平台,安拆套箱或模板,安设预埋件,混凝土配运料、拌和、运输、浇筑、振捣、养护,施工缝、沉降缝设置处理,混凝土的冷却管制作安装,通水、降温,防水、防冻、防腐措施。

混凝土下部构造工程内容包括:场地清理,搭拆作业平台、支架,安拆模板,安设预埋件(包括支座预埋件、防震锚栓及套筒等),混凝土配运料、拌和、运输、浇筑、振捣、养护,防水、防冻、防腐措施,桥台还包括施工缝、沉降缝设置处理。

现浇混凝土上部构造工程内容包括:平整场地,搭拆工作平台,支架搭设、预压与拆除,安拆模板,安设预埋件,混凝土配运料、拌和、运输、浇筑、养护,施工缝、沉降缝设置处理。

预制混凝土上部构造(含附属结构)工程内容包括:搭拆工作平台,安拆模板,安设预埋件(吊环、预埋连接件),混凝土配运料、拌和、运输、浇筑、养护,构件预制、运输、安装。

上部构造现浇整体化混凝土(含附属结构)工程内容包括:工作面清理,搭拆作业平台,安拆支架、模板,混凝土配运料、拌和、运输、浇筑、养护。

5. 预应力混凝土工程

预应力混凝土按施工工艺可分为先张法预应力混凝土和后张法预应力混凝土;按施工方法可分为现浇预应力混凝土上部结构和预制预应力混凝土上部结构。

(1)先张法预应力钢丝、钢绞丝、钢筋均依据图纸所示构件长度计算的预应力钢材质量,分不同材质以千克(kg)为单位计量。除上述计算长度以外的锚固长度及工作长度的预应力钢材列入相应预应力钢材报价之中,不另行计量。

工程内容包括:制作安装预应力钢材,制作安装管道,安装锚具、锚板,张拉,放张,封锚头。

(2)后张法预应力钢丝、钢绞丝、钢筋均按图示两端锚具间的理论长度计算的预应力钢材质量,分不同材质以千克(kg)为单位计量。除上述计算长度以外的锚固长度及工作长度的预应力钢材列入相应预应力钢材报价之中,不另行计量。

工程内容包括:制作安装预应力钢材,制作安装管道,安装锚具、锚板,张拉,压浆,封锚头。

(3)现浇预应力混凝土上部结构和预制预应力混凝土上部结构均依据图纸所示体积分不同强度等级以立方米(m^3)为单位计量;钢筋、钢材所占体积及单个面积在0.03m^2以内的孔洞不予扣除。除预制预应力混凝土上部结构,后张法预应力混凝土梁封端混凝土工程量也列入本子目。

现浇预应力混凝土上部结构工程内容包括:平整场地,搭拆工作平台,支架搭设、预压与拆除,安拆模板,混凝土配运料、拌和、运输、浇筑、养护,施工缝、沉降缝设置处理。

预制预应力混凝土上部结构工程内容包括:搭拆工作平台,安拆模板,混凝土配运料、拌和、运输、浇筑、养护,构件预制、运输、安装。

6. 砌石工程

砌石工程包括:浆砌片石、浆砌块石、浆砌料石和浆砌预制混凝土。

砌石工程均依据图纸所示位置及尺寸,按砌筑体积分不同砂浆强度等级,以立方米(m^3)为单位计量。

工程内容包括:基础清理,基底检查,选修石料,铺筑基础垫层,搭、拆脚手架,配、拌、运砂浆,砌筑、勾缝、抹面、养护,沉降缝设置。

7. 桥面铺装

桥面铺装包括桥面铺装(混凝土沥青、水泥混凝土)、防水层、桥面排水。

(1)桥面铺装(混凝土沥青、水泥混凝土)依据图纸所示位置、尺寸,按照铺筑体积,以立方米(m^3)为单位计量。

沥青混凝土桥面铺装工程内容包括:清理下承层,拌和设备安装、调试、拆除,沥青混合料拌和、运输、摊铺、压实、成型,接缝,初期养护。

水泥混凝土桥面铺装工程内容包括:场地清理,混凝土配运料、拌和、运输、浇筑、振捣、养护,施工缝、沉降缝设置。

(2)防水层包括桥面混凝土表面处理和铺设防水层。桥面混凝土表面处理按图示处理的桥面混凝土表面净面积,以平方米(m^2)为单位计量;铺设防水层依据图纸所示位置及尺寸,在桥面铺装前铺设防水材料,按图示铺装净面积分不同材质以平方米(m^2)为单位计量。

桥面混凝土表面处理工程内容包括:场地清理,混凝土面板铣刨(喷砂)拉毛,铣刨(喷砂)拉毛后清理、平整。

铺设防水层工程内容包括:场地清理、桥面清洁、铺设防水材料、安拆作业平台、安设排水设施。

(3)桥面排水包括竖、横向集中排水管和桥面边部碎石盲沟。竖、横向集中排水管依据图纸所示位置及尺寸,在桥面安设泄水孔,按图示数量分不同材质、管径计量,铸铁管、钢管以千克(kg)为单位计量,PVC(聚氯乙烯)管以米(m)为单位计量,接头、固定泄水管的金属构件不予计量,铸铁泄水孔为附属工作,不另计量;桥面边部碎石盲沟依据图纸所示位置及尺寸,按照盲沟体积,以立方米(m^3)为单位计量。

竖、横向集中排水管工程内容包括:场地清理、安拆作业平台、钻孔安设排水管锚固件、安设排水设施。

桥面边部碎石盲沟工程内容包括:边部切割、清理、盲沟设置。

8. 桥梁支座

桥梁支座包括:板式橡胶支座、盆式支座、隔震橡胶支座和球形支座。

盆式、隔震橡胶和球形支座均依据图纸所示位置及尺寸,按照图纸所示类型及规格,按图示数量分不同型号、支座反力,以个为单位计量;板式橡胶支座按图示体积分不同材质及形状,以立方分米(dm^3)为单位计量。

板式橡胶支座、隔震橡胶支座的工程内容包括:清洁整平混凝土表面,砂浆配运料、拌和,接触面抹平,钢板制作与安装,支座定位安装。

盆式支座、球形支座的工程内容包括:清洁整平混凝土表面,砂浆配运料、拌和,接触面抹平,钢板制作与安装,吊装设备安装,支座定位安装,支座焊接固定。

9. 桥梁接缝和伸缩装置

桥梁接缝和伸缩装置包括:橡胶伸缩装置、模数式伸缩装置、梳齿板式伸缩装置和填充式材料装置。

桥梁接缝和伸缩装置均依据图纸所示位置及尺寸,按图示的橡胶条伸缩装置长度、模数式伸缩装置长度、梳齿板式伸缩装置长度和填充式材料伸缩装置长度(包括人行道、缘石、护栏底座与行车道等全部长度),以米(m)为单位计量。

橡胶伸缩装置工程内容包括:切割清理伸缩装置范围内混凝土,设置预埋件,伸缩装置定位、安装。

模数式伸缩装置、梳齿板式伸缩装置的工程内容包括:切割清理伸缩装置范围内混凝土,设置预埋件,伸缩装置定位、安装,混凝土拌和、运输、浇筑、压纹、养护。

填充式材料装置工程内容包括:切割清理伸缩装置范围内混凝土,跨缝板安装,材料填充、养护。

10. 其他

模板、拱架和支架的设计制作、安装、拆卸施工等有关作业作为有关工程的附属工作,均不作计量;预制构件的起吊、运输、装卸、储存和安装,不另行计量;除钢筋及预应力钢筋以外的小型构件的供应、制造、保护和安装,无特殊说明的均不作计量;混凝土和砌体表面的沥青或油毛毡防水层均不作计量。

(二)涵洞

涵洞工程部分包括圆管涵及倒虹吸管涵、盖板涵、箱涵、拱涵等分项工程,基底软基处理的工程量均可参照路基部分的特殊地区路基处理部分的计量规则进行计量。

1. 圆管涵及倒虹吸管涵

圆管涵及倒虹吸管涵包括:单孔钢筋混凝土圆管涵、双孔钢筋混凝土圆管涵和钢筋混凝土圆管倒虹吸管涵。

圆管涵及倒虹吸管涵均依据图纸所示,按不同孔径的涵身长度(进出口端墙外侧间距离)计算,以米(m)为单位计量。

工程内容包括:基坑排水,挖基、基底清理,基座砌筑或浇筑,垫层材料铺筑,钢筋制作安装,预制或现浇钢筋混凝土管,铺涂防水层,安装、接缝,砌筑进出口(端墙、翼墙、八字墙井口),防水、防冻、防腐措施,回填。

2. 盖板涵、箱涵

盖板涵、箱涵包括:钢筋混凝土盖板涵、钢筋混凝土箱涵、钢筋混凝土盖板通道涵和钢筋混凝土箱形通道涵。

盖板涵、箱涵均据图纸所示,按不同跨径的盖板涵、箱涵、盖板通道涵和箱形通道涵长度计算,以米(m)为单位计量。

盖板涵工程内容包括:场地清理,围堰、排水,基坑开挖,基坑支护,基础及涵台施工,施工缝设置、处理,盖板预制、运输、安装,砂浆制作、填缝,防水、防冻、防腐措施,回填,盖板通道涵还包括铺设通道路面,砌筑边沟。

箱涵工程内容包括:围堰、排水,基坑开挖,垫层、基础施工,搭拆作业平台,模板安设、加固、检查,钢筋安设、支撑、固定,混凝土配运料、拌和、运输、浇筑、养护,施工缝设置、处理,防水、防冻、防腐措施,回填,箱形通道涵还包括铺设通道路面,砌筑边沟。

3. 拱涵

拱涵包括拱涵(石拱涵、混凝土拱涵)和拱形通道涵。

(1)石拱涵、混凝土拱涵均依据图纸所示,按不同跨径的石拱涵、混凝土拱涵长度,以米(m)为单位计量。

(2)拱形通道涵包括石拱通道涵和混凝土拱通道涵。均依据图纸所示,按不同跨径的石拱通道涵、混凝土拱通道涵长度,以米(m)为单位计量。

石拱涵工程内容包括:场地清理,围堰、排水,基坑开挖,基坑支护,基础及涵台施工,搭拆作业平台,安拆支架、拱盔,选修石料,配砂浆,砌筑、勾缝、抹面、养护,防水、防冻、防腐措施,回填。石拱通道涵还包括铺设通道路面、砌筑边沟。

混凝土拱涵工程内容包括:场地清理,围堰、排水,基坑开挖,基坑支护,基础及涵台施工,搭拆作业平台,安拆支架、拱盔,配拌运混凝土、浇筑、养护,防水、防冻、防腐措施,回填。混凝土拱通道涵还包括铺设通道路面、砌筑边沟。

六、第500章“隧道工程”的计量规则

根据《公路工程标准施工招标文件》(2018年版·第三册)第八章“工程量清单计量规则”第500章的规定,隧道工程的工程量计量包括通则、洞口与明洞工程、洞身开挖、洞身衬砌、防水与排水、防火与装饰工程、风水电作业及通风防尘、监控量测、洞内机电工程和消防工程等。

隧道工程所涉及的钢筋工程量计量均依据图纸所示及钢筋表所列钢筋质量,以千克(kg)为单位计量;固定钢筋的材料、定位架立钢筋、钢筋接头、吊装钢筋、钢板、铁丝作为钢筋作业的附属工作,不另行计量。

工程内容包括:钢筋的保护、储存及除锈,钢筋整直、连接,钢筋截断、弯曲,钢筋安设、支承及固定。

(一)洞口与明洞工程

1. 洞口、明洞开挖

洞口、明洞开挖依据设计图纸所示位置及尺寸,按图示开挖的体积,不分土、石的种类,只区分为土方和石方,以立方米(m^3)为单位计量。

工程内容包括:石方爆破,挖、装、运输、卸车,填料分埋、弃土整形、压实,坡面临时支护及排水,坡面修整。

2. 防水与排水

防水与排水包括:石砌截水沟与排水沟、混凝土沟槽(现浇、预制安装)、预制安装混凝土沟槽盖板、土工合成材、渗沟和钢筋。

(1)石砌截水沟与排水沟、混凝土沟槽(现浇、预制安装)和预制安装混凝土沟槽盖板均依据图纸所示位置及尺寸,按图示砌体、混凝土、预制安装混凝土体积,分不同强度等级,以立方米(m^3)为单位计量。

石砌截水沟、排水沟工程内容包括:沟槽开挖,基底检查,铺设垫层,砂浆拌制,浆砌片石、勾缝、抹面、养护,回填,场地清理。

现浇混凝土沟槽工程内容包括:沟槽开挖,基底检查,铺设垫层,模板制作、安装、拆除,混凝土拌和、运输、浇筑、养护,回填,场地清理。

预制安装混凝土沟槽工程内容包括:沟槽开挖,基底检查,铺设垫层,预制场建设,混凝土沟槽预制、安装,回填,场地清理。

预制安装混凝土沟槽盖板工程内容包括:预制场建设,混凝土沟槽盖板预制、安装,回填。

(2)土工合成材料依据图纸所示的位置及规格,按图示铺设的土工合成材料面积,分不同材质以平方米(m^2)为单位计量;接缝的重叠面积和边缘的包裹面积不予计量。

工程内容包括:场地清理,土工合成材料铺设、固定,接缝处理(搭接、缝接、粘接),边缘处理。

(3)渗沟依据设计图纸所示位置及尺寸,按图示渗沟体积,以立方米(m^3)为单位计量。

工程内容包括:开挖渗沟槽、铺设土工材料、铺设渗沟填料、沟槽回填、场地清理。

3. 洞口坡面防护

洞口坡面防护包括:浆砌片石护坡、混凝土护坡(现浇、预制安装、喷射)、护面墙(浆砌、现浇混凝土)、混凝土挡土墙、地表注浆、钢筋、锚杆和防护系统(主动、被动)。

(1)浆砌片石护坡、混凝土护坡(现浇、预制安装、喷射)均依据图纸所示位置及尺寸,按图示砌体、混凝土、预制安装混凝土、喷射混凝土体积,分不同砂浆强度等级,以立方米(m^3)为单位计量。

浆砌片石护坡工程内容包括:清理边坡,坡面夯实,基础开挖,铺设垫层,浆砌片石,勾缝、抹面、养护,回填。

现浇混凝土护坡工程内容包括:清理边坡,坡面夯实,基础开挖,模板制作、安装、拆除,混凝土拌和、运输、浇筑、养护,泄水孔及其滤水层、沉降缝设置,回填。

预制安装混凝土护坡工程内容包括:清理边坡、坡面夯实、基础开挖、预制件的预制、预制件安装、回填、清理现场。

喷射混凝土护坡工程内容包括:岩面清理、设备安装与拆除、混凝土拌制、喷射、沉降缝设置、养护。

(2)护面墙(浆砌、现浇混凝土)和混凝土挡土墙均依据图纸所示位置及尺寸,按图示砌体、混凝土体积,分不同砂浆强度等级,以立方米(m^3)为单位计量;不扣除沉降缝、泄水孔、预埋件所占体积。

浆砌护面墙工程内容包括:基坑开挖、清理、整平、夯实,浆砌片(块)石,泄水孔及其滤水层,接缝处理,勾缝、抹面,墙背排水设施设置、填料分层填筑,清理、废方弃运。

现浇混凝土护面墙工程内容包括:场地清理,基坑开挖,地基平整夯实,废方弃运,边坡清理夯实,模板制作、安装、拆除,混凝土拌和、运输、浇筑、养护,泄水孔及其滤水层、沉降缝设置,墙背排水设施设置、填料分层填筑,清理现场。

混凝土挡土墙工程内容包括:基坑开挖、清理、整平、夯实,模板制作、安装、拆除,混凝土拌和、运输、浇筑、养护,泄水孔及其滤水层、沉降缝设置,填料分层填筑,清理、弃方处理。

(3)地表注浆依据设计图纸所示注浆量,按浆液体积分不同强度等级及材质,以立方米(m^3)为单位计量。

工程内容包括:场地清理、钻孔、安装注浆管、安拆注浆机、浆液制备、注浆。

(4)锚杆依据设计图纸所示位置及尺寸,按锚杆长度分不同直径,以米(m)为单位计量。

工程内容包括:搭、拆、移作业平台,锚杆及附件制作、运输,布眼、钻孔、清孔,浆液制备、注浆,锚杆就位、顶进、锚固。

(5)防护系统(主动、被动)依据图纸所示,按主动、被动防护系统防护的坡面面积,以平方米(m^2)为单位计量;网片搭接部分作为附属工作,不另行计量。

主动防护系统工程内容包括:坡面清理,脚手架安设、拆除、完工清理和保养,支撑绳穿绳、张拉、固定,挂网、网片连接、缝合、固定,钻孔、清孔、套管装拔、锚杆制作、安装、锚固、锚头处理,浆液制备、注浆、养护,网面调整。

被动防护系统工程内容包括:坡面清理,基础及立柱施工,支撑绳穿绳、张拉、固定,挂网、网片连接、缝合、固定,钻孔、清孔、套管装拔、锚杆制作、安装、锚固、锚头处理,浆液制备、注浆、养护,网面调整。

4. 洞门建筑

洞门建筑包括:现浇混凝土(现浇、预制安装)、浆砌片粗料石(块石)、洞门墙装修、钢筋和隧道铭牌。

(1)现浇混凝土(现浇、预制安装)、浆砌片粗料石(块石)均依据图纸所示位置及尺寸,按图示混凝土、预制安装混凝土、砌体体积,分不同强度等级以立方米(m^3)为单位计量。

现浇混凝土工程内容包括:基坑开挖、清理、整平、夯实,模板制作、安装、拆除,混凝土拌和、运输、浇筑、养护,清理现场。

预制安装混凝土块工程内容包括:基坑开挖、清理、整平、夯实,构件预制,构件安装,设置泄水孔及其滤水层,接缝处理,勾缝、抹面,场地清理。

浆砌片粗料石工程内容包括:基坑开挖、清理、整平、夯实,砌筑,设置泄水孔及其滤水层,接缝处理,勾缝、抹面,场地清理。

(2)洞门墙装修依据设计图纸所示位置及尺寸,按图示装修面积分不同的材质,以平方米(m^2)为单位计量。

工程内容包括:搭拆作业平台,墙面拉毛、清洁、湿润,装修材料加工制作,装修、养护,制作安装隧道铭牌,清理现场。

(3)隧道铭牌依据设计图纸所示位置及规格,按图示每一洞口以处为单位计量。

工程内容包括:搭拆作业平台、铭牌制作、铭牌安装。

5. 明洞衬砌

明洞衬砌包括:现浇混凝土、钢筋。现浇混凝土依据图纸所示位置及尺寸,按图示混凝土体积分不同强度等级以立方米(m^3)为单位计量。

工程内容包括:搭拆作业平台,模板制作、安装、拆除,混凝土拌和、运输、浇筑、养护,接缝处理,场地清理。

6. 遮光棚(板)

遮光棚(板)依据图纸所示位置及规格,按照不同材质棚板的面积,以平方米(m^2)为单位计量。

工程内容包括:安装、拆除工作平台,支架设置,遮光棚(板)制作,遮光棚(板)安装。

7. 洞顶回填

防水层、土工合成材料防水层均依据图纸所示位置及规格,按图示铺设防水材料的面积,分不同材质以平方米(m^2)为单位计量,接缝的重叠面积和边缘的包裹面积不予计量。

黏土防水层、回填均依据图纸所示的位置及规格,按图示铺设的防水层或回填体积,分不同材质以立方米(m^3)为单位计量。

防水层、土工合成材料防水层的工程内容包括:场地清理,防水材料铺设、固定,接缝处理(搭接、缝接、粘接),边缘处理。

黏土防水层、回填的工程内容包括:场地清理,填筑,平整、夯实。

(二)洞身和衬砌工程

1.洞身开挖

洞身开挖包括:洞身开挖和洞身支护。

(1)洞身(不含竖、斜井)、竖井、斜井开挖工程量,均依据图纸所示成洞断面(不计允许超挖值及预留变形量的设计净断面)计算开挖体积,不分围岩级别,只区分为土方和石方,以立方米(m^3)为单位计量,其中洞身开挖(不含竖、斜井)含紧急停车带、车行横洞、人行横洞以及设备洞室的开挖。

工程内容包括:钻孔爆破,风、水、电作业及通风防尘,风尘、有害气体、可燃气体量监控及防护,临时支护及临时防排水,装渣、运输、卸车,填料分埋、弃土整形、压实。

(2)洞身支护包括管棚支护、锚杆支护、喷射混凝土支护、钢支架支护和注浆小导管。

①管棚支护包括基础钢管桩、套拱混凝土、孔口管、套拱钢架、钢筋和管棚。

基础钢管桩、孔口管和管棚依据图纸所示位置和断面尺寸,按图示不同规格的钢管桩长度,以米(m)为单位计量。

套拱混凝土依据图纸所示位置及尺寸,按图示混凝土体积分不同强度等级,以立方米(m^3)为单位计量。

套拱钢架依据设计图纸所示位置及尺寸,按钢材质量,以千克(kg)为单位计量。钢架纵向连接钢筋作为附属工作,不另行计量,连接钢板、螺栓、螺母、拉杆、垫圈为套拱钢架的附属工作,均不另行计量。

基础钢管桩工程内容包括:场地清理、打桩机定位、沉管、混凝土(水泥浆)拌制、灌注混凝土(水泥浆)、打桩机移位。

套拱混凝土工程内容包括:场地清理,模板制作、安装、拆除,混凝土拌和、运输、浇筑、养护。

孔口管工程内容包括:场地清理,搭拆工作平台,布眼、钻孔、清孔,钢管制作、运输、就位、顶进。

套拱钢架工程内容包括:场地清理、搭拆工作平台、钢架加工及安装、钢架安装、钢架固定。

管棚工程内容包括:场地清理,搭拆工作平台,布眼、钻孔、清孔,钢管制作、运输、就位、顶进,浆液制作、注浆、检查、堵孔。

②注浆小导管依据设计图纸所示位置及尺寸,按钢管长度分不同的规格,以米(m)为单位计量。

工程内容包括:场地清理,搭拆工作平台,布眼、钻孔、清孔,钢管制作、运输、就位、顶进,浆液制作、注浆、检查、堵孔。

③锚杆支护包括砂浆锚杆、药包锚杆、中空注浆锚杆、自进式锚杆和预应力锚杆。均依据设计图纸所示位置及尺寸,按锚杆长度分不同直径,以米(m)为单位计量。

工程内容包括:搭、拆、移作业平台,锚杆及附件制作、运输,布眼、钻孔、清孔,浆液制作、注浆、锚固,锚杆就位、顶进、锚固,药包锚固包括药包浸泡及安装入孔,预应力锚固包括预应力张拉、锚固,二次注浆,封锚。

④喷射混凝土支护包括钢筋网和喷射混凝土。钢筋网依据设计图纸所示位置及尺寸,按

图示钢筋网质量,以千克(kg)为单位计量。钢筋网锚固件为钢筋网的附属工作,不另行计量。喷射混凝土依据设计图纸所示位置及尺寸,按图示喷射混凝土体积,分不同强度等级,以立方米(m^3)为单位计量。

钢筋网工程内容包括:搭、拆、移作业平台,布眼、钻孔、清孔、安装锚固件,挂网、绑扎、焊接、加固。

喷射混凝土工程内容包括:冲洗岩面,安、拆、移喷射设备,搭、拆、移作业平台,配、拌、运混凝土,上料、喷射、养护。

⑤钢支架支护包括型钢支架和钢筋格栅。均依据设计图纸所示位置及尺寸,按型钢、钢筋质量,以千克(kg)为单位计量。型钢支架、钢筋格栅纵向连接钢筋作为附属工作,不另行计量;连接钢板、螺栓、螺母、拉杆、垫圈为型钢支架、钢筋格栅的附属工作,均不另行计量。

工程内容包括:场地清理,搭拆工作平台,型钢支架(钢筋格栅)加工,型钢支架(钢筋格栅)成型,型钢支架(钢筋格栅)修整、焊接,安装就位、紧固螺栓,型钢支架(钢筋格栅)纵向连接。

2. 洞身衬砌

洞身衬砌包括:洞身衬砌、仰拱与铺底混凝土、边沟与电缆沟混凝土、洞室门和洞内路面。

(1)洞身衬砌包括现浇混凝土和钢筋。现浇混凝土依据图纸所示位置及尺寸,按图示混凝土体积分不同强度等级,以立方米(m^3)为单位计量。

工程内容包括:场地清理,基底检查,模板制作、安装、拆除,混凝土拌和、运输、浇筑、养护,设置施工缝、沉降缝。

(2)仰拱与铺底混凝土包括现浇混凝土仰拱和现浇混凝土仰拱回填,均依据图纸所示位置及尺寸,按图示混凝土体积分不同强度等级,以立方米(m^3)为单位计量。

现浇混凝土仰拱工程内容包括:场地清理,基底检查,模板制作、安装、拆除,混凝土拌和、运输、浇筑、养护,设置施工缝、沉降缝。

现浇混凝土仰拱回填工程内容包括:场地清理,基底检查,混凝土拌和、运输、浇筑、养护。

(3)边沟与电缆沟混凝土包括混凝土沟槽(现浇、预制安装)、预制安装混凝土沟槽盖板、钢筋和铸铁盖板。混凝土沟槽(现浇、预制安装)和预制安装混凝土沟槽盖板均依据图纸所示位置及尺寸,按图示混凝土、预制安装混凝土体积分不同强度等级,以立方米(m^3)为单位计量;铸铁盖板按设计图纸所示位置及尺寸,按制作安设铸铁盖板的质量,以千克(kg)为单位计量。

现浇混凝土沟槽工程内容包括:沟槽开挖,基底检查,模板制作、安装、拆除,混凝土拌和、运输、浇筑、养护,设置施工缝、沉降缝。

预制安装混凝土沟槽工程内容包括:沟槽开挖,预制场地建设,模板制作、安装、拆除,构件预制,构件安装,设置施工缝、沉降缝。

预制安装混凝土沟槽盖板工程内容包括:预制场地建设,模板制作、安装、拆除,构件预制、安装。

铸铁盖板工程内容包括:盖板的加工制作及防腐处理、盖板安装。

(4)洞室门按设计图纸所示位置及尺寸,按安装就位的洞室门数量,以个为单位计量。

工程内容包括:洞室门制作、洞室门安装。

(5)洞内路面包括钢筋和现浇混凝土。现浇混凝土依据图纸所示位置及尺寸,按图示混凝土体积分不同强度等级以立方米(m^3)为单位计量。

工程内容包括:基底检查,模板制作、安装、拆除,混凝土拌和、运输、浇筑、养护,接缝处理。

(三)隧道附属工程

1.防水与排水

防水与排水包括:防水与排水、保温。

(1)防水与排水包括金属材料、排水管、防水板、止水带、止水条、涂料防水层和注浆。

①金属材料依据图纸所示位置及规格,按金属材料的质量,分不同材质,以千克(kg)为单位计量。接头、固定、定位材料作为附属工作,均不另行计量。

工程内容包括:金属材料的保护、储存及除锈,材料加工,整直、裁断、弯曲,接头,安设、支承及固定,盖板安装。

②排水管包括钢筋混凝土排水管、PVC排水管、U形排水管和Ω形排水管。均依据设计图纸所示位置,按图示排水管的长度,分不同管径,以米(m)为单位计量。

钢筋混凝土排水管工程内容包括:管材预制、运输,布管、接缝,回填,现场清理。

其他排水管工程内容包括:场地清理,搭拆移作业平台,排水管制作,土工布包裹、绑扎,水管布设、连接,水管定位、锚固。

③防水板和涂料防水层均依据图纸所示位置及规格,按照铺设的不同材质防水板面积、防水层厚度,以平方米(m^2)为单位计量。

防水板工程内容包括:场地清理,搭、拆、移作业平台,基面处理,下料、拼接就位、焊接拉紧、锚固。

涂料防水层工程内容包括:场地清理,搭拆移作业平台,基面拉毛、清洗,涂料制作、运输,喷涂,移动作业平台。

④止水带和止水条均依据图纸所示位置及规格,按照铺设的不同材质、型号止水带长度,以米(m)为单位计量。

止水带工程内容包括:缝隙设置,固定架安装,止水带安装、拉紧、固定,接头粘接。

止水条工程内容包括:预留槽设置,止水条安装、固定止水条,注浆。

⑤注浆包括水泥和水玻璃原液。水泥依据设计图纸位置,按图示掺加的水泥质量,分不同强度等级,以吨(t)为单位计量;水玻璃原液依据设计图纸位置,按图示掺加的水玻璃原液体积,以立方米(m^3)为单位计量。

工程内容包括:场地清理,搭拆移作业平台,钻孔,顶进注浆钢管,配、拌、运浆液,压浆、堵孔。

(2)保温包括保温层和洞口排水保温。

①保温层依据图纸所示位置、尺寸及保温材料类型,按图示保温层面积,以平方米(m^2)为单位计量。保温板的重叠面积不予计量。

工程内容包括:选备保温板材(聚氨酯板等),保温板下料、拼接、就位、焊接、拉紧、锚固。

②洞口排水保温包括洞口排水沟保温层、保温出水口暗管和保温出水口。洞口排水沟保温层依据图纸所示位置、尺寸及保温材料类型,按图示保温层面积,以平方米(m^2)为单位计

量，保温板的重叠面积不予计量。保温出水口暗管依据图纸所示位置、材料、尺寸及埋设深度，按图示不同材料的保温出水口暗管长度，以米（m）为单位计量；保温出水口依据图纸所示位置、结构、尺寸，分不同类型，按图示出水口形式，以处为单位计量。

洞口排水沟保温层工程内容包括：选备保温板材（聚氨酯板等），保温板下料、拼接、就位、焊接、拉紧、锚固。

保温出水口暗管工程内容包括：场地清理，开挖管沟，边坡临时防护，铺设垫层，敷设排水管、连接、固定，砌（浇）筑检查井，回填土、覆盖表土护坡。

保温出水口工程内容包括：铲除地表腐殖质及植物，换填渗水性好的土壤，铺设碎石垫层，干砌、堆砌片石，做流水陡坡，出水口覆盖层护坡。

2. 洞内防火涂料和装饰工程

洞内防火涂料和装饰工程包括洞内防火涂料和洞内装饰工程。

（1）洞内防火涂料依据设计图纸所示位置及尺寸，按图示面积分不同喷涂厚度，以平方米（m^2）为单位计量。

工程内容包括：场地清理，搭拆移作业平台，基面拉毛、清洗，涂料制作，喷涂。

（2）洞内装饰工程包括墙面装饰、喷涂混凝土专用漆和吊顶。均依据设计图纸所示位置及尺寸，按图示面积分不同材质，以平方米（m^2）为单位计量。

墙面装饰工程内容包括：场地清理，搭拆移作业平台，基面拉毛、清洗，砂浆制作，贴面装饰材料，抹平、养护。

喷涂混凝土专用漆工程内容包括：场地清理，搭拆移作业平台，基面拉毛、清洗，涂料制作，喷涂。

吊顶工程内容包括：场地清理，搭拆移作业平台，吊顶骨架安设，吊顶面板安装。

3. 监控量测与地质预报

监控量测包括必测项目和选测项目，均依据图纸所示及《公路隧道施工技术规范》（JTG 3660—2020）规定的必测、选测项目进行监控量测，以总额为单位计量。地质预报依据需要预报的距离和内容，分不同的探测手段，以总额为单位计量。

监控量测工程内容包括：选择量测仪器和元件，埋设测试元件，数据采集，数据分析，后续数据分析、处理。

地质预报工程内容包括：按地质预报需要采用合适的探测手段进行探测、地质分析与推断、预报结果及施工建议。

4. 洞内机电设施预埋件和消防设施

洞内机电设施预埋件和消防设施包括预埋件和消防设施。

（1）预埋件依据图纸所示位置和断面尺寸，按照材料表所列的金属结构预埋件质量以千克（kg）为单位计量。金属结构接头、螺栓、螺母、垫片、固定及定位材料作为金属结构预埋件的附属工作，不另行计量；非金属结构预埋件作为预埋件的附属工作，不另行计量。

工程内容包括：预埋件加工与涂装，预埋件安装、固定，工地涂装。

（2）消防设施包括供水钢管、消防洞室防火门、集水池、蓄水池和泵房。

①供水钢管依据图示要求材料、尺寸，按供水管管道中心线长度，以米（m）为单位计量，不

扣除阀门、管件及各种组件所占长度。

工程内容包括:管道路定位、开挖、回填,钢管制作加工、防腐、运输、装卸,安装、就位、除锈、刷油、防腐,接头接续、定位、固定,管道吹扫,水压试验。

②消防洞室防火门依据图示要求,按满足设计功能要求的隧道消防洞室防火门数量,以套为单位计量(包含帘板、导轨、底座、电机、控制器、手动装置)。

工程内容包括:按配置要求提交隧道消防洞室防火门(含附件),防火门及附件搬运、就位,钻孔、螺栓固定,电机测试,安装规定,校位,电缆保护套安装固定,电力电缆连接,控制电缆引出至电缆沟,调试、指标测试。

③集水池依据图示结构、尺寸,按钢筋混凝土集水池数量,以座计量(包含池内检查梯、池顶棚、人孔盖)。

工程内容包括:水池基础土石方开挖,基坑临时支护,临时排水,垫层铺筑、碾压,模板、支架架设、拆除,钢筋加工、安装,混凝土制作浇筑,检查梯制作安装,各管道、管件、仪表的安装配合,堵洞,水池防渗处理,基坑回填,现场清理,弃方处理。

④蓄水池依据图示结构、尺寸,按蓄水池数量,以座为单位计量。

工程内容包括:基坑开挖、混凝土或砂浆制作、基底垫层铺筑、施工排水、模板安设浇筑混凝土或池体砌筑、现场清理、基坑回填、弃方处理。

⑤泵房依据图示规格、功能,按水泵房建筑以座为单位计量(包含泵房防雷接地)。

工程内容包括:配置泵房全部结构、装饰,配电、排水、各种预埋件,场地硬化。

七、第600章“安全设施及预埋管线”的计量规则

根据《公路工程标准施工招标文件》(2018年版·第三册)第八章“工程量清单计量规则”第600章的规定,安全设施及预埋管线工程包括护栏、隔离栅、交通标志标线、通信和电力管道、收费设施及地下通道等。

1. 护栏

(1)混凝土护栏(护墙、立柱)。

①现浇混凝土护栏或预制安装混凝土护栏,依据图纸所示位置和断面尺寸,按图示浇筑或预制与安装的不同强度的混凝土体积,以立方米(m^3)为单位计量;不扣除混凝土沉降缝、泄水孔所占体积;桥上混凝土护栏(护墙、立柱)在410-6现浇混凝土附属结构、410-7预制混凝土附属结构中计量。

现浇混凝土护栏工程内容包括:基槽开挖,铺筑垫层,模板制作、安装、拆除,混凝土制作、运输、浇筑、养护,沉降缝、泄水孔预留,灌缝处理,基坑回填、夯实,清理、弃方处理。

预制安装混凝土护栏工程内容包括:混凝土护栏预制、运输,基槽开挖,铺筑垫层,结合面凿毛,混凝土护栏块安装,接缝处理,基坑回填、夯实,清理、弃方处理。

②现浇混凝土基础,依据图纸所示位置和断面尺寸,按图示浇筑混凝土体积以立方米(m^3)为单位计量。

工程内容包括:基槽开挖、清理,模板制作、安装、拆除,混凝土拌制、运输、浇筑、养护,基坑回填、夯实,清理、弃方处理。

③钢筋，依据图纸所示及钢筋表所列钢筋质量以千克(kg)为单位计量。固定钢筋的材料、定位架立钢筋、钢筋接头、吊装钢筋、钢板、铁丝作为钢筋作业的附属工作，不另行计量。

工程内容包括：钢筋的保护、储存及除锈，钢筋整直、连接，钢筋截断、弯曲，钢筋安设、支承及固定。

(2)石砌护墙。

石砌护墙，依据图纸所示位置和断面尺寸，按图示各类石砌体积，以立方米(m^3)为单位计量；不扣除砌体沉降缝、泄水孔所占体积。

工程内容包括：基槽开挖，铺筑碎(砾)石垫层，砂浆制作、运输，石料清洗，块石修面，砌体砌筑，沉降缝、泄水孔预留，灌缝处理，勾缝、抹面，基坑回填、夯实，清理、弃方处理。

(3)波形梁钢护栏。

波形梁钢护栏包括路侧波形梁钢护栏、中央分隔带波形梁钢护栏和波形梁钢护栏端头。

①路侧波形梁钢护栏和中央分隔带波形梁钢护栏，依据图纸所示位置、防撞等级、构造形式代号，按图示长度，以米(m)为单位计量。

工程内容包括：基础施工(成孔、埋入或预埋套筒或预埋地脚螺栓等)，波形梁及其配件安装，场地清理，弃方处理，补涂防腐涂装。

②波形梁钢护栏端头，依据图纸所示位置、断面尺寸，按图示各型号端头数量，以个为单位计量；每个端头的长度为沿路线的长度，详见《公路交通安全设施设计细则》(JTG/T D81—2017)。

工程内容包括：基础开挖，混凝土制备、运输、埋设预埋件、浇筑、养护，安装波形梁钢护栏端头，场地清理，弃方处理，补涂防腐涂装。

(4)缆索护栏。

缆索护栏包括路侧缆索护栏和中央分隔带缆索护栏，两者均依据图纸所示位置和断面尺寸，分不同类型，按图示护栏长度(单柱)，以米(m)为单位计量。

工程内容包括：基础开挖，基础施工，缆索及各种匹配件安装，张拉、固定，场地清理，弃方处理，补涂防腐涂装，中央分隔带缆索护栏还包括立柱及支架设置。

(5)中央分隔带活动护栏。

中央分隔带活动护栏包括钢质插拔式、钢质伸缩式和钢管预应力索防撞活动护栏，三者均依据图纸所示位置和断面尺寸，按图示活动护栏长度，以米(m)为单位计量。

钢质插拔式、钢质伸缩式工程内容包括：基础开挖、护栏固定型钢及插口型钢基槽埋设、护栏及其匹配件连接、防盗及开启装置设施安装、表面反射体安装。

钢管预应力索防撞活动护栏工程内容包括：基础开挖，导向板埋设，混凝土拌制、运输、浇筑、养护，基础回填夯实，护栏单元框架匹配件安装，防盗及开启装置设施安装，表面反射体安装。

2. 隔离栅和防落网

(1)隔离栅。

隔离栅包括钢板网隔离栅、编织网隔离栅、焊接网隔离栅和刺钢丝网隔离栅。

各类隔离栅均依据图纸所示位置和断面尺寸，按图示隔离栅沿路线展开长度以米(m)为单位计量；不扣除钢管(型钢)(或混凝土立柱)所占沿路线长度，三角形起讫端按相应沿路线长度的1/2计量。需要注意的是，隔离栅高度指隔离栅上缘网面至地表面的铅直距离。

工程内容包括:沿路线清理,基槽开挖,基础混凝土制作,运输,钢管(型钢)柱埋设,浇筑,振捣,养护,网框、网面安装,隔离栅门制作安装,场地清理,基坑回填,弃方处理,刺钢丝网隔离栅还包括预制场平整、硬化,立柱钢筋(挂钩)制作安装,立柱混凝土浇筑、养护,立柱埋设等。

(2)防落网。

防落网,按图纸设计长度,以米(m)为单位计量。立柱、安装网片的支架,预埋件及紧固件、防雷接地等不另行计量。

工程内容包括:钢管(型钢)柱埋设,网框、网面安装,对防雷接地处理。

3. 道路交通标志

(1)单柱式交通标志、双柱式交通标志、三柱式交通标志、门架式交通标志、单悬臂式交通标志、双悬臂式交通标志、附着式交通标志七类交通标志依据图纸所示位置和断面尺寸,分不同规格的标志板面,按安装就位的标志数量,以个为单位计量。

工程内容包括:基槽开挖,基础施工(钢筋与预埋件安装、混凝土浇筑等),立柱、标志板、门架构件及各种匹配件制作安装,清理,弃方处理。

(2)里程碑、公路界碑、百米桩、防撞桶、锥形桶五类交通标志,依据图纸所示位置和断面尺寸,按图示相关标志数量,以个为单位计量。

里程碑工程内容包括:施工或设置连接件,里程碑制作与安装。

公路界碑工程内容包括:界碑制作,基槽开挖、基槽混凝土浇筑、界碑埋设,基坑回填、夯实,清理、弃方处理。

百米桩工程内容包括:百米桩制作、安装。

防撞桶、锥形桶工程内容包括:防撞桶、锥形桶安设,表面粘贴反光膜。

(3)道路反光镜,依据图纸所示位置,分不同类型的反光镜数量,以个为单位计量。

工程内容包括:基础施工、反光镜安装、场地清理。

4. 道路交通标线

(1)热熔型涂料路面标线、溶剂型涂料路面标线和预成型标线带,依据图纸所示位置和断面尺寸,分不同类型,按图示标线面积,以平方米(m^2)为单位计量。

热熔型涂料路面标线工程内容包括:路面清扫、刮涂底油、涂料加热溶解、喷(刮)标线、撒布玻璃珠(反光标线)、初期养护。

溶剂型涂料路面标线工程内容包括:路面清扫、涂料拌和溶解、喷(刮)标线、撒布玻璃珠(反光标线)、初期养护。

预成型标线带工程内容包括:路面清扫、刮涂底油、粘贴标线、初期养护。

(2)突起路标、轮廓标和锥形路标依据图纸所示位置,分不同类型,按图示数量,以个为单位计量。

突起路标工程内容包括:路面清扫、底胶调和、粘贴突起路标、初期养护。

轮廓标工程内容包括:基础施工及连接件设置、轮廓标安装、发光型轮廓标调试。

锥形路标工程内容包括:锥形路标制作与安装。

(3)立面标记,依据图纸所示位置,按图示立面标记以处为单位计量。减速带依据图纸所示位置,按图示减速带长度,以米(m)为单位计量。铲除原有路面标线,依据图纸所示,按铲除的原有路面标线面积以平方米(m^2)为单位计量。

立面标记工程内容包括:表面清理、刮(涂)标。

减速带工程内容包括:钻孔及锚杆安设、橡胶减速带安装。

铲除原有路面标线工程内容包括:铲除原有标线、清理现场。

5.防眩设施

防眩设施包括防眩板和防眩网。

(1)防眩板依据图纸所示位置和断面尺寸,分不同类型,按图示防眩板数量,以块为单位计量。

(2)防眩网依据图纸所示位置和断面尺寸,分不同类型,按图示防眩网长度,以米(m)为单位计量且不扣除立柱所占长度。

防眩设施工程内容包括:钻孔及螺栓安设、支架安装、防眩板或网的安装、校位。

6.通信和电力管道与预埋(预留)基础

(1)人(手)孔、紧急电话平台依据图纸所示位置和断面尺寸,按图示以个为单位计量。

人(手)孔工程内容包括:基槽开挖,铺筑碎(砾)石垫层,立模,混凝土制作,运输,构造钢筋和穿钉、管道支架、拉力环的加工制作、装卸运输、预埋,浇筑,振捣,养护,拆模,钢筋混凝土上腹盖板预制或现浇的全部工序,井孔口圈和井盖制作安装,基坑回填,夯实,清理,弃方处理。

紧急电话平台工程内容包括:基槽开挖,浆砌片石基础调整,铺筑碎(砾)石垫层,立模,混凝土制作,运输,钢管护栏加工制作、装卸运输、预埋,浇筑,振捣,接地母线预埋,养护,拆模,基坑回填,夯实,清理,弃方处理。

(2)管道工程依据图纸所示位置和断面尺寸,分不同类型及规格,按图示铺设的管道长度,以米(m)为单位计量,且不扣除人孔、手孔所占长度。

工程内容包括:基槽开挖,铺筑细粒土找平层,硅芯管下料铺设,接头接续,定位,编码,包封,人孔和手孔封口,管口保护,土体回填、夯实,过桥管箱支架及管箱安装,清理,弃方处理。

7.收费设施及地下通道

(1)收费亭,依据设计图纸所示位置和尺寸,分不同类型,按图示材料材质制作安装收费亭数量,以个为单位计量。

工程内容包括:收费亭制作、防腐,粘贴反光标识、就位、固定。

(2)收费天棚,依据图示位置和尺寸,按图示材料制作安装的收费天棚平面投影面积,以平方米(m^2)为单位计量。

工程内容包括:基础施工,立柱结构制作、架设,天棚支撑系统结构制作、安装、固定,刷防护油漆。

(3)收费岛,依据图纸所示位置和断面尺寸,分不同类型,按图示混凝土收费岛数量,以个为单位计量。

工程内容包括:模板制作、安装、拆除,钢筋制作、安装,混凝土拌和、运输、浇筑、养护,涂料拌制、刮涂底油、喷(刮)标线、初期养护,清理现场。

(4)地下通道,依据图纸所示位置和结构形式及断面尺寸,分不同类型,按地下通道中心量测的洞口间距离,以米(m)为单位计量。

工程内容包括:支架、模板制作、安装、拆除,钢筋制作、安装,混凝土拌和、运输、浇筑、养护,预制梁板、运输、安装,清理现场。

(5)预埋管线或架设管线,依据图纸所示位置和断面尺寸,分不同类型,按图示预埋管线或架设管线长度,以米(m)为单位计量。

工程内容包括:管线支架、运输、安装,管线现场就位、安装、焊接、防腐处理,进出口端封口处理。

八、第700章“绿化及环境保护设施”的计量规则

根据《公路工程标准施工招标文件》(2018年版·第三册)第八章“工程量清单计量规则”第700章的规定,绿化及环境保护设施包括铺设表土、种草、种树、植物养护、声屏障等。

1. 铺设表土

铺设表土包括开挖并铺设表土和铺设利用的表土,二者均依据图纸所示位置和断面尺寸,按开挖并铺设或铺设利用的种植土体积,以立方米(m^3)为单位计量。

工程内容包括:填前场地清理,回填种植土、清除杂物、拍实、整平、找坡、沉降后补填,路面清洁保护,场地清理,废弃物装卸运输。

2. 撒播草种和铺植草皮

(1)撒播草种(含喷播),撒播草种及花卉、灌木籽(含喷播),先点播灌木后喷播草种,铺植草皮四者均依据图纸所示位置,按图示种植的面积,以平方米(m^2)为单位计量;扣除结构工程和密栽灌木所占面积,不扣除散栽苗木所占面积。

工程内容包括:场地清理、耙细,种植及覆盖,浇水、施肥、除虫、除杂草、修剪、补种,清除垃圾、杂物。先点播灌木后喷播草种,还包括挖坑(穴)槽、灌木点播。

(2)三维土工网植草依据图纸所示位置,按图示种植的面积,以平方米(m^2)为单位计量;扣除结构工程面积。

工程内容包括:地表整理、修整坡面,铺设三维土工网及锚钉固定,铺设表土,喷播草种(灌木籽),浇水、施肥、除虫、除杂草、修剪、补种,清除垃圾、杂物。

(3)客土喷播或植生袋依据图纸所示,按照客土喷播的面积或铺设面积,以平方米(m^2)为单位计量。

客土喷播工程内容包括:坡面整理,安设锚杆,安设铁丝网(钢丝网),绿化基材制备,喷播绿化基材,浇水、施肥、除虫、除杂草、修剪、补种,清除垃圾、杂物。

植生袋工程内容包括:坡面整理,垫铺碎石,安放植生袋,浇水、施肥、除虫、除杂草、修剪、补种,清除垃圾、杂物。

(4)绿地喷灌管道,依据图纸所示,按敷设的不同管径的管道长度,以米(m)为单位计量。

工程内容包括:开挖与回填,管道敷设,管道连接,闸阀、洒水栓安装,通水及洒水调试。

3. 种植乔木、灌木和攀缘植物

人工种植乔木、灌木和攀缘植物,均依据图纸所示位置,按图示种植的不同规格的各类乔木、灌木和攀缘植物数量,以棵为单位计量。

工程内容包括:开挖种植穴(槽),换填种植土,苗木栽植,支撑、浇水、施肥、除虫、除杂草、

修剪、补种，场地清理，废弃物装卸运输。

4. 植物养护和管理

植物养护和管理包括从绿化植物开始种植到工程缺陷责任期结束的养护和管理。工作并入绿化植物种植的相关子目中，均不另行计量。

5. 声屏障

(1)吸、隔声板声屏障，依据图纸所示位置和断面尺寸，分不同类型，按图示吸、隔声板声屏障的长度，以米(m)为单位计量。

工程内容包括：场地清理、基础施工、声屏障制作、声屏障安装。

(2)吸声砖声屏障或砖墙声屏障依据图纸所示位置和断面尺寸，分不同类型，按图示吸声砖或砖墙的体积，以立方米(m^3)为单位计量。基础作为附属工作，不另行计量。

工程内容包括：场地清理、基础施工、砌筑、压顶、装饰装修。

第六节　水运工程计量规范

特别说明一：交通运输部发布了最新的《公路工程标准施工招标文件》(2018 年版)和《水运工程工程量清单计价规范》(JTS/T 271—2020)，鉴于这两个文件具体内容的不可通用性，公路和水运工程计量的内容和规则等将分别进行介绍，本节根据水运工程的《水运工程工程量清单计价规范》(JTS/T 271—2020)介绍水运工程的计量内容和计量方法。

特别说明二：该部分内容仅供水运工程专业的考生学习和应试使用。

中华人民共和国交通运输部于 2020 年 8 月 26 日发布《水运工程工程量清单计价规范》(JTS/T 271—2020)，该规范自 2020 年 10 月 15 日施行。

《水运工程工程量清单计价规范》(JTS/T 271—2020)包括总则、术语、工程量清单编制、工程量清单计价、工程量清单及其计价格式和附录。附录 B 中给出了水运工程工程量清单计算规则，具体包括一般规定、疏浚工程、航标工程、土石方工程、地基与基础工程、混凝土工程、钢筋工程、金属结构制作安装工程、设备安装工程和其他工程等。

《水运工程工程量清单计价规范》(JTS/T 271—2020)规定水运工程工程量计算规则的具体内容介绍如下。

一、一般规定

(1)工程量计算的计算依据主要有下列文件：

①招标文件及设计图纸；

②技术规范、工程质量检验标准；

③经有关部门批准的技术经济文件。

(2)除非另有规定，因施工过程中损耗或扩展而增加的工程量不得计算在工程量清单的工程数量中，所发生的费用可在综合单价中考虑。

(3)施工水位应采用设计文件提供的数值。当设计文件未作明确规定时，施工水位可按下列要求确定：

①有潮港采用工程所在地的平均潮位;

②无潮港采用工程所在地施工季节的历年平均水位;

③航道工程的施工水位根据工程现场自然条件、施工工艺和质量等要求,通过多年水文资料、工期要求和施工通航条件等级综合分析确定。

(4)水工工程与陆域工程界线的划分应根据工程部位、结构要求确定,并应以保证水工建筑物结构及各组成部分的完整性为原则。

(5)水工工程应以施工水位为界,划分水上工程和水下工程。

二、疏浚工程

(1)挖泥工程量应按设计图纸计算净量。

(2)疏浚岩土的分类分级应根据疏浚岩土的勘察报告和岩土试验报告确定,并应符合现行行业有关标准的规定。

(3)对于有自然回淤的施工区域,施工期自然回淤量应单独计算并计入工程量。

(4)在同一施工区域出现不同疏浚岩土级别时,应分别计算工程量。

(5)吹填工程量应按设计图纸净量,扣除吹填区围堰、子堰等的体积计算;原土体的沉降应单独计算并计入工程量;吹填土体的流失、固结等可在综合单价中考虑。

三、航标工程

导航助航设施工程工程量的计算,应区分不同结构形式分别计算。

四、土石方工程

(1)不同岩土级别的工程量应分别计算,回填工程中原土体的沉降应计入工程量(石方工程同样适用)。

(2)坡度陡于1:2.5的陆上坡面开挖,应按岸坡挖土方计算。

(3)槽底开挖宽度在3m以内,且槽长大于3倍槽宽的陆上开挖工程,可按地槽挖土计算,不满足上条规定且坑底面积在$20m^2$以内的陆上开挖工程应按地坑挖土计算。

(4)土方开挖各类槽、坑的计算长度应根据自然地面起伏状况划分成若干段,每段长度一般不宜大于10m。

(5)按设计图纸计算铺填工程量时,不应扣除预埋件和面积在$0.20m^2$以内的孔洞所占的体积。

(6)平均高差超过0.3m的陆上土方工程,应按土方挖填以体积计算工程量。反之,应按场地平整以面积计算工程量。

(7)洞室土方开挖断面积大于$2.5m^2$时,水平夹角不大于6°的,应按平洞土方开挖计算;水平夹角为6°~75°的,应按斜井土方开挖计算;水平夹角大于75°,且深度大于上口短边长度或直径的,应按竖井土方开挖计算工程量。平洞、斜井、竖井土方开挖的工程量应按设计图纸以体积计算。

(8)夹有孤石的土方开挖,大于$0.7m^3$的孤石应按石方开挖计算。

(9)土方开挖工程量不应计算工作面开挖小排水沟、修坡、铲坡、清除草皮、工作面范围内的小路修筑、交通安全以及必需的其他辅助工作等。

(10)设计坡度陡于1:2.5,且平均开挖厚度小于5m的应按坡面石方开挖计算。

(11)陆上石方工程沟槽底宽在7m以内且长度大于3倍宽度的可按沟槽计算。不满上条规定且底面积小于200m²,深度小于坑底短边长度或直径可按基坑计算。

(12)陆上洞室石方开挖断面积大于5m²时,水平夹角不大于6°的,应按平洞石方开挖计算;水平夹角为6°~75°的,应按斜井石方开挖计算;水平夹角大于75°且深度大于上口短边长度或直径的,应按竖井石方开挖计算工程量。平洞、斜井、竖井石方开挖的工程量应按设计图纸以体积计算。

(13)除坡面、沟槽、墓坑、洞室以外的陆上石方开挖应按一般石方计算。

(14)不允许破坏岩层结构的陆上保护层石方开挖,设计坡度不陡于1:2.5时,应按底部保护层石方开挖计算;设计坡度陡于1:2.5时,应按坡面保护层石方开挖计算。

(15)陆上石方开挖保护层应按设计图纸计算工程量。

(16)预裂爆破应按预裂面内的岩石开挖计算。

五、水下工程

(1)水下挖泥水深应按施工水位与设计挖槽底高程之差扣除平均泥层厚度的一半确定。

(2)水下抛填工程应计入原土沉降增加的工程量。

(3)水下抛填水深应按施工水位与设计挖槽底高程之差加上基床厚度的一半确定。

(4)基床夯实范围应按设计文件确定,当设计文件未规定时,可按建构筑物底面尺寸各边加宽1.0m确定;分层抛石、夯实应按分层处的应力扩散线各边加宽1.0m确定。

(5)基床整平范围的确定规定如下:①粗平时,建构筑物取底面尺寸各边加宽1.0m,有护面块体时取压脚块底边外加宽1.0m,码头基床取全部前肩范围;②细平时,建构筑物取底面尺寸各边加宽0.5m,有护面块体时取压脚块底边外加宽0.5m,码头基床取全部前肩范围。

(6)基床理坡工程量应以面积计算。

六、砌筑工程

(1)砌筑工程量应按设计砌体外形尺寸以体积计算。

(2)砌体表面加工应按设计要求计算砌体表面展开面积。

(3)砌体砂浆勾缝应按不同的砌体材料区分平面、斜面、立面、曲面以及平缝、凸缝,分别按砌体表面展开面积计算。

(4)砌体砂浆抹面应按不同厚度区分平面、斜面、立面、曲面、拱面,分别按砌体表面展开面积计算。

(5)沥青混凝土工程量应按设计图纸以面积计算,封闭层按设计图纸或实际测量尺寸以面积计算。

七、地基与基础工程

(1)基础打入桩应根据不同的土质类别、桩的类别、断面形式、桩长,以根或体积计算混凝土桩工程量,以根或质量计算钢桩工程量。

(2)基础打入桩工程量计算:斜度小于或等于8:1的基桩按直桩计算;斜度大于8:1的基桩按斜桩计算;在同一节点由一对不同方向的斜桩组成的基桩按叉桩计算;在同一节点中,由两对不同方向叉桩组成的基桩组,按同节点双向叉桩计算;独立墩或独立承台结构体下的基桩,或含三根及三根以上斜桩且不与其他基桩联系的其他结构体下的基桩,按墩台式基桩计算;引桥设计纵向中心线,岸端起点至码头前沿线最远点垂线距离大于500m时,码头部分的基桩按长引桥码头基桩计算。

(3)陆上施打钢筋混凝土方桩、管桩,当桩顶低于地面2m时,应按深送桩计算;设计文件要求试桩时,试桩工程量应单独计算。

(4)基础灌注桩工程量计算:

①成孔工程量按不同的设计孔深、孔径、土类划分,以根或体积计算,孔深按地面至设计桩底计算。

②灌注桩混凝土工程量根据不同的混凝土强度等级,按设计桩长、桩径计算,扩孔因素不计入工程量。

③灌注桩桩头处理以根计算。

(5)地下连续墙工程量应根据成槽土类、混凝土强度等级,按设计延米、宽度、槽深折算为体积表示。

(6)软土地基加固堆载预压工程量计算:堆载预压工程量根据不同的预压荷载、堆载料的要求以面积计算;堆载材料用量以体积计算;设计文件未明确堆载材料放坡系数时,放坡系数按1:1计算;原土体的沉降,应单独计算工程量。

(7)软土地基加固真空预压工程量根据不同的真空预压要求以面积计算;采用联合堆载、真空预压时,应分别计算堆载工程量和真空预压工程量;采用塑料排水板加固软土地基时,工程量应以根或长度计算;采用陆上强夯工程量应根据不同的夯击能量等要求,按设计强夯加固面积计算;夯坑填料应按体积单独计算工程量;采用打砂桩(砂井)加固软土地基时,工程量应以根或体积计算,袋装法以根或长度计算;采用陆上打碎石桩加固软土地基时,工程量应以根或体积计算。

(8)深层水泥拌和加固水下基础工程,应按设计加固体积计算。

(9)水泥拌和桩、粉喷桩、旋喷桩工程量应按设计加固体积计算。

(10)钻孔灌浆中的钻孔工程量应根据设计图纸按设计进尺以长度计算;其灌浆工程量应根据设计图纸按设计灌浆深度以长度计算。

(11)砂砾石层帷幕灌浆、土坝劈裂灌浆工程量,应按设计图纸的有效灌浆长度计算。

(12)岩石层帷幕灌浆、固结灌浆工程量,应按设计图纸计算的有效灌浆长度或设计净耗灰量计算。

(13)接缝灌浆、接触灌浆工程量,应按设计图纸计算的混凝土施工缝或混凝土坝体与坝基、岸坡岩体的接触缝有效灌浆面积计算。

(14)高压喷射防渗墙灌浆工程量,应按设计图纸的不同墙厚的有效连续墙体截水面积计算;灌浆压力大于或等于3MPa应划分为高压灌浆,小于1.5MPa应划分为低压灌浆,其余应划分为中压灌浆。

(15)压水试验工程量应按试段计算。

(16)化学灌浆中的灌浆工程量应根据不同的灌浆材料、裂缝部位、缝宽和缝深以质量计算。

(17)沉井下沉工程量应根据设计图纸按设计沉井平面投影面积乘以下沉深度计算。沉井的井壁、封底、填心、封顶等应按有关规定分别计算。

八、混凝土工程

(1)混凝土及钢筋混凝土的工程量应根据设计图纸、浇筑部位及混凝土强度、抗冻、抗渗等级以体积计算。不应扣除钢筋、铁件、螺栓孔、三角条、吊孔盒、马腿盒等所占体积和单孔面积在 $0.2m^2$ 以内的孔洞所占体积。

(2)陆上现浇混凝土工程量计算。

陆上现浇混凝土基础工程:独立基础根据断面形式以体积计算;带形基础根据断面形式以体积计算;其中有肋带形基础的肋高与肋宽之比在 4∶1 以内时,按有肋带形基础计算;超过4∶1时,底部按板式基础计算,底板以上部分的肋按墙计算;无梁式满堂基础的扩大角或锥形柱墩并入满堂基础内计算工程量;箱式满堂基础按无梁式满堂基础、柱、梁、板、墙等项目分别计算工程量;除块形以外其他类型的设备基础分别按基础、梁、柱、板、墙等项目计算。

陆上现浇混凝土柱:柱高自柱基上表面算至顶板或梁的下表面,有柱帽时柱高自柱基上表面算至柱帽的下表面;牛腿并入柱身以体积计算。

陆上现浇混凝土梁:基础梁按全长计算体积;主梁按全长计算,次梁算至主梁侧面;梁的悬臂部分并入梁内一起计算;梁与混凝土墙或支撑交接时,梁长算至墙体或支撑侧面;梁与主柱交接时,柱高算至梁底面,梁按全长计算;梁板结构的梁高算至面板下表面。

陆上现浇混凝土板:由梁板按梁板体积之和计算;无梁板按板和柱帽体积之和计算;平板按板混凝土实体体积计算;伸入支撑内的板头并入板体积内计算。

陆上现浇混凝土墙:墙体的高度由基础顶面算至顶板或梁的下表面,墙垛及突出部分并入墙体积内计算;墙体按不同形状、厚度分别计算体积。

陆上现浇混凝土廊道、坑道、沟涵、管沟:计算工程量时可将底板、墙体、顶板合并整体计算。陆上现浇混凝土拨车机基础、牵引器基础、夹轮器基础、带排水沟的挡土墙工程量,按不同作用可分别整体计算。

陆上现浇混凝土池:池底板、池壁、顶板分别计算;池底板的坡度缓于 1∶1.7 的,按平面底板计算,陡于 1∶1.7 的,按锥形底板计算;池壁高度从底板上表面算至顶板下表面,带溢流槽的池壁将溢流槽并入池壁体积计算;污水处理系统中澄清池中心结构按整体计算。

陆上现浇混凝土卸车坑:底板、墙体、梁、面板、漏斗分别计算;火车轨道梁和框架梁单独计算,其他梁按断面形式分别计算;漏斗按整体计算,并算至墙体或梁的侧面。

陆上现浇混凝土筒仓:筒仓底板上的各种支座混凝土并入底板计算;底板顶面以上至顶板底面以下为筒壁,筒壁工程量计算扣除门窗洞口所占体积;各仓间连接部分并入筒壁计算;钢制漏斗的混凝土支座环梁及板,算至筒壁内表面;现浇混凝土漏斗将环梁、板并入漏斗一并计算;筒仓顶板、进料口和顶面设备支座混凝土一并计算。

(3)预制梁、板、柱的接头和接缝的现浇混凝土工程量应单独计算。

(4)翻车机房基础工程:翻车机房基础混凝土按不同结构部位分为底板、墙体、梁、板、柱等分别计算体积;当单侧翼板长度为墙身厚度的2.5倍以上时,按带翼板墙计算;当单侧翼板长度为墙身厚度的2.5倍以下时,按出沿墙计算,其翼板及出沿部分并入墙身体积计算;翻车机房基础的扶壁并入与其连接的墙体体积内计算;底板、墙体等为防渗而设置的闭合块混凝土单独计算工程量。

(5)通航建筑物及挡泄水建筑物混凝土工程:闸首混凝土工程量计算:以闸首底板与边墩的施工缝为界划分边墩与底板,分别计算工程量;带输水廊道的实体边墩以廊道顶高程以上1.5m为界,带输水廊道的空箱边墩以廊道顶板顶高程为界,分别计算工程量;闸首的门槛、检修平台、消力槛等并入底板计算,帷幕墙单独计算;边墩顶部的悬臂板、胸墙、挡浪墙、磨耗层、踏步梯等工程量单独计算。

闸室混凝土工程量计算:分离式以底板与闸墙竖向分缝处为界,整体式以底板与闸墙连接处底板顶高程为界划分闸墙与底板;墙体顶部的靠系船设施、廊道以及墙体上的阶梯可并入墙体计算。

平底板工程量应包括齿槛体积;空箱底板应包括隔墙、分流墩、消力梁及面板,孔洞体积应扣除;反拱底板的拱部结构应按反拱底板计算,拱上结构应按梁计算。闸墙和系船墩上的系船环、系船钩等孔洞体积不应扣除。边墩、闸墙与其他混凝土构件交接时除另有说明外,其他混凝土构件均应计算至边墩和闸墙外表面。消力槛、消力齿、消力墩、消力梁、消力格栅等工程量,应分别计算;消力池如直接设置在底板上可并入底板计算工程量。

升船机基础工程量应按轨道梁、联系梁、滑轮井、绳槽、车挡、托辊墩等分别计算;泄水闸底板、闸墩、溢流坝、溢流面、厂房等工程量应分别计算。

其他现浇混凝土工程量计算:胸墙、导梁及帽梁的工程量,不扣除沉降缝、锚杆、预埋件、桩头嵌入部分的体积;挡土墙、防浪(汛)墙的工程量,不扣除各种分缝体积;堆场地坪、道路面层,按不同厚度分别计算,不扣除各种分缝体积。

(6)水上现浇混凝土构件:水上现浇混凝土构件工程量应区分不同形状按设计图纸以体积计算。水上现浇混凝土桩帽、帽梁、导梁工程量,不应扣除桩头嵌入部分的体积;水上现浇混凝土桩基式墩台、墩帽、台身、支座工程量,不应扣除桩头嵌入墩帽的体积;水上现浇混凝土码头面层、磨耗层工程量不应扣除分缝体积;水上现浇预制构件接缝、节点、堵孔工程量,应按不同接缝种类以体积计算。

(7)水下现浇混凝土工程量应按设计图纸要求以体积计算。

(8)混凝土及钢筋混凝土预制构件的预制和安装工程量,应按设计图纸分别以体积和件计算。预制混凝土空心方桩、大管桩和PHC桩的工程量,应扣除中空体积。

九、钢筋、金属结构制作安装工程

(1)现浇、预制构件的钢筋工程量应按设计图纸以质量计算。混凝土预制构件钢筋工程量应按预应力和非预应力分别计算;设计图纸未标示的搭接钢筋、架立钢筋、空心方桩胶囊定位钢筋,灌注桩、地下连续墙悬吊钢筋及其他加固钢筋等的工程量,应在综合单价中考虑。

(2)金属结构制作工程量应按设计图纸以质量计算。钢材质量应按设计图纸计算,不应扣除切肢、断边及孔眼的质量；多边形或不规则形钢板应按外接矩形计算。

(3)除锈、刷涂料工程量应按设计要求以展开面积计算。

(4)闸阀门、拦污栅制作工程量，应根据不同的门型、单扇门质量，按钢结构本体、止水件、防腐处理等分别计算。门质量应包括门体质量和安装于门叶上的运转支撑件的质量。

(5)钢轨、系船柱等各种成品件、闸阀门、拦污栅、启闭机及其他金属构件的安装工程量，应包括本体、附件及埋件，并按设计图纸及相应的计量单位分别计算。

十、设备安装工程

(1)港口装卸、配套设备安装工程量，应按不同的规格、能力、高度及质量，分别以台、套或质量计算。

(2)航运枢纽设备、修造船厂设备安装工程量，按其不同的规格、能力及结构形式，分别以台、套、扇或质量计算。

(3)启闭机与电气设施安装工程量应按设计图示数量计算。启闭机电动机接线端子以内应按启闭机安装计算；启闭机设备主体第一个外接法兰或管接头以外的管道铺设以及设备用油应单独计算。启闭机设备的轨道铺设应单独计算。

(4)航运枢纽发电主要设备由设备本体和附属设备及埋件组成，其安装工程量应按设计图示数量计算。航运枢纽滑触线、水力机械辅助设备、发电电压设备、发电机-电动机静止变频启动装置、发电电压母线、接地装置、高压电气设备、一次拉线、控制保护测量及信号系统设备、直流系统设备、电工试验室设备等其他机电设备安装工程量，应按设计图示数量计算。

(5)用电系统设备、照明系统、电缆敷设、计算机监控系统设备、计算机管理系统设备、工业电视系统设备、通信系统设备、消防系统设备、通风空调采暖及其监控设备、机修设备、电梯设备等其他机电设备安装工程量应按设计图纸计算。

(6)航运枢纽安全监测设备安装工程量应按各种仪器设备的种类规格分别计算。

十一、其他工程

(1)土工织物、尼龙编织布及竹笆、荆笆的铺设工程量，应按设计图纸以覆盖面积计算；材料搭接工程量可在工程单价中考虑。

(2)栽植树木、乔灌木、竹类、攀缘植物、水生植物等工程量，应按设计图示品种以数量或面积计算。栽植绿篱类工程量，应按设计图示品种以长度计算；栽植片植绿篱、色带、花卉及植草等工程量，应按设计图示品种以面积分别计算。

(3)伐树及挖树根工程量，树身直径在0.2m以上的应按不同的树身直径，以棵计算。挖除树身直径在0.2m以内的小树及竹(苇)根，铲草皮等工程量，应按面积计算。

(4)拆除混凝土、钢筋混凝土、土石堤、围埝、砌体等工程量，应按体积计算。

(5)清理障碍物工程量，应按设计图示或实际测量结果的相应计量单位计算。

(6)拔钢板桩工程量，应按不同桩长以根或质量计算。

(7)预应力锚索的工程量应按嵌入结构体的有效设计长度，以根或质量计算。

第七节　费用支付的依据、原则、分类与程序

一、费用支付的依据与原则

1. 费用支付的依据

中标工程的施工合同协议书和招标文件、合同条款、施工图纸、技术规范、工程量清单、工程计量规则或计价规范是办理支付的重要合同依据。

(1)工程量清单。

工程量清单经承包人填报价格后就成了报价单,发包人和承包人在合同签订前进行合同谈判,在报价单的基础形成合同价,承包人与发包人以合同价签订工程承包合同。合同价是工程费用支付时确定各支付子目单价的依据,合同履行中,合同价里的单价不能变动,除非发生工程变更。

对于费用已摊入其他工程子目单价中的工程内容,报价单中如没有填写单价,则其单价按零单价处理,相应的支付额为零。但承包人必须完成技术规范和图纸所约定的全部工作内容并达到合同约定的要求;对于有单价的工程子目,则以此单价支付工程费用,但应该注意其单价的包容程度,单价的包容程度一方面是指单价的价值构成,另一方面是指单价所包含的工作内容。例如,路基挖方与填方的单价中除了路基的压实和成型等主要费用外,还包含了人工挖土质台阶、修正边坡、路基整形和临时排水的内容,因此,在支付路基挖方和填方的工程费用时,必须等路基达到设计规定的要求才能支付。又如浇筑水下钻孔灌注桩时,需要搭设施工便桥或租用船只,但搭设便桥和租用船只的费用包括在钻孔灌注桩的单价中,不能另外单独支付。

(2)技术规范或计量规则(或计价规范)。

技术规范或计量规则(或计价规范)文件的每一章每一节都有计量支付的具体规定,它详细说明了各工程子目的工作内容以及计量支付要求,如哪些内容不单独计量和支付,其价值摊入哪一子目中,都具体作了规定;同时,计量规则(或计价规范)还对每一工程项目的计量支付子目进行了划分。因此,计量规则(或计价规范)既是承包人报价时的指导文件和依据,也是监理人计量支付工程费用的指导文件和依据。

(3)合同条款。

合同条款是办理支付的另一重要工作依据,该文件不仅规定了支付的程序和期限,而且对清单外的支付内容做了较为详细的规定。例如,价格调整、工程变更和施工索赔等支付内容在工程量清单中并未明确,而是通过合同条款来约定的,并且合同条款中也只给出了一些原则性的约定。因此,监理人员必须将合同条款约定的原则与工程实施中的日常记录结合起来,才能做好这方面的支付工作。

2. 费用支付的基本原则

工程费用支付的目标是组织和协调好发包人与承包人之间的收支行为,使双方发生的每一笔工程费用都符合合同的约定,并做到公平合理。监理人员在工程费用支付中责任重大,必

须站在公正的立场上，客观、准确地评价承包人的施工活动，仔细、正确地计算各项工程费用，并及时签发付款证书，为了做好这一工作，监理人员必须遵循以下几个基本原则：

(1)必须以合同为依据。

招标文件中的合同条款、工程量计量规则、工程量清单是办理支付的合同依据。

(2)必须遵循规定的程序。

由于费用支付工作涉及各方面的利益，且又需要大量的资料和表格，工作十分繁杂，所以一方面必须加强对支付工作的管理，另一方面支付必须严格遵循规定的程序。

(3)必须以工程计量为基础。

对于单价合同，没有准确的计量就不可能有准确的支付，质量合格是工程计量的前提，而计量则是支付的基础，所以工程费用支付就必须在质量监理和准确计量的基础上进行。因此，在进行工程费用支付时，应当对这两个环节的工作进行严格检查和认真分析，以确保费用支付准确可靠。

(4)必须准确、及时。

及时支付工程费用是合同的基本要求。在《标准施工招标文件》通用合同条款中第17.3.3条规定了相应的支付期限，即监理人在收到承包人进度付款申请单以及相应的支持性证明文件后的14天内完成核查，发包人应在监理人收到承包人进度付款申请单后的28天内将进度应付款支付给承包人。发包人不按期支付的，应按照约定支付逾期付款违约金。

同时规定，监理人有权扣发承包人未能按照合同要求履行任何工作或义务的相应金额。监理人出具进度付款证书，不应视为监理人已同意、批准或接受了承包人完成的该部分工作。在对以往历次已签发的进度付款证书进行汇总和复核中发现错、漏或重复的，监理人有权予以修正，承包人也有权提出修正，经双方复核同意的修正，应在本次进度付款中支付或扣除。

(5)支付货币必须与招标文件一致。

涉及世行、亚行、亚投行等国际金融组织贷款或利用国外政府、外商投资的工程项目，工程费用中人民币与外汇的比例应按招标文件的投标函附录中规定的百分比确定。需要说明，投标函附录对工程费用支付有较大的参考价值，它不仅规定了外汇需求量，而且还有支付计划表、价格调整指数表等，这些资料直接关系到费用支付。因此，监理人进行费用支付时，应参照投标函附录中的有关内容。

二、费用支付的分类

1.按支付的时间分类

按照工程款支付时间的先后划分，可分为前期支付(如开工预付款)、中期支付(亦称期中支付、进度付款)、交工验收后的支付、竣工验收后的支付以及缺陷责任期结束后的最终结清支付五种情形。

2.按支付内容分类

按照工程款支付内容是否为工程量清单的款项划分，可分为工程量清单内的项目支付和工程量清单外的项目支付。

工程量清单内的项目支付，就是监理人员首先按照招标文件、合同条件、技术规范、工程量计量规则(或计价规范)和工程量清单的有关规定进行计量,确认已完的实际工程量,然后根据已确认的工程数量和合同单价,计算和支付工程量清单中各项工程费用,业界习惯上称之为清单支付,如图6-6所示。

工程量清单外的支付,就是监理人员按照招标文件、合同条件、施工合同的约定,根据日常记录、现场实证资料和工程实际进展情况,审核确定并计算和支付工程量清单以外的各项费用,包括工程变更费用、费用索赔、价格调整、违约金等费用支付款项,业界习惯上称之为合同支付,如图6-6所示。

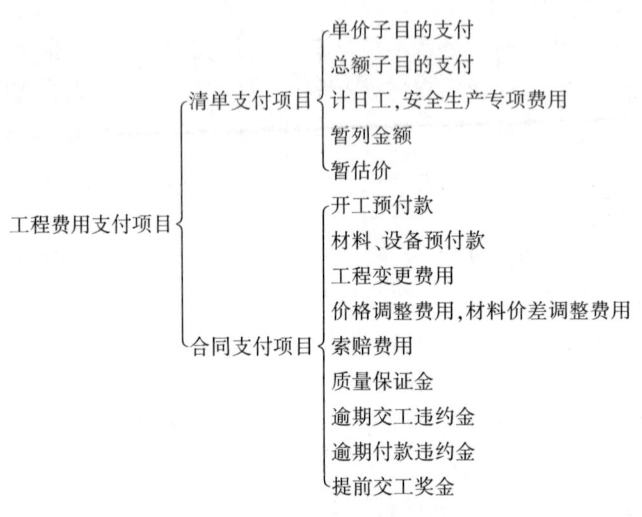

图6-6　费用支付项目

3.按工程内容分类

对于清单支付项目,按照计量的分部分项工程的不同划分。如公路工程的支付可分为路基土石方工程、路面工程、桥梁工程、隧道工程、排水防护工程、交通安全设施工程等支付内容等。

4.按合同执行情况分类

按照合同执行情况是否正常、顺利进行划分,可分为常规支付和违约支付、合同终止、合同解除时的支付等。

常规支付,是指发包人与承包人双方共同努力使整个合同得以顺利履行而产生的支付结果。

违约支付,一种是发包人违约而向承包人支付的违约金,形式上可能是承包人向发包人提出费用索赔;另一种是承包人违约而向发包人缴纳的违约金(违约罚金),形式上可能是发包人向承包人提出费用索赔,内容上可能是发包人直接扣留承包人应得的工程款项。

合同解除支付,是指由于工程遇到战争、瘟疫、骚乱等合同约定的特殊风险,还有承包人违约以及发包人违约等方面的原因导致合同无法继续履行而出现的支付结果。无论何种原因导致合同解除,监理人员都应按照合同条件、技术规范、施工合同等有关文件的规定处理好各项费用的结清与支付工作。

三、费用支付的程序

费用支付的工作程序可以分为许多种程序，下面主要介绍期中进度付款的支付程序、交工验收后的支付程序、缺陷责任期终止后最终结清的支付程序三种。

（一）期中进度付款的支付程序

期中支付是合同在履行过程中每月所发生的付款申请、审查和支付工作。根据《标准施工招标文件》通用合同条款的规定，期中支付的程序见图6-7。

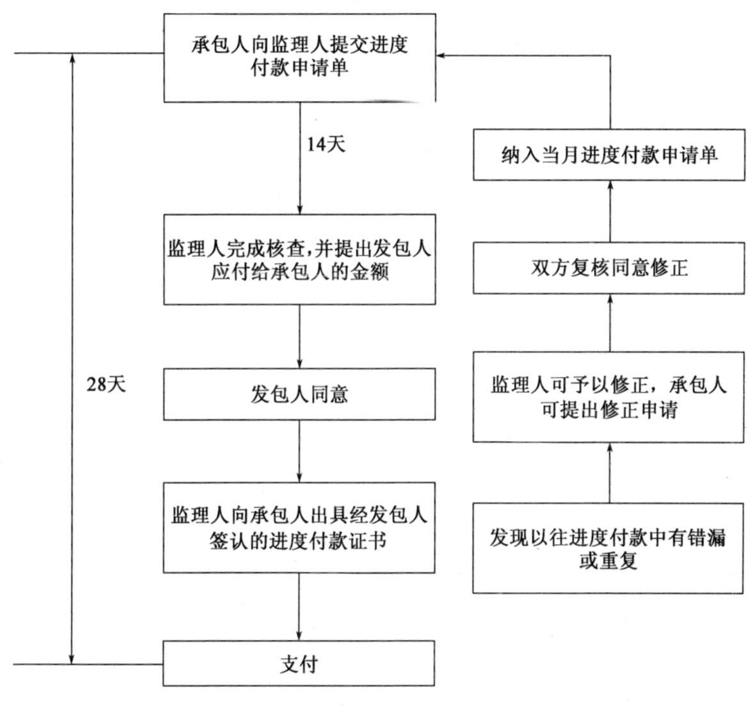

图6-7　期中支付程序

1. 承包人递交付款申请

承包人应在每个付款周期末，按监理人批准的格式和专用合同条款约定的份数，向监理人提交进度付款申请单（一般为月结账单），并附相应的支持性证明文件。除专用合同条款另有约定外，付款申请单应包括下列内容：

（1）自开工截至本期末止已完成的工程价款；

（2）自开工截至上期末止已完成的工程价款；

（3）本期完成的（应结算的）工程价款，即（1）和（2）；

（4）本期完成的应结算的计日工价款；

（5）本期应支付的暂列金额价款；

（6）本期应支付的材料设备预付款；

（7）根据合同约定本期应结算的其他款项；

(8)价格调整及法规变更引起的费用;

(9)本应扣留的保证金、材料设备预付款及开工预付款;

(10)根据合同约定,本期应扣除的其他款项。

2. 监理人的审查

监理人在收到承包人进度付款申请单以及相应的支持性证明文件后的14天内完成核查,提出发包人到期应支付给承包人的金额以及相应的支持性材料,经发包人审查同意后,由监理人向承包人出具经发包人签认的进度付款证书。监理人有权扣发承包人未能按照合同要求履行任何工作或义务的相应金额。

监理人审查的主要工作有:

(1)对承包人所完成的工程价款,应审查各工程子目所完成的工程量是否质量合格(有质量验收单或中间交工证书),是否有相应的计量证书,所采用的单价是否与清单中的单价相符,计算结果是否准确无误。

(2)对计日工付款申请,应审查计日工是否有监理人的书面指示,计日工数量是否有监理人的签字和认可,计日工单价是否与清单中的单价相符,计日工金额是否计算无误。

(3)对材料设备预付款付款申请,应审查是否是合同约定应给予预付款的主要材料和设备,到场材料和设备是否有监理人的现场计量和确认,是否提交了材料和设备的付款发票或费用凭证,支付百分率是否与投标函附录的规定相符,金额是否计算无误。

(4)对变更工程付款申请,应审查是否有监理人的书面变更指令,所完成的变更工程量是否已通过质量验收,所采用的单价是否符合合同条款第15条的约定,是否有相应的计量证书,计算结果是否准确无误。

(5)对价格调整付款申请,应审查调价方法是否符合合同约定,所调查的人工与材料价格指数是否准确,调整金额的计算结果是否正确无误。

(6)在审查其他款项的付款申请过程中,对逾期付款违约金(延迟付款利息),应审查其计算方法和计算结果是否正确;对费用索赔,应审查是否有相应的索赔审批证书。

以上是审查期中支付申请中应重点审查的主要内容。要求期中支付申请书做到:申请的格式和内容应满足合同要求;各项资料、证明文件手续齐全;所有款项计算与汇总无误。

审查中若发现各项资料、证明文件不齐全,则要求承包人补充;若发现所列出的数量不正确或者任何一个工程项目的质量不符合要求,则调整承包人的月报表;如各方面出入较大,计算有重大错误,则完全可以拒绝签发付款证书,退回给承包人重做或累积到下期付款申请中重新审查签证。

在审查完应付款项后,对应扣回的各种款项特别是开工预付款、材料和设备预付款以及质量保证金等应认真计算并及时从月结账单中扣回或扣留。

3. 期中支付证书的签发

(1)监理人审核并修正承包人的支付申请后,计算付款净金额(计算付款净金额时,应将需扣留的保证金和扣回的预付款从承包人月报表中应得的金额中扣除)。

(2)将付款净金额与合同中约定的支付最低限额比较。如果该付款周期应结算的价款经扣留和扣回后的款额少于项目专用合同条款数据表中列明的进度付款证书的最低金额,则该付款周期监理人可不核证支付,上述款额将按付款周期结转,直至累计应支付的款额达到项目专用合同条款数据表中列明的进度付款证书的最低金额为止。若净金额大于最低限额,监理人应向发包人签发期中支付证书,副本抄送承包人。

(3)除了特殊项外(如计日工、暂列金额和费用索赔等),监理人签发的期中支付证书中的支付数量应基本正确;对工程变更、费用索赔等支付项目,如一时难以确定,监理人可先确定一笔临时付款金额。

(4)监理人在签发期中支付证书时应做好分级审查工作,做到不重不漏、准确无误。

4. 发包人的付款工作

根据《标准施工招标文件》通用合同条款第17.3.3款的有关规定,发包人应在监理人收到进度付款申请单后的28天内,将进度应付款支付给承包人。发包人不按期支付的,按项目专用条款数据表中约定的利率向承包人支付逾期付款违约金。承包人可向发包人发出通知,要求发包人采取有效措施纠正违约行为。发包人收到承包人通知后的28天内仍不履行付款义务,承包人有权暂停施工,并通知监理人,发包人应承担由此增加的费用和(或)工期延误,并支付承包人合理利润。暂停施工28天后,发包人仍不纠正违约行为的,承包人可向发包人发出解除合同通知。

(二)竣(交)工验收后的支付程序

这里的竣工验收需要特别说明,对于公路工程的合同工程施工结束、质量等检测合格后交付通车前的验收称为交工验收;对于水运工程的合同工程施工结束、质量等检测合格后交付使用的验收称为竣工验收。即公路工程的交工验收等同于水运工程的竣工验收,本书将其合称(或混称)为竣(交)工验收。

1. 承包人的竣(交)工支付申请

竣(交)工支付又称竣(交)工结算。根据《标准施工招标文件》通用合同条款第17.5.1款规定:工程接收证书颁发后,承包人应按专用合同条款约定的份数和期限向监理人提交竣(交)工付款申请单,并提供相关证明材料。除专用合同条款另有约定外,竣(交)工付款申请单应包括下列内容:①竣(交)工结算合同总价;②发包人已支付承包人的工程价款;③应扣留的质量保证金;④应支付的竣(交)工付款金额。

《标准施工招标文件》通用合同条款规定竣(交)工支付程序见图6-8。

通常情况下,竣(交)工支付的付款内容和付款范围比期中支付更广泛。一方面,在所完成的工程价款中,合同中的全部工程子目都已发生,都需要办理结算;另一方面,有些工程变更、费用索赔等支付项目在期中支付中并未完全解决,需要全面清理;再者,有些竣(交)工支付中独有的支付项目需要专门处理,如逾期交工违约金(拖期损失偿金)的扣留、提前竣(交)工奖金的支付等。

2. 竣(交)工支付申请的审定与付款证书

监理人在收到承包人提交的竣(交)工付款申请单后的14天内完成核查,提出发包人到期应支付给承包人的价款送发包人审核并抄送承包人。发包人应在收到后14天内审核完毕,由监理人向承包人出具经发包人签认的竣(交)工付款证书。监理人未在约定时间内核查,又未提出具体意见的,视为承包人提交的竣(交)工付款申请单已经监理人核查同意;发包人未在约定时间内审核又未提出具体意见的,监理人提出发包人到期应支付给承包人的价款视为已经发包人同意。

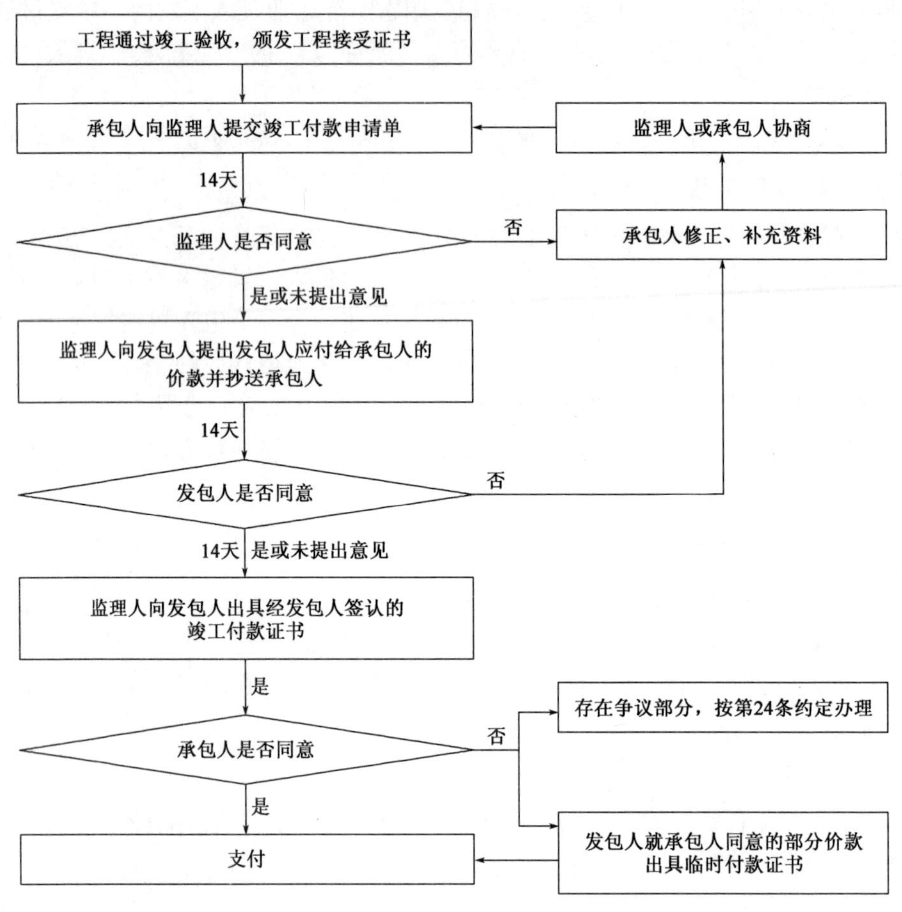

图 6-8　竣(交)工支付程序

发包人应在监理人出具竣(交)工付款证书后的 14 天内,将应支付款支付给承包人。发包人不按期支付的,按合同条款的约定,将逾期付款违约金支付给承包人。

监理人对竣(交)工付款申请单有异议的,有权要求承包人进行修正和提供补充资料。经监理人和承包人协商后,由承包人向监理人提交修正后的竣(交)工付款申请单。承包人对发包人签认的竣(交)工付款证书有异议的,发包人可出具竣(交)工付款申请单中承包人已同意部分的临时竣(交)工付款证书。存在争议的部分,按合同约定办理。

竣(交)工支付的审查要求与期中支付的审查要求相同,但其难度更大,也更复杂。如遗留下来的工程变更、费用索赔的处理,需要监理人在事过境迁的情况下进一步查实索赔(或变更)原因和核实索赔(或变更)金额,这本身就是一项难度很大的工作;又如,要确定拖期损失偿金的扣留或提前竣(交)工奖金的支付,首先需要根据合同约定工期以及合理延期,运用网络计划技术确定项目是提前完工还是推迟完工。

另外, 竣(交)工支付的准确性要求更高。期中支付不准确,可通过下一期中支付纠正,而竣(交)工支付一旦出错,可能是无法挽回的。因此,对竣(交)工支付的审查,更应做到深入细致、一丝不苟、准确无误。

(三)最终结清的支付程序

根据《标准施工招标文件》通用条款的规定,最终支付程序见图6-9。

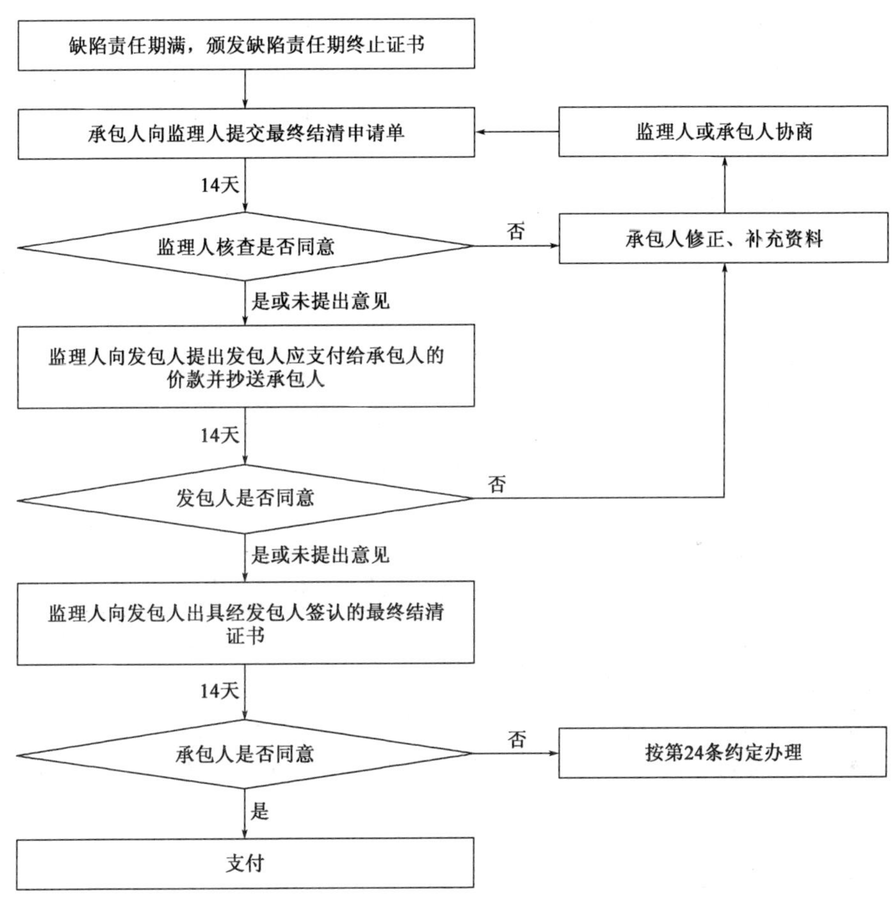

图6-9　最终支付程序

1. 最终支付申请

根据《标准施工招标文件》通用合同条款第17.6.1款的规定:

(1)缺陷责任期终止证书签发后,承包人可按专用合同条款约定的份数和期限向监理人提交最终结清申请单,并提供相关证明材料。

(2)发包人对最终结清申请单内容有异议的,有权要求承包人进行修正和提供补充资料,由承包人向监理人提交修正后的最终结清申请单。

承包人向监理人提交最终结清申请单(包括相关证明材料)的份数在项目专用合同条款数据表中约定。最终结清申请单中的总金额应认为是代表了根据合同约定应付给承包人的全部款项的最后结算。

2. 最终支付申请的审核与签证

监理人收到承包人提交的最终结清申请单后的14天内,提出发包人应支付给承包人的价款送发包人审核并抄送承包人。发包人应在收到后14天内审核完毕,由监理人向承包人出具经发包人签认的最终结清证书。监理人未在约定时间内核查,又未提出具体意见的,视为承包人提交的最终结清申请已经监理人核查同意;发包人未在约定时间内审核又未提出具体意见的,监理人提出应支付给承包人的价款视为已经发包人同意。

如果监理人不同意或者不核证最终结清申请单的任何一部分,承包人应按监理人要求提交进一步的资料,并对最终结清申请单作出他们之间协商同意的修改,然后由承包人编制,并向监理人提交双方同意的最终结清单。

在提交最终结清申请单时,承包人应给发包人一份书面清账书,并抄送监理人,确认最后结账单中的总金额代表了根据合同约定应付给承包人的全部款项的最后结算。

3. 发包人的付款工作

发包人应在监理人出具最终结清证书后的14天内,将应支付款支付给承包人。发包人不按期支付的,按合同条款的约定,将逾期付款违约金支付给承包人。承包人对发包人签认的最终结清证书有异议的,按合同条款的约定办理。

最终结清时,如果发包人扣留的质量保证金不足以抵减发包人损失的,承包人还应承担不足部分的赔偿责任。

第八节　清单项目的支付管理

清单项目的支付是按合同条件和计量规则(或计价规范),通过监理人员进行的质量检查、计量,确认已完成的工程量,然后按确认的工程数量与报价单中的单价,结算和支付工程量清单中的各项工程费用。清单支付在工程费用支付中所占比重很大,包括单价子目支付、总额子目支付、计日工、暂列金额和暂估价等。

一、单价子目的支付

工程量清单中的绝大部分工程内容是以单价子目计量和支付的,其支付条件和费用计算方法应满足下列要求:

(1)支付条件是完成了技术规范和设计图纸所规定的工作内容,且质量合格,计量结果准确无误,并附相应的符合合同要求的支持性证明文件。

(2)单价子目支付一般按期(月)支付。每期(月)付款是根据承包人每期(月)实际完成的符合质量要求并经监理人计量确认的工程数量乘以相应的单价计算确定,即:

$$\text{单价子目支付} = \sum_{1}^{n} \text{本月实际完成的合格工程数量} \times \text{相应单价} \qquad (6\text{-}1)$$

如果某一项目是一次完成的,则十分简单;如果是分多次完成的,则应在计量单上列出设计数量、上期累计完成数量和本期完成数量并附上计算公式和简图。

二、总额子目的支付

工程量清单第100章中的工程项目多数是总额支付项目，其“工程数量”均为“1”，计量的“单位”为“总额”，例如保险费、竣工文件资料整理费用、施工环保费用、安全生产费用、承包人的驻地建设费用、施工标准化费用等都属于总额支付项目。这些项目的特点是总额包干，因此，在合同有关文件中被称为总额支付子目。为做好这些项目的支付工作，根据《标准施工招标文件》通用合同条件17.1.5的规定，总额子目的计量和支付应以总额为其最终工程量。

承包人在合同约定的每个计量周期内对已完成的“总额子目”工程进行计量，即按照专用合同条款约定的分期支付比例，或者分期等量数额提出计量申请，并向监理人提交进度付款申请。

工程量清单第100章中的“安全生产费用”还应根据财政部、安全生产监督管理总局印发的《企业安全生产费用提取和使用管理办法》（财企〔2012〕16号）的规定执行，见本节的第四部分。

三、计日工的支付

计日工是指对零星工作采取的一种计价方式，按合同中的计日工子目及其单价计价付款。合同中通常含有计日工明细表，表中列有不同劳务、材料、施工设备的估计数量，计日工单价由承包人报价，然后将汇总的计日工价合计在投标总价中。工程实施中，按监理工程师的指令进行。

根据《标准施工招标文件》通用合同条款，发包人认为有必要时，由监理工程师通知承包人以计日工方式实施变更的零星工作。其价款按列入已标价工程量清单中的计日工计价子目及其单价进行计算。

采用计日工计价的任何一项变更工作，应从暂列金额中支付，承包人应在变更的实施过程中，每天将下列报表和有关凭证报送监理工程师审批：

(1)工作名称、内容和数量；

(2)投入该工作所有人员的姓名、工种、级别和耗用工时；

(3)投入该工作的材料类别和数量；

(4)投入该工作的施工设备型号、台数和耗用台时；

(5)监理工程师要求递交的其他资料和凭证。

计日工由承包人汇总后，按合同的约定列入进度付款申请单，由监理人员复核并经发包人同意后列入进度付款。

四、安全生产费用的支付

根据财政部、安全生产监督管理总局印发的《企业安全生产费用提取和使用管理办法》（财企〔2012〕16号）第三条规定，安全生产费用是指企业按照规定标准提取在成本中列支，专门用于完善和改进企业或者项目安全生产条件的资金。有时简称安全专项费用。安全生产费用按照“企业提取、政府监管、确保需要、规范使用”的原则进行管理。第七条规定，建设工程施工企业以建筑安装工程造价为计提依据,公路工程计提标准为1.5%,提取的安全生产费用列入工程造价,在竞标时不得删减,列入标外管理。

根据《标准施工招标文件》,公路水运工程的专用合同条款9.2.5规定,安全生产费用应为投标价(不含安全生产费及建筑工程一切险及第三者责任险的保险费)的1.5%;若发包人公布了最高投标限价时,按最高投标限价的1.5%计。安全生产费用是工程施工合同费用中的一项专项费用,应用于施工安全防护用具及设施的采购和更新、安全施工措施的落实、安全生产条件的改善,不得挪作他用。

在评标和合同谈判时,安全生产费用为不可竞争性费用。工程实施中,专款专用,分阶段按照一定的比例予以计量和支付。

五、环保费用的支付

工程施工期间的环保费用支付属于工程量清单的支付项目,应根据中标工程量清单和计量规则(或计价规范)进行计量和支付。

对于公路工程,可根据《公路工程标准施工招标文件》(2018年版)工程量清单第100章的规定,施工环保费用属于总额支付项目,属于清单支付项目,列在第100章中进行计量与支付。

六、标准化建设费用的支付

工程施工期间的标准化建设费用支付属于工程量清单的支付项目,应根据中标工程量清单和计量规则(或计价规范)进行计量和支付。

对于公路工程,可根据《公路工程标准施工招标文件》(2018年版)工程量清单第100章的规定,承包人的驻地建设费用、施工标准化费用等都属于总额支付项目,属于清单支付项目,均列在第100章中进行计量与支付。

七、暂列金额的支付

在《标准施工招标文件》通用合同条款的第1.1.5.4条中规定,暂列金额是指已标价工程量清单中所列的暂列金额,用于在签订协议书时尚未确定或不可预见变更的施工及其所需材料、工程设备、服务等的金额,包括以计日工方式支付的金额。

暂列金额下的项目具有如下特点。

1.发生项目的不确定性

暂列金额所对应的支付项目并不确定。它们是某些新增的附属工程、零星工程等变更工程,也可能是提供货物、材料、设备或劳务等工作,还有可能是因不可预见因素引起的一些意外事件的费用(如索赔、价格调整等发生的费用)。

2.发生金额的不确定性

暂列金额中的项目到底需要多少金额事先并不确定。因此,工程量清单中的相应金额是“暂列”的,有时与实际情况有较大差距。如计日工清单中的数量完全是假定的,实践中具体会发生多少事先根本不知道,因此,可能与实际情况有较大差距。

3. 承担单位的不确定性

暂列金额中的项目具体由谁承担，事先并不确定，可能由承包人承担，也可能由特殊分包人或其他第三者承担。

暂列金额只能按照监理工程师的指示使用，并对合同价格进行相应调整。暂列金额应由监理人报发包人批准后指令全部或部分地使用，或者根本不予动用。

对于经发包人批准的每一笔暂列金额，监理人有权向承包人发出实施工程或提供材料、工程设备或服务的指令。这些指令应由承包人完成，监理工程师应根据合同条款约定的变更估价原则和规定，对合同价格进行相应调整。

当监理工程师提出要求时，承包人应提供有关暂列金额支出的所有报价单、发票、凭证和账单或收据，除非该工作是根据已标价工程量清单列明的单价或总额价进行的估价。

八、暂估价的支付

在《标准施工招标文件》通用合同条款的 1.1.5.5 中规定，暂估价指发包人在工程量清单中给定的用于支付必然发生但暂时不能确定价格的材料、设备以及专业工程的金额。

在工程招标阶段已经确定的材料、工程设备或工程项目，但又无法在当时确定准确价格，而可能影响招标效果时，发包人在工程量清单中给定一个暂估价。因此，暂估价是用于支付必然发生但暂时不能确定价格的材料、设备以及专业工程的金额。

暂估价在工程实施过程中，对于不同类型的材料与专业工程采用不同的计价方法。

发包人在工程量清单中给定暂估价的材料、工程设备和专业工程属于依法必须招标的范围并达到规定的规模标准的，由发包人和承包人以招标的方式选择供应商或分包人。发包人和承包人的权利义务关系在专用合同条款中约定。中标金额与工程量清单中所列的暂估价的金额差以及相应的税金等其他费用列入合同价格。

发包人在工程量清单中给定暂估价的材料和工程设备不属于依法必须招标的范围或未达到规定的规模标准的，应由承包人按第 5.1 款的约定提供。经监理工程师确认的材料、工程设备的价格与工程量清单中所列的暂估价的金额差以及相应的税金等其他费用列入合同价格。

发包人在工程量清单中给定暂估价的专业工程不属于依法必须招标的范围或未达到规定的规模标准的，由监理工程师按照第 15.4 款进行估价，但专用合同条款另有约定的除外。经估价的专业工程与工程量清单中所列的暂估价的金额差以及相应的税金等其他费用列入合同价格。

第九节　合同项目的支付管理(第一部分)

本节包括开工预付款、材料设备预付款、质量保证金。合同支付项目是指工程量清单以外的支付项目，即那些没有包括在工程量清单以内，但是时有发生，一旦发生就应根据合同条款的约定支付其费用的项目。虽然合同支付项目在工程费用支付中所占比重不大，但其偶发性、多样性、复杂性比清单支付项目又大得多，比较难以把握和控制，是监理人员在费用监理工作中的重点。

合同支付项目包括预付款的支付与扣回、质量保证金的扣留与退回、工程变更费用、价格调整费用、索赔费用、逾期竣(交)工违约金、提前竣(交)工奖金和合同中止、合同解除后的支付等,共分两节介绍。

一、开工预付款的支付与扣回

现阶段,工程预付款包括开工预付款和材料预付款、设备预付款。开工预付款和材料预付款多用在公路水运工程特别是高速公路工程等重大工程的施工过程中。设备预付款多指用于永久性工程的设备需要支付预付款,而不是支付工程施工机械设备的预付款。

招标工程项目是否实行预付款制度,取决于合同工程的规模大小、合同工期的长短以及发包人在招标文件中的约定。

1. 开工预付款的含义

开工预付款是一项由业主提供给承包人用作开办费用的提前付款(又称前期付款),用于承包人为合同工程施工购置材料、工程设备、施工设备、修建临时设施以及组织施工队伍进场等。根据合同约定,承包人有权得到发包人提供的一笔相当于合同价值一定比例的无息开工预付款,用于支付开工初期各项准备工作的款项。

2. 开工预付款的支付条件

开工预付款的支付条件包括施工项目中标人与发包人签订了施工合同协议书,承包人提交了履约保函、开工预付款保函,承包人承诺的主要设备已经进场等。开工预付款保函的担保金额应与开工预付款的金额相等。保函的担保金额可根据预付款扣回的金额相应递减。

预付款必须专用于合同工程。承包人不得将该开工预付款用于与本工程无关的支出,监理工程师有权监督承包人对该项费用的专款专用,如经查实承包人滥用开工预付款,发包人有权立即向银行索赔履约保证金,并解除合同。

3. 开工预付款的额度规定、计算公式和支付的时间

开工预付款的预付比例在合同工程的专用条款数据表中约定,一般为5% ~30%,通常约定为有效合同价的10%。所谓有效合同价,是指工程量清单第100章至第700章的合计金额,不包括计日工、暂列金额、暂估价等费用。

开工预付款的预付总金额 B 计算公式:

$$B = H \times \alpha \tag{6-2}$$

式中:H——有效合同价(元);

α——开工预付款的比例,如7%。

有的工程项目的招标文件或合同专用条件约定,开工预付款在施工准备阶段分两次支付,如第一次支付开工预付款的70%,第二次支付30%。不论如何,承包人都应向监理机构提交开工预付款的支付申请,监理机构应在召开第一次工地会议之前编制完成支付证书报送发包人支付。

4. 开工预付款的扣回规定、计算公式

开工预付款属于发包人的预付,因此要在进度付款中扣回,扣回办法在专用合同条款中约

定。根据专用合同条款 17.2.3 规定,开工预付款在进度付款证书的累计金额未达到签约合同价的 30% 之前不予扣回,在达到签约合同价 30% 之后,开始按工程进度以固定比例分期从各月的进度付款证书中扣回,全部金额在进度付款证书的累计金额达到签约合同价的 80% 时扣完。即采用固定比例法扣回,每完成签约合同价的 1% ,扣回开工预付款的 2% 。

扣回的货币种类和比例,应与预付款时的货币种类和比例相一致。

采用固定比例扣回法的特点是按照完成的工作量的一定百分率扣款,较按月等额扣回法有利于施工单位保持一定的流动资金进行工程施工。

开工预付款采用固定比例法扣回,扣回时间开始于期中支付证书中工程量清单累计支付金额超过合同价值的 30% 的当月,但止于支付金额达合同价值的 80% 的当月。在此期间,按期中支付证书当期完成的工程款占合同价值 50% 的比例予以扣回,其计算公式有两种。

计算公式(一)如下:

$$G_t = \frac{\sum M_t - \sum M_{t-1}}{H \times 50\%} \times (H \times \alpha) = \frac{\sum M_t - \sum M_{t-1}}{50\%} \times \alpha \tag{6-3}$$

式中:G_t——第 t 个月开工预付款的扣回金额(元);

M_t——第 t 个月末的累计完成金额,$M_t \leqslant 80\% H$(元);

M_{t-1}——第 $t-1$ 个月末的累计完成金额,$M_{t-1} \geqslant 30\% H$(元)。

【例 6-1】 某工程的有效合同价为 1500 万元,开工预付款在投标函附录中规定的额度为 10% ,5 月份完成 200 万元的工程量,且到第 5 个月末累计支付工程金额为 600 万元,试计算该月应扣回开工预付款的金额。

解:该工程开工预付款的预付总金额 $B = 1500 \times 10\% = 150$(万元)。

第 5 个月末累计支付工程金额 600 万元,已超过合同价的 30%($1500 \times 30\% = 450$),5 月份应该扣回的开工预付款金额 G_t:

$$G_t = \frac{\sum M_t - \sum M_{t-1}}{50\%} \times \alpha = \frac{600 - 450}{50\%} \times 10\% = 30(\text{万元})$$

因此,5 月份开工预付款的扣回金额为 30 万元。

计算公式(二)如下:

$$\sum G_t = \left[\left(\frac{\sum M_t}{H} \times 100\% - 30\%\right) \div 1\%\right] \times 2\% \times B = 2B\left(\frac{\sum M_t}{H} \times 100\% - 30\%\right)$$

$$30\% \leqslant \frac{\sum M_t}{H} \times 100\% \leqslant 80\% \tag{6-4}$$

式中:$\sum G_t$——第 t 个月末开工预付款的累计扣回金额(元),$\sum G_t \leqslant B$;第 t 个月内开工预付款的扣回金额为 $G_t = \sum G_t - \sum G_{t-1}$。

【例 6-2】 某工程的有效合同价为 3000 万元,开工预付款在投标函附录中规定的额度为 10% 。每一个月完成的工作量如表 6-1 所示。合同约定在期中进度付款证书的累计金额达到有效合同价的 30% 之后,开始按工程进度以固定比例分期从各月的进度付款证书中扣回,全部金额在进度付款证书的累计金额达到有效合同价的 80% 时扣完。试计算开工预付款的扣回金额。

某公路工程的月完成工作量表 表 6-1

月份	1	2	3	4	5	6	7	8	9	10	11
工作量(万元)	100	100	200	200	300	300	600	500	300	300	100

解:

(1)开工预付款的预付总金额 $B = 3000 \times 10\% = 300$(万元)。

(2)每个月末完成的累计工作量及其百分比计算,如表 6-2 所示。

某公路工程的月完成工作量计算表 表 6-2

月份	1	2	3	4	5	6	7	8	9	10	11
工作量(万元)	100	100	200	200	400	200	600	500	300	300	100
累计工作量(万元)	100	200	400	600	1000	1200	1800	2300	2600	2900	3000
累计百分比(%)	3	6	13	20	33	40	60	76	86	96	100

可见,第 5 个月末的累计完成金额 $\sum M_5 \geqslant 30\% H$,应从第 5 个月末开始扣回已经支付的开工预付款。第 5 个月末及其以后各月末开工预付款的累计扣回金额计算如下:

$$\sum G_5 = 2B \times \left(\frac{\sum M_t}{H} \times 100\% - 30\%\right) = 600 \times \left(\frac{1000}{3000} \times 100\% - 30\%\right) = 20(\text{万元})$$

$$\sum G_6 = 600 \times \left(\frac{1200}{3000} \times 100\% - 30\%\right) = 60(\text{万元}), G_6 = 60 - 20 = 40(\text{万元})$$

$$\sum G_7 = 600 \times \left(\frac{1800}{3000} \times 100\% - 30\%\right) = 180(\text{万元}), G_7 = 180 - 60 = 120(\text{万元})$$

$$\sum G_8 = 600 \times \left(\frac{2300}{3000} \times 100\% - 30\%\right) = 280(\text{万元}), G_8 = 280 - 180 = 100(\text{万元})$$

$$\sum G_9 = 600 \times \left(\frac{2600}{3000} \times 100\% - 30\%\right) = 340(\text{万元}) \geqslant B, G_9 = B - \sum G_8 = 20(\text{万元})$$

验算:各月实际扣回金额合计 $= 20 + 40 + 120 + 100 + 20 = 300$(万元)$= B$。

二、材料、设备预付款的支付和扣回

材料、设备预付款是由发包人预先支付给承包人的一定比例的材料、设备款项,以供购进将用于和安装在永久工程中的各种设备、材料之用。材料、设备预付款按项目专用合同条款数据表中所列主要材料、设备单据费用(进口的材料、设备为到岸价,国内采购的为出厂价或销售价,地方材料为堆场价)的百分比支付。该费用支付和扣回应严格按合同文件的约定进行。甲方(建设单位)供应的材料(简称甲供材料)不予支付材料预付款。

1. 材料、设备预付款的支付条件

材料、设备预付款的预付条件一般包括:

(1)材料、设备已经在施工现场交货;

(2)材料、设备的质量符合规范要求并经监理人员检查认可;

(3)承包人已出具了采购材料、设备的费用凭证或支付单据的原件、复印件(或扫描件);

(4)存储良好,存储方法符合规范要求并经监理人员检查认可等。

则监理人应将此项金额作为材料、设备预付款计入下一次的进度付款证书中。

2. 材料、设备预付款的预付

对承包人已经到场并经监理人员检验合格的工程材料、设备,在没有形成工程实体的情况下结算一部分款项,即材料、设备预付款,监理人应将此项金额计入这些材料、设备到场后下一次的进度付款证书中,即当月进度付款申请截止日期前进场并经监理人检验合格的材料、设备的预付款应当计入当月的进度付款证书中。

工程材料、设备预付款的预付比例,一般不低于60%,按照合同工程项目的专用合同条款的约定执行。多数高速公路工程项目的专用合同条款约定,预付的比例为70%~75%。

材料、设备的预付款计算公式:

$$C = \sum H \times \alpha \tag{6-5}$$

式中:C——材料、设备预付款的金额;

$\sum H$——进场材料、设备的费用凭证的汇总金额;

α——材料、设备预付款的比例,如75%。

3. 材料、设备预付款的扣回

专用合同条款17.2.3规定,当材料、设备已用于或安装在永久工程之中时,材料、设备预付款应从进度付款证书中扣回,扣回期不超过3个月。多数高速公路工程项目规定为3个月内等额扣回。已经支付材料、设备预付款的材料、设备的所有权应属于发包人。

对于材料预付款的扣回方式,工程实践中常采用下列两种方法。

(1)按月等额扣回法。

按月等额扣回法是指按照工程进度月份自材料、设备进场的次月起,在3个月内等额扣回的方法。该方法意味着在支付申请截止日期前到现场的材料、设备,在当月支付预付款,从下一个月开始扣回预付款,在最近的连续的3个月内扣完。监理人应注意核对扣回的金额,应做到不差一角一分。为便于计算,监理人可以和承包人达成“取整”的一致意见,即预付款的金额计算至元,扣回时前两个扣回月的金额取整,第3个月内核对扣回总金额,使得扣回的预付款金额等于已经支付的预付款金额。

【例6-3】 某工程合同工期为10个月,合同约定材料预付款的支付额度为材料、设备价值的75%,分3个月等额扣回。经监理人每月对现场材料的盘点和审核,每月现场材料价值如表6-3左侧所示。计算出每月材料预付款的支付金额列于表6-3右侧。

某工程项目的材料预付款支付与扣回金额计算示例(单位:元) 表6-3

预付情况			扣回情况									
月份	凭证金额	预付金额	1	2	3	4	5	6	7	8	9	10
1	100	75	0	25	25	25						
2	224	168		0	56	56	56					
3	300	225			0	75	75	75				
4	551	413				0	137	137	139			
5	600	450					0	150	150	150		

续上表

预付情况			扣回情况									
6	400	300						0	100	100	100	
7	400	300							0	100	100	100
8	260	0								0	0	0
9	200	0								0	0	0
10	177	0								0	0	0
	—	—	0	25	81	156	268	362	389	350	200	100
合计		1931	1931									

(2)起扣点扣回法。

起扣点扣回法是指从未完工程尚需的材料价值相当于已经预付的材料款金额时起扣,按照材料占比从工程后期每次期中进度付款中抵扣材料预付款,直至公路工程交工前全部扣完的方法,也称为工程后期起扣点扣回法。

起扣点的计算公式:

$$P = H - \frac{C}{\beta} \tag{6-6}$$

式中:P——起扣点,即开始扣回预付款时累计完成的工程款金额;

H——有效合同价格;

C——材料预付款的总额;

β——材料占有效合同价的比例。

扣还预付款的金额计算公式:

当第 t 个月末累计完成的工程款金额超过起扣点金额时,开始扣还预付款(第 1 次扣回),计算公式如下:

$$G_{t_1} = (\sum h_t - P) \times \beta \tag{6-7}$$

式中:G_{t_1}——第 t 个月末应扣回的材料预付款金额(元);

$\sum h_t$——第 t 个月末累计完成的工程款金额(元),$\sum h_t \geqslant T$。

第 m 次($m \geqslant 2$,第 $t+m-1$ 个月末)扣还的预付款金额计算公式:

$$G_{(t+m-1)m} = h_{t+m-1} \times \beta \tag{6-8}$$

式中:$G_{(t+m-1)m}$——第 $t+m-1$ 个月应扣回的材料预付款金额(元);

h_{t+m-1}——第 $t+m-1$ 个月内完成的工程款金额(元)。

【例 6-4】 某沥青混凝土路面工程的有效合同价为 610 万元,沥青材料预付款额度为有效合同价的 25%,假定沥青材料占合同价的比例为 60%,此工程各月实际完成施工产值如表 6-4所示。问:如何扣回材料预付款?

各月实际完成的施工产值(单位:万元) 表 6-4

2 月	3 月	4 月	5 月	6 月	7 月
69	181	200	98.54	41.46	20

解：

(1)材料预付款：$C = 610 \times 25\% = 152.50$(万元)；

(2)起扣点金额：$P = 610 - 152.50 \div 60\% = 356$(万元)，将从4月份开始扣还；

(3)第4个月末(第1次)应扣回的材料预付款金额：$G_{41} = (450 - 356) \times 60\% = 56.40$(万元)；

(4)第5个月末(第2次)应扣回的材料预付款金额：$G_{52} = 98.54 \times 60\% = 59.12$(万元)；

(5)第6个月末(第3次)应扣回的材料预付款金额：$G_{63} = 41.46 \times 60\% = 24.87$(万元)；

(6)第7个月末(第4次)应扣回的材料预付款金额：$G_{74} = 20 \times 60\% = 12.00$(万元)。

监理人应注意检查核对实际扣回的预付款金额的累计值是否等于已经实际支付的预付款总金额，即用减法核对最后一次扣回的金额是否准确。本例题中，经核对，第7个月末实际应扣回的材料预付款金额为12.11万元，因为：

$G_7 = 12.00 + (152.50 - 56.40 - 59.12 - 24.87 - 12.00) = 12.11$(万元)。

三、质量保证金的扣留与返还

《标准施工招标文件》通用合同条款17.4规定了质量保证金的扣留与返还方式。质量保证金是指发包人与承包人在工程承包合同中约定，从应付的工程款中扣留，用以保证承包人在缺陷责任期内履行缺陷修复义务的金额。

1. 质量保证金的扣留

《标准施工招标文件》通用合同条款17.4.1规定，监理人应从第一个支付周期开始，在发包人的进度付款中按照专用合同条款的约定扣留质量保证金，直至扣留的质量保证金总额达到专用合同条款约定的金额或比例为止。扣留质量保证金时的计算额度或计算基数，不包括预付款的支付、扣回以及价格调整的金额。

质量保证金的计算额度 = 本月完成的工程价款 + 本月完成的计日工 + 本月应支付的暂列金额 + 根据合同规定本月应结算的其他款额 + 费用和法规的变更发生的款额。

质量保证金的金额是按项目专用合同条款数据表规定的百分比扣留。国务院2017年的某次常务会议决定，建设工程的质量保证金扣留金额由工程结算金额的5%降至3%。

另外，《公路工程标准施工招标文件》(2018年版)的专用合同条款规定，交工验收证书签发后14天内，承包人应向发包人缴纳质量保证金。质量保证金可采用银行保函或现金、支票的形式缴纳。

缺陷责任期内，承包人应认真履行合同约定的责任，由承包人原因造成的缺陷，承包人应负责维修，并承担鉴定及维修费用。如承包人不维修也不承担费用，发包人可按合同约定扣除保证金，并由承包人承担违约责任。承包人维修并承担相应费用后，不免除对工程的一般损失赔偿责任。由他人原因造成的缺陷，发包人负责组织维修，承包人不承担费用，且发包人不得从质量保证金中扣除费用。

缺陷责任期满时，承包人没有完成缺陷责任的，发包人有权扣留与未履行责任剩余工作所需金额相应的质量保证金余额，并有权根据约定要求延长缺陷责任期，直至完成剩余工作为止。

【例6-5】 某施工合同约定质量保证金的扣留比例为3%，设承包人在该月完成的工程价款为400万元,完成的计日工价款为20万元,发生的暂列金额为60万元,设备、材料预付款为80万元,其他应付费用为20万元。求本月应扣的质量保证金。

解:本月应扣的质量保证金为:(400+20+60+20)×3%=15(万元)。

2. 质量保证金的返还

《标准施工招标文件》通用合同条款第17.4.2条规定,在约定的缺陷责任期满,且质量监督机构按照规定对工程质量检测鉴定合格,承包人应向发包人申请到期应返还承包人剩余的质量保证金金额,如无异议,发包人应当在核实后返还承包人。

逾期支付的,从逾期之日起,按照同期银行贷款利率计付利息,并承担违约责任。

四、计算案例

工程费用支付的案例分析题目,一般包括工程计量、支付的基本知识,包括分项工程单价的分析确定或因工程量变化超出一定范围引起的单价调整,包括开工预付款、材料预付款的支付和扣回以及月支付金额的计算,包括质量保证金的扣留,甚至包括索赔费用、价格调整等内容。有时可能用进度网络图的形式表示出每月完成的工程量情况或者工程变更、延期后的费用变化情况。

【例6-6】 某工程项目发包人与承包人签订了工程施工承包合同。合同中估算工程量为5300m³,合同单价为180元/m³,合同工期为6个月,有关支付约定如下:

(1)开工前,发包人向承包人支付估算合同价20%的开工预付款。

(2)发包人从第1个月起,从承包人的工程款中按5%的比例扣留质量保证金。

(3)当累计实际完成工程量超过(或低于)估算工程量的10%时,合同单价应予调整,调价系数为0.9(或1.1)。

(4)总监每月签发付款证书的最低金额为15万元。

(5)开工预付款从承包人获得累计工程款超过估算合同价的30%以后的下一个月起,至第5个月末均匀扣回。

解:

承包人每月实际完成并经签认认可的工程量,如表6-5所示。

承包人完成的工程量统计表 表6-5

工程量	单位	1月	2月	3月	4月	5月	6月
月内完成	m³	800	1000	1200	1200	1200	500
月末累计完成	m³	800	1800	3000	4200	5400	5900

问题:

(1)估算合同总价是多少?

(2)开工预付款是多少?开工预付款从哪个月起扣留?每月扣预付工程款是多少?

(3)每个月应结算的工程量价款是多少?应签证的工程款为多少?应签发的付款证书金额是多少?

(4)应扣留的质量保证金是多少?

解：

(1)估算合同总价的计算。

5300×180=95.4(万元)。

(2)开工预付款的计算。

95.4×20%=19.08(万元)。

因为第一、二期累计工程款为：1800×180=32.4(万元)>95.4×30%=28.62(万元)，根据合同约定，累计工程款超过估算合同价的30%以后的下一个月起至第5个月末均匀扣除，可知预付款应从第三个月开始扣留。

每月应扣预付款金额：19.08÷3=6.36(万元)。

(3)第1个月。

本月完成的工程款：800×180=14.4(万元)。

本月应扣留质量保证金：14.40×5%=0.72(万元)。

本月应签证的工程款：14.40×0.95=13.68(万元)<15(万元)(本月不予付款)。

(4)第2个月。

本月完成的工程款：1000×180=18(万元)。

本月应扣留质量保证金：18×5%=0.90(万元)。

本月应签证的工程款：18×0.95=17.10(万元)。

本月应签发的工程款：17.01+13.68=30.78(万元)。

(5)第3个月。

本月完成的工程款：1200×180=21.60(万元)。

本月应扣留质量保证金：21.60×5%=1.08(万元)。

本月应扣预付款：6.36万元。

本月应签证的工程款：21.60×0.95-6.36=14.16(万元)<15(万元)(本月不予付款)。

(6)第4个月。

本月完成的工程款：1200×180=21.60(万元)。

本月应扣留质量保证金：21.60×5%=1.08(万元)。

本月应扣预付款：6.36万元。

本月应签证的工程款：21.60×0.95-6.36=14.16(万元)。

本月应签发的工程款：14.16+14.16=28.32(万元)。

(7)第5个月。

本月末累计完成5400m^3比原估算的工程量超过100m^3，但未超过估算10%，仍按原价估算工程价款：1200×180=21.60(万元)。

本月应扣留质量保证金：21.60×5%=1.08(万元)。

本月应扣预付款：6.36万元。

本月应签证的工程款：21.60×0.95-6.36=14.16(万元)<15(万元)(本月不予付款)。

(8)第6个月。

本月末累计完成5900m^3比原估算的工程量超过600m^3，已超过估算10%，对超过部分应调整单价。应调整单价的工程量为：5900-5300×(1+10%)=70(m^3)。

本月完成的工程价款:$70\times180\times0.9+(500-70)\times180=8.874$(万元)。

本月应扣留质量保证金:$8.874\times5\%=0.4437$(万元)。

本月应签证的工程款:$8.874-0.4437=8.43$(万元)。

本月应签发的工程款为:$14.16+8.43=22.59$(万元)。

(9)应扣留的质量保证金:

$0.72+0.90+1.08+1.08+1.08+0.4437=4.4037$(万元)。

第十节　合同项目的支付管理(第二部分)

本节包括工程变更、费用索赔、价格调整、提前竣工奖金和逾期竣工违约金、合同中止和停工支付、合同解除后的支付管理。

一、工程变更

(一)工程变更的依据

工程变更的依据是工程变更令和监理人对变更项目所确定的变更费用清单(工程变更清单),支付方式采用列入进度款支付证书的形式进行,支付货币的种类与其他支付项目相同,即按承包人投标时提出的货币种类和比例进行付款。具体的变更支付依据包括:

(1)对于发包人提出的设计变更,要有反映发包人变更要求的监理人的变更令和设计变更图纸及说明,同时,还要有工程变更清单。

(2)对于监理人提出的现场变更,必须有监理人变更令。特别指出,工程变更的权力在总监理工程师,不得进行委托。有些合同还在专用条件中对监理人进行工程变更的权力作了某种限制,超过一定限度时,必须由发包人授权。

(3)对于承包人提出的变更意见,必须有监理人的确认或批准、批复的文件。

(4)对于因工程变更引起的价格调整,要有双方协商一致的计算办法;协商结果可以用会议纪要等文件作证明。

(5)对于某方不履行合同义务造成的变更,要有相应的旁证材料。

鉴于工程变更项目的复杂性和特殊性,监理人应对工程变更项目的审批制定严格的管理程序。

(二)关于工程变更的若干规定

1. 变更指令

没有监理人的变更指令,承包人不能进行任何变更工程。

但是,任何工程量清单子目的工程量数量超过或少于工程量清单所列数量,则该项增加或减少不需要任何变更指令。也就是说,所计量的实际工程量与工程量清单中所列的数量有部分差异则不应列入工程变更的范围。

2. 工程变更不改变合同的效力

任何工程变更,均不应以任何方式使合同作废或无效,从而导致承包人责任的解除。如果发出本工程的变更指令是因承包人过错、承包人违反合同或承包人责任造成的,则这种违约引起的任何额外费用应由承包人承担。

3. 工程变更后单价调整的条件

对于公路、水运工程,交通运输部推荐的《公路工程标准施工招标文件》专用合同条款15.1款规定:"工程量清单中某单项工程量的变化幅度超过20%,且对合同总价影响幅度超过2%时,应调整该工程量清单项目的综合单价。"

特别强调,单项工程变更后的价格调整采用双控指标是十分必要的。因为变更数量大于或小于工程量清单所列数量的20%,只是个必要条件,充分条件是该变更的发生确实给承包人的施工成本带来了影响,对合同总价影响幅度超过2%。在实际工作中,单个工程项目的变更往往很容易突破±20%,在这种情况下,会给合理处理变更带来困难,还经常因这突破的部分而花费大量的时间和人力进行费用调整计算。因此,采用双指标进行控制,既可简化监理人的工作,又能保证工程变更费用支付的合理性。

现以一个简单的问题为例进一步说明,某港口工程原设计为100根钻孔灌注桩,因变更设计增加30根桩。假定变更后的金额超过合同价的2%,那么所增加数量中的20根桩使用原单价,而超过100根桩20%的10根桩可采用新单价。

4. 单价确定的原则

根据合同条件约定,变更工程的单价按下述原则确定:

(1)已标价工程量清单中有适用于变更工作的子目的,采用该子目的单价。

(2)已标价工程量清单中无适用于变更工作的子目,但有类似子目的,可在合理范围内参照类似子目的单价,由监理工程师按照规定程序商定或确定变更工作的单价。

(3)已标价工程量清单中无适用或类似子目的单价,可按照成本加利润的原则由监理工程师按照规定程序商定或确定变更工作的单价。

5. 单价确定的方法

(1)直接套用工程量清单报价。

工程量清单上的价格是承包人投标时测算后填报的,用于变更工程,容易被发包人、承包人及监理人所接受,而且从合同意义上来说,也比较公平合理。即直接采用工程量清单上的价格。

(2)间接套用工程量清单报价。

依据工程量清单报价,经换算后采用。如某合同新增附属工程项目,需要浇筑C25混凝土,在工程量清单中,虽然可以找到C25混凝土的价格,但在不同的构造物中,由于几何尺寸、工程部位和施工条件不尽相同,尽管混凝土强度等级一样,但单价却不一样,并且没有一个明显可与新增的附属工程情况靠近的单价。监理人在处理这项变更的定价问题时,首先将工程量清单中所有C25混凝土价格取出,然后计算其平均值,并以此平均值作为新增工程中C25混凝土的单价;实在不行,还可取其加权平均值为变更工程的单价。

(3)部分套用工程量清单报价。

依据工程量清单报价分析结果,取用其价格中的某一部分。如某合同工程中使用的钻孔桩有如下3种:直径为1.0m的共计长1501m,直径为1.2m的共计长8178m,直径为1.3m的共计长 2017m,原合同约定选择直径为 1.0m 的钻孔桩做静载破坏试验。显而易见,如果选择 1.2m 的钻孔桩作静载破坏试验,对该工程来说,更具代表性和指导意义。因此,监理人决定对工程进行变更,但在原工程量清单中仅有 1.0m 直径桩的静载破坏试验价格,经过认真分析,监理人认为钻孔桩静载破坏试验的主要费用由两部分组成,其一为试验费用,其二为桩的成本费用,试验方法和设备并未因试验桩直径改变而发生变化。因此,费用增减主要是由钻孔桩直径的变化引起的,而试验费可以认为没有变化。由于普通钻孔桩的单价在工程量清单中可以找到,故改用直径为 1.2m 钻孔桩进行静载试验的费用 = 直径 1.0m 桩静载破坏试验费 + 直径 1.2m 钻孔桩的清单价格。

(4)采用水运工程预算定额来估算其单价。

当原报价单中没有相应单价或虽然有却明显不合理时,为了加快进程、减少矛盾,避免纠纷和索赔,应尽量采用既有真实性和代表性,又有权威性的价格作为参考价格,如可采用水运工程预算定额来估算其单价。

(5)采用票据价格计算单价。

当国家部门的价格表也没有相应的单价或虽有却价格明显不合理,在极其特殊的情况下,监理人也可用实际发货票据作为定价依据之一。但是,由于市场价格变化太大,再加上地区差价和部门差价,监理人必须进行一定的市场调查,以验证发货票据的真实性和与实际发生费用的符合性,而且监理人必须认真旁站、监督、真实记录。

(三)核算变更工程数量

核算变更项目的工程量是另一个重要内容。毫无疑问,变更将引起工程量的变化,如果对原工程量清单已有的项目进行变更,则应将变更后的数量与变更前的数量进行对比,从而确定工程量的增加量或减少量并计算出相应的百分比;如果原工程量清单中无此项目,则此变更属于新增加项目,也需要准确计算工程量。总之,不论哪一种情况,都必须通过准确计算工程量形成工程变更清单(即修改的工程量清单),以此作为变更费用支付的依据。准确的工程数量可以从以下三方面获取。

1. 设计图纸和合同文件及技术规格书

设计图纸和合同文件及技术规格书是计算变更工程量的基本依据,因为变更前的工程量就是按设计图纸和合同文件及技术规格书计算出来的。

2. 监理人的记录

在讨论支付原则时就已经强调了日常记录的重要性,驻地监理人和旁站人员的现场记录是核算变更项目实际工程量的重要依据,因此,监理人应高度重视现场记录和原始证明材料的积累。

3. 承包人提供的工程数量

承包人提供的工程数量如果经过监理人审核,也可以作为核算工程量的依据。所以,由承包人提供的没有经过监理人证明和签认的工程量只能作为参考,不能作为依据。已经确定了变更的单价,又核实了变更项目的工程量,即可作出总费用的估价。计算同工程量清单项目的支付计算一样。

(四)《标准施工招标文件》关于工程变更的规定

1. 变更的范围和内容

《标准施工招标文件》第15.1款指出,除专用合同条款另有约定外,在履行合同中发生以下情形之一,应按照本条规定进行变更:

(1)取消合同中任何一项工作,但被取消的工作不能转由发包人或其他人实施。

(2)改变合同中任何一项工作的质量或其他特性。

(3)改变合同工程的基线、高程、位置或尺寸。

(4)改变合同中任何一项工作的施工时间或改变已批准的施工工艺或顺序。

(5)为完成工程需要追加的额外工作。

2. 变更权和变更程序

《标准施工招标文件》第15.2款指出,在履行合同过程中,经发包人同意,监理人可按第15.3款约定的变更程序向承包人作出变更指示,承包人应遵照执行。没有监理人的变更指示,承包人不得擅自变更。

《标准施工招标文件》第15.3款对变更的提出程序明确规定如下:

(1)在合同履行过程中,可能发生第15.1款约定情形的,监理人可向承包人发出变更意向书。变更意向书应说明变更的具体内容和发包人对变更的时间要求,并附必要的图纸和相关资料。变更意向书应要求承包人提交包括拟实施变更工作的计划、措施和竣工时间等内容的实施方案。发包人同意承包人根据变更意向书要求提交的变更实施方案的,由监理人按第15.3.3项约定发出变更指示。

(2)在合同履行过程中,发生第15.1款约定情形的,监理人应按照第15.3.3项约定向承包人发出变更指示。

(3)承包人收到监理人按合同约定发出的图纸和文件,经检查认为其中存在第15.1款约定情形的,可向监理人提出书面变更建议。变更建议应阐明要求变更的依据,并附必要的图纸和说明。监理人收到承包人书面建议后,应与发包人共同研究,确认存在变更的,应在收到承包人书面建议后的14天内作出变更指示。经研究后不同意作为变更的,应由监理人书面答复承包人。

(4)若承包人收到监理人的变更意向书后认为难以实施此项变更,应立即通知监理人,说明原因并附详细依据。监理人与承包人和发包人协商后确定撤销、改变或不改变原变更意向书。

3. 变更估价

《标准施工招标文件》第15.3.2款对变更的估价程序明确规定如下:

(1)除专用合同条款对期限另有约定外,承包人应在收到变更指示或变更意向书后的14天内,向监理人提交变更报价书,报价内容应根据第15.4款约定的估价原则,详细开列变更工作的价格组成及其依据,并附必要的施工方法说明和有关图纸。

(2)变更工作影响工期的,承包人应提出调整工期的具体细节。监理人认为有必要时,可要求承包人提交要求提前或延长工期的施工进度计划及相应施工措施等详细资料。

(3)除专用合同条款对期限另有约定外,监理人收到承包人变更报价书后的14天内,根据第15.4款约定的估价原则,按照第3.5款商定或确定变更价格。

4. 变更指示

《标准施工招标文件》第15.3.3项对变更指示规定如下:

(1)变更指示只能由监理人发出。

(2)变更指示应说明变更的目的、范围、变更内容以及变更的工程量及其进度和技术要求,并附有关图纸和文件。承包人收到变更指示后,应按变更指示进行变更工作。

5. 变更的估价原则

《标准施工招标文件》第15.4款对变更的估价原则明确规定,除专用合同条款另有约定外,因变更引起的价格调整按照本款约定处理。

(1)已标价工程量清单中有适用于变更工作的子目的,采用该子目的单价。

(2)已标价工程量清单中无适用于变更工作的子目,但有类似子目的,可在合理范围内参照类似子目的单价,由监理人按第3.5款商定或确定变更工作的单价。

(3)已标价工程量清单中无适用或类似子目的单价,可按照成本加利润的原则,由监理人按第3.5款商定或确定变更工作的单价。

(五)加强变更工程费用监理的途径

1. 工程变更原因分析

按引发的原因不同,工程变更一般可归纳为如下几种情况:

(1)因设计不合理而引起的工程变更。

(2)发包人想扩大工程规模、提高设计标准或加快施工进度而出现的工程变更。

(3)为满足地方政府的要求而不得不进行的工程变更。

(4)为优化设计方案而出现的工程变更。

(5)因发包人风险或监理人责任等原因而引起的工程变更。

(6)因承包人的施工质量事故而引起的工程变更。

2. 监理人处理工程变更的注意事项

(1)工程变更的范围不能随意扩大。工程变更主要涉及的是设计图纸和技术规范文件的变更,而且在合同条款中对其范围作了清楚的说明。因此,超出这一范围,就不应该视为工程变更,而只能作为其他形式的合同变更去处理,也就是说,此时不能按合同条款第15条的约定由监理人去处理,而只能由发包人、承包人去协商解决。

(2)工程变更通常伴随工程数量的改变,但工程数量的改变并不意味着一定有工程变更的发生。例如,施工过程中,经常出现实际工程量与工程量清单中的估算工程量不一致现象,如果设计图纸不发生修改,则这种现象完全是由于估算误差造成的,这时的工程量增减并不属于工程变更的范围。

(3)承包人在执行工程变更前,必须以监理人的书面变更令为依据,即使紧急情况下执行监理人口头指令的工程变更,也应在执行过程中要求监理人尽快予以书面确认,否则这样的变更视为是无效变更,即使对发包人有利,也不一定能得到认可或补偿。工程变更的提出可以是发包人、监理人、设计单位、承包人及当地政府，但不管属于何种情况，最后须由监理人组织实施。

(4)尽管工程变更情况很多，但变更后的工程一般应该是原合同中已有的同类型工程，否则承包人的施工质量(或履行能力)无法保证，而且可能引起复杂的施工索赔，并增大工程结算和费用监理的难度。

3. 加强变更工程费用监理的途径

(1)严格按合同中约定的变更估价确定原则来确定变更工程的造价。

(2)加强变更工程的计量工作，尤其是要加强变更工程开、竣工测量工作，工程隐蔽部位的计量工作。

(3)对采用计日工形式计价的变更工程项目，监理人应及时对发生的计日工数量进行检查和清点，以保证计日工数量的准确性。另外对大型变更工程应避免使用计日工形式计价，因为该方式不利于促进施工效率的提高，甚至增大工程造价，降低投资效益。

(4)当工程量清单中没有相应工程子目的单价而需要监理人和承包人协商确定新的单价时，监理人应参照公路工程预算定额及编制办法，尽量依据承包人在投标时的报价分析资料和工程量清单中的单价来协商确定其价格。

(5)当整个过程项目的工程造价出现合同专用条款约定的合同价格调整现象时，监理人应本着公平合理原则，在全面分析承包人的施工成本和利润的基础上，确定出需要增加或减少的合同款额。

(6)在变更工程的造价管理过程中，应严格按管理程序执行分级审批制度，加强内部监督，做到层层把关，以杜绝利用工程变更钻空子的行为。

(7)对有不平衡报价的合同，应加强单价分析，并对与此相关的工程子目和工程量，加强全面综合控制。以下是一些在造价管理中应加强控制的工程变更：

①工程规模扩大的工程变更；

②因工程性质改变的工程变更；

③单价偏高的工程子目其工程量会增大的工程变更；

④单价偏低的工程子目其工程量会减小的工程变更。

二、费用索赔与反索赔

(一)索赔的定义

索赔是工程承包中经常发生的正常现象。由于施工现场和气候条件的变化、施工进度及物价的变化，合同条款、规范、标准和施工图纸等合同的变更等因素的影响，使得工程实施过程中不可避免地出现索赔。

关于索赔的定义可以从多个方面来解释：从“索赔”的词面上看，“索赔”是指一方向另一方索取赔偿的行为。从经济合同的履行角度来看，“索赔”是当事人一方因对方不履行或不完全履行既定的合同义务，或者由于对方的行为使权利人受到损失时，要求对方补偿损失的权利。在工程承包合同的履行过程中，“索赔”可定义为：由于发包人的原因或其他非承包人自身的原因，使承包人的经济利益受到损失时，承包人根据合同约定，通过监理人，要求发包人补偿损失的行为。

《标准施工招标文件》通用合同条款第 23 条规定,索赔是合同双方的权利。由于一方不履行或完全不履行合同义务而使另一方遭受损失时,受损方有权提出索赔要求。

(二)索赔的分类

索赔的分类方法甚多,有的按当事人划分,有的按发生索赔的原因划分,有的按索赔的目的划分等。这些划分方法从各个角度剖析了索赔工作的性质和内容。

(1)按索赔涉及有关当事人分类,可分为:

①承包人同发包人之间的索赔。

②承包人同分包人之间的索赔。

③承包人同供货人之间的索赔。

④承包人向保险公司的索赔。

(2)按索赔发生的原因分类,这是比较常见的分类法,但在水运工程的索赔实践中,发生索赔的原因很多,较常见的有:

①地质条件变化引起的索赔。

②施工中人为障碍引起的索赔。

③工程变更指令引起的索赔。

④工期延长引起的索赔。

⑤加速施工引起的索赔。

⑥设计图纸错误引起的索赔。

⑦施工图纸拖延引起的索赔。

⑧增减工程量引起的索赔。

⑨发包人拖延付款引起的索赔。

⑩发包人风险引起的索赔。

⑪不可抗拒的自然灾害引起的索赔。

⑫暂停施工引起的索赔等。

(3)按索赔目的分类,可分为:

①工期索赔,目的是延长施工时间,使原约定的完工日期顺延,避免支付工期延误违约金的风险。

②费用索赔,目的是得到费用补偿,使承包人所遭遇到的、超出工程计划成本的附加开支得到补偿。

(三)索赔成立的基本条件

索赔成立的基本条件主要有以下四个方面:

(1)承包人按工程承包合同条款,在索赔事件发生后的规定时间内,向监理人和发包人提交了索赔意向报告。

(2)索赔报告中引用的合同条款正确,所报事件真实、资料齐全;报告中所提供的资料和证据应能说明索赔事件的全过程、索赔理由、索赔影响和索赔费用等;提供的相应证据(文书),应足以证明索赔事件已经造成了实际的、额外的费用增加或工期损失,且不是承包人应承担的风险所致。否则,监理人可退回报告,要求重新补充证据。

(3)索赔报告中提出的索赔要求基本合理,索赔费用在合同中没有被包含。对合同中明示或暗示的不予支付的费用和已包含在合同其他项目中支付的费用不得提出索赔。

(4)索赔事件对承包人的影响是客观存在的。

(四)索赔的基本程序

在国际工程实践中,索赔工作通常可细分为以下步骤:

1. 承包人提出索赔意向通知

在索赔事件发生后,承包人会抓住索赔机会,迅速作出反应,在合同约定的时间内(28天)向监理人和发包人递交索赔意向通知,声明将为此索赔事件提出索赔。该项通知是承包人就具体的索赔事件向监理人和发包人表示的索赔愿望和要求。如果超出这个期限,监理人和发包人有权拒绝承包人的索赔要求。

2. 承包人对索赔事件进行分析

一旦索赔事件发生,承包人应进行索赔处理工作,直到正式向监理人和发包人提交索赔报告。这一阶段要做许多具体的、复杂的工作,主要有:

(1)事态调查,找准索赔机会。通过对合同实施的跟踪、分析、诊断,发现了索赔机会,对它进行详细调查和跟踪,以了解事件经过、前因后果,掌握事件详细情况。

(2)索赔事件原因分析。即分析这些干扰由谁引起,它的责任该由谁来负担。一般只有非承包人责任的干扰事件才有可能提出索赔。在实际工作中,干扰事件责任常常是多方面的,故必须进行责任分解,划分各人的责任范围,按责任大小,分担损失。这里特别容易引起合同双方争执。

(3)索赔根据分析、研究索赔理由。主要是指对合同条文的研究分析,必须按合同约定判明这些干扰事件是否违反合同,是否在合同约定的赔(补)偿范围之内。只有符合合同约定的索赔要求才有合法性,才能成立。

(4)损失调查,即为干扰事件的影响分析。它主要表现为工期的延长和费用的增加。如果干扰事件不造成损失,则无索赔可言。损失调查的重点是收集、分析、对比实际和计划的施工进度,工程成本和费用方面的资料,在此基础上计算索赔值。

(5)收集证据。索赔事件一发生,承包人应该抓紧进行证据的收集工作,并在干扰事件持续期间一直保持有完整的当时记录,这是索赔有效的前提条件。如果在索赔报告中提不出证明其索赔理由、干扰事件的影响、索赔值计算等方面的详细资料,索赔是不能成立的。在实际工程中,许多索赔要求因没有或缺少书面证据而得不到合理的解决。承包人应按监理人的要求做好并保持当时记录,并接受监理人的审查。

(6)起草索赔报告。索赔报告是上述各项工作的结果和总结,它是由合同管理人员在其他项目管理职能人员配合和协助下起草的;它表达了承包人的索赔要求和支持这个要求的详细依据;它将经由监理人、发包人或调解人或仲裁人的审查、分析、评价,所以它决定了承包人的索赔地位,是索赔要求能否得到有利、合理解决的关键。

3. 承包人提交索赔报告

承包人必须在合同约定的时间内向监理人和发包人提交索赔报告,或经监理人同意的合理时间内递交索赔报告。如果干扰事件持续时间长,则承包人应按监理人要求的合理时间间隔,提交中间索赔报告(或阶段索赔报告),并于干扰事件影响结束后的 28 天内提交最终索赔报告。

4. 监理人审查、分析、处理承包人的索赔要求

监理人在处理索赔问题中有以下权利:

(1)在承包人提出索赔意向通知后,监理人有权指令承包人作当时记录,并可以随时检查这些记录。

(2)监理人对承包人的索赔报告进行分析,通过分析索赔理由、索赔事件过程、索赔值计算,以评价索赔要求的合理性和合法性。如果认为理由不足,可以要求承包人作出解释,或进一步补充证据,或要求承包人修改索赔要求,除去不合理的索赔要求或索赔要求中的不合理部分。监理人作出索赔处理意见,并提交发包人。

(3)发包人在接到监理人的处理意见后,继续审查、批准承包人的索赔要求。此时常常需要承包人作出进一步的解释和补充证据,监理人也需就处理意见作出说明。三方就索赔的解决进行磋商,这里可能有复杂的谈判过程,经过多次讨价还价。对达成一致意见的,或经监理人和发包人认可的索赔要求(或部分要求),承包人有权在工程进度付款中获得支付。如果达不成协议,则监理人有最后决定的权利。如果有一方或双方都不满意监理人的处理意见(或决定),则产生了争议。为此,双方可以按照合同约定的程序解决争议。

(4)对合理的索赔要求,监理人有权将它纳入中期支付中,出具付款证书,发包人应在合同约定的期限内支付。

总之,从承包人递交索赔报告到最终获得赔偿的支付是索赔的解决过程。这个阶段工作的重点是,通过谈判、调解,或仲裁,使索赔得到合理的解决。监理人应该依据合同赋予的权利,认真做好审查、分析工作,力求提出承包人和发包人双方容易接受的、合理的处理意见,为使索赔得到合理解决奠定基础。

(五)《标准施工招标文件》关于索赔处理的规定

1. 承包人索赔的提出

根据合同约定,承包人认为有权得到追加付款和(或)延长工期的,应按以下程序向发包人提出索赔:

(1)承包人应在知道或应当知道索赔事件发生后 28 天内,向监理人递交索赔意向通知书,并说明发生索赔事件的事由。承包人未在前述 28 天内发出索赔意向通知书的,丧失要求追加付款和(或)延长工期的权利。

(2)承包人应在发出索赔意向通知书后 28 天内,向监理人正式递交索赔通知书。索赔通知书应详细说明索赔理由以及要求追加的付款金额和(或)延长的工期,并附必要的记录和证明材料。

(3)索赔事件具有连续影响的,承包人应按合理时间间隔继续递交延续索赔通知,说明连

续影响的实际情况和记录,列出累计的追加付款金额和(或)工期延长天数。

(4)在索赔事件影响结束后的28天内,承包人应向监理人递交最终索赔通知书,说明最终要求索赔的追加付款金额和延长的工期,并附必要的记录和证明材料。

2.承包人索赔处理程序

(1)监理人收到承包人提交的索赔通知书后,应及时审查索赔通知书的内容、查验承包人的记录和证明材料,必要时监理人可要求承包人提交全部原始记录副本。

(2)监理人应按第3.5款商定或确定追加的付款和(或)延长的工期,并在收到上述索赔通知书或有关索赔的进一步证明材料后的42天内,将索赔处理结果答复承包人。

(3)承包人接受索赔处理结果的,发包人应在作出索赔处理结果答复后28天内完成赔付。承包人不接受索赔处理结果的,按第24条约定的争议解决方式办理。

3.承包人提出索赔的期限

(1)承包人按第17.5款的约定接受了竣工付款证书后,应被认为已无权再提出在合同工程接收证书颁发前所发生的任何索赔。

(2)承包人按第17.6款的约定提交的最终结清申请单中,只限于提出工程接收证书颁发后发生的索赔。提出索赔的期限自接受最终结清证书时终止。

4.发包人的索赔

(1)发生索赔事件后,监理人应及时书面通知承包人,详细说明发包人有权得到的索赔金额和(或)延长缺陷责任期的细节和依据。发包人提出索赔的期限和要求与承包人提出索赔的期限和要求相同,延长缺陷责任期的通知应在缺陷责任期届满前发出。

(2)监理人按第3.5款商定或确定发包人从承包人处得到赔付的金额和(或)缺陷责任期的延长期。承包人应付给发包人的金额可从拟支付给承包人的合同价款中扣除,或由承包人以其他方式支付给发包人。

5.争议的解决

发包人和承包人在履行合同中发生争议的,可以友好协商解决或者提请争议评审组评审。合同当事人友好协商解决不成,不愿提请争议评审或者不接受争议评审组意见的,可在专用合同条款中约定,采用向约定的仲裁委员会申请仲裁或者向有管辖权的人民法院提起诉讼方式中的一种解决。

1)友好解决

在提请争议评审、仲裁或者诉讼前,以及在争议评审、仲裁或诉讼过程中,发包人和承包人均可共同努力友好协商解决争议。

2)争议评审

友好协商解决不了的争议可采用争议评审,争议评审的程序是:

(1)成立争议评审组。发包人和承包人应在开工日后的28天内或在争议发生后,协商成立争议评审组。争议评审组由有合同管理和工程实践经验的专家组成。

(2)提交申请报告。由申请人向争议评审组提交一份详细的评审申请报告,并附必要的文件、图纸和证明材料,申请人还应将上述报告的副本同时提交给被申请人和监理人。

(3)提交答辩报告。被申请人在收到申请人评审申请报告副本后的28天内,向争议评审组提交一份答辩报告,并附证明材料。被申请人应将答辩报告的副本同时提交给申请人和监理人。

(4)举行调查会。争议评审组在收到合同双方报告后的14天内(专用合同条款另有约定除外),邀请双方代表和有关人员举行调查会,向双方调查争议细节;必要时争议评审组可要求双方进一步提供补充材料。

(5)作出书面评审。在调查会结束后的14天内(专用合同条款另有约定除外),争议评审组应在不受任何干扰的情况下进行独立、公正的评审,作出书面评审意见,并说明理由。在争议评审期间,争议双方暂按总监理工程师的决定执行。

(6)执行评审意见。发包人和承包人接受评审意见的,由监理人根据评审意见拟定执行协议,经争议双方签字后作为合同的补充文件,并遵照执行。

3)仲裁或起诉

发包人或承包人不接受评审意见,并要求提交仲裁或提起诉讼的,应在收到评审意见后的14天内将仲裁或起诉意向书面通知另一方,并抄送监理人,但在仲裁或诉讼结束前应暂按总监理工程师的指令执行。

合同争议发生后,除双方均同意停工外,双方都应继续履行合同,否则视为违约。

(六)索赔费用的计算

索赔费用的主要组成部分同工程款的内容相似,按国际惯例一般包括直接费、间接费、利润和税金。直接费包括人工费、材料费和机械使用费;间接费包括工地管理费、保险费、利息、总部管理费等。

1. 索赔费用的计算原则

索赔费用都以赔(补)偿实际损失为原则,在索赔费用计算中主要体现以下两个原则:

1)索赔的费用应反映实际损失

索赔事件对承包人工程成本和费用的实际影响,这个实际影响也就是费用索赔值。实际损失包括直接损失和间接损失两个方面,直接损失是指承包人财产的直接减少,在实际工程中,常常表现为成本的增加和实际费用的超支;间接损失是指承包人可能获得利益的减少。

2)实际损失必须是索赔事件引起

所有索赔事件直接引起的实际损失,以及这些损失的计算,都应有详细、具体的证明材料。在索赔报告中必须出具这些证明,没有证据,索赔是不能成立的。这些证据包括:各种费用支出的账单、工资表(工资单),现场用工、用料、用机证明,财务报表,工程成本核算资料等。

2. 计算内容及方法

(1)人工费。

对于索赔费用中的人工费用部分而言,人工费是指完成合同之外的额外工作所花费的人工费用和由于非承包人责任的工效降低所增加的人工费用。计算方法是:

$$\text{人工费用索赔额} = \text{各类人员的工资单价(按合同约定或计日工资)} \times \text{各类人员的人工数} \times \text{应赔偿(或延长)的天数} \tag{6-9}$$

(2)材料费。

由于发包人修改了工程内容,或需要重新施工,致使工程材料用量增加,则承包人可向发包人提出材料费用索赔。其计算方法是：

$$材料费用索赔额 = (实际使用的材料数量 - 原来材料数量) \times 使用材料的单价 \quad (6\text{-}10)$$

(3)机械使用费。

机械使用费的索赔包括：①由于完成额外工作增加的机械使用费；②非承包人责任工效降低增加的机械使用费；③由于发包人或监理人原因导致机械停工的窝工费。台班窝工费的计算，如系租赁设备，一般按实际台班租金加上每台班分摊的机械调进调出费用计算；如承包人自有设备，一般按台班折旧费计算，而不能按台班费计算，因台班费中包括了设备使用费。其计算方法是：

$$机械费索赔额 = 新增机械费用 + 工效降低费用 + 停机窝工费用 \quad (6\text{-}11)$$

$$新增机械费用 = 使用台班 \times 机械台班合同单价 \quad (6\text{-}12)$$

$$工效降低费用 = 合同约定的单价 \times 台班 \times 工效降低系数 \quad (6\text{-}13)$$

$$停机窝工费用 = 机械停机数量 \times 停机时间 \times 合同约定的窝工单价 \quad (6\text{-}14)$$

(4)分包费用。

分包费用索赔指的是分包人的索赔费，一般也包括人工、材料、机械使用费的索赔。分包人的索赔应如数列入总承包人的索赔款总额以内。

(5)工地管理费。

索赔款中的工地管理费是指承包人完成额外工程、索赔事项工作以及工期延长期间的工地管理费，包括管理人员工资、办公费等。但如果对部分工人窝工损失索赔时，因其他工程仍然进行，可不予计算工地管理费索赔。

(6)利息。

在索赔款额的计算中，经常包括利息。利息的索赔通常发生于下列情况：

①延期付款的利息。

②由于工程变更和工程延误增加投资的利息。

③索赔款的利息。

④错误扣款的利息。

至于这些利息的具体利率应是多少，在实践中可采用不同的标准，主要有这样几种规定：按当时的银行贷款利率；按当时的银行透支利率；按合同双方协议的利率。

(7)总部管理费。

索赔款中的总部管理费主要指的是工程延误期间所增加的管理费。这项索赔的计算目前没有统一的方法。在国际工程施工索赔中总部管理费的计算有以下几种：

①按照投标书中总部管理费的比例计算：

$$总部管理费 = 合同中总部管理费比例(\%) \times (直接费索赔款额 + 工地管理费索赔款额等) \quad (6\text{-}15)$$

②按照公司总部统一规定的管理费比例计算：

$$总部管理费 = 公司管理费比例(\%) \times (直接费索赔款额 + 工地管理费索赔款额等) \quad (6\text{-}16)$$

③以工程延期的总天数为基础，计算总部管理费的索赔额。计算步骤如下：

$$\text{该工程向总部上缴的管理费}=\text{同期内公司的总管理费}\times\frac{\text{该工程的合同额}}{\text{同期内公司的总合同额}}\tag{6-17}$$

$$\text{该工程的每日管理费}=\frac{\text{该工程向总部上缴的管理费}}{\text{合同实施天数}}\tag{6-18}$$

$$\text{索赔的总部管理费}=\text{该工程的每日管理费}\times\text{工程延期的天数}\tag{6-19}$$

(8)利润。

一般来说,由于工程范围的变更和施工条件变化引起的索赔,承包人是可以将其列入利润的。但对于工程延误的索赔,由于利润通常包括在每项实施的工程内容的价格之内,而延误工期并未影响削减某些项目的实施而导致利润减少,所以,一般的费用索赔不包括利润。

索赔利润的款额计算通常是与原报价单中的利润百分率保持一致,即以直接费乘以原报价单中的利润率作为该项索赔的利润。

(七)索赔费用的审查

1. 索赔报告中通常存在的问题

发包人和承包人在对待同一索赔事件的态度上是相反的,对索赔事件的处理总希望能对自己有利,任何一份索赔报告,都会存在漏洞和薄弱环节。在索赔报告中常见的问题如下:

(1)对合同理解的错误。承包人片面地从自己的利益和观点出发解释合同,这是一种正常现象。人们对合同常常不能客观地全面地分析,都作有利于自己的解释,导致索赔要求存在片面性和不客观性。索赔报告中没有贯彻合同精神,或没有正确引用合同的条文,所以索赔理由不足。

(2)承包人有推卸责任、转移风险的企图。在索赔报告中所列的干扰事件可能全部是、或部分是承包人管理不善造成的问题,或索赔要求中包括属于合同约定是承包人自己风险范围内的损失。

(3)扩大事实,夸大干扰事件的影响,或提出一些不真实的干扰事件和没有根据的索赔要求。

(4)在索赔报告中未能提出支持其索赔的详细资料,无法对索赔要求作出进一步解释,属于索赔证据不足,或没有证据。

(5)索赔值的计算不合理,多估冒算,漫天要价。按照通常的索赔策略,索赔者常常要扩大索赔额,给自己留有充分的余地,以争取有利的解决。例如将自己因管理不善造成的损失和属于自己风险范围内的损失纳入索赔要求中;扩大干扰事件的影响范围;采用对自己有利而不合理的计算方法等。所以索赔值常常会有虚假成分,甚至可能离谱太远。

这些问题在索赔报告中屡见不鲜。如果认可这样的索赔报告,则发包人在经济上要受到损失,而且这种解决也是不合理的、不公平的。所以监理人对承包人的索赔报告必须进行全面、系统的分析、评价、反驳,以找出问题,剔除不合理的部分,为索赔的合理解决提供依据。

2. 监理人对索赔报告的审查

监理人对承包人提交的索赔报告可以从以下几个方面进行审查、核实。

(1)审查索赔事件的真实性。

不真实,不肯定,没有根据或仅出于猜测的事件是不能提出索赔的。事件的真实性可以从以下两个方面证实：

①承包人索赔报告中的证据。不管事实怎样，只要承包人在索赔报告中未提出事件经过的得力证据，监理人可要求承包人补充证据，或否定索赔要求。

②监理人注意合同跟踪。从合同管理中寻找承包人不利的因素和条件，构成否定承包人索赔要求的证据。

(2)分清索赔事件的责任。

有些干扰事件和损失往往是存在的，但责任并不完全在发包人。通常有以下三种情况：

①责任在于索赔者承包人自己，由于承包人自己疏忽大意、管理不善造成损失，或在干扰事件发生后未采取得力有效的措施降低损失，或未遵守监理人的指令和通知等。

②干扰事件是其他方面原因引起的，不应由发包人赔偿。

③合同双方都有责任，则应按各自的责任分担损失。

(3)分析索赔理由。

监理人应在审查索赔报告的同时，努力为发包人寻找对发包人自己有利的合同条文，尽力推卸发包人的合同责任；或找到对承包人不利的合同条文，使承包人不能推卸或不能完全推卸自己的合同责任，这样可以从根本上否定承包人提出的索赔要求。例如：

①承包人未能在合同约定的索赔有效期内提出索赔，故该索赔无效。

②索赔事件在合同约定的承包人应承担的风险范围内，不能提出索赔要求，或应从索赔中扣除这部分。

③索赔要求不在合同约定的赔(补)偿范围内，如合同未明确约定，或未具体约定补偿条件、范围、补偿方法等。

④索赔事件的责任虽然是发包人的责任，但合同约定发包人没有赔偿责任，例如合同中有对发包人的免责条款，或合同约定不予赔偿等。

(4)分析索赔事件的影响程度和范围。

分析索赔事件和影响之间是否存在因果关系，分析干扰事件的影响范围。如在某工程中，承包人负责的某种材料未能及时运达工地，使分包人分包的工程受到干扰而拖延，但拖延天数在该工程活动的自由时差范围内，不影响工期。且承包人已事先通知分包人，而施工计划又允许人力作调整，则不能对工期和劳动力损失提出索赔。又如发包人拖延交付图纸造成工程延期，但在此期间，承包人又未能按合同约定日期安排劳动力和管理人员进场，则工期可以顺延，但工期延长对费用影响比较小，不存在对承包人窝工费用的赔偿。又如干扰事件发生后，承包人能够但没有采取积极措施来避免或降低损失，未能及时通知监理人，而是听之任之，扩大了干扰事件的影响范围和影响量，则扩大部分的损失应由承包人自己承担。

(5)审查索赔证据的可靠性。

对证据不足、证据不当或仅具有片面证据的索赔，监理人可认为该索赔的证据缺乏可靠性，索赔不成立。证据不足，即证据不足以证明干扰事件的真相、全过程或证明事件的影响，需要重新补充。证据不当，即证据与本索赔事件无关或关系不大，证据的法律证明效力不足。片面的证据，即承包人仅具有对自己有利的证据。

例如，合同双方在合同实施过程中，对某问题进行过两次会谈，作过两次不同决议，则按合同变更次序，第二次决议(备忘录或会议纪要)的法律效力应优先于第一次决议。如果在该问题相关的索赔报告中仅出具第一次会议纪要作为双方决议的证明,则它是片面的、不完全的。

又例如,尽管对某一具体问题合同双方有过书面协商,但未达成一致意见,或无最终确定,或没有签署附加协议,则这些书面协商无法律约束力,不能作为证据。

(6)审核索赔费用的计算。

监理人在对索赔项目和索赔内容审核的基础上,还应该对承包人关于索赔费用的计算进行审查,主要审查用于费用计算的单价和费率。在监理工作实践中,可按前文的规定和原则确定单价或者费率。

(八)常见索赔证据

(1)招标文件、施工合同文本及附件,其他各种签约(如备忘录、修正案等),经认可的工程实施计划、各种工程图纸、技术规格书等。这些索赔的依据可在索赔报告中直接引用。

(2)双方的往来信件。

(3)各种会议纪要。在施工合同履行过程中,发包人、监理人和承包人定期或不定期的会谈所做出的决议或决定,是施工合同的补充,应作为施工合同的组成部分,但会议纪要只有经过各方签署后才可作为索赔的依据。

(4)施工进度计划和具体的施工进度安排。施工进度计划和具体的施工进度安排是工程变更索赔的重要证据。

(5)施工现场的有关文件。如施工记录、施工备忘录、施工日报、工长或检查员的工作日记、监理人填写的施工记录等。

(6)工程照片。照片可以清楚、直观地反映工程具体情况,照片上应注明日期。

(7)气象资料。

(8)工程检查验收报告和各种技术鉴定报告。

(9)工程中送停电、送停水、航行通告、道路开通和封闭的记录和证明。

(10)官方的物价指数、工资指数。

(11)各种会计核算资料。

(12)建筑材料的采购、订货、运输、进场、使用方面的凭据。

(13)国家有关法律、法令、政策文件。

(九)索赔费用的支付

一旦确定了索赔金额,就应当及时支付给承包人,一般在中期支付证书中将其作为一个支付项目来处理。

由于索赔的争议较大,许多索赔项目往往需要经历一段时间才能处理完毕。因此,如果出现整项索赔没有结果的情况,通常可将监理人已经认可的那一部分在中期支付中进行暂定支付,这种支付就是一项持续索赔的临时付款。由此可见,索赔的处理过程虽然繁杂,但是索赔费用的支付却十分简单。

总之,索赔在施工合同中是经常出现的,并且费用可观,监理人应针对各种索赔原因采取切实有效的措施,从而达到有效地控制索赔费用、降低工程造价的目的。其中最关键的一条就是按合同文件要求认真做好各项工作,全面熟悉有关工地及其环境、工程计划、合同条件、技术规格书以及招投标等方面的业务,使自己在索赔费用支付中处于有利地位。

(十)减少费用索赔的监理途径

1. 引起索赔的原因分析

按引发施工索赔的原因不同,施工索赔一般可归纳为如下几种情况:

(1)发包人应承担的责任而引起的索赔。主要包括发包人在施工过程中违约,或发包人未能完全履行合同义务,或属于发包人应承担的其他责任,如监理人违反合同规定、设计图纸错误或未及时提供等,按《标准施工招标文件》的规定,属于发包人应承担的责任引起的施工索赔,发包人应向承包人补偿工期、施工成本及利润等损失。

(2)不利物质条件引起的施工索赔。不利物质条件,除专用合同条款另有约定外,是指承包人在施工场地遇到的不可预见的自然物质条件、非自然的物质障碍和污染物,包括地下和水文条件,但不包括气候条件。按《标准施工招标文件》的规定,不利物质条件引起的施工索赔,发包人应向承包人补偿工期和施工成本。

(3)异常恶劣气候引起的施工索赔。异常气候是指项目所在地 30 年以上一遇的罕见气候现象(包括温度、降水、降雪、风等),按《标准施工招标文件》的规定,异常恶劣气候引起的施工索赔,发包人应向承包人补偿工期。

(4)不可抗力引起的施工索赔。不可抗力是指承包人和发包人在订立合同时不可预见,在工程施工过程中不可避免发生并不能克服的自然灾害和社会性突发事件。按《标准施工招标文件》的规定,不可抗力引起的施工索赔,原则上发包人和承包人各自承担由于不可抗力给各自造成的损失,不能按期竣工的,应合理延长工期,承包人不需支付逾期竣工违约金,发包人要求赶工的,承包人应采取赶工措施,赶工费用由发包人承担。

(5)承包人应承担的责任而引起的索赔。主要包括承包人在施工过程的停工、工期延误、质量缺陷或安全隐患等,以及施工过程中承包人的违约行为,按《标准施工招标文件》的规定,属于承包人应承担的责任引起的施工索赔,承包人的所有损失由承包人承担。

2. 加强索赔费用监理的途径

(1)全面、深入、细致地理解和掌握合同条款。在工程施工中,引起施工索赔的原因众多,所涉及的合同条款也多,就需要监理人全面、深入、细致理解和掌握合同条款,按照合同条款的约定,详细分析施工过程的具体情况及适用的合同条款,对施工索赔做出既满足合同要求,又可以维护合同双方当事人正当权益的处理意见。

(2)熟悉和掌握施工现场的详细情况。工程施工的现场情况千差万别,要熟悉和掌握施工过程的详细情况,包括气象、水温、地质、地貌等施工条件的现状,结合合同约定来处理施工索赔,即使施工中发生的同一事件,在不同的施工条件下,施工索赔的处理就会不同,要求监理人结合合同条款的约定和现场实际情况,对施工索赔做出合理的处理意见。

(3)熟悉和掌握施工进展情况和施工进度计划。施工过程中的索赔,往往许多施工索赔是时间索赔和费用索赔同时发生,监理人应详细分析施工进度及影响施工进度的原因,分析计算应补充的工期,然后根据需要补偿的工期,合理确定需补偿的工程费用。

(4)熟悉和掌握工程经济知识。如前所述,施工索赔发生的原因众多,承包人要求补偿的工程费用项目和数量也多,需要监理人全面熟悉和掌握合同条款,结合施工现场的实际情况,利用工程经济的专业知识和技能,详细分析承包人提出的费用索赔项目是否合理,费用计算是否正确,提出合理的处理意见。

(十一)反索赔的处理

1. 反索赔的概念

前面重点介绍了承包人向发包人的索赔。反之,若承包人给发包人造成了经济损失,或承包人不履行相应义务,或承包人承担的风险责任,发包人也有权向承包人要求补偿经济损失和(或)延长缺陷责任期提出索赔要求。这种索赔称为反索赔。根据《标准施工招标文件》通用合同条款约定,反索赔是通过监理人从拟支付给承包人的合同价款中扣除,或由承包人以其他方式支付给发包人来完成的。

反索赔的目的,一是保护发包人的合法权益,二是促使承包人认真履行合同义务。当承包人的施工质量不符合要求时,通过反索赔有利于促进施工质量的提高;当承包人的施工进度达不到合同要求时,通过反索赔有利于保证施工进度;当合同中某些费用或风险由承包人承担时,通过反索赔有利于合理控制工程造价。总之,反索赔是质量控制、进度控制、造价控制的重要手段。

由于反索赔工作依靠监理人的扣款来完成的,因此,监理人从客观、公正和加强费用监理的要求出发,应积极主动地加强反索赔的处理工作。

2. 反索赔的类型

根据《标准施工招标文件》通用合同条款的约定,反索赔可以分为以下几种类型:

(1)工程拖期反索赔。

工程施工过程中进度滞后是常见的现象,原因也是多方面的,关键是拖期以后,责任的确定。当工程拖期的责任在承包人一方,如开工拖后,设备材料进场不及时,施工人员安排不当,施工组织管理不善等,发包人则有权向承包人提出反索赔。如通用合同条款 11.5 款规定:由于承包人原因,未能按合同进度计划完成工作,或监理人认为承包人施工进度不能满足合同工期要求的,承包人应采取措施加快进度,并承担加快进度所增加的费用。由于承包人原因造成工期延误,承包人应支付逾期竣工违约金。逾期竣工违约金的计算方法在专用合同条款中约定。承包人支付逾期竣工违约金,不免除承包人完成工程及修补缺陷的义务。若工程拖期是由于客观原因引起的,不属承包人的责任,如地震、海啸、瘟疫、水灾、骚乱、暴动等不可抗力原因造成,则发包人不能向承包人提出反索赔,这类性质的拖期,一般称作“可原谅、但不给经济补偿的拖期”,不能按期竣工的,应合理延长工期,承包人不需支付逾期竣工违约金。发包人要求赶工的,承包人应采取赶工措施,赶工费用由发包人承担。

(2)施工缺陷反索赔。

《标准施工招标文件》通用合同条款约定,如果承包人施工质量不符合施工技术规程的规定,或使用的设备和材料不符合合同约定,或者在缺陷责任期满以前未完成应进行修补的工程时,发包人有权向承包人追究责任,要求承担发包人所受的经济损失。如承包人在规定的期限内仍未完成应修补的缺陷工作,则发包人有权向承包人提出反索赔。

(3)其他损失反索赔。

除上述两种之外,由于承包人未承担相应的义务及风险责任造成发包人的经济损失,向承包人提出反索赔。如承包人未履行保险义务而由监理人代办保险后的反索赔,由承包人承担的第三者责任引起的反索赔，因法规变更或物价下跌引起的反索赔，因工程变更引起的反索赔等等。

（十二）费用索赔案例

【例6-7】 某一项目由于通行权地区内的电线杆、房屋和树木没有及时拆除，妨碍土方工程的进行，承包人根据《标准施工招标文件》通用合同条款第23条，提出如下索赔：

（1）要求延长时间：26天。

（2）闲置（窝工）费用：62220元。

针对该项索赔，监理人决定：

（1）尽管通行权地区的问题没有完全解决好，但实际上仍可通行，因此工程无须停工。

（2）由于没有及时拆除，确实给运土造成不便，引起了一定的迟延和额外开支。

（3）结论：此项索赔有一部分是合理的，对合理部分计算索赔费用。

【例6-8】 某合同由于没有解决土地使用者的补偿问题，农民阻挠小桥和涵洞工程进行。承包人提出如下索赔：

（1）要求延长时间：19天。

（2）闲置费用：39869元。

针对该项索赔，监理人决定：闲置费用太高，因为承包人机械停置费是采用的机械台班费用，因此承包人必须提交实际费用文件，才能确定这笔索赔金额。

【例6-9】 某工程在招标时所编的招标文件标明，部分工地所需施工设备及材料可以由沿河的河堤上运送。但投标结束后，新的法律允许省航运局向堤上交通收费，并且，由于不知道这一新的法律，承包人已经利用河堤作为通道开始桥梁的打桩工程。航运部门封闭了河堤，不向承包人开放交通，并且要求承包人在为过去的交通付款的同时，交4万元作押金以保证将来的付款。由此，打桩工程只得停止，直到两个月后，发包人同意付款，承包人才重新开始打桩。

承包人由于索赔意识不强，没有提出索赔要求。但是，若他提出要求，他将有权获得如下款项：

（1）设备和人员闲置费。

（2）遣散员工和重新动员，以及停工期间对工地的监视和保护等费用。

（3）按原计划完成工程所需的赶工费。

此例讲的是后继法规的改变，分析了风险应由谁承担，以及由此而造成的各种费用细目。

【例6-10】 某公路工程项目的施工承包合同，签约合同价为8000万元（其中直接费为5200万元），建设工期为18个月，在施工过程中，发生如下5项事件：

事件1：由于发包人原因提出对原设计修改，造成全场性停工45天。

事件2：在基础开挖过程中，个别部位实际土质与发包人在招标时提供的参考资料中给定地质资料不符，造成施工直接费增加2万元，相应工序的持续时间增加了4天。

事件3：在基础施工中，承包人除了按设计要求对基底进行了妥善处理外，承包人为了保证质量，扩大了基坑底面尺寸，还将基础混凝土强度由C15提高到C20，造成施工直接费增加11万元，相应工序的持续时间增加了5天。

事件4:在桥墩施工过程中,因发包人提供的施工图纸有误,造成施工直接费增加4万元,相应工序的持续时间增加了6天。

事件5:进入雨季施工,恰逢50年一遇的大暴雨,造成停工损失3万元,工期增加了8天。

在以上事件中,除事件1和事件5外,其余工序均未发生在关键线路上。

施工过程中,承包人在合同约定的期限内向监理人提出工期和费用索赔。承包人提出如下索赔要求:

(1)增加合同工期68天;

(2)增加费用137.19万元,计算如下:

①发包人变更设计,图纸延误,损失45天(1.5月)的管理费和利润:

管理费=合同价÷工期×管理费费率×延误时间=8000÷18×12%×1.5=80(万元);

利润=(合同价+管理费)÷工期×利润率×延误时间=(8000+80)÷18×5%×1.5=33.67(万元);

合计113.67万元。

②地质资料不符、混凝土强度提高、桥墩图纸错误、暴雨等因素造成的费用增加,计算如下:

直接费20万元;

管理费=20×12%=2.4(万元);

利润=(20+2.4)×5%=1.12(万元);

合计23.52万元。

问题:

(1)承包人针对施工过程中所发生的上述事件提出的费用索赔和工期索赔是否成立,为什么?

(2)承包人索赔计算方法是否正确?应如何计算?(计算以万元为单位,保留两位小数)

(3)如果在工程缺陷责任期间发生了由承包人原因引起的质量问题,在监理人多次书面指令承包人修复而承包人一再拖延的情况下,发包人另请其他承包人修复,则所发生的修复费用该如何处理?

解:

问题(1):

事件1:由于发包人修改设计,监理人同意索赔。

事件2:承包人针对事件2所提出的费用索赔和工期索赔均不成立。因为发包人提供的参考资料不构成合同文件,对于发包人提供的参考资料,承包人应对他自己就该资料的解释、推论和使用负责,这是承包人应承担的风险。

事件3:承包人针对事件3所提出的费用索赔和工期索赔均不成立。因为扩大基坑底面尺寸及提高混凝土强度等级并非监理人下达变更指令所致,该工作属于承包人采取的质量保证措施。

事件4:承包人针对事件4所提出的费用索赔成立,因为这是由于发包人提供的施工图纸有误。工期索赔不成立,因该延误未发生在关键线路上,对总工期并无影响。

事件5：承包人针对事件5所提出的费用索赔不成立，工期索赔成立。因为该事件是由于异常恶劣的气候条件造成的，承包人不应得到费用补偿。

问题(2)：

工期索赔为53天，即发包人修改设计和暴雨的影响可索赔工期；增加费用78.58万元，计算如下：

①发包人变更设计，图纸延误，损失45天(1.5月)的管理费和利润，计算基数应为直接费，不应为合同价；

管理费 = 直接费 ÷ 工期 × 管理费费率 × 延误时间 = 5200 ÷ 18 × 12% × 1.5 = 52(万元)；

利润 = (直接费 × 延误时间 ÷ 工期 + 管理费) × 利润率 = (5200 × 1.5 ÷ 18 + 52)万元 × 5% = 24.27(万元)；

合计76.27万元。

②桥墩图纸错误造成的费用增加为4.70万元，计算如下：

直接费4万元；

管理费 = 4万元 × 12% = 0.48(万元)；

利润 = (4 + 0.48)万元 × 5% = 0.22(万元)；

合计4.70万元。

问题(3)：

所发生的维修费用应由承包人承担，发包人可从质量保证金中扣除。

三、价格调整的支付管理

(一)价格调整的基本规定

1.价格调整的必要性

价格调整是指合同履行过程中，当物价变化导致人工、材料等出现价格涨落，从而使得施工成本发生变化时进行的调价工作。

价格调整是国际竞争性招标项目的通用做法，也是《标准施工招标文件》的基本规定。合同中列明的价格调整条款，体现了物价变化的意外风险在发包人和承包人之间的公平、合理分配，从而既能使承包人报价时能合理计算标价并免除其中标后因劳动力或原材料上涨而带来的风险，又能保证发包人能获得较真实和可靠的报价以及在工程决算时能在一个合理的价格水平上承受工程费用。

从兼顾合同的公平性及简化合同管理的要求出发，对于工期较短(一年甚至更短)的项目，可不考虑设立价格调整条款，由承包人在报价中去考虑相关风险费用(通常一个有经验的承包人能对短期内可能出现的物价上涨进行预测)，以简化费用监理工作。但是，对于工期较长的合同，则应随劳动力、设备、原材料、燃料和运输价格等影响工程成本的因素变化进行价格调整。因此，凡是允许价格调整的施工项目，其合同价并不是一成不变的，只要符合合同条件的约定就可以进行价格调整。

2. 价格调整的一般方法

世界银行采购指南对合同价格的调整,一般采用两种方法。

第一种方法:根据地方劳动力和规定的材料等基本价格与现行价格之差来进行调整,通常称之为价差法或票证法。

第二种方法:根据各类资源在合同造价中所占的比例及各类资源价格指数的变化来计算综合调价系数及调价额,通常称之为价格指数法或公式法。

(1)票证法。

票证法是以施工过程中各种资源的价格(称为现行价格)与投标基准日期各种资源的价格(称为基本价格)差额为基础进行价格调整的一种方法。施工过程中的价格调整额根据其资源消耗量与资源价格变化量的乘积来确定。即:

$$价格调整额 = 资源消耗量 \times (现行价格 - 基本价格) \tag{6-20}$$

在采用票证法时,应解决好如下几个问题:

①对哪些资源的价格进行调整;

②资源消耗量怎样确定;

③基本价格怎样确定;

④现行价格怎样确定。

对于问题①,为简化工作,通常只对占合同价格比例较大的几种资源(如人工费、几种主要材料费等)进行调整,以简化价格调整工作。为保持合同的可操作性,在专用合同条款中应详细列明拟调整价格的资源名称。

对于问题②(即资源消耗量的确定),可根据实际需要的到场材料和其他资源的数量来确定,但监理人将为到场材料数量的确定,特别是合理使用量的确定等管理工作花费很大的精力,实践中也难于管理。为简化工作,实践中可根据概预算中人工、主要材料、机械台班数量汇总表中的数据来确定。

对于问题③(即基本价格的确定),有两种方法:第一种方法是由承包人在投标时填报基本价格;第二种方法是根据各地造价(定额)站颁发的同期价格信息(如有的话)来确定。

对于问题④(即现行价格的确定),有三种方法:第一种方法是由监理人通过调查来确定现行价格,但往往由于价格信息的不充分及价格的波动而引起监理人、发包人和承包人对现行价格的分歧;第二种方法是根据各地造价(定额)站颁发的现行价格信息(如有的话)来确定;第三种方法是根据承包人的实际已到场材料的价格(发票)来确定,其缺点是发票的真伪不易辨认,且不利于承包人加强材料采购,降低材料价格。

总之,实践中要解决好以上 4 个问题,都有一定的难度。票证法看上去直观、简单,但操作起来却很困难,即可操作性差。

(2)价格指数法。

价格指数法是以基本价格指数为基础来进行价格调整的一种方法。基本价格指数,是指基准日期的各可调因子的价格指数。基准日期和基本价格指数及其来源在投标函附录价格指数和权重表中约定。基准日期一般为投标截止日期前 28 天,价格指数应首先采用有关部门(物价局或统计局)提供的价格指数,缺乏上述价格指数时,可采用有关部门提供的价格代替。

我国世行贷款项目及国内招标项目在专用合同条款关于调价公式的约定,大都采用如下计算通式：

$$ADJ = LCP(或 FCP) \times (C_0 + \sum C_i D_i - 1) \tag{6-21}$$

式中： ADJ——合同价格调整的净值；

LCP(或 FCP)——调价阶段所完成合同金额(人民币或外币)，例如我国世行贷款项目中 LCP 为人民币、FCP 为外汇美元；

C_0——非调价因数，即支付中不进行调整的金额权重系数，不进行调整的金额指固定的间接费和利润、保险费和各类税收以及发包人以固定价格提供的材料和按现行价格支付的项目等；国际上一般取 5% ~ 15%，少数合同低限取 0，高限取 25%、甚至 55%，取值越大对发包人越有利，对承包人而言则要承担大部分物价风险；

i——1，2，3，…，n，代表要进行价格调整的各种资源；

C_i——参与调价的第 i 个工、料、机指标(如水泥)的费用占合同价的百分比(权重系数)；

D_i——第 i 个工、料、机指标的现价指数与基价指数的比值，其值大于 1 说明物价上涨，反之说明物价下跌，$D_i = E_{1i}/E_{0i}$，其中，E_{1i} 为现价指数，即各种资源在进行价格调整时适用的现行价格指数；E_{0i} 为基价指数，即基准日期的基本价格指数。

3. 价格调整的合同规定

《公路工程标准施工招标文件》(2018 年版)通用合同条款第 16 条，对价格调整的约定如下：

(1)物价波动引起的价格调整。

①除项目专用合同条款另有约定外，因物价波动引起的价格调整应按项目专用合同条款数据表的规定，按照通用合同条款第 16.1.1 项或第 16.1.2 项约定的原则处理；

②在合同在执行期间(包括工期拖延期间)，由于人工、材料和设备价格的上涨而引起工程施工成本增加的风险由承包人自行承担，合同价格不会因此而调整。

(2)价格调整公式。

因人工、材料和设备等价格波动影响合同价格时，根据投标函附录中的价格指数和权重表约定的数据，按式(6-22)计算差额并调整合同价格：

$$\Delta P = P_0\left[A + \left(B_1 \times \frac{F_{t1}}{F_{01}} + B_2 \times \frac{F_{t2}}{F_{02}} + B_3 \times \frac{F_{t3}}{F_{03}} + \cdots + B_n \times \frac{F_{tn}}{F_{0n}}\right) - 1\right] \tag{6-22}$$

式中： ΔP——需调整的价格差额；

P_0——第 17.3.3 项、第 17.5.2 项和第 17.6.2 项约定的付款证书中承包人应得到的已完成工程量的金额，此项金额应不包括价格调整，不计质量保证金的扣留和支付、预付款的支付和扣回，第 15 条约定的变更及其他金额已按现行价格计价的，也不计在内；

A——定值权重(即不调部分的权重)，$A = 1 - (B_1 + B_2 + B_3 + \cdots + B_n)$；

B_1、B_2、B_3、…、B_n——各可调因子的变值权重(即可调部分的权重)为各可调因子在投标函投标总报价中所占的比例；

F_{t1}、F_{t2}、F_{t3}、…、F_{tn}——各可调因子的现行价格指数,指第17.3.3项、第17.5.2项和第17.6.2项约定的付款证书相关周期最后一天的前42天的各可调因子的价格指数;

F_{01}、F_{02}、F_{03}、…、F_{0n}——各可调因子的基本价格指数,指基准日期的各可调因子的价格指数。

在采用价格调整公式进行调价时,还应遵守以下规定:

①以上价格调整公式中的各可调因子、定值权重,以及基本价格指数及其来源由发包人在投标函附录价格指数和权重表中约定。价格指数应首先采用国家或省(自治区、直辖市)价格部门或统计部门提供的价格指数,缺乏上述价格指数时,可采用上述部门提供的价格代替。

②价格调整公式中的变值权重,由发包人根据项目实际情况测算确定范围,并在投标函附录价格指数和权重表中约定范围;承包人在投标时在此范围内填写各可调因子的权重,合同实施期间将按此权重进行调价。

(3)暂时确定调整差额。

在计算调整差额时得不到现行价格指数的,可暂用上一次价格指数计算,并在以后的付款中再按实际价格指数进行调整。

(4)权重的调整。

按第15.1款约定的变更导致原定合同中的权重不合理时,由监理人与承包人和发包人协商后进行调整。

(5)承包人工期延误后的价格调整。

由于承包人原因未在约定的工期内竣工的,则对原约定竣工日期后继续施工的工程,在使用价格调整公式时,应采用原约定竣工日期与实际竣工日期的两个价格指数中较低的一个作为现行价格指数。

(6)采用造价信息调整价格差额。

施工期内,因人工、材料、设备和机械台班价格波动影响合同价格时,人工、机械使用费按照国家或省(自治区、直辖市)建设行政管理部门、行业建设管理部门或其授权的工程造价管理机构发布的人工成本信息、机械台班单价或机械使用费系数进行调整;需要进行价格调整的材料,其单价和采购数应由监理人复核,监理人确认需调整的材料单价及数量,作为调整工程合同价格差额的依据。

(7)法律变化引起的价格调整。

在基准日后,因法律变化导致承包人在合同履行中所需要的工程费用发生除第16.1款约定以外的增减时,监理人应根据法律、国家或省(自治区、直辖市)有关部门的规定,按第3.5款商定或确定需调整的合同价款。

(二)价格调整费用的计算

1.确定调值因子 i

建设工程项目的施工中所需要资源除人工和机械外,需要投入材料主要有:水泥、木材、钢材、钢绞线、沥青、普通碎石、中砂、粗砂、石灰、粉煤灰、汽油、柴油、砖、料石、片石以及各种预制件等等。为了平衡物价风险,必须选择对工程投资、工程成本影响较大且投入数量较多的主要材料作为代表。一般来说,参与调价的调值因子取5~10个为宜,这样便于计算。

价格调整来自世行贷款公路、水运工程项目，主要针对合同工期超过24个月的工程施工项目，而国内投资的工程项目招标人在招标文件中多数声明本工程不进行价格调整。在世行第二批贷款公路项目的京津塘，世行第三批贷款公路项目的西三、成渝、济青、南九线的招标文件中都规定了8个材料，即劳动力、设备供应与维修、沥青、水泥、木材、钢材、碎石等地材以及运输。如果指标中的某几种材料由发包人以固定的价格提供给承包人，就不参与调价，则 $i<8$。

《标准施工招标文件》通用合同条款第16条中规定，可调因子由发包人在投标函附录价格指数和权重表中约定。表格示例如表6-6。

价格指数和权重表　　表6-6

名　称		基本价格指数		权　重			价格指数来源
		代号	指数值	代号	允许范围	投标人建议值	
定值部分				A			
变值部分	人工费	F_{01}		B_1	___至___		
	钢材	F_{02}		B_2	___至___		
	水泥	F_{03}		B_3	___至___		
	……	……		……	……		
合计						1.00	

2. 确定可调因子的变值权重系数 B_i

可调因子的变值权重系数是指各类调价因子在造价中的权重，权重系数一般取至两位小数，其测算方法有指标费用计算法和百分比计算法两种，下面只介绍一种。所谓指标费用计算法，即由发包人根据招标控制价资料中所包含的劳动力、材料、设备、运输等费用进行初步计算，确定可调因子的变值权重系数的范围，投标人根据投标资料中的签约合同价CP中所包含的劳动力、材料、设备、运输等费用进行计算，确定可调因子的变值权重系数。

其计算公式为：

$$\left.\begin{aligned} B_i &= \frac{W_i}{\mathrm{CP}} \\ A &= 1 - \sum B_i \end{aligned}\right\} \tag{6-23}$$

式中：B_i——第 i 种资源的权重系数；

W_i——第 i 种资源的总金额，如沥青材料等；

CP——签约合同价总金额；

A——定值权重系数。

【例6-11】　某大型工程建设项目的E标段签约合同价为24187万元，参与调价的因子有8个，求可调因子的变值权重系数。

解：以劳动力、钢材为例测算权重系数。经分析签约合同价格构成中劳动力费用占1208.4

万元,钢材费用占3036.2万元,因而有:

$$B_1 = \frac{W_1}{CP} = 1208.4 \div 24187 = 0.05; B_2 = \frac{W_2}{CP} = 3036.2 \div 24187 = 0.13$$

经全面测算,包括其他6个指标在内的汇总权重系数为0.84,则定值权重系数为:

$$A = 1 - \sum B_i = 1 - 0.84 = 0.16$$

根据《标准施工招标文件》,可调因子的变值权重系数的范围由发包人测算确定,在招标文件发出前填写;承包人在投标时在此范围内填写各可调因子的变值权重系数,合同实施期间将按此权重系数进行调价。

3. 确定基本价格指数

基本价格指数及其来源由发包人在投标函附录价格指数和权重表中约定。价格指数应首先采用国家或省(自治区、直辖市)价格部门或统计部门提供的价格指数,缺乏上述价格指数时,可采用上述部门提供的价格代替。

4. 确定现行价格指数

现行价格指数是指各类付款证书相关周期最后一天的前42天的各可调因子的价格指数;现行价格指数应首先采用国家或省(自治区、直辖市)价格部门或统计部门提供的价格指数,缺乏上述价格指数时,可采用上述部门提供的价格代替。现行价格指数按指数选择基期的不同分为定基物价指数和环比物价指数。

定基物价指数以某一固定期为基期所计算的相对价格指数,而环比物价指数是以计算期的前一时期为基期所计算的相对价格指数,并规定以一个年度期限编制的环比指数为年度环比指数。

国际上习惯使用定基物价指数,并且以香港统计局公布的为准,如其每月公布的钢材价格指数都是以1975年12月为基期,1989年12月钢材价格指数为573,是指相对于1975年12月钢材价格指数为100而推测的。

我国每年公布一次本年度相对于上年度的各种物价指数,即环比物价指数,公布时间一般为次年3月,采用时应注意。如2019年3月公布的钢材现价指数为110,是指2018年钢材价格以2017年度为100推算为110。

设第i个调价因子发包人在投标函附录规定的基本价格指数为F_{i0}($F_{i0}=100$),次年j国家公布的相对于$(j-1)$年的现价环比指数为F_{ij},则次年j第i个指标相对于招标当年的定基物价指数D_{ij}的计算式是:

$$D_{ij} = \Pi \frac{F_{ij}}{F_{i0}} = \Pi F_{ij} \times 100^{-j} \tag{6-24}$$

【例6-12】 某土木工程项目2016年开工,工程所在地的省统计局公布的2017年、2018年、2019年钢材价格指数分别为107.9、112、116.4。求各年度的定基指数。

分析:该项目2016年开工,基期年即为2016年,钢材基本物价指数为100。2017年的钢材价格指数为107,即相对于2016年上涨了7%。2018年的钢材价格指数为112,即相对于2017年上涨了12%。2019年的钢材价格指数为116.4,即相对于2018年上涨了16.4%。

解:根据公式,2017年相对于2016年的钢材定基指数为:

$D_{ij} = \Pi F_{ij} \times 100^{-j} = 107.9 \times 100^{-1} = 1.079$

2018 年相对于 2016 年的钢材定基指数为：

$D_{ij} = \Pi F_{ij} \times 100^{-j} = 107.9 \times 112 \times 100^{-2} = 1.2085$

2019 年相对于 2016 年的钢材定基指数为：

$D_{ij} = \Pi F_{ij} \times 100^{-j} = 107.9 \times 112 \times 116.4 \times 100^{-3} = 1.4067$

即 2019 年相对于 2016 年的钢材价格，上涨了 40.67%。

以上讨论了价格调整中调价因子选取、调价因子权重系数确定、价格指数计算等工作。实践中，监理人进行价格调整的步骤是：

(1)熟悉合同条件、投标函及其附录约定的各调价因子、基本价格指数、投标人确定的各调价因子的权重系数；

(2)合理确定各期付款证书中承包人应得到的已完成工程量的金额；

(3)动态调查收集各调价因子的年度价格指数；

(4)按公式规定的应用范围和方法计算调整金额。

(三)计算案例

【例 6-13】 某省的一条世行贷款高速公路项目的投标截止日期是 2015 年 6 月 30 日，钢材为其第 4 个调价指数。该省统计局每年 3 月以上年度现价指数为 100 推算，公布的钢材现价环比指数如表 6-7 所示，试计算各年度定基物价指数。

钢材现价环比指数 表 6-7

年度	2016	2017	2018	2019
序号 j	1	2	3	4
环比指数 E_{4j}	112.4	117.3	125.6	129.8

解：世界银行贷款项目规定基准日期为投标截止日期前 28 天，即投标截止日期前 28 天所在年份为 2015 年，因此应以 2015 年为基准日期计算 2016 年后的定基物价指数。

2016 年相对于 2015 年的定基指数为：

$D_{41} = E_{41}/E_{40} = 112.4 \div 100 = 1.124$

2017 年相对于 2015 年的定基指数为：

$D_{42} = E_{41}/E_{40} \times E_{42}/E_{40} = 1.124 \times 117.3 \times 100^{-1} = 1.318$

同理可计算 2018 年、2019 年相对于 2015 年的定基指数：

$D_{43} = 1.656$　　$D_{44} = 2.149$

【例 6-14】 某项目 2018 年 9 月完成工程价款为 100 万元。其组成为：土方工程费 10 万元，占 10%；砌体工程费 40 万元，占 40%；钢筋混凝土工程费 50 万元，占 50%。这三个组成部分的人工费和材料费占工程价款 85%，人工材料费中各项费用比例如下：

(1)土方工程：人工费 50%、机具折旧费 26%、柴油 24%。

(2)砌体工程：人工费 53%、钢材 5%、水泥 20%、集料 5%、片石 12%、柴油 5%。

(3)钢筋混凝土工程：人工费 53%、钢材 22%、水泥 10%、集料 7%、木材 4%、柴油 4%。

根据合同约定，该工程的其他费用不调整(即不调值的费用)占工程价款的 15%，求 2018 年价格调整金额。

解:计算出各项参与调值的费用占工程价款的比例如下:

人工费:(50% ×10% +53% ×40% +53% ×50%) ×85% ≈45%

钢材:(5% ×40% +22% ×50%) ×85% ≈11%

水泥:(20% ×40% +10% ×50%) ×85% ≈11%

集料:(5% ×40% +7% ×50%) ×85% ≈5%

柴油:(24% ×10% +5% ×40% +4% ×50%) ×85% ≈5%

机具折旧:26% ×10% ×85% ≈2%

片石:12% ×40% ×85% ≈4%

木材:4% ×50% ×85% ≈2%

具体的人工费及材料费的调值公式为:

$$\Delta P = P_0\left[A + \left(B_1 \times \frac{F_{t1}}{F_{01}} + B_2 \times \frac{F_{t2}}{F_{02}} + B_3 \times \frac{F_{t3}}{F_{03}} + \cdots + B_n \times \frac{F_{tn}}{F_{0n}}\right) - 1\right]$$

$$= P_0 \times \left[0.15 + \left(0.45 \times \frac{F_{t1}}{F_{01}} + 0.11 \times \frac{F_{t2}}{F_{02}} + 0.11 \times \frac{F_{t3}}{F_{03}} + 0.05 \times \frac{F_{t4}}{F_{04}} + 0.05 \times \frac{F_{t5}}{F_{05}} + 0.02 \times \frac{F_{t6}}{F_{06}} + 0.04 \times \frac{F_{t7}}{F_{07}} + 0.02 \times \frac{F_{t8}}{F_{08}}\right) - 1\right]$$

假定该合同的原始报价基准日期为 2017 年 4 月 5 日,2018 年 9 月完成的工程量价款为 100 万元,有关月报的工资、材料物价指数如表 6-8 所示。

工资、材料物价指数表 表 6-8

费用名称	代号	2017 年 4 月 5 日指数	代号	2018 年 9 月指数
人工费	F_{01}	100.0	F_{t1}	116.0
钢材	F_{02}	153.4	F_{t1}	187.6
水泥	F_{03}	154.8	F_{t1}	175.0
集料	F_{04}	132.6	F_{t1}	169.3
柴油	F_{05}	178.3	F_{t1}	192.8
机具折旧	F_{06}	154.4	F_{t1}	162.5
片石	F_{07}	160.1	F_{t1}	162.0
木材	F_{08}	142.7	F_{t1}	159.5

则 2018 年 9 月的工程款经过调值后其调值金额为:

$$\Delta P = P_0 \times \left[0.15 + \left(0.45 \times \frac{F_{t1}}{F_{01}} + 0.11 \times \frac{F_{t2}}{F_{02}} + 0.11 \times \frac{F_{t3}}{F_{03}} + 0.05 \times \frac{F_{t4}}{F_{04}} + 0.05 \times \frac{F_{t5}}{F_{05}} + 0.02 \times \frac{F_{t6}}{F_{06}} + 0.04 \times \frac{F_{t7}}{F_{07}} + 0.02 \times \frac{F_{t8}}{F_{08}}\right) - 1\right] = 100 \times \left(0.15 + 0.45 \times \frac{116}{100} + 0.11 \times \frac{187.6}{153.4} + 0.11 \times \frac{175.0}{154.8} + 0.05 \times \frac{162.3}{132.6} + 0.05 \times \frac{192.8}{178.3} + 0.02 \times \frac{162.5}{154.4} + 0.04 \times \frac{167.0}{160.1} + 0.02 \times \frac{159.5}{142.7} - 1\right) = 13.3(\text{万元})$$

【例 6-15】 山东省某高速公路全长 318km，合同工期为 36 个月，1989 年获得世行贷款 1.1 亿美元，并于当年 8 月 30 日开标，9 月 28 日总监理工程师下达开工令。发包人在招标文件的投标须知中声明本工程投资随物价变化而进行合同价格调整，投标人报价时以 1989 年市场物价为基础且不考虑物价风险，并在合同专用条件中约定了人民币调价公式：

$$ADJ = LCP \times \left(0.20 + 0.15 \times \frac{LL_1}{LL_0} + 0.10 \times \frac{PL_1}{PL_0} + 0.12 \times \frac{CE_1}{CE_0} + 0.05 \times \frac{TI_1}{TI_0} + 0.12 \times \frac{ST_1}{ST_0} + 0.10 \times \frac{BI_1}{BI_0} + 0.06 \times \frac{LT_1}{LT_0} + 0.10 \times \frac{LM_1}{LM_0} - 1\right)$$

已知，该高速公路第 5 合同段合同价为 20337.6 万元，外汇比例为 27.19%，1989 年完成工作量 818 万元，1990 年完成 6471 万元，1991 年完成 9345 万元，1992 年完成 3665 万元。工程所在省统计局公布的 8 个指标各年度相对于上年度环比指数如表 6-9 所示。试计算各年度应调整金额的人民币部分的净值。

各指标现价环比指数表　　表 6-9

序　号	指 标 名 称	1990 年	1991 年	1992 年
1	劳力 LL	112	126	128
2	设备 PL	135	127	128
3	水泥 CE	106	114	123
4	木材 TI	101	108	110
5	钢材 ST	123	141	129
6	沥青 BI	105	115	120
7	运输 LT	111	124	129
8	地材 LM	107	113	122

解：根据招标文件规定，招标当年完成的工作量不予调价，所以 1989 年完成的 818 万元不参与调价。根据给定的人民币调价公式及现价指数、定基指数计算公式就可计算人民币净调整额。

（1）1990 年度净调价金额：

$$ADJ_{1990} = 6471 \times (1 - 27.19\%) \times \left(0.20 + 0.15 \times \frac{112}{100} + 0.10 \times \frac{135}{100} + 0.12 \times \frac{106}{100} + 0.05 \times \frac{101}{100} + 0.12 \times \frac{123}{100} + 0.10 \times \frac{105}{100} + 0.06 \times \frac{111}{100} + 0.10 \times \frac{107}{100} - 1\right)$$

$$= 503.6631(\text{万元})$$

（2）1991 年度净调价金额：

$$ADJ_{1991} = 9343 \times (1 - 27.19\%) \times (0.20 + 0.15 \times 112 \times 126 \times 100^{-2} + 0.10 \times 135 \times 127 \times 100^{-2} + 0.12 \times 106 \times 114 \times 100^{-2} + 0.05 \times 101 \times 108 \times 100^{-2} + 0.12 \times 123 \times 141 \times 100^{-2} + 0.10 \times 105 \times 115 \times 100^{-2} + 0.06 \times 111 \times 124 \times 100^{-2} + 0.01 \times 107 \times 113 \times 100^{-2} - 1)$$

$$= 2142.8311(\text{万元})$$

(3)1992 年度净调价金额:

$$ADJ_{1992} = 3665 \times (1 - 27.19\%) \times (0.20 + \sum_{j=1}^{3} C_i D_{ij} - 1) = 3665 \times 72.81\% \times 0.59617$$
$$= 1590.8716(万元)$$

(4)总调价金额:

本合同工程自开工至竣工承包人共获得物价调整金额为:

$$ADJ_{总} = ADJ_{1990} + ADJ_{1991} + ADJ_{1992}$$
$$= 503.6631 + 2142.8311 + 1590.8716 = 4237.3658(万元)$$

四、提前竣工奖金、逾期竣工违约金的支付管理

由于承包人原因,未能按合同进度计划完成工作,或监理人认为承包人施工进度不能满足合同工期要求的,承包人应采取措施加快进度,并承担加快进度所增加的费用。由于承包人原因造成工期延误,承包人应支付。逾期竣工违约金的计算方法在专用合同条款中约定。承包人支付逾期竣工违约金,不免除承包人完成工程及修补缺陷的义务。

逾期竣工违约金是承包人延误合同工期,使发包人造成损失而给予的一种赔偿,不是罚款。

1. 开、竣工日期

《标准施工招标文件》通用合同条款第 11.1 和 11.2 款规定,监理人应在开工日期 7 天前向承包人发出开工通知,监理人在发出开工通知前应获得发包人同意,工期自监理人发出的开工通知中载明的开工日期起计算;承包人应在开工日期后尽快施工,应在承包合同约定的期限内完成合同工程。

承包人完成合同工程或某区段或某单项工程的实际施工工期,开始于监理人发出的开工通知中载明的开工日期,终止于交接证书写明的竣工日期,按天计算。即:

实际施工工期(天) = 合同工期 + 批准的延长工期 ± 竣工逾期工期 (6-25)

逾期竣工工期(天) = 实际施工工期 - 合同工期 - 批准的延长工期 (6-26)

如果在合同工程竣工之前,已对合同工程内的某区段或单项工程签发了交接证书,且上述交接证书中写明的竣工日期并未延误,而是合同工程中的其他部分产生了工期延误,则合同工程的逾期竣工违约金应予以减少,减少的幅度按已签发交接证书的某区段或某单项工程的价值占合同工程价值的比例计算。但这一规定不应该影响逾期竣工违约金的限额。

2. 提前竣工奖金、逾期竣工违约金的限额

《标准施工招标文件》通用合同条款第 11.6 款规定,发包人要求承包人提前竣工,或承包人提出提前竣工的建议能够给发包人带来效益的,应由监理人与承包人共同协商采取加快工程进度的措施和修订合同进度计划。发包人应承担承包人由此增加的费用,并向承包人支付专用合同条款约定的相应奖金。

一般地,提前工期奖金累计最高不得超过合同总价的 5% 。逾期竣工违约金累计最高不得超过合同总价的 5% 。

3. 逾期竣工违约金的支付

逾期竣工违约金应从承包人履约保证金或进度款支付证书或最终支付证书中扣除,但要

注意,此项扣除不应解除承包人对完成该项工程的义务或合同约定的其他义务和责任。

如果发包人在合同规定的时间内没有向承包人付款,则发包人在以后除了按款额付款外,还应向承包人支付逾期付款违约金;逾期付款违约金常常按迟付款利息的方式计算,按合同文件约定的利率,从约定的付款截止日期起至恢复付款日止,按照日复利率计算利息。

显而易见,逾期付款违约金对于发包人来说是一种约束,监理人应督促发包人按合同有关约定,及时付款给承包人。《标准施工招标文件》通用合同条款第17.3款规定,发包人应在监理人收到进度付款申请单后的28天内,将进度应付款支付给承包人,发包人不按期支付的,按专用合同条款的约定支付逾期付款违约金。

逾期付款违约金可按下式计算:

$$\text{FKWYJ} = P[(1+r)^n - 1] \tag{6-27}$$

式中:FKWYJ——逾期付款违约金;

P——逾期付款的金额;

r——日复利率;

n——逾期付款天数。逾期付款违约天数指发包人的实际付款时间超过约定进度款支付或最终支付的截止日期的天数。

4.计算示例

【例6-16】 某工程项目第8期进度款支付证书,支付净额为5650000元,监理人于3月28日收到承包人的进度付款申请,监理人于4月7日发出支付证书,而发包人直到6月5日才支付该证书的付款,按照《标准施工招标文件》通用合同条款第17.3款规定,如果$r=0.033\%$,那么这笔逾期付款违约金为多少?

解:

(1)逾期付款天数计算:6月份4天,5月份31天,4月份30天,3月份3天。

$n=(3+30+31+4)-28=40$(天)

$P=5650000$(元)

(2)逾期付款违约金计算:

$$\begin{aligned}\text{FKWYJ} &= P\times[(1+r)^n-1]\\ &=5650000\times[(1+0.033\%)^{40}-1]\\ &=75060\text{(元)}\end{aligned}$$

应当支付逾期付款违约金75060元。

五、合同中止后的支付

在工程施工中,意外情况十分严重时将会导致合同中止的局面。合同中止往往是由不可抗力、承包人违约、发包人违约等三个方面的原因引起的。

1.不可抗力导致合同中止的支付

不可抗力(特殊风险)是指承包人和发包人在订立合同时不可预见,在工程施工过程中不可避免发生并不能克服的自然灾害和社会性突发事件,如地震、海啸、瘟疫、水灾、骚乱、暴动、战争和专用合同条款约定的其他情形。

《标准施工招标文件》第21.1.2项规定,不可抗力发生后,发包人和承包人应及时认真统计所造成的损失,收集不可抗力造成损失的证据。合同双方对是否属于不可抗力或其损失的意见不一致的,由监理人按第3.5款商定或确定。发生争议时,按第24条的约定办理。

除专用合同条款另有约定外,不可抗力导致的人员伤亡、财产损失、费用增加和(或)工期延误等后果,由合同双方按以下原则承担:

(1)永久工程,包括已运至施工场地的材料和设备的损害,以及因工程损害造成的第三者人员伤亡和财产损失由发包人承担。

(2)承包人设备的损坏由承包人承担。

(3)发包人和承包人各自承担其人员伤亡和其他财产损失及其相关费用。

(4)承包人的停工损失由承包人承担,但停工期间应监理人要求照管工程和清理、修复工程的金额由发包人承担。

(5)不能按期竣工的,应合理延长工期,承包人不需支付逾期竣工违约金。发包人要求赶工的,承包人应采取赶工措施,赶工费用由发包人承担。

(6)不可抗力发生后,发包人和承包人均应采取措施尽量避免和减少损失的扩大,任何一方没有采取有效措施导致损失扩大的,应对扩大的损失承担责任。

《标准施工招标文件》第21.3.4项规定,合同一方当事人因不可抗力不能履行合同的,应当及时通知对方解除合同。合同解除后,承包人应按照第22.2.5项规定撤离施工场地。已经订货的材料、设备由订货方负责退货或解除订货合同,不能退还的货款和因退货、解除订货合同发生的费用,由发包人承担,因未及时退货造成的损失由责任方承担。合同解除后发包人应在解除合同后28天内向承包人支付下列金额,承包人应在此期限内及时向发包人提交要求支付下列金额的有关资料和凭证:

(1)合同解除日以前所完成工作的价款。

(2)承包人为该工程施工订购并已付款的材料、工程设备和其他物品的金额。发包人付还后,该材料、工程设备和其他物品归发包人所有。

(3)承包人为完成工程所发生的而发包人未支付的金额。

(4)承包人撤离施工场地以及遣散承包人人员的金额。

(5)由于解除合同应赔偿的承包人损失。

(6)按合同约定在合同解除日前应支付给承包人的其他金额。发包人应按本项约定支付上述金额并退还质量保证金和履约担保,但有权要求承包人支付应偿还给发包人的各项金额。

2. 承包人违约导致合同中止的支付

《标准施工招标文件》第22.1.1项规定,在履行合同过程中发生下列情况属承包人违约:

(1)承包人违反第1.8款或第4.3款的约定,私自将合同的全部或部分权利转让给其他人,或私自将合同的全部或部分义务转移给其他人。

(2)承包人违反第5.3款或第6.4款的约定,未经监理人批准,私自将已按合同约定进入施工场地的施工设备、临时设施或材料撤离施工场地。

(3)承包人违反第5.4款的约定使用了不合格材料或工程设备,工程质量达不到标准要求,又拒绝清除不合格工程。

(4)承包人未能按合同进度计划及时完成合同约定的工作,已造成或预期造成工期延误。

(5)承包人在缺陷责任期内,未能对工程接收证书所列的缺陷清单的内容或缺陷责任期内发生的缺陷进行修复,而又拒绝按监理人指示再进行修补。

(6)承包人无法继续履行或明确表示不履行或实质上已停止履行合同。

(7)承包人不按合同约定履行义务的其他情况。

承包人无法继续履行或明确表示不履行或实质上已停止履行合同的情形属严重违约,发包人可通知承包人立即解除合同;对承包人发生的其他违约情况,监理人可向承包人发出整改通知,要求其在指定的期限内改正。监理人发出整改通知 28 天后,承包人仍不纠正违约行为的,发包人可向承包人发出解除合同通知。合同解除后,发包人可派员进驻施工场地,另行组织人员或委托其他承包人施工。发包人因继续完成该工程的需要,有权扣留使用承包人在现场的材料、设备和临时设施。但发包人的这一行动不免除承包人应承担的违约责任,也不影响发包人根据合同约定享有的索赔权利。

《标准施工招标文件》第 22.1.4 和 22.1.5 项规定,因承包人违约合同解除后的估价、付款、结清和协议利益,按照以下原则处理:

(1)合同解除后,监理人按第 3.5 款商定或确定承包人实际完成工作的价值,以及承包人已提供的材料、施工设备、工程设备和临时工程等的价值。

(2)合同解除后,发包人应暂停对承包人的一切付款,查清各项付款和已扣款金额,包括承包人应支付的违约金。

(3)合同解除后,发包人应按第 23.4 款的约定向承包人索赔由于解除合同给发包人造成的损失。

(4)合同双方确认上述往来款项后,出具最终结清付款证书,结清全部合同款项。

(5)发包人和承包人未能就解除合同后的结清达成一致而形成争议的,按第 24 条的约定办理。

(6)因承包人违约解除合同的,发包人有权要求承包人将其为实施合同而签订的材料和设备的订货协议或任何服务协议利益转让给发包人,并在解除合同后的 14 天内,依法办理转让手续。

由此可见,承包人违约导致合同中止的支付与特殊风险导致合同中止的情况不同,承包人违约导致合同中止的付款规定对承包人带有惩罚性。

3. 发包人违约导致合同中止的支付

《标准施工招标文件》第 22.2.1 项规定,在履行合同过程中发生下列情形的,属发包人违约:

(1)发包人未能按合同约定支付预付款或合同价款,或拖延、拒绝批准付款申请和支付凭证,导致付款延误的。

(2)发包人原因造成停工的。

(3)监理人无正当理由没有在约定期限内发出复工指示,导致承包人无法复工的。

(4)发包人无法继续履行或明确表示不履行或实质上已停止履行合同的。

(5)发包人不履行合同约定其他义务的。

发包人发生除第 22.2.1(4)目以外的违约情况时,承包人可向发包人发出通知,要求发包人采取有效措施纠正违约行为。发包人收到承包人通知后的 28 天内仍不履行合同义务,承包人有权暂停施工,并通知监理人,发包人应承担由此增加的费用和(或)工期延误,并支付承包人合理利润。

当下列情况之一时,承包人可以提出由于发包人违约解除合同的要求:

(1)发包人无法继续履行或明确表示不履行或实质上已停止履行合同时,承包人可书面通知发包人解除合同。

(2)由于发包人发生违约情况时,承包人向发包人发出要求纠正违约行为通知,并且采取了暂停施工的进一步措施。承包人按合同约定暂停施工28天后,发包人仍不纠正违约行为的,承包人可向发包人发出解除合同通知。但承包人的这一行动不免除发包人承担的违约责任,也不影响承包人根据合同约定享有的索赔权利。

《标准施工招标文件》第22.2.4和第22.2.5项规定,因发包人违约解除合同的,发包人应在解除合同后28天内向承包人支付下列金额,承包人应在此期限内及时向发包人提交要求支付下列金额的有关资料和凭证:

(1)合同解除日以前所完成工作的价款。

(2)承包人为该工程施工订购并已付款的材料、工程设备和其他物品的金额。发包人付还后,该材料、工程设备和其他物品归发包人所有。

(3)承包人为完成工程所发生的,而发包人未支付的金额。

(4)承包人撤离施工场地以及遣散承包人人员的金额。

(5)由于解除合同应赔偿的承包人损失。

(6)按合同约定在合同解除日前应支付给承包人的其他金额。发包人应按本条约定支付上述金额并退还质量保证金和履约担保,但有权要求承包人支付应偿还给发包人的各项金额。

(7)因发包人违约而解除合同后,承包人应妥善做好已竣工工程和已购材料、设备的保护和移交工作,按发包人要求将承包人设备和人员撤出施工场地。承包人撤出施工场地应遵守第18.7.1项的约定,发包人应为承包人撤出提供必要条件。

六、工程停工后的支付管理

对于工程建设项目,在其施工过程中,由于诸多影响因素,承包人的管理水平参差不齐,所以在施工活动的组织和安排上,难免会出现各种停工现象,使工程无法按进度计划正常进行。毫无疑问,一旦发生停工,将会对工程的投资效益产生严重影响,因此,发包人会高度重视对这类现象的控制,同样,工程停工也将给承包人造成损失。

由于工程停工的现象和种类较多,不可能在此一一全面阐述,因此,下面只简单介绍合同执行过程中需要监理人处理的各种停工的支付问题。

首先,应当明确,无论是什么原因导致停工,都将对工程的竣工和交付使用产生不利影响,从而使发包人的利益受到损害,例如现场管理费用和监理费用增加、资金占用时间延长、项目效益推迟产生等。在现金流量图上将表现为建设期加长、成本升高、效益减少,从而使投资回收期延长,投资收益率下降。在出现这种情况时,尽管发包人可以要求承包人进行适当赔偿,例如要求承包人支付逾期违约损失偿金,但也只能在很小的程度上减少所造成的损失,对发包人遭受的各种潜在损失是无法补偿的。

其次,一旦停工,承包人也会受到损失,例如承包人的人员窝工、设备闲置、管理费用增加等,即使发包人给予一定的补偿,也只是一部分成本,而无法实现利润。

总之,无论从哪方面来说,工程停工都是不利的。停工会直接导致工期延长和费用增加,但相比之下,发包人将受到更大的损害。

1. 承包人导致的停工及费用支付

由于承包人自己的工作失误或所承担的风险而导致工程停工,其所有费用必须由承包人自己承担。只是往往由于工程情况比较复杂,承包人总是设法将自己应承担的费用说成是由于发包人的原因,从而要求费用赔偿。因此,监理人必须掌握现场情况,对一些问题当机立断,明确其责任在谁。

《标准施工招标文件》第12.1款规定,因为下列因素引起的暂停施工,造成的费用增加和(或)工期延误由承包人承担:

(1)承包人违约引起的暂停施工;

(2)由于承包人原因为工程合理施工和安全保障所必需的暂停施工;

(3)承包人擅自暂停施工;

(4)承包人其他原因引起的暂停施工;

(5)专用合同条款约定由承包人承担的其他暂停施工。

同时,一旦明确属于承包人责任,承包人除了自己负担有关损失外,如果停工影响到工程的竣工或影响到其他承包人的工作,则对于影响竣工的情况,应向发包人支付逾期违约损失偿金,如果严重影响工作,他还可能被发包人驱逐;还应向被其影响的其他承包人支付相应的款项,只是这种支付也是通过发包人进行,一般通过从负有责任的承包人的付款中扣减的方式来实现。

最后,还必须指出一点,如果承包人因合同条件第11条所指的恶劣气候而停工,则一方面发包人不但不能要求承包人赔偿,而且还应给予工程延期,另一方面承包人也不能向发包人提出停工的费用补偿要求。

2. 发包人导致的停工及费用支付

《标准施工招标文件》通用合同条款第12.2款规定,由于发包人原因引起的暂停施工造成工期延误的,承包人有权要求发包人延长工期和(或)增加费用。

由发包人造成的停工情况归纳,并且列入表6-10。表6-10所示都是指合同中应由发包人支付的情况。表中所指成本分为两类:一类是由于发生了各种事件,监理人要求承包人进行有关工作,这些工作的成本包括直接费和管理费;另一类是由于出现这些情况,承包人的工作停止进行,此时只支付人员窝工的工时费和机械设备的闲置费。总之,由于发包人方面的原因而造成的停工,应根据合同中相应的规定和条款,对承包人给予补偿。这种补偿的具体计算应视现场情况及随后采取措施的内容和设备的闲置情况来定,并且一般只支付成本。

停工原因及支付处理汇总表 表6-10

序 号	停 工 原 因	支 付 处 理
1	合同文件内容出错	只付费用,不付利润
2	图纸延迟发出	只付费用(成本)
3	有关放线资料不准确	针对资料出错的补救工程,付成本+利润;若因此停工,只付成本
4	发包人风险造成的破坏	只付成本,不付利润

续上表

序 号	停工原因	支付处理
5	化石、矿石、文物等	根据现场情况,采用不同措施,通常情况只付成本
6	由于其他承包人的原因	视承包人被要求的工作情况付款,为其他承包人提供服务:成本+利润;由于其他承包人的原因停工,付成本
7	样品与试验	监理人下令的附加试验,付成本,无利润
8	工程的揭露	合格:成本+利润;不合格:不付费用
9	工程暂停	工程中所产生的费用,不付利润
10	工地占用	只付费用,不付利润
11	后续法规	只付费用
12	延期付款	付延期部分利息及停工费用

3. 监理人暂停施工指示

《标准施工招标文件》通用合同条款第12.3.1款规定,监理人认为必要时,可以向承包人作出暂停施工指示,承包人应按监理人的指示暂停施工。暂停施工期间,承包人应妥善保护工程并提供安全保障。

由于发包人的原因发生暂停施工的紧急情况,且监理人未及时下达暂停施工指示的,《标准施工招标文件》通用合同条款第12.3.2款规定,承包人可先暂停施工,并及时向监理人提出暂停施工的书面请求。监理人在接到书面请求后的24小时内予以答复,逾期未答复的,视为已同意承包人的暂停施工请求。

七、合同解除后的支付管理

(一)承包人的违约

1. 承包人违约的情形

《标准施工招标文件》通用合同条款第22.1.1条规定,在履行合同过程中,发生下列情况的属于承包人违约:

(1)承包人违反第1.8款或第4.3款的约定,私自将合同的全部或部分权利转让给其他人,或私自将合同的全部或部分义务转移给其他人。

(2)承包人违反第5.3款或第6.4款的约定,未经监理人批准,私自将已经按照合同约定进入施工场地的施工设备、临时设施或材料撤离施工场地。

(3)承包人违反第5.4款的约定,使用了不合格的材料或工程设备,工程质量达不到标准要求,又拒绝清除不合格工程。

(4)承包人未能按合同进度计划及时完成合同约定的工作,已经造成或预期造成工期延误。

(5)承包人在缺陷责任期内,未能对工程接受证书所列的缺陷清单的内容或缺陷责任期内发生的缺陷进行修复,而又拒绝按监理人指示再进行修补。

(6)承包人无法继续履行或明确表示不履行或实质上已停止履行合同。

(7)承包人不按合同约定履行义务的其他情况。

2. 对承包人违约的处理

《标准施工招标文件》通用合同条款第22.1.2条规定,承包人发生第22.1.1(6)目约定的违约情形时,发包人可通知承包人立即解除合同。承包人发生第22.1.1(6)目约定以外的违约情形时,监理人可向承包人发出整改通知,经检查证明承包人已采取了有效措施纠正违约行为,具备复工条件的,可由监理人签发复工通知复工。

《标准施工招标文件》通用合同条款第22.1.3条规定,监理人发出整改通知28天后,承包人仍不纠正违约行为的,发包人可向承包人发出解除合同通知。合同解除后,发包人可派人进驻施工场地,另行组织人员或委托其他承包人施工。发包人因继续完成该工程的需要,有权扣留使用承包人在现场的材料、设备和临时设施。但发包人的这一行动不免除承包人应承担的违约责任,也不影响发包人根据合同约定享有的索赔权利。

3. 合同解除后的估价、付款和结清

《标准施工招标文件》通用合同条款第22.1.4条规定,在发包人解除合同之后,监理人应通过协商和调查询问之后,尽快地确定并认证:

(1)合同解除后,监理人应商定或确定承包人实际完成工作的价值,以及承包人已提供的材料、施工设备、工程设备和临时工程等的价值。

(2)合同解除后,发包人应暂停对承包人的一切付款,查清各项付款和已扣款金额,包括承包人应支付的违约金。

(3)合同解除后,发包人可向承包人索赔由于解除合同给发包人造成的损失。

(4)合同双方确认上述往来款项后,出具最终结清付款证书,结清全部合同款项。

(5)发包人和承包人未能就解除合同后的结清达成一致而形成争议的,按《标准施工招标文件》通用合同条款第24条的约定办理。

根据合同约定,在发包人因承包人违约而解除承包人在本合同项下的承包情况下,发包人将暂停向承包人支付任何款额;在本工程缺陷责任期满之后,再由监理人查清承包人实施和完成本工程与缺陷修复应结算的费用,应扣除的完工逾期竣工违约金(如有)以及发包人已实际支付给承包人的各项费用,并予以证实。

在监理人的查清证实后,承包人仅能得到原应支付给他的已完合格工程的款额,并扣除上述应扣款额之后的余额。如果应扣款额超过承包人应得到的原应支付给他的已完工程的款额,此超出部分款额应被视为承包人欠发包人的应还债务,由承包人支付给发包人。

(二)发包人的违约

1. 发包人违约的情形

《标准施工招标文件》通用合同条款第22.2.1条规定,在履行合同过程中,发生下列情况的属于发包人违约:

(1)发包人未能按照合同约定支付预付款或合同价款,或拖延、拒绝批准付款申请和支付凭证,导致付款延误的。

(2)发包人原因造成停工的。

(3)监理人无正当理由没有在约定期限内发出复工指示,导致承包人无法复工的。

(4)发包人无法继续履行或明确表示不履行或实质上已经停止履行合同的。

(5)发包人不履行合同约定其他义务的。

2. 承包人有权暂停施工

发包人发生除第22.2.1(4)目以外的违约情况时,承包人可向发包人发出通知,要求发包人采取有效措施纠正违约行为。

3. 发包人违约解除合同

(1)发生第22.2.1(4)目的违约情况时,承包人可书面通知发包人解除合同。

(2)承包人按22.2.2项暂停施工28天后,发包人仍不纠正违约行为的,承包人可向发包人发出解除合同通知。但承包人的这一行动不免除发包人承担的违约责任,也不影响承包人根据合同约定享有的索赔权利。

4. 合同解除后的付款

《标准施工招标文件》通用合同条款第22.2.4条规定,因发包人违约解除合同的,发包人应在解除合同后28天内向承包人支付下列金额,承包人应在此期限内及时向发包人提交要求支付下列金额的有关资料和凭证:

(1)合同解除日以前所完成工作的价款。

(2)承包人为该工程施工订购并已付款的材料、工程设备和其他物品的金额。发包人付款后,该材料、工程设备和其他物品归发包人所有。

(3)承包人为完成工程所发生的,而发包人未支付的金额。

(4)承包人撤离施工场地以及遣散承包人人员的金额。

(5)由于解除合同应赔偿的承包人损失。

(6)按合同约定在合同解除日前应支付给承包人的其他金额。

发包人应按本项约定支付上述金额并退还质量保证金和履约担保,但有权要求承包人支付应偿还给发包人的各项金额。

5. 合同解除后的承包人撤离

《标准施工招标文件》通用合同条款第22.2.5条规定,因发包人违约而解除合同后,承包人应妥善做好已完工的工程和已购材料、设备的保护和移交工作,按发包人要求将承包人的设备和人员撤出施工场地。

八、合同违约、解除的费用结清案例

【例6-17】 某项目合同价为5000万元。承包人施工过程中质量低下、进度缓慢,后经查实承包人擅自转让合同,发包人因此解除与承包人的合同关系。求解除终止后的债权与债务。

解:

(1)已经计量签证的承包人已完成的合格工程价值2000万元,发包人已支付1500万元。

(2)已经支付开工预付款为500万元,已扣回100万元。

(3)承包人到场的材料价值200万元、临时工程与临时房屋价值300万元(未付款)。

(4)扣留的质量保证金有100万元。

(5)上述合计发包人还欠承包人的款项为:

2000 + 200 + 300 - 1500 - (500 - 100) = 600(万元)。

(6)发包人和新的承包人(利用到场的材料、临时工程与临时房屋)完成剩余工程需要3000万元,因此比原来5000万元完成工程多出:

2000 + 200 + 300 + 3000 - 5000 = 500(万元)。

(7)承包人应承担的逾期竣工违约金按约定为合同价的10%,即500万元。

(8)按合同条款约定承包人应支付的违约金为100万元。

(9)以上合计承包人欠发包人的费用为:

500 + 500 + 100 - 600 = 500(万元)。

【例6-18】 某工程项目由于发包人违约,合同被迫终止。终止前的财务状况如下:签约合同价为1000万元,利润目标为签约合同价的5%。违约时已完成合同工程造价800万元。每月扣质量保证金为合同工程造价的10%,质量保证金限额为签约合同价的5%。开工预付款为签约合同价的5%(未开始回扣)。承包人为工程合理订购材料50万元(库存量)。承包人已完成暂列金项目50万元,指定分包项目100万元,计日工10万元,其中指定分包管理费率为10%。承包人设备撤回基地的费用为10万元(未单独列入工程量清单),承包人雇佣的所有人员的遣返费为10万元(未单独列入工程量清单)。已完成的各类工程及计日工均已按合同规定支付。假定该项工程实际工程量清单表中一致,且工程无调价。

问题:

(1)合同终止时,承包人共得到多少暂列金额付款?

(2)合同终止时,发包人已实际支付各类工程付款共计多少万元?

(3)合同终止时,发包人还需支付各类补偿款多少万元?

(4)合同终止时,发包人总共应支付多少万元的工程款?

解:

(1)合同终止时,承包人共得暂列金额付款 = 对指定分包人的付款 + 承包人完成的暂列金项目付款 + 计日工 + 对指定分包人的管理费 = 100 + 50 + 10 + 100 × 10% = 170(万元)。

(2)合同终止时,业主已实际支付各类工程付款 = 已完成的合同工程价款 - 保留金 + 暂列金额付款 + 开工员预付款 = 800 - 1000 × 5% + 170 + 1000 × 5% = 970(万元)。

(3)合同终止时,业主还需支付各类补偿款 = 利润补偿 + 承包人已支付的材料款 + 承包人施工设备的遣返费 + 承包人所有人员的遣返费 + 已扣留的保留金。

其中:

①利润补偿 = (1000 - 800) × 5% = 200 × 5% = 10(万元)。

②承包人已支付的材料款 = 50(万元),业主一经支付,则材料即归业主所有。

③承包人施工设备和人员的遣返费因在工程量清单表中未单独列项,所以承包人报价时,应计入总体报价。因此,业主补偿时只支付合理部分。

④承包人施工设备的遣返费 = (1000 - 800) ÷ 1000 × 10 = 2(万元)。

⑤承包人所有人员的遣返费 = 10 × 20% = 2(万元)。

⑥返还已扣保留金 = 1000 × 5% = 50(万元)。

业主还需支付各类补偿款共计 = 10 + 50 + 2 + 2 + 50 = 114(万元)

(4)合同终止时,业主总共应支付工程款 = 业主已实际支付的各类工程付款 + 业主还需支付的各类补偿付款 − 开工预付款 = 970 + 114 − 1000 × 5% = 1034(万元)。

第十一节 工程结算

特别说明:本部分内容仅供水运工程专业的考生学习和应试使用。

一、工程结算概述

根据财政部、住建部《建设工程价款结算暂行办法》的规定,所谓工程价款结算,是指对建设工程的发包承包合同价款进行约定和依据合同约定进行工程预付款、工程进度款、工程竣工款结算的活动。工程价款结算应按合同约定办理,合同未作约定或约定不明的,发、承包双方应依照下列规定与文件协商处理:

(1)国家有关法律、法规和规章制度。

(2)国务院建设行政主管部门,省(自治区、直辖市)或有关部门发布的工程造价计价标准计价办法等有关规定。

(3)建设项目的补充协议、变更签证和现场签证,以及经发、承包人认可的其他有效文件和其他依据。

(一)工程价款结算的意义

工程价款结算的意义主要表现在:

(1)工程价款结算是反映工程进度的主要指标,在施工过程中,工程价款的结算依据之一就是按照已完成的工程量进行结算。也就是说,承包人完成的工程量越多,应结算的工程价款就应越多,能够真实地反映工程的施工进度。

(2)工程价款结算是加速资金周转的重要环节。承包人能够尽快尽早地结算回工程价款,有利于偿还债务,也有利于资金回笼,降低内部运营成本。通过加速资金周转,提高资金使用的有效性。

(3)工程价款结算是考核经济效益的重要指标,对于承包人来说,只有工程价款如数结算,承包人才能获得相应的利润,进而取得良好的经济效益。

(二)工程结算的分类

根据工程建设的不同时期以及结算对象的不同,工程结算分为预付款结算、中间结算和竣工结算。

1. 预付款结算

预付款又叫工程备料款,是指在承包人自行采购建筑材料的情况下,根据工程承包合同,在工程开工前,发包人按年度预计完成工程量造价总额的一定比例预先支付承包人的工程材料款。工程预付款的结算是指在工程后期随工程所需材料储备逐渐减少,预付款以抵冲工程价款的方式陆续扣回。

2. 中间结算

中间结算是指在工程建设过程中,承包人根据实际完成的工程数量计算工程价款与发包人办理的价款结算。

3. 竣工结算

竣工结算是指承包人按合同约定的内容全部完工、交工后,承包人与发包人按照合同约定的合同价款及合同价款调整内容进行的最终工程价款结算。

(三)工程价款的结算方式

根据工程性质、规模大小、资金来源、工期长短以及承包方式不同,工程结算采用的方式也不同。按现行规定,我国建筑安装工程价款的结算主要有以下几种方式。

1. 按月结算

实行旬末或月中预支、月终结算、竣工后清算的方法。跨年度竣工的工程,在年终进行工程盘点,办理年度结算。我国现行建筑安装工程价款结算中,相当一部分是实行按月结算。

2. 竣工后一次结算

建设项目或单项工程全部建筑安装工程建设期在 12 个月以内,或者工程承包合同价值在 100 万元以下的,可以实行工程价款每月月中预支,竣工后一次结算。

3. 分段结算

当年开工,当年不能竣工的单项工程或单位工程按照工程形象进度,划分不同阶段进行结算,分段结算可以按月预支工程款,分段的划分标准由各省(自治区、直辖市)规定。

4. 目标结款方式

在工程合同中,将承包工程的内容分解成不同的控制界面,以发包人验收控制界面作为支付工程价款的前提条件。即将合同中的工程内容分解成不同的验收单元,当承包人完成单元工程内容并经发包人(或其委托人)验收后,发包人支付构成单元工程内容的工程价款。

5. 结算双方约定的其他结算方式

略。

二、水运工程工程价款结算

工程预付款和工程进度款的计算与支付已在前面的章节介绍,这里仅介绍工程竣工结算和其他(特殊)费用结算的内容。

1. 安全施工方面的费用

承包人应遵守工程建设安全生产有关管理规定,严格按照安全标准组织施工,并随时接受行业安全检查人员依法实施的监督检查,采取必要的安全防护措施,消除事故隐患。由于承包人安全措施不力造成事故的责任和因此发生的费用,由承包人承担。

发包人应对其在施工场地的工作人员进行安全教育,并对他们的安全负责。发包人不得要求承包人违反安全管理的规定进行施工。因发包人原因导致的安全事故,由发包人承担相应责任及发生的费用。

承包人在动力设备、输电线路、地下管道、密封防震车间、易燃易爆地段以及临街交通要道附近施工时,施工开始前应向工程师提出安全防护措施,经工程师认可后实施,防护措施费用由发包人承担。

实施爆破作业,在放射、毒害性环境中施工(含储存、运输、使用)及使用毒害性、腐蚀性物品施工时,承包人应在施工前14天以书面通知工程师,并提出相应的安全防护措施,经工程师认可后实施,由发包人承担安全防护措施费用。

发生重大伤亡及其他安全事故,承包人应按有关规定立即上报有关部门并通知工程师,同时按政府有关部门要求处理,由事故责任方承担发生的费用。

发包人和承包人对事故责任有争议时,应按政府有关部门的认定处理。

2. 专利技术及特殊工艺涉及的费用

发包人要求使用专利技术或特殊工艺,应负责办理相应的申报手续并承担申报、试验、使用等费用;承包人提出使用专利技术或特殊工艺,应取得工程师认可,承包人负责办理申报手续并承担有关费用。

擅自使用专利技术侵犯他人专利权的,责任者依法承担相应责任。

3. 文物和地下障碍物涉及的费用

在施工中发现古墓、古建筑遗址等文物及化石或其他有考古、地质研究等价值的物品时,承包人应立即保护好现场并于4小时内以书面形式通知工程师,工程师应于收到书面通知后24小时内报告当地文物管理部门。承包人按文物管理部门的要求采取妥善保护措施,发包人承担由此发生的费用,顺延延误的工期。

施工中出现影响施工的地下障碍物时,承包人应于8小时内以书面形式通知工程师,同时提出处置方案,工程师收到处置方案后24小时内予以认可或提出修正方案,发包人承担由此发生的费用,顺延延误的工期。

所发现的地下障碍物有归属单位时,发包人应报请有关部门协同处置。

三、工程竣工结算及其审查

1. 工程竣工结算的含义

工程竣工结算是指承包单位按照合同约定的内容全部完成所承包的工程,经验收质量合格并符合合同要求之后,向发包单位进行的最终工程价款结算。工程竣工结算分为单位工程竣工结算、单项工程竣工结算和建设项目竣工总结算。

2. 工程竣工结算支付流程

(1)工程接收证书颁发后,承包人应按约定的份数和期限向监理人提交竣工付款申请单,并提供相关证明材料。竣工付款申请单应包括下列内容:竣工结算合同总价、发包人已支付承包人的工程价款、应扣留的质量保证金、应支付的竣工付款金额。

(2)监理人对竣工付款申请单有异议的,有权要求承包人进行修正和提供补充资料。经监理人和承包人协商后,由承包人向监理人提交修正后的竣工付款申请单。

(3)监理人在收到承包人提交的竣工付款申请单后的14天内完成核查,提出发包人到期应支付给承包人的价款送发包人审核并抄送承包人。发包人应在收到后14天内审核完毕,由监理人向承包人出具经发包人签认的竣工付款证书。监理人未在约定时间内核查,又未提出具体意见的,视为承包人提交的竣工付款申请单已经监理人核查同意;发包人未在约定时间内审核又未提出具体意见的,监理人提出发包人到期应支付给承包人的价款视为已经发包人同意。

(4)发包人应在监理人出具竣工付款证书后的14天内,将应支付款支付给承包人。发包人不按期支付的,按合同约定,将逾期付款违约金支付给承包人。承包人对发包人签认的竣工付款证书有异议的,发包人可出具竣工付款申请单中承包人已同意部分的临时付款证书。

存在争议的部分,按合同约定办理。

3. 工程竣工结算编审

(1)单位工程竣工结算由承包人编制,发包人审查;实行总承包的工程,由具体承包人编制,在总包人审查的基础上,发包人审查。

(2)单项工程竣工结算或建设项目竣工总结算由总(承)包人编制,发包人可直接进行审查,也可以委托具有相应资质的工程造价咨询机构进行审查。政府投资项目,由同级财政部门审查。单项工程竣工结算或建设项目竣工总结算经发、承包人签字盖章后有效。

承包人应在合同约定期限内完成项目竣工结算编制工作,未在约定期限内完成的并且提不出正当理由延期的,责任自负。

4. 工程竣工结算价款的支付

工程竣工结算办理完毕,发包人应根据确认的竣工结算书在合同约定的时间内向承包人支付工程竣工结算价款。《标准施工招标文件》中规定,发包人应在监理人出具竣工付款证书后的14天内,将应支付款支付给承包人。发包人不按期支付的,按合同约定,向承包人支付逾期付款违约金。

四、工程价款的动态结算

在经济发展过程中,物价水平是经常不断变化的,工程建设项目合同周期长的项目,随着时间的推移,会受到物价浮动等多种因素的影响,因此就有必要在工程价款结算中充分考虑动态因素,使工程价款结算能够基本上反映工程项目的实际消耗费用。

工程价款的动态结算是指在进行工程价款结算的过程中,充分考虑影响工程造价的动态因素,并将这些动态因素纳入结算过程中进行计算,从而使所结算的工程价款能够如实反映工程项目的实际消耗费用。

工程价款的动态结算的主要内容是工程价款价差调整(另有章节专门介绍)。

第十二节　工程投资偏差分析

特别说明:本部分内容仅供水运工程专业的考生学习和应试使用。

一、费用控制的步骤

工程项目费用控制是工程项目费用管理的核心部分,工程项目的费用控制目标是将项目最终发生的费用控制在费用目标范围之内。在确定了项目费用控制目标之后,必须定期地进行费用计划值与实际值的比较,当实际值偏离计划值时,分析产生偏差的原因,采取适当的纠偏措施,以确保费用目标的实现。费用控制的步骤如下。

1. 比较

按照某种确定的方式将费用计划值与实际值逐项进行比较,以发现费用是否已超支。

2. 分析

在比较的基础上,对比较的结果进行分析,以确定偏差的严重性及偏差产生的原因。这一步是费用控制工作的核心,其主要目的在于找出产生偏差的原因,从而采取有针对性的措施,减少或避免相同原因的偏差再次发生或减少由此造成的损失。

3. 预测

根据项目实施情况预测整个项目完成时的费用。预测的目的在于为决策提供支持。

4. 纠偏

当工程项目的实际费用出现了偏差,应当根据工程的具体情况、偏差分析和预测的结果,采取适当的措施,以期使费用偏差尽可能小。纠偏是费用控制中最具实质性的一步,只有通过纠偏,才能最终达到有效控制费用的目的。

5. 检查

检查是指对工程的进展进行跟踪和检查,及时了解工程进展状况以及纠偏措施的执行情况和效果,为今后的工作积累经验。

二、费用控制的方法

费用控制的方法很多,这里仅介绍偏差分析法。

(一)偏差的概念

在费用控制中,把费用的实际值与计划值的差异叫作费用偏差,即:

费用偏差 = 已完工程实际费用 - 已完工程计划费用已完工程实际费用

= 已完工程量 × 合同单价 + 其他款项

已完工程计划费用 = 已完工程量 × 合同单价　　(6-28)

已完工程量为已完工程量清单内的工程量,其他款项包括变更费用、价格调整、索赔费用等。

费用偏差大于零表示费用超支,反之表示费用节约。但是,必须特别指出,进度偏差对费用偏差分析的结果有重要影响,如果不加考虑就不能正确反映费用偏差的实际情况。如:某一阶段的费用超支,可能是由于进度超前导致的,也可能由于物价上涨导致。所以,必须引入进度偏差的概念。

$$\text{进度偏差1} = \text{已完工程实际时间} - \text{已完工程计划时间} \tag{6-29}$$

为了与费用偏差联系起来,进度偏差也可用费用来表示:

$$\text{进度偏差2} = \text{拟完工程计划费用} - \text{已完工程计划费用} \tag{6-30}$$

所谓拟完工程计划费用,是指根据进度计划安排在某一确定时间内所应完成的工程内容的计划费用,即:

$$\text{拟完工程计划费用} = \text{拟完工程量(计划工程量)} \times \text{合同单价} \tag{6-31}$$

进度偏差为正值,表示工期拖延;结果为负值表示工期提前。用进度偏差2来表示进度偏差,其思路是可以接受的,而表达并不十分严格。在实际应用时,为了便于工期调整,还需将用费用差额表示的进度偏差转换为所需要的时间。

(二)费用偏差参数

在进行费用偏差分析时,还要考虑以下几组费用偏差参数。

1. 局部偏差和累计偏差

所谓局部偏差有两层含义:一是对于整个项目而言,指各单项工程、单位工程及分部分项工程的费用偏差;二是对于整个项目已经实施的时间而言,是指每一控制周期所发生的费用偏差。累计偏差是一个动态的概念,其数值总是与具体的时间联系在一起,第一个累计偏差在数值上等于局部偏差,最终的累计偏差就是整个项目的费用偏差。

局部偏差的引入,可使项目费用管理人员清楚地了解偏差发生的时间、所在的单项工程,这有利于分析其发生的原因。而累计偏差所涉及的工程内容较多、范围较大且原因也较复杂,因而累计偏差分析必须以局部偏差分析为基础。从另一方面来看,因为累计偏差分析是建立在对局部偏差进行综合分析的基础上的,所以其结果更能显示出代表性和规律性,对费用控制工作在较大范围内具有指导作用。

2. 绝对偏差和相对偏差

绝对偏差是指费用实际值与计划值比较所得到的差额,绝对偏差的结果很直观,有助于费用管理人员了解项目费用出现偏差的绝对数额,并依此采取一定措施,制订或调整费用支付计划和资金筹措计划。但是,绝对偏差有其不容忽视的局限性。如同样是一万元的费用偏差,对于总费用一千万元的项目和总费用十万元的项目而言,其严重性显然是不同的。因此又引入相对偏差这一参数。

$$\text{相对偏差} = \frac{\text{绝对偏差}}{\text{费用计划值}} = \frac{\text{费用实际值} - \text{费用计划值}}{\text{费用计划值}} \tag{6-32}$$

与绝对偏差一样,相对偏差可正可负,且二者同号。正值表示费用超支,反之表示费用节约。二者都只涉及费用的计划值和实际值,既不受项目层次的限制,也不受项目实施时间的限制,因而在各种费用比较中均可采用。

3. 偏差程度

偏差程度是指费用实际值对费用计划值的偏离程度,其表达式为:

$$\text{费用偏差程度}=\frac{\text{费用实际值}}{\text{费用计划值}} \tag{6-33}$$

(三)偏差分析的方法

偏差分析可采用不同的方法,常用的有横道图法、表格法和曲线法。

1. 横道图法

用横道图法进行费用偏差分析,是用不同的横道标识已完工程计划费用和已完工程实际费用,横道的长度与其金额成正比例,见图6-10。

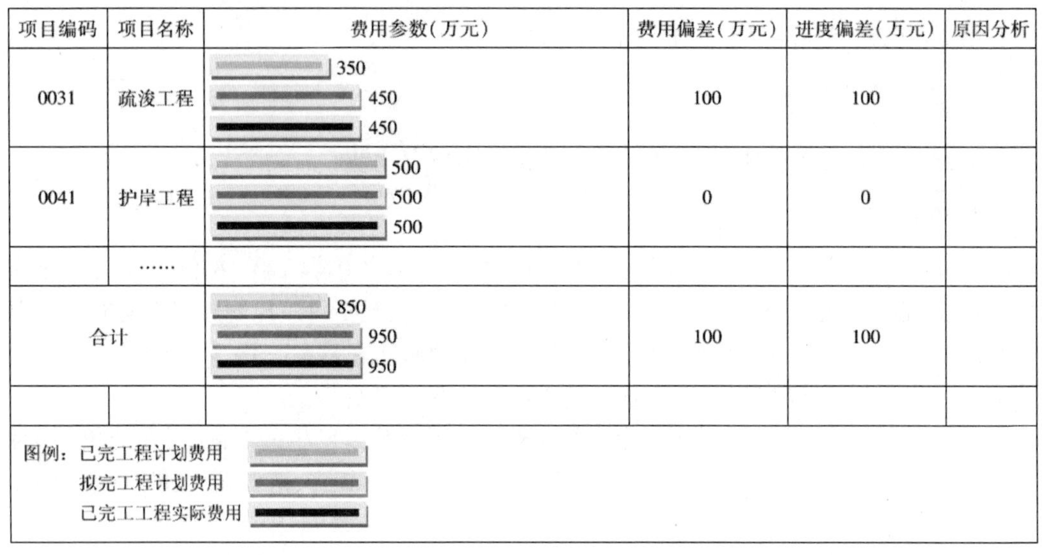

项目编码	项目名称	费用参数(万元)	费用偏差(万元)	进度偏差(万元)	原因分析
0031	疏浚工程	350 450 450	100	100	
0041	护岸工程	500 500 500	0	0	
	……				
合计		850 950 950	100	100	

图例:已完工程计划费用
拟完工程计划费用
已完工工程实际费用

图6-10　费用偏差分析横道图

横道图法具有形象、直观、一目了然等优点,它能够准确表达出费用的绝对偏差,而且能一眼感受到偏差的严重性。但这种方法反映的信息量少,一般在项目的较高管理层应用。

同理也可以利用柱状图来表示费用偏差,并进行分析。

2. 表格法

表格法是进行偏差分析最常用的一种方法。它将项目编号、名称、各费用参数以及费用偏差数综合归纳入一张表格中,并且直接在表格中进行比较。由于各偏差参数都在表中列出,使得费用管理者能够综合地了解并处理这些数据,表格法优点在于灵活、适用性强、信息量大,表格处理可借助于计算机,见表6-11。

表格法费用偏差分析表　　表 6-11

项目编号	(1)	003	004
项目名称	(2)	疏浚工程	护岸工程
单位	(3)		
合同单价	(4)		
拟完成工程量	(5)		
拟完成工程计划费用	(6) = (4) × (5)	450	500
已完工程量	(7)		
已完工程计划费用	(8) = (4) × (7)	350	500
实际单价	(9)		
其他款项	(10)		
已完工程实际费用	(11) = (7) × (9) + (10)	450	500
项目编码	(1)	003	004
费用局部偏差	(12) = (11) − (8)	100	0
费用局部偏差程度	(13) = (11) ÷ (8)	1.28	1
费用累计偏差	(14) = Σ(12)		
进度局部偏差	(15) = (6) − (8)	100	0
进度局部偏差程度	(16) = (6) ÷ (8)	1.28	1
进度累计偏差	(17) = Σ(15)		

3. 偏差曲线法(赢值法)

偏差曲线法是用费用累计曲线(S 曲线)进行费用偏差分析的一种方法。在用曲线法进行费用偏差分析时,首先要确定费用计划值曲线,费用计划值曲线是与确定的进度计划联系在一起的。

同时,由于实际进度的影响,应当引入三条费用参数曲线:已完工程实际费用曲线 a、已完工程计划费用曲线 b 和拟完工程计划费用曲线 p(图 6-11),图中,线 a 与曲线 b 的竖向距间表示费用偏差,曲线 b 与曲线 p 的水平距离表示进度偏差,图 6-11 反映的偏差为累计偏差,用曲线法进行偏差分析同样具有形象、直观的特点,但这种方法很难直接用于定量分析,只能对定量分析起一定指导作用。

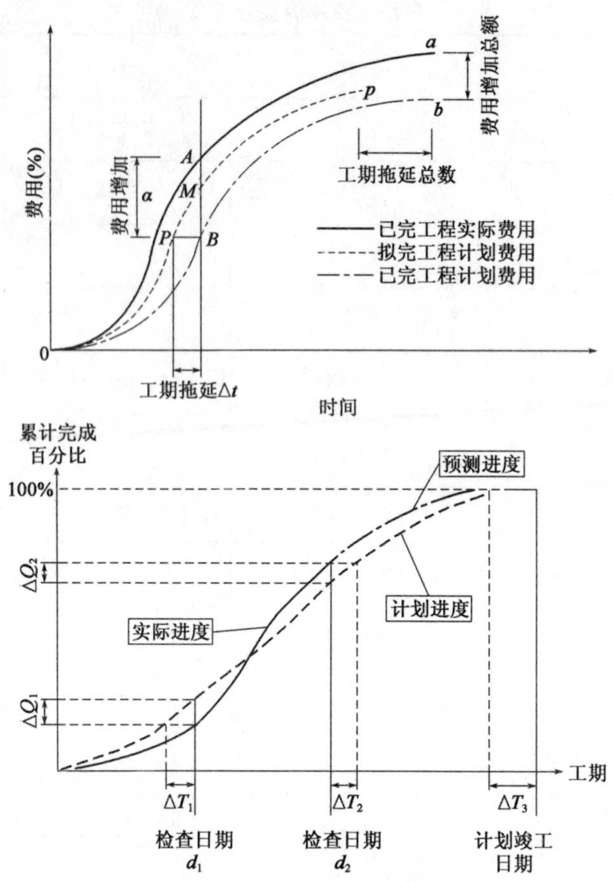

图 6-11　曲线法进行费用偏差分析图

【例 6-19】　某监理咨询单位接受某一项目的发包人委托,承担项目监理咨询业务,业务范围包括项目的进度控制、费用控制和质量控制等。

(1)监理人在进度控制过程中采用了 S 曲线图的方法,以直观地反映工程的实际进展。图 6-12 是工程进度检查日的 S 曲线图。

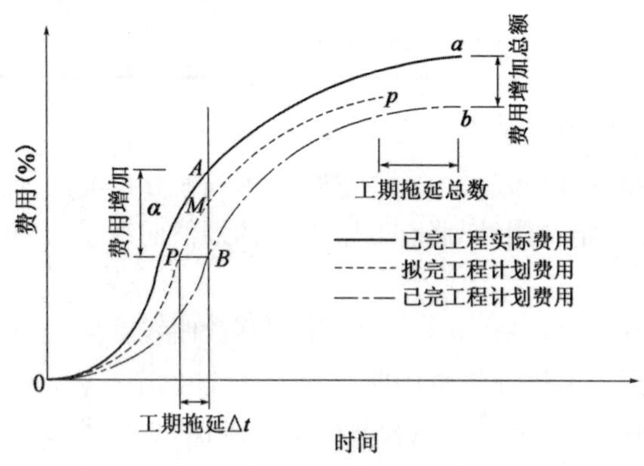

图 6-12　工程进度检查日的 S 曲线图

(2)监理人采用了赢值法对费用偏差进行分析,实现费用控制。表6-12是监理人收集的关于该项目的费用数据。

某项目的费用数据汇总表　　表6-12

项　目	费用数据(万元)											
工期(周)	1	2	3	4	5	6	7	8	9	10	11	12
每周拟完工程计划费用	5	9	9	13	13	18	14	8	8	3		
拟完工程计划费用累计	5	14	23	36	49	67	81	89	87	100		
每周已完工程计划费用	5	5	9	4	4	13	17	13	13	7	7	3
已完工程计划费用累计	5	10	19	23	27	40	57	70	83	90	97	100
每周已完工程实际费用	5	5	9	4	4	12	15	11	11	8	8	3
已完工程实际费用累计	5	10	19	23	27	39	54	65	76	84	92	95

问题:

(1)通过S曲线,可以获得该项目进度方面的哪些信息?检查日期 d_1 和 d_2 的工程进度是何情况?图6-11中的 $\triangle T_1$、$\triangle T_2$、$\triangle T_3$、$\triangle Q_1$、$\triangle Q_2$ 分别表示什么含义?

(2)根据费用偏差分析表,分析第6周和第10周末的费用偏差和进度偏差(以费用额表示)。

解:

(1)通过S曲线可以获得该项目的信息。

①实际工程进度;

②进度超前或拖后的时间;

③工程量完成的情况;

④后期工程进度的预测。

检查日期 d_1 时,工程进度拖延;检查日期 d_2 时,工程进度提前。

图6-11中:$\triangle T_1$——检查日期 d_1 时刻工程进度拖后的时间;

$\triangle T_2$——检查日期 d_2 时刻工程进度提前的时间;

$\triangle T_3$——预计工程工期(竣工日期)提前的时间;

$\triangle Q_1$——检查日期 d_1 时刻工程拖欠的工作量;

$\triangle Q_2$——检查日期 d_2 时刻工程超额完成的工作量。

(2)费用偏差、进度偏差计算及分析:

第6周末费用偏差 = 已完工程实际费用 - 已完工程计划费用 = 39 - 40 = -1(万元)

即:费用节约1万元。

进度偏差 = 拟完工程计划费用 - 已完工程计划费用 = 67 - 40 = 27(万元)

即:进度拖后27万元。

第10周末费用偏差 = 84 - 90 = -6(万元)

即:费用节约6万元。

进度偏差 = 拟完工程计划费用 - 已完工程计划费用 = 100 - 90 = 10(万元)

即:进度拖后10万元。

三、偏差原因分析

偏差分析的一个重要目的就是要找出引起偏差的原因,从而有可能采取有针对性的措施,减少或避免相同原因的偏差再次发生。在进行偏差原因分析时,首先应当将已经导致和可能导致偏差的各种原因逐一列举出来。导致不同工程项目产生费用偏差的原因具有一定共性,因而可以通过对已建项目的费用偏差原因进行归纳、总结,为该项目采取预防措施提供依据。

产生费用偏差的原因有以下几种,见图6-13。

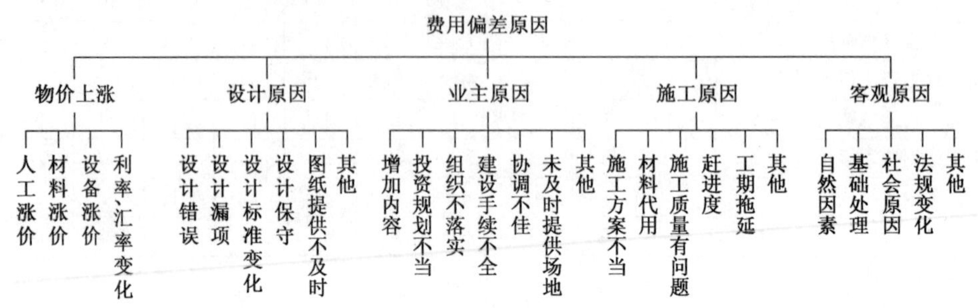

图6-13 产生费用偏差的原因统计图

四、费用控制的成果

1. 修改费用估算

修改费用估算就是对项目的费用文件进行修正,如调整设计概算、变更合同价格等,并及时报告工程项目的发包人。

2. 采取纠偏措施

对偏差原因进行分析的目的是有针对性地采取纠偏措施,从而实现费用的动态控制和主动控制。纠偏首先要确定纠偏的主要对象,如上面介绍的偏差原因,有些是无法避免和控制的。如客观原因,充其量只能对其中少数原因引起的偏差做到防患于未然,力求减少这些原因所产生的经济损失;对于施工原因所导致的经济损失通常是由承包人自己承担的,从费用控制的角度只能加强合同的管理,避免被承包人索赔;还有是由于发包人原因和设计原因造成的费用偏差。在确定了纠偏的主要对象之后,监理人应该及时报告发包人、并提出有针对性的纠偏措施。纠偏措施可采用组织措施、经济措施、技术措施和合同措施等。

3. 整理费用控制资料,吸取教训

找出产生偏差的原因后,连同所选择的纠偏措施以及从费用控制中吸取的其他方面的教训等都要形成文字材料,作为本工程项目或者其他工程项目的历史资料,以供参考。

第十三节 工程计量支付用表

工程费用监理工作的最终结果体现在工程计量表格、费用支付表格(包括进度表格)里,也就是说,工程费用监理工作的常用表格可以分为工程计量表格和费用支付表格两类。表格的设置数量尽量精简,表格的格式统一、内容全面、流程清晰、计算简单准确,是保证工程计量、支付工作程序化、准确化、标准化和规范化的关键。因此,工程费用监理工作过程应设计一系列与计量支付有关的表格,并通过这些表格的有效管理来完成计量支付工作。

公路水运工程建设领域实施监理制度三十多年的成功实践,各省(自治区、直辖市)探索和总结出了一些科学、实用的工程计量与支付表格,1995年版的《公路工程施工监理规范》中结合世行贷款公路项目监理实践附录了工程施工、监理用表,包括计量和支付的表格,后来的公路、水运工程施工监理规范删去了计量支付表式。就一个具体的公路工程施工监理项目而言,监理机构或者总监理工程师可以结合项目业主的要求、施工单位的建议制订针对工程项目的、可行的一套表格。从另一个方面讲,工程费用管理的表格可以分为施工单位的计量支付申请表格、监理单位的计量审核确认、费用审核确认表格和建设单位审定后向施工单位支付工程款的表格,这一些表格可以独立使用,多数表格是为了简化流程而共同使用、联合使用。工程计量与支付表格、竣工决算表格都是竣工资料的重要组成部分,而且是永久存档的文件资料。

一、工程计量用表的组成、表式和监理审核重点

工程计量工作主要是针对分项工程的计量,包括工程数量的测量、计算、与施工图纸核对和汇总确认等工作过程。工程计量常用的表格包括工程计量单、工程计量单附表(工程量计算书)、工程计量汇总表、计量资料审查确认表、计日工计量表和工程计量单汇编存档封面等。

1. 工程计量单

工程计量单多称或者多数设计为工程计量确认单。工程计量确认单是施工单位、监理单位共同使用的格式化的联合用表,表格编号为“计表1”,如表6-13所示。由施工单位在相应的分项工程完成后或总额计量项目分期完成后随时计算数量并填写计量单,及时报送监理单位审核、签字确认。世行、亚行贷款公路项目多使用三联式“托付证书”(等同于现在的计量单),而现阶段全部利用国有资金或者部分利用国有资金建设的高速公路工程项目多采用一联式计量单。计量单的主要内容包括施工合同段,说明需要计量的分项工程或总额项目名称及其完成情况、质量检验合格情况,还有工程量清单编号、计量单位、申请计量的数量和监理审核确定的数量,一般地给出计算图式、公式、计算过程,复杂的项目可以单独附图附表。

计量支付监理工程师应重点审核计量项目是否符合合同约定(通过查看计量单后附的质量检验资料确认),工程质量是否已经专业监理工程师认定合格,审核计量项目的清单编号与项目名称、计量单位的对应性,审核施工单位报送的计量数据的准确性,计量依据的施工图纸是否准确,工程量的计算图式、公式是否正确等。对于隐蔽工程和有争议的工程计量,监理工程师应组织施工单位、建设单位、设计单位代表到施工现场实地进行确认。

2. 工程计量附表(工程量计算书)

工程量计算书是工程计量单的附表,表格编号为“计表1-1”,如表6-14所示。按照总额计量的项目以及按照延米计量的分项工程可以不再单独附表。由施工单位在相应的工程计量项目完成后随时填写、计算,并及时报送监理单位的专业监理工程师或其授权的监理员进行审核、签字确认。工程量计算书的主要内容包括工程名称、计算的简图、计算的公式和计算过程、计量的数量结果,必要时附现场照片、视频资料等。施工单位、监理单位有关计量工程师、专业监理工程师或现场监理员的签字及其填写日期、确认日期等。

计量支付监理工程师、专业监理工程师或其授权的监理员应重点审核工程量计算书依据

的施工图纸是否准确,工程量的计算图式、公式是否正确,计算过程是否正确,计算的或汇总的结果是否准确,是否使用工程量清单规定的计量单位表示最终结果等。

工 程 计 量 单

施工单位: 合同段编号:

监理单位: 计量单编号: 表 6-13

<table>
<tr><td colspan="4">施工单位填写的内容:
下列工程已经完成,经自检工程质量合格、资料齐全,符合计量条件。请监理人员组织检查、验收和核定。</td></tr>
<tr><td>清单编号:</td><td>工程名称:</td><td>计量单位:</td><td>申报数量:</td></tr>
<tr><td colspan="4">附计算简图、公式和过程(或见附表):

施工单位计量工程师(签字): 年 月 日</td></tr>
<tr><td colspan="4">监理机构填写的内容:
(监理审核情况说明,需要采取的整改措施等,审核确认的结果)

监理机构专业监理工程师(签字): 年 月 日</td></tr>
<tr><td>清单编号:</td><td>工程名称:</td><td>计量单位:</td><td>审定数量:</td></tr>
<tr><td colspan="4">监理机构计量工程师(签字): 年 月 日</td></tr>
<tr><td colspan="4">工程变更的说明:</td></tr>
</table>

施工项目经理(签字): 驻地监理工程师(签字):

工程计量单的附表

施工单位: 合同段编号:

监理单位: 计量单编号: 表 6-14

<table>
<tr><td>工程量清单编号:</td><td>计量单位:</td></tr>
<tr><td>分项工程名称:</td><td>工程部位:</td></tr>
<tr><td>地点(桩号):</td><td>施工图号:</td></tr>
<tr><td colspan="2">工程结构尺寸简图、公式、过程及说明:</td></tr>
<tr><td>申请计量数量:

施工单位计量工程师(签字):
年 月 日</td><td>核定计量数量:

监理单位专监或监理员(签字):
年 月 日</td></tr>
<tr><td colspan="2">其他说明:</td></tr>
</table>

施工单位计量工程师(签字): 监理机构计量工程师(签字):

3. 工程计量汇总表

工程量汇总表是工程计量单的汇总表或称明细表，是施工单位、监理单位共同使用的联合用表，表格编号为“计表2”。由施工单位在相应的工程计量单审核完成后的月底汇总填写、计算。监理单位审核、签字确认。

分项工程计量汇总表的主要内容包括分项工程的工程名称、清单编号、计量单位、计量单编号、申请计量数量和核定计量数量等，还有施工单位、监理单位有关计量工程师的签字及其填写日期、确认日期等。

计量支付监理工程师应重点审核计量项目的清单编号与项目名称、计量单位的对应性，审核施工单位报送的工程量汇总计算是否正确，是否有重复计算或者漏项计算等。

4. 计日工计量表

计日工计量表是针对《标准施工招标文件》规定的可以使用“计日工”单价支付的劳务、材料、机械等数量计量，可以分期据实计量。

实际工作中将计日工计量表设计为施工单位、监理单位共同使用的联合用表，表格编号为“计表3”。由施工单位在月底填写一份，监理单位审核、签字确认。

计量支付监理工程师应重点审核使用计日工进行计量的依据文件，即申请、批准文件，审核计日工的有关记录资料和监理人员的确认记录资料。

5. 计量资料审查确认表

计量资料审查确认表是监理单位使用的表格，表格编号为“计表4”，是工程计量工作的附表。实际工作中设计这个表格的目的是检查、督促分项工程的施工资料、监理资料的整理，质量合格但是资料不齐全、有错误的分项工程也可以不予计量确认。由监理单位在月底前集中审查相应的工程计量单的资料，审查合格后签字。

6. 工程计量单汇编存档的封面、目录

工程计量资料是工程费用控制的重要资料，是监理文件资料的主要组成部分，高速公路工程每月形成的与工程计量有关的资料较多，必须进行整理、汇编、装订、归档。

工程计量单汇编文件的封面内容包括施工合同段名称、计量的月份、期数以及本期计量单的册数、计量单流水编号的起止编号等。

工程计量单汇编文件的目录内容包括：①工程计量单及其附表（工程量计算书）；②计量资料审查表；③分项工程计量汇总表；④安全生产费用分期计量表。由施工单位在月底填写，监理单位审核确认后再由施工单位复制规定的份数，供施工单位、监理单位、建设单位归档，供跟踪审计部门参考使用。

二、费用支付用表的组成、表式和监理审核重点

工程费用支付的常用表式，在各省（自治区、直辖市）或者不同的公路工程建设项目上就各有各的一套表格，经过多年的交流、修改、补充、完善，基本形成了一套内容大致统一的支付表格。

从建设单位、监理单位、施工单位等建设工程三方的单独使用或联合使用情况划分，可分为施工单位独立用表（如支付申请）、监理单位独立用表（如支付证书）和联合用表，除了支付

证书签署确认表是监理单位和建设单位的联合用表外,其他多数支付表格是监理单位和施工单位的联合用表。

从支付表格的构成必要性划分,可分为支付主表和辅助用表,支付主表是指构成费用支付证据链必需的表格,辅助用表是指费用支付的数据计算流程或过程表格,有了辅助用表就使得支付主表简单明了。

工程费用支付常用的表格包括支付证书、支付申请表,工程投资及支付月报表,清单支付月报表,计日工支付月报表,工程变更支付月报表、单价变更一览表,费用索赔月报表,价格调整差额计算表(采用价格指数法)、永久性材料价格调整差额计算表(采用造价信息法),永久性材料达到现场计量及预付款计算表,扣回材料预付款月报表,开工预付款支付、扣回月报表,质量保证金的扣留、退还月报表,安全生产专项费用计量、支付月报表等十几个表格。

1. 支付证书

支付证书表是监理单位使用的一个工程款支付流程表,表格编号为"支表 01"。支付证书的主要内容包括工程量清单支付项目的支付金额、合同支付项目的支付金额、应扣款金额、本期应支付总金额和净金额等,以及总监理工程师或驻地监理工程师的确认签字及其日期等。

支付证书由计量支付监理工程师根据审核施工单位报送的支付申请的审核结果而编制,监理工程师应重点审核、计算到本期末应支付施工单位的工程款金额、到上期末应支付施工单位的工程款金额以及本期应支付给施工单位的净金额,即:

$$C - B = A \tag{6-34}$$

式中:C——到本期末应支付金额;

B——到上期末应支付金额;

A——本期应支付金额。

作为工程计量支付工程师应注意的是,施工准备阶段复核审定的工程量清单金额是工程计量与支付的"红线",一般不得突破,在每期的工程支付过程中应使用"减法"计算本期实际支付金额,而不得用"加法"计算本期末的累计完成。

某省某公路工程的支付证书格式示例,如表 6-15 所示。

2. 支付申请表

支付申请表是施工单位使用的一个工程款支付流程表,表格编号为"申表 01"。支付申请表的主要内容同支付证书,包括工程量清单支付项目的支付金额、合同支付项目的支付金额、应扣款金额、本期应支付总金额和净金额等,以及项目经理的申请签字及其日期等。

支付申请表由施工单位项目经理部的计量支付工程师根据已经确认的工程计量单、工程变更等内容编制,重点计算到本期末累计完成的工程款金额、到上期末累计完成的工程款金额以及本期应申请建设单位支付的净金额。

3. 工程投资及支付月报表

工程投资及支付月报表也可简称为支付月报表,是施工单位、监理单位共同使用的一个工程款支付流程表,表格编号为"支表 02"。支付月报表的主要内容同支付证书,包括工程量清单支付项目的支付金额、合同支付项目的支付金额、应扣款金额、本期应支付总金额和净金额等,以及施工单位项目经理、监理单位的驻地监理工程师的签字及其日期等。

某省某公路工程的支付证书格式

××××××××工程(全称)

支表01　支付证书(可用于期中/交工/缺陷责任终止)

施工单位：

合同段编号：SG02

监理单位：

支付证书编号：ZF02-01

本期支付起止日期：　　　年　　月　　日至　　　年　　月　　日　　　　　表6-15

序　　号	支付项目名称	支付金额
(1)	第100章　总则	人民币元________
(2)	第200章　路基	人民币元________
(3)	第300章　路面	人民币元________
(4)	第400章　桥梁、涵洞	人民币元________
(5)	第500章　隧道	人民币元________
(6)	第600章　安全设施及预埋管线	人民币元________
(7)	第700章　绿化及环境保护	人民币元________
(8)	收费站及服务区建设	人民币元________
(9)	其他(如交通组织及临时保通)	人民币元________
(10)	计日工	人民币元________
(11)	暂定金额	人民币元________
(12)	小计(有效合同价支付小计)	人民币元________
(13)	工程变更	人民币元________
(14)	工程索赔	人民币元________
(15)	价格调整	人民币元________
(16)	材料价格差价调整	人民币元________
(17)	截至本期末已完成的工程总值	人民币元________
(18)	开工预付款的支付(+)　人民币元________	
(19)	开工预付款的扣回(-)　人民币元________	人民币元________
(20)	材料预付款的支付(+)　人民币元________	
(21)	材料预付款的扣回(-)　人民币元________	人民币元________
(22)	本期证书总值	人民币元________
(23)	质量保证金的扣留(-)　人民币元________	
(24)	质量保证金的返还(+)　人民币元________	人民币元________
(25)	违约罚金	人民币元________
(26)	拖期损失补偿金	人民币元________
(27)	截至本期末总支付	人民币元________
(28)	回扣上期支付证书(编号　)第(26)项金额	人民币元________
(29)	本期证书支付金额	人民币元________
(30)	迟付款利息	人民币元________
(31)	本期证书应支付的安全生产专项费用	人民币元________
(32)	本期证书应支付的净金额	人民币元________

计量支付监理工程师(签字)：　　　驻地监理工程师(签字)：　　　总监(签字)：

年　　月　　日

支付月报表由施工单位的计量支付工程师根据已经确认的工程计量单、工程变更等内容编制,重点计算到本期末累计完成的工程款金额、到上期末累计完成的工程款金额以及本期应申请建设单位支付的净金额。由监理单位的计量支付监理工程师审核,提出修改意见并监督修改、再复审准确无误后,由施工单位的计量支付工程师、项目经理签字后随同支付系列表格一起报送监理单位;监理单位的计量支付监理工程师签字后报送驻地监理工程师审核签字。

清单支付月报表横向栏目中的到本期末完成金额、到上期末完成金额、本期完成金额的计算结果与竖向清单支付项目、合同支付项目、支付总金额、支付净金额的计算结果的一致性,精确到人民币单位的"分"的一致性,即支付金额的计算应该达到"一分钱也不差"的标准,这是监理审核的重点。支表03"清单支付月报表"的监理审核重点也是如此。

4. 清单支付月报表

清单支付月报表是施工单位、监理单位共同使用的一个工程款支付流程表,表格编号为"支表03"。清单支付月报表的主要内容同支付证书,包括工程量清单支付项目的支付金额、合同支付项目的支付金额、应扣款金额、本期应支付总金额和净金额等,以及施工单位项目经理、监理单位的驻地监理工程师的签字及其日期等。

清单支付月报表由施工单位的计量支付工程师根据已经确认的工程计量单、工程变更等内容编制,重点计算到本期末累计完成的工程款金额、到上期末累计完成的工程款金额以及本期应申请建设单位支付的净金额。由监理单位的计量支付监理工程师审核,提出修改意见并监督修改、再复审准确无误后由施工单位的计量支付工程师、项目经理签字后随同支付系列表格一起报送监理单位;监理单位的计量支付监理工程师签字后报送驻地监理工程师审核签字。

5. 计日工支付月报表

计日工支付月报表是施工单位、监理单位共同使用的一个工程款支付流程表,表格编号为"支表04"。计日工支付月报表的主要内容是使用计日工支付项目的支付金额,以及施工单位项目经理、监理单位的驻地监理工程师的签字及其日期等。由施工单位的计量支付工程师编制,经监理单位的计量支付监理工程师审核,提出修改意见并监督修改、再复审准确无误后由项目经理签字、驻地监理工程师审核签字。计日工项目的符合合同约定性、程序合规性、计日工金额的计算、批准使用计日工证据的齐全真实性等是监理审核的重点。

6. 工程变更支付月报表

工程变更支付月报表是施工单位、监理单位共同使用的一个工程款支付流程表,表格编号为"支表05"。并附单价变更一览表(支表05-1)。工程变更支付月报表的主要内容是工程变更项目的支付金额,以及施工单位项目经理、监理单位的驻地监理工程师的签字及其日期等。由施工单位的计量支付工程师编制,经监理单位的计量支付监理工程师审核,提出修改意见并监督修改、再复审准确无误后由项目经理签字、驻地监理工程师审核签字。工程变更项目的符合合同约定性、程序合规性、变更金额的计算、变更项目审批证据的齐全真实性等是监理审核的重点。

7. 费用索赔月报表

费用索赔月报表是施工单位、监理单位共同使用的一个工程款支付流程表,表格编号为"支表06"。费用索赔月报表的主要内容是工程索赔项目的支付金额,以及施工单位项目经理、监理单位的驻地监理工程师的签字及其日期等。由施工单位的计量支付工程师编制，经监理单位的计量支付监理工程师审核，提出修改意见并监督修改、再复审准确无误后由项目经理签字、驻地监理工程师审核签字。索赔项目的符合合同约定性、程序合规性、索赔金额的计算、索赔证据的齐全真实性等是监理审核的重点。

8. 价格调整差额计算表(采用价格指数法)

价格调整差额计算表是施工单位、监理单位共同使用的一个工程款支付流程表，表格编号为“支表07”。价格调整差额计算表(采用价格指数法)的主要内容是采用价格指数法对每年完成的工程款进行调价，以及施工单位项目经理、监理单位的驻地监理工程师的签字及其日期等。由施工单位的计量支付工程师编制，经监理单位的计量支付监理工程师审核，提出修改意见并监督修改、再复审准确无误后由项目经理签字、驻地监理工程师审核签字。参与调价的金额、调价系数的准确性、调价计算结果的准确性是监理审核的重点。

9. 永久性材料价格调整差额计算表(采用造价信息法)

永久性材料价格调整差额计算表是施工单位、监理单位共同使用的一个工程款支付流程表，表格编号为“支表08”。材料价格调整差额计算表的主要内容是参与调价的材料名称、采用造价信息法对每月或每年完成的工程款进行调价，以及施工单位项目经理、监理单位的驻地监理工程师的签字及其日期等。由施工单位的计量支付工程师编制，经监理单位的计量支付监理工程师审核，提出修改意见并监督修改、再复审准确无误后由项目经理签字、驻地监理工程师审核签字。参与调价的永久性材料名称、调价的现价、差额计算结果的准确性是监理审核的重点。

永久性材料达到现场计量表是永久性材料价格调整差额计算表的辅助用表。

10. 永久性材料达到现场计量及预付款计算表

永久性材料达到现场计量及预付款计算表是施工单位、监理单位共同使用的一个工程款支付流程表，表格编号为“支表09”。永久性材料达到现场计量及预付款计算表的主要内容包括永久性材料达到施工现场的数量计算、应据此支付的材料预付款金额，以及施工单位项目经理、监理单位的驻地监理工程师的签字及其日期等。由施工单位的计量支付工程师编制，经监理单位的计量支付监理工程师审核，提出修改意见并监督修改、再复审准确无误后由项目经理签字、驻地监理工程师审核签字。到达施工现场的材料是否为永久性材料、永久性材料的名称、到场数量、合计金额以及预付款金额的准确性是监理审核的重点。

永久性材料达到现场计量及预付款计算表是扣回材料预付款月报表的辅助用表。

11. 扣回材料预付款月报表

扣回材料预付款月报表是施工单位、监理单位共同使用的一个工程款支付流程表，表格编号为“支表10”。扣回材料预付款月报表的主要内容包括每月预付的材料预付款金额、每月扣回的材料预付款金额，以及施工单位项目经理、监理单位的驻地监理工程师的签字及其日期等。由施工单位的计量支付工程师编制，经监理单位的计量支付监理工程师审核，提出修改意见并监督修改、再复审准确无误后由项目经理签字、驻地监理工程师审核签字。材料预付款开始扣回的时间、全部扣回的时间、每月扣回的金额、累计扣回的金额(预付款扣回的归零)是监理审核的重点。

永久性材料达到现场计量及预付款计算表是扣回材料预付款月报表的辅助用表。

12. 开工预付款支付、扣回月报表

开工预付款支付、扣回月报表是施工单位、监理单位共同使用的一个工程款支付流程表,表格编号为“支表11”。开工预付款支付、扣回月报表的主要内容包括施工准备阶段建设单位应预付给施工单位的开工预付款金额(包括一次支付,或者分两次支付的情况)、达到扣回条件后每月应扣回的预付款金额,以及施工单位项目经理、监理单位的驻地监理工程师的签字及其日期等。由施工单位的计量支付工程师编制,经监理单位的计量支付监理工程师审核,提出修改意见并监督修改、再复审准确无误后由项目经理签字、驻地监理工程师审核签字。开工预付款的预付额度、开始扣回的时间、分期扣回的比例、每月扣回的金额、累计扣回的金额(预付款扣回的归零)是监理审核的重点。

13. 质量保证金的扣留、返还月报表

质量保证金的扣留、返还(或称退还)月报表是施工单位、监理单位共同使用的一个工程款支付流程表,表格编号为“支表12”。质量保证金的扣留、返还月报表的主要内容包括施工阶段建设单位应扣留施工单位的质量保证金的金额、交工验收合格后应退还的金额、缺陷责任期终止后应全部退还的金额,以及施工单位项目经理、监理单位的驻地监理工程师的签字及其日期等。由施工单位的计量支付工程师编制,经监理单位的计量支付监理工程师审核,提出修改意见并监督修改、再复审准确无误后由项目经理签字、驻地监理工程师审核签字。质量保证金扣留的比例、扣留的限额额度、开始扣留的时间、每月扣回的金额、开始退还的金额(保留金退还的归零)是监理审核的重点。

14. 安全生产专项费用计量、支付月报表

安全生产专项费用计量、支付月报表是施工单位、监理单位共同使用的一个计量、支付流程表,表格编号为“支表13”。安全生产专项费用应专款专用,不得挪作他用,可以分期计量。安全生产专项费用计量、支付月报表的主要内容包括安全生产专项费用的每月计量比例、支付金额计算,以及施工单位项目经理、监理单位的驻地监理工程师的签字及其日期等。由施工单位的计量支付工程师编制,经监理单位的计量支付监理工程师审核,提出修改意见并监督修改、再复审准确无误后由项目经理签字、驻地监理工程师审核签字。安全生产专项费用的规定比例(如业主招标限价的1.5%)、每月计量的比例、支付的金额、累计支付的金额是监理审核的重点。

15. 工程进度S曲线表

工程进度S曲线表也称为工程进度表,是施工单位、监理单位共同使用的一个工程管理流程表,是计量支付表格的辅助表格,表格编号为“支表02-1”。工程进度S曲线表的主要内容包括工程量清单支付项目的合同金额、每月计划进度横道图、进度完成情况曲线等,以及施工单位项目经理、监理单位的驻地监理工程师的签字及其日期等。

本图表主要反映工程项目计划与实际完成情况,表中的单价占合同价(%)即单项工程投资与合同价之比,单项完成(%)即单项完成投资与本项合同金额之比,完成占合同价(%)即单项工程完成投资与合同价之比。

本表对按月计划与实际完成的情况,以单项工程进度与项目总进度两种图形表示。

(1)单项工程进度形象图(也称条形图):按施工组织设计绘出单项进度形象图,形象线上行数字表示单项工程按月计划完成百分数,形象线下行的数字表示实际完成百分数。

(2)项目总进度的形象图(又称S图):计划进度曲线形象图以时间为横坐标,根据施工组织设计,以每月计划完成投资与合同之比为纵坐标,绘出计划进度曲线图,在表中以实线表示;而实际完成曲线形象图同样以时间为横坐标,以每月实际完成投资与合同总价之比为纵坐标来绘出,以虚线表示。

实际栏与计划栏:实际栏分上下两行,下行填写本月实际完成占合同总价百分数,上行填写累计实际完成占合同总价百分数。计算栏也分两行,上行填写本月计划完成投资占合同价百分数,下行填写累计计划完成投资占总合同价百分数。

工程进度S曲线表由施工单位的计量支付工程师根据已经确认的工程计量单、完成的工作量等内容编制,重点计算到本期末累计完成的工程款金额占有效合同价的百分比,包括计划完成的、实际完成的。由监理单位的计量支付监理工程师审核,提出修改意见并监督修改、再复审准确无误后由施工单位的计量支付工程师、项目经理签字后随同支付系列表格一起报送监理单位;监理单位的计量支付监理工程师签字后报送驻地监理工程师审核签字。

第七章　安全生产管理目标控制基础知识

第一节　安全生产管理的方针、原则与制度

一、安全生产管理方针

我国安全生产管理的方针经历了一个从“安全生产”“安全第一、预防为主”到“安全第一、预防为主、综合治理”的产生和发展过程，现代安全管理强调在生产中做好预警预防工作，尽可能将事故消灭在萌芽状态之中。

“安全第一”是原则和目标，是从保护和发展生产力的角度，确立了生产与安全的关系，肯定了安全在建设工程生产活动中的重要地位。安全第一，就是在生产过程中把安全放在第一重要的位置上，切实保护劳动者的生命安全和身体健康。

“安全第一”的方针，就是要求所有参与工程建设的人员，包括管理者和操作人员以及对工程建设活动进行监督管理的人员都必须树立安全的观念，不能一味追求经济利益而牺牲安全。当安全与生产发生矛盾时，必须先解决安全问题，在保证安全的前提下从事生产活动，也只有这样才能使生产正常进行，促进经济发展，保持社会稳定。

“预防为主”是手段和基本途径。预防为主，就是要把安全生产工作的关口前移，超前防范，建立预教、预测、预想、预报、预警、预防的递进式、立体化事故隐患预防体系，改善安全状况，预防安全事故。在新时期，预防为主的方针又有了新的内涵，即通过建设安全文化、健全安全法制、提高安全科技水平、落实安全责任、加大安全投入，构筑坚固的安全防线。具体地说，就是要促进安全文化建设与社会文化建设的互动，为预防安全事故打造良好的意识；建立健全有关的法律法规和规章制度，依靠法制的力量促进安全事故防范；大力实施“科技兴安”战略，把安全生产状况的根本好转建立在依靠科技进步和提高劳动者素质的基础上；强化安全生产责任制，创新安全生产监管体制，健全和完善中央、地方、企业共同投入机制，提升安全生产投入水平，增强基础设施的安全保障能力。在工程建设活动中，根据工程建设的特点，对不同的生产要素采取相应的管理措施，有效地控制不安全因素的发展和扩大，把可能发生的事故消灭在萌芽状态，以保证生产活动中人的安全与健康。

“综合治理”是落实安全生产方针政策、法律法规最有效的手段。综合治理是指为适应我国安全生产形势的要求，要自觉遵循安全生产规律，正视安全生产工作的长期性、艰巨性和复杂性，抓住安全生产工作中的主要矛盾和关键环节，综合运用经济、法律、行政等手段，人管、法治、技防多管齐下，并充分发挥社会、职工、舆论的监督作用，有效解决安全生产领域的问题。

“安全第一、预防为主、综合治理”的安全生产管理方针是一个有机统一的整体。安全第一是预防为主、综合治理的统帅和灵魂，没有安全第一的思想，预防为主就失去了思想支撑，综

合治理就失去了整治依据。预防为主是实现安全第一的根本途径。只有把安全生产的重点放在建立事故隐患预防体系上,超前防范,才能有效减少事故损失,实现安全第一。综合治理是落实安全第一、预防为主的手段和方法。只有不断健全和完善综合治理工作机制,才能有效贯彻安全生产方针,真正把安全第一、预防为主落到实处,不断开创安全生产工作的新局面。

安全与生产是辩证统一的关系,是一个整体。生产必须安全,安全促进生产,不能将二者对立起来。在施工过程中,必须尽一切可能为作业人员创造安全的生产环境和条件,积极消除生产中的不安全因素,防止伤亡事故的发生,使作业人员在安全的条件下进行生产;其次,安全工作必须紧紧围绕着生产活动进行,不仅要保障作业人员的生命安全,还要促进生产的发展。离开生产,安全工作就毫无实际意义。

二、安全生产管理原则

安全生产管理是一个从项目可行性研究到缺陷责任期的全过程、由全体相关人员共同参与的管理系统工程,必须遵循以下原则:

1."一岗双责"原则

"一岗双责"是指既要做好自己本岗位的工作,也要做好本岗位所涉及的安全工作。工程参建单位应落实"一岗双责"要求,细化各岗位职责,按年度层层签订安全生产责任书,并定期组织考核。

2."三管三必须"原则

《中华人民共和国安全生产法》第四条规定:生产经营单位必须遵守本法和其他有关安全生产的法律、法规,加强安全生产管理,建立、健全安全生产责任制和安全生产规章制度,改善安全生产条件,推进安全生产标准化建设,提高安全生产水平,确保安全生产。第五条规定:生产经营单位的主要负责人对本单位的安全生产工作全面负责。要充分认识和落实好谁主管谁负责,坚持管业务必须管安全、管行业必须管安全、管生产经营必须管安全的原则。

3."三同时"原则

《中华人民共和国安全生产法》第二十八条规定:生产经营单位新建、改建、扩建工程项目的安全设施,必须与主体工程同时设计、同时施工、同时投入生产和使用。安全设施投资应当纳入建设项目概算。

4.安全生产动态管理原则

生产活动中必须坚持全员、全过程、全方位、全天候的动态安全管理的原则。安全管理不是少数人和安全机构的事,而是一切与生产有关的人共同的事。缺乏全员的参与,安全管理不会出好的管理效果。

安全管理涉及生产活动的方方面面,涉及从开工到竣工交付的全部生产过程,涉及全部的生产时间,涉及一切变化着的生产因素。

安全管理是在变化着的生产活动中的管理,是一种动态的管理,这就意味着必须坚持持续改进的原则,以适应变化的生产活动,及时发现并消除新的危险因素。更重要的是要不间断地探索新规律,注意总结管理、控制的办法与经验,不断改进、完善、提高安全管理工作的水平和质量。

5. 安全一票否决原则

“安全具有否决权”是指安全生产工作是衡量建设工程项目管理的一项基本内容,它要求在对项目各项指标考核、评优创先时,首先必须考虑安全指标的完成情况。安全指标没有实现,其他指标虽已顺利完成,该项目就不能认为是已实现了最优化目标,安全具有一票否决的作用。

6. 事故处理“四不放过”原则

国家有关法律法规明确要求,在处理事故时必须坚持和实施“四不放过”原则:

(1)事故发生原因未查清不放过;

(2)事故责任者和职工群众没有受到教育不放过;

(3)安全隐患没有整改预防措施不放过;

(4)事故责任者不处理不放过。

7. 安全工作的“五同时”原则

安全工作的“五同时”原则是指企业的生产组织领导者必须在计划、布置、检查、总结、评比生产工作的同时,进行计划、布置、检查、总结、评比安全工作的原则。它要求把安全工作落实到每一个生产组织管理环节中去。这是解决生产管理中安全与生产同一的一项重要原则。

8. 同步协调发展原则

同步协调发展原则是指安全生产与经济建设、企业深化改革、技术改造同步规划、同步发展、同步实施的原则。这就要求把安全生产内容融入生产经营活动各个方面中,以保证安全生产一体化,解决安全、生产两张皮的弊病。要避免只抓生产注重经济效益、不重视安全的局面,而应把经济效益与安全效益统一起来。

三、安全生产管理制度

1. 安全生产许可证制度

《建设工程安全生产管理条例》规定了施工单位应当具备安全生产条件。同时,《安全生产许可证条例》进一步明确规定,国家对矿山企业、建筑施工企业和危险化学品、烟花爆竹、民用爆破器材生产企业实行安全生产许可制度。上述企业未取得安全生产许可证的,不得从事生产活动。

住房和城乡建设部负责中央管理的建筑施工企业安全许可证的颁发和管理。省、自治区、直辖市人民政府建设主管部门负责上述规定以外的建筑施工企业安全生产许可证的颁发和管理,并接受住房和城乡建设部的指导和监督。

2. 安全生产责任制度

安全生产责任制度是指企业对企业中各级领导、各个部门、各类人员所规定的在他们各自职责范围内对安全生产应负责任的制度。其内容应充分体现责、权、利相统一的原则。建立以安全生产责任制为中心的各项安全管理制度,是保障安全生产的重要手段。安全生产责任制应根据“管生产必须管安全”“安全生产人人有责”的原则,明确各级领导、各职能部门和各类人员在施工生产活动中应负的安全责任。

3. 安全生产教育培训制度

安全生产教育培训制度是指对从业人员进行安全生产的教育和安全生产技能的培训，并将这种教育和培训制度化、规范化，以提高全体人员的安全意识和安全生产的管理水平，减少、防止生产安全事故发生所采取的各种措施。

安全教育主要包括安全生产思想教育、安全知识教育、安全技能教育、安全法制教育四个方面，其中对新职工的三级安全教育（公司、工地、班组），是安全生产基本教育制度。培训制度主要包括对施工单位的管理人员和作业人员定期培训，特别是在采用新技术、新工艺、新设备、新材料时，对作业人员的培训。

4. 安全生产费用保障制度

安全生产费用是指建设单位在编制建设工程概算时，为保障安全施工确定的费用。建设单位根据工程项目的特点和实际需要，在工程概算中要确定安全生产费用，并将这笔费用根据监理工程师的确认情况划转给施工单位。安全生产费用保障制度是指施工单位对安全生产费用必须用于施工安全防护用具及设施的采购和更新、安全施工措施的落实、安全生产条件的改善。

5. 安全生产管理机构和专职安全员制度

安全生产管理机构是指施工单位专门负责安全生产管理的内设机构，其人员即为专职人员，由施工单位项目工程主要负责人（项目经理）负责，根据工程规模大小、难易程度、复杂性，配备若干持证的专职安全生产管理人员。管理机构的职责是负责落实国家有关安全生产的法律法规和工程建设强制性标准，监督安全生产措施的落实，组织施工单位进行内部的安全生产检查活动，及时整改各种安全事故隐患以及负责日常的安全生产检查。

专职安全员是指施工单位专门负责安全生产管理的人员，是国家法律、法规、标准在本单位实施的具体执行者，其职责是负责对安全生产进行现场监督检查并做好记录，发现生产安全事故隐患，应当及时向项目负责人和安全生产管理机构报告，对违章指挥、违章操作和违反劳动纪律的应当立即制止。

6. 特种作业人员持证上岗制度

特种作业人员是指从事容易发生事故，对操作者本人、他人的安全健康及设备、设施的安全可能造成重大危害的作业人员。施工单位的电工，焊接与热切割作业人员，架子工，起重信号司索工，起重机械司机，起重机械安装拆卸工，高处作业吊篮安装拆卸工，锅炉司炉，压力容器操作人员，电梯司机，场（厂）内专用机动车驾驶员，制冷与空调作业人员，从事爆破工作的爆破员、安全员、保管员，瓦斯监测员，工程船舶船员，潜水员，国家有关部门认定的其他作业人员，必须按照国家规定，经过专门的安全作业培训，并取得特种作业操作资格证书后，方可上岗作业。

7. 安全技术措施制度

安全技术措施是指从技术上采取措施，防止工伤事故和职业病的危害。在工程施工中，具体针对工程项目特点、环境条件、劳动组织、作业方法、施工机械、供电设施等制定确保安全施工的措施。安全技术措施也是建设工程项目管理实施规划或施工组织设计的重要组成部分。

8. 专项施工方案审查制度

对于结构复杂、危险性较大、特殊性较多的特殊工程,必须编制专项施工方案,并附安全验算结果,经施工单位技术负责人签字后,必要时还应当组织专家进行论证审查,经总监理工程师审查同意和签字后,方可组织施工。

9. 安全生产技术交底制度

安全生产技术交底制度指每项工程实施前,施工单位负责项目管理的技术人员对有关的施工技术要求向施工作业班组、作业人员详细说明并由双方签字确认的制度。

安全技术交底主要内容:本项目的施工作业特点和危险点;针对危险点的具体预防措施;应注意的安全事项;相应的安全操作规程和标准;发生事故后应及时采取的避难和急救措施等。

10. 消防安全责任制度

消防安全责任制度是指施工单位确定施工现场的消防安全责任人,制定用火、用电、使用易燃易爆材料等各项消防安全管理制度和操作规程,施工现场设置消防通道、消防水源,配备消防设施和灭火器材,并在施工现场入口处设置明显消防标志。

11. 防护用品及设备管理制度

防护用品及设备管理制度是指施工单位采购、租赁的安全防护用具、机械设备、施工机具及配件,应当具有生产(制造)许可证、产品合格证,并在进入现场前进行查验。同时必须做好防护用品和设备的维修、保养、报废和资料档案管理。

12. 起重机械和设备设施验收登记制度

施工单位在工程中使用施工起重机械和整体提升式脚手架、滑模、爬模、架桥机等自行式架设设施前,应当组织有关单位进行验收,或者委托具有相应资质的检验检测机构进行验收。使用承租的机械设备和施工机具及配件的,由承租单位、出租单位和安装单位共同进行验收,验收合格方可使用。验收合格后30日之内,应当向当地交通运输主管部门登记。

《特种设备安全监察条例》规定,施工起重机械在验收前应当经有相应资质的检验检测机构监督检验合格。

13. 三类人员考核任职制度

三类人员是指施工单位的主要负责人、项目负责人和专职安全生产管理人员。施工单位的主要负责人对本单位的安全生产工作全面负责,项目负责人对所承包的项目安全生产工作全面负责,专职安全生产管理人员直接、具体承担本单位日常的安全生产管理工作。三类人员在施工安全方面的知识水平和管理能力直接关系本单位、本项目的安全生产管理水平。从事交通建设工程的三类人员必须经有关部门对其安全知识和管理能力考核合格后方可任职。

14. 工伤和意外伤害保险制度

《工伤保险条例》规定,中华人民共和国境内的企业、事业单位、社会团体、民办非企业单位、基金会、律师事务所、会计师事务所等组织和有雇工的个体工商户应当依照本条例规定参加工伤保险,为本单位全部职工或者雇工缴纳工伤保险费。

《建设工程安全生产管理条例》规定，施工单位应当为施工现场从事危险作业的人员办理意外伤害保险。意外伤害保险费由施工单位支付。实行施工总承包的，由总承包单位支付意外伤害保险费。意外伤害保险期限自建设工程开工之日起至竣工验收合格止。

15. 安全事故应急救援制度

施工单位应当针对本项目工程特点制定生产安全事故应急预案，定期组织演练，并了解、掌握相关应急资源。建立应急救援组织或者配备应急救援人员，配备必需的应急救援器材、设备，并根据建设工程施工的特点、范围，对施工现场易发生重大事故的部位、环节进行监控。

实行施工总承包的，由总承包单位统一组织编制建设工程生产安全事故应急救援预案，工程总承包单位和分包单位按照应急救援预案，各自建立应急救援组织或者配备应急救援人员，配备救援器材、设备，并定期组织演练。

16. 安全事故报告制度

交通建设工程施工单位发生生产安全事故，施工单位应当立即向建设单位、监理单位和事故发生地的公路水运工程安全生产监督部门以及其他安全监督机构报告。按照国家有关伤亡事故报告和调查处理的规定，及时、如实地报告；特种设备发生事故的，还应当同时向特种设备安全监督管理部门报告。实行施工总承包的建设工程，由总承包单位负责上报事故。

17. 工艺、设备、材料的淘汰制度

在交通建设工程的设计、施工中，不得采用国家有关部门公布的淘汰工艺、设备和材料，各项机械、设备应建立相应的资料档案，并按国家有关规定及时报废。对在规定淘汰期限之后仍继续使用淘汰工艺、设备、材料的单位和个人，有关部门将依法责令停止使用，对屡禁不止的，由司法机关追究其法律责任。

18. 双重预防机制建设制度

双重预防机制是指以风险分级管控和隐患排查治理两种手段相结合的生产安全事故预防机制。构建安全生产风险管控和隐患治理双重预防体系是贯彻落实中共中央国务院关于推进安全生产领域改革发展的重要要求，是转变安全生产管理方式、提高安全生产管理水平的重要途径，是有效防范和遏制安全生产重特大事故的重要举措。努力把风险控制在隐患形成之前、把隐患消灭在事故之前，持续推动交通运输事业安全发展。

第二节 安全监理相关的法律法规和政策文件

一、安全监理相关的法律法规

工程建设法规体系按其立法权限不同，分为5个层次，分别是：法律、行政法规、部门规章、地方性法规和地方规章。

工程安全监理的依据之一是法律法规，在我国工程监理是一种强制的制度，与工程有关的法律法规赋予了监理安全方面更多的社会责任。

1. 与安全监理相关的主要法律、行政法规、部门规章

(1)中华人民共和国安全生产法

(2)中华人民共和国消防法

(3)中华人民共和国公路法

(4)中华人民共和国建筑法

(5)中华人民共和国特种设备安全法

(6)中华人民共和国刑法

(7)建设工程安全生产管理条例

(8)安全生产许可证条例

(9)生产安全事故报告和调查处理条例

(10)特种设备安全监察条例

(11)公路水运工程安全生产监督管理办法

(12)危险性较大的分部分项工程安全管理规定

2. 中华人民共和国安全生产法

《中华人民共和国安全生产法》于 2002 年 6 月 29 日以中华人民共和国主席令第 70 号正式予以颁布,历经 2009 年和 2014 年两次修改,现行《中华人民共和国安全生产法》于 2014 年 8 月 31 日以中华人民共和国主席令第 13 号正式予以颁布,2014 年 12 月 1 日实施。

(1)第三条:安全生产工作应当以人为本,坚持安全发展,坚持安全第一、预防为主、综合治理的方针,强化和落实生产经营单位的主体责任,建立生产经营单位负责、职工参与、政府监管、行业自律和社会监督的机制。

(2)第四条:生产经营单位必须遵守本法和其他有关安全生产的法律、法规,加强安全生产管理,建立、健全安全生产责任制和安全生产规章制度,改善安全生产条件,推进安全生产标准化建设,提高安全生产水平,确保安全生产。

(3)第十四条:国家实行生产安全事故责任追究制度,依照本法和有关法律、法规的规定,追究生产安全事故责任人员的法律责任。

(4)第十七条:生产经营单位应当具备本法和有关法律、行政法规和国家标准或者行业标准规定的安全生产条件;不具备安全生产条件的,不得从事生产经营活动。

(5)第二十二条:生产经营单位的安全生产管理机构以及安全生产管理人员履行下列职责:

①组织或者参与拟订本单位安全生产规章制度、操作规程和生产安全事故应急救援预案;

②组织或者参与本单位安全生产教育和培训,如实记录安全生产教育和培训情况;

③督促落实本单位重大危险源的安全管理措施;

④组织或者参与本单位应急救援演练;

⑤检查本单位的安全生产状况,及时排查生产安全事故隐患,提出改进安全生产管理的建议;

⑥制止和纠正违章指挥、强令冒险作业、违反操作规程的行为;

⑦督促落实本单位安全生产整改措施。

(6)第二十五条:生产经营单位应当对从业人员进行安全生产教育和培训,保证从业人员

具备必要的安全生产知识,熟悉有关的安全生产规章制度和安全操作规程,掌握本岗位的安全操作技能,了解事故应急处理措施,知悉自身在安全生产方面的权利和义务。未经安全生产教育和培训合格的从业人员,不得上岗作业。

生产经营单位使用被派遣劳动者的,应当将被派遣劳动者纳入本单位从业人员统一管理,对被派遣劳动者进行岗位安全操作规程和安全操作技能的教育和培训。劳务派遣单位应当对被派遣劳动者进行必要的安全生产教育和培训。

生产经营单位接收中等职业学校、高等学校学生实习的,应当对实习学生进行相应的安全生产教育和培训,提供必要的劳动防护用品。学校应当协助生产经营单位对实习学生进行安全生产教育和培训。

生产经营单位应当建立安全生产教育和培训档案,如实记录安全生产教育和培训的时间、内容、参加人员以及考核结果等情况。

(7)第二十七条:生产经营单位的特种作业人员必须按照国家有关规定经专门的安全作业培训,取得相应资格,方可上岗作业。

(8)第四十三条:生产经营单位的安全生产管理人员应当根据本单位的生产经营特点,对安全生产状况进行经常性检查;对检查中发现的安全问题,应当立即处理;不能处理的,应当及时报告本单位有关负责人,有关负责人应当及时处理。检查及处理情况应当如实记录在案。

生产经营单位的安全生产管理人员在检查中发现重大事故隐患,依照前款规定向本单位有关负责人报告,有关负责人不及时处理的,安全生产管理人员可以向主管的负有安全生产监督管理职责的部门报告,接到报告的部门应当依法及时处理。

(9)第四十九条:生产经营单位与从业人员订立的劳动合同,应当载明有关保障从业人员劳动安全、防止职业危害的事项,以及依法为从业人员办理工伤保险的事项。生产经营单位不得以任何形式与从业人员订立协议,免除或者减轻其对从业人员因生产安全事故伤亡依法应承担的责任。

(10)第五十条:生产经营单位的从业人员有权了解其作业场所和工作岗位存在的危险因素、防范措施及事故应急措施,有权对本单位的安全生产工作提出建议。

(11)第五十一条:从业人员有权对本单位安全生产工作中存在的问题提出批评、检举、控告;有权拒绝违章指挥和强令冒险作业。生产经营单位不得因从业人员对本单位安全生产工作提出批评、检举、控告或者拒绝违章指挥、强令冒险作业而降低其工资、福利等待遇或者解除与其订立的劳动合同。

(12)第五十二条:从业人员发现直接危及人身安全的紧急情况时,有权停止作业或者在采取可能的应急措施后撤离作业场所。生产经营单位不得因从业人员在前款紧急情况下停止作业或者采取紧急撤离措施而降低其工资、福利等待遇或者解除与其订立的劳动合同。

(13)第五十三条:因生产安全事故受到损害的从业人员,除依法享有工伤保险外,依照有关民事法律尚有获得赔偿的权利的,有权向本单位提出赔偿要求。

(14)第五十四条:从业人员在作业过程中,应当严格遵守本单位的安全生产规章制度和操作规程,服从管理,正确佩戴和使用劳动防护用品。

(15)第五十五条:从业人员应当接受安全生产教育和培训,掌握本职工作所需的安全生产知识,提高安全生产技能,增强事故预防和应急处理能力。

(16)第五十六条:从业人员发现事故隐患或者其他不安全因素,应当立即向现场安全生产管理人员或者本单位负责人报告;接到报告的人员应当及时予以处理。

(17)第八十条:生产经营单位发生生产安全事故后,事故现场有关人员应当立即报告本单位负责人。单位负责人接到事故报告后,应当迅速采取有效措施,组织抢救,防止事故扩大,减少人员伤亡和财产损失,并按照国家有关规定立即如实报告当地负有安全生产监督管理职责的部门,不得隐瞒不报、谎报或者迟报,不得故意破坏事故现场、毁灭有关证据。

(18)第九十四条:生产经营单位有下列行为之一的,责令限期改正,可以处五万元以下的罚款;逾期未改正的,责令停产停业整顿,并处五万元以上十万元以下的罚款,对其直接负责的主管人员和其他直接责任人员处一万元以上二万元以下的罚款:

①未按照规定设置安全生产管理机构或者配备安全生产管理人员的;

②危险物品的生产、经营、储存单位以及矿山、金属冶炼、建筑施工、道路运输单位的主要负责人和安全生产管理人员未按照规定经考核合格的;

③未按照规定对从业人员、被派遣劳动者、实习学生进行安全生产教育和培训,或者未按照规定如实告知有关的安全生产事项的;

④未如实记录安全生产教育和培训情况的;

⑤未将事故隐患排查治理情况如实记录或者未向从业人员通报的;

⑥未按照规定制定生产安全事故应急救援预案或者未定期组织演练的;

⑦特种作业人员未按照规定经专门的安全作业培训并取得相应资格,上岗作业的。

3.《建设工程安全生产管理条例》

《建设工程安全生产管理条例》于2003年11月12日国务院第28次常务会议通过,国务院令第393号公布,自2004年2月1日起施行。

《建设工程安全生产管理条例》分总则,建设单位的安全责任,勘察、设计、工程监理及其他有关单位的安全责任,施工单位的安全责任,监督管理,生产安全事故的应急救援和调查处理,法律责任和附则,共八章。

该条例中明确工程监理单位应履行建设工程安全生产管理法定职责,是国家推行建设监理制度而赋予工程监理单位的社会责任。

《建设工程安全生产管理条例》中有关监理安全责任的条款如下:

(1)第四条:建设单位、勘察单位、设计单位、施工单位、工程监理单位及其他与建设工程安全生产有关的单位,必须遵守安全生产法律、法规的规定,保证建设工程安全生产,依法承担建设工程安全生产责任。

(2)第十四条:工程监理单位应当审查施工组织设计中的安全技术措施或者专项施工方案是否符合工程建设强制性标准。

工程监理单位在实施监理过程中,发现存在安全事故隐患的,应当要求施工单位整改;情况严重的,应当要求施工单位暂时停止施工,并及时报告建设单位。施工单位拒不整改或者不停止施工的,工程监理单位应当及时向有关主管部门报告。

工程监理单位和监理工程师应当按照法律、法规和工程建设强制性标准实施监理,并对建设工程安全生产承担监理责任。

(3)第二十六条:施工单位应当在施工组织设计中编制安全技术措施和施工现场临时用

电方案,对下列达到一定规模的危险性较大的分部分项工程编制专项施工方案,并附具安全验算结果,经施工单位技术负责人、总监理工程师签字后实施,由专职安全生产管理人员进行现场监督:

①基坑支护与降水工程;

②土方开挖工程;

③模板工程;

④起重吊装工程;

⑤脚手架工程;

⑥拆除、爆破工程;

⑦国务院建设行政主管部门或者其他有关部门规定的其他危险性较大的工程。

对前款所列工程中涉及深基坑、地下暗挖工程、高大模板工程的专项施工方案,施工单位还应当组织专家进行论证、审查。

本条第一款规定的达到一定规模的危险性较大工程的标准,由国务院建设行政主管部门会同国务院其他有关部门制定。

(4)第五十七条:违反本条例的规定,工程监理单位有下列行为之一的,责令限期改正;逾期未改正的,责令停业整顿,并处10万元以上30万元以下的罚款;情节严重的,降低资质等级,直至吊销资质证书;造成重大安全事故,构成犯罪的,对直接责任人员,依照刑法有关规定追究刑事责任;造成损失的,依法承担赔偿责任:

①未对施工组织设计中的安全技术措施或者专项施工方案进行审查的;

②发现安全事故隐患未及时要求施工单位整改或者暂时停止施工的;

③施工单位拒不整改或者不停止施工,未及时向有关主管部门报告的;

④未依照法律、法规和工程建设强制性标准实施监理的。

(5)第五十八条:注册执业人员未执行法律、法规和工程建设强制性标准的,责令停止执业3个月以上1年以下;情节严重的,吊销执业资格证书,5年内不予注册;造成重大安全事故的,终身不予注册;构成犯罪的,依照刑法有关规定追究刑事责任。

4.《公路水运工程安全生产监督管理办法》的相关内容

《公路水运工程安全生产监督管理办法》由交通部于2007年2月14日制定、颁布、实施,2017年6月7日交通运输部重新修订发布,并于2017年8月1日开始实施(中华人民共和国交通运输部令2017年第25号)。

(1)第二十一条:从业单位应当保证本单位所应具备的安全生产条件必需的资金投入。建设单位在编制工程招标文件及项目概预算时,应当确定保障安全作业环境及安全施工措施所需的安全生产费用,并不得低于国家规定的标准。施工单位在工程投标报价中应当包含安全生产费用并单独计提,不得作为竞争性报价。安全生产费用应当经监理工程师审核签认,并经建设单位同意后,在项目建设成本中据实列支,严禁挪用。

(2)第二十四条:公路水运工程建设应当实施安全生产风险管理,按规定开展设计、施工安全风险评估。设计单位应当依据风险评估结论,对设计方案进行修改完善。施工单位应当依据风险评估结论,对风险等级较高的分部分项工程编制专项施工方案,并附安全验算结果,经施工单位技术负责人签字后报监理工程师批准执行。必要时,施工单位应当组织专家对专项施工方案进行论证、审核。

(3)第三十一条:监理单位应当按照法律、法规、规章、工程建设强制性标准和合同文件进行监理,对工程安全生产承担监理责任。监理单位应当审核施工项目安全生产条件,审查施工组织设计中安全措施和专项施工方案。在实施监理过程中,发现存在安全事故隐患的,应当要求施工单位整改;情节严重的,应当下达工程暂停令,并及时报告建设单位。施工单位拒不整改或者不停止施工的,监理单位应当及时向有关主管部门书面报告,并有权拒绝计量支付审核。监理单位应当如实记录安全事故隐患和整改验收情况,对有关文字、影像资料应当妥善保存。

二、安全监理相关的政策文件

各级交通运输、建设行政主管部门或有关部门根据实际情况,发布了相关的政策性文件,加强对安全监理的监管,并对监理行为进行规范。

1.与监理相关的主要政策性文件

(1)《交通运输部关于印发公路水运工程平安工地建设管理办法的通知》(交安监发〔2018〕43号);

(2)《交通运输部办公厅关于印发公路水运“品质工程”评价标准(试行)的通知》(交办安监〔2017〕199号);

(3)《交通运输部办公厅关于开展“坚守公路水运工程质量安全红线”专项行动的通知》(交办安监〔2019〕80号);

(4)《交通运输部关于印发公路水运建设工程质量安全督查办法的通知》(交安监发〔2016〕86号);

(5)住房和城乡建设部办公厅《关于进一步加强危险性较大的分部分项工程安全管理的通知》(建办质〔2017〕39号);

(6)《交通运输部关于发布高速公路路堑高边坡工程施工安全风险评估指南(试行)的通知》(交安监发〔2014〕266号);

(7)《交通运输部关于开展公路桥梁和隧道工程施工安全风险评估试行工作的通知》(交质监发〔2011〕217号);

(8)《公路水运工程生产安全事故应急预案》(交应急发〔2017〕135号);

(9)交通运输部办公厅关于印发《公路水路行业安全生产风险辨识评估管控基本规范(试行)》的通知(交办安监〔2018〕135号);

(10)住房城乡建设部关于印发《建筑工程五方责任主体项目负责人质量终身责任追究暂行办法》的通知(建质〔2014〕124号);

(11)《关于落实建设工程安全生产监理责任的若干意见》《建筑工程项目总监理工程师质量安全责任六项规定(试行)》等。

2.《交通运输部办公厅关于开展“坚守公路水运工程质量安全红线”专项行动的通知》

为有效遏制和防范公路水运工程质量安全生产事故,交通运输部决定在公路水运建设工程领域开展为期三年(2019—2022年)的“坚守公路水运工程质量安全红线”专项行动(以下简称“红线行动”)。

1)红线问题

(1)安全质量事故。

①发生重大及以上生产安全责任事故;6个月内累计发生2起(含)以上较大生产安全责任事故;6个月内累计发生3起(含)以上一般生产安全责任事故。

②发生因施工质量原因导致的桥梁垮塌、隧道坍塌,或者水运工程垮塌、失去使用功能等事故。

③隐瞒不报、谎报或者迟报生产安全事故。

(2)严重违反安全质量法律法规和强制性标准的行为。

①超过一定规模的危险性较大的工程,未编制专项施工方案;未按经审核的专项施工方案进行施工,导致重大事故隐患的。

②未按规范、设计要求和专项施工方案开展地质灾害监测,深基坑、高边坡变形监测,围堰沉降与位移监测,瓦斯隧道有毒有害气体监测;未按规范、设计要求开展隧道监控量测、超前地质预报;提供虚假监控量测和超前地质预报数据。

③施工单位使用未经检验合格的特种设备;未办理使用登记证;架桥机、缆索吊机、移动模架、液压爬模进场前未查验机械设备证件、性能、状况。

(3)重大安全质量隐患。

①施工现场驻地及场站周边存在不良地质,未开展地质灾害危险性评估;未按评估意见采取有效防护措施。

②墩柱及盖(系)梁施工、跨越式支架搭设、围堰拼装、设备安装等高处作业和水上作业施工未按要求设置作业平台,作业平台未按规定进行设计验算,或超载使用。

③满堂支架未按规范施工,未进行承载力验算;地基或基础承载力不足,或未进行专项验收。

④未按规定运输、存放和使用民用爆炸物品,爆破作业未按规定设置警戒区,或警戒区范围不足。

⑤路堑高边坡工程,未按设计要求逐级开挖逐级防护,未有效开展边坡稳定性监测,未及时设置截、排水设施,靠近交通要道作业时不设置隔离、防护措施。

⑥桥梁悬浇挂篮结构不满足强度、刚度和稳定性要求;混凝土未对称浇筑,两端悬臂荷载不平衡偏差超过设计或规范规定;未按设计要求设置有效锚固;施工荷载超过挂篮设计的允许荷载。

⑦隧道洞口边、仰坡未按设计及时进行加固、防护,未及时施作截、排水系统;隧道开挖安全步距未按经审核的专项施工方案控制;拱架施工锁脚锚杆未按设计实施,拱脚脱空或支垫不牢固;锚杆未按规范和设计要求施工,导致存在重大质量安全隐患;瓦斯隧道未按规定采用防爆电器和设备、煤矿许用炸药和雷管,未按规定实施动火作业管理;瓦斯隧道通风不符合规范和专项施工方案要求;瓦斯隧道瓦斯检测人员未经培训考核合格持证上岗,检测、监测设备设施不齐,监测与预警未有效开展,或监测数据弄虚作假。

⑧水运工程水上和潮湿地带的电缆线不具有防水功能,电缆接头未进行防水处理;在船舶进出的航行通道、抛锚区和锚缆摆动区架设或布设临时电缆线;沉箱浮运稳定性不足;沉箱、方

块、预制梁等大型结构件安装起重机超限运行。

2)处理措施建议

各省级交通运输主管部门发现红线问题,要督促生产经营单位及时整改到位。要注重调查取证,对存在红线问题的责任单位和责任人,视情节轻重,采取以下处理措施。

(1)依据《中华人民共和国安全生产法》第九十四条、第九十六条至第一百零二条、第一百零五条、第一百零八条、第一百一十一条等规定及相关法律法规规章,对存在红线问题且属违法行为的,追究生产经营单位法律责任,给予罚款、责令停产停业等行政处罚。

(2)依据《中华人民共和国安全生产法》第九十条和第九十一条、第九十三条至第一百零六条等规定及相关法律法规规章,对存在红线问题且属违法行为的,追究生产经营单位主要负责人、个人经营的投资人、直接负责的主管人员、安全生产管理人员、从业人员法律责任,给予罚款、暂停或撤销安全生产有关资格、撤职、行业禁入等处理措施。

(3)依据《中华人民共和国安全生产法》第七十五条,负有安全生产直接监管责任的交通运输主管部门,应如实记录违法行为信息,情节严重的应及时向社会公开。

(4)依据信用管理有关规定,对存在红线问题的企业和个人及时进行信用记录,通过"信用交通"网站向社会提供公示查询服务,实施分级分类精准监管。

(5)建议有关部门2年内不得授予有关责任单位和个人荣誉奖项。

(6)视企业安全生产条件降低情况、事故发生情况,建议有关部门依法暂扣施工企业安全生产许可证。

3.《危险性较大的分部分项工程安全管理规定》

《危险性较大的分部分项工程安全管理规定》(住建部令2018第37号)已经于2018年2月12日第37次住房和城乡建设部常务会议审议通过,自2018年6月1日起施行。

(1)第十条:施工单位应当在危大工程施工前组织工程技术人员编制专项施工方案。

实行施工总承包的,专项施工方案应当由施工总承包单位组织编制。危大工程实行分包的,专项施工方案可以由相关专业分包单位组织编制。

(2)第十一条:专项施工方案应当由施工单位技术负责人审核签字、加盖单位公章,并由总监理工程师审查签字、加盖执业印章后方可实施。

危大工程实行分包并由分包单位编制专项施工方案的,专项施工方案应当由总承包单位技术负责人及分包单位技术负责人共同审核签字并加盖单位公章。

(3)第十二条:对于超过一定规模的危大工程,施工单位应当组织召开专家论证会对专项施工方案进行论证。实行施工总承包的,由施工总承包单位组织召开专家论证会。专家论证前专项施工方案应当通过施工单位审核和总监理工程师审查。

专家应当从地方人民政府住房城乡建设主管部门建立的专家库中选取,符合专业要求且人数不得少于5名。与本工程有利害关系的人员不得以专家身份参加专家论证会。

(4)第十三条:专家论证会后,应当形成论证报告,对专项施工方案提出通过、修改后通过或者不通过的一致意见。专家对论证报告负责并签字确认。

专项施工方案经论证需修改后通过的,施工单位应当根据论证报告修改完善后,重新履行本规定第十一条的程序。

专项施工方案经论证不通过的,施工单位修改后应当按照本规定的要求重新组织专家论证。

(5)第十八条:监理单位应当结合危大工程专项施工方案编制监理实施细则,并对危大工程施工实施专项巡视检查。

(6)第十九条:监理单位发现施工单位未按照专项施工方案施工的,应当要求其进行整改;情节严重的,应当要求其暂停施工,并及时报告建设单位。施工单位拒不整改或者不停止施工的,监理单位应当及时报告建设单位和工程所在地住房城乡建设主管部门。

(7)第二十一条:对于按照规定需要验收的危大工程,施工单位、监理单位应当组织相关人员进行验收。验收合格的,经施工单位项目技术负责人及总监理工程师签字确认后,方可进入下一道工序。

危大工程验收合格后,施工单位应当在施工现场明显位置设置验收标识牌,公示验收时间及责任人员。

(8)第二十二条:危大工程发生险情或者事故时,施工单位应当立即采取应急处置措施,并报告工程所在地住房城乡建设主管部门。建设、勘察、设计、监理等单位应当配合施工单位开展应急抢险工作。

(9)第二十三条:危大工程应急抢险结束后,建设单位应当组织勘察、设计、施工、监理等单位制定工程恢复方案,并对应急抢险工作进行后评估。

(10)第二十四条:施工、监理单位应当建立危大工程安全管理档案。

(11)施工单位应当将专项施工方案及审核、专家论证、交底、现场检查、验收及整改等相关资料纳入档案管理。监理单位应当将监理实施细则、专项施工方案审查、专项巡视检查、验收及整改等相关资料纳入档案管理。

(12)第三十六条:监理单位有下列行为之一的,依照《中华人民共和国安全生产法》《建设工程安全生产管理条例》对单位进行处罚;对直接负责的主管人员和其他直接责任人员处1000元以上5000元以下的罚款:

①总监理工程师未按照本规定审查危大工程专项施工方案的;

②发现施工单位未按照专项施工方案实施,未要求其整改或者停工的;

③施工单位拒不整改或者不停止施工时,未向建设单位和工程所在地住房城乡建设主管部门报告的。

(13)第三十七条:监理单位有下列行为之一的,责令限期改正,并处1万元以上3万元以下的罚款;对直接负责的主管人员和其他直接责任人员处1000元以上5000元以下的罚款:

①未按照本规定编制监理实施细则的;

②未对危大工程施工实施专项巡视检查的;

③未按照本规定参与组织危大工程验收的;

④未按照本规定建立危大工程安全管理档案的。

4.《建筑工程五方责任主体项目负责人质量终身责任追究暂行办法》的相关内容

为贯彻《建设工程质量管理条例》,强化工程质量终身责任落实,2014年8月25号住房和城乡建设部发布了《建筑工程五方责任主体项目负责人质量终身责任追究暂行办法》(建质〔2014〕124号)。该暂行办法明确了建设单位项目负责人、勘察单位项目负责人、设计单位项目负责人、施工单位项目经理、监理单位总监理工程师为建筑工程五方责任主体,并明确了质

量终身责任的具体情形和责任追究。其中,和监理有关的条款有:

(1)第六条:符合下列情形之一的,县级以上地方人民政府住房城乡建设主管部门应当依法追究项目负责人的质量终身责任:

①发生工程质量事故;

②发生投诉、举报、群体性事件、媒体报道并造成恶劣社会影响的严重工程质量问题;

③由于勘察、设计或施工原因造成尚在设计使用年限内的建筑工程不能正常使用;

④存在其他需追究责任的违法违规行为。

(2)第十四条:发生本办法第六条所列情形之一的,对监理单位总监理工程师按以下方式进行责任追究:

①责令停止注册监理工程师执业 1 年;造成重大质量事故的,吊销执业资格证书,5 年以内不予注册;情节特别恶劣的,终身不予注册;

②构成犯罪的,移送司法机关依法追究刑事责任;

③处单位罚款数额 5% 以上 10% 以下的罚款;

④向社会公布曝光。

5.《建筑工程项目总监理工程师质量安全责任六项规定(试行)》

建筑工程项目总监理工程师(以下简称项目总监)是指经工程监理单位法定代表人授权,代表工程监理单位主持建筑工程项目的全面监理工作并对其承担终身责任的人员。建筑工程项目开工前,监理单位法定代表人应当签署授权书,明确项目总监。项目总监应当严格执行以下规定并承担相应责任:

(1)项目监理工作实行项目总监负责制。项目总监应当按规定取得注册执业资格;不得违反规定受聘于两个及以上单位从事执业活动。

(2)项目总监应当在岗履职。应当组织审查施工单位提交的施工组织设计中的安全技术措施或者专项施工方案,并监督施工单位按已批准的施工组织设计中的安全技术措施或者专项施工方案组织施工;应当组织审查施工单位报审的分包单位资格,督促施工单位落实劳务人员持证上岗制度;发现施工单位存在转包和违法分包的,应当及时向建设单位和有关主管部门报告。

(3)工程监理单位应当选派具备相应资格的监理人员进驻项目现场,项目总监应当组织项目监理人员采取旁站、巡视和平行检验等形式实施工程监理,按照规定对施工单位报审的建筑材料、建筑构配件和设备进行检查,不得将不合格的建筑材料、建筑构配件和设备按合格签字。

(4)项目总监发现施工单位未按照设计文件施工、违反工程建设强制性标准施工或者发生质量事故的,应当按照建设工程监理规范规定及时签发工程暂停令。

(5)在实施监理过程中,发现存在安全事故隐患的,项目总监应当要求施工单位整改;情况严重的,应当要求施工单位暂时停止施工,并及时报告建设单位;施工单位拒不整改或者不停止施工的,项目总监应当及时向有关主管部门报告,主管部门接到项目总监报告后,应当及时处理。

(6)项目总监应当审查施工单位的竣工申请,并参加建设单位组织的工程竣工验收,不得将不合格工程按照合格签认。

公路水运工程淘汰危及生产安全施工工艺、设备和材料目录

表 7-1

序号	编码	名称	简要概述	淘汰类型	限制条件和范围	可替代的施工工艺、设备、材料(供参考)	实施时间
一、通用(公路、水运)工程							
施工工艺							
1	1.1.1	卷扬机钢筋调直工艺	利用卷扬机拉直钢筋	禁止		普通钢筋调直机、数控钢筋调直切断机的钢筋调直工艺等	2021.5.1 后实施
2	1.1.2	现场简易制作钢筋保护层垫块工艺	在施工现场采用拌制砂浆，通过切割成型等方法制作钢筋保护层垫块	禁止		专业化压制设备和标准模具生产垫块工艺等	2021.5.1 后实施
3	1.1.3	空心板、箱形梁气囊内模工艺	用橡胶充气气囊作为空心梁或箱形梁的内模	禁止		空心板、箱形梁预制刚性(钢质、PVC、高密度泡沫等)内模工艺等	2021. 7. 1 后新开工项目实施
4	1.1.4	人工挖孔桩手摇井架出渣工艺	采用人工手摇井架吊装出渣	禁止		带防冲顶限位器、制动装置的卷扬机吊装出渣工艺等	2021.5.1 后实施
5	1.1.5	基桩人工挖孔工艺	采用人工开挖进行基桩成孔	限制	存在下列条件之一的区域不得使用:1. 地下水丰富、孔内空气污染物超标准、软弱土层等不良地质条件的区域;2. 机械成孔设备可以到达的区域	冲击钻、回转钻、旋挖钻等机械成孔工艺	2021. 7. 1 后新开工项目实施

续上表

序号	编码	名称	简要概述	淘汰类型	限制条件和范围	可替代的施工工艺、设备、材料(供参考)	实施时间
6	1.1.6	“直接凿除法”桩头处理工艺	在未对桩头凿除边线采用割刀等工具进行预先切割处理的情况下,直接由人工采用风镐或其他工具凿除基桩桩头混凝土	限制	在下列工程项目中,均不得使用:1. 二级及以上公路工程;2. 独立大桥,特大桥;3. 水运工程	“预先切割法+机械凿除”桩头处理工艺、“环切法”整体桩头处理工艺等	2021.5.1 后实施
7	1.1.7	钢筋闪光对焊工艺	人工操作闪光对焊机进行钢筋焊接	限制	同时具备以下条件时不得使用:1. 在非固定的专业预制厂(场)或钢筋加工厂(场)内进行钢筋连接作业;2. 直径大于或等于22mm 的钢筋连接	套筒冷挤压连接、滚压直螺纹套筒连接等机械连接工艺等	2021.5.1 后实施
8	1.1.8	水泥稳定类基层、垫层拌和料“路拌法”施工工艺	采用人工辅以机械(如挖掘机)就地拌和水泥稳定混合料	限制	在下列工程项目中,均不得使用:1. 二级及以上公路工程;2. 大、中型水运工程	水泥稳定类拌合料“厂拌法”施工工艺等	2021. 7. 1 后新开工项目实施
9	1.2.1	竹(木)脚手架	采用竹(木)材料搭设的脚手架	禁止		承插型盘扣式钢管脚手架、扣件式非悬挑钢管脚手架等	2021. 7. 1 后新开工项目实施
10	1.2.2	门式钢管满堂支撑架	采用门式钢管架搭设的满堂承重支撑架	禁止		承插型盘扣式钢管支撑架、钢管柱梁式支架、移动模架等	2021. 7. 1 后新开工项目实施

续上表

序号	编码	名　称	简要概述	淘汰类型	限制条件和范围	可替代的施工工艺、设备、材料（供参考）	实施时间
11	1.2.3	扣件式钢管满堂支撑架、普通碗扣式钢管满堂支撑架（立杆材质为Q235级钢，或构配件表面防腐处理采用涂刷防锈漆、冷镀锌）	采用扣件式钢管架搭设的满堂承重支撑架。采用普通碗扣式钢管架搭设的满堂承重支撑架；普通碗扣式钢管架指的是具备以下任一条件的碗扣式钢管架：(1)立杆材质为Q235级钢；(2)构配件表面采用涂刷防锈漆或冷镀锌防腐处理	限制	具有以下任一情况的混凝土模板支撑工程不得使用：1. 搭设高度5m及以上；2. 搭设跨度10m及以上；3. 施工总荷载（荷载效应基本组合的设计值，以下简称设计值）10kN/m² 及以上；4. 集中线荷载（设计值）15kN/m及以上；5. 高度大于支撑水平投影宽度且相对独立无联系构件的混凝土模板支撑工程	Q355及以上等级材质并采用热浸镀锌表面处理工艺的碗扣式钢管脚手架、承插型盘扣式钢管支撑架、钢管柱梁式支架、移动模架等	2021. 7. 1后新开工项目实施
12	1.2.4	非数控预应力张拉设备	采用人工手动操作张拉油泵，从压力表读取张拉力，伸长量靠尺量测的张拉设备	限制	在下列工程项目预制场内进行后张法预应力构件施工时，均不得使用：1. 二级及以上公路工程；2. 独立大桥，特大桥；3. 大、中型水运工程	数控预应力张拉设备等	2021. 7. 1后新开工项目实施
13	1.2.5	非数控孔道压浆设备	采用人工手动操作进行孔道压浆的设备	限制	在下列工程项目预制场内进行后张法预应力构件施工时，均不得使用：1. 二级及以上公路工程；2. 独立大桥，特大桥；3. 大、中型水运工程	数控压浆设备等	2021. 7. 1后新开工项目实施
14	1.2.6	单轴水泥搅拌桩施工机械	采用单轴单方向搅拌土体、喷浆下沉、上提成桩的施工机械	限制	在下列工程项目中，均不得使用：1. 二级及以上公路工程；2. 大、中型水运工程	双轴多向（双向及以上）水泥搅拌桩施工机械、三轴及以上水泥搅拌桩施工机械、三轴及以上智能数控打印型水泥搅拌桩施工机械等	2021. 7. 1后新开工项目实施

续上表

序号	编码	名称	简要概述	淘汰类型	限制条件和范围	可替代的施工工艺、设备、材料(供参考)	实施时间
15	1.2.7	碘钨灯	施工工地用于照明等的碘钨灯	限制	不得用于建设工地的生产、办公、生活等区域的照明	节能灯、LED灯等	2021.5.1后实施
工程材料							
16	1.3.1	有碱速凝剂	氧化钠当量含量大于1.0%且小于生产厂控制值的速凝剂	禁止		溶液型液体无碱速凝剂、悬浮液型液体无碱速凝剂等	2021.7.1后新开工项目实施
二、公路工程							
施工工艺							
17	2.1.1	盖梁(系梁)无漏油保险装置的液压千斤顶卸落模板工艺	盖梁或系梁施工时底模采用无保险装置液压千斤顶做支撑,通过液压千斤顶卸压脱模	禁止		砂筒、自锁式液压千斤顶等卸落模板工艺等	2021.5.1后实施
18	2.1.2	高墩滑模施工工艺	采用滑升模板进行墩柱施工,模板沿着(直接接触)刚成型的墩柱混凝土表面进行滑动、提升	限制	不同时具备以下条件时不得使用:1.专业施工班组(50%及以上工人施工过类似工程);2.施工单位具有三个项目以上施工及管理经验	翻模、爬模施工工艺等	2021.7.1后新开工项目实施
19	2.1.3	隧道初期支护混凝土“潮喷”工艺	将集料预加少量水,使之呈潮湿状,再加水泥拌和后喷射黏结到岩石或其他材料表面	限制	非富水围岩地质条件下不得使用	隧道初期支护喷射混凝土台车、机械手湿喷工艺等	2021.7.1后新开工项目实施

续上表

序号	编码	名　称	简要概述	淘汰类型	限制条件和范围	可替代的施工工艺、设备、材料(供参考)	实施时间
20	2.1.4	桥梁悬浇挂篮上部与底篮精轧螺纹钢吊杆连接工艺	采用精轧螺纹钢作为吊点吊杆,将挂篮上部与底篮连接	限制	在下列任一条件下不得使用:1.前吊点连接;2.其他吊点连接:(1)上下钢结构直接连接(未穿过混凝土结构);(2)与底篮连接未采用活动铰;(3)吊杆未设外保护套	挂篮锰钢吊带连接工艺等	2021.5.1后实施
施工设备							
21	2.2.1	桥梁悬浇配重式挂篮设备	挂篮后锚处设置配重块平衡前方荷载,以防止挂篮倾覆	禁止		自锚式挂篮设备等	2021.7.1后新开工项目实施
三、水运工程							
施工工艺							
22	3.1.1	沉箱气囊直接移运下水工艺	沉箱下水浮运前,通过延伸至水中一定深度的斜坡道,用充气气囊在水中移运直至将沉箱移运到满足浮运的水深	禁止		起重船起吊、半潜驳或浮船坞下水、干浮船坞预制出坞、滑道下水工艺等	2021.7.1后新开工项目实施
23	3.1.2	沉箱、船闸闸墙混凝土木模板(普通胶合板)施工工艺	沉箱、船闸闸墙采用木模板(普通胶合板)浇筑混凝土	禁止		钢模、新型材料模板工艺等	2021.7.1后新开工项目实施

续上表

序号	编码	名　称	简要概述	淘汰类型	限制条件和范围	可替代的施工工艺、设备、材料(供参考)	实施时间
24	3.1.3	沉箱预制“填砂底模+气囊顶升”工艺	沉箱预制时采用钢框架内填砂形成底模,沉箱移运前用人工掏出(或高压水冲)型钢间的砂,穿入气囊顶升沉箱	限制	单个沉箱重量超过300吨时不得使用	自升降可移动钢结构底模工艺、预留混凝土沟槽的千斤顶(自锁式或机械式)顶升工艺等	2021.7.1后新开工项目实施
25	3.1.4	沉箱预制滑模施工工艺	采用滑升模板进行沉箱预制,模板沿着(直接接触)刚成型的混凝土表面滑动、提升	限制	不同时具备以下条件时不得使用:1.正规或固定的沉箱预制场;2.专业施工班组(50%及以上工人施工过类似工程);3.施工单位具有三个项目以上施工及管理经验	整体模板、大模板分层预制工艺等	2021.7.1后新开工项目实施
26	3.1.5	纳泥区围堰埋管式和溢流堰式排水工艺	埋管式排水口工艺是指通过埋设不同高程的多组排水管,将堰内水直接排出的工艺;溢流堰式排水口工艺是指设置顶高程比围埝顶低的排水口,通过漫溢将堰内水直接排出	限制	在大、中型水运工程项目中均不得使用	设置防污帘的纳泥区薄壁堰式排水闸、闸管组合式排水工艺等	2021.5.1后实施
27	3.1.6	透水框架杆件组合焊接工艺	透水框架由多根杆件组合焊接而成	限制	在大、中型水运工程项目中均不得使用	透水框架一次整体成型工艺、透水框架非焊接式组合制作工艺等	2021.7.1后新开工项目实施

续上表

序号	编码	名　称	简要概述	淘汰类型	限制条件和范围	可替代的施工工艺、设备、材料（供参考）	实施时间
28	3.1.7	人工或挖掘机抛投透水框架施工工艺	采用人工或挖掘机逐个抛投透水框架	限制	在大、中型水运工程项目中均不得使用	透水框架群抛（一次性抛投不少于4个）工艺等	2021.5.1后实施
29	3.1.8	甲板驳双边抛枕施工工艺	采用甲板驳在船舶两侧同时进行抛枕施工	限制	在大、中型水运工程项目中均不得使用	滑枕施工工艺、专用抛枕船抛枕施二工艺等	2021.5.1后实施
备注		（一）大、中型水运工程等级划分范围： 1. 港口工程：沿海1万吨级及以上，内河300吨级及以上； 2. 航道工程：沿海1万吨级及以上，内河航道等级Ⅴ级（300吨级）及以上； 3. 通航建筑：航道等级Ⅴ级（300吨级）及以上； 4. 防波堤、导流堤等水工工程					
		（二）可替代的工艺、设备、材料包括但不限于表格中所列名称					
		（三）《目录》中列出的工艺、设备、材料淘汰范围（禁止或限制使用），不包含除临时码头、临时围堰外的小型临时工程、养护工程					

项目总监责任的落实不免除工程监理单位和其他监理人员按照法律法规和监理合同应当承担和履行的相应责任。

各级住房城乡建设主管部门应当加强对项目总监履职情况的监督检查,发现存在违反上述规定的,依照相关法律法规和规章实施行政处罚或处理。应当建立健全监理企业和项目总监的信用档案,将其违法违规行为及处罚处理结果记入信用档案,并在建筑市场监管与诚信信息发布平台上公布。

6. 交通运输部、应急管理部关于发布《公路水运工程淘汰危及生产安全施工工艺、设备和材料目录》的公告

为防范化解公路水运重大事故风险,推动相关行业淘汰落后工艺、设备和材料,提升本质安全生产水平,根据《中华人民共和国安全生产法》《公路水运工程安全生产监督管理办法》等法律法规,交通运输部会同应急管理部组织制定了《公路水运工程淘汰危及生产安全施工工艺、设备和材料目录》(以下简称《目录》),具体见表7-1。

各公路水运工程从业单位要采取有力措施,在规定的实施期限后,全面停止使用本《目录》所列"禁止"类施工工艺、设备和材料,不得在限制的条件和范围内使用本《目录》所列"限制"类施工工艺、设备。负有安全生产监督管理职责的各级交通运输主管部门,依据《中华人民共和国安全生产法》有关规定,开展对本《目录》执行情况的监督检查工作。

第三节　安全生产责任体系

《建设工程安全生产管理条例》,对建设工程参与各方及相关方的安全责任做了明确的规定。政府是安全生产的监管主体,企业是安全生产的责任主体。安全生产工作必须建立、落实政府行政首长负责制和企业法定代表人负责制。两个主体、两个负责制相辅相成,共同构成我国安全生产工作基本责任制度。

《公路水运工程安全生产监督办法》规定,从业单位应当建立健全安全生产责任制,明确各岗位的责任人员、责任范围和考核标准等内容。从业单位应当建立相应的机制,加强对安全生产责任制落实情况的监督考核。

一、一般规定

(1)责任制是安全生产的核心,是改进安全状况的根据途径、基本方法和工作平台。工程参建单位应按照"安全第一、预防为主、综合治理"的方针和"建设单位主导、监理机构督促、施工单位负责"的原则,构建工程项目安全生产责任体系。责任体系主要包括但不局限于:项目安全生产目标、组织管理机构、安全生产条件、安全生产责任及安全生产管理制度等重点内容。

(2)安全生产管理必须坚持"管生产必须管安全""谁主管谁负责"的原则,坚持全员参与、全面覆盖和全过程管理的原则。

(3)工程项目应成立由项目建设单位牵头,勘察设计、施工、监理等单位项目负责人共同参与的项目安全生产领导小组(或项目安全生产委员会),负责规范、指导、协调工程参建单位

的安全生产行为。

(4)工程参建单位应建立内部安全生产责任体系,依法设计安全生产组织管理机构,完善安全生产管理制度,明确安全生产条件,确定安全考核指标,开展安全检查和隐患排查工作,落实安全生产责任。

(5)安全生产责任制是安全生产责任体系的重要载体。建设单位应与勘察设计、施工、监理等单位每年签订一次安全生产责任书。

(6)工程参建单位应落实"一岗双责"要求,细化各岗位职责,按年度层层签订安全生产责任书,并定期组织考核。

(7)在施工过程中,当责任人发生变更时,应重新签订安全生产责任书。

二、安全生产目标

安全生产目标应以"减少危害,预防事故,尽量避免生产过程中的人身伤害、财产损失、环境污染等"为准则设定。

安全生产目标应通过设立相应的考核指标,强化落实。

1. 安全生产考核指标

(1)项目安全生产领导小组应确定安全生产总目标,工程参建单位应根据安全生产总目标分解为分项目标,制订各自的安全生产考核指标。

(2)安全生产考核指标包括以下几类:

①管理类。安全生产总目标、安全生产管理人员到位率、培训教育覆盖率、设备完好率等。

②事故类。事故起数、重伤人数、死亡人数、设备事故率、经济损失等。

③隐患类。重大事故隐患整改率。

2. 安全生产目标实施

为确保安全生产目标达到预期效果,一般从以下几个方面组织实施:

(1)制订实施计划,分解总目标。依据工程项目安全生产总目标,结合社会形势、施工环境、气候变化和工程进展等情况,提出年度、季度、月度分项目标和考核指标,并分解到各参建单位、各类管理人员和作业队、班组,制定相对应的安全生产管理措施,认真组织实施。

(2)落实主体责任,分级考核控制。安全生产总目标的实现,主要依靠各级目标责任者根据设定的考核指标自我控制来完成。在实施安全生产总目标保证措施计划的过程中,积极发挥参建单位的主体作用,落实自我管理、自我控制的分级考核措施。

(3)组织考评验收,管理缺陷整改。在安全生产总目标管理过程中,应对分项目标的实施情况加强检查、考核与评价,并提出下一阶段的分项目标及措施。结合工程进展情况,对分项目标措施的实施情况,每个月检查验收一次,利用安全工作例会讲评一次;每个季度考评一次,以通报形式排出名次,分出优劣;结合半年和年度工作总结讲评一次。每次检查、考核、验收和讲评,应紧紧围绕有关薄弱环节,利用通报或"隐患整改指令"的方式,按照"三定一落实"(定人、定时、定措施,落实整改)的原则组织缺陷整改。做到认真考核,严格验收,整改到位。

(4)兑现目标奖惩,推动循环活动。在实施安全生产总目标管理过程中,将各级领导、各个部门、各类人员的安全生产考核指标成果与经济利益挂钩。按照考评情况兑现奖惩,通过目标分解、检查考评、缺陷整改、兑现奖惩,实现安全生产总目标管理向前滚动发展。

三、项目安全生产领导小组

(1)项目安全生产领导小组组长由建设单位项目负责人担任,副组长由建设单位主管安全的项目负责人、监理机构总监理工程师等担任,勘察设计、施工、监理等单位项目负责人为小组成员。领导小组办公室一般设在建设单位安全管理部门,安全管理部门负责人为领导小组办公室主任。

(2)项目安全生产领导小组应贯彻落实国家、行业有关安全生产方针政策、法律法规和技术标准,制订安全生产指标和安全工作计划,落实项目安全生产条件,规范施工安全管理程序,开展安全检查评价,定期组织应急演练,督促落实企业安全生产责任。

四、建设单位安全责任体系

1. 组织管理机构

工程项目建设单位内部安全生产领导小组,组长由建设单位项目负责人担任,副组长由建设单位分管安全项目负责人、总工程师担任,成员由各部门负责人组成。安全生产领导小组下设办公室,主任由安全管理部门负责人兼任。

2. 安全生产管理制度

建设单位安全生产管理制度是安全生产工作的行为准则,制度应明确项目安全生产各阶段管理的内容、程序与职责分工等,包括但不局限于表 7-2 所列出的各项制度,一般以汇编形式印发。建设单位主要安全生产管理制度如表 7-2 所示。

建设单位主要安全生产管理制度一览表　　表 7-2

类别	序号	制度名称
项目管理	1	安全生产会议制度
	2	安全生产责任考核制度
	3	安全生产专项费用管理制度
	4	安全生产检查评价制度
	5	安全事故隐患排查治理制度
	6	施工安全风险评估管理制度
	7	生产安全事故报告制度
	8	危险性较大分部分项工程安全管理制度
	9	“平安工地”考核评价制度
	10	安全生产奖惩制度
	11	安全生产应急管理制度
内部管理	1	安全生产责任制及考核制度
	2	安全生产教育培训制度

3. 安全生产责任

(1)建设单位对工程项目安全生产负总责,应加强工程项目各阶段安全工作的综合协调管理,按照合同约定督促工程参建单位落实安全生产责任,按照每半年一次做好“平安工地”考核评价工作。

(2)应向施工单位提供施工现场及毗邻区域内供水、供电、供气、供热、通信、广播电视等地下管线资料,气象和水文观测资料,相邻建筑物和构筑物、地下工程的有关资料,并保证资料的真实、准确、完整。

(3)不得对勘察设计、施工、监理等单位提出不符合建设工程安全生产法律、法规和强制性标准规定的要求,不得压缩合同约定的工期。

(4)在编制工程预算时,应确定建设工程安全作业环境及安全施工措施所需费用。

(5)不得明示或暗示施工单位购买、租赁、使用不符合安全事故要求的安全防护用具、机械设备、施工机具及配件、消防设施和器材。

(6)在办理施工许可或申领施工许可证时,应提供工程项目有关安全施工措施的资料。

(7)应依法将工程项目发包给具有相应资质等级的单位。建设单位与勘察设计、施工、监理、检测、监测等单位签订的合同中,应明确双方安全生产责任。

建设单位应与勘察、设计、施工、监理、检测、监测等单位签订安全生产责任书;应根据内部各岗位职责签订项目经理(指挥长)、项目副经理(副指挥长)、项目总工程师、项目各部门部长(处长)、项目各部门工作人员安全生产责任书。

五、监理机构安全生产责任体系

1. 组织管理机构

工程项目监理机构要成立安全监理领导小组(安全监理组织机构),并报建设单位备案;要将监理机构的安全监理管理小组与建设单位建立的安全生产组织机构有机对接,使其有效运行。总监要与施工项目安全监理人员签订安全责任书。总监办按要求填写“安全生产责任登记表”按时报建设单位、质量监督管理机构。

2. 安全生产监理规章制度

监理机构安全生产管理制度是安全生产工作的行为准则,制度应明确项目安全生产各阶段管理的内容、程序与职责分工等,包括但不局限于表7-3所列出的各项制度,一般以汇编形式印发。监理机构主要安全生产管理制度如表7-3所示。

监理机构主要安全生产管理制度一览表　　表7-3

类别	序号	制度名称
项目管理	1	施工安全技术措施审查制度
	2	专项施工方案审查制度
	3	安全事故隐患督促整改制度
	4	重大安全隐患报告制度
	5	按照强制性标准实施监理制度

续上表

类　别	序　号	制度名称
项目管理	6	安全生产条件审查制度
	7	安全生产检查与评价制度
	8	安全生产会议制度
	9	安全生产专项费用审查制度
	10	安全生产应急管理制度
	11	特种设备复核制度
	12	“平安工地”考核评价制度
	13	生产安全事故报告制度
	14	危险性较大工程安全监理制度
	15	夜间施工安全检查制度
内部管理	1	安全生产责任制及考核制度
	2	监理人员安全生产培训教育制度
	3	“一岗双责”岗位责任制度
	4	职业健康管理制度
	5	交通安全管理制度
	6	驻地安全管理制度
	7	安全档案管理制度
	8	安全生产信息报送制度
	9	试验仪器设备安全操作规程
	10	安全监理交底制度

3. 安全生产责任

(1)监理机构和监理人员应按照法律法规、规章和标准实施监理,并对工程项目安全生产承担监理责任。

(2)监理机构应审查施工项目安全生产条件,审查施工组织设计中的安全技术措施和专项施工方案(是否符合工程建设强制性标准)。

(3)监理机构在实施监理过程中,发现存在安全事故隐患的,应当要求施工单位整改;情节严重的,应当下达工程暂停令要求施工单位暂时停止施工,并及时报告建设单位。施工单位拒不整改或者不停止施工的,监理机构应当及时向有关主管部门书面报告,并有权拒绝计量支付审核。

(4)监理单位应当如实记录安全事故隐患和整改验收情况,对有关文字、影像资料应当妥善保存。

4. 安全生产监理岗位职责

1)总监及总监办岗位职责

(1)负责组织实施安全监理工作,承担安全监理责任,组织“平安工地”考核。

(2)负责建立健全安全管理组织机构,组织制定并批准安全监理岗位职责及各项管理制度。

(3)主持编制“安全监理计划”。

(4)主持审查施工组织设计中的安全技术措施、危险性较大工程专项施工方案和应急预案。

(5)主持检查施工单位各项安全管理制度制定情况,以及施工单位的资质证书和安全生产许可证符合性。

(6)组织检查施工单位的安全管理人员、特种作业人员资质,以及特种设备投入使用前的验收手续。

(7)组织安全检查,发现存在安全隐患时,要求施工单位及时整改。

(8)对存在严重隐患的施工单位签发工程停工令,并立即报告建设单位和政府监督部门。

(9)配合政府监督部门对本项目的安全检查及事故调查处理。

(10)制定监理机构的人员、设施的安全措施并组织落实。

2)驻地监理工程师及驻地办岗位职责

(1)负责驻地办安全监理工作,落实安全监理各项管理制度。

(2)编制并组织实施“安全监理实施细则”。

(3)审查施工组织设计中的安全技术措施、危险性较大工程专项施工方案和应急预案。

(4)检查施工单位安全生产责任制、各项安全管理制度制定和执行情况。

(5)审查施工单位安全管理人员、特种作业人员资质以及特种设备使用前的验收手续。

(6)落实安全检查,发现安全隐患要求施工单位立即整改。存在严重安全隐患的立即要求施工单位暂停施工,并及时报告总监办。

(7)定期组织召开安全例会。

(8)负责驻地办监理人员、设施的安全管理。

3)安全监理工程师岗位职责

(1)落实安全监理各项管理制度,严格执行“安全监理实施细则”。

(2)检查施工单位安全生产组织机构、安全保证体系是否建立健全,以及安全保证体系运转情况。检查施工单位安全生产责任制制定和落实情况。

(3)初步审查施工组织设计中的安全技术措施、危险性较大工程专项施工方案和应急预案。

(4)检查施工单位资质证书、安全生产许可证,以及安全管理人员、特种作业人员持证情况;检查施工单位从业人员安全教育与培训情况。

(5)检查施工单位“一校、一志、一会”开展情况,每月在每个监理合同段可以参加一次班前会、安全技术交底、危险告知会。

(6)对施工现场进行安全巡查,重点检查安全防护、临时用电、特种设备、危化品等,排查安全隐患,对发现的安全隐患,要求施工单位整改,情况严重的必须立即暂时停工并及时上报。

(7)检查督促施工单位安全技术措施有效落实,对危险性较大的工程实行全过程旁站。

(8)检查安全管理人员配备,审核施工单位安全生产费用的计量。

(9)检查督促施工单位安全资料整理归档;认真做好安全监理资料整理归档。

(10)检查监理机构的人员、设施的安全措施的落实情况,并及时提示监理人员提高安全意识、自觉落实安全措施,保证监理安全;按时向总监或驻地监理工程师报告监理人员、设施的安全情况。

4)专业监理工程师岗位职责

(1)在总监理工程师(或驻地监理工程师)领导下,参与本监理机构的施工安全监理工作。

(2)参与编制施工安全监理计划或安全监理实施细则;负责编制本专业相关专项监理细则,并向相关监理人员交底。

(3)审查施工组织设计中相关专业的安全技术措施、(专项)施工方案及主要工艺、应急预案。

(4)负责本专业专项施工方案实施情况的定期巡视检查,发现事故隐患及时要求整改,情况严重的应及时报告总监理工程师(或驻地监理工程师)签发停工令。

(5)参与监理机构、建设单位组织的与本专业相关的施工安全检查活动。

(6)参与总监理工程师主持召开的第一次工地会议、监理交底会和驻地监理工程师主持召开的工地例会,根据工程需要主持召开安全专题会议。

(7)编写和提供与本职责有关的施工安全监理资料。

5)监理员岗位职责

(1)根据项目监理机构岗位职责安排,参与相关的施工安全监理工作。接受安全监理工程师和专业监理工程师的指导和交底。

(2)检查施工现场安全生产状况,参与专项施工方案实施情况的定期检查,发现问题及时报告专业监理工程师或安全监理工程师。

(3)填写检查记录,参与填写安全监理台账和监理日志中的施工安全监理记录。

六、施工单位安全生产责任体系管理

1.组织管理机构

工程项目施工单位要成立安全生产领导小组,组长由项目经理担任,副组长由安全总监、副经理、总工程师担任,成员由各部门负责人,以及分包单位负责人组成。安全生产领导小组下设办公室,主任由安全管理部门负责人兼任。

2.安全生产责任

1)施工单位安全生产责任

(1)施工单位是安全生产责任主体,主要负责人依法对本单位安全生产工作全面负责。项目负责人应由取得相应职业资格证书的人员担任,经授权对相应的工程项目施工安全生产负责。

(2)工程项目实行施工总承包的,总承包单位对施工现场安全生产负总责。总承包单位依法将建设工程分包给其他单位的,应在分包合同中明确各自安全生产的权利义务,总承包单位和分包单位对分包工程的安全生产承担连带责任。

(3)列入工程概算的安全作业环境及安全事故措施所需费用,应用于施工安全防护用具及设施的采购和更新,安全事故措施的落实,安全生产条件的改善。安全施工措施费用应单列,专款专用,不得拿作他用。

(4)施工组织设计应明确安全技术措施,危险性较大的分部分项工程还应编制专项施工方案,并附安全验算结果。经施工单位技术负责人、总监理工程师签字后实施,超过一定规模的危险性较大的分部分项工程,施工单位应组织专家对专项施工方案进行论证、评审。施工单位应按规定制订临时用电组织设计方案。

(5)施工单位应将施工现场的办公、生活区与作业区分开设置,并保持安全距离;现场临时搭建的建筑物应符合安全使用要求,使用装配式活动房屋应具有产品合格证;施工单位不得在尚未竣工的建筑物内设置员工集体宿舍。职工的膳食、饮水、休息场所等应符合卫生标准。

(6)施工单位应在施工现场出入口、沿线各交叉口、施工起重机械所在处、拌和厂、临时用电设施所在处、爆破物及有害危险气体和液体存放处,以及孔洞口、隧道口、基坑边沿、脚手架边沿、码头边沿、桥梁边沿等危险部位,设置明显符合国家标准的安全警示标志或者必要的安全防护设施。

(7)施工单位应建立健全消防安全责任制度,确定消防安全责任人,制定用火、用电、使用易燃易爆材料等各项消防管理制度和操作规程,设置消防通道,配备相应的消防设施和灭火器材,并在施工现场入口处设置明显标志。

(8)工程施工期,施工单位应将有关施工安全技术要求分三级向施工项目部各职能部门、施工作业班组、一线作业人员进行安全技术交底。向作业人员书面告知危险岗位的操作规程和应急措施,并由双方签字确认。

(9)施工单位应定期开展安全检查评价和隐患治理工作,消除安全事故隐患。专职安全员应按规定每日巡视施工现场安全生产,并做好检查记录,发现安全事故隐患时,应及时向项目安全管理机构负责人报告;对违章指挥、违章操作的,应立即制止;一时难以消除的事故隐患,施工单位应制订治理方案,明确治理的措施、时限、资金、验收和责任人等安全内容。

(10)施工单位应根据不同施工阶段,周围环境及季节、气候的变化,在施工现场采取相应的安全事故措施。施工现场暂时停止施工的,应做好现场防护,所需费用由责任方承担或按合同约定执行。

(11)施工单位对因工程施工可能造成损害的毗邻建筑物、构筑物和地下管线等,应进行安全风险论证并采取专项保护措施。

(12)施工现场的安全防护用具、机械设备、施工机具及配件必须由专人管理,定期进行检查、维修和保养,建立相应的资料档案。采购、租赁的安全防护用具、机械设备、施工机具及配件,应具有生产(制造)许可证、产品合格证,在进入施工现场前进行查验。

(13)安装、拆卸施工起重机械,整体提升脚手架、模板等自升式架设设施,必须由具有相应资质的单位承担。使用前,应组织有关单位进行验收,也可以委托具有相应资质的检验检测机构进行验收(并出具相关验收合格证明文件);使用承租的机械设备、施工机具及配件的,应由施工总承包单位、分包单位、出租单位和安装单位共同进行验收,验收合格的方可使用;使用起重机械等特种设备,在验收前应由相应资质的检验检测机构监督检验合格。

(14)施工单位在签订的起重机械租赁合同中,明确租赁双方的安全责任,要求租赁单位提供起重机械等特种设备制造许可证、产品合格证、制造监督检验证明、备案证明和自检合格证明,提供安装持有说明书。

(15)施工单位不得租用有下列情形之一的起重机械:

①属国家明令淘汰或者禁止使用的。

②超过安全技术标准或者制造厂家规定的使用年限的。

③经检验达不到安全技术标准规定的。

④没有完整安全技术档案的。

⑤没有齐全有效的安全保护装置的。

(16)作业人员应遵守安全事故的规章制度、强制性标准和操作规程,正确使用安全防护用具、机械设备。有权对施工现场的作业调整、作业程序和作业方式中存在的安全问题提出批评、检举和控告,有权拒绝违章指挥和强令冒险作业。发生危及人身安全的紧急情况时,有权立即停止作业或者在采取必要的应急措施后撤离危险区域。

(17)施工单位应建立安全培训教育制度,对管理人员和作业人员每年至少进行两次安全生产教育培训,作业人员进入新的岗位、新的施工现场前或在采用新技术、新工艺、新设备、新材料时,应接受安全生产教育培训。未经教育培训或者教育培训考核不合格的人员,不得上岗作业。

(18)施工单位应针对本工程项目特点制定生产安全事故应急预案,定期组织演练。发生事故时,施工单位应立即采取措施减少人员伤亡和事故损失,启动应急预案,并按有关规定及时、如实地向建设单位、监理单位和事故发生地的公路安全生产监督管理部门以及地方安全监督部门报告。

2)分包单位安全生产责任

(1)分包单位必须具有相应的资质,并在其资质等级许可的范围内承揽施工业务。严禁个人承揽分包工程业务。

(2)分包单位应与总承包单位就所承建的工程签订安全分包合同,约定双方权利义务。

(3)分包单位应服从总承包单位的安全生产管理,遵守总承包单位的安全生产管理制度,分包单位不服从管理导致生产安全事故的,由分包单位承担主要责任。

(4)禁止分包单位将其承包的工程再分包。

3. *施工单位的安全生产规章制度*

施工单位安全生产管理制度是安全生产工作的行为准则,制度应明确项目安全生产各阶段管理的内容、程序与职责分工等,包括但不局限于表7-4所列出的各项制度,一般以汇编形式印发。施工单位主要安全生产管理制度如表7-4所示。

施工单位主要安全生产管理制度一览表 表7-4

序号	施工单位安全生产制度名称	序号	施工单位安全生产制度名称
1	安全生产责任制及考核制度	8	分包单位安全管理考评制度
2	安全生产会议制度	9	劳动保护用品配备及管理制度
3	安全生产检查评价制度	10	施工设备安全管理制度
4	安全培训教育制度	11	安全生产应急管理制度
5	特种作业人员管理制度	12	安全生产事故调查处理和报告制度
6	安全生产专项经费使用制度	13	安全生产事故隐患排查治理制度
7	施工现场消防安全责任制度	14	专项施工方案审查制度

续上表

序 号	施工单位安全生产制度名称	序 号	施工单位安全生产制度名称
15	安全生产技术交底制度	20	施工单位项目部主要负责人带班制度
16	危险品安全管理制度	21	施工作业操作规程
17	“平安工地”考核评价制度	22	夜间施工安全申报制度
18	施工安全风险评估制度	23	其他保障安全生产和职业健康规章制度
19	安全生产奖罚制度		

七、其他有关单位安全生产责任

其他有关单位应建立完善本单位安全生产的各项规章制度和技术标准，特别要建立健全危险性较大的施工工艺、工序的安全生产规章制度。各单位要健全安全生产管理机构，配备专职安全生产管理人员，对重点或关键岗位要落实安全责任负责人。

1. 勘察设计单位的安全责任

(1)勘察单位应当按照法律、法规和工程建设强制性标准进行勘察，重视地质环境对安全的影响，提交的勘察文件应当真实、准确，满足公路水运工程安全生产的需要。

(2)在勘察作业时，应当严格执行操作规程，采取措施保证各类管线、设施和周边建筑物、构筑物的安全，要健全安全生产管理机构，配备专职安全生产管理人员，对重点或关键岗位要落实安全责任负责人，要对安全生产规章制度和技术标准执行情况进行定期检查，发现问题及时纠正，把安全生产责任制落到实处，保护作业人员的安全。

(3)设计单位应当按照法律、法规和工程建设强制性标准进行设计，应当考虑施工安全操作和防护的需要，对涉及施工安全的重点部位和环节在设计文件中注明，并对防范生产安全事故提出指导意见，防止因设计不合理导致安全生产隐患或者安全生产事故的发生。

(4)设计单位应当对采用新结构、新材料、新设备、新工艺的建设工程和特殊结构的建设工程，在设计中提出保障施工作业人员安全和预防生产安全事故的措施建议。

2. 提供机械设备和配件的单位的安全责任

为建设工程提供机械设备和配件的单位，应当按照安全施工的要求配备齐全有效的保险、限位等安全设施和装置。

3. 出租单位的安全责任

出租的机械设备和施工机具及配件，应当具有生产(制造)许可证、产品合格证。出租单位应当对出租的机械设备和施工机具及配件的安全性能进行检测，在签订租赁协议时，应当出具检测合格证明。禁止出租检测不合格的机械设备和施工机具及配件。

4. 拆装单位的安全责任

在施工现场安装、拆卸施工起重机械和整体提升脚手架、模板等自升式架设设施，必须由具有相应资质的单位承担；安装、拆卸施工起重机械和整体提升脚手架、模板等自升式架设设施，应当编制拆装方案、制定安全施工措施，并由专业技术人员现场监督；安装完毕后，安装单位应当自检，出具自检合格证明，并向施工单位进行安全使用说明，办理验收手续并签字。

5. 检验检测单位的安全责任

检验检测机构对检测合格的施工起重机械和整体提升脚手架、模板等自升式架设设施,应当出具安全合格证明文件,并对检测结果负责。

6. 来访人员

施工现场可能涉及各种检查、监督、参观、访问。无论哪一类人员,一旦进入施工现场必须遵守现场的安全管理规定,任何单位和个人不能搞特殊化。

八、违反安全生产责任的处理

1.《中华人民共和国安全生产法》相关条款规定

(1)第九十一条:生产经营单位的主要负责人未履行本法规定的安全生产管理职责的,责令限期改正;逾期未改正的,处二万元以上五万元以下的罚款,责令生产经营单位停产停业整顿。

生产经营单位的主要负责人有前款违法行为,导致发生生产安全事故的,给予撤职处分;构成犯罪的,依照刑法有关规定追究刑事责任。

生产经营单位的主要负责人依照前款规定受刑事处罚或者撤职处分的,自刑罚执行完毕或者受处分之日起,五年内不得担任任何生产经营单位的主要负责人;对重大、特别重大生产安全事故负有责任的,终身不得担任本行业生产经营单位的主要负责人。

(2)第九十二条:生产经营单位的主要负责人未履行本法规定的安全生产管理职责,导致发生生产安全事故的,由安全生产监督管理部门依照下列规定处以罚款:

①发生一般事故的,处上一年年收入百分之三十的罚款;

②发生较大事故的,处上一年年收入百分之四十的罚款;

③发生重大事故的,处上一年年收入百分之六十的罚款;

④发生特别重大事故的,处上一年年收入百分之八十的罚款。

(3)第九十三条:生产经营单位的安全生产管理人员未履行本法规定的安全生产管理职责的,责令限期改正;导致发生生产安全事故的,暂停或者撤销其与安全生产有关的资格;构成犯罪的,依照刑法有关规定追究刑事责任。

(4)第九十四条:生产经营单位有下列行为之一的,责令限期改正,可以处五万元以下的罚款;逾期未改正的,责令停产停业整顿,并处五万元以上十万元以下的罚款,对其直接负责的主管人员和其他直接责任人员处一万元以上二万元以下的罚款:

①未按照规定设置安全生产管理机构或者配备安全生产管理人员的;

②危险物品的生产、经营、储存单位以及矿山、金属冶炼、建筑施工、道路运输单位的主要负责人和安全生产管理人员未按照规定经考核合格的;

③未按照规定对从业人员、被派遣劳动者、实习学生进行安全生产教育和培训,或者未按照规定如实告知有关的安全生产事项的;

④未如实记录安全生产教育和培训情况的;

⑤未将事故隐患排查治理情况如实记录或者未向从业人员通报的;

⑥未按照规定制定生产安全事故应急救援预案或者未定期组织演练的；

⑦特种作业人员未按照规定经专门的安全作业培训并取得相应资格，上岗作业的。

（5）第九十六条：生产经营单位有下列行为之一的，责令限期改正，可以处五万元以下的罚款；逾期未改正的，处五万元以上二十万元以下的罚款，其直接负责的主管人员和其他直接责任人员处一万元以上二万元以下的罚款；情节严重的，责令停产停业整顿；构成犯罪的，依照刑法有关规定追究刑事责任：

①未在有较大危险因素的生产经营场所和有关设施、设备上设置明显的安全警示标志的；

②安全设备的安装、使用、检测、改造和报废不符合国家标准或者行业标准的；

③未对安全设备进行经常性维护、保养和定期检测的；

④未为从业人员提供符合国家标准或者行业标准的劳动防护用品的；

⑤危险物品的容器、运输工具，以及涉及人身安全、危险性较大的海洋石油开采特种设备和矿山井下特种设备未经具有专业资质的机构检测、检验合格，取得安全使用证或者安全标志，投入使用的；

⑥使用应当淘汰的危及生产安全的工艺、设备的。

（6）第一百零四条：生产经营单位的从业人员不服从管理，违反安全生产规章制度或者操作规程的，由生产经营单位给予批评教育，依照有关规章制度给予处分；构成犯罪的，依照刑法有关规定追究刑事责任。

（7）第一百零九条：发生生产安全事故，对负有责任的生产经营单位除要求其依法承担相应的赔偿等责任外，由安全生产监督管理部门依照下列规定处以罚款：

①发生一般事故的，处二十万元以上五十万元以下的罚款；

②发生较大事故的，处五十万元以上一百万元以下的罚款；

③发生重大事故的，处一百万元以上五百万元以下的罚款；

④发生特别重大事故的，处五百万元以上一千万元以下的罚款；情节特别严重的，处一千万元以上二千万元以下的罚款。

2.《建设工程安全生产管理条例》相关条款规定

（1）第五十七条：违反本条例的规定，工程监理单位有下列行为之一的，责令限期改正；逾期未改正的，责令停业整顿，并处 10 万元以上 30 万元以下的罚款；情节严重的，降低资质等级，直至吊销资质证书；造成重大安全事故，构成犯罪的，对直接责任人员，依照刑法有关规定追究刑事责任；造成损失的，依法承担赔偿责任：

①未对施工组织设计中的安全技术措施或者专项施工方案进行审查的；

②发现安全事故隐患未及时要求施工单位整改或者暂时停止施工的；

③施工单位拒不整改或者不停止施工，未及时向有关主管部门报告的；

④未依照法律、法规和工程建设强制性标准实施监理的。

（2）第五十八条：注册执业人员未执行法律、法规和工程建设强制性标准的，责令停止执业 3 个月以上 1 年以下；情节严重的，吊销执业资格证书，5 年内不予注册；造成重大安全事故的，终身不予注册；构成犯罪的，依照刑法有关规定追究刑事责任。

3.《公路水运工程安全生产监督管理办法》相关条款规定

(1)第四十九条:交通运输主管部门对有下列情形之一的从业单位及其直接负责的主管人员和其他直接责任人员给予违法违规行为失信记录并对外公开,公开期限一般自公布之日起12个月:

①因违法违规行为导致工程建设项目发生一般及以上等级的生产安全责任事故并承担主要责任的;

②交通运输主管部门在监督检查中,发现因从业单位违法违规行为导致工程建设项目存在安全事故隐患的;

③存在重大事故隐患,经交通运输主管部门指出或者责令限期消除,但从业单位拒不采取措施或者未按要求消除隐患的;

④对举报或者新闻媒体报道的违法违规行为,经交通运输主管部门查实的;

⑤交通运输主管部门依法认定的其他违反安全生产相关法律法规的行为。

对违法违规行为情节严重的从业单位及主要责任人员,应当列入安全生产失信黑名单,将具体情节抄送相关行业主管部门。

(2)第五十五条:从业单位及相关责任人违反本办法规定,有下列行为之一的,责令限期改正;逾期未改正的,对从业单位处1万元以上3万元以下的罚款;构成犯罪的,依法移送司法部门追究刑事责任:

①从业单位未全面履行安全生产责任,导致重大事故隐患的。

②未按规定开展设计、施工安全风险评估,或者风险评估结论与实际情况严重不符,导致重大事故隐患未被及时发现的。

③未按批准的专项施工方案进行施工,导致重大事故隐患的。

④在已发现的泥石流影响区、滑坡体等危险区域设置施工驻地,导致重大事故隐患的。

(3)第五十六条:施工单位有下列行为之一的,责令限期改正,可以处5万元以下的罚款;逾期未改正的,责令停产停业整顿,并处5万元以上10万元以下的罚款,对其直接负责的主管人员和其他直接责任人员处1万元以上2万元以下的罚款:

①未按照规定设置安全生产管理机构或者配备安全生产管理人员的。

②主要负责人和安全生产管理人员未按照规定经考核合格的。

(4)第五十七条:交通运输主管部门及其工作人员违反本办法规定,有下列情形之一的,对直接负责的主管人员和其他直接责任人员依法给予行政处分;构成犯罪的,依法移送司法部门追究刑事责任。

①发现公路水运工程重大事故隐患、生产安全事故不予查处的;

②对涉及施工安全的重大检举、投诉不依法及时处理的;

③在监督检查过程中索取或者接受他人财物,或者谋取其他利益的。

总之,监理单位和监理工程师应当在认真学习领会相关安全法规法令的基础上,从施工组织方案审批开始,就严格要求施工单位建立安全管理体系,落实安全管理制度,形成施工单位安全管理自我约束的机制,不能以监理工程师的安全管理监督替代或部分替代施工单位的安全管理系统的正常运行。

第四节　危险源的分类与识别

一、概述

安全系统工程是以预测和预防事故为中心，以识别、分析、评价和控制系统风险为重点，开发、研究出来的安全理论和方法体系。它将工程和系统的安全问题作为一个整体，作为对整个工程目标系统所实施的管理活动的一个组成部分，应用科学的方法对构成系统的各个要素进行全面分析，判明各种状态下危险因素的特点及其可能导致的灾害性后果，通过定性和定量分析对系统的安全性做出预测和评价，将系统安全风险降低至可接受的程度。

安全系统工程涉及两个系统对象：事故致因系统和安全管理系统。事故致因系统涉及四个要素，通常称"4M"要素：人（Men），人的不安全行为是事故产生的最直接因素；机器（Machine），机器的不安全状态也是事故的直接因素；环境（Medium），不良的生产环境影响人的行为，同时对机械设备安全产生不良作用；管理（Management），管理的缺欠。安全管理系统的要素是：人，人的安全素质（心理与生理素质、安全能力素质、文化素质）；物，设备和环境的安全可靠性（设计安全性、制造安全性、使用安全性）；能量，生产过程中能的安全作用（能的有效控制）；信息，充分可靠的安全系统（管理能效的充分发挥）。

认识事故致因系统和建设安全管理系统是辩证统一的。对事故致因系统要素的认识是建立在大量血的教训之上的，是被动和滞后的认知，却对安全管理系统的建设具有超前的和预警的意义；安全管理系统的建设是通过针对性地打破或改变事故致因要素诱因的条件或环境来保障安全的方法和措施，是建立在更具理性和科学性的安全原理指导下的实践。

因此，安全风险管理中，监理工程师除了要对事故致因系统要素有效充分地了解外，还应对现代安全管理的基本理论和原理进行必要的学习和掌握，监理工程师必须重视危险源。

危险源是指导致人身伤害或疾病、财产损失、工作环境破坏或这些情况组合的危险和有害因素。监理工程师必须给予高度重视，并认真进行识别与控制。

（1）监理工程师应了解交通建设工程施工过程中危险源的识别和评价方法。

（2）监理工程师应增加控制危险源的对策方面的知识积累。

（3）监理工程师应了解采用现有知识和技术对危险源综合控制对策进行决策的原则。

（4）监理工程师应监督组合对策、决策实施过程是否有效并持续改进。

二、危险源的分类

在一般情况下，对危险因素和有害因素不加以区分，统称为危险、有害因素。危险、有害因素主要是指客观存在的危险、有害物质或能量超过一定限值的设备、设施和场所，也就是所谓危险源。

事故发生的本质是存在有能量、有害物质以及由于失去控制导致能量意外释放或有害物质的泄漏。危险源分为第一类（根源性）危险源和第二类（状态性）危险源。第一类危险源是指生产或活动过程中存在的可能发生意外释放的能量或危险物质，如机械能、电能、热能、化学能、声能、光学能、生物能和辐射能等。第二类危险源主要指导致能量或危险物质的约束或限制措施破坏或失效的各种因素,包括生产活动中的人、物、环境、管理几个方面的问题。

一起事故的发生往往是两类危险源共同作用的结果所造成的。两类危险源相互关联、相互依存。第一类危险源的存在是事故发生的前提,在事故发生时释放出的危险、有害物质和能量是导致人员伤害或财物损坏的主体,决定事故后果的严重程度;第二类危险源是第一类危险源造成事故的必要条件,决定事故发生的可能性。因此,危险源辨识的首要任务是识别第一类危险源,在此基础上再识别第二类危险源。

危险源的分类是为了便于对危险源进行辨识和分析,危险源的分类方法有多种。

1. 按诱发危险、有害因素失控的条件分类

危险、有害物质和能量失控主要体现在人的不安全行为、物的不安全状态和管理缺陷等三个方面。

在《企业职工伤亡事故分类》中,将人的不安全行为分为操作失误、造成安全装置失效、使用不安全设备等13大类;将物的不安全状态分为4大类。

1)人的不安全行为分类

操作失误(忽视安全、忽视警告);安全装置失效;使用不安全设备;手代替工具操作;物体存放不当;冒险进入危险场所;攀坐不安全位置;在起吊物下作业(停留);机器运转时加油(修理、检查、调整、清扫等);有分散注意力的行为;不使用必要的个人防护用品或用具;不安全装束;对易燃易爆等危险品处理错误等。

2)物的不安全状态分类

防护、保险、信号等装置缺乏或有缺陷;设备、设施、工具、附件有缺陷;个人防护用品、用具缺少或有缺陷;生产(施工)场地环境不良。

3)管理缺陷

(1)对物(含作业环境)性能控制的缺陷,如设计、监测和不符合处置方面要求的缺陷。

(2)对人的失误控制的缺陷,如教育、培训、指示、雇佣选择、行为监测方面的缺陷。

(3)工艺过程、作业程序的缺陷,如工艺、技术错误或不当,无作业程序或作业程序有错误。

(4)用人单位的缺陷,如人事安排不合理、负荷超限、无必要的监督和联络、禁忌作业等。

(5)对来自相关方(供应商、施工单位等)的风险管理的缺陷,如合同签订、采购等活动中忽略了安全健康方面的要求。

(6)违反安全人机工程原理,如使用的机器不适合人的生理或心理特点。此外一些客观因素,如温度、湿度、风雨雪、照明、视野、噪声、振动、通风换气、色彩等也会引起设备故障或人员失误,是导致危险、有害物质和能量失控的间接因素。

2. 按导致事故和职业危害的直接原因进行分类

根据现行《生产过程危险和有害因素分类与代码》的规定,将生产过程中的危险、有害因素分为四大类、四个层次,四大类分别是“人的因素”“物的因素”“环境因素”和“管理因素”,四个层次分为大、中、小、细四类。

1)人的因素

(1)心理、生理性危险有害因素。

(2)行为性危险和有害因素。

2)物的因素

(1)物理性危险和有害因素。

(2)化学性危险和有害因素。

(3)生物性危险和有害因素。

3)环境因素

(1)室内作业场所环境不良。

(2)室外作业场地环境不良。

(3)地下(含水下)作业环境不良。

(4)其他作业环境不良。

4)管理因素

(1)职业安全卫生组织机构不健全。

(2)职业安全卫生责任制未落实。

(3)职业安全卫生管理规章制度不完善。

(4)职业安全卫生投入不足。

(5)职业健康管理不完善。

(6)其他管理因素缺陷。

3.按引起的事故类型分类

参照《企业职工伤亡事故分类标准》,综合考虑事故的起因物、致害物、伤害方式等特点,将危险源及危险源造成的事故分为20类。分类方法所列的危险源与企业职工伤亡事故处理调查、分析、统计、职业病处理及职工安全教育的口径基本一致,也易于接受和理解,便于实际应用。

(1)物体打击。指落物、滚石、锤击、碎裂崩块、碰伤等伤害,包括因爆炸而引起的物体打击。

(2)车辆伤害。指企业机动车辆在行驶中引起的人体坠落和物体倒塌、飞落、挤压伤亡事故,不包括起重设备提升、牵引车辆和车辆停驶时发生的事故。

(3)机械伤害。指机械设备运动(静止)部件、工具、加工件直接与人体接触引起的夹击、碰撞、剪切、卷入、绞、碾、割、刺等伤害,不包括车辆、起重机械引起的机械伤害。

(4)起重伤害。指各种起重作用(包括起重机安装、检修、试验)中发生的挤压、坠落、(吊具、吊重)物体打击和触电。

(5)触电。电流流经人体,造成生理伤害的事故。适用于触电、雷击伤害。如人体接触带电的设备金属外壳,裸露的临时线,漏电的手持电动工具;起重设备误触高压线,或感应带电;雷击伤害;触电坠落等事故。

(6)淹溺。包括高处坠落淹溺,不包括矿山、井下透水淹溺。

(7)灼烫。火焰烧伤、高温物体烫伤、化学灼伤(酸、碱、盐、有机物引起的体内外灼伤)、物理灼伤(光、放射性物质引起的体内外灼伤),不包括电灼伤和火灾引起的烧伤。

(8)火灾。造成人身伤亡的企业火灾事故。不适用于非企业原因造成的火灾,比如,居民火灾蔓延到企业,此类事故属于消防部门统计的事故。

(9)高处坠落。指在高处作业中发生坠落造成的伤亡事故,不包括触电坠落事故。

(10)坍塌。指物体在外力或重力作用下,超过自身的强度极限或因结构稳定性破坏而造成的事故,如挖沟时的土石塌方、脚手架坍塌、堆置物倒塌等,不适用于矿山冒顶片帮和车辆、起重机械、爆破引起的坍塌。

(11)冒顶片帮。矿井工作面、巷道侧壁由于支护不当、压力过大造成的坍塌,称为片帮;顶板垮落为冒顶。两者常同时发生,简称为冒顶片帮。适用于矿山、地下开采、掘进及其他坑道作业发生的坍塌事故。

(12)透水。矿山、地下开采或其他坑道作业时,意外水源带来的伤亡事故。适用于井巷与含水岩层、地下含水带、溶洞或被淹巷道、地面水域相通时,涌水成灾的事故。不适用于地面水害事故。

(13)放炮。指爆破作业中发生的伤亡事故;适用于各种爆破作业,如采石、采矿、采煤、开山、修路、拆除建筑物等工程进行的放炮作业引起的伤亡事故。

(14)火药爆炸。生产、运输、储藏过程中发生的爆炸;适用于火药与炸药生产在配料、运输、储藏、加工过程中,由于振动、明火、摩擦、静电作用或因炸药的热分解作用,贮藏时间过长或因存药过多发生的化学性爆炸事故;以及熔炼金属时,废料处理不净,残存火药或炸药引起的爆炸事故。

(15)瓦斯爆炸。指可燃性气体瓦斯、煤尘与空气混合形成了浓度达到燃烧极限的混合物,接触火源时,引起的化学性爆炸事故。主要适用于煤矿,同时也适用于空气不流通,瓦斯、煤尘积聚的场合。

(16)锅炉爆炸。锅炉发生的物理性爆炸事故。适用于使用工作压力大于0.7倍的大气压、以水为介质的蒸汽锅炉(简称锅炉),但不适用于铁路机车、船舶上的锅炉以及列车电站和船舶电站的锅炉。

(17)容器爆炸。容器(简称压力容器)是指比较容易发生事故,且事故危害性较大的承受压力载荷的密闭装置。容器爆炸是压力容器破裂引起的气体爆炸,即物理性爆炸,包括容器内盛装的可燃性液化气,在容器破裂后,立即蒸发,与周围的空气混合形成爆炸性气体混合物,遇到火源时产生的化学爆炸,也称容器的二次爆炸。

(18)其他爆炸。凡不属于上述爆炸的事故均列为其他爆炸事故。

(19)中毒和窒息。包括中毒、缺氧窒息、中毒性窒息。

(20)其他伤害。指除上述以外的危险因素,如摔、扭、挫、擦、刺、割伤和非机动车碰撞、轧伤等。

4.按职业健康分类

参照卫健委、人力资源和社会保障部、中华全国总工会等颁发的《职业病范围和职业病患者处理办法的规定》和《职业病分类和目录》,将生产性粉尘、毒物、噪声和振动、高温、低温、辐射(电离辐射、非电离辐射)及其他危险、有害因素分为7类。

三、危险源的识别

根据《公路工程施工安全技术规范》(JTG F90),危险源辨识是指发现、识别危险源的存在,并确定其特性的过程。

危险源的辨识应坚持“横向到边、纵向到底、不留死角”的原则;应做到三个所有,即考虑所有的人员,考虑所有的活动,考虑所有的设备设施。

1. 危险源识别的方法

识别施工现场危险源方法有许多,如现场调查、工作任务分析、安全检查表、危险与可操作性研究、事件树分析、故障树分析等,其中现场调查法是安全管理人员采取的主要方法。

(1)现场调查方法。通过询问交谈、现场观察、查阅有关记录,获取外部信息,加以分析研究,可识别有关的危险源。

(2)工作任务分析。通过分析施工现场人员工作任务中所涉及的危害,可识别出有关的危险源。

(3)安全检查表。运用编制好的安全检查表,对施工现场和工作人员进行系统的安全检查,可识别出存在的危险源。

(4)危险与可操作性研究。危险与可操作性研究是一种对工艺过程中的危险源实行严格审查和控制的技术。它是通过指导语句和标准格式寻找工艺偏差,以识别系统存在的危险源,并确定控制危险源风险的对策。

(5)事件树分析。事件树分析是一种从初始原因事件起,分析各环节事件“成功(正常)”或“失败(失效)”的发展变化过程,并预测各种可能结果的方法,即逻辑分析判断方法。应用这种方法,通过对系统各环节事件的分析,可识别出系统的危险源。

(6)故障树分析。故障树分析是一种根据系统可能发生的或已经发生的事故结果,去寻找与事故发生有关的原因、条件和规律。通过这样一个过程分析,可识别出系统中导致事故的有关危险源。

上述几种危险源识别方法从着眼点和分析过程上,都有其各自特点,也有各自的适用范围或局限性。因此,安全管理人员在识别危险源的过程中,往往使用一种方法,还不足以全面地识别其所存在的危险源,必须综合地运用两种或两种以上方法。

2. 危险源辨识的步骤

危险源辨识的步骤可分为以下几步:

(1)划分作业活动。

(2)危险源辨识。

(3)风险评价。

(4)判断风险是否容许。

(5)制订风险控制措施计划。

3. 危险源识别应注意事项

应充分了解危险源的分布。

(1)从范围上讲,应包括施工现场内受到影响的全部人员、活动与场所,以及受到影响的社区、排水系统等,也包括分包人、供应商等相关方的人员、活动与场所可施加的影响。

(2)从状态上,应考虑以下三种状态:

①正常状态,指固定、例行性且计划中的作业与程序。

②异常状态,指在计划中,但不是例行性的作业。

③紧急状态,指可能或已发生的紧急事件。

(3)从时态上,应考虑到以下三种时态:

①过去,以往发生或遗留的问题。

②现在,现在正在发生的,并持续到未来的问题。

③将来,不可预见什么时候发生且对安全和环境造成较大的影响。

(4)从内容上,应包括涉及所有可能的伤害与影响,包括人为失误,物料与设备过期、老化、性能下降造成的问题。

①弄清危险源伤害与影响的方式或途径。

②确认危险源伤害与影响的范围。

③要特别关注重大危险源与重大环境因素,防止遗漏。

④对危险源与环境因素保持高度警觉,持续进行动态识别。

⑤充分发挥全体员工对危险源识别的作用,广泛听取意见和建议。

第五节　安全生产双重预防机制

一、概述

双重预防机制是指以风险分级管控和隐患排查治理两种手段相结合的生产安全事故预防机制。开展双重预防机制建设,是安全管理工作的发展和进步,并构建安全风险分级管控和隐患排查治理双重预防性工作机制(简称双重预防机制)。

交通运输部印发《公路水路行业安全生产风险管理暂行办法》《公路水路行业安全生产事故隐患治理暂行办法》。

双重预防机制是构筑防范生产安全事故的两道防火墙。第一道是管风险,通过定性定量的方法把风险用数值表现出来,并按等级从高到低依次划分为重大风险、较大风险、一般风险和低风险,让企业结合风险大小合理调配资源,分层分级管控不同等级的风险;第二道是治隐患,排查风险管控过程中出现的缺失、漏洞和风险控制失效环节,整治这些失效环节,动态管控风险。安全风险分级管控和隐患排查治理共同构建起预防事故发生的双重机制,构成两道保护屏障,有效遏制重特大事故的发生。

双重预防机制建设监理的基本要求和工作内容如下。

1.基本要求

(1)双重预防机制是以风险分级管控和隐患排查治理两种手段相结合的生产安全事故预防工作机制。

(2)监理机构应督促并参与施工单位双重预防机制建设,在施工安全风险评估报告的基础上,开展风险分级管控;在重大风险管控的基础上,开展隐患排查治理,提升安全生产整体预控能力,夯实遏制安全事故的基础。

2. 监理工作内容

(1)监理机构应督促施工单位开展安全风险辨识,在安全风险辨识的基础上,开在安全风险评估,编制施工安全风险评估报告,落实安全风险分级管控措施;开展事故隐患排查治理,落实事故隐患排查治理和防控责任制度,改进安全生产工作。

(2)监理机构应审查施工单位报送的安全风险评估报告、安全风险清单、重大安全风险管控措施,审查重大安全事故隐患治理方案;检查施工现场安全风险分布图、安全风险公告栏,检查作业安全风险比较图、岗位安全风险告知卡;参与施工单位隐患排查治理,定期检查隐患排查治理台账的建立和记录情况。

二、基本概念

(1)风险。不确定性对目标的影响。影响是偏离预期,通常指负面的。目标可以是不同方面(如:生命财产安全、环境保护、社会影响等)和层面(如:战略、组织范围、项目、产品和过程)的目标。

(2)风险管理。在风险方面,指导和控制组织的协调活动。

(3)致险因素。促使公路水路行业各类突发事件发生,或增加其发生的可能性,或扩大其损失程度,或增大其不良社会影响的潜在原因或条件。重点关注人、设施设备、环境和管理方面影响公路水路行业安全生产的各项因素。

(4)风险辨识。发现、确认和描述风险的过程。风险辨识包括风险原因和潜在后果的辨识。

(5)风险评估。将风险辨识的结果按照风险评估标准进行评估,以确定风险和(或)其量的大小、级别,及是否可接受或可容许。

(6)风险等级。单一风险或组合风险的大小,以后果和可能性的组合来表达。

(7)可能性。某事件发生的机会。

(8)后果。事件对目标的影响结果。一个事件可以产生一系列的后果。后果可以是确定或不确定的,以及对目标具有积极或消极的影响。

(9)风险管控。应对风险的措施。管控包括应对风险的任何流程、策略、设施设备、操作或其他行动。

(10)风险降低。减少风险的消极后果,降低其发生概率或二者兼有的行为。

三、安全风险分级管控

公路水路行业安全生产风险管理工作应坚持“单位负责、行业监管、动态实施、科学管控”的原则。

1. 分类分级

(1)公路水路行业安全生产风险(以下简称风险)是指生产经营过程中发生安全生产事故的可能性。

(2)风险等级按照可能导致安全生产事故的后果和概率,由高到低依次分为重大、较大、一般和较小四个等级。

①重大风险是指一定条件下易导致特别重大安全生产事故的风险。

②较大风险是指一定条件下易导致重大安全生产事故的风险。

③一般风险是指一定条件下易导致较大安全生产事故的风险。

④较小风险是指一定条件下易导致一般安全生产事故的风险。

以上同时满足两个以上条件的,按最高等级确定风险等级。

2. 辨识、评估

(1)生产经营单位应针对本单位生产经营活动范围及其生产经营环节,按照相关法规标准要求,编制风险辨识手册,明确风险辨识范围、方式和程序。

(2)生产经营单位风险辨识应针对影响发生安全生产事故及其损失程度的致险因素进行,致险因素一般包含以下方面:

①从业人员安全意识、安全与应急技能、安全行为或状态;

②生产经营基础设施、运输工具、工作场所等设施设备的安全可靠性;

③影响安全生产外部要素的可知性和应对措施;

④安全生产的管理机构、工作机制及安全生产管理制度合规和完备性。

(3)生产经营单位安全生产风险辨识分为全面辨识和专项辨识。

全面辨识是生产经营单位为全面掌握地本单位安全生产风险,全面、系统对本单位生产经营活动开展的风险辨识;专项辨识是生产经营单位为及时掌握本单位重点业务、工作环节或重点部位、管理对象的安全生产风险,对本单位生产经营活动范围内部分领域开展的安全生产风险辨识。

全面辨识应每年不少于1次,专项辨识应在生产经营环节或其要素发生重大变化或管理部门有特殊要求时及时开展。安全生产风险辨识结束后应形成风险清单。

(4)生产经营单位应依据风险等级判定指南,对风险清单中所列风险进行逐项评估,确定风险等级以及主要致险因素和控制范围。

①风险评估指标体系确定。

风险等级主要由风险事件发生的可能性(L)、后果严重程度(C)决定。

a. 指标体系分级标准。

a)可能性指标分级标准。

可能性统一划分为五个级别,分别是:极高、高、中等、低、极低。可能性判断标准表见表7-5。

可能性判断标准表 表7-5

序号	可能性级别	发生的可能性	取值区间
1	极高	极易	(9,10]
2	高	易	(6,9]
3	中等	可能	(3,6]
4	低	不大可能	(1,3]
5	极低	极大可能	(0,1]

注:1. 可能性指标取值为区间内的整数或最多一位小数;

2. 区间符号“[ ]”包括等于,“( )”不包括等于,如:(0,1]表示0<取值=1。

b)后果严重程度分级标准。

后果严重程度统一划分为四个级别,特别严重、严重、较严重、不严重。后果严重程度判断标准表见表7-6,后果严重程度等级取值表见表7-7。

后果严重程度判断标准表　　表7-6

后果严重程度	后果严重程度总体判断标准定义
特别严重	(1)人员伤亡,可能发生人员伤亡数量达到《生产安全事故报告和调查处理条例》中特别重大事故伤亡标准; (2)经济损失,可能发生经济损失达到《生产安全事故报告和调查处理条例》中特别重大事故经济损失标准; (3)环境污染:可能造成特别重大生态环境灾害或公共卫生事件; (4)社会影响:可能对国家或区域的社会、经济、外交、军事、政治等产生特别重大影响
严重	(1)人员伤亡,可能发生人员伤亡数量达到《生产安全事故报告和调查处理条例》中重大事故伤亡标准; (2)经济损失,可能发生经济损失达到《生产安全事故报告和调查处理条例》中重大事故经济损失标准; (3)环境污染:可能造成重大生态环境灾害或公共卫生事件; (4)社会影响:可能对国家或区域的社会、经济、外交、军事、政治等产生重大影响
较严重	(1)人员伤亡,可能发生人员伤亡数量达到《生产安全事故报告和调查处理条例》中较大事故伤亡标准; (2)经济损失,可能发生经济损失达到《生产安全事故报告和调查处理条例》中较大事故经济损失标准; (3)环境污染:可能造成较大生态环境灾害或公共卫生事件; (4)社会影响:可能对国家或区域的社会、经济、外交、军事、政治等产生较大影响
不严重	(1)人员伤亡,可能发生人员伤亡数量达到《生产安全事故报告和调查处理条例》中一般事故伤亡标准; (2)经济损失,可能发生经济损失达到《生产安全事故报告和调查处理条例》中一般事故经济损失标准; (3)环境污染:可能造成一般生态环境灾害或公共卫生事件; (4)社会影响:可能对国家或区域的社会、经济、外交、军事、政治等产生较小影响

注:表中同一等级的不同后果之间为"或"关系,即满足条件之一即可。

后果严重程度等级取值表　　表7-7

后果严重程度	后果严重程度取值	后果严重程度	后果严重程度取值
特别严重	10	较严重	2
严重	5	不严重	1

b.指标体系确定方法。

a)可能性指标确定方法。

针对不同作业单元,搜集生产经营单位近年来突发事件发生情况频次数据,并根据最新辨识到的主要致险因素,结合行业实践经验,进行风险事件发生可能性评价,并通过可能性判断标准,进行突发事件发生可能性评分。

b)后果严重程度指标确定方法。

针对不同作业单元,分析风险事件发生后,可能造成的最大人员伤亡、经济损失、环境污染、社会影响,综合参考历史上类似事件后果损失,根据后果严重程度判断标准,进行后果严重程度指标评分。

②风险等级评估标准。

公路水路交通运输行业安全生产风险等级(D)由高到低统一划分为四级:重大、较大、一般、较小。风险等级大小(D)由风险事件发生的可能性(L)、后果严重程度(C)两个指标决定,见式(7-1)。

$$D = L \times C \tag{7-1}$$

风险等级取值区间见表7-8。

风险等级取值区间表 表7-8

风险等级	风险等级取值区间	风险等级	风险等级取值区间
重大	(55,100]	一般	(5,20]
较大	(20,55]	较小	(0,5]

注:区间符号“[ ]”包括等于,“( )”不包括等于,如:区间(0,5]表示0<取值=5。

(5)风险致险因素发生变化超出控制范围的,生产经营单位应及时组织重新评估并确定等级。

生产经营单位重大风险等级评定、等级变更和销号,可委托第三方服务机构进行评估或成立评估组进行评估,出具评估结论生产经营单位成立的评估组成员应包括生产经营单位负责人或安全管理部门负责人和相关业务部门负责人、2名以上相关专业领域具有一定从业经历的专业技术人员。

委托第三方服务机构提供风险管理相关支持工作,不改变生产经营单位风险管理的主体责任。

3. 风险管控

1)一般要求

(1)生产经营单位应依据风险的等级、性质等因素,科学制定管控措施。

(2)生产经营单位应建立风险动态监控机制,按要求进行监测、评估、预警,及时掌握风险的状态和变化趋势。

(3)生产经营单位应严格落实风险管控措施,保障必要的投入,将风险控制在可接受范围内。

(4)生产经营单位应当将风险基本情况、应急措施等信息通过安全手册、公告提醒、标识牌、讲解宣传等方式告知本单位从业人员和进入风险工作区域的外来人员,指导、督促做好安全防范。

(5)生产经营单位应针对本单位风险可能导致的安全生产事故,制定或完善应急措施。

(6)当风险的致险因素超出管控范围,达到预警条件的,生产经营单位应及时发出预警信息,并立即采取针对性管控措施,防范安全生产事故发生。发生安全生产事故的,应按有关规定,及时有效处置。

(7)生产经营单位应对管理范围内风险辨识、评估、登记、管控、应急等情况进行年度总结和分析,针对存在的问题提出改进措施。

(8)生产经营单位应如实记录风险辨识、评估、监测、管控等工作,并规范管理档案。重大风险应单独建立清单和专项档案。

2)重大风险管控与登记

(1)生产经营单位应按下列要求加强重大风险管控:

①对重大风险制定动态监测计划,定期更新监测数据或状态,每月不少于1次,并单独建档。

②重大风险应单独编制专项应急措施。

③重大风险确定后按年度组织专业技术人员对风险管控措施进行评估改进,年度评估报告应在次年1个月内通过交通运输安全生产风险管理系统向属地负有安全生产监督管理职责的交通运输管理部门报送。

④生产经营单位应对进入重大风险影响区域的本单位从业人员组织开展安全防范、应急逃生避险和应急处置等相关培训和演练。

(2)生产经营单位应当在重大风险所在场所设置明显的安全警示标志,标明重大风险危险特性、可能发生的事件后果、安全防范和应急措施。

(3)生产经营单位应当将重大风险的名称、位置、危险特性、影响范围、可能发生的安全生产事故及后果、管控措施和安全防范与应急措施告知直接影响范围内的相关单位或人员。

(4)生产经营单位应当将本单位重大风险有关信息通过公路水路行业安全生产风险管理信息系统进行登记,构成重大危险源的应向属地综合安全生产监督管理部门备案。登记(含重大危险源报备,下同)信息应当及时、准确、真实。

(5)重大风险登记主要内容包括基本信息、管控信息、预警信息和事故信息等。

①基本信息包括重大风险名称、类型、主要致险因素、评估报告,所属生产经营单位的单位名称、联系人及方式等信息。

②管控信息包括管控措施(含应急措施)和可能发生的安全生产事故及影响范围与后果等信息。

③预警信息包括预警事件类型、级别,可能影响区域范围、持续时间、发布(报送)范围,应对措施等。

④事故信息包括重大风险管控失效发生的安全生产事故名称、类型、级别、发生时间、造成的人员伤亡和损失、应急处置情况、调查处理报告等。

⑤填报单位、人员、时间,以及需填报的其他信息。

上述第③④款信息在预警或安全生产事故发生后登记或报备。

(6)重大风险登记分为初次、定期和动态三种方式。

①初次登记,应在评估确定重大风险后5个工作日内填报。

②定期登记,采取季度和年度登记,季度登记截止时间为每季度结束后次月10日;年度登记时间为自然年,截止时间为次年1月30日。

③生产经营单位发现重大风险的致险因素超出管控范围,或出现新的致险因素,导致发生安全生产事故概率显著增加或预估后果加重时,应在5个工作日内动态填报相关异常信息。

(7)重大风险经评估确定等级降低或解除的,生产经营单位应于5个工作日内通过公路水路行业安全生产风险管理系统予以销号。

(8)重大风险管控失效发生安全生产事故的,应急处置和调查处理结束后,应在15个工作日对相关工作进行评估总结,明确改进措施,评估总结应向属地负有安全生产监督管理职责的交通运输管理部门报送。

四、安全隐患排查治理

安全生产隐患,是指生产经营单位违反安全生产法律、法规、规章、标准、规程和安全生产管理制度等规定或因其他因素在生产经营活动中存在的可能导致安全生产事故发生的人的不安全行为、物的不安全状态、场所的不安全因素和管理上的缺陷。

生产经营单位是隐患治理的责任主体,生产经营单位主要负责人对本单位隐患治理工作全面负责,应当部署、督促、检查本单位或本单位职责范围内的隐患治理工作,及时消除隐患。隐患治理工作应坚持"单位负责、行业监管、分级管理、社会监督"的原则。

1. 分级

隐患分为重大隐患和一般隐患两个等级。重大隐患是指极易导致重特大安全生产事故,且整改难度较大,需要全部或者局部停产停业,并经过一定时间整改治理方能消除的隐患或者因外部因素影响致使生产经营单位自身难以消除的隐患。一般隐患是指除重大隐患外,可能导致安全生产事故发生的隐患。

2. 隐患排查治理

(1)施工单位应建立事故隐患排查制度,明确事故隐患排查,告知(预警)、整改、评估验收、报备、奖惩考核、建档等内容,逐级明确事故隐患治理责任,落实到具体岗位和人员。

(2)施工单位应落实事故隐患排查治理和防控责任制度,组织事故隐患排查治理工作,按规定对隐患排查、登记、治理、销号等全过程予以记录,并向从业人员通报,实行常态化、闭环管理。

①排查登记。

施工单位项目负责人应根据所在省统一的排查要求对各施工工序及设备、危险物品、现场环境与驻地等开展一次全面排查,将排查出的事故隐患分级建档,登记编号,对重大事故隐患由业主单位报当地交通运输主管部门。当事故隐患等级可能随时间、外界条件变化时,应注重动态监控并在档案中及时调整其等级,对升级为重大事故隐患的予以补报,对降级的事故隐患亦应相应报告。

②公示公告。

施工项目部应当如实向施工作业班组、作业人员详细告知作业场所和工作岗位存在的危险因素、危险特征及防范措施,由双方签字确认。在作业场所明显部位设置重大事故隐患公示牌;制定应急预案并告知作业人员与现场相关人员,必要时组织演练。

在上述场所应设置明显安全警示标志，在无法封闭施工的工地，还应当悬挂当日施工现场危险告示，以告知路人和社会车辆。

建议事故隐患公示牌不宜小于 40cm×60cm，版面宜采用黄色底版黑色字体，做到 1 个隐患 1 块牌，并根据变化调整，由专职安全员负责动态管理。事故隐患公示牌应包含事故隐患名称、隐患等级、临界危险特征、防控措施、涉险人员名单以及施工责任人、专职安全员、监理人员、业主监督人等信息。

③防范或整改。

施工单位对处在危险区域有潜在危险的驻地坚决搬迁，对有危险的作业点进行有效防范，对施工机具登记管理，在使用维修前应加强检查，对所有隐患的防范措施应一一审核是否有操作性，是否有效。监理单位应加强对防范整改的监督检查，并对施工单位的整改情况加以书面确认。业主单位应制定奖惩措施，对无防范措施或措施无效及整改不力的施工项目部严格惩处，对仍存在重大及特别重大事故隐患的场所、部位立即停工整顿。

④验收销号。

建设单位应制定本项目隐患排查治理的验收销号标准。当有完善有效的防范措施时可验收，但应确保无隐患或施工完工方可销号。在建设单位组织验收销号前，施工单位应先组织自验，项目验收销号结果应按项目管理的隶属关系报交通运输主管部门。对难以按时消除事故隐患的，应制定监控措施，落实责任人和整改时限。

⑤监督检查。

根据事故隐患的严重程度和有关规定，省级交通运输主管部门对存在重大事故隐患的项目，应纳入重点督查计划，落实现场督导人员和措施；对未通过验收或销号的项目，应督促建设单位查清原因，落实监控和治理措施。

(3)施工单位应根据有关法律法规、标准规范等，组织制定各部门、岗位、场所、设备设施的隐患排查治理标准或排查清单，明确隐患排查的时限、范围、内容和要求，并组织开展相应的培训。

隐患排查的范围应包括所有与施工生产相关的场所、人员、设备设施和活动，包括分包单位和供应商等相关服务范围。

(4)施工单位应建立事故隐患日常排查、定期排查和专项排查工作机制。

(5)隐患排查应及时填写记录，依据确定的隐患等级划分标准对发现或排查出的事故隐患进行判别，确定事故隐患等级并进行登记，形成事故隐患清单。应将重大事故隐患向建设单位及安全生产监督管理部门备案。

(6)对于一般事故隐患，事故单位应按照职责分工立即组织整改，确保及时进行治理。

①现场立即整改隐患。

违反操作规程和劳动纪律的行为的隐患，属于人的不安全行为式的一般隐患，排查人员一旦发现，应当要求立即整改，并如实记录，以备对此类行为统计分析，确定是否为习惯性或群体性隐患。有些设备设施方面简单的不安全状态，如安全装置没有启用、现场混乱等物的不安全状态等一般隐患，也可以要求现场立即整改。

②限期整改隐患。

有些隐患难以做到立即整改的，但也属于一般隐患，则应限期整改。限期整改通常由排查人员或排查主管部门对隐患所属单位发出“隐患整改通知”,内容中需要明确列出如隐患情况的排查发现时间和地点、隐患情况的详细描述、隐患发生原因的分析、隐患整改责任的认定、隐患整改负责人、隐患整改的方法和要求、隐患整改完毕的时间要求等。

限期整改需要全过程监督管理,除对整改结果进行“闭环”确认外,也要在整改工作实施期间进行监督,以发现和解决可能临时出现的问题,防止拖延。

(7)对于重大事故隐患,施工单位应当在确定后5个工作日内向直接监管的交通运输主管部门报备,其中涉及民爆用品、危险化学品及特种设备等重大事故隐患的,还应向相应的主管部门报备。

①重大事故隐患整改。

项目主要负责人应组织制定专项隐患治理整改方案,并确保整改措施、责任、资金、时限和预案“五到位”。整改方案包括:

a. 整改的目标和任务;

b. 整改方案或整改期的安全保障措施;

c. 经费和物质保障措施;

d. 整改责任部门和人员;

e. 整改时限和节点要求;

f. 应急处置措施;

g. 跟踪督办及验收部门和人员。

②重大事故隐患挂牌督办。

各级交通运输主管部门应当对以下重大隐患实行挂牌督办:

a. 交通运输主管部门(或项目管辖部门)督查、巡视发现的重大隐患;

b. 企业或个人报告或举报并经查实的重大隐患;

c. 同级安全监管部门移交的重大隐患;

d. 其他需要挂牌督办的重大安全生产问题。

工程重大隐患挂牌督办按照属地管理的原则进行。国家级交通运输主管部门负责监督指导各地区重大隐患挂牌督办工作;省级交通运输主管部门负责挂牌督办下一级交通运输主管部门上报的重大隐患,或认为应当直接督办的重大隐患;设区的市级交通运输主管部门按职责负责督办本地区存在的重大隐患。

涉及跨地区、跨部门的工程项目存在重大隐患的,由项目管辖部门进行挂牌督办;对于问题特别严重、可能导致重特大事故或重大不良社会影响的重大隐患,可视情况上报省、自治区、直辖市交通运输主管部门或同级政府安全生产委员会挂牌督办。重大隐患应由其他部门处理的,移送其他部门并登记备查。

(8)施工单位在事故隐患整改过程中应采取相应的监控防范措施,防止发生次生事故。

(9)事故隐患整改完成后,施工单位应按规定成立事故隐患整改验收组进行专项验收或组织专家对重大事故隐患治理情况进行评估,出具整改验收意见,并签字确认。重大事故隐患整改验收通过的,施工单位应将验收结论向建设单位及安全生产监督管理部门、直接监管的交通运输主管部门报备,并申请销号。

(10)施工单位应对重大事故隐患形成原因及整改工作进行分析评估,及时完善相关制度和措施，依据有关规定和制度对相关责任人进行处理，并开展有针对性的教育培训。

(11)施工单位应对事故隐患排查治理情况如实记录，建立相关台账，并定期对本单位事故隐患治理情况进行统计分析，及时梳理、发现安全问题和趋势，形成统计分析报告，改进安全生产工作。

第六节　生产安全事故等级、处理依据和程序

一、生产安全事故等级

公路水运工程生产安全事故是指经依法审批、核准或者备案的公路水运工程项目新建、改建和扩建活动中发生的生产安全事故。根据交通运输部办公厅发布的《公路水运工程生产安全事故应急预案》规定，公路水运工程生产安全事故按照人员伤亡(含失踪)、涉险人数、直接经济损失、影响范围等因素，分为四级：Ⅰ级(特别重大)事故、Ⅱ级(重大)事故、Ⅲ级(较大)事故和Ⅳ级(一般)事故。

1.Ⅰ级(特别重大)事故

有下列情形之一的，为Ⅰ级(特别重大)事故(以下简称Ⅰ级事故)：

(1)造成30人以上死亡(含失踪)，或危及30人以上生命安全；

(2)100人以上重伤；

(3)直接经济损失1亿元以上；

(4)国务院责成交通运输部组织处置的事故。

2.Ⅱ级(重大)事故

有下列情形之一的，为Ⅱ级(重大)事故(以下简称Ⅱ级事故)：

(1)造成10人以上死亡(含失踪)，或危及10人以上生命安全；

(2)50人以上重伤；

(3)直接经济损失5000万元以上；

(4)省政府责成省级交通运输主管部门组织处置的事故。

3.Ⅲ级(较大)事故

有下列情形之一的，为Ⅲ级(较大)事故(以下简称Ⅲ级事故)：

(1)造成3人以上死亡(含失踪)，或危及3人以上生命安全；

(2)10人以上重伤；

(3)直接经济损失1000万元以上。

4.Ⅳ级(一般)事故

有下列情形之一的，为Ⅳ级(一般)事故(以下简称Ⅳ级事故)：

(1)造成3人以下死亡(含失踪)，或危及3人以下生命安全；

(2)10人以下重伤；

(3)直接经济损失1000万元以下。

本条所称的“以上”包括本数,“以下”不包括本数。公路水运工程生产安全事故同时符合本条规定的多个分级情形的,按照最高级别认定。

省级交通运输主管部门可以结合本地区实际情况,对Ⅱ级、Ⅲ级和Ⅳ级事故分类情形进行细化补充。

二、防止建设工程安全事故的基本方法

通过关于安全事故的致因理论的介绍,基本可以得出一个一致的结论,人的不安全行为与物的不安全状态是产生事故的直接原因,只要能够消除人的不安全行为与物的不安全状态,可以预防98%的事故。而事故的间接原因对于不同的国家、不同的行业及不同的企业则有不同的情况。

预防建设工程安全事故的基本的方法如下:

(1)建立健全安全生产管理制度。从制度上来减少人的不安全行为和物的不安全状态。通过制度来提高人们的安全防护意识,强化安全防护技术的应用,保证必要的安全设施与措施费用,杜绝只强调生产而忽视安全的行为,同时也通过制度对违反规定的行为进行必要的惩戒。

(2)强化安全教育。安全教育可以提高施工人员的安全操作技能与人们的安全意识,对防止人的不安全行为有非常重要的作用。专业安全人员及施工队长、班组长是预防事故的关键,他们工作的好坏对能否做好预防事故工作有重要影响。

(3)统一管理生产与安全工作,不断审查和改进技术方案和安全防护技术。通过安全防护技术的应用既消除物的不安全状态,还可以消除人的不安全行为。施工生产企业应有足够的安全投入来实施安全防护措施。把安全技术费用纳入成本管理之中。

(4)对工程技术方案进行审查与改进,强化安全防护技术。

(5)对作业工人进行安全教育,强化他们的安全意识。对不适宜从事某种作业的人员进行调整。

(6)必要的安全与防护装置与工具,必要的检查与监督以及必要的惩戒。

这六种最基本的安全对策后来被归纳为众所周知的3E原则,即:

(1)Engineering——工程技术:对工程技术进行层层把关,确保技术的安全可靠性,运用工程技术手段消除不安全因素,实现生产工艺、机械设备等生产条件的安全。

(2)Education——教育:利用各种形式的教育和训练,使职工树立“安全第一”的思想,掌握安全生产所必需的知识和技能。

(3)Enforcement——强制:借助于规章制度、法规等必要的行政乃至法律的手段约束人们的行为。

一般地讲,在选择安全对策时,应该首先考虑工程安全技术措施,如电器设备的接地装置、起重机挂钩的防脱落保险装置等,然后是教育训练。实际工作中,应该针对不安全行为和不安全状态的产生原因,灵活地采取对策。例如:针对职工的不正确态度问题,应该考虑工作安排上的心理学和医学方面的要求,对关键岗位上的人员要认真挑选,并且加强教育和训练;如能从工程技术上采取措施,则应优先考虑。对于职工技术不足的问题,应该加强教育和训练,提高其知识水平和操作技能;尽可能地根据人机工程学的原理进行工程技术方面的改进,降低操

作的复杂程度。为了解决职工身体不适的问题,在分配工作任务时要考虑心理学和医学方面的要求,并尽可能从工程技术上改进,降低对人员素质的要求。对于不良的物理环境,则应采取恰当的工程技术措施来改进。

消除人的不安全行为可避免事故。但是应该注意到,人与机械设备不同,机器在人们规定的约束条件下运转,自由度较少;而人的行为受各自思想的支配,有较大的行为自由性。这种行为自由性一方面使人具有做好安全生产的能动性;另一方面也可能使人的行为偏离预定的目标,产生不安全行为。由于人的行为受到许多因素的影响,控制人的行为是一件较为困难的工作。

消除物的不安全状态也可以避免事故。通过改进生产工艺,设置有效安全防护装置,根除生产过程中危险条件,使得即使人员产生了不安全行为也不致酿成事故。在安全工程中,把机械设备、物理环境等生产条件的安全称作本质安全。在所有的安全措施中,首先应该考虑的就是实现生产过程、生产条件的安全。但是,受实际的技术、经济条件等客观条件的限制,完全地杜绝生产过程中的危险因素几乎是不可能的,只能努力减少、控制不安全因素,使事故不容易发生。

即使在采用了工程技术措施,减少、控制了不安全因素的情况下,仍然要通过教育、训练和规章制度来规范人的行为,避免不安全行为的发生。

在人机协调作业的建设工程施工过程中,人与机器在一定的管理和环境条件下,为完成一定的任务,既各自发挥自己的作用,又必须相互联系,相互配合。这一系统的安全性和可靠性不仅取决于人的行为,还取决于物的状态。一般说来,大部分安全事故发生在人和机械的交互界面上,人的不安全行为和机械的不安全状态是导致意外伤害事故的直接原因。因此,工程建设中存在的风险不仅取决于物的可靠性,还取决于人的“可靠性”。根据统计数据,由于人的不安全行为导致的事故大约占事故总数的88%。预防和避免事故发生的关键是从工程项目施工开始,就应用人机工程学的原理和方法,通过正确的管理,努力消除各种不安全因素,建立“人—机—环境”相协调工作及操作的机制。

三、安全生产事故报告与处理

《建设工程安全生产管理条例》第五十条规定:施工单位发生安全生产事故,应当按照国家有关伤亡事故报告和调查处理的规定,及时、如实地向负责安全生产监督管理的部门、建设行政主管部门或者其他有关部门报告;特种设备发生事故的,还应当同时向特种设备安全监督管理部门报告。接到报告的部门应当按照国家有关规定,如实上报。实行施工总承包的建设工程,由总承包单位负责上报事故。

一旦发生安全生产事故时,及时报告有关部门是及时组织抢救的基础,也是认真进行调查分清责任的基础。因此施工单位在发生产安全事故时,不能隐瞒事故情况。

1. 事故报告

工地发生安全生产事故后,企业、项目部除立即组织抢救伤员,采取有效措施防止事故扩大和保护事故现场,做好善后处理工作外,还应按表7-9规定报告有关部门。

事故报告规定　　表 7-9

事故类型	上报部门	时　限	报告有关部门
一般事故	施工企业	单位负责人接到报告后,应当于1小时内	向事故发生地县级以上人民政府应急管理部门和负有安全生产监督管理职责的有关部门报告。上报至设区的市级人民政府应急管理部门和负有安全生产监督管理职责的有关部门
较大事故	施工企业	单位负责人接到报告后,应当于1小时内	向事故发生地县级以上人民政府应急管理部门和负有安全生产监督管理职责的有关部门报告,逐级上报至省、自治区、直辖市人民政府应急管理部门和负有安全生产监督管理职责的有关部门
特别重大事故、重大事故	施工企业	单位负责人接到报告后,应当于1小时内	向事故发生地县级以上人民政府应急管理部门和负有安全生产监督管理职责的有关部门报告,逐级上报至国务院应急管理部门和负有安全生产监督管理职责的有关部门

1)施工单位事故报告要求

事故发生后,事故现场有关人员应当立即向施工单位负责人报告;施工单位负责人接到报告后,应当于1小时内向事故发生地县级以上人民政府应急管理部门和交通运输主管部门报告。情况紧急时,事故现场有关人员可以直接向事故发生地县级以上人民政府应急管理部门和交通运输主管部门报告。实行施工总承包的建设工程,由总包单位负责上报事故。

2)交通运输主管部门事故报告要求

《交通运输行业建设工程生产安全事故统计报表制度》中的有关规定:

(1)发生的生产安全事故经核实清楚后,事故单位应向建设单位、项目的安全监管机构、当地人民政府交通运输部门、应急管理部门等部门报告。

(2)发生1人以上(含1人)死亡的生产安全事故,事故单位应在1小时内按照交通运输行业建设工程生产安全事故统计快报表的要求向建设单位、项目的安全监管机构、当地人民政府交通运输部门报告。项目的安全监管机构、当地人民政府交通运输部门报告应逐级上报至省级交通运输主管部门,每级不超过2小时。

(3)省级交通运输主管部门应在接到报告后2小时内,按照交通运输行业建设工程生产安全事故统计快报表的要求及时统计,上报交通运输部,并及时续报事故救援进展、事故调查处理及结案情况。

(4)省级交通运输主管部门必须于次月5日前,将本月本辖区发生的伤亡事故(包括人员死亡、重伤以及经济损失等事故)统计汇总后,按交通运输行业建设工程生产安全事故统计月报表要求上报交通运输部。已上报交通运输行业建设工程生产安全事故统计快报表的事故应将最新情况继续填报,没有发生生产安全事故的省份统计零事故报送月报表。

(5)快报表报送超过规定时限,视为迟报。月报表于次月5日前未报送的,应说明情况,无故超过24小时后,视为迟报。快报表和月报表因过失未填写报送有关重要项目的,视为漏报;故意不属实上报有关重要内容的,经查证属实的,视为谎报;故意隐瞒已发生的事故,经有关部门查证属实的，视为瞒报；存在以上行为的，视情节在行业内给予通报，构成犯罪的，依法追究刑事责任。

（6）上报过程出现错报的情况，发现后应及时报送更正后的报表。如超过 48 小时，一经发现，视为谎报。

3）事故报告内容

（1）事故发生单位概况；

（2）事故发生的时间、地点以及事故现场情况；

（3）事故的简要经过；

（4）事故已经造成或者可能造成的伤亡人数（包括下落不明的人数）和初步估计的直接经济损失；

（5）已经采取的措施；

（6）其他应当报告的情况。

自事故发生之日起 30 日内，事故造成的伤亡人数发生变化的，应当及时补报。道路交通事故、火灾事故自发生之日起 7 日内，事故造成的伤亡人数发生变化的，应当及时补报。

2. 事故调查处理

1）事故调查权限

特别重大事故由国务院或者国务院授权有关部门组织事故调查组进行调查。

重大事故、较大事故、一般事故分别由事故发生地省级人民政府、设区的市级人民政府、县级人民政府负责调查，可以直接调查，也可以授权有关部门组织事故调查组进行调查。

未造成人员伤亡的一般事故，县级人民政府也可以委托事故发生单位事故调查组进行调查。

2）事故处理

重大事故、较大事故、一般事故负责调查的人民政府应当自收到事故调查报告之日起 15 日内做出批复；特别重大事故 30 日内做出批复，特殊情况下，可以延长，但延长的时间不得超过 30 日。安全生产事故处理依据如下：

（1）安全事故实况资料（时间、地点、描述、纪录、照片、录像等）；

（2）有关合同及合同文件；

（3）有关技术文件和档案；

（4）相关建设工程法律法规和标准规范。

3. 生产安全事故罚款处罚规定

1）《中华人民共和国安全生产法》相关规定

第一百零九条：发生生产安全事故，对负有责任的生产经营单位除要求其依法承担相应的赔偿等责任外，由安全生产监督管理部门依照下列规定处以罚款：

（1）发生一般事故的，处二十万元以上五十万元以下的罚款；

（2）发生较大事故的，处五十万元以上一百万元以下的罚款；

（3）发生重大事故的，处一百万元以上五百万元以下的罚款；

（4）发生特别重大事故的，处五百万元以上一千万元以下的罚款；情节特别严重的，处一千万元以上二千万元以下的罚款。

2)《生产安全事故罚款处罚规定(试行)》相关规定

2015 年 4 月 2 日《生产安全事故报告和调查处理条例罚款处罚暂行规定》更名为《生产安全事故罚款处罚规定(试行)》,自 2015 年 5 月 1 日起施行。

(1)第十四条:事故发生单位对造成 3 人以下死亡,或者 3 人以上 10 人以下重伤(包括急性工业中毒,下同),或者 300 万元以上 1000 万元以下直接经济损失的一般事故负有责任的,处 20 万元以上 50 万元以下的罚款。

事故发生单位有本条第一款规定的行为且有谎报或者瞒报事故情节的,处 50 万元的罚款。

(2)第十五条:事故发生单位对较大事故发生负有责任的,依照下列规定处以罚款:

①造成 3 人以上 6 人以下死亡,或者 10 人以上 30 人以下重伤,或者 1000 万元以上 3000 万元以下直接经济损失的,处 50 万元以上 70 万元以下的罚款;

②造成 6 人以上 10 人以下死亡,或者 30 人以上 50 人以下重伤,或者 3000 万元以上 5000 万元以下直接经济损失的,处 70 万元以上 100 万元以下的罚款。

事故发生单位对较大事故发生负有责任且有谎报或者瞒报情节的,处 100 万元的罚款。

(3)第十六条:事故发生单位对重大事故发生负有责任的,依照下列规定处以罚款:

①造成 10 人以上 15 人以下死亡,或者 50 人以上 70 人以下重伤,或者 5000 万元以上 7000 万元以下直接经济损失的,处 100 万元以上 300 万元以下的罚款;

②造成 15 人以上 30 人以下死亡,或者 70 人以上 100 人以下重伤,或者 7000 万元以上 1 亿元以下直接经济损失的,处 300 万元以上 500 万元以下的罚款。

事故发生单位对重大事故发生负有责任且有谎报或者瞒报情节的,处 500 万元的罚款。

(4)第十七条:事故发生单位对特别重大事故发生负有责任的,依照下列规定处以罚款:

①造成 30 人以上 40 人以下死亡,或者 100 人以上 120 人以下重伤,或者 1 亿元以上 1.2 亿元以下直接经济损失的,处 500 万元以上 1000 万元以下的罚款;

②造成 40 人以上 50 人以下死亡,或者 120 人以上 150 人以下重伤,或者 1.2 亿元以上 1.5亿元以下直接经济损失的,处 1000 万元以上 1500 万元以下的罚款;

③造成 50 人以上死亡,或者 150 人以上重伤,或者 1.5 亿元以上直接经济损失的,处 1500 万元以上 2000 万元以下的罚款。

事故发生单位对特别重大事故负有责任且有下列情形之一的,处 2000 万元的罚款:

①谎报特别重大事故的;

②瞒报特别重大事故的;

③未依法取得有关行政审批或者证照擅自从事生产经营活动的;

④拒绝、阻碍行政执法的;

⑤拒不执行有关停产停业、停止施工、停止使用相关设备或者设施的行政执法指令的;

⑥明知存在事故隐患,仍然进行生产经营活动的;

⑦一年内已经发生 2 起以上较大事故,或者 1 起重大以上事故,再次发生特别重大事故的;

⑧地下矿山矿领导没有按照规定带班下井的。

第八章　安全生产管理目标控制监理工作

第一节　安全监理的工作依据、目标和作用

一、安全监理的工作依据

公路水运建设工程安全监理工作的依据包括有关安全生产、劳动保护、环境保护、消防等的法律法规和标准规范，建设工程批准文件和设计文件、建设工程委托监理合同和有关的建设工程合同等。

1. 有关安全生产、劳动保护等的法律法规和标准规范

有关交通建设工程安全生产、劳动保护等的法律法规和标准规范包括：《中华人民共和国安全生产法》《中华人民共和国公路法》《中华人民共和国港口法》《中华人民共和国劳动法》《中华人民共和国环境保护法》《中华人民共和国消防法》《建设工程安全生产管理条例》《公路水运工程安全生产监督管理办法》等法律法规，《公路建设市场管理办法》《水运建设市场管理办法》《公路建设监督管理办法》等部门规章以及地方性法规等，也包括《建设工程安全生产管理条例》《工程建设标准强制性条文》《公路水运工程生产安全事故等级标准》《公路工程施工监理规范》《公路水运工程生产安全事故应急预案》，以及有关的工程安全技术标准、规范、规程等。

2. 建设工程批准文件

建设工程批准文件包括：批准的可行性研究报告、建设项目选址意见书、建设用地规划许可证、建设工程规划许可证、施工许可证以及初步设计文件、施工图设计文件等。

3. 委托监理合同和有关的建设工程合同文件

工程监理单位应当根据两类合同进行安全监理。这两类合同包括：工程监理单位与建设单位签订的建设工程委托监理合同，建设单位与施工单位签订的有关建设工程合同。

二、安全监理的工作目标

《建设工程安全生产管理条例》第四条规定："设计单位、施工单位、监理单位及其他与建设工程安全生产有关的单位，必须遵守安全生产法律法规的规定，保证建设工程的安全生产，依法承担建设工程的安全生产责任。"从法律上赋予了监理安全生产责任。

安全监理履行安全生产管理的监理职责，其管理的目标是：实现安全生产，减少和控制危害，减少和控制事故发生，尽量减轻事故所造成的损失。

三、安全监理的作用

公路水运建设工程安全监理在我国交通工程建设领域已推行十多年,在建设工程中发挥了重要作用,也取得了显著的成效,其作用主要表现在以下几个方面。

1. 有利于防止或减少生产安全事故,保障人民群众生命和财产安全

我国建设工程规模逐步加大,建设领域安全事故起数和伤亡人数一直居高不下,个别地区施工现场安全生产情况仍然十分严峻,给广大人民群众的生命和财产带来巨大损失。实施建设工程安全监理,监理工程师是既懂工程技术、经济、法律又懂安全管理的专业人士,有能力及时发现建设工程实施过程中出现的安全隐患,并要求施工单位及时整改、消除,从而有利于防止和减少生产安全事故的发生,也就保障了广大人民群众的生命和财产安全,保障了国家公共利益,从而维护了社会安全稳定。

2. 有利于实现工程投资效益最大化

实施建设工程安全监理,由监理工程师进行施工现场安全生产的监督管理,防止和减少生产安全事故的发生,既保证了建设工程质量也保证了施工进度顺利开展,从而保证了建设工程整体进度计划的实现,有利于投资的正常回收,实现投资效益的最大化。

3. 有利于规范工程建设参与各方主体的安全生产行为

在建设工程安全监理实施过程中,监理工程师采用事前、事中和事后控制相结合的方式,对建设工程安全生产的全过程进行动态监督管理,可以有效地规范各施工单位的安全生产行为,最大限度地避免不当生产行为的发生。即使出现不当生产行为,也可以及时加以制止,最大限度地减少其不良后果。此外,由于建设单位不了解建设工程安全生产等有关的法律法规、管理程序等,也可能发生不当生产行为。为此,监理工程师可以向建设单位提出适当的建议,从而也有利于规范建设单位的安全生产行为。

4. 有利于提高建设工程安全生产管理水平

实施建设工程安全监理,通过对建设工程安全生产实施三重监控,即施工单位自身的安全控制、政府的安全生产监督管理、工程监理单位的安全监理。一方面,有利于防止和避免安全事故;另一方面,政府通过改进市场监管方式,充分发挥市场机制,通过工程监理单位、安全中介服务公司等的介入,对施工现场安全生产的监督管理,改变以往政府被动的安全检查方式,共同形成安全生产监管合力,从而提高我国建设工程安全生产管理水平。

5. 有利于建设工程安全生产保证机制的形成

实施建设工程安全监理,有利于建设工程安全生产保证机制的形成,即施工企业负责、监理中介服务、政府市场监管,从而保证我国建设领域安全生产。

第二节　生产安全事故应急救援预案

交通运输部为切实加强公路水运工程生产安全事故的应急管理工作,指导、协调各地建立完善应急预案体系,有效应对生产安全事故,保障公路水运工程建设正常实施,于 2018 年 3 月

27 日印发了《公路水运工程生产安全事故应急预案》。

交通建设工程生产经营单位安全生产事故应急预案是国家交通建设工程安全生产应急预案体系的重要组成部分。制订交通建设工程生产经营单位安全生产事故应急预案是贯彻落实“安全第一、预防为主、综合治理”方针，规范交通建设工程生产经营单位应急管理工作，提高交通行业快速反应能力，及时、有效地应对重大安全生产事故，保证职工安全健康和公众生命安全，最大限度地减少财产损失、环境损害和社会影响的重要措施。

应急管理是一项系统工程，交通建设工程生产经营单位的组织体系、管理模式、风险大小以及生产规模不同，应急预案体系构成不完全一样。交通建设工程生产经营单位应结合本单位的实际情况，分别制订相应的应急预案，形成体系，互相衔接，并按照统一领导、分级负责、条块结合、属地为主的原则，与地方人民政府和相关部门应急预案相衔接。

应急处置方案是应急预案体系的基础，应做到事故类型和危害程度清楚，应急管理责任明确，应对措施正确有效，应急响应及时迅速，应急资源准备充分，立足自救。

应急预案是指针对可能发生的事故，为迅速、有序地开展应急行动而预先制订的行动方案；应急准备是指针对可能发生的事故，为迅速、有序地开展应急行动而预先进行的组织准备和应急保障；应急响应是指事故发生后，有关组织或人员采取的应急行动；应急救援是指在应急响应过程中，为消除、减少事故危害，防止事故扩大或恶化，最大限度地降低事故造成的损失或危害而采取的救援措施或行动。

应急预案制度建设是为了能够及时组织有效的应急救援行动、降低危害后果。因此，施工单位必须依法对此项制度的建设引起高度的重视并满足相关要求。监理的安全管理工作将从以下几点对施工单位的应急预案建设进行检查、督促。

一、安全生产应急管理一般规定

(1)工程项目安全生产应急管理应遵循“以人为本、安全第一、居安思危、预防为主”的原则。

(2)工程参建单位应根据建设工程施工的特点、范围，对施工现场易发生重大生产安全事故的部位、环节进行监控，并制订施工现场生产安全事故应急预案。

(3)实行施工总承包的，由总承包单位统一组织编制建设工程生产安全事故应急预案，工程总承包单位和分包单位应按照应急预案做好应急管理工作。

(4)工程参建单位应建立应急救援组织或者配备应急救援人员，明确兼职队伍人数。原则上，合同价不大于 5000 万元的，人数不少于 15 人；5000 万元以上的，每增加 3000 万元，人数增加 5 人。应配备必要的应急救援器材、设备，并定期组织演练。

(5)生产安全事故发生后，工程参建单位应按照《生产安全事故报告和调查处理条例》(2007 年国务院令第 493 号)规定，及时、准确报告安全生产事故内容，保护事故现场，配合事故调查处理工作。

二、应急预案的编制程序

1. 编制准备

编制应急预案应做好以下准备工作：

(1)全面分析本单位危险因素、可能发生的事故类型及事故的危害程度。

(2)排查事故隐患的种类、数量和分布情况,并在隐患治理的基础上,预测可能发生的事故类型及其危害程度。

(3)确定事故危险源,进行风险评估。

(4)针对事故危险源和存在的问题,确定相应的防范措施。

(5)客观评价本单位应急能力。

(6)充分借鉴国内外同行业事故教训及应急工作经验。

2.编制程序

1)编制依据

(1)法律法规和有关规定。

(2)相关的应急预案。

2)应急预案编制工作组

结合本单位部门职能分工,成立以单位主要负责人为领导的应急预案编制工作组,明确编制任务、职责分工,制订工作计划。

3)资料收集

收集应急预案编制所需的各种资料(相关法律法规、应急预案、技术标准、国内外同行业事故案例分析、本单位技术资料等)。

4)危险源与风险分析

在危险因素分析及事故隐患排查、治理的基础上,确定本单位的危险源、可能发生事故的类型和后果,进行事故风险分析,并指出事故可能产生的次生、衍生事故,形成分析报告,分析结果作为应急预案的编制依据。

5)应急能力评估

对本单位应急装备、应急队伍等应急能力进行评估,并结合本单位实际,加强应急能力建设。

6)应急预案编制

针对可能发生的事故,按照有关规定和要求编制应急预案。应急预案编制过程中,应注重全体人员的参与和培训,使所有与事故有关人员均掌握危险源的危险性、应急处置方案和技能。应急预案应充分利用社会应急资源,与地方政府预案、上级主管单位以及相关部门的预案相衔接。

7)应急预案评审与发布

应急预案编制完成后,应进行评审。内部评审由本单位主要负责人组织有关部门和人员进行;外部评审由上级主管部门或地方政府负责安全管理的部门组织审查。评审后,按规定报有关部门备案,并经生产经营单位主要负责人签署发布。

三、安全事故应急预案体系的构成

交通建设工程项目应急预案一般分为总体预案、专项预案和现场应急处置方案。

(1)总体预案包括项目总体预案和施工合同段总体预案。项目总体预案由建设单位根据项目特点，在对项目进行安全风险评估的基础上制订；施工合同段总体预案由施工单位根据施工合同段工程特点和施工组织设计，在对施工工序进行安全风险评估的基础上制订。项目总体预案由建设单位技术负责人组织编写，报其上级主管单位备案。施工合同段总体预案由施工单位技术负责人组织编写，驻地监理工程师审核，总监理工程师审批，报建设单位备案。

(2)专项预案是指按照地方政府、行业主管部门要求和施工专业特点编制的具有针对性的预案，如汛期编制防台风预案、防汛预案，森林地区施工时编制森林防火预案等。一般由施工单位技术负责人组织编写，驻地监理工程师审核，总监理工程师审批。

(3)现场应急处置方案是在对项目主要风险源进行认真详细分析的基础上，针对重大风险源可能引发的生产安全事故，拟定事故处置过程中各级单位和部门详细报告程序、处置流程和应对措施的工作方案。现场应急处置方案由施工单位技术负责人组织编写，驻地监理工程师审核，总监理工程师审批，报建设单位备案。

四、各类应急预案主要内容

1. 总体预案的主要内容

1)项目总体预案

(1)编制依据。

(2)指导思想、实施原则和工作目标。

(3)工程总体概况、危险性较大分部分项工程内容。

(4)危险性较大分部分项工程风险源分析以及相关预防措施。

(5)实施预案的应急组织机构与职责。

(6)预案的启动、实施和演练。

(7)与各施工合同段总体预案、专项预案之间的联动方式。

2)施工合同段总体预案

(1)编制依据。

(2)指导思想、实施原则和工作目标。

(3)施工合同段工程概况、危险性较大分部分项工程内容。

(4)危险性较大分部分项工程风险源分析以及具体预防措施。

(5)实施预案的应急组织机构与职责。

(6)预案的启动、实施和演练。

(7)与专项预案之间的联动方式。

2. 专项预案的主要内容

(1)编制依据。

(2)指导思想、实施原则和工作目标。

(3)施工合同段工程概况、危险性较大分部分项工程内容。

(4)危险性较大分部分项工程风险源分析以及具体预防措施。

(5)实施预案的应急组织机构与职责。

(6)预案的启动、实施和演练。

(7)与现场处置方案之间的联动方式。

3. 现场应急处置方案的主要内容

1)现场应急处置方案的基本要求

(1)符合有关法律、法规、规章和标准的规定。

(2)各级别单位和部门责任明确,处置行为界面清晰。

(3)重大风险源分析详细透彻,处置措施科学有效。

(4)各级别单位的处置行为衔接紧密,程序连贯。

(5)需要通过演练不断完善。

2)现场应急处置方案的编制要点

(1)编制依据。

(2)确定可能发生的安全事故类型。

(3)应急救援原则。

(4)引发事故的重大风险源。

(5)事故报告程序和责任人。

(6)事故现场各项有针对性的应急处置措施及落实要求。

(7)各级别单位接到事故报告后的应急启动和主要措施。

(8)所有单位的应急过程所遵循的智慧与配合原则。

五、相关单位应急管理职责

1. 项目建设单位

根据法律法规和当地交通主管部门制订的应急预案,编制本单位应急预案,并定期组织演练;组织开展事故应急知识培训和宣传工作;编制本单位年度应急工作资金预算草案;负责联络气象、水利、地质等相关部门,为项目施工单位提供预测信息;对项目施工单位的应急工作进行日常监督检查;及时向当地交通主管部门、地方安全监管部门报告事故情况。

2. 项目施工单位

根据法律法规和当地交通主管部门制订的应急预案,认真分析施工作业环境危害因素,充分考虑各类自然灾害影响,因地制宜制订有针对性和时效性的应急预案;建立本项目部应急救援组织,配备应急救援器材、设备,并定期组织演练;编制本项目年度应急工作资金预算草案;对本项目部人员进行安全生产培训、教育;对施工过程中重大安全技术问题组织专家进行专项研究,必要时可向当地交通运输主管部门申请帮助;及时向建设单位、当地交通运输主管部门、地方安全监管部门报告事故情况。

3. 项目监理机构

督促施工单位编制安全专项施工方案和生产安全事故应急预案,审批施工单位报送的安全专项施工方案。检查施工单位是否编制并向监理机构、建设单位、质量安全监督机构报送了生产安全事故应急预案,检查施工单位是否对应急预案进行了演练。

监督检查施工单位是否按照批准的安全专项施工方案施工。一旦发生生产安全事故,督促施工单位立即启动应急预案并向建设单位、质量安全监督机构、地方政府工程建设主管部门报告。

核查施工单位的应急预案，监督安全专项施工方案或安全技术措施的实施；对危险性较大的分部分项工程进行重点巡查，对发现的安全事故隐患及时责令改正；严格安全防护措施和应急措施的月度计量支付管理；及时向建设单位、当地交通运输主管部门、地方安全监管部门报告事故情况，配合事故调查、分析和处理工作；对现场监理人员进行安全教育，配备必要的安全防护用品。

六、应急预案培训与演习

要以“加强基础、突出重点、边练边战、逐步提高”为原则作为应急救援培训与演习的指导思想，以锻炼和提高应急队伍在突发事故情况下快速封闭事故现场、及时营救伤员、正确指导和帮助人员防护或撤离为目的，有效消除危害后果，开展现场急救和伤员转送等应急救援技能练习，有效提高应急反应综合素质，有效降低事故危害，减少事故损失。

1. 应急培训主要内容

基本应急培训是指对参与应急行动所有相关人员进行的应急培训，要求应急人员了解和掌握如何识别危险、如何采取必要的应急措施、如何启动紧急警报系统、如何安全疏散人群等基本操作，尤其是火灾应急培训以及危险品事故应急的培训。因此，培训中要加强与灭火操作有关的训练，强调危险品事故的不同应急水平和注意事项等内容。

1)报警

(1)使应急人员了解并掌握如何利用身边的工具最快最有效地报警，比如使用移动电话(手机)、固定电话、寻呼机、无线电、网络或其他方式报警。

(2)使应急人员熟悉发布紧急情况通告的方法，如使用警笛、警钟、电话或广播等。

(3)当事故发生后，为及时疏散事故现场的所有人员，应急队员应掌握如何在现场贴发警示标志。

2)疏散

为避免事故中不必要的人员伤亡，应培训足够的应急队员在事故现场安全、有序地疏散被困人员或周围人员。对人员疏散的培训主要在应急演习中进行，通过演习还可以测试应急人员的疏散能力。

3)火灾应急培训

如上所述，由于火灾的易发性和多发性，对火灾应急的培训显得尤为重要。要求应急队员必须掌握必要的灭火技术，以便在着火的初期迅速灭火，降低或减小导致灾难性事故的危险，掌握灭火装置的识别、使用、保养、维修等基本技术。由于灭火主要是消防队员的职责，因此，火灾应急培训主要也是针对消防队员开展的。

4)不同水平应急者培训

针对危险品事故应急，应明确对不同层次应急队员的培训要求。通过培训，使应急人员掌握必要的知识和技能，以识别危险、评价事故危险性、采取正确措施，以降低事故对人员、财产、环境的危害等。具体培训中，通常将应急人员分为五种水平，每一种水平都有相应的培训要求。

(1)初级意识水平应急人员。该水平应急人员通常是处于能首先发现事故险情并及时报警的岗位上的人员,例如保安、门卫、巡查人员等。对其培训要求包括如下几方面:

①确认危险物质并能识别危险物质泄漏迹象;

②了解所涉及的危险物质泄漏的潜在后果;

③了解应急人员自身的作用和责任;

④能确认必要的应急资源;

⑤如果需要疏散,则应限制未经授权人员进入事故现场;

⑥熟悉事故现场安全区域的划分;

⑦了解基本的事故控制技术。

(2)初级操作水平应急人员。该水平应急人员主要参与预防危险品泄漏的操作,以及发生泄漏后的事故应急,其作用是有效阻止危险品的泄漏,降低泄漏事故可能造成的影响。对他们的培训要求包括如下几方面:

①掌握危险品的辨识和危险程度分级方法;

②掌握基本的危险和风险评价技术;

③学会正确选择和使用个人防护设备;

④了解危险品的基本术语以及特性;

⑤掌握危险品泄漏的基本控制操作;

⑥掌握基本的危险品清除程序;

⑦熟悉应急预案的内容。

(3)危险品专业水平应急人员。该水平应急人员的培训应根据有关指南要求来执行,达到或符合指南要求以后才能参与危险品的事故应急。对其培训要求除了掌握上述应急者的知识和技能以外,还包括如下几方面:

①保证事故现场的人员安全,防止不必要伤亡的发生;

②执行应急行动计划;

③识别、确认、证实危险品;

④了解应急救援系统各岗位的功能和作用;

⑤了解特殊化学品个人防护设备的选择和使用;

⑥掌握危险的识别和风险的评价技术;

⑦了解先进的危险品控制技术;

⑧执行事故现场清除程序;

⑨了解基本的化学、生物、放射学的术语及其表示形式。

(4)危险品专家水平应急人员。具有危险品专家水平的应急人员通常与危险品专业人员一起对紧急情况做出应急处置,并向危险品专业人员提供技术支持。因此要求该类专家所具有的关于危险品的知识和信息必须比危险品专业人员更广博、更精深。因此,危险品专家必须接受足够的专业培训,以使其具有相当高的应急水平和能力:

①接受危险品专业水平应急人员的所有培训要求;

②理解并参与应急救援系统的各岗位职责的分配;

③掌握风险评价技术；

④掌握危险品的有效控制操作；

⑤参加一般清除程序的制订与执行；

⑥参加特别清除程序的制订与执行；

⑦参加应急行动结束程序的执行；

⑧掌握化学、生物、物理学的术语及其表示形式。

(5)应急指挥级水平应急人员。该水平应急人员主要负责的是对事故现场的控制并执行现场应急行动,协调应急队员之间的活动和通信联系。该水平的应急人员都具有相当丰富的事故应急和现场管理的经验,由于他们责任重大,要求他们参加的培训应更为全面和严格,以提高应急指挥者的素质,保证事故应急的顺利完成。通常,该类应急人员应该具备下列能力：

①协调与指导所有的应急活动；

②负责执行一个综合性的应急救援预案；

③对现场内外应急资源进行合理调用；

④提供管理和技术监督,协调后勤支持；

⑤协调信息发布和政府官员参与的应急工作；

⑥负责向国家、省市、当地政府主管部门递交事故报告；

⑦负责提供事故和应急工作总结。

不同水平应急人员的培训要与危险品公路运输应急救援系统相结合,以使应急队员接受充分的培训,从而保证应急救援人员的素质。

2. 预案训练和演习类型

(1)可根据演习规模进行桌面演习、功能演习和全面演习。

(2)可根据演习内容进行基础训练、专业训练、战术训练和自选科目训练。

救援队伍的训练可采取自训与互训相结合,岗位训练与脱产训练相结合,分散训练与集中训练相结合的方法。在时间安排上应有明确的要求和规定。在训练前应制订训练计划,训练中应组织考核,演习完毕后应总结经验,编写演习评估报告,对发现的问题和不足予以改进并跟踪。

第三节　施工安全风险评估

一、评估对象与适用范围

1. 评估对象

施工单位应对新建、改建、扩建以及拆除、加固等公路水运工程项目,在施工阶段,按有关规定进行施工安全风险评估。

2. 适用范围

具有以下特点(满足下列条件之一)的公路项目,应开展施工安全风险评估。

1)桥梁工程

(1)多跨或跨径大于40m的石拱桥,跨径大于或等于150m的钢筋混凝土拱桥,跨径大于或等于350m的钢箱拱桥,钢桁架、钢管混凝土拱桥;

(2)跨径大于或等于140m的梁式桥,跨径大于400m的斜拉桥,跨径大于1000m的悬索桥;

(3)墩高或净空大于100m的桥梁工程;

(4)采用新材料、新结构、新工艺、新技术的特大桥、大桥工程;

(5)特殊桥型或特殊结构桥梁的拆除或加固工程;

(6)施工环境复杂、施工工艺复杂的其他桥梁工程。

2)隧道工程

(1)穿越高地应力区、岩溶发育区、区域地质构造、煤系地层、采空区等工程地质或水文地质条件复杂的隧道,黄土地区、水下或海底隧道工程;

(2)浅埋、偏压、大跨度、变化断面等结构受力复杂的隧道工程;

(3)长度3000m及以上的隧道工程,Ⅵ、Ⅴ级围岩连续长度超过50m或合计长度占隧道全长的30%及以上的隧道工程;

(4)连拱隧道和小净距隧道工程;

(5)采用新技术、新材料、新设备、新工艺的隧道工程;

(6)隧道改扩建工程;

(7)施工环境复杂、施工工艺复杂的其他隧道工程。

3)路堑高边坡工程

(1)高于20m的土质边坡、高于30m的岩质边坡;

(2)老滑坡体、岩堆体、老错落体等不良地质体地段开挖形成的不足20m的边坡;

(3)膨胀土、高液限土、冻土、黄土等特殊岩土地段开挖形成的不足20m的边坡;

(4)城乡居民居住区、民用军用地下管线分布区、高压铁塔附近等施工场地周边环境复杂地段开挖形成的不足20m的边坡。

二、评估要求

施工单位应建立安全风险评估管理制度,明确安全风险评估的目的、范围、频次、准则和工作程序等。应在施工安全风险辨识的基础上开展施工安全风险评估。

(1)安全风险评估是指运用定性或定量的统计分析方法对安全风险进行分析,确定其严重程度,对现有控制措施的充分性、可靠性加以考虑,以及对其是否可接受予以确定的过程。

(2)施工单位应从发生危险的可能性和严重程度、可能发生的生产安全事故的特点和危害等方面,对风险因素进行分析,选择合适的风险评估方法,明确风险评估规则。

(3)施工单位应根据风险评估规则,对风险清单逐项评估,确定风险等级。

(4)施工安全风险评估应遵循动态管理的原则,当工程设计方案、施工方案、工程地质、水文地质、施工队伍等发生变化时,应重新进行风险评估。

三、评估内容

依据交通运输部《高速公路路堑高边坡工程施工安全风险评估指南》和《公路桥梁和隧道工程施工安全风险评估指南(试行)》进行风险评估。

公路工程施工安全风险评估分为总体风险评估和专项风险评估,评估工作原则上由项目施工单位具体负责。当被评估项目含多个合同段时,总体风险评估应由建设单位牵头组织,专项风险评估工作仍由合同施工单位具体实施。

1. 总体风险评估

以全线的桥梁、隧道和路堑高边坡为评估对象,根据工程建设规模、地质条件、结构特点等孕险环境与致险因子,评估工程施工期间的整体安全风险大小,确定风险等级并提出控制措施。

公路桥梁和隧道工程施工安全总体风险评估推荐采用风险指标体系法。评估小组可根据工程实际情况,并结合自身经验,对指标体系进行改进。桥梁工程的总体风险评估主要考虑桥梁建设规模、地质条件、气候环境条件、地形地貌、桥位特征及施工工艺成熟度等评估指标;隧道工程的总体风险评估主要考虑隧道地质条件、建设规模、气候与地形条件等评估指标。

路堑高边坡总体风险评估的依据主要有地质勘察报告、施工图设计文件、评估人员的现场调查资料及行业标准、规范等。路堑高边坡总体风险评估方法推荐采用专家调查评估法和指标体系法。评估方法只考虑客观致险因子,不考虑主观因素(如人的素质、管理等)。

2. 专项风险评估

当总体风险评估等级达到Ⅲ级(高度风险)及以上时,将其中高风险的施工作业活动(或施工区段)作为评估对象,根据其安全风险特点,进行风险辨识、分析、估测;并针对其中的重大风险源进行量化评估,划分风险等级,提出风险控制措施。

1)桥梁和隧道工程

通过对施工作业活动中或施工组织设计中的危险源普查,在分析物的不安全状态、人的不安全行为、工艺的不完善、制度的不健全基础上,确定重大危险源和一般危险源。对重大危险源发生事故的概率及损失进行分析,评估其发生重大事故的可能性与严重程度,对照相关风险等级标准,确定专项风险等级。

在专项风险评估中,风险估计和评价是风险评估的重点,风险评价中最关键的是风险因素概率和后果等级的取值。通过对足够的已知数据的分析来找出风险发生的分布规律,从而预测出其发生概率和后果大小;在缺少足够数据的情况下,由评估人员或专家根据隧道实际情况对风险等级进行综合判断。

2)路堑高边坡

路堑高边坡专项风险评估可分为施工前专项评估和施工过程专项评估。路堑高边坡分部分项工程开工前,应完成施工前专项风险评估,形成专项风险评估报告。路堑高边坡专项风险评估单元以单一的工程措施为对象,同时采取两种以上工程措施的,应结合工程实际,进行工序分解。

路堑高边坡施工过程中,出现如下情况之一的,应开展施工过程专项风险评估:

(1)经论证出现了新的重大风险源;

(2)风险源(致险因子)发生了重大变化,如现场揭露地质条件与事前判别的地质条件相差较大、主要施工工艺发生实质性改变、发生生产安全事故或重大险情等情况。

施工过程风险评估报告以报表形式反映,报表中应包含评估指标前后变化对比、现阶段风险评估等级、风险源及防控措施等。

3. 整体风险评估标准

根据宏观管理需要,结合历史风险管理经验,进行区域(领域)范围不同等级风险数量阈值设置。当区域(领域)范围内某一等级的风险数量处于阈值范围内,则认为区域(领域)整体风险等级达到一定级别。当整体风险处于"重大风险"时,应根据"风险管控"要求,积极加强风险管控。

4. 风险等级的调整与变更

风险管理对象初评为"重大风险"后,针对不可接受风险,生产经营单位应针对主要致险因素(人、设施设备、环境、管理),及时通过人、财、物、技术等方面的投入,降低风险等级,经重新评估后可变更风险等级。针对因主、客观因素,不可降低的"重大风险",应积极加强风险管控。

生产经营单位发现新的致险因素出现,或已有主要致险因素发生变化,导致发生风险事件可能性或后果严重程度显著变化时,应及时开展风险再评估,并变更风险等级。

四、施工安全风险评估报告

1. 编制要求

施工单位应根据施工安全辨识和评估,编制施工安全风险评估报告,施工安全风险评估报告的编制应符合下列规定:

(1)施工单位应当实施安全风险管理,建立施工安全风险评估制度,根据建设单位编制的项目工程总体安全风险评估报告,在编制施工组织设计的同时,开展合同段施工安全风险评估,编制合同段专项风险评估报告和重大风险管控方案。

(2)施工单位应成立风险评估小组,进行风险辨识、风险分析、风险估测,提出风险管理措施建议,形成合同段施工安全风险报告。

(3)合同段施工安全风险评估报告应由风险评估小组编制,组织专家评审修改形成最终报告,经评估小组人员及评估组长签名,施工企业技术负责人审核签字后,报监理工程师审核。

(4)评估工作负责人应当具有5年以上的工程管理经验,并有参与类似工程施工的经历,当施工单位的施工经验或能力不足时,可委托行业内安全评估机构承担相关风险评估工作。

(5)施工风险评估报告评审专家组不得少于5人,专家应由建设、设计、勘察、监理、施工等单位具有勘察、设计、施工管理经验的人员组成。

2. 报告内容

1)编制依据

(1)项目风险管理方针及策略;

(2)相关的国家和行业标准、规范;

(3)项目设计和施工方面的文件;

(4)项目各阶段(工程可行性研究、初步设计、详细设计等)审查意见;

(5)设计阶段风险评估意见。

2)工程概况(含现场调查资料)

3)评估过程和评估方法

4)评估内容

(1)总体风险评估;

(2)专项风险评估,包括风险源普查、辨识、分析以及重大风险源的估测。

5)对策措施及建议

6)评估结论

(1)重大风险源风险等级汇总;

(2)Ⅲ级和Ⅳ级风险存在的部位、方式等情况;

(3)评估结果自我评价(分析评估结果的科学性、可行性、合理性)及遗留问题说明。

7)附件(评估计算过程、评估人员信息、评估单位资质信息等)

五、实施要求

(1)施工单位应根据风险评估结论,完善施工组织设计和危险性较大工程专项施工方案,制订相应的专项应急预案,对项目施工过程实施预警预控。专项风险等级在Ⅲ级(高度风险)及以上的施工作业活动(施工区段)的风险控制,还应符合下列规定:

①重大风险源的监控与防治措施、应急预案经施工企业技术负责人和项目总监理工程师审批后,由建设单位组织论证或复评估。

②施工单位应建立重大风险源的监测及验收、日常巡查、定期报告等工作制度,并组织实施。

③施工项目经理或技术负责人在工程施工前应对施工人员进行安全技术教育与交底。施工现场应设立相应的危险告知牌。

④适时组织对典型重大风险源的应急救援演练。

⑤当专项风险等级为Ⅳ级(极高风险)且无法降低时,必须提高现场防护标准,落实应急处置措施,视情况开展第三方施工监测;未采取有效措施的,不得施工。

(2)监理单位在审查工程施工组织设计文件、危险性较大工程专项施工方案、应急预案时,应同时审查施工安全风险评估报告;无风险评估报告,不得签发开工令。

工程开工后,监理单位应督查施工单位安全风险控制措施的落实情况,并予以记录。对施工中存在的重大隐患应及时指出并督促整改,对施工单位拒不整改的,应及时向建设单位及公路工程安全生产监督管理部门报告。

(3)风险评估报告经监理单位审核后应向建设单位报备。建设单位应对极高风险(Ⅳ级)的施工作业,组织专家或安全评估机构进行论证或复评估,提出降低风险的措施建议;当风险无法降低时,应及时调整设计、施工方案,并向公路工程安全生产监督管理部门备案。

(4)各级交通运输主管部门在履行施工安全监督检查职责时,应将施工安全风险评估实施情况纳入检查范围。对极高风险(Ⅳ级)的施工作业应切实加强重点督查。

(5)施工安全风险评估应遵循动态管理的原则,当工程设计方案、施工方案、工程地质、水文地质、施工队伍等发生重大变化时,应重新进行风险评估。

(6)施工安全风险评估工作费用应在项目安全生产费用中列支。

第四节　施工准备阶段安全监理

一、安全监理的工作准备

1. 组织监理人员开展安全教育,确定工作内容

(1)监理单位应根据工程规模和特点,派出能满足施工现场安全管理要求的相关监理人员进驻现场,并对安全监理人员进行培训教育。

①安全监理人员管理工作内容。

工作内容主要是安全监理人员配备及持证、监理人员花名册及人员变动情况、安全培训教育、安全监理日志等。其要点如下:

a. 提供总监、分管安全副总监、安全专监的安全监理培训证件扫描件或复印件。

b. 提供总监办监理人员花名册。花名册有姓名、监理岗位、身份证号、安全监理培训证号、分管范围等。

c. 监理人员在岗记录或离岗记录(可用监理考勤表),以及监理人员变动记录(包含人员变更资料)。

d. 制订监理安全培训教育计划,按计划落实,做好安全培训记录。

e. 填写安全监理日志。

②安全监理人员管理工作职责。

a. 安全专监负责收集总监、分管安全副总监、安全专监的安全培训考试合格证书(或证件)扫描件或复印件,以及监理人员造册登记;行文向建设单位报备,分管安全副总监检查安全专监的工作情况。

b. 安全专监填写安全监理日志,总监或总监授权人及时复查并签名确认;其他监理人员在巡视记录或监理日记上反映管段范围内安全生产管理内容,分管安全副总监或安全专监核查其他岗位监理人员安全生产管理的记录情况。

c. 当安全监理人员变动或岗位变动时,安全专监负责人员变动信息的更新,分管安全副总监负责核查。

d. 分管安全副总监、安全专监制订监理人员培训教育计划,并组织实施。总监检查培训教育计划制订、落实情况。

e. 及时监理安全监理的相关组织结构，在编制监理计划中确定安全监理方案，明确各级监理人员安全职责范围，与建设单位、施工单位建立正常的工作程序和联系渠道。

(2)监理工程师应组织监理人员熟悉设计文件和施工周边环境，学习施工、监理合同文件，熟悉掌握合同文件中的安全监理工作内容和要求，并按照监理计划中的安全监理方案和专项安全监理细则中的内容对监理人员进行安全交底和进入工地现场的自身安全教育。

(3)监理人员应参加技术单位组织的设计交底会，了解设计对结构安全的技术要求和施工过程的安全注意事项。

(4)监理工程师编制的监理计划应包括安全监理方案，并根据工程特点和高危作业的施工，编制专项安全监理细则。

(5)建立和完善安全监理组织网络，确定各项安全监理管理工作内容，指定安全监理责任制及各级监理岗位安全职责，将安全监理责任分解到个监理岗位，纳入监理工作质量考核办法并定期进行检查考核。

(6)审核专项安全施工方案。施工单位编制的专项安全施工方案应由施工单位专业技术人员编制，项目负责人审核，并经施工单位技术负责人批准(规定应组织专家论证的，需附专家论证意见)。在项目开工前，报监理机构，先由专业监理工程师核查，然后由总监理工程师(或驻地监理工程师)审核签字。

(7)审查分包单位安全生产资质。分包工程开工前，安全监理人员应审查施工单位报送的分包单位安全生产许可证、三类人员的安全资格证书及特殊工种作业人员上岗资格证书。

(8)核查进场机械设备及安全设施。施工单位应对进场设备、安全设施的验收(检测)合格证及导致人员的上岗证进行自检验收。自检合格后，报安全监理核查，安全监理核查同意后，方可投入现场使用。

(9)审查工程开工申请报告。工程开工前，施工单位要提出书面开工申请报告，然后由监理工程师审查现场准备情况，如各项安全工作审批手续是否完善；现场技术、管理、施工作业等人员是否到位；机械设备及安全设施等是否已到达现场，并处于安全状态。符合开工条件时，监理工程师批准开工申请，并报建设单位备案。

(10)制定安全监理程序、记录方法和表格。监理工程师应组织相关监理人员根据施工合同文件中安全生产的要求并结合工程项目设计制定安全监理程序。在选用现行《公路工程施工监理规范》(JTG G10)所列表格的基础上，补充、完善并同意指定安全监理工作的各种记录格式、报表，送交建设单位备案。

2. 安全监理计划的编制

1)安全监理计划的编制

安全监理计划应在合同段工程开工之前完成(一般情况下，在进场后一个月内完成)。总监组织安全专监、分管安全副总监负责编制安全监理计划，编制人员、审核人员在安全监理计划总监办内审表签字确认。总监办负责填写安全监理计划审批申请表上报公司审批，公司技术负责人签字确认并盖公司公章。公司审批后，总监办用红头文件以“请示”文种报建设单位审批。

2)安全监理计划的内容

安全监理计划编制内容必须合规，至少包含以下章节及主要内容：

(1)工程概况;

(2)监理依据;

(3)安全监理工作范围、内容、目标及目标分解;

(4)安全监理组织机构、监理岗位职责;

(5)安全监理工作制度建设;

(6)安全监理工作计划;

(7)安全监理人员与设备设施进退场计划;

(8)安全监理控制清单,包含初步认定的危险性较大的分部分项工程一览表;初步认定须复核安全许可验收手续的大中型施工机械和安全设施一览表;初步确定须编制的专项安全监理细则一览表;监理方法与措施;

(9)监理程序及表格。

3)安全监理计划装订

安全监理计划装订顺序要求:封面、建设单位批复文件、总监办请求建设单位对安全监理计划进行批复的文件、总监办向公司报批的表格或文件、目录、安全监理计划正文。最后胶装成册。

3. 安全监理细则

1)安全监理细则的编制

安全监理细则应在安全监理计划批复后开始编制,合同段工程开工之前完成(一般情况下,在进场后一个月内完成)。

各专监、处室主任负责编制安全监理细则,在安全监理实施细则编审表签字确认。安全专监、分管安全副总监负责,其他专监配合编制安全监理细则;编制工作完成后安全专监、分管安全副总监在安全监理实施细则编审表签字确认;安全监理细则由总监负责审批,在安全监理实施细则报审表签署审批意见。总监办以红头文件将审批后的安全监理实施细则印发给总监办职能部门、管段施工单位实施。

危险性较大的分部分项工程必须编制安全监理实施细则。

2)安全监理细则的内容

安全监理实施细则编制内容必须合规,至少包含以下章节及内容:

(1)危险性较大分部分项工程施工现场环境状况和安全监理工作特点;

(2)安全监理人员安排及分工;

(3)现场安全监理检查控制要点;

(4)安全监理工作方法和措施;

(5)监理程序及表格和资料目录。

3)安全监理细则装订

安全监理细则装订顺序要求:封面、总监办红头文件、安全监理细则正文。所有手续齐全后装订成册。

二、核查施工企业资质条件

(1)驻地办应审核施工单位报送的企业安全生产许可证及相应资质等级证书,驻地监理工程师签认后报总监办和建设单位备案。

(2)施工单位及分包单位安全生产许可证及相应等级资质证书应符合下列规定：

①承包类别和承包工程范围应与其资质证书认定的业务范围相适应。

②安全生产许可证及相应等级资质证书应在有效期内。施工过程中，施工单位资质证书或安全许可证已到有效期限，应督促其及时向上级部门办理有关手续，并按规定报监理机构核查备案。

③核查发现施工单位超越本企业资质等级或以其他企业的名义承揽工程、安全生产许可证及相应等级资质证书逾期未办理延期的，应向颁发许可机关、主管部门或监察机关等有关部门举报。

三、审查施工单位安全生产管理体系

(1)检查施工单位安全管理体系中的管理机构，总、分包现场项目经理和专职安全生产管理人员执证上岗、安全员数量配备情况。认真进行施工单位安全人员管理与培训检查。

①检查内容。

在开工令下达之前完成(一般在进场后一个月内完成)检查工作。主要检查施工单位安全生产管理人员履约到位、持证情况。其要点如下：

a. 总监办检查前发文通知被检单位，明确检查时间、内容、准备书面材料等。

b. 检查企业主要负责人、项目负责人、专职安全生产管理人员(简称"三类人员")持证合规性。施工单位填施工单位安全生产管理体系审查台账，并提交以下资料：企业主要负责人安全证件、项目负责人、专职安全生产管理人员安全证件彩印件一式三份，并加盖项目经理部公章。

c. 检查安全证件合规性。"三类人员"必须取得交通运输主管部门颁发的安全生产考核合格证书，"三类人员"有一个无证，则不合格。

d. 检查项目负责人授权合规性。有公司书面授权书。

e. 检查专职安全生产管理人员配备数量合规性。

a)按照年度施工产值配备专职安全生产管理人员，不足 5000 万元的至少配备 1 名；5000 万元以上不足 2 亿元的按每 5000 万元不少于 1 名的比例配备；2 亿元以上的不少于 5 名，且按专业配备。

b)对施工单位合同安全生产管理人员履约情况进行检查。

f. 将检查结果向建设单位报备。

②安全培训检查内容。

在施工单位提交交底核查申请后 3 天内完成检查工作。主要核查施工单位从业人员安全生产培训教育计划及落实情况。工作要点如下：

a. 核查从业人员是否全员先培训后上岗。安全培训教育的分类："三类人员"培训教育、特种作业人员培训教育、进场安全教育、三级安全教育、班前安全教育等。三级安全教育，"三级"指的是"公司级""项目部级""班组级"三级。

b. 核查受教育人是否亲笔签名、培训记录。

c. 核查培训教育后的考核结果。

d. 核查施工单位是否制订安全生产培训教育计划,培训教育学时是否符合要求。

(2)检查施工单位的安全生产责任制度、安全生产教育培训制度、安全生产规章制度和操作规程、消防安全责任制度、安全生产事故应急救预案、安全施工技术交底制度以及设备的租赁、安装拆卸、运行维护保养、自检验收管理制度等是否健全和完善。

(3)检查施工现场各种安全标志和临时设施的设置。

(4)检查、督促施工单位与分包单位之间签订施工安全生产协议书。

(5)检查施工单位安全技术措施或文明施工措施费用的使用计划。

(6)督促施工单位制订安全事故应急救援方案、监控对重点部位和重点环节制订的工程项目危险源监控措施和应急救援方案的实施。

(7)对有关施工单位安全生产管理体系的检查项目,由项目监理机构在第一次工地会议上,书面向施工单位告知。

(8)明确本项目工程安全事故上报与处理程序,要求事故单位在第一时间内,按预定程序上报建设单位、所在地安全生产监督管理部门、交通运输主管部门、公安部门、工会等相关部门,不得隐瞒和拖延上报。

四、审查施工单位的特种作业人员、施工机械设备、设施管理

1. 特种作业人员管理

施工提交工程开工申请后,在合同规定时限内完成检查工作。主要核查施工单位特种人员持证上岗情况。其要点如下:

(1)特种作业人员种类。

(2)核查施工单位提交特种作业人员进场审查时间是否符合规定。在合同段工程开工前及该工程开工前,施工单位以特种作业人员进场审查表向监理报检。

(3)核查特种作业人员证件合规性。施工单位提供特种作业人员花名册,证件与花名册人员相符;查证件时间有效性、查证件作业范围有效性(注:施工单位提供的材料复印件,要注明“经核实,该复印件与原件相符”,并加盖施工单位项目部公章)。

(4)核查安全培训教育、考核情况。检查培训教育记录、考核结果。

(5)检查特种作业安全交底。

(6)检查施工单位特种作业人员台账更新情况。

2. 特种(专用)设备管理

在施工单位提交分部分项工程开工申请后,在合同规定的时限内完成核查工作。主要核查特种设备(专用)使用登记情况、特种(专用)设备管理、特种设备操作人员持证情况。其要点如下:

(1)核查特种设备进场许可。工程施工前,施工单位填写进场机械设备进场审批表,逐台将设备的型号、规格名称、购置时间等内容填入特种设备使用登记表,特种设备名录详见《公路工程施工安全技术规范》(JTG F90—2015)附录E。

(2)核查特种设备使用许可。是否有资质单位的检验合格证或使用登记证书(注:特种设备使用单位应当在特种设备投入使用前或者投入使用后三十日内,向负责特种设备安全监督

管理的部门办理使用登记,取得使用登记证书。登记标志应当置于该特种设备的显著位置)。特殊设备未经检验、检测,未取得检测合格证的,则不合格。

(3)核查特种设备管理台账。是否按"一机一档"建立管理档案。

(4)核查承担特种设备的安装调试、拆除等工作的单位资质是否符合要求。拆装方案是否符合要求,需经专家论证的,检查是否有专家论证结果及施工单位方案落实情况。

(5)核查操作人员安全培训教育、持证上岗、安全交底情况。

(6)特种设备管理制度、特种设备事故应急救援预案制订情况。

3. 施工机械设备管理

在施工单位提交工程开工申请后,在合同规定时限内完成核查工作。主要核查施工设备管理、操作人员持证情况。其要点如下:

(1)核查施工设备进场许可。工程施工前,施工单位填写进场机械设备进场审批表。

(2)核查机械设备使用许可。是否有产品合格证或检测合格证。未经检验、检测,未取得检测合格证的,则不合格。

(3)核查施工设备管理台账。是否按"一机一档"建立管理档案。

(4)核查操作人员安全培训教育、持证上岗、安全交底情况。

(5)设备操作规程制定情况。

五、审查施工现场的平面布置

1. 驻地和场站建设

(1)施工现场驻地和场站应选在地质良好的地段,应避开易发生滑坡、塌方、泥石流、崩塌、落石、洪水、雪崩等危险区域,宜避让取土、弃土场地。

(2)施工现场生产区、生活区、办公区应分开设置,距离集中爆破区应不小于500m 。

(3)施工现场临时用房、临时设施、生产区、生活区、办公区的防火间距应符合现行《建设工程施工现场消防安全技术规范》(GB 50720)的相关要求。

(4)办公区、生活区宜避开存在噪声、粉尘、烟雾或对人体有害物质的区域,无法避开时应设在噪声、粉尘、烟雾或对人体有害物质所在区域最大频率风向的上风侧。

(5)施工现场原材料、半成品、成品、预制构件等堆放及机械、设备停放应整齐、稳定、规范、标识清楚,且不得侵占场内道路或影响安全。

(6)材料加工场宜设围墙或围栏防护实行封闭管理,并宜设排水设施;场内应设置明显的安全警示标志及相关工种的操作规程;加工棚宜采用轻钢结构,并应采取防雨雪、防风等措施。

(7)预制场和拌和场应合理分区、硬化场地,并应设置排水设施;拌和及起重设备基础的地基承载力应满足要求,材料及成品存放区地基应稳定;料仓墙体强度和稳定性应满足要求,料仓墙体外围应设警戒区,距离宜不小于墙高 2 倍;拌和及起重设备应设置防倾覆和防雷设施。

(8)施工现场变电站建设应符合现行《施工现场临时用电安全技术规范》(JGJ 46)的有关规定。

(9)储油罐与在建工程的防火间距应不小于 15m,并应远离明火作业区、人员密集区、建

(构)筑物集中区。储油罐顶部应设置遮阳棚。设置区域应按要求配备消防器材;设防静电、防雷接地装置及加油车接地装置,接地电阻不得大于10Ω;应悬挂醒目的禁止烟火等警示标识。

2. 施工便道

(1)施工便道应根据运输荷载、使用功能、环境条件进行设计和施工,不得破坏原有水系、降低原有泄洪能力。

(2)双车道施工便道宽度不宜小于6.5m。单车道施工便道宽度不宜小于4.5m,并宜设置错车道,错车道应设在视野良好地段,间距不宜大于300m。设置错车道路段的施工便道宽度不宜小于6.5m,有效长度不宜小于20m。

(3)施工便道路拱坡度应根据路面类型和现场自然条件确定,并应大于1.5%。应根据需要设置排水沟和圆管涵等排水设施。

(4)施工便道在急弯、陡坡、连续转弯等危险路段应进行硬化,设置警示标志,并根据需要设置防护设施。施工便道中易发生落石、滑坡等危险路段应根据需要设置防护设施。

(5)施工便道与既有道路平面交叉处应设置道口警示标志,有高度限制的应设置限高架。

(6)施工便桥应根据使用要求和水文条件进行设计,并应设置限宽、限速、限载标志,建成后应验收。

3. 临时码头和栈桥

(1)临时码头宜选择在水域开阔、岸坡稳定、波浪和流速较小、水深适宜、地质条件较好、陆路交通便利的岸段。

(2)临时码头宜设置在桥梁、隧道、大坝、架空高压线、水下管线、取水泵房、危险品库、水产养殖场等区域的下游方向,与其他构筑物的安全距离应符合现行《海港总体设计规范》(JTS 165)和《河港总体设计规范》(JTS 166)的有关规定。

(3)临时码头应按照使用要求和相应的技术规范进行设计、施工和验收,并应设置安全警示标志,配备相应的安全防护设施。

(4)栈桥和栈桥码头应按照使用要求和相应的技术规范进行设计、施工和验收,并应符合下列规定:

①通航水域搭设的栈桥和栈桥码头应取得海事和航道管理部门批准,并应按要求设置航行警示标志。

②栈桥和栈桥码头的设计应考虑自重荷载、车辆荷载、波浪力、风力、水流力、船舶系靠力及漂浮物、腐蚀等,并应按施工期可能出现的最不利荷载组合进行验算。

③栈桥和栈桥码头应设置行车限速、防船舶碰撞、防人员触电及落水等安全警示标志和救生器材。栈桥行车道两侧宜设置护轮坎。

④栈桥上车辆和人员行走区域的面板应满铺并应与下部结构连接牢固。悬臂板应采取有效的加固措施。

⑤栈桥两侧和栈桥码头四周应设置高度不低于1.2m的防护栏杆。防护栏杆上杆任何部位应能承受1000N的外力。

⑥长距离栈桥应设置会车、掉头区域,间隔不宜大于500m。通过栈桥的电缆应绝缘良

好,并应固定在栈桥的一侧。栈桥应设置满足施工安全要求的照明设施。

⑦发生栈桥面或栈桥码头面被洪水、潮汛淹没,或栈桥被船舶撞击,或桩柱受海水严重腐蚀等情况,应重新检修、复核原构筑物。

⑧栈桥和栈桥码头应设专人管理,非施工车辆及人员不得进入,非施工船舶不得靠泊。

4. 施工临时用电

(1)施工现场临时用电应符合现行《施工现场临时用电安全技术规范》(JGJ 46)的有关规定。

(2)施工用电设备数量在5台及以上,或用电设备容量在50kW及以上时,应编制用电组织设计。

(3)施工现场临时用电工程专用的电源中性点直接接地的220/380V三相四线制低压电力系统,必须采用三级配电系统、TN-S接零保护系统(图8-1)和二级保护系统。

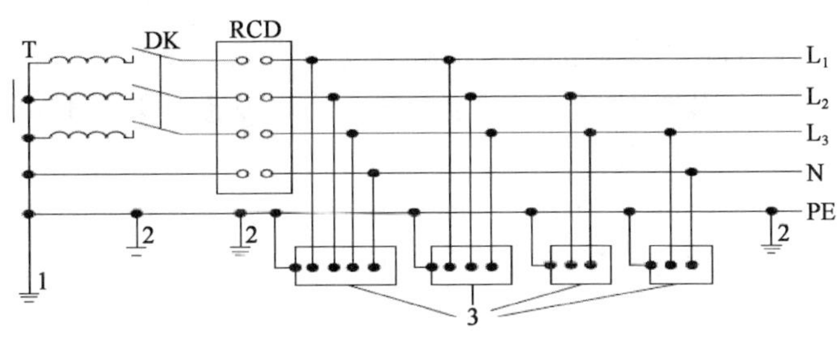

图8-1 临时用电配电系统

(4)电线架设应符合下列规定:

①架空线路宜避开施工作业面、作业棚、生活设施与器材堆放场地。

②架空线路边线无法避开在建工程(含脚手架)时,其安全距离应符合表8-1的规定。

外电架空线路边缘外侧与在建工程(含脚手架)间安全距离　　表8-1

外电线路电压等级(kV)	<1	1~10	35~110	220	350~500
安全距离(m)	4	6	8	10	15

③施工现场的机动车道与外电架空线路交叉时,架空线路的最低点与路面的垂直安全距离应符合表8-2的规定。

施工现场的机动车道与外电架空线路交叉时的垂直安全距离　　表8-2

外电线路电压等级(kV)	<1	1~10	35
安全距离(m)	6	7	8

(5)铺设电缆线应符合下列规定:

①施工现场开挖沟槽边缘与埋设电缆沟槽边缘的安全距离不得小于0.5m。

②地下埋设电缆应设防护管。

③架空铺设电缆应沿墙或电杆做绝缘固定。

④通往水上的岸电应用绝缘物架设,电缆线应留有余量,作业过程中不得挤压或拉拽电缆线。

(6)水上或潮湿地带的电缆线必须绝缘良好并具有防水功能,电缆线接头必须经防水处理。

(7)每台用电设备必须独立设置开关箱;开关箱必须装设隔离开关及短路、过载、漏电保护器,严禁设置分路开关;配电箱、开关箱的电源进线端严禁用插头和插座做活动连接。

(8)配电箱及开关箱设置应符合下列规定:

①总配电箱应设在靠近电源的区域;分配电箱应设在用电设备或负荷相对集中的区域;开关箱与分配电箱的距离不得大于30m,开关箱应靠近用电设备,与其控制的固定式用电设备水平距离不宜大于3m。

②动力配电箱与照明配电箱宜分别设置。合并设置的配电箱,动力和照明应分路设置。

③配电箱、开关箱应装设在干燥、通风及常温场所,不得装设在存在瓦斯、烟气、潮气及其他有害介质的场所。

④配电箱、开关箱应选用专业厂家定型、合格产品。

⑤总配电箱中漏电保护器的额定漏电动作电流应大于30mA,额定漏电动作时间应大于0.1s,但额定漏电动作电流与额定漏电动作时间的乘积不得大于30mA·s。开关箱中漏电保护器的额定漏电动作电流不得大于30mA ,额定漏电动作时间不应大于0.1s。潮湿或有腐蚀介质场所的漏电保护器应采用防潮型产品,额定漏电动作电流不得大于15mA,额定漏电动作时间不得大于0.1s。

⑥配电箱、开关箱应装设端正、牢固。固定式配电箱、开关箱的中心点与地面的垂直距离应为1.4~1.6m。移动式配电箱、开关箱应装设在坚固、稳定的支架上,其中心点与地面的垂直距离应为0.8~1.6m。

(9)遇有临时停电、停工、检修或移动电气设备时,应关闭电源。

六、审查安全技术措施或专项施工方案

1.审查安全技术措施

安全技术措施包括:防火、防毒、防爆、防尘、防洪、防触电、防坍塌、防物体打击、防机械伤害、防溜车、防高空坠落、防交通事故、防寒、防暑、防疫、防环境污染等方面的措施。

施工安全技术措施是针对每项工程在施工过程中可能发生的事故隐患和可能发生安全问题的环节进行预测,从而在技术上和管理上采取措施,消除或控制施工过程中的危险因素,防范安全事故的发生。

监理工程师在审查施工单位编制的施工组织设计时,应根据工程项目的特点制定相应的安全监理措施。因此,施工安全技术是工程施工安全生产的指令性文件,是施工现场安全管理和监理的重要依据。

1)施工安全技术措施

(1)进入施工现场的安全规定;

(2)地面、深坑、隧道施工作业的防护;

(3)水上、高处及立体交叉施工作业的防护;

(4)施工用电安全技术措施;

(5)机械、机具使用过程中的安全防护及夜间施工安全防护;

(6)为确保安全,对于采用新工艺、新材料、新技术制定的专项安全技术措施;

(7)预防自然灾害(台风、雷击、洪水、地震、高温、寒冻、泥石流等)的措施。

2)安全技术措施的内容

(1)安全管理目标。

(2)安全生产组织体系、责任体系以及安全生产条件。

(3)安全生产责任制、安全生产管理制度、施工作业操作规程。

(4)符合有关安全要求的施工场地布置图及说明。

(5)符合国家有关安全规定的安全防护用具、机械设备、施工机具清单。

(6)施工现场防火措施。

(7)危险性较大工程及施工现场重大危险源清单及监控措施。

(8)项目安全技术要点。

(9)生产安全事故应急预案。

(10)施工人员安全教育计划、安全技术交底安排。

(11)安全生产专项费用使用计划。

3)安全技术措施审查内容

(1)审查安全技术措施编制内容合规性。

(2)审查施工单位报审时间合规性:在合同段工程开工之前,施工单位按合同规定时限填总体施工组织设计报审表,将总体施工组织设计报总监办审批。

(3)审查施工单位内部编制与审批程序合规性:总体施工组织设计是否经施工单位技术、安全、质量部门审核,是否由施工单位技术负责人签字,是否为手签,是否加盖施工单位公章。

(4)审查安全技术措施合规性:安全技术措施是否符合强制性标准。

有一项不符合要求,监理工程师不得同意工程开工。

2. 审查专项施工方案

监理工程师应依据《公路水运工程安全生产监督管理办法》第二十三条所指的九项分部分项工程,督促施工单位在施工前单独编制专项安全施工方案。另外,根据现行《施工现场临时用电安全技术规范》(JGJ 46),对于施工现场临时用电设备数量在5台以上,或用电设备容量在50kW及以上的,也应监督施工单位编制临时用电专项安全施工方案。

1)危险性较大工程划分

依据《公路水运工程安全生产监督管理办法》,施工单位应当在施工组织设计中编制安全技术措施和施工现场临时用电方案,对危险性较大的工程(表8-3)应当编制专项施工方案,并附安全验算结果,须施工单位技术负责人、监理工程师审查同意并签字后实施,由安全生产管理人员进行现场监督。

危险性较大分部分项工程划分　　表8-3

序号	类　别	需编制专项施工方案	需专家论证、审查
1	基坑开挖、支护、降水工程	(1)开挖深度不小于3m的基坑(槽)开挖、支护、降水工程。 (2)深度小于3m但地质条件和周边环境复杂的基坑(槽)开挖、支护、降水工程	(1)深度不小于5m的基坑(槽)土石方开挖、支护、降水工程。 (2)深度小于5m,但地质条件、周边环境复杂和地下管线复杂,或影响毗邻建(构)筑物安全,或存在有毒有害气体分布的基坑(槽)土石方开挖、支护、降水工程

续上表

序号	类 别	需编制专项施工方案	需专家论证、审查
2	滑坡处理和填、挖方路基工程	(1)滑坡处理。 (2)边坡高度大于20m的路堤或地面斜坡坡率陡于1:2.5的路堤,或不良地质地段、特殊岩土地段的路堤。 (3)土质挖方边坡高度大于20m、岩质挖方边坡高度大于30m,或不良地质、特殊岩土地段的挖方边坡	(1)中型及以上滑坡处理。 (2)边坡高度大于20m的路堤或地面斜坡坡率陡于1:2.5的路堤,或不良地质地段、特殊岩土地段的路堤。 (3)土质挖方边坡高度大于20m、岩质挖方边坡高度大于30m,且处于不良地质、特殊岩土地段的挖方边坡
3	基础工程	(1)桩基础。 (2)挡土墙基础。 (3)沉井等深水基础	(1)深度不小于15m的人工挖孔桩或开挖深度不超过15m,但地质条件复杂或存在有毒有害气体分布的人工挖孔桩工程。 (2)平均高度不小于6m且面积不小于1200m^{2}的砌体挡土墙工程。 (3)水深不小于20m的各类深水基础
4	大型临时工程	(1)围堰工程。 (2)各类工具式模板工程。 (3)支架高度不小于5m;跨度不小于10m,施工总荷载不小于10kN/m^2;集中线荷载不小于15kN/m。 (4)搭设高度24m及以上的落地式钢管脚手架工程;附着式整体和分片提升脚手架;悬挑式脚手架工程;吊篮脚手架工程;自制卸料平台、移动式操作平台工程;新型及异型脚手架工程。 (5)挂篮。 (6)便桥、临时码头。 (7)水上作业平台	(1)水深不小于10m的围堰工程。 (2)高度不小于40m墩柱、高度不小于100m索塔的滑模、爬模、翻模工程。 (3)支架高度不小于8m;跨度不小于18m,施工总荷载不小于15kN/m^2;集中线荷载不小于20kN/m。 (4)50m及以上落地式钢管脚手架工程。用于钢结构安装等满堂承重支架体系,承受单点集中荷载7kN以上。 (5)猫道、移动支架
5	桥涵工程	(1)桥梁工程中的梁、拱、柱等构件施工。 (2)打桩船作业。 (3)施工船作业。 (4)边通航边施工作业。 (5)水下工程中的水下焊接、混凝土浇筑等。 (6)顶进工程。 (7)上跨或下穿既有公路、铁路、管线施工	(1)长度不小于40m预制梁的运输与安装、钢箱梁吊装。 (2)跨度不小于150m钢管拱的安装施工。 (3)高度不小于40m墩柱、高度不小于100m索塔等的施工。 (4)离岸无掩护条件下的桩基施工。 (5)开敞式水域大型预制构件的运输与吊装作业。 (6)在三级及以上通航等级航道上进行的水上、水下作业。 (7)转体施工

续上表

序号	类 别	需编制专项施工方案	需专家论证、审查
6	隧道工程	(1)不良地质隧道。 (2)特殊地质隧道。 (3)浅埋、偏压及邻近建筑物等特殊环境条件隧道。 (4)Ⅳ级及以上软弱围岩地段的大跨度隧道。 (5)小净距隧道。 (6)瓦斯隧道	(1)隧道穿越岩溶发育区、高风险断层、沙层、采空区等工程地质或水文地质条件复杂地质环境;Ⅴ级围岩连续长度占总隧道长度10%以上且长度超过100m;Ⅵ级围岩的隧道工程。 (2)软岩地区的高地应力区、膨胀岩、黄土、冻土等地段。 (3)埋深小于1倍跨度的浅埋地段;可能产生坍塌或滑坡的偏压地段;隧道上部存在需要保护的建筑物地段;隧道下穿水库或河沟地段。 (4)Ⅳ级及以上软弱围岩地段跨度不小于18m的特大跨度隧道。 (5)连拱隧道;中夹岩柱小于1倍开挖跨度的小净距隧道;长度大于100m的偏压棚洞。 (6)高瓦斯或瓦斯突出隧道。 (7)水下隧道
7	起重吊装工程	(1)采用非常规起重设备、方法,且单件起吊重量在10kN以上起重吊装工程。 (2)采用起重机械进行安装的工程。 (3)起重机械设备自身的安装、拆卸	(1)采用非常规起重设备、方法,且单件起吊重量在100kN及以上起重吊装工程。 (2)起吊重量在300kN及以上起重设备安装、拆卸工程
8	拆除、爆破工程	(1)桥梁、隧道拆除工程。 (2)爆破工程	(1)大桥及以上桥梁拆除工程。 (2)一级及以上公路隧道拆除工程。 (3)C级及以上爆破工程、水下爆破工程

2)专项施工方案的内容

(1)工程概况。

(2)编制依据。

(3)分部分项工程影响安全的风险源分析及相关预防措施,包括组织保障、安全技术措施等施工安全保证措施。

(4)设计计算书和设计施工图等设计文件。

(5)施工准备。包括施工进度计划、材料与设备计划。

(6)施工部署。包括技术参数、工艺流程、施工方法、施工技术要点。

(7)人员计划。专职安全生产管理人员、特种作业人员资格等要求。

(8)施工控制。检查验收、安全评价、预警观测措施。

(9)应急预案及处置措施。

(10)专项施工方案是否包含项目负责人轮流带班生产方案。

3)监理工程师对专项安全方案的审查

(1)施工单位应当分别编写各危险性较大的分部分项工程的专项安全施工方案,并在施工前办理监理报审。

(2)审查内容。

程序性审查——专项安全施工方案按规定须经专家论证、审查的,是否执行;专项安全施工方案是否经施工单位技术负责人签认,不符合程序的应退回。

符合性审查——专项安全施工方案必须符合强制性标准的规定,并附有安全验算的结果。须经专家论证、审查的项目应附有专家审查的书面报告,专项安全施工方案应有紧急救护措施等应急救援预案。

针对性审查——专项安全施工方案应针对本工程特点以及所处环境、管理模式,具有可操作性。

(3)专项安全施工方案经专业监理工程师审查后,应在报审表上填写监理意见,并由监理工程师签认。

(4)特别复杂的专项安全施工方案,项目监理机构应报请工程监理单位技术负责人主持审查。

(5)须经专家论证的专项施工方案审查注意事项。

①专家人数为5名及以上且符合相关专业要求;与本工程有利害关系的人员不得以专家身份参加专家论证会。

②专家论证主要内容:

a.专项施工方案是否完整、可行。

b.专项施工方案计算书和验算依据是否符合有关标准规范。

c.安全施工的基本条件是否满足现场实际情况。

d.专家组明确的书面意见、论证报告及专家签字。

③需专家论证的专项施工方案审批流程:施工单位提交专家论证报告及根据论证报告修改完善专项施工方案,施工单位技术负责人、总监、建设单位签字同意后,方可组织实施。

七、审查施工安全风险评估报告、重大风险管控方案

施工安全风险评估报告的核查在工程开工之前完成。分管安全副总监、安全专监核查并形成书面核查意见填入专项施工方案报审表,报总监审批;总监将监理书面核查意见填入专项施工方案报审表并加盖总监办公章向建设单位报备;没有专项风险评估报告的或未按风险评估报告进行改进的,总监办不得签发开工令。安全专监将总监办核查工作填入安全应急预案审查台账,分管安全副总监检查安全专监工作记录情况。

1.风险评估报告内容

(1)编制依据。

(2)工程概况。

(3)评估过程和评估方法。

(4)评估内容。

(5)对策措施及建议。

(6)评估结论。

2. 审查的内容

主要核查施工单位风险评估工作开展情况、评估程序、评估深度和管控措施合理性。

(1) 核查专项风险评估报告内容合规性。

(2) 审查报审时间合规性。在工程开工之前,施工单位填专项施工方案报审表,一式三份将施工安全风险评估报总监办审批。

(3) 审查施工单位内部编制与审核程序合规性。施工安全风险评估是否由施工单位(中标单位)技术负责人组织编审,其签名是否为手签,是否加盖施工单位(中标单位)公章。

(4) 核查专项风险在Ⅲ级及以上的施工作业活动风险控制,是否符合以下规定:

①重大风险源的监控与防治措施、应急预案经施工单位(中标单位)和项目总监审批,建设单位组织的专家或安全评价机构进行论证或复评估后才能实施。

②施工单位应建立重大危险源的监测及验收、日常巡查、定期报告等工作制度,并组织实施。

③施工单位项目负责人或技术负责人在工程施工前进行安全技术教育与交底。

④风险等级为Ⅳ级且无法降低时,必须提高现场防护标准,视情况开展第三方施工监测;未采取有效措施的,不得施工。

⑤核查风险评估评估报告是否有结论。

⑥核查施工单位是否按风险评估报告的修改意见进行修正、改进,未修正改进的不得施工。

3. 重大风险管控方案审查

重大危险源防控措施的审查应在重大危险源清单收悉后 7 天内进行,并在合同段工程开工之前完成。

(1) 管控方案内容。

①根据辨识确定一般危险源、较大危险源、重大危险源,是否将危险源分级。

②危险源的控制程序和控制措施或管理办法。

③按照分别对待、重点监控原则,将较大危险源、重大危险源列出作为重点监控对象。

④是否制定重大风险源安全管理方案。

(2) 审查的内容。

①核查重大危险源管理清单是否制定。核查施工单位是否建立重大危险源管理(清单)台账。

②核查重大风险源安全管理方案是否制定。

③核查施工单位重大危险源清单的内部编制与审核程序合规性:是否由施工单位技术、安全、质量等部门技术人员审核,施工单位项目技术负责人审批,其签名是否为手签,是否加盖施工单位项目部公章。

④核查施工单位报审时间是否符合要求:在合同段工程开工之前,施工单位填重大危险源管理台账,报总监办审核。

(3) 重大危险源防控措施的审查、验收。

分管安全副总监、安全专监审查并形成书面意见,报总监审核。安全专监将总监办审查工作填入重大危险源管理台账;分管安全副总监检查台账建立情况。未建立重大危险源清单的,不得同意工程开工。

该工程开工前,总监组织分管安全副总监、安全专监以及专业监理工程师,对重大危险源安全控制措施进行检查验收,安全专监填写重大危险源安全防范措施验收表,验收合格后方可批准开工。

八、审查应急预案

1.审查施工合同段综合应急预案

总监办应在监理合同规定时限内,且在合同段工程开工之前完成。分管安全副总监、安全专监核查并形成书面意见填入专项施工方案报审表,报总监审批;总监将监理书面审批意见填入专项施工方案报审表,并加盖总监办公章向建设单位报备;安全专监将总监办核查工作填入安全应急预案管理台账,分管安全副总监检查记录情况。

(1)综合应急预案内容。

(2)审查的内容。

①核查施工合同段综合应急预案内容是否齐全。

②核查施工单位报审时间是否符合要求,在合同段工程开工之前,施工单位填专项施工方案报审表,将施工合同段应急预案报总监办审批。

③核查施工合同段综合应急预案施工单位内部编制与审核程序是否符合要求,施工合同段综合应急预案是否由施工单位项目技术负责人组织编制,其签名是否为手签,是否加盖施工单位项目部公章。

④核查应急演练方案、安全技术交底、演练记录、演练总结、修改完善及再交底情况。

2.审查专项应急预案

专项应急预案的审查应在监理合同规定时限内进行,且在该分部分项工程开工之前完成。总监办核查责任人:分管安全副总监、安全专监核查并形成书面意见填入专项施工方案报审表,报总监审批;总监将监理书面审批意见填入专项施工方案报审表,并加盖总监办公章向建设单位报备;安全专监将总监办核查工作填入安全应急预案管理台账,分管安全副总监检查记录情况。

(1)专项应急预案内容。

(2)审查的内容。

①核查专项应急预案内容是否齐全。

②核查施工单位报审时间是否符合要求:在合同段工程开工之前,施工单位填专项施工方案报审表,将专项应急预案报总监办审批;

③核查专项应急预案施工单位内部编制与审核程序是否符合要求:专项应急预案是否由施工单位项目技术负责人组织编制,其签名是否为手签,是否加盖施工单位项目部公章。

④核查施工合同段综合应急预案的评审或论证情况。

⑤核查应急演练交底、演练记录、演练总结及修改完善情况。

3. 审查现场处置方案

总监办应在现场应急处置方案收悉后，在监理合同规定时限内进行审查，且在该工程开工之前完成。分管安全副总监、安全专监核查并形成书面意见，填入专项施工方案报审表，报总监审批。总监将监理书面审批意见填入专项施工方案报审表并加盖总监办公章向建设单位报备。安全专监将总监办核查工作填入安全应急预案管理台账，分管安全副总监检查工作记录情况。分管安全副总监、安全专监检查施工单位演练情况。

(1)现场处置方案内容。

(2)审查的内容。

①核查现场应急处置方案编制内容是否齐全。

②核查施工单位报审时间是否符合要求：在该工程开工之前，施工单位填专项施工方案报审表，一式三份将现场应急处置方案报总监办审批。

③核查现场应急处置方案施工单位内部编制与审核程序合规性。现场应急处置方案是否由施工单位项目技术负责人组织编制，其签名是否为手签，是否加盖施工单位项目部公章。

第五节　施工阶段安全监理

在施工阶段，监理机构应派专人对施工现场安全情况巡视检查，对发现的各类安全隐患，应书面通知施工单位，并督促其立即整改；情况严重的，监理机构应及时下达工程停工令，要求施工单位停工整改，并同时报告建设单位。隐患消除后，监理机构应检查整改结果，签署复查或复工意见。施工单位拒不整改的，监理机构应当及时向建设单位或工程所在地交通运输主管部门报告。施工阶段监理工程师安全监理工作程序如图 8-2 所示。

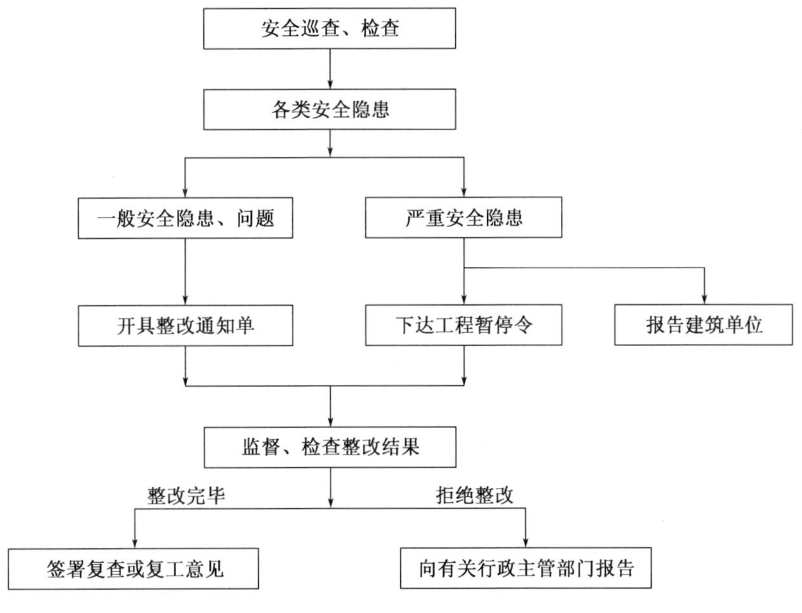

图 8-2　施工阶段监理工程师安全监理工作程序

一、施工现场日常安全监理的工作程序和内容

1. 日常安全监理

1)加强监督

(1)监督施工单位按照国家有关法律、法规、工程建设强制性标准和经审查同意的施工组织设计或专项施工方案组织施工,制止违规作业。

(2)监督施工单位定期进行安全生产自查、工作班组检查、项目部检查、公司检查,并将检查结果报送项目监理部。

(3)督促施工单位定期进行自查自评。工程监理单位根据现场安全实况和自查自评情况,认真、公正地进行审查评价,填写有关报表,并报送当地交通运输主管部门或其授权的建设工程安全监督管理机构(部门)备案。

2)巡视检查

监理工程师对施工现场安全生产情况进行巡视检查时,应检查安全保证体系的运行情况,特别是质量、安全人员是否到位,特种作业人员是否持证上岗;应检查安全技术措施和施工方案执行情况和安全防护设施情况。

对施工的主要工程、危险性较大工程每天不少于1次,并填写巡视记录。发现有违规施工和存在安全事故隐患的,应要求施工单位整改,并跟踪整改结果;情况严重的,由总监理工程师下达工程停工令,并报建设单位。施工单位拒不整改或不停止施工的,应及时向当地政府有关部门书面报告。

3)监理会议

(1)在定期召开的监理会议上,将安全生产列入会议主要内容之一,评述现场安全生产现状和存在问题,提出整改要求,制定预防措施,使安全生产工作落到实处。

(2)发现施工单位违反安全施工有关要求时,应在监理会上提出或签发监理工程师通知单,责成施工单位整改。

(3)在监理月报中向建设单位汇报安全、文明施工情况。

2. 日常安全监理实施程序

(1)发出口头通知,开具监理通知单。

在日常的现场巡视、检查工作中,若发现存在违反强制性建设标准的现象,或安全事故隐患,应签发监理通知单,要求立即采取措施整改。未按期整改且无整改措施时,专业监理工程师或总监理工程师应及时向施工方实施签发监理工作指令。在签发监理工作指令时,应注意文件的时效性。

(2)召开专题监理例会。

当签发监理工作指令后,仍未采取措施整改的,应当组织建设单位、施工单位及其他有关单位召开专题监理例会,对书面通知、指令中的内容,结合强制性建设标准加以强调。要求责任方说明原因,落实整改措施,明确计划整改完成的时间,同时要求责任方明确在后续工作中对类似问题的预控措施,并形成例会纪要。

(3)签发工程停工令。

在签发监理通知单或召开专题例会后,仍未及时整改或拒不整改,情况严重的,应当要求施工方暂时停止施工,并由总监签发工程停工令,同时报告建设单位。“停工”的部位视工程的情况,可以是整个工程暂停,也可以是局部工程暂停。若工程停工令发出后执行效果不佳,可进一步向建设单位提出,加强与施工企业管理部门协调,要求其参与执行。

(4)向建设主管部门报告。

若施工单位拒不整改或者不停止施工的,总监理工程师应及时向有关交通运输主管部门以书面形式报告。

二、监督施工单位按已批准的施工方案组织施工

1.监督施工安全技术措施实施

1)安全生产责任制

监理工程师应根据通过审核后的施工组织设计中的施工安全技术措施,对项目施工单位安全生产责任制建立和落实情况进行监督检查,检查的范围包括项目负责人、其他负责人、安全职能结构负责人或专职施工安全管理人员、班组长、岗位工人等。

2)安全管理结构的建立及人员配备

施工单位应当按照有关法律、法规的规定设立安全生产管理结构,配备专职安全生产管理人员。监理工程师应当依据通过审核后的施工组织设计中的施工安全技术措施,对施工项目安全生产管理机构的建立、专职安全生产管理人员的配置情况进行监督检查。

3)对分包单位安全生产的管理

总承包单位依法将建设工程分包给其他单位的,分包合同中应当明确各自的安全生产方面的权力和义务。总承包单位和分包单位对分包工程的安全生产承担连带责任。分包单位应当服从总承包单位的安全生产管理。分包单位不服从管理导致生产安全事故的,由分包单位承担主要责任。

总承包单位不得向不具备安全生产条件的施工单位发包工程。总包单位和分包单位在签订工程分包合同的同时,必须签订总分包安全生产协议书,以进一步明确双方的权力、义务和责任。总分包安全生产协议书应有双方法人代表或委托人签字,单位盖章之后生效,并送政府有关部门备案。

4)三类人员及特种作业人员的资格

监理工程师应对施工单位三类人员取得考核合格证书情况进行审查。施工单位的主要负责人、项目负责人、专职安全管理人员必须取得交通运输主管部门考核合格证书后,方可任职。

监理工程师应对施工单位特种作业人员取得特种作业操作资格证书情况进行审查。特种作业人员必须按照国家规定经过专门的安全作业培训,并取得特种作业操作资格证书后,方可上岗作业。

5)安全生产教育培训制度落实

监理工程师应对施工单位管理人员和作业人员安全生产教育培训制度落实情况进行审查。

(1)三类人员在证书有效期内至少参加一次由交通运输主管部门组织的、不少于8学时

的安全生产继续教育。

(2)新工人进场应进行公司级、项目部级、班组级三级安全教育,公司级、项目部级不少于15学时,班组级不少于20学时。

(3)施工单位在采用新技术、新工艺、新设备、新材料时,应对作业人员进行相应的安全生产教育培训。

(4)新进人员和作业人员进入新的施工现场或转入新的岗位前,应进行安全生产培训。

(5)施工单位法定代表人、生产经营负责人、项目经理每年接受安全培训的时间不得少于30学时。

(6)专职安全管理人员每年应接受安全技术专业培训的时间不得少于40学时。

(7)其他管理人员和技术人员每年应接受安全培训的时间不得少于20学时。

(8)特殊工种在通过专业技术培训并取得岗位操作证后,每年仍须接受有针对性的安全培训,时间不得少于20学时。

(9)企业其他职工每年接受安全培训的时间不得少于15学时。

(10)企业待岗、转岗、换岗的职工,在重新上岗前,应接受一次安全培训,时间不得少于20学时。

6)应急救援人员和物质、器材的配备

监理工程师应依据通过审核后的施工组织设计中的施工安全技术措施,对施工单位应急救援预案的人员组织落实,必要的应急救援器材、设备配备,以及应急救援预案的定期演练进行监督检查。

7)施工安全技术交底

安全技术交底的核查在工程开工前完成。分管安全副总监组织安全专监检查施工单位安全交底;施工单位未进行安全交底或交底不符合要求的,不得开工。总监办安全专监建立安全技术交底核查台账,分管安全副总监检查台账建立情况。

(1)安全技术交底的内容。

①施工部位、内容和环境条件。

②专业分包单位、施工作业班组应掌握的相关现行标准规范、安全生产、文明施工规章制度和操作规程。

③资源的配备及安全防护、文明施工技术措施等。

④动态监控以及检查、验收的组织、要点、部位及节点等相关要求。

⑤与之衔接、交叉的施工部位、工序的安全防护、文明施工技术措施。

⑥潜在事故应急措施及相关注意事项。

(2)检查的内容。

①核查安全施工技术交底内容是否齐全。

②核查施工单位交底程序是否符合要求。安全技术交底程序如下:

a. 分部分项工程开工前,施工方案编制人员向项目职能部门、分包单位或作业班组负责人交底。

b. 危险性较大分部分项工程开工前,专项方案编制人员会同施工员,向参加施工的全体管理人员、作业人员交底。

c. 各工种作业安全技术交底采用层级交底制，主要工序和特殊工序由项目总工向施工员交底，施工员向班组负责人交底，班组负责人对作业人员交底。

d. 按工种、按不同作业内容编制安全作业指导书，进行书面交底；按分项工程编制安全防范技术措施，进行书面交底。

e. 交底人与接受交底人分别在交底作业指导书上签名。安全技术交底到具体作业人员。

f. 检查施工单位安全技术交底是否全面，施工单位项目总工负责技术交底，交底至各职能部门、班组作业人员。

(3)施工单位提交安全技术交底时间是否符合要求。分部分项工程施工前施工单位填安全技术交底核查台账，向监理提交安全技术交底记录。

①班组安全技术交底的主要内容。

a. 告知施工过程中的危险作业特点、重大危险源及危害因素；

b. 针对危险点和重大危险源制定具体的预防措施；

c. 作业过程中应注意的安全事项；

d. 特殊工序的操作方法和相应的安全操作规程与标准要求；

e. 发生安全生产事故后应采取的自救方法、紧急避险和紧急救援措施等。

②班组安全技术交底的检查内容。

a. 核查交底内容是否齐全。

b. 核查施工单位提交班组安全技术交底时间是否符合要求。分部分项工程施工前，施工单位填安全技术交底核查台账，向监理提交班组安全技术交底记录。

c. 核查施工单位班组交底程序是否符合要求。施工技术人员向班组负责人交底；班组负责人分工种向作业人员交底；专职安全生产管理人员参加班组交底；各级人员是否履行签字手续。

d. 施工中，专职安全生产管理人员督促及检查每天班组交底情况。

2. 监督专项安全施工方案实施

危险性较大的分部分项工程必须按照批准的专项安全施工方案进行施工，在施工过程中需要对专项安全施工方案进行修改的，必须报原批准部门同意，不得擅自修改。监理工程师应对危险性较大的分部分项工程专项施工方案的实施进行重点监督检查。

3. 及时制止违规行为

监理工程师在施工现场实施监理工作中，发现施工单位有违反国家法规、标准、安全操作规程的行为，应及时制止并采取以下措施：

(1)发现严重冒险作业和严重安全事故隐患的，应责令其暂时停工进行整改。

(2)下达隐患整改通知单，要求施工单位整改事故隐患，并复查整改结果情况。

(3)向建设单位报告督促施工单位整改情况。

(4)向工程所在地政府有关部门报告施工单位拒不整改或不停止施工情况。

三、巡视检查

监理工程师应每天对施工过程中的危险性较大工程作业情况进行现场巡视检查，发现未按施工方案施工或违规作业行为时应及时制止。巡视检查的作业重点主要放在以下几个

方面:

1. 高处作业

(1)凡在坠落高度基准面2m以上(含2m),有可能坠落的高处进行的作业属于高处作业。

(2)高处作业不得同时上下交叉进行。高处作业场所的孔、洞应设置防护设施及警示标志。高处作业人员不得沿立杆或栏杆攀登。高处作业人员应定期进行体检。

(3)高处作业场所临边所设置的安全防护栏杆应能承受1000N的可变荷载;护栏下方有人员及车辆通行或作业的,应挂密目安全网封闭,护栏下部应设置高度不小于0.18m的挡脚板;护栏应由上、下两道横杆组成,横杆长度大于2m时,应加设栏杆柱,上杆离地高度应为1.2m,下杆离地高度应为0.6m。

(4)安全网安装应系挂安全网的受力主绳,不得系挂网格绳,安装或拆除时应采取防坠落安全措施,安装完毕应进行检查、验收。高处作业且无临边防护装置时,临边应挂设水平安全网。作业面与水平安全网之间的高差不得超过3.0m,水平安全网与坠落高度基准面的距离不得小于0.2m。

(5)安全带除应定期检验外,使用前尚应进行检查。织带磨损、灼伤、酸碱腐蚀或出现明显变硬、发脆以及金属部件磨损出现明显缺陷或受到冲击后发生明显变形的,应及时报废。安全带应高挂低用,并应扣牢在牢固的物体上。缺少或不易设置安全带吊点的工作场所宜设置安全带母索。安全带的各部件不得随意更换或拆除。

(6)安全带的安全绳不得打结使用,安全绳上不得挂钩。安全绳有效长度不应大于2m,有两根安全绳的安全带,单根绳的有效长度不应大于1.2m。严禁安全绳用作悬吊绳。严禁安全绳与悬吊绳共用连接器。新更换安全绳应加设绳套。

(7)钢斜梯长度不宜大于5m,扶手高度宜为0.9m,踏步高度不宜大于0.2m,梯宽宜为0.6~1.1m;长度大于5m的应设梯间平台,并分段设梯。

(8)钢直梯攀登高度不宜大于8m,踏棍间距宜为0.3m,梯宽宜为0.6~1.1m。高度大于2m应设护笼,护笼间距宜为0.5m,直径宜为0.75m,并设纵向连接。高度大于8m应设梯间平台,并分段设梯。高度大于15m应每5m设一梯间平台,平台应设防护栏杆。

(9)自行搭设的人行塔梯踏步高度不宜大于0.2m,踏步梯应设置防滑设施和安全护栏。塔梯连接螺栓应紧固,并应采取防退扣措施。塔梯高度超过5m应设连墙件。塔梯通往作业面通道的两侧宜用钢丝网封闭。用电线路不宜装设在塔梯上,必须装设时,线路与塔体间应绝缘。

(10)搭设高度24m及以上的落地式钢管脚手架的钢管、扣件应进行抽样检测,脚手架设计计算应以钢管抽样检测的壁厚及力学性能为依据。

(11)脚手架的脚手板应满铺、固定,离结构物立面的距离不得大于0.15m。

(12)脚手架拆除必须严格执行专项施工方案,拆除作业必须由上而下逐层进行,严禁上下同时作业。连墙件必须随脚手架逐层拆除,严禁提前拆除。

(13)高处作业现场所有可能坠落的物件均应预先撤除或固定。所存物料应堆放平稳,随身作业工具应装入工具袋,不得向下抛掷拆卸的物料。

2. 机电设备使用状况

(1)应制定施工机械设备安全技术操作规程,建立设备安全技术档案。

(2)施工机械设备进场前应查验机械设备证件、性能、状况;进场后,应向操作人员进行安全技术交底。

(3)门式起重机、架桥机等轨道行走类设备应设置夹轨器和轨道限位器。

(4)机械设备集中停放的场所应设置消防通道,并应配备消防器材。

(5)施工现场专用机动车辆驾驶人员应按相关规定经过专门培训,并应取得相应资格证书。

(6)施工现场运输车辆应状态良好,车身应设置反光警示标识。

3. 场内车辆驾驶

(1)未经专业、职业培训部门培训合格的持证人员、不熟悉车辆性能者,禁止驾驶车辆。

(2)车辆制动器、喇叭、转向系统、灯光等影响安全的部件必须良好。

(3)严禁翻斗车、自卸车车厢乘人;严禁人货混装;车辆载货严禁超载、超高、超宽;捆扎必须牢固可靠。

(4)车辆进出施工现场,在场内掉头、倒车,在狭窄场地内行驶时,必须设专人指挥。

(5)现场行车,进出场要减速,并做到"四慢",即道路情况不明要慢;行走线路不良,照明度差时要慢;起步、交会车、倒车、停车要慢;在狭路、桥梁弯路、破路、岔道、行人密集处及出入大门要慢。

(6)邻近机动车道作业区和脚手架等设施,以及道路中的障碍应设安全标志和防护设施,夜间应设警示灯和足够的照明。

(7)装卸车作业时,若车辆停放在坡道上,应采取有效措施防止车辆溜坡。

(8)在场内机动车道行走的人员,不应并排结队行走有碍交通。

(9)机动车不得牵引无制动装置的车辆;牵引物体时,物体上不得有人,人员不得进入正在牵引的物和车之间,在坡道上牵引时,车和被牵引物下方不得有人作业、停留或通过。

4. 电焊与气焊作业

(1)所有器材均应定期校验或试验,标识应清晰,均不得沾污油脂。作业点和气瓶存放点应按规定配备灭火器材。气瓶与作业点的距离应大于10m,无法达到的应设置耐火屏障。气割作业氧气瓶与乙炔瓶之间的距离不得小于5m。

(2)电焊机一次侧电源线长度不得大于5m;二次侧焊接电缆线应采用防水绝缘橡胶护套铜芯软电缆,长度不宜大于30m,且进出线处应设置防护罩。

(3)电焊机应置于干燥、通风的位置,露天使用电焊机应设防雨、防潮装置,移动电焊机时应切断电源。电焊机外壳接地电阻不得大于4Ω。

(4)不宜使用交流电焊机。使用交流电焊机时,除应在开关箱内装设一次侧漏电保护器外,尚应安装二次侧空载降压触电保护器。

(5)使用过危险化学品的容器、设备、桶槽、管道、舱室等,动火前必须清洗,并经测爆合格。

(6)密闭空间作业,气瓶及焊接电源应置于密闭空间外;应设置通风、绝缘、照明装置和应急救援装备,应设专人监护,金属容器内照明设备的电压不得超过12V 。

(7)高处作业时,作业区周围和下方应采取防火措施,配备消防器材,并应设专人巡视。

5. 起重吊装

(1)吊装作业应设警戒区,警戒区不得小于起吊物坠落影响范围。作业前应检查起重设备安全装置、钢丝绳、滑轮、吊索、卡环、地锚等。

(2)当利用钢丝绳吊索上的吊钩、卡环钩挂重物上的起重吊环时,或用钢丝绳吊索直接捆绑重物,且吊索与重物棱角间采取了妥善的保护措施时,钢丝绳吊索的安全系数不得小于6。

(3)吊点位置设计无规定的应经计算确定。

(4)起重设备通行的道路、作业场地应平整坚实,吊装前支腿应全部打开,并应按要求铺设垫木。

(5)吊装大、重、新结构构件和采用新的吊装工艺应先进行试吊。高空吊装梁等大型构件应在构件两端设溜绳。吊起的构件上不得堆放或悬挂零星物件。

(6)起重机与架空输电线的安全距离不能满足规范要求时,必须采取严格的安全保护措施,并应按照相关规定经有关部门批准。

(7)双机抬吊宜选用同类型或性能相近的起重机,负载分配应合理,单机载荷不得超过额定起重量的80%。两机应协调起吊和就位,起吊速度应平稳缓慢。

(8)缆索吊机主缆宜采用钢丝绳,安全系数不得小于3。吊塔、扣塔塔架前后及侧向应设置缆风索,缆风索安全系数应大于2。缆索吊机正式吊装前应分别按1.25倍设计荷载的静荷和1.1倍设计荷载的动荷进行起吊试验。塔架顶部应设置可靠的避雷装置,人员上下塔架应配备电梯或爬梯,不得徒手攀爬。

(9)起重机严禁吊人。作业人员严禁在已吊起的构件下或起重臂下旋转范围内作业或通行。

(10)严禁采用斜拉、斜吊,严禁超载吊装,严禁吊装起吊重量不明、埋于地下或黏结在地面上的构件。

(11)吊装作业临时固定工具应在永久固定的连接稳固后拆除。

(12)雨、雪后,吊装前应清理积水、积雪,并应采取防滑和防漏电措施,作业前,应先试吊。遇下列情况之一时,严禁起重吊装作业:

①超载或被吊物重量不明。

②无指挥或指挥信号不明。

③起重设备安全装置不符合要求。

④吊索系挂和附件捆绑不牢或不符合安全规定。

⑤被吊物上站人或吊臂及被吊物下站人。

⑥被吊物捆绑处的棱角无衬垫,边缘锋利的物件无防护措施。

⑦被吊物埋在地下或位于水下情况不明。

⑧夜间工作场地无照明设施或能见度不良,无法看清场地和被吊物。

⑨越钩或斜拉。

⑩陆上风力大于或等于6级、水上工况条件超过船舶作业性能。

6. 钢筋工程

(1)钢筋加工机械所有转动部件应有防护罩。

(2)钢筋冷弯作业时,弯曲钢筋的作业半径内和机身不设固定销的一侧不得站人或通行。

(3)钢筋对焊机必须安装在室内或防雨棚内,并应设可靠的接地、接零装置。多台并列安装对焊机的间距不得小于3m。对焊作业闪光区四周应设置挡板。

(4)作业高度超过2m的钢筋骨架应设置脚手架或作业平台,钢筋骨架应有足够的稳定性。

(5)吊运预绑钢筋骨架或成捆钢筋应确定吊点的数量、位置和捆绑方法,不得单点起吊。

7.混凝土工程

(1)混凝土拌和前应确认搅拌、供料、控制等系统运行正常。

(2)维修、保养或检查清理搅拌系统、供料系统应封闭下料口、切断电源、锁定安全保护装置、悬挂“严禁合闸”安全警示标志,并派专人看守。

(3)水泥隔离垫板的刚度及稳定性应满足要求。袋装水泥应交错整齐码放,高度不得超过10袋,且不得靠墙。砂石料堆放不得超过规定高度。

(4)混凝土浇筑的顺序、速度应符合施工方案的要求,不得随意更改。

(5)吊斗灌注混凝土应设专人指挥起吊、运送、卸料人员、车辆不得在吊斗下停留或通行,不得攀爬吊斗。

(6)泵送混凝土应符合下列规定:

①混凝土输送泵应安装稳固,管道布设应平顺,安装应固定牢靠,接头和卡箍应密封、紧固。

②泵送前应检查泵送和布料系统。首次泵送前应进行管道耐压试验。泵送混凝土时,操作人员应随时监视各种仪表和指示灯,发现异常应立即停机检查。

③输送泵出料软管应设专人牵引、移动,布料臂下不得站人。

④混凝土输送管道接头拆卸前,应释放输送管内剩余压力。

⑤清理管道时应设警戒区,管道出口端前方10m内不得站人。

(7)混凝土浇筑过程中应检查模板、支架、钢筋骨架的稳定、变形情况,发现异常时,应立即停止作业,并应整修加固。

(8)混凝土振捣应符合下列规定:

①检修或作业停止,应切断电源。

②不得用电缆线、软管拖拉或吊挂振捣器。

③装置振捣器的构件模板应坚固牢靠。

(9)混凝土养护应符合下列规定:

①覆盖养护时,预留孔洞周围应设置安全护栏或盖板,并应设置安全警示标志,不得随意挪动。

②洒水养护时,应避开配电箱和周围电气设备。

③蒸汽、电热养护时,应设围栏和安全警示标志,并应配置足够、适用的消防器材,非作业人员不得进入养护区域。

8.张拉作业

(1)张拉开始时,必须保持楔槽的清洁卫生,不得有油腻、杂物。

(2)张拉时非工作人员不得进入工作区。压力表指针在一定压力时,禁止拧动油泵和千斤顶每个受力螺钉或撬打千斤顶。千斤顶与油泵在稳压时,工作人员必须在安全的位置。

(3)退楔时所有人员不得进入,必须远离千斤顶,禁止对着楔块退出和钢丝绳的斜度位置站立。

(4)拆除千斤顶时,必须先取出千斤顶之间的楔块。

(5)悬空张拉,必须先搭设工作平台,工作平台上应有栏杆、保险绳等安全设施。

(6)张拉钢索的两端必须设置挡板,挡板应距离所张拉钢索端部1.5~2m,且应高出最上一组张拉钢索0.5m,其宽度应距张拉钢索两外侧1m以上。

9.支架及模板工程

(1)支架基础的场地应采取排水措施,遇洪水或大雨浸泡后,应重新检验支架基础、验算支架受力。冻胀土基础应采取防冻胀措施。支架基础施工后应检查验收。支架在安装完成后应检查验收。应设置可靠的接地装置。使用前应预压。预压荷载应为支架需承受全部荷载的1.05~1.10倍。预压加载、卸载应按预压方案要求实施,使用沙(土)袋预压时应采取防雨措施。

(2)桩、柱梁式支架纵梁之间应设置安全可靠的横向连接。搭设完成后应检查验收。跨通行道路时,应设置交通标志。跨通航水域时,应设置号灯、号型。

(3)跨通行道路、通航水域的支架应根据道路、水域通行情况设置防撞设施。

(4)制作钢木结合模板,钢、木加工场地应分开,并应及时清除锯末、刨花和木屑;模板所用材料应堆放稳固;模板堆放高度不宜超过2m。

(5)模板吊环不得采用冷拉钢筋,且吊环的计算拉应力不得大于50MPa。

(6)模板拉杆不得焊接。

(7)大型钢模板应设置工作平台和爬梯。工作平台应设置防护栏杆、挡脚板和限载标志。

(8)模板吊装应设专人指挥。吊装前,应检查模板和吊点。模板未固定前,不得实施下道工序。模板安装就位后,应立即支撑和固定。支撑和固定未完成前,不得升降或移动吊钩。模板不宜与脚手架连接。基准面以上2m安装模板应搭设脚手架或施工平台。

(9)模板、支架拆除应符合下列规定:

①模板、支架的拆除期限和拆除程序等应按施工组织设计和施工方案要求进行,危险性较大模板、支架的拆除尚应遵守专项施工方案的要求。

②模板、支架的拆除应遵循先拆非承重模板、后拆承重模板、自上而下、分层分段拆除的顺序和原则。

③简支梁、连续梁结构模板宜从跨中向支座方向依次循环卸落;悬臂梁结构模板宜从悬臂端开始顺序卸落。

④承重模板、支架,应在混凝土强度达到设计要求后拆除。承重模板应横向同时、纵向对称均衡卸落。模板、支架的拆除应设立警戒区,非作业人员不得进入。

⑤模板存放场地应坚实平整。大型模板应存放在专用模板架内或卧倒平放,不得直靠其他模板或构件。特型模板应存放在专用模板架内。突风频发区或台风到来前,存放的大型模板应采取加固措施。清理模板或刷脱模剂时,模板应支撑牢固,两片模板间应留有足够的人行通道。

10. 电气安装、维修作业

(1)在低压系统电气设备和线路上检修工作,应停电作业。必须带电操作时,应有两名电工配合,严格执行监护制度,并做好安全防护绝缘措施。

(2)在带电线路上工作要选好工作位置,保持人体对地绝缘。断开导线时应先断相线,后断零线;接导线时应先将线头试搭,然后先接零线,后接相线。

(3)停电检修工作,必须在验明确实无电以后,同时在开关、闸刀的操作手柄上或插头上挂上"禁止合闸,有人工作"的安全标示牌,必须是加锁后,方能进行操作。在未验明无电时,一律按带电操作安全规程操作。

(4)在高处作业时,严禁向下抛物,应采用绳子上下传递物品,地面有人监护。

(5)在高压电气设备和线路上操作,必须持有高压电工操作证书,并严格执行工作制度和倒闸操作安全规程。

(6)在布置临时电源时,电线均应架空,过道处须用钢管保护或按规定埋设。

(7)电箱内电气元件应完整,专用漏电保护开关的设置应符合有关标准的规定,一只电开关控制一只插座。

(8)所有移动用电设备都应有专用开关保护,电线无破损,插头插座完整。

11. 拆除作业

作业人员应熟悉被拆除建筑物(或建筑物)的竣工图纸、建筑物的结构情况、水电及设备管道情况,熟悉周围环境、场地、道路、水电设备管路、危房情况。拆除作业安全检查要点如下:

(1)工程负责人要根据施工组织设计和安全技术措施、安全操作规程对参加作业的人员进行详细的书面交底。

(2)在拆除工程施工前,应将电线、瓦斯煤气管道、上下水管道、供热设备管道等干线、通建筑物的支线切断或迁移。

(3)从事拆除工作的作业人员,应站在专门搭设的脚手架上或其他稳固的结构部分上操作。

(4)拆除区周围应设立围栏,挂警告牌,并派专人监护,严禁无关人员逗留。

(5)拆除建筑物应采用自上而下的顺序进行,禁止数层同时拆除;当拆除某一部分的时候,应防止其他部分的倒塌。

(6)拆除过程中,现场照明不得使用被拆除建筑物中的配电线,应另外设置配电线路。

(7)拆除建筑物的栏杆、楼梯和楼板等,应该与整体进度相配合。

(8)在拆除建筑物时,楼板或构筑物上不准有人聚集和堆放材料。

(9)高处进行拆除工程,要设置散碎废料溜放槽。拆下较大或沉重的材料,要用起重机械吊运,禁止向下抛掷。拆卸下来的各种材料要及时清理,分别堆放在指定位置。

(10)拆除石棉瓦及轻型结构屋面工程时,严禁施工人员直接踩踏在石棉瓦及轻型板上作业,必须使用移动板梯;板梯上部固定,防止坠落。

12. 船舶作业

1)船舶锚泊

(1)抛锚前应详细了解抛锚处水下情况,以防挂断水下光缆或输油管道。

(2)须选择适当的地点抛锚,锚泊地点应远离大型作业船舶与通航航道。

(3)在锚泊期间必须安排人员昼夜值班,随时注意观察船舶状况,当发现走锚、锚缆断损及其他船舶碰撞等紧急情况时,应立即报警,并及时组织采取应急措施。

(4)应定期检查锚缆的磨损情况,当锚缆磨损断股超过30%时须更换新锚缆。

(5)主机出现故障的船舶,维修期间应在安全的锚泊地点抛锚;如在施工现场锚泊维修,必须安排专门船舶守护,以便随时处理应急情况。

2)船舶航行及作业

(1)船舶停靠施工作业时,白天应悬挂信号球与信号旗,夜间应开启警示信号灯。

(2)为了确保船舶与登船人员的安全,在特殊情况下,船长有权拒绝执行施工命令,可自行决定停工抛锚或返航。

(3)与其他单位船舶在同一区域作业时,应提前了解对方的通信频道,以便在应急时能够进行通信联络。

(4)严格避免与其他单位交叉作业。

(5)船舶航行时应注意航行安全,夜间航行应开航行灯。

(6)船舶在雾天及水面能见度低于500m时严禁航行,船舶在雾天锚泊时应按规定鸣放雾钟。

13. 潜水作业

(1)在进行潜水作业期间,应认真观察水况及天气状况,当水况与气象条件不适宜作业时,应及时停止潜水作业。

(2)潜水作业现场应备有急救箱及相应的急救器具。水深超过30m应备有减压舱等设备。

(3)当施工水域的水温在5℃以下、流速大于1.0m/s或具有噬人海生物、障碍物或污染物等时,在无安全防御措施情况下,潜水员不得进行潜水作业。

(4)通风式重装潜水作业组应由指挥员、潜水员、电话员、收放供气管线人员和空压机操作人员组成。远离基地外出作业应具备两组潜水同时作业的能力。

(5)潜水员下水作业前,应熟悉现场的水文、气象、水质和地质等情况,掌握作业方法和技术要求,了解施工船舶的锚缆布设及移动范围等情况,并制订安全处置方案。

(6)在进行潜水作业时,扯管员应抓紧软管,并根据潜水员的需要随时收放软管。

(7)在进行潜水作业时,必须备用一套供气源并与原气源连接,一旦原气源发生故障,可及时启动备用的气源供气。

(8)在进行潜水作业时,潜水员与水面上的通信联络员必须保持畅通,水面上的电话员与潜水员应按规定保持通话。

(9)潜水作业时,潜水作业船应按规定显示号灯、号型。夜间进行潜水作业时,作业船上必须配有足够的照明灯具。

(10)通风式重装潜水作业应设专人控制信号绳潜水电话和供气管线。

(11)潜水作业应执行潜水员作业时间和替换周期的规定。当有潜水员在潜水作业时,水面上应配有预备潜水员,以备水下潜水员发生紧急情况时进行救助。

(12)通风式重装潜水员下水应使用专用潜水爬梯。挂设爬梯的悬臂杠应满足强度和刚度要求，并与潜水船、爬梯连接牢固。

(13)水下整平作业需补抛块石时，应待潜水员离开抛石区后方可发出抛石指令。

(14)应使用绳索为潜水员递送工具、材料和物品，不得直接向水下抛掷。

(15)潜水员水下安装构件应符合下列规定：

①构件基本就位和稳定后，潜水员方可靠近待安装构件。

②潜水员不得站在两构件间操作，供气管亦不得置于构件缝中。流速较大时，潜水员应在逆水流方向操作。

③构件安装应使用专用工具调整构件的安装位置。潜水员不得将身体的任何部位置于两构件之间。

(16)潜水员在沉井或大直径护筒内作业前应清除沉井或护筒内障碍物和内壁外露的钢筋、扒钉和铁丝等尖锐物。沉井和大直径护筒内侧水位应高于外侧水位。潜水员不得在沉井刃脚下或护筒底口以下作业。

14. 水下焊接作业

(1)焊接电缆和电焊把的绝缘必须良好，焊条夹头必须可靠、耐用。

(2)在焊接回路中必须安装一个闸刀开关。闸刀由专职电工掌管，进行焊接时必须断电。

(3)必须严格控制闸刀开关，未接到水下潜水员的口令，严禁接通或切断电源；接到潜水员的口令后，应先重复口令再执行闸刀开关通断作业。

(4)潜水员不在水下进行焊接作业时，应严防焊条或焊把触及水下设施的金属构件。

(5)在焊接作业前，应了解焊件情况，选择适用的焊条。

(6)焊条消耗至剩余50～60mm时应予以更换。

15. 水上起重作业

(1)作业前应实地查看，根据吊物的性质、重量等确定下锚位置、起吊方法。

(2)作业前检查吊钩、滑轮、卸扣、链条、转环、螺栓、插销等零件是否良好，起重钢丝绳的两端应牢固。

(3)当风力大于6级时，应停止起重作业。

(4)起吊前应查看和计算船体吃水是否满足要求。

(5)物体吊至空中时，舢板或车辆应避免从起吊物下方经过。

(6)吊重物移船时，各绞车应注意指挥人员的指挥信号，做到松紧均匀，避免突然停止或突然启动，使重物在空中摇摆。

(7)吊重物件落下后，绞车卷筒上的钢丝绳不能全部放完，至少保留5圈。

(8)当起吊埋在土中或水中的物件时，应缓慢进行，防止超载，等物件有移动时再起吊。

(9)当用两艘起重船共同吊一个物件时，必须在安全部门和技术部门的领导下，编制具体的安全操作方案，经审查通过后方能进行。

(10)当用两艘起重船共同吊一个物件时，两船应互相联系，并明确由一个指挥人员进行指挥，保持物件吊起同一高度，并保持同步作业。

(11)陆用起重机在驳船上作业时，必须制订专项施工方案，并附具船舶稳性和结构强度验算结果，并对起重机的吊重、作业半径作出规定。起重机、吊臂及吊钩必须设置封固装置。

(12)夜间起重作业时,工作地点应有足够的照明,但不能妨碍指挥人员的视线。

(13)起重船与其他船配合工作时,双方船长应互相联系,明确分工,密切配合。

四、核查现场机械和安全设施的验收手续并签署意见

监理工程师应对施工现场使用的施工机械和设施的采购、租赁,起重机械的现场安装和拆卸,起重机械的检测与验收等情况进行检查验收。监理单位核查施工单位提交的有关施工机械、安全设施等验收记录,并由项目总监在验收记录上签署意见。

1. 施工机械、机具的采购和租赁

(1)施工单位采购、租赁的安全防护用具、机械设备、施工机具及配件,应当具有生产(制造)许可证、产品合格证,并在进入施工现场前由使用单位或承租单位、出售单位或出租单位、安装单位共同进行验收查验,验收合格的方可使用。验收合格后30日内,应当向当地交通运输主管部门登记。对于尚无相关国家标准或行业标准的设备和设施,应当保障其质量和安全性能。

(2)施工现场的机械设备、施工机具及配件必须由专人管理,定期进行检查、维修和保养,建立相应的资料档案,并按照国家有关规定及时报废。

(3)为建设工程提供机械设备和配件的单位,应当按照安全施工的要求配备齐全有效的保险、限位等安全设施和装置。

(4)出租单位应当对出租的机械设备和施工机具及配件的安全性能进行检测,在签订租赁协议时,应当出具检测合格证明。

(5)禁止出租检测不合格的机械设备和施工机具及配件。

2. 起重机械和设施的现场安装与拆卸

(1)在施工现场安装、拆卸施工起重机械和整体提升式脚手架、滑模爬模、架桥机等自行式架设设施,必须由具有相应资质的单位承担。

(2)安装、拆卸施工起重机械和整体提升式脚手架、滑模爬模、架桥机等自行式架设设施,应当编制拆装方案、制定安全施工措施,并由专业技术人员现场监督。

(3)施工起重机械和整体提升式脚手架、滑模爬模、架桥机等自行式架设设施安装完毕后,安装单位应当自检,出具自检合格证明,并向施工单位进行安全使用说明,办理验收手续并签字。

3. 起重机械和设施的检测与验收

(1)在施工现场安装、拆卸施工起重机械和整体提升式脚手架、滑模爬模、架桥机等自行式架设设施,必须由具有相应资质的单位承担。

(2)安装、拆卸施工起重机械和整体提升式脚手架、滑模爬模、架桥机等自行式架设设施,应当出具安全合格证明文件,并对检测结果负责。

(3)施工单位在使用施工起重机械和整体提升式脚手架、滑模爬模、架桥机等自行式架设设施前,应当组织有关单位进行验收,也可委托具有相应资质的检测机构进行验收;使用承租的机械设备和施工机具及配件的,由施工总承包单位、分包单位、出租单位和安装单位共同进行验收,验收合格的方可使用。对于尚无相关国家标准或行业标准的设备和设施,应当保障其质量和安全性能。

(4)《特种设备安全监察条例》规定的施工起重机械,在验收前应当经有相应资质的检验检测机构监督检验合格。

(5)施工单位应当自施工起重机械和整体提升式脚手架、滑模爬模、架桥机等自行式架设设施验收合格之日起30日内,向交通运输主管部门备案或者在其他有关部门登记。登记标志应当置于或者附着于该设备的显著位置。

4.施工机械使用的安全监督

施工机械应当按照施工总平面布置图规定的位置和线路设置,不得任意侵占场内道路,施工机械进场的必须经过安全检查,经检查合格的方可使用。施工机械操作人员必须建立机组责任制,并依照有关规定持证上岗,禁止无证人员操作。

五、检查现场安全防护设施

1.安全防护用品

施工单位应当向作业人员提供安全防护用具和安全防护服装,并书面告知危险岗位的操作规程和违章操作的危害。作业人员应当遵守安全施工的强制性标准、规章制度和操作规程,正确使用安全防护用具、机械设备等。

1)劳动防护用品的发放

(1)根据工作场所中的职业危害因素及危害程度,按照法律、法规、标准的规定,为从业人员免费提供符合国家规定的防护用品。

(2)应到定点经营单位或者生产企业购买特种劳动防护用品。防护用品必须具有“三证”,即生产许可证、产品合格证和安全鉴定证。购买的防护用品必须经本单位安全管理部门验收,并在使用前对其防护功能进行检验。

(3)应教育从业人员,按照防护用品的使用规则和防护要求,正确使用防护用品。职工做到“三会”,即会检查防护用品的可靠性,会正确使用防护用品,会正确维护保养防护用品。

(4)应按照产品说明书的要求,及时更换、报废过期和失效的防护用品。

(5)应建立健全防护用品的购买、验收、保管、发放、使用、更换、报废等管理制度和使用档案。

2)正确使用劳动防护用品的要求

(1)使用前应首先做外观检查。检查的目的是认定用品对有害因素防护效能程度,用品外观有无质量缺陷或损坏,各部件组装是否严密,启动是否灵活等。

(2)劳动防护用品的使用必须在其性能范围内,不得超极限使用;不得使用未经国家指定检测部门认可或检测达不到标准的产品;不得随便代替,更不能以次充好。

(3)严格按照使用说明书正确使用劳动防护用品。

2.安全标志

(1)施工现场出入口、施工起重机械等设备出入通道口和沿线各交叉口应设置安全标志,安全标志包括禁止标志、警告标志、指令标志和提示标志。其使用按照现行《安全标志及其使用导则》规定执行。

(2)标牌用于工程驻地、施工现场明示相关信息,主要包括工程概况牌、质量安全目标牌、管理人员名单及监督电话牌、安全文明施工牌、重大风险源告知牌、施工现场布置图等。

(3)标志应采用坚固耐用的材料制作。有触电危险的场所应使用绝缘材料。边缘和尖角应适当倒棱,呈圆滑状,带有毛刺处应打磨光滑。

(4)标志的设置位置应合理、醒目,能使观察者引起注意、迅速判读、有必要的反应时间或操作距离。主要机具、设备及施工工序操作规程牌,应设置在操作室或操作区域。

(5)标志不应设在门、窗、架等可移动的物体上。标志前不得放置妨碍认读的障碍物。

(6)经常检查标志的状态,保持清洁醒目、完整无损。发现有破损、变形、褪色等时,应及时修整或更换。

(7)根据工程特点和不同的施工阶段,现场安全标志标牌要及时准确地增补、删减或变动,实施动态管理。

3. 安全防护设施

施工单位应当在施工现场做好各项施工的安全防护,配备必要的防护设施。这些防护设施主要包括:高处作业防护,临边作业防护,洞口作业防护,攀登作业防护,悬空作业防护,移动式操作平台防护,交叉作业防护,特殊季节、气候条件施工防护,临时用电防护,对毗邻构筑物的专项防护等。这些作业的安全操作规定在本书第三章和第四章中做了详细的介绍。

六、签认安全生产专项费用

1. 安全生产专项费用清单

根据《中华人民共和国安全生产法》,交通运输部《公路水运工程安全生产监督管理办法》,财政部、安全监管总局《企业安全生产费用提取和使用管理办法》规定,结合公路工程特点,安全生产专项费用清单如表 8-4 所示。

安全生产专项费用清单　　表 8-4

序号	类　别	清单细目
1	设置、完善、改造和维护安全防护设施设备支出	(1)施工现场安全防护费。施工现场安全设施包括:临边、临口、临水等危险部位防坠、防滑、防溺水等设施;防止物体、人员坠落而设的安全网、棚;其他与工程有关的交叉作业防护、防火、防爆、防尘、防毒、防风、防汛、防台、防地质灾害、有害气体监测、通风、临时安全防护等。 (2)警示、照明等灯具费。警示、照明等灯具包括:施工车辆、船舶、机械、构造物的警示、危险报警闪光灯、施工区域夜间警示灯、照明灯等灯具。 (3)警示标志、标牌费。警示标志、标牌包括:各种警告、提醒、指示等。 (4)安全用电防护费。安全用电防护设施包括:各种用电专用开关、室外使用的开关、防水电箱、高压安全用具、漏电保护等设施。 (5)施工现场围护费。施工现场围护设施主要包括:改扩建工程施工围挡;施工现场高压电塔、杆围护;施工现场光缆围护等。对施工围挡有特殊要求路段的围挡费用不在此列。 (6)其他安全防护设备与设施费。应计入安全生产费用的其他安全防护设备与设施的完善、改造和维护等费用

续上表

序号	类　别	清单细目
2	配备、维护、保养应急救援器材、设备支出和应急演练支出	(1)应急救援器材和设备的配备(或租赁)、维护、保养费。不包括:灭火器、消防斧等小型消防器材;急救箱、急救药品、救生衣、救生圈、应急灯具、救援梯、救援绳等小型救生器材与设备。特殊季节或环境下拖轮调遣费用、警戒船只的租赁费用。救生船、消防车、救护车等大型专业救援设备发生的相关费用不在此列。 (2)应急演练费。由建设单位或施工单位依据应急预案,模拟应对突发事件组织的应急救援活动,由施工单位分担或由施工单位自行负责的部分或全部费用
3	重大风险源和安全事故隐患评估、监控和整改支出	(1)重大风险源和安全事故隐患评估费。由建设单位、相关行政主管部门组织的,或者施工单位委托专业安全评估单位对重大风险源、重大事故隐患进行评估所发生的相关费用。 (2)重大危险源监控费。对项目重大危险源进行日常监控所发生的相关费用。施工监控不在此列。 (3)重大安全隐患整改费。根据建设单位、相关行政主管部门或者专业安全评估单位出具的评估报告,对重大事故隐患进行整改发生的相关费用
4	安全生产检查、评价、咨询和标准化建设支出	(1)日常检查费。施工单位专职安全生产管理人员日常巡视所发生的车辆与相关器材使用费,车辆与器材的购置费不在此列。 (2)专项安全检查费。施工单位聘请专业安全机构或专家对项目安全生产过程中的特殊部位、特殊工艺、特别设备的施工安全检查所支付的相关费用。 (3)安全生产评价费。施工单位聘请专业安全机构或专家对项目专项施工方案、风险评估进行讨论、论证、评估、评价所支付的相关费用,不包括新建、改建、扩建项目安全评估。 (4)安全生产咨询、风险评估费。施工单位就安全生产工作中存在问题向相关专业安全机构、咨询单位或专家进行咨询所发生的相关费用。按规定开展施工安全风险评估管理费用。 (5)安全生产标准化建设费。施工单位按有关规定或合同约定开展安全生产方面的标准化建设费用
5	配备和更新现场作业人员安全防护用品支出	(1)安全防护物品配备费。施工单位根据有关规定在日常施工中必须配备的安全帽、安全带、手套、雨鞋、工作服、口罩、防毒面具、防护药膏等安全防护物品的购置费用。 (2)安全防护药品更新费。施工单位对安全防护物品的正常损耗进行必要的补充所产生的费用
6	安全生产宣传、教育、培训支出	(1)安全生产宣传费。包括安全宣传标语、条幅、图片、视频等宣传资料所发生的费用。 (2)安全生产培训教育费。包括施工单位对施工人员进行安全技术交底、安全操作规程培训、安全知识教育等支出的课时费;安全报纸、杂志订阅或购置费;安全知识竞赛、技能竞赛、安全专题会议等活动费用;安全经验交流、现场观摩等费用

续上表

序号	类　别	清 单 细 目
7	安全生产适用的新技术、新标准、新工艺、新装备的推广应用支出	增设隧道门禁系统,隧道内风险控制监控系统、桥梁作业远程监控系统等所发生的相关费用
8	安全设施及特种设备检测检验支出	(1)安全设施检测检验费。施工单位将拟投本项目的安全设施送交或邀请具有相关资质的检测验证机构进行检测检验,并出具相关报告所发生的费用。 (2)特种设备检测检验。施工单位根据有关规定对拟投本项目的特种设备邀请具有相关资质的检测验证机构进行检测检验,并出具相关报告所发生的费用
9	其他安全生产费用支出	(1)办公用品费。专职安全生产管理人员办公用计算机、照相器材等办公必需的设施配备费用。 (2)雇工费。保障施工安全、对施工现场进出口部位进行交通管制而雇用交通协管人员进行看护所支出的人工费用。 (3)其他费用。招标时不可预见的,在施工过程经建设单位与监理单位认可,可在安全生产费列支的其他与安全生产直接相关的费用

2.审查安全生产专项费用投入计划

1)工作内容

主要审核施工单位安全生产费用投入计划和使用范围的合规性。其要点如下:

(1)编制施工合同段总体安全生产费用使用计划、年度安全生产费用使用计划、安全技术措施,立项正确,符合国家安全生产费用的使用范围。

(2)编制安全生产费用月度使用计划,且按时报总监办审批。

(3)安全生产费用计划(年度、月度)的内容应包括措施立项、费用使用部门、执行部门、费用预算,实际使用监督部门等。

(4)安全生产费用使用范围符合《公路水运工程施工安全标准化指南》表3.2-1规定。

2)工作职责

总体、年度安全生产费用使用计划收悉后7天内批复;月度安全生产费用使用计划收悉后3天内批复。

(1)施工合同段总体安全生产费用使用计划由安全专监、分管安全副总监审核,总监审批。

(2)年度安全生产费用使用计划由安全专监、分管安全副总监审核,总监审批。

(3)月度安全生产费用使用计划由安全专监审核,分管安全副总监审批。

(4)安全生产专项费用计划由监理审核后,向建设单位报备。

3. 安全生产专项费用计量支付

1）工作内容

主要核查安全生产费用计提、审查安全生产费用凭证、现场核查使用情况、计量与支付。其要点如下：

（1）审查施工单位月度安全生产费用清单合规性。

（2）监理审核当月实际使用安全经费台账；使用明细、金额、发票证明材料等。

（3）现场核查施工单位安全生产费用实际使用情况。

（4）建立安全生产费用监理审核台账。

2）工作职责

施工单位提交计量申请后 7 天内完成审查、审批工作。

（1）监理审核安全经费使用原则：一是安全措施立项正确，符合国家安全经费的使用范围；二是购买的安全物品真正用在工地上，监理现场核实；三是凭有效票据作凭证。

（2）安全费用不得挪用或变相挪用。

（3）分管安全副总监组织安全专监、计量专监现场核实安全生产费用使用情况（若建设单位规定需要一同到现场进行核实的，由监理负责通知建设单位）。

（4）分管安全副总监组织安全专监、计量专监核查安全生产费用计提是否符合要求；安全生产费用计量清单是否符合要求。

（5）总监办签认后，报建设单位审批。

七、督促施工单位安全自检、进行抽查及参与安全生产专项检查

1. 督促施工单位进行安全自检

工程项目安全检查的目的是消除隐患、防止事故，是安全控制工作的一项重要内容。施工项目的安全自检应由项目经理定期进行，安全自检可分为日常性检查、专业性检查、季节性检查、节假日前后的检查和不定期检查等。

（1）日常性检查，即经常的、普遍的检查。企业一般每年进行 1 ~ 4 次；工程项目组、车间、科室每月至少进行 1 次；班组每周、每班次都应进行检查。专职安全技术人员的日常检查应该有计划，针对重点部位周期性地进行。

（2）专业性检查，是针对特种作业、特种设备、特殊场所进行的检查，如电焊、气焊、起重设备、运输车辆、锅炉压力容器、易燃易爆场所等。

（3）季节性检查，是指根据季节特点，为保障安全生产的特殊要求的检查。如：春季风大，要着重防火、防爆；夏季高温多雨，要着重防暑、降温、防汛、防雷击、防触电；冬季着重防寒、防冻等。

（4）节假日前后的检查，是针对节假日期间容易产生麻痹思想的特点而进行的安全检查，包括节假日前进行安全生产综合检查，节假日后也要进行检查等。

（5）不定期检查，是指在工程或设备开工和停工前、检修中、工程或设备竣工及试运转时进行的安全检查。

2. 对施工单位自查情况进行抽查

监理工程师对施工单位自查情况进行抽查,抽查后应编制安全检查报告,对施工单位自检情况进行综合评价。

1)监理工程师对施工单位自查情况进行抽查

(1)定期或不定期对施工单位自查情况进行抽查、评价和考核。

(2)抽查发现作业中存在的不安全行为和隐患,签发安全整改通知,督促施工单位制订整改方案,落实整改措施,整改后应予复查。

(3)抽查应采用随机抽样、现场观察和实地检测的方法,并记录检查结果,纠正违章指挥和违章作业。

2)抽查一般内容

(1)检查施工单位在施工过程中,人员、施工机械设备、材料、施工方法、施工工艺及施工环境条件等是否符合保证施工安全的要求。

(2)重要的和对工程施工安全有重大影响的工序、工程部位、施工过程中的施工专项方案、施工组织设计中的安全技术措施落实情况。

(3)施工单位自查记录资料整理情况,自查存在问题整改情况。

(4)施工工艺、机械设备安全操作规程执行情况。

(5)现场安全防护设施、文明施工、用电安全及消防安全管理情况等。

第六节　交工验收阶段安全监理

交工验收阶段监理工程师主要工作内容包括:协助建设单位落实工程建设项目“三同时”的规定;审查安全设施等是否按设计要求与主体工程同时建成交付使用;承担交工验收至竣工验收阶段质量缺陷和问题修复施工作业安全管理责任。

一、路面修复作业

(1)作业人员必须穿着有反光标志的橘红色工作装,管理人员必须穿着有反光标志的橘红色背心。

(2)按作业控制区交通控制标准设置相关的渠化装置和标志,并指派专人负责维持交通。

(3)在高速公路和一级公路上修复作业必须用车辆接送,不得在控制区外活动或堆放物体。

(4)在山体滑坡、塌方、泥石流等路段作业必须有专人观察险情。

(5)在高路堤路肩、陡边坡等路段作业时,应采取防滑坠落措施,并注意防止危岩、浮石滚落。

(6)坑槽必须当天完成,若不能完成必须布置作业控制区。

(7)夜间作业,应设置照明设施。照明必须满足作业要求,并覆盖整个工作区域。

(8)当进行修复作业时,应顺着交通流方向设置安全设施。当作业完成后,应逆着交通流方向撤除为修复作业而设置的有关安全设施,恢复正常交通。

二、桥梁修复作业

(1)公路桥梁、涵洞现场要专门设置修复作业时的交通标志。桥面应按作业控制区布置要求设置相关的渠化装置和标志,并设专人负责维持交通。

(2)桥梁修复作业时,应首先了解架设在桥面上下的各种管线,并注意保护公用设施(煤气、水管、电缆、架空线等),必要时应与有关单位联系,取得配合。

(3)在栏杆外进行作业必须设置悬挂式吊篮等防护设施,作业人员须系安全带。

(4)桥墩、桥台修复时,应在上、下游航道两段设置安全设施,夜间须设置警示标志信号。必要时应与有关单位取得联系,相互配合。

三、隧道修复作业

(1)应按作业控制区布置要求设置相关的渠化装置和标志,并设专人负责维持交通。在修复明洞和半山洞前,应及时清除山体边坡或洞顶危石。

(2)在隧道内进行登高堵漏作业或修复照明设施时,登高设施的周围应设醒目的安全设施。

(3)对隧道衬砌局部坍塌进行修复作业时,应采取措施保证人员安全。

(4)当实测的隧道内 CO 浓度或烟尘浓度高于规定的容许浓度时,作业人员应及时撤离,并开启通风设备进行通风。

(5)隧道内不准堆放易燃易爆物品,严禁明火作业或取暖。

(6)作业宜选择在交通量较小时段进行。作业前,应做好以下工作:

①检测隧道内 CO、烟雾等有害气体的浓度及能见度是否会影响施工安全;

②检测结构状况是否会影响作业安全,如有危险,应先处理后作业;

③检查施工信道信号灯是否准确、明显,施工标志设置是否规范;

④对养护机械、台架进行全面的安全检查,并应在机械上设置明显的反光标志,在台架周围设置防眩灯,以反映作业现场的轮廓。

(7)隧道内作业时,应遵守以下规定:

①修复作业控制区经划定不得随意变更;

②作业人员不得在工作区外活动或将任何机具、材料置于工作区之外;

③施工路段内的照明应满足要求。

(8)电力设施等有特别要求的维护,应按有关部门的安全操作规程执行。

(9)隧道内发生交通事故时,应通知并配合交通安全管理部门到现场处理交通事故。

(10)事故发生后,应尽快清理现场,排除路障,恢复隧道正常行车,并登记相关损失,应认真分析事故原因,恢复或改善隧道的防灾能力。

四、检测作业

(1)严禁在能见度差(如夜晚、大雾天)的条件下进行作业。

(2)道路、桥梁检测车在高速公路、一级公路进行检测时,凡行进速度低于 50km/h 时,均应按临时定点或移动修复作业控制区布置,应在检测设备尾部安装发光可变标志牌,或按规定设置安全警戒区。

第七节　平安工地建设监理内容

一、平安工地概述

依据《公路水运工程平安工地建设管理办法》(交安监发〔2018〕43 号),经依法审批、批准或者备案的公路水运基础设施新建、改建、扩建工程在施工期间,建设、施工、监理单位需开展平安工地建设活动,平安工地建设以落实安全生产主体责任为核心,以施工过程风险防控无死角、事故隐患零容忍、安全防护全方位为目标,推进施工现场安全文明与施工作业规范有序,不断深化平安交通发展。

平安工地建设管理主要包括工程开工前的安全生产条件审核,施工前的安全生产条件核查,施工过程中的平安工地建设、考核评价等。

交通运输部指导全国公路水运工程平安工地建设监督管理工作,负责组织制定《公路水运工程平安工地建设考核评价指导性标准》(以下简称《标准》);交通运输部长江航务管理局负责长江干线航道工程平安工地建设监督管理工作;省级交通运输主管部门指导辖区公路水运工程平安工地建设监督管理工作,负责组织制定本地区公路水运工程平安工地建设监督管理制度和考核评价标准,属地负有安全生产监督管理职责的交通运输主管部门负责管辖范围内的公路水运工程平安工地建设监督管理工作。

二、平安工地建设内容

公路水运工程建设项目应当保障安全生产条件,落实安全生产责任,建立项目安全生产管理体系,实现安全管理程序化、现场防护标准化、风险管控科学化、隐患治理常态化、应急救援规范化,并持续改进。

(1)公路水运工程项目应当具备法律、法规、规章和工程建设强制性标准规定的安全生产条件,并在项目招(投)标文件、合同文本以及施工组织设计和专项施工方案中予以明确。从业单位应当保证本单位所应具备的安全生产条件必需的资金投入,任何单位和个人不得降低安全生产条件。

(2)公路水运工程项目从业单位应当依法依规制定完善全员安全生产责任制,明确各岗位的责任人员、责任范围和考核标准等内容,并进行公示。施工、监理单位项目负责人安全生产责任考核结果应作为合同履约考核内容,每年定期向建设单位报送。

(3)公路水运工程项目从业单位应当贯彻执行安全生产法律法规和标准规范,以施工现场和施工班组为重点,加强施工场地布设、现场安全防护、施工方法与工艺、应急处置措施、施工安全管理活动记录等方面的安全生产标准化建设。

(4)公路水运工程实施安全风险分级管控。项目从业单位应当全面开展风险辨识,按规定开展设计、施工安全风险评估,依据评估结论完善设计方案、施工组织设计、专项施工方案及应急预案。

施工作业区应当根据施工安全风险辨识、评估结果，确定不同风险等级的管理要求，合理布设。在风险较高的区域应当设置安全警戒和风险告知牌，做好风险提示或采取隔离措施。施工过程中，应当建立风险动态监控机制，按要求进行监测、评估、预警，及时掌握风险的状态和变化趋势。重大风险应当及时登记备案，制定专项管控和应急措施，并严格落实。

(5)安全生产事故隐患排查治理实行常态化、闭合管理。项目从业单位应当建立健全事故隐患排查治理制度，明确事故隐患排查、告知(预警)、整改、评估验收、报备、奖惩考核、建档等内容，逐级明确事故隐患治理责任，落实到具体岗位和人员。按规定对隐患排查、登记、治理、销号等全过程予以记录，并向从业人员通报。

重大事故隐患应当在确定后5个工作日内向直接监管的交通运输主管部门报备，其中涉及民爆物品、危险化学品及特种设备等重大事故隐患的，还应向相应的主管部门报备。

重大事故隐患整改应当制订专项方案，确保责任、措施、资金、时限、预案到位。整改完成后应当由施工单位成立事故隐患整改验收组进行专项验收，可组织专家对重大事故隐患治理情况进行评估。整改验收通过的，施工单位应将验收结论向直接监管的交通运输主管部门报备，并申请销号。

(6)公路水运工程从业单位应当按要求制订相应的项目综合应急预案、施工合同段的专项应急预案和现场处置方案，并定期组织演练。依法建立项目应急救援组织或者指定工程现场兼职的、具有一定专业能力的应急救援人员，定期开展专业培训。结合工程实际编制应急资源清单，配备必要的应急救援器材、设备和物资，进行经常性维护、保养和更新。

三、监理机构平安工地建设

1.基本要求

(1)监理机构应按交通运输部《公路水运工程平安工地建设管理办法》(交安监发〔2018〕43号)的有关规定，开展监理单位平安工地建设活动。

(2)监理单位应当将平安工地建设作为安全监理的主要内容，在危险性较大工程开工前及时开展安全生产条件审核；结合安全生产标准化建设的有关要求，对监理范围内的合同段平安工地建设管理情况进行监督检查。

(3)建设单位应当建立平安工地建设、考核、奖惩等制度，在项目开工前组织安全生产调研审核，每半年对施工、监理合同段进行一次平安工地建设考核评价。开工前生产条件审核结果以及施工过程中的平安工地建设考核评价结果，应及时通过平安工地建设管理系统，向直接监管的交通运输主管部门报送。

2.监理机构平安工地建设

(1)监理机构应在工程项目开工前，根据工程项目特点，编制平安工地建设监理方案，明确平安工地建设规划和计划，开展平安工地建设的教育与培训，在安全监理责任制度及考核制度中列入平安工地创建工作责任和考核内容，将平安工地建设监理工作要求落实到位。

(2)平安工地建设监理方案可作为安全监理计划的主要内容，也可单独编制，作为安全监理计划的补充文件，其主要内容包括：

①编制依据。

主要包括交通运输部《公路水运工程平安工地建设管理办法》(交安监发〔2018〕43 号)及其附件、监理合同文件、监理规范,相关的法律、法规、规章和主要施工安全技术规范。

②平安工地建设目标。

包括监理合同文件、建设单位安全生产管理办法等明确的平安工地建设目标,监理机构平安工地建设目标,并制定相应的工作指标和阶段性目标。

监理机构平安工地建设目标,应符合或严于建设单位明确的平安工地建设目标,与监理机构安全监理工作内容相适应,并另外形成文件,便于全体监理人员贯彻和实施。

③组织机构。

监理机构宜成立平安工地建设活动领导小组或负有平安工地建设职责的安全监理领导小组,明确组成人员及其职责,分工落实"平安工地"建设的各项工作,监理健全从总监理工程师(或驻地监理工程师)、安全监理工程师(专职)、专业监理工程师(兼职)到监理员(兼职)在内的监理机构平安工地建设网络体系。

成立平安工地建设领导小组时,监理机构平安工地建设领导小组应由总监或驻地监理工程师任组长,副总监或副驻地监理工程师、安全监理工程师任副组长,各专业监理工程师为组员。

监理机构平安工地建设领导小组负责监理机构"平安工地"建设工作的组织实施,制订平安工地建设监理方案,建立和完善监理机构平安工地建设制度、管理体系,制定阶段性目标并进行检查考核和自我评价,建立并及时收集整理平安工地建设监理资料等。同时,监督、检查并定期考核评价施工单位平安工地建设工作开展情况。及时组织召开有关"平安工地"建设工作会议,协调有关问题,落实上级部门的安全要求。

④监理机构平安工地建设。

包括监理机构平安工地建设的工作计划和实施方案,明确监理机构平安工地建设程序、内容、方法、考核和奖惩等,并严格执行。

监理机构应将平安工地建设目标分解为具有可考核性的工作指标,并将工作指标细化和分解,制定阶段性指标和实现平安工地建设指标、工作指标的措施。

监理机构应建立平安工地建设目标考核与奖惩的相关制度,按交通运输部《公路水运工程平安工地建设管理办法》(交安监发〔2018〕43 号)的规定,每季度对平安工地建设责任落实、目标完成情况进行考核和奖惩。

⑤平安工地建设监理。

包括监理机构对监理范围内合同段的平安工地建设管理情况进行监督检查的工作计划、程序、内容和方法等。

⑥保障措施。

包括保证平安工地建设活动有效开展、平安工地建设目标顺利实现所采取的宣传发动、教育培训、安全管理、监督检查、考核评价等。

(3)监理机构对合同段工程开工前安全生产条件审核的同时,应进行工程项目开工前安全生产条件中监理单位相关内容的自查,自查结果与合同段开工前安全生产条件核查结果一同报建设单位,作为建设单位进行工程项目开工前安全生产条件核查的参考。

自查内容包括与建设单位签订的安全生产协议书、总监和安全监理工程师的安全培训合格证和任命书、成立安全监理组织的文件、安全技术措施和施工现场临时用电方案的审查意见和审批表等。

(4)监理机构平安工地建设的主要内容包括责任落实、审查审批、安全建设与督促整改、监理人员管理、安全生产专项工作、安全监理资料管理及安全监理效能七部分。

(5)建设单位考核评价结果不合格时,监理机构应当及时按平安工地建设监理单位考核评价标准规定进行整改,并提请建设单位复评。

四、评价考核

1. 考核评价方法

(1)平安工地建设考核评价,包括安全生产条件核查及施工、监理、建设等从业单位考核评价两方面。

安全生产条件核查,包括工程项目开工前安全生产条件核查表、危险性较大的分部分项工程施工前安全生产条件核查表两部分。

施工单位考核评价,包括施工单位基础管理考核评价表、施工单位施工现场考核评价表两部分。其中施工现场考核评价,由通用部分、专业部分两部分组成。

(2)考核评价采取扣分制,扣分上限为各考核项总赋分值。其中,《公路水运工程平安工地建设考核评价指导性标准》(以下简称《标准》)中标记“ * ”的考核项目为必须考核的指标项。

(3)安全生产条件符合率 = 符合项/(符合项 + 基本符合项)。

安全生产条件是公路水运工程项目开工应当具备法律法规和技术标准规定、满足合同约定的基础条件,不得有不符合项。安全生产条件符合项,是指安全生产条件满足合同约定,符合法律法规和技术标准要求;基本符合项,是指该项安全生产条件总体满足,但在满足程度上还需要提升。

安全生产条件,由工程项目开工前安全生产条件、危险性较大的分部分项工程施工前安全生产条件两部分组成。其中,危险性较大的分部分项工程施工前安全生产条件,需按施工进度分阶段经监理单位审核、建设单位确认。这部分的安全生产条件是动态的,在计算这部分安全生产条件时,要结合施工单位进场报验单情况予以逐项确认统计,在监理、建设单位批复意见中明确要求修改、完善的,应视为基本符合项。

根据考核期内安全生产条件的符合程度,在当期施工单位考核评价总分的基础上扣除相应分数(内插法)。当安全生产条件符合率在 60% 以下时,视情节扣除 10 ~ 30 分;当安全生产条件符合率在 60%(含)~ 85% 之间时,视情节扣除 5 ~ 10 分;当安全生产条件符合率超过 85%(含)以上时,则不扣分。

(4)施工单位考核评价分数 =(施工单位基础管理考核评价分数 ×0.4 + 施工单位施工现场考核评价分数 ×0.6)- 安全生产条件符合程度的扣分值。

①施工单位基础管理考核评价分数 =(考核项目实得分/考核项目应得分)×100

②施工单位施工现场考核评价分数 =(考核项目实得分/考核项目应得分)×100

③施工单位施工现场考核评价内容:公路工程为《标准》中表3.1和表3.2。

(5)监理单位考核评价分数=(考核项目实得分/考核项目应得分)×100。

(6)建设单位考核评价分数=(考核项目实得分/考核项目应得分)×100。

(7)工程项目考核评价分数=[建设单位考核评价分数×0.2+∑监理单位考核评价分数/监理单位个数×0.2+∑(施工单位考核评价分数×合同价)/∑施工单位合同价×0.6]。

公路水运工程项目年度考核结果按照建设单位在本年度考核周期内考核结果累计的平均值计算。

各级交通运输主管部门抽查发现平安工地建设流于形式、考核弄虚作假、评价结果不合格等情况时,应当要求项目建设单位组织整改、重新考核,并在信息系统予以记录;情节严重的应当通报批评,约谈建设单位负责人、施工和监理企业法定代表人;对存在重大安全风险未有效管控、重大事故隐患未及时整改的施工作业,应当责令停工整改、挂牌督办;对存在违法违规行为的从业单位和人员,应当给予安全生产信用不良记录,依法实施行政处罚。

2.考核评价结果

(1)平安工地建设考核评价按照百分制计算得分,计算得分精确到小数点后1位。考核评价结果分为合格、不合格两类。考核评价分数70分及以上的为合格,70分以下为不合格。

(2)施工单位考核评价结果即为施工合同段考核评价结果,监理单位考核评价结果即为监理合同段考核评价结果。

以施工总承包、PPP(政府和社会资本合作)模式等方式组织项目建设、施工、监理工作的,按照项目管理机构内部岗位定位及分工,开展平安工地建设管理考核评价。

(3)所有的施工、监理合同段考核评价结果均合格,工程项目总体考核评价结果方为合格。

(4)施工、监理合同段考核评价结果不合格的,该施工、监理合同段应当立即整改,整改完成后由建设单位组织复评,复评仍不合格的施工、监理合同段应当全部停工整改,并及时向直接监管的交通运输主管部门报告。

对已经发生重特大生产安全责任事故、存在未及时整改的重大事故隐患、被列入安全生产黑名单的合同段,直接评为不合格。

(5)发生1起一般及以上生产安全责任事故,负有主要责任的施工合同段直接评为不合格,负有直接责任的监理合同段在考核评价得分基础上直接扣10分。

发生2起一般或1起较大生产安全责任事故,负有直接责任的监理合同段在考核评价得分基础上直接扣15分,建设单位在考核评价得分基础上直接扣15分。

(6)项目因安全生产问题被停工整改2次以上,被主管部门通报批评、挂牌督办、行政处罚、约谈项目法人及企业法人、或逾期不落实书面整改要求的,或者在考核评价过程中发现存在明显安全管理漏洞、事故隐患治理不力反复存在的,可根据实际情况在工程项目计算得分的基础上酌情扣5~15分。

3.平安工地考核评价机制

(1)施工单位。

施工单位是平安工地建设的实施主体,应当确保项目安全生产条件满足《标准》要求,当项目安全生产条件发生变化时,应当及时向监理单位提出复核申请。

合同段开工后到交工验收前,施工单位应当每月至少开展一次平安工地建设情况自查自纠,及时改进安全生产管理中的薄弱环节;每季度至少开展一次自我评价,对扣分较多的指标及反复出现的问题,应当采取针对性措施加以完善。施工单位自我评价报告应报监理单位。

(2)监理单位。

监理单位应当将平安工地建设作为安全监理的主要内容,危险性较大的分部分项工程开工前按照《标准》要求及时开展安全生产条件审核,并将审核结果报建设单位。

施工过程中,监理单位应当按照《标准》要求,每季度对监理范围内的合同段平安工地建设管理情况进行监督检查,发现问题及时督促整改,整改后仍不符合要求的合同段应当责令停工,并向建设单位报告;情节严重的还应当向直接监管的交通运输主管部门书面报告。

(3)建设单位。

建设单位是施工、监理合同段平安工地建设考核评价的主体,应当建立平安工地建设、考核、奖惩等制度,将平安工地建设情况纳入合同履约管理,加强过程督促检查,对项目平安工地建设负总责。

建设单位应当按照《标准》要求,在项目开工前组织安全生产条件审核,每半年对项目所有施工、监理合同段组织一次平安工地建设考核评价,对自身安全管理行为进行自评,建立相应考核评价记录并及时存档;开工前安全生产条件审核结果以及施工过程中的平安工地建设考核评价结果,应当及时通过平安工地建设管理系统,向直接监管的交通运输主管部门报送。

(4)交通运输主管部门。

省级交通运输主管部门应当明确本地区各等级公路、水运工程平安工地建设监督管理责任主体,结合本地区实际,制定相应的考核评价标准体系。

地方各级交通运输主管部门应当根据职责分工,在制定年度安全督查计划时,将本地区公路水运工程平安工地建设情况作为重点内容,每年对辖区内公路水运工程项目建设单位的平安工地建设管理情况至少组织一次监督抽查,同时根据建设单位报送的平安工地建设考核评价情况,抽查一定比例的施工、监理合同段。具体抽查比例由省级交通运输主管部门确定,但最低不少于10%。对施工期限不足一年的项目,直接监管的交通运输主管部门应当在施工期间至少抽查一次。对发现存在重大事故隐患的项目要加大抽查频率。监督抽查重点应当包括项目建设单位考核评价工作的规范性、安全风险防控与事故隐患排查治理的实施情况等。

年度考核结果由省级交通运输主管部门统一对外公示。

省级交通运输主管部门应定期总结分析本地区平安工地建设管理情况,并将平安工地建设成效显著的项目树为典型,及时推广经验,加大宣传力度,通过信用加分等方式予以鼓励。

交通运输部建立统一的公路水运工程平安工地建设管理系统。各级交通运输主管部门对公路水运工程建设项目平安工地建设监督抽查结果、项目建设单位考核评价公示公布均应通过该系统运行。每年一季度末,省级交通运输主管部门通过该系统填报上一年度本地区高速公路和大型水运工程建设项目平安工地建设监督抽查情况以及考核结果。

交通运输部于每年第二季度对外公布上一年度高速公路和大型水运工程建设项目平安工地建设监督抽查情况。

第九章　环境保护监理目标控制

第一节　环境保护监理基础知识

一、我国公路水运工程环境保护管理的相关法律法规和方针政策

(一)《中华人民共和国环境保护法》

《中华人民共和国环境保护法》是我国环境保护的基本法律,对于保护和改善环境,防治污染和其他公害,保障公众健康,推进生态文明建设,促进经济社会可持续发展起到了重要作用。

(1)基本条款。

保护环境是国家的基本国策。环境保护坚持保护优先、预防为主、综合治理、公众参与、损害担责的原则。

一切单位和个人都有保护环境的义务。地方各级人民政府应当对本行政区域的环境质量负责。企业事业单位和其他生产经营者应当防止、减少环境污染和生态破坏,对所造成的损害依法承担责任。

各级人民政府应当加大保护和改善环境、防治污染和其他公害的财政投入,提高财政资金的使用效益。

各级人民政府应当加强环境保护宣传和普及工作,鼓励基层群众性自治组织、社会组织、环境保护志愿者开展环境保护法律法规和环境保护知识的宣传,营造保护环境的良好风气。

教育行政部门、学校应当将环境保护知识纳入学校教育内容,培养学生的环境保护意识。新闻媒体应当开展环境保护法律法规和环境保护知识的宣传,对环境违法行为进行舆论监督。

国务院环境保护主管部门,对全国环境保护工作实施统一监督管理;县级以上地方人民政府环境保护主管部门,对本行政区域环境保护工作实施统一监督管理。

(2)监督管理。

国务院环境保护主管部门制定国家环境质量标准。省、自治区、直辖市人民政府对国家环境质量标准中未作规定的项目,可以制定地方环境质量标准;对国家环境质量标准中已作规定的项目,可以制定严于国家环境质量标准的地方环境质量标准。地方环境质量标准应当报国务院环境保护主管部门备案。

(3)国务院环境保护主管部门根据国家环境质量标准和国家经济、技术条件,制定国家污染物排放标准。省、自治区、直辖市人民政府对国家污染物排放标准中未作规定的项目,可以制定地方污染物排放标准;对国家污染物排放标准中已作规定的项目,可以制定严于国家污染

物排放标准的地方污染物排放标准。地方污染物排放标准应当报国务院环境保护主管部门备案。

(4)国家建立、健全环境监测制度。国务院环境保护主管部门制定监测规范,会同有关部门组织监测网络,统一规划国家环境质量监测站(点)的设置,建立监测数据共享机制,加强对环境监测的管理。

(5)省级以上人民政府应当组织有关部门或者委托专业机构,对环境状况进行调查、评价,建立环境资源承载能力监测预警机制。

(6)国家建立跨行政区域的重点区域、流域环境污染和生态破坏联合防治协调机制,实行统一规划、统一标准、统一监测、统一的防治措施。

(7)县级以上人民政府环境保护主管部门及其委托的环境监察机构和其他负有环境保护监督管理职责的部门,有权对排放污染物的企业事业单位和其他生产经营者进行现场检查。被检查者应当如实反映情况,提供必要的资料。实施现场检查的部门、机构及其工作人员应当为被检查者保守商业秘密。

(8)企业事业单位和其他生产经营者违反法律法规规定排放污染物,造成或者可能造成严重污染的,县级以上人民政府环境保护主管部门和其他负有环境保护监督管理职责的部门,可以查封、扣押造成污染物排放的设施、设备。

(9)国家实行环境保护目标责任制和考核评价制度。县级以上人民政府应当将环境保护目标完成情况纳入对本级人民政府负有环境保护监督管理职责的部门及其负责人和下级人民政府及其负责人的考核内容,作为对其考核评价的重要依据。考核结果应当向社会公开。

(10)县级以上人民政府应当每年向本级人民代表大会或者人民代表大会常务委员会报告环境状况和环境保护目标完成情况,对发生的重大环境事件应当及时向本级人民代表大会常务委员会报告,依法接受监督。

(11)法律责任。

企业事业单位和其他生产经营者超过污染物排放标准或者超过重点污染物排放总量控制指标排放污染物的,县级以上人民政府环境保护主管部门可以责令其采取限制生产、停产整治等措施;情节严重的,报经有批准权的人民政府批准,责令停业、关闭。

建设单位未依法提交建设项目环境影响评价文件或者环境影响评价文件未经批准,擅自开工建设的,由负有环境保护监督管理职责的部门责令停止建设,处以罚款,并可以责令其恢复原状。

违反本法规定,重点排污单位不公开或者不如实公开环境信息的,由县级以上地方人民政府环境保护主管部门责令公开,处以罚款,并予以公告。

企业事业单位和其他生产经营者有下列行为之一,尚不构成犯罪的,除依照有关法律法规规定予以处罚外,由县级以上人民政府环境保护主管部门或者其他有关部门将案件移送公安机关,对其直接负责的主管人员和其他直接责任人员,处十日以上十五日以下拘留;情节较轻的,处五日以上十日以下拘留:

①建设项目未依法进行环境影响评价,被责令停止建设,拒不执行的;

②违反法律规定,未取得排污许可证排放污染物,被责令停止排污,拒不执行的;

③通过暗管、渗井、渗坑、灌注或者篡改、伪造监测数据,或者不正常运行防治污染设施等

逃避监管的方式违法排放污染物的；

④生产、使用国家明令禁止生产、使用的农药，被责令改正，拒不改正的。

环境影响评价机构、环境监测机构以及从事环境监测设备和防治污染设施维护、运营的机构，在有关环境服务活动中弄虚作假，对造成的环境污染和生态破坏负有责任的，除依照有关法律法规规定予以处罚外，还应当与造成环境污染和生态破坏的其他责任者承担连带责任。

上级人民政府及其环境保护主管部门应当加强对下级人民政府及其有关部门环境保护工作的监督。发现有关工作人员有违法行为，依法应当给予处分的，应当向其任免机关或者监察机关提出处分建议。

地方各级人民政府、县级以上人民政府环境保护主管部门和其他负有环境保护监督管理职责的部门有下列行为之一的，对直接负责的主管人员和其他直接责任人员给予记过、记大过或者降级处分；造成严重后果的，给予撤职或者开除处分，其主要负责人应当引咎辞职：

①不符合行政许可条件准予行政许可的；

②对环境违法行为进行包庇的；

③依法应当作出责令停业、关闭的决定而未作出的；

④对超标排放污染物、采用逃避监管的方式排放污染物、造成环境事故以及不落实生态保护措施造成生态破坏等行为，发现或者接到举报未及时查处的；

⑤违反本法规定，查封、扣押企业事业单位和其他生产经营者的设施、设备的；

⑥篡改、伪造或者指使篡改、伪造监测数据的；

⑦应当依法公开环境信息而未公开的；

⑧将征收的排污费截留、挤占或者挪作他用的；

⑨法律法规规定的其他违法行为。

违反本法规定，构成犯罪的，依法追究刑事责任。

(二)《中华人民共和国航道法》关于环境保护的条款

(1)航道规划应当符合依法制定的流域、区域综合规划，符合水资源规划、防洪规划和海洋功能区划，并与涉及水资源综合利用的相关专业规划以及依法制定的城乡规划、环境保护规划等其他相关规划和军事设施保护区划相协调。

(2)航道应当划分技术等级。航道技术等级包括现状技术等级和发展规划技术等级。航道发展规划技术等级根据相关自然条件以及防洪、供水、水资源保护、生态环境保护要求和航运发展需求等因素评定。

(3)编制航道规划应当征求有关部门和有关军事机关的意见，并依法进行环境影响评价。涉及海域、重要渔业水域的，应当有同级海洋主管部门、渔业行政主管部门参加。编制全国航道规划和流域航道规划、区域航道规划应当征求相关省、自治区、直辖市人民政府的意见。

(4)进行航道工程建设应当维护河势稳定，符合防洪要求，不得危及依法建设的其他工程或者设施的安全。因航道工程建设损坏依法建设的其他工程或者设施的，航道建设单位应当予以修复或者依法赔偿。

(5)国务院或者国务院有关部门批准、核准的建设项目，以及与国务院交通运输主管部门直接管理的航道有关的建设项目的航道通航条件影响评价，由国务院交通运输主管部门审核；

其他建设项目的航道通航条件影响评价,按照省、自治区、直辖市人民政府的规定由县级以上地方人民政府交通运输主管部门或者航道管理机构审核。

(6)违反法律规定,污染环境、破坏生态或者有其他环境违法行为的,依照《中华人民共和国环境保护法》等法律的规定处罚。

(三)《中华人民共和国港口法》关于环境保护的条款

(1)编制港口规划应当组织专家论证,并依法进行环境影响评价。

(2)建设港口工程项目,应当依法进行环境影响评价。港口建设项目的安全设施和环境保护设施,必须与主体工程同时设计、同时施工、同时投入使用。

(3)港口的危险货物作业场所、实施卫生除害处理的专用场所,应当符合港口总体规划和国家有关安全生产、消防、检验检疫和环境保护的要求,其与人口密集区和港口客运设施的距离应当符合国务院有关部门的规定;经依法办理有关手续后,方可建设。

(4)在港口建设的危险货物作业场所、实施卫生除害处理的专用场所与人口密集区或者港口客运设施的距离不符合国务院有关部门的规定的,由港口行政管理部门责令停止建设或者使用,限期改正,可以处五万元以下罚款。

(5)未经依法批准在港口进行可能危及港口安全的采掘、爆破等活动的,向港口水域倾倒泥土、砂石的,由港口行政管理部门责令停止违法行为,限期消除因此造成的安全隐患;逾期不消除的,强制消除,因此发生的费用由违法行为人承担;处五千元以上五万元以下罚款;依照有关水上交通安全的法律、行政法规的规定由海事管理机构处罚的,依照其规定;构成犯罪的,依法追究刑事责任。

二、工程建设对环境的主要影响因素

(一)工程建设对生态的影响

工程建设对生态环境造成的影响可分为施工期和运营期两个阶段。一般情况下运营期造成的生态影响较小,施工期则是生态保护措施落实的关键。

1. 对陆生生态的影响

工程建设会使本地区的生态环境发生变化,一些有特殊要求的物种种群向其他地区迁移。同时可能使大型动物的活动区域缩小,领地被重新划分。其结果可能使种群变小,种群间交流减少。

工程施工对生态环境的影响,从时间上区分,可大致分为长期影响和短期影响。长期影响可以认为是由施工建设对当地生态环境产生的直接的或间接的影响和效应,它们共同的特点是具有持续性,一旦产生则不易消除,有些甚至在施工结束后才逐渐显现出来。短期影响是在施工期间产生的临时影响,一旦施工结束,这类影响往往会自然消失,或可经过人工恢复手段得以改善或消除。

1)长期影响

(1)可能改变地表径流的固有态势,从而造成冲、淤、涝、渍等局部影响。

(2)自然景观的影响是不可避免的,其影响实际上是人造景观(如港口等)与自然景物相互作用的问题,或者交相辉映,相互增彩;或者互不协调,破坏景观,尤其是破坏自然景观的美感。

2)短期影响

工程施工对生态环境造成的短期影响,主要是指施工期间及其前后1~2年的短暂时间内造成的,并且随着施工行为的停止而自然恢复,或按有关法律法规要求进行人工设计、恢复。

(1)施工车辆扬尘四起,可能使果木庄稼蒙尘,花不受粉,穗不结实,农业减产。

(2)为开辟施工铺道和作业场地,要清除地表植被,有可能影响珍稀物种的生长,亦会加剧水土流失。

(3)挖山弃土弃石,顺坡滚滑,埋压植被;弃土弃石随水流失,会淤塞下游河床、水库、湖泊,严重时会形成泥石流。

2. 对水生生态的影响

1)水下工程疏浚、抛泥施工对生态的影响

疏浚作业产生的污染物主要是悬浮物,它会引起施工水域内的局部水域水质浑浊,这将使阳光的透射率下降,从而使得该片水域内的游泳生物迁移到别处,尤其是滤食性浮游动物和进行光合作用的浮游植物受到的影响较大。

在港池、航道工程建设中,由于疏浚挖掘泥沙、填充石料、填海造陆等施工作业,改变了作业区域原有的底质和岸线,改变了生物的原有栖息环境,生活在其中的潮间带生物和底栖生物,少量活动能力强的底栖种类逃往他处,大部分底栖种类将被掩埋、覆盖,除少数能够存活外,绝大多数将死亡。从这个意义上讲,施工作业对施工区潮间带和底栖生物群落的破坏是不可逆转的。港口建成后,在堤坝及其他水工建筑物上会逐渐形成以藤壶、牡蛎、贻贝等附着生物为主的新的生物群落。

在水运工程的建设过程中,港池、航道疏浚物(泥沙等)除一部分用于进行吹填造陆外,其余部分都将外运至抛泥区进行抛投。挖泥船撒漏和抛泥将对航线附近水域及抛泥水域造成污染。

2)吹填对生态环境的影响

吹填对生态环境的影响主要表现在两个方面:陆域吹填区覆盖了部分潮间带滩涂,对潮间带生物的破坏是永久的;另外,吹填往往设置围埝,围埝溢流口流出的低浓度泥浆进入水域,增加了水体的浑浊度,从而对水中的浮游生物的生存环境造成影响。

3)水下爆破对海洋生态环境的影响

水下爆破是水运工程施工中常见方法之一,所采用的工艺通常为钻孔装药、起爆、清除,所采用的炸药多为防水硝铵炸药。水下爆破对环境的影响主要是对水质及海洋生态环境的影响。

(1)对海洋生态环境的影响。

(2)对渔业资源的影响。

4)路基工程建设对生态的影响

公路路基工程施工期间,路堑的开挖、路基的填方对地表的扰动较大,路线两侧局部范围已有的植被易遭到破坏,土壤疏松,降雨集中季节在雨水的冲刷作用下,这种微地貌的改变不可避免地造成一定程度上的水土流失。另外,路基的取土、弃土,施工前临时占地,使路线所经过地区耕地及植被面积减少，路线两侧 20～30m 范围天然植被破坏，对农业生产发展有不利影响。施工期临时用地由于施工机械的碾压、人员的踩踏，土壤结构发生改变，耕地复耕后一定时期内肥沃度难以恢复，影响作物生长，非耕地植被的自我恢复能力减弱。

5）桥梁工程建设对生态的影响

桥梁工程的修建使河床过水断面受到压缩形成桥前局部壅水，水流速度减缓，泥沙下沉。桥下水流速度加快，造成局部冲刷。钻孔灌注桩施工时，对河道水体的影响主要是钻孔扰动河水使水底泥浮起，局部悬浮物增加，河水变得较为混浊。此外，基坑开挖、筑岛钻孔、打桩，使河床受到扰动，泥沙上浮以及泥浆废渣排放，致使下游局部河段水质变差。桥梁施工使用的船舶将产生含油污水并排放入水体中，也会引起水体的石油类污染。

6）隧道工程建设对生态的影响

隧道工程的修建虽对洞身所处地段扰动不大，但隧道进出口两端，仰坡面的开挖使天然的植被破坏，对局部山体的稳定不利。另外，隧道废渣若处置不当，渣土可能随汛期暴雨流失，淤塞沟渠、河道，破坏良田等。

7）施工物料流失对生态的影响

工程建设由于建筑材料堆放、管理不当，如弃土、水泥等，遇暴雨被冲刷入水体，容易污染水体。

（二）公路水运工程对水土保持的影响

1. 公路水运工程对水土保持的影响

（1）破坏地表植被，产生新的裸露坡面，为水土流失提供了有利条件。

（2）改变局部地貌和土壤结构，加剧水土流失。

（3）取土、弃土、弃渣产生的水土流失。

（4）临时用地的清理、填方和挖方等作业，与主体工程施工一样，也将造成地表植被的破坏，使土壤表层裸露，从而降低它的抗蚀能力，产生新的水土流失。

（5）港口、航道护岸处置不当产生水土流失。

（6）防波堤等水工建筑物边坡防护措施不当产生水土流失。

（7）疏浚土陆域回填处置不当产生水土流失。

2. 水运工程水土流失的防治措施

1）采用护岸工程防止水土流失

为保证防护效果，护岸工程设计时应遵循以下原则：根据海岸、河岸动力特点进行防护，有利于岸滩稳定，减少水流（波浪）集中，避免相邻建筑物的连接处形成薄弱点，与邻近建筑物和环境相协调。

2）对疏浚回填土进行处理

疏浚吹填时为防止泥沙随排水流入海域（河道），在吹填区四周设置抛石围埝，让排水在吹填区内经过较长距离的沉淀过程后变得较为澄清，再从溢流口排出。吹填围埝应有闭水或过滤功能，以保证泥沙不经堰体泄漏；必要时围埝外尤其是溢流口处，可以再设置过滤网，进一步降低溢出水体的悬浮物浓度。陆域吹填需在围埝高出水（海）面后进行。另外，吹填完成后，在疏浚土固化过程中，做好围挡加固措施，防止水土流失。

3. 公路工程水土流失的防治措施

(1)工程与生物措施相结合,综合防治。

(2)取土场全部防护处理,开挖坡面不裸露,并覆土加以利用。

(3)弃土、石渣得到有效拦挡或利用。

(4)最大限度控制泥沙不进入下游河道和海域,减少对河流正常行洪能力和各项生态功能的不利影响。

(5)做好公路、港口和航道绿化工程的养护,优化生态环境。

(三)工程施工噪声和振动的影响及防治

1. 噪声和振动污染源

工程在施工期,施工机械不单是噪声源,同时也是振动源。如在混凝土预制(现浇)时水泥混凝土拌和设备、振捣设备,在桩基施工的打桩设备,在航道疏浚施工的挖泥船,爆破作业等都是噪声和振动污染源。在运营期,如车辆噪声源、港口机械运营噪声等会造成噪声污染。

2. 噪声与振动的防治措施

1)法律规范

我国发布了一系列的噪声污染防治法律、法规和标准,为噪声污染控制提供了法律依据及行政保障。如对车辆实行年检和车辆出厂检验等,市区禁鸣或夜间禁鸣,禁止拖拉机或大货车进入市区,车辆限速等规定。

2)项目规划

合理选线选址,避绕敏感区,在规划时就避免产生噪声污染问题。港口应避免选址于城市市区和乡镇的中心区,并尽可能避让学校、医院、城镇居民住宅区和规模较大的村庄等环境敏感点。

3)项目周边敏感建筑区域和功能规划

在区域发展规划中,在规划红线内,不再新建学校、医院、居住区等敏感点。

4)运营环保管理

在工程项目周边,如有学校、医院、居民区等敏感建筑,可采用禁止鸣笛、限制车速、禁止夜间作业等方法减少噪声污染。

5)噪声控制工程

噪声传播途中遇到声屏障,会使声波反射、吸收和绕射而产生附加衰减。在水运工程建设中,必要时可利用噪声控制工程进行噪声防治。

6)劳动者防护

在高噪声作业环境中的工作人员应采取自身防护措施。工作时间应满足现行《工业企业设计卫生标准》(GBZ 1)中日接触8h噪声限值85dB的要求。防护的措施包括轮流操作高噪声机械、佩戴防声耳罩等。

(四)工程建设对水环境的影响及防治

1. 工程建设对水环境的影响

工程项目在施工过程中对水环境的影响主要来自施工作业中施工船舶和施工机械所产生

的含油污水、施工人员生活污水，以及筑岛、疏浚、吹填、抛泥、水下炸礁等作业对水体的污染。

1）陆上施工对水环境的影响

（1）施工物料流失及取、弃土场冲蚀的影响。

由于建筑材料堆放、管理不当，特别是易流失的物资如黄沙、土方等露天堆放，遇暴雨时将可能被冲刷进入水体。在靠近水体区域施工，往往容易发生物料流失。

（2）施工人员和机械污水点源排放的影响。

施工人员集中生活，如果施工营地生活污水直接排放，对附近河道（海域）会产生一定的污染。同时，施工机械设备维修站的污水，常含有泥沙和油类物质，若不经过处理直接排入周围水体，必将造成水域的油类污染。

2）涉水施工对水环境的影响

（1）桩基施工的影响。

（2）船舶油污水的影响。

（3）船舶生活污水的影响。

（4）疏浚、挖泥作业的影响。

（5）吹填作业的影响。

（6）抛泥作业的影响。

（7）水下爆破的影响。

2. 水污染的主要防治措施

1）地表水环境影响的减缓措施

施工材料如沥青、油料、化学品物质等的堆放地点应设在河床之外，并应备有临时遮挡物（如帆布），须妥善保管，防止被暴雨冲刷进入水体而引起污染。

2）疏浚、吹填对水环境影响的减缓措施

依据工程施工实践，水运工程疏浚、吹填施工中疏浚土的再悬浮及炸礁过程引起的振动，将对施工区水域构成影响。在施工中应采取如下措施，力求将施工影响控制在较小的范围内。

（1）对于限制污染的施工区域，在疏浚船舶选型上，优先选用污染较轻的挖泥船种；在使用耙吸船舶施工时，应适当控制侧扬和溢流的施工方式。

（2）合理安排施工船舶的数量、位置及施工进度，尽量将靠近养殖区的疏浚作业以及疏浚土外抛的时间安排在水产养殖非高峰期进行。

（3）陆域吹填时，为防止泥沙随排水流入海域，在吹填区四周设置抛石围埝，让排水在吹填区内经过较长距离的沉淀过程后变得较为澄清，再从溢流口排出。陆域吹填作业中应派专人监控管理泥浆溢流口流出液的浓度，如发现浓度过高，宜通过采取间歇吹填、调整吹泥口的位置、增加分隔设施等措施，适当延长吹填区泥浆停留时间，以降低溢出液中悬浮物的浓度，陆域吹填需在围埝高出海面后进行。

（4）吹填围埝应有闭水或过滤功能，以保证泥沙不经堰体泄漏。必要时，围埝外尤其是溢流口处，可以再设置过滤网，进一步降低溢出水体的悬浮物浓度。

（5）做好施工设备的日常检查维修工作，重点对挖泥船与吹泥管的连接点以及泥驳门的密封系统和关闭泥门的传动部件进行检查，发现泥管胶皮管有破裂或泥门关闭不严的现象应及时修复，杜绝吹泥管沿线以及自航耙吸船或泥驳在航行中途发生大量泥浆泄漏事故。

(6)如施工附近有养殖场,应加以注意并采取保护措施,必要时进行附近水域的水质监测。此外,施工人员施工过程中产生的生活污水要妥善处理。对于施工机械维修过程中产生的含油污水应予以收集,送交污水处理厂或油污回收船处理,不得直接排入水体。

3)疏浚物海上倾倒对水环境影响的减缓措施

(1)抛泥区设置明显的标志。

(2)挖泥船到位倾倒。

(3)确保舱门密闭,严防泥浆泄漏。

(4)在主要经济鱼类繁殖期应尽可能地减少倾倒量。

(5)在实施倾倒作业期间须开展全过程的海洋环境监测工作,及时掌握倾倒对海洋环境的影响状况,以便及时调整倾倒作业方案,防止对海洋环境造成损害。

4)水下爆破对水环境影响的减缓措施

水下爆破与炸礁对周围鱼类影响较大,因此应制订科学、严谨、周密的施工方案,采用先进的施工工艺,如水下钻孔爆破,最大限度减少爆破量;在爆破控制上,应采用对生态影响较小的方法,如延时爆破法,尽量减缓冲击波对鱼类的影响;在时空安排上,应尽可能避免在产卵期、鱼类洄游繁殖期、索饵期的时段和区域进行爆破施工。

(五)工程建设对大气环境的影响及防治

1.工程建设对大气环境的影响

工程建设引发的对空气环境的污染主要来自施工扬尘、施工车辆尾气、动力船舶机械产生的尾气及沥青烟气,其中以扬尘和沥青烟气对周围环境的影响较为突出。同时,应特别关注对包括幼儿园、学校、医院、敬老院、居民集中区以及珍稀动植物保护区等在内的环境敏感点的影响和保护。

2.大气污染及防治的主要措施

1)车辆及机械尾气

(1)加强汽车维修保养,保证汽车正常、安全运行。

(2)加强对施工机械的维修保养,合理安排运行时间,发挥其最大效率。

2)运输扬尘的防治

(1)加强运输管理,保证汽车安全、文明、按规定车速行驶。

(2)科学选择运输路线。

(3)运输道路应及时洒水,保持路面湿润。

(4)粉状材料应罐装或袋装,粉煤灰采用湿装湿运。土、水泥、石灰等材料运输时禁止超载,并盖篷布,如有撒落应派人立即清除。

3)水泥混凝土拌和扬尘

(1)灰土和水泥混凝土采用集中拌和,采用先进的拌和装置,配套除尘设备。

(2)封闭装罐运输。

(3)尽量减少拌和场,拌和场不得选在环境敏感点上风向,与其距离应在300m以上。

(4)拌和场为操作人员配备口罩、风镜等,实行轮班制并定期体检。

4)堆场扬尘

(1)粉状建材堆放地点选在环境敏感点下风向,距离100m以上。

(2)遇恶劣天气加棚覆盖。

(3)控制堆存量并及时利用,必要时设围栏或洒水防尘。

(六)工程固体废物对环境的影响及防治

施工期固体废物主要来源于以下几个方面:工程占地范围内清表产生建筑垃圾、表层弃土及废弃植物,港口建设底泥清除产生淤泥,施工船舶垃圾,房建工程产生建筑垃圾,施工营地产生生活垃圾,工程试验室产生危险固废等。

运营期固体废物主要来源于管理区及港口生产生活垃圾以及船舶垃圾。

工程固体废物主要产生于施工阶段,按来源可分为生活垃圾、弃土弃渣、拆建废物、船舶垃圾、施工废物(材料包装品、剩余物料、机械废油渣等)和试验室废物。结合固体的来源、组成与性质,可分为生活垃圾、建筑垃圾(包括弃土弃渣、拆建废物、剩余洁净物料、一般包装物等)和危险固废(包括工地试验室废物、盛装危险废物的包装物、受油污或洗涤剂污染的棉纱和废弃用品、废旧电池等)。就固体的处置与管理而言,分为生活垃圾、建筑垃圾和危险固废更方便操作。

生活垃圾应分类收集,电池必须由相关单位回收处理。对于生活垃圾的处置,可与当地环卫部门联系,纳入当地生活垃圾收集处理系统;在偏远地区,可考虑就近填埋,一般情况下,应将营地内的生活垃圾集中收集后,运至附近的弃渣场填埋;若所在地区生态环境敏感,则应将垃圾运离敏感区域后再行处置。

三、环境影响评价和水土保持报告有关内容

(一)环境影响评价相关内容

环境影响评价,是指对规划和建设项目实施后可能造成的环境影响进行分析、预测和评估,提出预防或者减轻不良环境影响的对策和措施,进行跟踪监测的方法与制度。

1.规划的环境影响评价

专项规划的环境影响报告书应当包括下列内容:

(1)实施该规划对环境可能造成影响的分析、预测和评估。

(2)预防或者减轻不良环境影响的对策和措施。

(3)环境影响评价的结论。

专项规划的编制机关对可能造成不良环境影响并直接涉及公众环境权益的规划,应当在该规划草案报送审批前,举行论证会、听证会,或者采取其他形式,征求有关单位、专家和公众对环境影响报告书草案的意见。但是,国家规定需要保密的情形除外。编制机关应当认真考虑有关单位、专家和公众对环境影响报告书草案的意见,并应当在报送审查的环境影响报告书中附具对意见采纳或者不采纳的说明。

专项规划的编制机关在报批规划草案时,应当将环境影响报告书一并附送审批机关审查;未附送环境影响报告书的,审批机关不予审批。

设区的市级以上人民政府在审批专项规划草案,作出决策前,应当先由人民政府指定的生

态环境主管部门或者其他部门召集有关部门代表和专家组成审查小组,对环境影响报告书进行审查。审查小组应当提出书面审查意见。

对环境有重大影响的规划实施后,编制机关应当及时组织环境影响的跟踪评价,并将评价结果报告审批机关;发现有明显不良环境影响的,应当及时提出改进措施。

2. 建设项目的环境影响评价

(1)建设项目的环境影响报告书应当包括下列内容:

①建设项目概况。

②建设项目周围环境现状。

③建设项目对环境可能造成影响的分析、预测和评估。

④建设项目环境保护措施及其技术、经济论证。

⑤建设项目对环境影响的经济损益分析。

⑥对建设项目实施环境监测的建议。

⑦环境影响评价的结论。

建设单位可以委托技术单位对其建设项目开展环境影响评价,编制建设项目环境影响报告书、环境影响报告表;建设单位具备环境影响评价技术能力的,可以自行对其建设项目开展环境影响评价,编制建设项目环境影响报告书、环境影响报告表。

建设单位应当对建设项目环境影响报告书、环境影响报告表的内容和结论负责,接受委托编制建设项目环境影响报告书、环境影响报告表的技术单位对其编制的建设项目环境影响报告书、环境影响报告表承担相应责任。

除国家规定需要保密的情形外,对环境可能造成重大影响、应当编制环境影响报告书的建设项目,建设单位应当在报批建设项目环境影响报告书前,举行论证会、听证会,或者采取其他形式,征求有关单位、专家和公众的意见。

(2)国务院生态环境主管部门负责审批下列建设项目的环境影响评价文件:

①核设施、绝密工程等特殊性质的建设项目。

②跨省、自治区、直辖市行政区域的建设项目。

③由国务院审批的或者由国务院授权有关部门审批的建设项目。

(二)水土保持报告主要内容

1. 基本要求

凡从事可能造成水土流失的项目的开发建设单位和个人,必须编报水土保持方案。其中,审批制项目,在报送可行性研究报告前完成水土保持方案报批手续;核准制项目,在提交项目申请报告前完成水土保持方案报批手续;备案制项目,在办理备案手续后、项目开工前完成水土保持方案报批手续。经批准的水土保持方案应当纳入下阶段设计文件中。

开发建设项目的初步设计,应当依据水土保持技术标准和经批准的水土保持方案,编制水土保持篇章,落实水土流失防治措施和投资概算。初步设计审查时应当有水土保持方案审批机关参加。

水土保持方案分为水土保持方案报告书和水土保持方案报告表。凡征占地面积在 1 公顷以上或者挖填土石方总量在 1 万立方米以上的开发建设项目,应当编报水土保持方案报告书;

其他开发建设项目应当编报水土保持方案报告表。

2. 水土保持方案主要内容

(1)方案编制总则。

①结合开发建设项目的特点阐述编制水土保持方案的目的和意义。

②编制依据。

③采用及时标准。

(2)建设项目地区概况。

(3)生产建设过程中水土流失预测。

①水土流失预测时段的划分。

②预测的内容和方法。

a. 扰动原地貌、损坏土地和植被的面积。

b. 弃土、弃石、弃渣量。

c. 损坏水土保持设备的面积和数量。

d. 可能造成水土流失的面积及流失总量。

e. 可能造成的水土流失危害。

③预测结果及综合分析。

(4)水土流失的防治方案。

①方案编制的原则和目标。

②建设项目的防治责任范围、本方案的设计深度。

③水土流失防治分区及水土保持措施总体布局。

④分区防治措施布局。

⑤方案实施进度安排及其工程量。

⑥水土流失监测。

(5)水土保持投资估(概)算及效益分析。

(6)方案实施的保证措施。

①组织领导和管理措施。

②技术保证措施。

③资金来源及管理使用办法。

3. 水土保持方案审批条件

(1)符合有关法律、法规、规章和规范性文件规定。

(2)符合现行《生产建设项目水土保持技术标准》(GB 50433)等国家、行业的水土保持技术规范、标准。

(3)水土流失防治责任范围明确。

(4)水土流失防治措施合理、有效,与周边环境相协调,并达到主体工程设计深度。

(5)水土保持投资估算编制依据可靠、方法合理、结果正确。

(6)水土保持监测的内容和方法得当。

第二节　施工环境保护监理工作

一、施工环境保护监理的目标

(1)工程施工过程中的噪声(振动)、废气污水、固体废弃物等排放达到国家相应标准。

(2)生态环境保护、水土保持等措施符合建设项目环境影响评价文件和水土保持方案的要求。

(3)声屏障、绿化污水处理等环保工程设施施工符合相应规范和合同规定。

(4)施工期不发生重大环境污染和生态破坏事件。

二、施工环境保护监理的概念、依据、任务、范围、内容和程序

(一)施工环境保护监理的概念

施工环境保护监理,是指监理单位依法承担建设项目施工期间的环境监督管理工作,一是对工程建设过程中污染环境、破坏生态的行为进行监督管理,防止或减少施工过程污染物排放和生态破坏;二是对工程的环保配套设施进行施工监理,落实项目环境影响评价文件中的环保设施要求。

(二)施工环境保护监理的依据

(1)国家、行业和地方相关的环境保护法律法规。

(2)工程环境影响评价报告和批复。

(3)国家、行业和地方的相关技术标准。

(4)监理合同、施工合同以及有关补充协议。

(5)经批准的工程设计文件和工程设计变更文件。

(三)施工环境保护监理的任务

环境保护监理一般分为环境达标监理和环保工程监理两类。环境达标监理的主要任务是对工程建设过程中污染环境、破坏生态的行为进行监督管理,防止或减少施工过程污染物排放和生态破坏,实现污染物达标排放或符合生态保护要求,如噪声、废气、污水、固废等污染物排放达标,水土流失、生态恢复、自然保护区、水源区和风景名胜区保护等符合要求。环境工程监理的主要任务是对工程的环保配套设施进行施工监理,落实项目环境影响评价文件中的环保设施要求,确保“三同时”的实施,如临时用地复垦、水土保持、景观绿化等生态工程、雨水径流收集、污水处理、声屏障、消烟除尘设施等。

(四)施工环境保护监理的范围和内容

1.施工环境保护监理的工作范围

施工环境监理阶段应包括施工准备期、施工期、交工验收、竣工验收;环境监理的工作范围

应包括工程施工区域和工程环境影响区域。

2.施工环境保护监理的主要工作内容

(1)审批施工单位施工组织设计中的环境保护专章或专项环境保护实施方案,审查施工单位的环境管理体系,评估体系运行的有效性。

(2)编制监理规(计)划中的环境保护监理工作方案,编制环境监理实施细则。

(3)根据合同要求进行工程全过程、全方位环境保护监理,确保环境保护目标的实现。

(4)定期向建设单位报告环境监理工作的情况。

(5)协助环境污染事故调查处理。

(6)编写环境监理工作总结报告。

(7)参与竣工环境保护验收工作等。

(五)施工环境保护监理的程序

(1)依据监理合同、设计文件、环评报告与水土保持方案及批复以及施工合同、施工组织设计等编制施工环境保护监理规(计)划。

(2)按照施工环境保护监理规(计)划、工程建设进度、各项环保对策措施编制施工环境保护监理实施细则。

(3)依据编制的施工环境保护监理规(计)划和实施细则,开展施工期环境保护监理,检查施工单位制订的环境保护措施的落实情况,进行验收、计量与支付。

(4)工程交工阶段编写施工环境保护监理总结报告,整理监理档案资料,提交建设单位。

(5)参与工程竣工环境保护验收和水土保持验收。

三、施工环境保护监理要点

(一)施工准备阶段环境保护监理要点

在施工准备阶段,环保监理工程师应做好以下准备工作:

(1)熟悉工程资料,掌握工程整体情况,包括工程环境影响区域。

在此阶段,监理工程师需要熟悉的资料有工程环境影响报告书、水土保持方案及相应的批复、工程设计文件中的环境保护篇章、施工合同中的环境保护条款、工程所在地的环境保护要求等。

(2)审查施工单位提交的临时工程设计文件中的环境保护措施和方案。

(3)编制施工环境保护监理规(计)划。

(4)编制监理实施细则。

(5)根据合同要求,配置满足工程需要的仪器。

(6)建立环保工作网络,要求施工单位建立环境保护管理体系。

(7)审查施工单位编制的施工组织设计,主要审查施工污染防治方案,了解污染物的排放环节、排放的主要污染物、采取的治理措施、污染物的最终处置方法和去向;对不符合工程环保要求的环节和内容提出改正要求,对遗漏的环节和内容要求增补。

(8)组织召开第一次工地会议,进行环境保护交底。

施工临时用地上的设施、工程和施工作业活动对环境会造成一定程度的影响,环境保护监理要针对生态敏感点、土地利用、社会环境、陆生生物、水生生态系统、土壤等重要环境保护对象和环境要素,确定具体的环境保护监理工作要点。

(二)施工阶段环境保护监理要点

1. 施工临时用地环保监理要点

(1)熟悉工程环境影响评价文件和水土保持方案文件,同时实地踏勘,对项目所在区域可能涉及的生态敏感点进行识别和确认。

(2)临时用地的规划、布置,应充分考虑环境保护的要求,全面规划、合理布局、统筹安排,规划施工便道、便桥、码头、取土场、弃土场、生活区、水池、油库、炸药库等建设用地。避免因选址不慎,造成对环境的人为干扰。

2. 临时施工道路环保监理要点

(1)临时施工道路的开辟和修筑以及运输车辆的行驶会破坏地表植被,包括耕地、园地、林地以及牧草地等。因此,应规划好临时施工道路的路线走向,以减少植被破坏为首要原则,尽量利用现有道路;若无现成道路可利用,则应严格控制施工道路修筑边界,路线走向必须绕开各种生态敏感点(区)。

(2)对于施工道路边界上可能出现的土质裸露边坡,应有临时防护设施;在条件允许的地区,宜采取生态防护措施,可在施工道路修建的同时进行复绿;在气候条件恶劣地区,应有防止土壤侵蚀的工程防护措施,以防止土壤的自然侵蚀。

(3)施工便道属临时性质,载重汽车来往频繁,容易损坏,应及时修补保持平整,设立施工道路养护、维修专职人员,随时保持运行状态良好,减少扬尘污染。

(4)运输车辆行驶产生的扬尘影响植物(作物)正常的繁殖和发育过程,应通过路面硬化处理以及定期清扫、洒水抑制扬尘的发生,路面应始终保持湿润。对施工车辆要求限速行驶,在主要环境敏感点附近,行驶时速宜控制在15km以内。施工废气、粉尘排放应当符合国家规定的环境空气质量标准。

(5)施工噪声应当符合国家规定的施工场界排放标准(该阶段施工场界噪声的限值为昼间75dB,夜间55dB)。居民区附近禁止施工便道的作业,必要时应报当地环保部门批准,并公告居民才能夜间作业。

(6)施工结束后,必须恢复临时占用土地原有的土地利用功能。对现场初始的地形地貌、地表植被等自然特征应有客观的文字描述和完整的影像记录,作为将来进行恢复的依据和参考。

3. 材料堆放场环保监理要点

(1)对临时借地材料堆放场,应按照临时用地审批文件规定的内容和要求,并结合现场的实际情况划定。在施工结束后,必须恢复原有的土地利用功能。对现场初始的地形地貌、地表植被等自然特征应有客观的文字描述和完整的影像记录,作为将来进行恢复的依据和参考。

(2)水泥、石灰、矿粉等堆置和撒落会通过改变土壤的理化性质,破坏土壤的结构以及土壤微生物的理化环境,从而降低土壤肥力。因此水泥、石灰、矿粉要有指定的地点堆置,并且应采取密封存放的方式，控制其扬尘；存放点地面应做硬化处理，硬化处理前应剥离地表熟土，并集中保存。施工结束后，应去除硬化地面，将保存的熟土回填，并恢复初始地表植被。对于堆置点附近可能被污染的土壤应进行改良，恢复其肥力。

(3)材料仓库和临时材料堆放场要防止物料散漏污染。仓库四周应有疏水沟系，防止雨水浸湿，水流引起物料流失。

(4)油料、化学物品等不堆放在民用水井及河流湖泊附近，并采取措施，防止雨水冲刷进入水体。

(5)多风天气(或大风来临前)应注意对物料加以覆盖，减少扬尘。

(6)石灰石、电石、雷管、炸药不得露天堆放，炸药应有专门的仓库。

4. 拌和场和预制场环保监理要点

拌和场和预制场潜在环境影响如表 9-1 所示。

拌和场和预制场潜在环境影响 表 9-1

序 号	活动内容	潜在影响
1	拌和场、砂石场、轧石场	扬尘；废水；噪声；固体废弃物
2	预制场	废水；噪声；固体废弃物

监理人员应做好以下几项工作：

(1)稳定土拌和场、水泥混凝土拌和场、沥青混凝土拌和场等各种拌和场以及砂石场等不得设在饮用水源地保护区内。对临时借地范围要有明确的边界，以便控制对临时借地外围土地的不合理占用。

(2)场地平整将对沿线植被及动物栖息地造成永久性的破坏。此外，表层土壤的剥离容易造成土壤结构的破坏和肥力的下降。对于剥离和开挖的土壤，应予以保存，既可用于其他地面的土地改良，也可用于沿线受破坏土地的恢复，在土壤的再利用之前，应有专门的场地用于堆置和保存。

(3)水泥、沥青、石灰、矿粉等堆置和撒落会通过改变土壤的理化性质，破坏土壤的结构以及土壤微生物的理化环境，从而降低土壤肥力。水泥、石灰、矿粉要有指定地点堆置，并且应采取密封存放的方式，控制其扬尘；存放点地面应做硬化处理，硬化处理前应剥离地表熟土，并集中保存。施工结束后，应去除硬化地面，将保存的熟土回填并恢复初始地表植被。对于堆置点附近可能被污染的土壤应进行改良，恢复其肥力。

(4)拌和场和预制场地向周围环境排放噪声应当符合施工场界排放标准(该阶段施工场界噪声限值为昼间 70dB，夜间 55dB)。拌和场的声源位置较高，声级又强，一般屏障等治理措施很难达标，简易可行的办法就是远离，因此对拌和场的选址应严格把关。拌和场、预制场、砂石场及轧石场距离学校、医院、疗养院、城乡居民区和有特殊要求的地区不宜小于 300m，同时避免对环境敏感点的粉尘和噪声影响。

(5)大型拌和场(预制场)应配有除尘装置；砂石料场应及时洒水；砂石装卸时应尽量降低落差。施工人员应配有防尘用具以保护工人健康。小型临时拌和场地应离敏感点大于 100m，并应尽量避开下风向有人群的地段。

(6)砂石料冲洗废水悬浮物含量大，需建沉淀池，悬浮物进行沉淀后排放。部分废水澄清后可用于建筑工地洒水防尘。

(7)混凝土搅拌车应定点清洗,设置临时沉淀池对清洗水沉淀处理后方能外排。有条件者也可采取废水回收处理后循环使用。

(8)混凝土养护可以直接用薄膜或塑料溶剂喷刷在混凝土表面,待溶液挥发后,与混凝土表面结合成一层塑料薄膜,使混凝土与空气隔离。

(9)夜间施工,强光照射会干扰植被和动物的生活节律,严重时会导致植物的死亡以及动物生理紊乱而影响其种群繁衍。在附近有保护物种的情况下,应缩短夜间施工时间,必要时在施工区域周围设置高于光源的挡光墙。

上述拌和场和砂石场、轧石场距离学校、医院、疗养院、城乡居民区和有特殊要求的地区不宜小于300m,减少对环境敏感点的粉尘和噪声污染。

在堆土场、灰土拌和场的周围设土工布围栏,既防止泥土、灰料等进入水体、农田,雨季又可拦截泥沙。土工布围栏的做法是:用宽65cm的土工布,每3m设置直径不小于5cm的立柱,土工布固定在立柱上,并将15cm压埋在地下。

5.取、弃土场环保监理要点

(1)熟悉工程环境影响报告书,同时结合实地踏勘,对取、弃土场选址和范围进行识别和确认。

(2)对于剥离的表层土应予以保存,既可用于其他地面的土地改良,也可用于沿线受破坏土地的恢复,在表层土的再利用之前,要求并协助建设方设置专门的场地用于堆置和保存,并配置相应的防雨和排水设施。

(3)对可恢复的临时用地,应会同建设方对现场初始的地形地貌、地表植被等自然特征进行客观的文字描述和完整的影像记录,并建立档案,作为将来恢复的依据和参考。

(4)向建设方就临时防护工作提出要求,重点应关注临时防护设施的选择以及实施的时间(如生态防护),并通过巡视进行日常的监督和管理。

(5)对于砂石料冲洗废水,应明确要求建设方设置沉淀池,废水必须进行沉淀后排放。

6.临时码头环保监理要点

临时码头包括构件出运码头、驳载码头、避风码头等,码头的建设地址选择、建设过程、使用过程都会对周边环境造成影响。临时码头对环境的影响因素如表9-2所示。

临时码头潜在环境影响　　表9-2

项　目	序　号	活动内容	潜在影响
码头建设	1	选址	对海岸线的影响;航行路线的影响
	2	基槽挖泥	漏油;船舶油污水;生活垃圾;水污染
	3	基础施工	漏油;船舶油污水;生活垃圾;水污染
	4	混凝土浇筑施工	废物;噪声;水污染
码头使用	1	靠泊	漏油;船舶油污水;生活垃圾
	2	装运	撒漏;船舶油污染;生活垃圾

(1)临时码头施工期的环境保护,重点是防止作业船舶、疏浚挖泥、混凝土施工等对水环境、生物、噪声、大气等环境因素的影响。

(2)重点关注临时码头的选址。熟悉工程环境影响报告书,同时结合实地踏勘,对临时码头选址及周边水生环境以及保护对象进行识别和确认,对临时码头的选址向建设方提出限制性要求,并对实际的选址情况进行跟踪检查。

(3)结合永久工程的平面布置,尽量采用先期建设的永久工程作为临时泊位,减少污染源。临时码头选址宜邻近主体工程,但应与环境敏感区应保持一定的保护距离,如码头离开养殖区域宜在200m以上,同时应充分考虑船舶运输物料的线路,船舶航行线路尽量避免经过环境敏感区,港池宽度应满足船舶靠泊及掉头回旋水域要求。

(4)对可恢复的临时用地,应会同建设方对现场初始的自然特征进行客观的文字描述和完整的影像记录,并建立档案,作为将来恢复的依据和参考。

(5)向建设方就临时防护工作提出要求,重点应关注临时防护设施的选择以及实施的时间(如生态防护),并通过巡视进行日常的监督和管理。

(6)对于不可避免的河岸或海岸开挖工程,应明确并严格控制开挖界限,不得任意扩大开挖范围,将受影响的两栖动物或潮间带生物生境控制在最小范围。

(7)监理人员应熟悉工程环境影响报告书,同时结合实地踏勘,对项目所在区域所涉及水域的保护目标和保护范围进行识别和确认,并通过文字和图件的形式明确告知建设方,不得排入现行《海水水质标准》(GB 3097)中规定的一类水域;排入其他水域时,必须符合相应的水质标准,不符合时要进行水质处理,如油污水应进行隔油处理。码头上应设置生活污水、压舱水、油污水等的岸上收集处理系统,禁止船舶污水随意排放。

(8)禁止装卸有毒、有害物料;装载散料应采取防撒漏的措施,如可设置装卸溜槽。

(9)码头后方堆存货物,应根据货物的性质采取必要的措施,防止雨水冲刷流失,污染水域。

(10)设置必要的垃圾箱。

(11)关注拟建临时码头所处位置的水流、泥沙运动情况,避免在码头建成后由于水文条件的变化导致泥沙淤积,从而改变岸线使得水下生态环境改变、恶化。必要时应要求通过工程措施进行清淤。

7. 生活、办公区及试验室环保监理要点

(1)妥善处理生活垃圾。监理人员应明确要求在每个施工营地设置垃圾箱和垃圾临时堆放点,并有专人负责清理并集中处理垃圾。生活垃圾堆放点应选择30m范围内无生活用水和渔用水体的废弃沟凹或废弃干塘。堆放点应无直通沟道与邻地相通。不得向垃圾点内排放生活污水。垃圾箱和垃圾临时堆放点地面应做硬化处理,周边应保持清洁并做到每日清运。

(2)为防止生活垃圾的二次污染,垃圾箱和垃圾运输车均应采用封闭式。对于上述要求的落实情况,监理人员应在日常巡视中予以监督。

(3)修建临时性污水处理设施。为收集与处理由临时驻地的住房、办公室、其他建筑物和流动性设施排放的污水,应要求建设方在合适的地点修建容量适当的临时污水处理池,建有化粪池或其他能满足要求的系统,并予以管理、维护。

(4)监理人员应熟悉工程环境影响报告书,同时结合实地踏勘,对项目所在区域所涉及水域的保护目标和保护范围进行识别和确认,并通过文字和图件的形式明确告知建设方,污水不得排入现行《地面水环境质量标准》(GB 3838)中规定的Ⅰ、Ⅱ类水域;排入其他水域时,必须符合相应的水质标准,不符合时要进行水质处理,如油污水应进行隔油处理。

在明确上述要求后,监理人员应在日常巡视中予以监督。

(5)噪声控制。生活区对环境影响最大的噪声源是备用的柴油发电机,应放置在室内,加强门窗隔声,并在进风口、出风口安装消声器。试验室各种机械设备如切割机、取芯机、磨光机等噪声源产生的噪声也会对周边环境产生明显的影响,也应采取隔声、消声和减振等措施。

(6)厨房油烟处理。厨房应设置排风系统。如果厨房附近有居民,应采取如下措施:较大的通风管道安装消声器或采取管壁阻尼减振;管道穿墙(或支撑)处应采用避振喉(或避振吊钩);加装油烟净化器净化油烟,并以高于周围建筑的高度排放;油烟净化器应安装在室内。

8.涉水爆破施工环保监理要点

(1)在爆破施工开工前,监理工程师应审批施工方案中的环保措施。要求施工单位采取周密的环境保护措施。

(2)监理工程师根据工程环境影响特点,确定本阶段环保监理的巡视、旁站计划。监督检查施工单位是否按爆破施工工艺及环保要求进行施工。

(3)水下爆破与炸礁对周围鱼类影响较大,应制订科学、严谨、周密的施工方案,控制一次起爆药量并采取消减水中冲击波的措施。

①根据以往的工程经验,鱼类嗅到炸药产生的气味会远离爆区,故在施工初期爆破应采用较小药量试爆,起到驱赶鱼类的作用,再根据现场爆破试验观察结果,决定起爆药量。

②施工时采用“先试后爆”的施工方案,安排1~2次试爆,根据现场爆破影响试验实际监测结果观察,来决定是否减少最大起爆药量。

③起爆前应驱赶受影响水域内的水生物;减少鱼汛期施工的频率,而在非鱼汛期加快施工进度。

④炸焦施工时间选择应避开鱼类的洄游期、繁殖期,以减缓对鱼类生长繁殖的影响。

⑤采用先进的施工工艺,如水下钻孔爆破,其施工可靠,爆破效果好,可最大限度地减少爆破量。

⑥在爆破控制上,应采用对生态影响较小的方法,如延时爆破法,可以减缓冲击波对鱼类的影响。

⑦在爆破区附近水域进行鱼损状况观察和死鱼样品检验,必要时进行爆破前后的环境水质监测。

(4)实施水下爆破时,应提出涌浪对岸边建筑物、设施以及水上船舶、设施的影响程度和范围。监理工程师在本阶段应注意水体悬浮物以及噪声等监测指标,避免施工对水体和人群造成影响,必要时可进行现场监测。

(5)对施工过程中不符合环保要求的行为,监理工程师可以发出监理指令,责令改正;情况严重时可发出暂时停工令。施工单位无正当理由拒绝整改的,监理工程师可以对该部分工程量拒绝支付。

9.码头水上施工环保监理要点

(1)在工程开工前,监理工程师应审批施工方案中的环保措施。要求施工单位采取周密的环境保护措施。

(2)监理工程师根据工程环境影响特点,确定本阶段环保监理的巡视、旁站计划。监督检查施工单位是否按环保要求进行施工。

(3)水上施工时应优化施工设计方案,尽可能采取先进施工工艺,加强科学管理,在确保施工质量前提下加快施工进度,尽量缩短水下作业时间。

(4)加强施工设备的管理与维修保养,杜绝泄漏石油类物质以及所运送的建筑材料等,减少对水域污染的可能性。

(5)施工中挖出的淤泥、废渣卸到海洋主管部门指定的抛泥区。

(6)水上平台工作人员的生活污水、压载水及生活垃圾、施工垃圾不得直接排放和抛弃到海中,应设立临时厕所与垃圾箱,设专人定期清理,以减少对水质的污染。

(7)施工船舶压载水、生活污水、含油污水集中处理达标排放,船舶垃圾集中收集处理,监理工程师应注意水环境质量的悬浮物、石油类等监测指标,必要时可进行现场监测。

(8)沉箱临时存放区应避开具有特殊保护价值的海域。

(9)施工用砂石应限制在海岸直接取用。

(10)对施工过程中不符合环保要求的行为,监理工程师可以发出监理指令,责令改正,情况严重时可发出暂时停工令。施工单位无正当理由拒绝整改的,监理工程师可以对该部分工程量拒绝支付。

10. 疏浚与吹填工程环保监理要点

(1)工程开工前,监理工程师应审批施工方案中的环保措施。要求施工单位采取周密的环境保护措施。

(2)监理工程师根据工程环境影响特点,确定本阶段环保监理的巡视、旁站计划。监督检查施工单位是否按环保要求进行施工。

(3)疏浚设备的选择。

疏浚设备的选择过程不是单一的,依赖于以下几个不可分割的因素:疏浚作业水域的环境要求;被疏浚物质的物理性质;疏浚物最终处置地的位置及限制条件;疏浚作业点的风、浪和海况。目前港口施工可供选择的疏浚设备较多,各挖泥船施工时的环境影响程度也有较大差别,在满足施工要求的情况下,应尽量选择对环境影响小的设备。

(4)疏浚作业的施工工艺控制。

为减少悬浮物污染,应采取以下措施:

①减少超挖方量。

由于挖泥船泥舱容积、耙头耙吸的泥层宽度和厚度有限,整个施工过程中的作业轨迹是不连续的,在挖下一船泥时,很难使耙头恢复到前一挖泥时工作位置,因而很容易产生重挖或漏挖现象,建议配备全球定位系统(GPS),准确确定需开挖的位置,从而可以减少疏浚作业中不必要的超深、超宽的疏浚土方量,从根本上减少对环境产生影响的悬浮物数量。

②控制装舱溢流对水体产生的影响。

疏浚作业从开始后,泥浆进入泥舱时,较粗的泥沙深入舱底。为增大挖泥船的装舱浓度,提高挖泥效率,降低作业费用,耙吸式挖泥船的两侧设有溢流口,当泥浆量超过两侧溢流口时,稀泥即从溢流口溢出。这一环节将会引起疏浚区局部水域浑浊度增加而影响该水域的水质。因此施工部门应根据以往疏浚作业的经验,掌握合适的溢流时间。

③缩短旁通时间。

自航式耙吸式挖泥船的挖掘工作主要是依靠船舶配置的耙头挖掘机具,由耙臂弯管和船体的吸泥管、泵等系统连接,依靠泥泵的抽吸将浆泥装入泥舱,在开始装舱前,一般需进行试喷,以检验其管路是否完好。为控制进入水域的疏浚物的数量,施工操作人员应尽量缩短旁通时间,并确认耙臂弯管和船体吸泥管口的连接完全对位后再开始疏浚作业,以免疏浚泥浆从连接处泄漏入海而污染施工区域水域。

④疏浚作业季节及作业周期选择。

在某些环境敏感的区域仍然有可能进行疏浚活动,在目前疏浚设备的情况下,作业时应配以综合治理手段以保证对环境的影响控制在最低限度,如改变施工作业的时间和周期,回避鱼类的迁徙期和产卵期。

(5)疏浚物质的转移运输。

疏浚物运输阶段的环境影响集中在操作技术上,这一阶段应重点强调防治疏浚物溢出和泄漏,一旦在水产养殖等敏感海域发生泄漏事故,在污染赔偿公共关系处理方面将耗费大量精力。因此应采取以下措施:

①严防外溢。

抓扬式挖泥机挖取的疏浚物常常通过管道输送或吹填,或通过驳船运往抛泥点。为了降低浊度并防止悬浮物的扩散,必须使抓斗及驳船底部的抛泥闸吻合严密,抓斗需要防止过载,驳船也要限制装载量以防外溢。

②耙吸式挖泥船在装满泥后,自航至倾倒区进行抛泥,在运输中泥门是关闭的。

若关闭不严将会导致泥浆泄漏入海,使沿途水域遭遇污染。因此,施工单位应经常检查挖泥船底部泥门的密封性能,控制泥门开关的传动装置也应经常维修保养,及时更换液压杆上的密封圈,以免液压系统失控导致泥门关闭不严。

③恶劣气象条件禁止作业。

挖泥船在运输途中,遇到大风或恶劣天气,容易发生船舶倾斜或翻船、耙头损坏船体等船舶事故。操作人员应提高安全与环境意识,根据该船的抗风浪性能,在超出其安全系数的恶劣天气条件下应停止运输,切不可为赶任务而冒险作业。

(6)疏浚物的最终处置方式和地点。

自航耙吸式挖泥船和泥驳将挖出的泥浆运到指定的抛泥区抛卸或用于陆域回填。挖泥船抛泥倾倒作业是整个疏浚工程对周围环境影响最为严重的一个环节,吹泥作业的环境影响虽然比较严重,但通过设置溢流口可以对吹泥区高浓度悬浮物实施有效控制。

①尽量减少抛泥作业。

按照清洁生产的原则,建议充分利用疏浚物质源,尽可能减少抛泥,多吹填,最好将全部疏浚物用于吹填造陆,实现既减少对海域环境的扰动,又降低各方面资源浪费的双重功效。

②严格监控吹泥区溢流口的悬浮物排放。

吹泥作业期间应设置围埝,同时关闭溢流口,待悬浮物静置沉降、水体变得较澄清时,再打开溢流口,释放多余水量。

③抛泥作业应满足海洋倾废管理条例要求。

即便有时由于工程特点不得已将部分疏浚物外抛,根据我国海洋倾废管理条例的要求,建设单位应对新开辟的抛泥区是否满足要求进行专题评价，在得到国家海洋主管部门认可后方可实施。

④抛泥准确到位。

若抛泥船没有航行至抛泥区就开始抛泥，或者还没有完全抛完就匆匆上线离开抛泥区，则其影响范围将会扩大。为缩小抛泥过程的影响范围，施工单位应在每个抛泥区均设置灯浮装备，以使抛泥船准确到位地抛泥。

⑤内河航道施工时，为减小或避免工程弃渣对水环境和水生生物的影响，弃渣场应选择在洪水淹没线以上，弃渣场周围应设置挡渣墙、截水沟和排水沟，以避免弃渣流失造成水质污染和影响水生生物栖息环境。

(7)吹填工程作业应在围埝工程建成后进行，监督检查围埝施工是否符合设计要求和环保要求。

①应控制好围埝堤身材料级配，不宜采用空隙率较大的大块石。

②保证倒滤层的级配及厚度，使得堤身具备有效的过滤功能。

③为防止漏泥，围埝内侧应有防止悬浮泥沙外漏的措施；围埝堰体可增加倒滤层的厚度，在二片石和倒滤层之间设土工布；围埝外侧25m处设立竖向土工布防污帘，对堰堤渗水起到二次过滤的作用。

④吹泥口的布置。保持吹泥口距离泄水口不少于200m；后期采取导流措施，尽量让吹填水形成环流。

⑤泄水口应设在远离排泥口处，泄水口排放的悬浮泥沙浓度应达到排放标准；当采用平流沉淀不能满足悬浮泥沙允许排放浓度时，应在围埝内设整流防污措施。泄水口埋管分多层埋设，在管端设可开闭装置，可根据泥沙沉淀情况调节流量和出水口的高度。

⑥对淤泥质土进行吹填施工，围埝外侧宜设置防污帘。

(8)吹填过程中，应严格按照设计要求控制吹填高程，应确保堤身安全，防止由于土压力过大造成堤身滑动，防止堤身垮塌造成大型的漏泥污染环境事故。

(9)监理工程师应巡视围埝漏泥情况、防污帘的完整情况；对发生泄漏的，应当场责令施工单位改正，并旁站监督整改过程。

(10)应根据悬浮泥沙的沉淀情况，控制吹填流量，必要时进行间歇吹填。

(11)监理工程师应观察泄水水质情况，要求施工单位采取调节泄水流量及吹泥流量、围埝内整流等措施，保证泄水水质满足环保要求。

(12)对施工过程中不符合环保要求的行为，监理工程师可以发出监理指令，责令改正；情况严重时可发出暂时停工令。施工单位无正当理由拒绝整改的，监理工程师可以对该部分工程量拒绝支付。

(13)监理工程师应注意水环境质量的悬浮物指标，必要时可进行现场监测。

11.路基工程环境保护监理要点

(1)在路基工程开工前，应审批施工单位编制的施工方案，对其环保措施提出审查意见。要求施工单位对地表清理、土石方开挖与填筑、弃方处置等采取周密的生态保护和水土保持措施；要求施工单位编制土石方调配方案，开挖出的土石方要尽可能加以利用。对于特殊对象、特殊区域的路基工程，要有预见性，及时提醒施工单位注意可能发生的环保问题。

(2)应根据工程情况,确定本阶段环保监理的巡视计划,对施工单位环保措施的执行效果进行检查。

(3)应审查挖除地表土的堆置地点,根据实地情况,选择附近地形平坦或因地制宜选择储料堆。

(4)地表清理遇到古树名木或珍稀植物,采取移植等异地保护措施时,应审查其移植方案,并对移植过程全程旁站监理。

(5)应严格控制在路基用地范围内分段进行开挖,同时配合挡土墙、边坡防护的修筑。

(6)应监督土石方调配方案的实施,开挖出的土石方要尽可能加以利用。弃土弃渣应送至经同意的地点堆放,应督促施工单位在堆放地点预先采取排水和挡土措施,防止水土流失或对水源和灌溉渠道造成污染和淤塞。

(7)应要求施工单位在施工取土时,做到边开挖、边平整,及时进行绿化等护坡工程。

(8)应控制路基顶面适当的排水横坡,下边坡防护前应要求施工单位挖设临时急流槽等排水设施,防止坡面的水土流失。

(9)施工违反环保要求的,签发发出监理指令,责令改正,情况严重时可发出暂时停工令,并向建设单位报告。

(10)施工过程中,应关注扬尘、噪声、废水悬浮物、石油类等环境监测指标。

12. 路面施工环境保护监理要点

(1)路面工程开工前,应审批施工单位编制的施工方案,对其环保措施提出审查意见。尤其是对稳定土拌和场和沥青拌和场选址方案的审批,应要求沥青拌和场布置在远离人群活动的地点,并按要求配置除尘设备。

(2)应根据工程情况,确定本阶段环保监理的巡视、旁站计划,对施工单位环保措施的执行效果进行检查。

(3)应规定沥青混合料废料的处置方法,并随时对执行情况进行巡检。

(4)应特别注意沥青烟气的污染防治,在靠近水源的地区施工时,还应关注水源保护问题。应有重点地对沥青摊铺施工过程进行旁站检查,防止沥青污染。

(5)施工违反环保要求的,签发发出监理指令,责令改正,情况严重时可发出暂时停工令,并向建设单位报告。

(6)施工过程中,应关注扬尘、噪声、废水悬浮物、石油类等环境监测指标。

13. 桥涵工程环境保护监理要点

(1)在桥涵工程开工前,应审批施工方案中的环保措施。要求施工单位对基础开挖、围堰、钻孔桩施工过程,采取周密的水环境保护措施。

(2)根据工程情况,制订环保监理的巡视计划,对施工单位环保措施的执行效果进行检查。

(3)基坑开挖的弃土堆放地点应事先经监理工程师同意。应督促施工单位在堆放地点预先采取排水和挡土措施。

(4)应经常巡视检查钻孔桩泥浆水的处理效果。对发生泄漏或任意排放的,应当场责令施工单位改正,并旁站监督整改过程。

(5)需要围堰施工的,应事先取得当地水利部门的许可,手续完备并经审查后才能施工。在进行水产养殖的河道进行围堰时,应要求施工单位根据上下游的污染情况,提出合理的围堰方案,以免影响养殖,造成纠纷。

(6)施工违反环保要求的,签发发出监理指令,责令改正,情况严重时可发出暂时停工令,并向建设单位报告。

(7)在本阶段应注意水体的悬浮物、石油类等监测指标,避免施工对水体造成影响。

14. 隧道工程环境保护监理要点

(1)在隧道工程开工前,应审批施工方案的环保措施,特别注意对当地生态环境的保护,落实好珍稀物种保护、弃渣和废水处理以及施工现场劳动防护等措施。

(2)根据工程情况,确定本阶段环保监理的巡视、旁站计划,对施工单位环保措施的执行效果进行复核。

(3)对洞口临时堆放弃渣或就近设置轧石场的方案,应要求施工单位同时提出环保措施和环境恢复方案。

(4)应要求渣石纵向调运,尽可能加以利用,不能随便堆放,严禁向河谷倾倒弃渣,以免阻塞河谷造成水土流失或占用当地农田。废渣应运至指定的弃渣场堆置,并做好排水和拦渣设施。

(5)对爆破方案的审查,应明确提出防治噪声和扬尘的要求。在距离居住区较近的地区施工,还应要求施工单位注意防止振动造成影响。

(6)施工区域如果发现国家保护的珍稀物种,应全过程参与物种保护,做好过程的监督。

(7)施工违反环保要求的,签发发出监理指令,责令改正,情况严重时可发出暂时停工令,并向建设单位报告。

(8)在本阶段应关注扬尘、悬浮物、噪声环境监测指标。

(三)交工验收及保修期环境保护监理要点

1. 交工验收环境保护监理要点

(1)交工验收环境保护监理的主要任务是检查施工合同约定的环境保护各项内容的完成情况,指出遗留的环境保护问题,监督其整改,以免施工单位撤出后无法落实。必要时邀请环保和水保行政主管部门参加部分已整治、恢复好的临时用地的初验和移交。最终形成环境保护初验结果,对该项工程是否可进行下一步的交工验收提出意见和建议。环境监理参加由建设单位组织的交工验收。

(2)组织交工验收前的环境保护工作内容初验。工程进行交工验收前,施工单位提交交工验收申请报告,环境监理在接到交工验收申请后,对各施工单位的环境保护工作内容进行初验,逐一排查,发现问题,监督其整改。

(3)整理环境监理资料并归档。

(4)参加交工验收。

2. 保修期环境保护监理要点

(1)保修期环境保护监理的内容。

①定期检查施工单位对交工环境保护验收提出的环境保护遗留问题(环保、水保等)整改措施和计划的实施情况。必要时根据工程具体情况对施工单位的整改计划作出调整,并督促实施。

②对项目环境保护设施工程施工进行现场监理,并对环境保护设施运行情况进行检查,如不能达到环评报告书中的相关要求,及时督促其整改。

③督促施工单位按合同及有关规定完成施工环境保护竣工资料的整理、归档,编写施工环境保护工作总结报告。

④整理完成环境保护监理竣工资料,并编写工程环境保护监理总结报告。

(2)协助竣工环境保护验收。

①对需要进行环保、水保单项验收的项目,环境监理应做好验收前的初验工作,并应协助建设单位做好组织验收工作。

②参加项目的水保、环保及工程竣工验收,并完成竣工验收小组交办的工作。

③竣工环境保护验收资料及时归档。

四、环保工程监理要点

项目建设涉及的环保工程,主要包括隔声屏障、绿化工程、排水工程及废水处理工程。作为附属工程,环保工程施工监理的内容与主体工程的施工监理相同,其监理程序和方式也与主体工程施工监理一致。

(一)声屏障工程监理要点

(1)施工前应充分考虑在标志牌、电话亭、桥梁伸缩缝等处的声屏障安装方式。

(2)基础放线应符合设计图纸要求,位置必须准确,标记明显。

(3)由于部分声屏障基础立于路基的边坡上,因此要保证基础开挖后的基坑四周土不被扰动。

(4)基础钢筋规格、质量应符合设计要求,钢筋笼绑扎应符合施工规范要求,如有预埋件的,应检查预埋件的间距、摆放的角度是否准确。

(5)砌块的安装。

①根据基底高程不同,砌体块应从低处砌起,并应由高处向低处搭砌。设计无要求时,搭接长度不应小于基础扩大部分的高度。

②砌体的转角处与交接处应同时砌筑。不能同时砌筑时,应留槎、接槎。

③墙上预留临时施工洞口的净宽度不应大于1m。临时施工洞口应做好补砌。

④施工过程中的墙体超过2m高时,应采取临时支撑等有效措施,防止大风侵袭。

⑤砌筑墙身应挂线砌筑,以保证墙身平整和顺直。

(6)金属或合成材料的安装。

①金属立柱、连接件和声屏障屏体在运输时,应采取可靠措施防止构件变形或防腐处理层损坏。严禁安装变形的构件。

②屏障体材料表面的平整度、有无划痕,是检查的重点。监理工程师要求供货厂家提供屏障体的国家有关部门的吸、隔声检测报告或产品合格证。划痕面积超过板材面积的1‰,不能

采用。

③屏障体安装时，板材之间、立柱框架与板材之间以及屏障与基础之间的缝隙必须填灌密实，才能保证隔声效果。

(二)绿化工程监理要点

1. 坡面绿化

(1)植草护坡。

此法是目前使用较多的一种护坡方法，尤其是应用于低路基边坡，其方法是清理坡面后，播种草种或按一定密度铺植草皮。这种方法前期覆盖度较低，根系在土壤中生长需要一段时间。

(2)藤本护坡。

此法是选用藤本植物，如爬山虎、常春藤、地锦、络石、薜荔等，按照一定的密度栽植于坡角或坡面，待植物覆盖坡面后起到护坡的目的。高大岩石边坡或护坡构筑物，可同时在上部采用悬垂枝覆盖式，下部采用攀藤覆被式种植，以加快坡面覆盖速度。

(3)挂网喷播技术。

挂网喷播又称喷混植生，主要适用于岩质边坡或立地条件比较差的土石混合边坡，是工程措施与生物措施相结合的综合性生态防护技术。

原理是利用客土掺混黏结剂(水泥等)和固网技术，使客土物料紧贴石坡面，并通过有机物料的调配，使土壤固相、液相、气相趋于平衡，创造草类与灌木生存的良好环境，从而恢复石质边坡生态防护功能。

主要方法是：清除坡面杂物后挂铁丝网，将蘑菇肥、谷壳、木屑等有机物和肥料、黏合剂、保水剂等倒入土壤中进行混拌。喷播厚度不小于10cm，其中基层厚7cm，表层厚3cm。

(4)普通喷播技术。

此法主要运用于土石混合边坡。坡面平整后，将种子、肥料、土壤稳定剂等按一定比例混合成泥浆状喷射到边坡上，最后盖无纺布，以保持水分，促进发芽。

技术要点有：坡面清理后回填土，回填土采用客土、复合肥或泥炭土混合物，覆土厚度不小于3cm，并且确保坡面基本平整，将草籽和附着剂、纸纤维、复合肥、保湿剂及水按一定比例混合搅拌，形成均匀混合液。利用高压机械喷种，厚度不小于7cm，其中基层厚4cm，表层厚3cm。

可供喷播选择的植物较多，绿化成型速度快，能形成由多种植物种类组成的草、灌、藤复合生态群落。

覆盖度高，防止雨水侵蚀能力较强，而且具有一定的自我调节和自我平衡能力，经过一段时间的演替后，能形成近似自然群落的生态绿地，对边坡有较好的防护效果。

2. 树木的种植

(1)定点、放线。

①种植穴、槽定点放线应符合设计图纸要求，位置必须准确，标记明显。

②种植穴定点时应标明中心点位置，种植槽应标明边线。

③定点标志应标明树种名称(或代号)、规格。

④对于设计图上无固定点的绿化种植,如灌木丛、树群,可集合地形确定栽植范围,其中每株树木的位置和排列可根据设计要求在所定范围内用目测法进行确定,定点时应注意植株的生态要求并注意自然美观。定好点后,多采用白灰打点或打桩,标明树种及栽植数量、坑径。

(2)种植穴、槽的开挖。

挖种植穴、槽的大小,应根据苗木根系、土球直径和土壤情况而定。穴、槽必须垂直下挖,上口下底相等。挖穴、槽后,应施入腐熟的有机肥作为基肥。

(3)苗木种植前的修剪。

种植前应进行苗木根系修剪,宜将劈裂根、病虫根、过长根剪除,并对树冠进行修剪,保持地上地下平衡,减少水分的散发,保证树木成活。

(4)树木的种植。

应根据树木的习性和当地的气候条件,选择最适宜的种植时期进行种植。树木置入种植穴前,应先检查种植穴大小及深度,不符合要求时,应修整种植穴。同时,应再次检查根系是否完好。种植应按设计图纸要求核对苗木品种、规格及种植位置。

行道树或行列种植树木应在一条线上,相邻植株规格应合理搭配,高度、干径、树形近似,种植的树木应保持直立,不得倾斜,应注意观赏面的合理朝向。

种植带土球树木时,不易腐烂的包装物必须拆除。种植时,根系必须舒展,填土应分层踏实,种植深度应与原种植线一致。

(三)污水处理设施监理要点

1. 地基及基础工程

(1)基坑应满足整体稳定性和周边环境安全的要求。

(2)基坑开挖端面和基底高程应符合设计要求。

(3)基坑开挖完成后应及时浇筑底板、修建地下结构,严禁长期暴露。

(4)地下结构完工后,要尽早回填,基坑回填应满足设计要求或规范规定的密实度要求。

(5)地基承载力应满足设计要求。

2. 污水处理构筑物

(1)混凝土抗压强度、抗渗、抗腐蚀、抗冻性能必须符合设计要求。

(2)池壁顶面高程和平整度应满足设备安装及运行的精度要求。

(3)预制壁板和混凝土湿接缝不应有裂缝。

(4)设备安装的预埋件或预留孔的位置、数量、规格应准确无误。

(5)每座水池完工后,必须进行满水的渗漏试验。试验应符合现行《给水排水构筑物工程施工及验收规范》(GB 50141)的规定。

3. 污水管线铺设

排水管线设计时应考虑"雨污分流",路面、屋面及草地雨水经雨水口或雨水收集管排至雨水管道,减轻污水处理系统的负担。

污水管线应控制高程,保证进、出水口流水畅通。由于服务区、管理区的污水来源分散,污水管线长,必须事先测定高程,监控好管道的高程和坡度,符合图纸设计要求,合理布置生活污水处理设施的位置。

管道配合基础施工，一次性预埋，覆土前做第一次闭水试验，回填土后做第二次闭水试验，两次闭水试验应符合规范要求。

管道与构筑物连接好后，必须及时填压柔性套管密封圈，压紧、压实并进行构筑物灌水试验，套管部位无渗漏后，及时回填管沟。

4. 设备安装

设备的进场检查一般是检查数量是否和合同一致，外观和零部件是否完整，传动部位是否灵活，密封件是否完好，铭牌标注的型号、规格是否符合设计要求，零配件是否和合同一致，随机文件是否符合要求等。

设备安装应符合相关的规范、标准。压缩机、风机和泵的安装应符合现行《压缩机、风机、泵安装工程施工及验收规范》（GB 50275）的规定。

曝气设备是活性污泥处理法的核心部分，曝气系统的安装应满足以下要求：

（1）系统无泄漏。因为任何泄漏都会造成淤泥渗入管道，最终导致曝气系统布气管及其支管的堵塞，使系统无法正常工作。

（2）传输到每个盘状曝气器的空气要均匀一致。曝气池内通常有成百上千个盘状曝气器，如果空气传输不均匀，必然使其中一部分不能正常发挥功能，反会被淤泥堵塞曝气器。

（3）曝气器单元之间的管子一定要在一条水平直线上。

（4）安装完毕后，应将曝气器吹扫干净，出气孔不应堵塞，做泄漏试验。

如因故无法立即做泄漏试验，应在曝气池中注入清水，水面至少高出曝气池底面 1m，以保护盘状曝气器及工程塑料布气管免受紫外线照射，同时可防冻，防脏物进入曝气器。

5. 排污口

排污口设置必须符合“一明显、二合理、三便于”的要求，即环境保护图形标志明显，起到提示或警示作用；排污去向合理，不能使受纳水体超出承受能力或破坏受纳水体的水域功能；排污口设置合理，为满足清污分流的需要，一个服务区（管理区或收费区）原则上只能设置污水和雨水排放口各 1 个；排污口设立要便于采集样品、便于监测计量、便于公众参与监督管理。

6. 工程验收

（1）产品外观及材质检验。

检验内容：连接件及整体结构、材料（钢板、填料等）。

检验方法：目测（连接件及整体结构等）及材料（钢板、填料等）出厂检验报告。

（2）产品运转部件检验。

检验内容：泵、风机、电动阀等。

检验方法：相关产品（泵、风机、电动阀等）的产品合格证书、说明书等；进行相关产品（泵、风机、电动阀等）的电动试验。

（3）台架检验。

耐冲击负荷试验：水量波动（零负荷及平均、最小、最大容积负荷）和水质波动。

（4）达到标准。

检验进水水质、出水水质分别应达到相应的标准。

(四)护坡工程设施监理要点

护坡工程基础开挖、基础混凝土浇筑、喷浆、锚固、砌石等监理可参考主体工程监理办法进行。

(五)拦渣工程设施监理要点

拦渣工程基础开挖、基础混凝土浇筑、砌石等监理可参考主体工程监理办法进行。

五、施工环境保护措施和监理方法

(一)施工环境保护监理工作程序

(1)依据监理合同、设计文件、环评报告、水土保持方案及批复,以及施工合同、施工组织设计等,编制施工环境保护监理规(计)划。

(2)依据施工环境保护监理规(计)划、工程建设进度、各项环保对策措施,编制施工环境保护监理实施细则。

(3)依据编制的施工环境保护监理规(计)划和实施细则,开展施工期环境保护监理,检查施工单位制定的环境保护措施的落实情况,进行验收、计量与支付。

(4)工程交工阶段编写施工环境保护监理总结报告,整理监理档案资料,提交建设单位。

(5)参与工程竣工环境保护验收和水土保持验收。

(二)施工环境保护监理工作内容及方式

监理工程师对施工活动中的环境保护工作按照施工进程实施动态管理。环保监理的工作方式以日常巡视为主,以便及时调整环保监控力度。环保工程作为交通建设工程的附属工程,其施工监理的内容、程序、方式以及工作方法与主体工程相同。

施工期的环境保护监理,应体现出事前控制和主动控制的要求,结合水运施工的特点,注重监理实效。

施工环境保护监理一般应包括以下内容。

1. 施工准备阶段的环境保护监理工作

(1)参加设计交底,熟悉环评报告和设计文件,了解工程建设项目的具体环保目标。

(2)审查施工单位的施工组织设计和开工报告,对环保实施方案提出审查意见,包括施工中须保护的环境敏感点、具体的环保措施、环保管理制度和环保专业人员等。

(3)审查施工单位的临时用地方案是否符合环保要求,临时用地的恢复计划是否可行。

(4)审查施工单位的环保管理体系是否责任明确、切实有效。

(5)组织召开第一次工地会议,对工程建设项目的环保目标和环保措施提出要求。

2. 施工阶段的环境保护监理工作

(1)对工地进行巡视监理。

(2)向施工单位发出环保工作指令。

(3)检查环境保护措施和成果。

(4)协助环保主管部门和建设单位处理突发环保事件。

(5)建立、保管环境保护监理资料档案。

(6)召开工地例会。

3. 交、竣工阶段及缺陷责任期的环境保护监理工作

(1)参加交工检查,确认现场清理工作、临时用地的恢复和取(弃)土场的复绿等是否达到环保要求。

(2)评估环保任务或环保目标的完成情况,对尚存的主要环境问题提出继续监测或处理的方案和建议。

(3)定期检查施工单位对环保遗留问题整改计划的实施,并根据工程具体情况,建议施工单位对整改计划进行调整。

(4)检查已实施的环保达标工程和环保工程,对交工验收后发生的环保问题或工程质量缺陷及时进行调查和记录,并指示施工单位进行环境恢复或工程修复。

(5)检查施工单位的环保资料是否满足竣工环保验收的要求。

(6)整理施工环境保护监理竣工资料。

(7)参与竣工环境保护验收和水土保持验收。

4. 环境监测

根据有关规定,施工期的环境监测工作由建设单位委托有资质的环境监测单位开展,也称为外部监督监测。监理工程师应协助建设单位落实施工过程的环境监测计划。

一般施工期外部监督监测的每次间隔时间往往比较长,提供的是固定点位的前后历史对比资料。根据工程的实际进展,环保监理工程师有时候会需要一些即时监测数据,对常规污染因子及突发污染事故进行监测,也称为内部监督监测。监理监测的测点选择、监测频次、监测时间等,可根据施工进度计划等预先进行安排。环境监测应定期进行,使数据有可比性,为制定环境保护监理措施和判断环保措施执行效果提供依据。因此环保监理单位有必要自备一些常用的监测设备,能够自行监测一些比较简单的项目。

5. 其他环保措施的监理

根据不同项目的实际情况,环评和水保文件会提出有针对性的环保措施,例如指定范围内的拆迁等。对于环境影响评价报告提出的经批准的措施,应协助建设单位有效实施。

6. 施工环境保护监理工作方法

监理工程师应常驻工地,对施工活动的环境保护工作实施动态管理,其工作方式以巡视为主。监理工程师根据工程项目施工区污染源分布的实际情况定期或不定期对各个工点进行巡视。对于敏感的施工地段,巡视频率应适当增加。

监理过程中如发现环境污染和生态破坏等情况,监理工程师应立即通知施工单位限期整改。一般性或操作性的问题,可以采取口头通知形式。口头通知无效或有污染隐患时,应发出书面监理通知,要求施工单位整改,并根据施工单位的书面回复,检查其整改结果。严重的环保问题,还应同时向建设单位汇报。如整改情况不理想,可以发布停工指令。

参 考 文 献

[1] 中华人民共和国行业标准. 公路工程施工监理规范:JTG G10—2016[S]. 北京:人民交通出版社股份有限公司,2016.

[2] 中华人民共和国行业标准. 公路工程标准施工招标文件(2018 年版)[S]. 北京:人民交通出版社股份有限公司,2018.

[3] 中华人民共和国行业标准. 公路工程建设项目投资估算编制办法:JTG 3820—2018[S]. 北京:人民交通出版社股份有限公司,2019.

[4] 中华人民共和国行业标准. 公路工程建设项目概算预算编制办法:JTG 3830—2018[S]. 北京:人民交通出版社股份有限公司,2019.

[5] 中华人民共和国行业标准. 公路工程概算定额(上、下册):JTG/T 3831—2018[S]. 北京:人民交通出版社股份有限公司,2019.

[6] 中华人民共和国行业标准. 公路工程预算定额(上、下册):JTG/T 3832—2018[S]. 北京:人民交通出版社股份有限公司,2019.

[7] 中华人民共和国行业标准. 公路工程机械台班费用定额:JTG/T 3833—2018[S]. 北京:人民交通出版社股份有限公司,2019.

[8] 王首绪,杨玉胜,等. 公路施工组织及概预算[M]. 北京:人民交通出版社,2007.

[9] 袁剑波. 公路经济学教程[M]. 北京:人民交通出版社,2002.

[10] 石勇民. 工程经济学[M]. 北京:人民交通出版社,2008.

[11] 杨青. 工程项目融资[M]. 武汉:华中科技大学出版社,2010.

[12] 交通运输部职业资格中心. 公路工程造价的计价与控制[M]. 北京:人民交通出版社,2011.

[13] 袁剑波,杨玉胜. 工程费用监理(第三版)[M]. 北京:人民交通出版社,2013.

[14] 苑芳圻,高富申. 建设工程精细化监理 100 讲[M]. 北京:中国建筑工业出版社,2014.

[15] 袁剑波,张建仁. 关于现代施工监理制度中若干问题的探讨[J]. 中国公路学报,1994(4).

[16] 苑芳圻. 世行贷款公路项目投资监控中的合同价格调整[J]. 国外公路,1996(1).

[17] 袁剑波. 工程变更对造价管理的影响研究[J]. 公路,2001(3).

[18]《京津塘高速公路工程监理》编辑委员会. 京津塘高速公路工程监理[M]. 西安:陕西科学技术出版社,1993.

[19] 陕西省交通厅. 公路工程施工监理[M]. 北京:人民交通出版社,1992.

[20] 北京统筹法研究会. 统筹法与施工管理[M]. 北京:中国建筑工业出版社,1984.

[21] 罗娜. 工程进度监理[M]. 北京:人民交通出版社,2013.

[22] 秦仁杰,秦志斌. 工程质量与安全监理[M]. 北京:人民交通出版社股份有限公司,2020.

[23] 章剑青,秦志斌. 监理理论基础知识[M]. 北京:人民交通出版社股份有限公司,2020.

[24] 广东省交通运输厅. 公路工程施工安全防护设施技术指南[M]. 北京:人民交通出版社股份有限公司,2019.

[25] 交通运输部工程质量监督局. 公路水运工程施工安全标准化指南[M]. 北京:人民交通出版社,2013.

[26] 交通运输部工程质量监督局. 交通建设工程安全生产管理人员培训教材公路分册 [M]. 北京:人民交通出版社,2011.

[27] 江苏省交通建设监理协会. 江苏省公路水运工程施工安全监理指南:T/JSJTQX12—2020[S]. 南京:江苏省交通企业协会,2020.

[28] 中国交通建设监理协会. 交通建设工程施工环境保护监理[M]. 北京:人民交通出版社,2010.

[29] 王晓宁,盛洪飞. 道路交通环境保护[M]. 北京:中国建筑工业出版社,2012.

[30] 杨艳梅,周富春,刘天玉. 交通环境工程[M]. 北京:中国水利水电出版社,2014.